Autochtonies

VUES DE FRANCE ET DU QUÉBEC

Collection « Mondes autochtones »

Titres parus

Labrecque, Marie-France. *Être Maya et travailler dans une maquiladora. État, identité, genre et génération au Yucatán, Mexique.* PUL, 2005.

Frédéric B. Laugrand et Jarich G. Oosten (dir.). *La nature des esprits dans les cosmologies autochtones/Nature of Spirits in Aboriginal Cosmologies.* PUL, 2007.

Autochtonies

VUES DE FRANCE ET DU QUÉBEC

Sous la direction de

Natacha Gagné, Thibault Martin

et Marie Salaün

LES PRESSES DE L'UNIVERSITÉ LAVAL
et
DIALOG – LE RÉSEAU DE RECHERCHE ET DE CONNAISSANCES
RELATIVES AUX PEUPLES AUTOCHTONES

Les Presses de l'Université Laval reçoivent chaque année du Conseil des Arts du Canada et de la Société d'aide au développement des entreprises culturelles du Québec une aide financière pour l'ensemble de leur programme de publication.

Nous reconnaissons l'aide financière du gouvernement du Canada par l'entremise de son Programme d'aide au développement de l'industrie de l'édition (PADIÉ) pour nos activités d'édition.

Mise en pages : In Situ inc.

Maquette de couverture : Hélène Saillant

Illustration de la couverture : œuvre de Robert Houle, *Premises for Self Rule: British North America Act, 1867*, 1994.

Cette œuvre fait partie de la collection de Osler, Hoskin & Harcourt LLP à Toronto, Canada. La photographie faite par Ernest Mayer est offerte gracieusement par The Winnipeg Art Gallery. Les auteurs et l'éditeur remercient Robert Houle, Osler, Hoskin & Harcourt LLP et The Winnipeg Art Gallery pour leur aimable autorisation de reproduire cette œuvre en couverture.

ISBN 978-2-7637-8757-2

Dépôt légal 1er trimestre 2009

LES PRESSES DE L'UNIVERSITÉ LAVAL
Pavillon Maurice-Pollack, bureau 3103
2305, rue de l'Université
Université Laval, Québec
Canada, G1K 7P4
www.pulaval.com

Table des matières

SECTION 4
REPRÉSENTATIONS DE SOI COMME AUTOCHTONES DANS LE PACIFIQUE

Section 5
Le point sur la recherche sur les questions relatives aux autochtones

Section 6
Les arts et les autochtones

Liste des contributeurs

Pierre Beaucage, Université de Montréal

Irène Bellier, LAIOS (EHESS-CNRS)

Alban Bensa, Institut de recherche interdisciplinaire sur les enjeux sociaux (IRIS) (EHESS-CNRS-INSERM-Paris 13)

Paula López Caballero, IRIS (EHESS-CNRS-INSERM-Paris 13)

Paul Charest, Université Laval

Viviane Cretton, Université de Lausanne

Marcel Djama, Centre de coopération internationale en recherche agronomique pour le développement (CIRAD)

Louis-Jacques Dorais, Université Laval

Yannick Fer, Centre d'études interdisciplinaires des faits religieux (CEIFR) (CNRS-EHESS)

Jonathan Friedman, IRIS (EHESS-CNRS-INSERM-Paris 13)

Natacha Gagné, Université d'Ottawa et IRIS (EHESS-CNRS-INSERM-Paris 13)

Denis Gagnon, Chaire de recherche du Canada sur l'identité métisse, Collège universitaire de Saint-Boniface

Laurent Jérôme, Université Laval et Université Paul-Verlaine de Metz

Régis Lafargue, Paris X Nanterre

Pierre-Yves Le Meur, Institut de recherche pour le développement (IRD)

Carole Lévesque, Institut national de la recherche scientifique (INRS), et directrice du Réseau DIALOG

Serge Lewuillon, Université de Picardie

Olivier Maligne, Centre d'études sur les lettres, les arts et les traditions, Université du Québec à Montréal

Thibault Martin, Université du Québec en Outaouais

Isabelle Merle, IRIS (EHESS-CNRS-INSERM-Paris 13)

Françoise Morin, Université de Lyon 2

Geneviève Motard, Université Laval

Ghislain Otis, Université Laval

Sylvie Poirier, Université Laval

Roméo Saganash, Membre de la nation crie, Grand Conseil des Cris (Eeyou Istchee)

Marie Salaün, Université Paris-Descartes et IRIS (EHESS-CNRS-INSERM-Paris 13)

Isabelle Schulte-Tenckhoff, Institut universitaire des hautes études internationales et du développement (IHEID)

Eric Schwimmer, Université Laval

Scott Simon, Université d'Ottawa

Yves Sioui-Durand, membre de la nation huronne-wendat, dramaturge, metteur en scène et acteur

Vahi Sylvia Tuheiava-Richaud, membre de la nation ma'ohi et Université de la Polynésie française

Pierre Trudel, cégep du Vieux Montréal et Chaire de recherche en études québécoises et canadiennes de l'Université du Québec à Montréal

Sylvie Vincent, chercheure autonome

Remerciements

La réalisation de cet ouvrage n'aurait pas été possible sans la collaboration de nombreuses personnes et le soutien financier de plusieurs organismes. Nous tenons ici à les remercier. Tout d'abord, nous voulons remercier l'Unité mixte de recherche Genèse et transformation des mondes sociaux (EHESS-CNRS) devenue depuis janvier 2007 l'IRIS, l'Institut de recherche interdisciplinaire sur les enjeux sociaux (Sciences sociales, Politique, Santé) (EHESS-CNRS-INSERM-Paris 13), depuis sa fusion avec le Centre de recherche sur la santé, le social et le politique (CRESP). Nous remercions son directeur de l'époque, professeur Alban Bensa, et son personnel administratif, Estelle Girard, Émilie Jacquemot et Nadia Belalimat, grâce au soutien de qui nous avons pu réunir tous les auteurs qui ont contribué à cet ouvrage lors d'une rencontre qui s'est tenue à Paris en juin 2006.

Merci aux organismes qui ont contribué au financement de cette rencontre, par ordre alphabétique : l'Association internationale des études québécoises (AIÉQ), le Centre de recherche pour le développement international (CRDI), le Centre de recherche sur les innovations sociales (CRISES), le Centre national de la recherche scientifique (CNRS), le Centre interdisciplinaire de recherche sur la citoyenneté et les minorités (CIRCEM), la Chaire de recherche du Canada en études québécoises et canadiennes (CREQC), la Délégation générale du Québec à Paris, l'École des hautes études en sciences sociales (EHESS), la Faculté des arts de l'Université d'Ottawa, la Faculté des sciences sociales de l'Université d'Ottawa, le Grand Conseil des Cris (Eeyou Istchee), l'Institut de recherche interdisciplinaire sur le développement insulaire et le Pacifique (IRIDIP), l'Institut universitaire d'études du développement (IUED), le ministère de la Recherche et de l'Éducation nationale de la France, l'Université de la Polynésie française.

Nous remercions le Réseau DIALOG, le réseau de recherche et de connaissances relatives aux peuples autochtones, pour sa généreuse contribution ainsi que sa directrice, la professeure Carole Lévesque, sans lesquels la publication de ce livre n'aurait pas été possible. Finalement nous tenons à souligner la contribution de Marie-Claude Perreault à la normalisation de l'ensemble des textes.

Les auteurs et l'éditeur remercient également Robert Houle, Osler Hoskin & Harcourt LLP et The Winnipeg Art Gallery pour leur aimable autorisation de reproduire en couverture l'œuvre de Robert Houle, *Premises for Self Rule: British North America Act, 1867.*

Natacha Gagné, Marie Salaün, Thibault Martin

Présentation

NATACHA GAGNÉ ET MARIE SALAÜN

Depuis quelques décennies, les problématiques autochtones s'imposent comme des enjeux politiques cruciaux. Les peuples autochtones ont en effet été impliqués, en particulier depuis les années 1970, dans des luttes pour la décolonisation, l'autodétermination et la reconnaissance de leurs droits. Ces luttes se tiennent sur les scènes locales, nationales et internationale. Au niveau international, elles se font à travers la formation de réseaux autochtones et l'affirmation de droits politiques, sociaux, économiques et culturels en vertu des particularités qu'ils revendiquent et du fait que ceux-ci ont subi une discrimination systématique et répétée. Les travaux de l'Organisation des Nations unies (ONU) sur les questions relatives aux peuples autochtones sont révélateurs de l'importance globale des problématiques autochtones, sur le plan tant politique que juridique. L'adoption par l'Assemblée générale de l'ONU de la Déclaration sur les droits des peuples autochtones le 13 septembre 2007 en est une illustration. L'impossibilité d'obtenir un consensus au sein de l'Assemblée générale souligne pourtant la difficulté de la communauté internationale à appréhender le fait autochtone. Il semble évident que la redéfinition des rapports entre les États modernes et les collectivités autochtones constitue un des grands défis du XXIe siècle.

Les textes qui suivent sont issus d'une rencontre qui s'est tenue à Paris en juin 2006, dont l'un des objectifs était de réunir plusieurs spécialistes des questions relatives aux autochtones afin de faire le point sur *la manière dont le concept d'« autochtone », donc l'objet d'étude « autochtone », est construit dans l'espace universitaire français et québécois*. Un constat a présidé au choix de cette comparaison : il apparaissait clairement que notre langue commune, le français, ne préjugeait pas d'une compréhension partagée de la catégorie « autochtone » et des questions lui étant relatives. La francophonie est un espace qui permet d'éviter, dans une certaine mesure, l'écueil des incompréhensions linguistiques, mais en même temps est ressortie l'évidence qu'on a beaucoup à gagner à dialoguer d'un côté et de l'autre de l'Atlantique. Cette rencontre nous paraissait d'ailleurs particulièrement importante pour faire valoir les perspectives francophones alors qu'elles restent marginales dans le débat actuel sur l'autochtonie, un débat largement dominé par les recherches anglo-saxonnes.

Afin d'éviter les malentendus sémantiques, il était indispensable de revenir pour commencer aux généalogies du concept, comme se proposent de le faire les contributions de Serge Lewuillon, Alban Bensa, Jonathan Friedman, Françoise Morin, Irène Bellier et Paul Charest. Ces contributions sont rassemblées dans une première section intitulée *Généalogies du concept d'« autochtonie »*.

Quant à l'étymologie du mot français « autochtone », il n'est pas inutile de rappeler qu'elle renvoie au grec *autokhthôn* qui se décompose en deux mots : *autos* qui signifie « même » et *khthôn* qui signifie « terre ». Le mot grec signifie donc « qui vient de la terre même ». En français, ce qui est autochtone est défini comme étant ce « [q]ui est issu du sol même où il habite, qui est censé n'être pas venu par immigration ou n'être pas que de passage » (Dictionnaire *Le Petit Robert*, 1993 : 160). Des synonymes d'« autochtone » sont « aborigène » et « indigène ». Dans son acception générale, « autochtone » est l'antonyme d'« étranger ». Donc, une coutume autochtone est une coutume relative aux habitants du pays, une espèce autochtone d'arbres est une espèce de la région, qui n'a pas été importée, et être autochtone à un lieu signifie être originaire de ce lieu. On voit que, dans cette acception générale, il s'agit d'un concept proprement universel.

De tout temps, ce qui est universel, c'est donc la propension de toutes les sociétés à distinguer ce et ceux qui viennent d'ici et ce et ceux qui viennent d'ailleurs. Pour toute société, il s'agit de définir ses frontières propres en identifiant un Autre, une altérité, sur des bases qui lui sont spécifiques et, partant, varient d'une société à l'autre. Peu importe la langue dans laquelle elle s'exprime, la catégorie « autochtone » a été utilisée de tout temps pour marquer cette distinction entre ceux qui sont d'« ici » en opposition à ceux qui viennent d'ailleurs, les immigrants. On retrouve cette distinction tant chez les Grecs anciens, les Celtes, les Romains, les Kanaks de la Nouvelle-Calédonie, les peuples d'Amazonie, les Mossis de l'Afrique subsaharienne, que les Égyptiens de l'époque des Pharaons, pour ne nommer que quelques exemples classiques (Detienne, 2003).

Dans toutes ces sociétés, la catégorie « autochtone » est utilisée comme base de la légitimité spatiale, juridique et politique, et cette légitimité est fondée sur le lien privilégié d'un groupe avec la terre où il demeure, donc sur l'antériorité d'occupation du territoire. Dans tous ces cas, l'autochtonie est habituellement **le fait des majoritaires**, et est potentiellement utilisée de façon à rejeter, à repousser les immigrés ou, encore, de façon à établir une relation avec eux. Chez les Kanaks, les Mossis et les Fidjiens, par exemple, la distinction entre les deux groupes distincts, voire antagonistes, est à la base de l'idéologie juridique et politique : aux autochtones la terre et sa maîtrise juridique et religieuse, et aux étrangers le pouvoir politique sur les hommes (voir Bensa dans ce livre).

Parallèlement, depuis les années 1920, mais avec plus de force depuis la fin des années 1970, dans le contexte du mouvement plus large de décolonisation et des luttes pour les droits civils, on a assisté à une mobilisation particulière de la catégorie « autochtone » dans un contexte politico-historique très précis, et, au final, dans un sens bien différent. Celle-ci a mené à l'émergence à l'ONU d'une catégorie légale correspondant à un ensemble particulier de **populations minoritaires**. La catégorie « autochtone » est alors utilisée par des populations marginalisées (sur les plans économique, politique *et* culturel) pour demander justice pour la violation des droits humains dont elles sont victimes depuis la colonisation ou l'invasion, et revendiquer des droits en vertu de leur antériorité d'occupation d'un territoire. C'est le sens auquel nous renvoie la catégorie des « peuples autochtones », telle qu'elle apparaît dans la Déclaration des Nations unies sur les droits des peuples autochtones (2007).

Les interactions entre chercheurs lors de la rencontre de 2006 nous ont justement ramenées à cette tension entre universalisme et relativisme quant à la catégorie « autochtone », et ce, à plusieurs niveaux. D'abord, sur le plan de l'universalisme de l'altérité soi/autre ; ensuite, sur le plan du primat des droits individuels qui est défendu par les États-nations modernes sur les droits collectifs, droits revendiqués par les autochtones ; et, enfin, sur celui de la prétention à l'universel de la définition de l'autochtonie en opposition à la diversité **objective** des populations qui se revendiquent ou pourraient se revendiquer comme telles.

Ce qui paraît dominer dans la tradition française, c'est l'autochtonie comme catégorie universelle, alors que l'autre acception domine dans la tradition québécoise. La notion d'« autochtonie » semble rencontrer certaines réticences en contexte français. Nous en avons fait l'expérience concrète lors des invitations, car elle est fortement connotée par l'usage qui en est fait dans des mobilisations politiques auxquelles les chercheurs ne sauraient être associés. Ainsi, la position de Bayart, Geschiere et Nyamnjoh, à propos de l'autochtonie en contexte africain est-elle emblématique des réserves que cette notion suscite :

> L'une des évolutions politiques les plus inquiétantes sur le continent tient précisément à la généralisation de l'opposition entre « autochtones » et « allogènes » et à la véhémence nouvelle qu'elle y revêt. Une telle dichotomie est de plus en plus souvent évoquée pour justifier des formes d'exclusion d'une brutalité croissante, voire des opérations de nettoyage ethnique qui peuvent prendre une dimension génocidaire comme au Rwanda en 1994 (2001 : 178).

Moins donc qu'une expression contemporaine du jacobinisme ou de l'effroi devant le spectre des « communautarismes », cette méfiance peut sans doute s'expliquer par la prévalence des terrains africains dans les sciences sociales françaises, alors que le débat n'est pas marqué par cette connotation au Québec, d'autant plus que les terrains dans les Amériques, où se pose différemment la problématique autochtone, ont davantage marqué le tradition intellectuelle québécoise et, plus largement, nord-américaine.

En France, l'utilisation du concept d'« autochtone », dans son acception actuelle et onusienne, est relativement récente étant donné, entre autres facteurs, l'absence de populations définies comme autochtones et qui se définissent comme telles sur le territoire métropolitain. L'interprétation prévalente à ce jour de la Constitution française est en effet que du principe d'égalité des citoyens découle l'impossibilité de reconnaître des droits collectifs et, partant, des droits autochtones. Cette interprétation est renforcée par les principes corollaires de non-discrimination et d'indivisibilité de la République. La tradition républicaine française est alors déterminante puisqu'elle exclut la possibilité pour le citoyen de revendiquer un particularisme culturel dans l'espace public. Par ailleurs, jusqu'à aujourd'hui, la question de la diversité culturelle en France est dominée par la problématique de l'intégration des populations récemment immigrées sur le territoire métropolitain, masquant le phénomène que constitue l'augmentation des demandes de droits articulés dans les termes de l'autochtonie dans les anciens Territoires d'outre-mer (TOM) et les Départements d'outre-mer (DOM).

De plus, dans le contexte français, le vocable « autochtone » a eu d'autant plus de mal à s'ériger en objet de recherche que le vocable a désigné, dans la rhétorique administrative, la plupart des ressortissants des colonies entre la fin du régime de l'indigénat, là où il existait, et l'accession à l'indépendance, le terme faisant dans l'après-guerre directement référence aux tentatives d'euphémisation du rapport colonial telles qu'elles voient le jour après le discours de Brazzaville en 1944[1], et se substituant à celui « d'indigène[2] ». Il se trouve du coup entaché du même stigmate que ce dernier terme dans la mesure où il fait référence directement à un processus de décolonisation passé à la postérité pour avoir été le rendez-vous manqué de la IVe République (1946-1958) avec son outre-mer.

Au Québec et au Canada, au contraire, l'acception onusienne de l'autochtonie est celle qui est généralisée. Cela est principalement dû au fait que des peuples autochtones résident sur le territoire national, mais aussi au fait de leur mobilisation politique. La reconnaissance des Premières Nations au Canada et de leur contribution à la nation canadienne a été facilitée par les structures mises en place par l'histoire coloniale britannique marquée par le modèle d'administration des populations colonisées qu'est l'*indirect rule*. Ces structures ont été reprises et même renforcées par la suite par l'État canadien, une monarchie parlementaire, et sa politique de multiculturalisme. Force est aussi de constater que le développement du champ de la recherche relative aux autochtones a été étroitement lié au double processus de nationalisation impulsé d'une part, au Québec, par la Révolution tranquille et la montée du mouvement indépendantiste à partir des années 1960 et, d'autre part, par le rapatriement de la constitution par le Canada (1981) (voir Lévesque dans ce livre). La mise sur pied de la Commission royale sur les peuples autochtones en 1991 insufflera par la suite un nouveau regain aux recherches relatives aux autochtones dont les conséquences seront de divers ordres et seront clairement à l'origine d'un

---

1. Discours du 30 janvier 1944 prononcé par Charles de Gaulle lors de l'ouverture de la Conférence de Brazzaville qui regroupait des représentants des colonies africaines françaises autour du Commissaire aux Colonies, René Pleven. Cette conférence portait sur l'avenir des colonies, étape importante de l'évolution de la doctrine coloniale qui aboutira à l'Union française (1946).

2. Comme le fait remarquer Glowczewski (2007 : 11), le terme « indigène » fait l'objet d'une réappropriation militante en France dans le contexte du mouvement des « Indigènes de la République » qui s'est constitué en réaction à l'adoption de la loi du 23 février 2005 portant reconnaissance de la nation et contribution nationale en faveur des Français rapatriés. Cette loi insistait, entre autres choses, sur l'importance de la reconnaissance dans les programmes scolaires des supposés bénéfices de la colonisation. L'article litigieux a finalement été abrogé.

virage marqué au sein du monde universitaire en vue de décoloniser la recherche.

On pourrait s'étonner de cette hypothèse d'une prégnance des déterminations proprement «étatiques». L'autochtonie ne constitue-t-elle pas en effet le phénomène «multi-scalaire» par excellence, qui lie dans un continuum emblématique de forces «mondialisées» des microsociétés autochtones aux tribunes genevoise et new-yorkaise? Pourtant, à s'en tenir à une vision à la fois hélicoptérienne et microcosmique, on risque de passer à côté d'un échelon absolument déterminant. Le grand mérite des auteurs rassemblés dans la deuxième section de ce livre, *Les autochtones et l'État*, est bien de nous rappeler le rôle essentiel de ce niveau de la réalité. Les contributions d'Isabelle Schulte-Tenckhoff, Ghislain Otis et Geneviève Motard, Isabelle Merle, Régis Lafargue et Marcel Djama nous rappellent que c'est bien dans le contexte de l'État-nation que doivent *aussi* s'envisager des enjeux autochtones à l'interface de notions identitaires – la conscience de l'appartenance à un collectif national ainsi qu'à d'autres collectifs reconnus ou non par l'État – et de notions juridiques – l'existence de formes de souveraineté, de droits, de catégories administratives et d'institutions politiques particulières.

À cette réhabilitation d'une dimension étatique parfois négligée dans l'analyse des phénomènes de la mondialisation, vient dans cet ouvrage s'en ajouter, en apparence, une seconde : celle d'aire culturelle. Ainsi la troisième section s'intitule-t-elle *Représentations de soi comme autochtones dans les Amériques* alors que la quatrième interroge ces représentations, cette fois dans le *Pacifique*. Mais les apparences sont parfois trompeuses, car il s'agit moins là de mobiliser une catégorie analytique aujourd'hui largement dépassée que de s'intéresser au *point de vue* autochtone, à «l'agencéité», terme qui fleure encore tant le néologisme en français qu'on lui accole généralement l'original anglo-saxon *agency*, ainsi qu'aux dynamiques régionales. Du Mexique au Canada, Pierre Beaucage, Paula López Caballero, Sylvie Vincent, Denis Gagnon et Pierre Trudel interrogent depuis leur terrain respectif les pratiques et les processus symboliques, rhétoriques et de catégorisations qui sont à l'œuvre dans les discours sur l'autochtonie et les représentations de soi comme autochtones. Pour Scott Simon, Sylvie Poirier, Vahi Sylvia Tuheiava-Richaud, Yannick Fer, Pierre-Yves Le Meur et Viviane Cretton, il s'agit bien aussi de voir comment, dans quels contextes et à quelles fins, différentes populations du Pacifique s'identifient comme autochtones, articulent des revendications dans les termes de l'autochtonie et se mobilisent dans ces mêmes termes.

À l'heure du bilan, il fallait aussi mesurer l'effet des différences de perspective constatées de part et d'autre de l'Atlantique en matière de structuration des champs de recherche. Alors que le champ « études autochtones » est clairement constitué depuis les années 1960 au Canada et au Québec, il est inexistant dans un pays comme la France, historiquement resté à l'écart de la vague des Cultural, Subaltern ou Ethnic Studies. Louis-Jacques Dorais, Thibault Martin, Carole Lévesque, Laurent Jérôme et Olivier Maligne, dans la cinquième section, *Le point sur la recherche sur les questions relatives aux autochtones*, soulèvent des enjeux à la fois théoriques, épistémologiques et déontologiques, dans le contexte de disciplines académiques qui ont pris acte – à des degrés divers – de leur nécessaire « décolonisation ».

La trentaine de textes de ce recueil est emblématique de la richesse des débats qui traversent les disciplines des sciences humaines : anthropologie, sociologie, histoire et droit. Le croissement disciplinaire que nous proposons ici est un moyen de rendre justice à la complexité des questions autochtones. Bien entendu, dans la mesure où ce recueil vise à représenter la diversité des points de vue sur l'autochtonie, nous tenons à rappeler que les idées exprimées dans les textes n'engagent que leurs auteurs. Au-delà de cette diversité, la sixième section, *Les arts et les autochtones*, présente les contributions d'Yves Sioui-Durand et d'Eric Schwimmer qui, invoquant la dimension proprement universelle de l'expression artistique, invitent à transcender l'essentialisme d'un nouveau « grand partage » entre autochtones et non-autochtones.

Nous voudrions pour terminer souligner le format novateur de la rencontre, puisque la formule, dans un premier temps, consistait à réduire au silence les « experts » de l'autochtonie en ne donnant la parole qu'au regard éloigné de commentateurs, familiers à des degrés divers avec les questions précises développées dans les textes. Leur rôle était de résumer de façon critique les textes reçus à l'avance et de déceler des pistes de discussion. Rétrospectivement, nous mesurons à quel point l'entreprise de décentrement que représentait leur rôle dans la rencontre a été un pari réussi. Les frustrations initiales des « experts » dont les idées ont été, dans un premier temps, synthétisées par d'autres, ont été largement compensées par la qualité des débats. Les contributions des commentateurs en tant que telles ne figurent pas dans ce livre, mais leurs interventions, questions et commentaires permirent de retravailler les textes qui sont réunis dans ces pages. Nous tenons donc à remercier tout particulièrement Michel Agier, Thierry Bonnot, Christine Demmer, Jean-Pierre Dozon, Jean-Pierre Hassoun,

Marie-France Labrecque, Anne-Marie Losonczy, Jean-Yves Parris et Benoît Trépied. Nous tenons aussi à remercier les participants qui n'ont pas pu nous envoyer une version révisée de leur texte. Il s'agit de Marcel Detienne, Martine Garrigues Cresswell, Marie-Françoise Guédon, Patrick Menget, Bernard Saladin d'Anglure et Peter Geshiere.

Cet ouvrage ne prétend absolument pas épuiser le débat, notamment parce qu'une des dimensions a été peu explorée (sauf par Laurent Jérôme et Carole Lévesque) : il s'agit du dialogue entre autochtones et non-autochtones. Certes, plusieurs autochtones se sont joints à nous, mais nous espérons que cette participation soit renforcée lors de nos prochaines rencontres.

BIBLIOGRAPHIE

BAYART, Jean-François, Peter GESCHIERE et Francis NYAMNJOH (2001), «Autochtonie démocratie et citoyenneté en Afrique», *Critique internationale*, n° 10, p. 177-194.

DETIENNE, Marcel (2003), *Comment être autochtone : du pur Athénien au Français raciné*, Paris, Seuil.

GLOWCZEWSKI, Barbara (2007), «Introduction : entre spectacle et politique : les singularités autochtones», dans Barbara Glowczewski et Rosita Henry (dir.), *Le défi indigène*, Montreuil, Aux lieux de l'être, p. 11-35.

Généalogies du concept
d'« autochtonie »

Origines barbares
Pourquoi les Celtes n'ont jamais été autochtones

SERGE LEWUILLON

[…] et tantum sui similem gentem extitisse […].

Tacite[1]

Dans ce pays-là, on aime les étrangers.

Parthénios[2]

IMAGINAIRE CELTIQUE, CELTES IMAGINAIRES

Ayant à évoquer les Celtes, peuple dont le nom est aussi familier au grand public que son archéologie lui est étrangère, je crois utile de souligner d'emblée combien l'identité celtique, telle qu'elle est revendiquée aujourd'hui par ceux qui se veulent leurs descendants, est pourtant bien éloignée des contingences protohistoriques. Il n'est certainement pas audacieux d'avancer que les clichés touristiques en constituent l'inspiration principale. À titre d'exemple, voici, tirés d'une revue de grande diffusion, les propos convenus d'un visiteur d'outre-Atlantique. Son récit paraît d'autant plus navrant qu'on connaît l'importance là-bas de la communauté irlandaise ; et, comme si cela ne suffisait pas, il est appuyé de quelques photographies assez affligeantes, qui donnent tout son sens au mot cliché :

Débusquer un Celte, dans l'Europe du XXIe siècle, n'est pas une tâche insurmontable [...]. Poussez à l'ouest aussi loin que possible, jusqu'aux

---

1. « Une nation [...] qui ne ressemble qu'à elle-même » : *Germanie*, 4, 1.
2. Il est question de la Gaule antique, bien sûr : *Souffrances d'amour*, 8. S'il s'agit d'une figure de la littérature alexandrine, elle est néanmoins tirée des *Histoires* d'Aristodème, petit-fils de Poseidonios et maître de Strabon au Ier siècle av. J.-C.

falaises et aux anses de l'Atlantique [...] et retournez-vous. Il y a fort à parier que vous voyez des pierres, plein de pierres, empilées pour former des clôtures, l'ossature des maisons ou éparpillées comme des osselets dans des champs pauvres. Il pleut ? Vous touchez au but [...]. Avec un peu de chance, vous entendrez le son d'une cornemuse ou celui d'un violon ; si vous persistiez, vous pourriez percevoir d'étranges sonorités : celles de la langue celte. (O'Neill, 2006 : 4)

À lire cette notice, le paysage semble n'avoir guère évolué depuis les *Mémoires* d'un touriste célèbre, à qui il inspira des sentiments bien déprimants :

L'aspect général du pays est morne et triste ; tout est pauvre et fait songer à l'extrême misère ; c'est une plaine dont quelques parties sont en culture, celles-là sont entourées de petits murs en pierres sèches. À cinq cents pas du triste village d'Erdeven [...] on commence à apercevoir de loin des blocs de granit, dominant les haies et les murs en pierres sèches [...]. Bientôt, nous sommes arrivés à plusieurs lignes parallèles de blocs de granit. J'ai compté, en recevant sur la figure une pluie froide qui s'engouffrait dans mon manteau, dix avenues formées par onze lignes de blocs (un bloc de granit isolé s'appelle un peulven) [...]. Cette antique procession de pierres profite de l'émotion que donne le voisinage d'une mer sombre... (Stendhal, 1837 : II, p. 11-14 ; 50-51)

C'est donc le regard qui a changé ; la faute en est à ce recyclage néo-celtique – et pour ainsi dire postmoderne[3] – animé peut-être des meilleurs intentions du monde (tant qu'il ne donne pas prise aux fantasmes de l'extrême droite), mais complètement fourvoyé dans une sous-culture de fantaisie. Car il est à craindre que la vérité n'ait été du côté de Stendhal : les anciennes contrées celtiques, effectivement perdues au bout du monde, sont restées longtemps arriérées, exclues du progrès économique. La remise au goût du jour des Celtes, en tant qu'accessoires d'une revendication identitaire, témoigne en réalité d'un grand malentendu, qui résulte de la confusion de quatre éléments : un héritage linguistique, une épopée profuse et pittoresque, un mythe des origines et une idée archi-fausse des Celtes de l'archéologie. Mais, en tant que phénomènes historiques, ces éléments n'existent pas dans le même plan ni à la même époque : la langue n'a cessé d'évoluer, l'épopée est une transposition médiévale, le mythe invente des invasions hors d'âge et l'archéologie renvoie les Celtes à l'âge du Fer. De ce

3. Voir les illustrations de l'article cité (p. ex., p. 20-21) qui font appel à des représentations – parfois fort biscornues – des mégalithes (lesquels, faut-il le rappeler, sont antérieurs aux Celtes historiques de plusieurs millénaires ?).

fait, prétendre en inférer une théorie unifiée des origines n'a tout simplement pas de sens. L'histoire des Bretons armoricains suffirait à démontrer cette absurdité. Au terme d'un itinéraire aussi compliqué que le leur, il n'existe plus de relation directe ni même identifiable entre la culture bretonne et les Celtes originaires : tout au plus un fantasme, que l'anthropologie physique puis le régionalisme n'ont cessé d'entretenir. Et demain, verrons-nous des raffinements génétiques ?

Le problème vient de ce que l'histoire à l'usage des politiques semble attester, où qu'on porte ses regards en Europe, cette unité celtique des premiers temps. À l'époque de la réunification allemande – les mots peuvent être des prétextes – se tint à Venise une prestigieuse exposition qui fit le point sur les Celtes. Dans leurs discours, officiels et commissaires n'y allèrent pas par quatre chemins : les Celtes, c'était la préfiguration de l'Europe.

> Un peuple dont l'empreinte a modelé durablement une grande partie de l'Europe, [caractérisé] par une connexion profonde et même une cohérence originaire entre l'est et l'ouest de l'Europe : ce qui est particulièrement important pour le rapprochement actuel entre les deux mondes [...]. On a prêté une attention particulière aux problèmes d'intégration ethnique et culturelle générés par l'expansion. C'est de cette fusion ethnique des Celtes avec les populations indigènes de souches différentes que se forma la « première Europe ». (Anonyme, 1991)

On touche ici à l'universel : de l'ethnogenèse celtique, l'Europe serait à la fois le berceau et le destin. Et même un modèle pour l'édification des peuples : les hommes enracinés et ceux de l'expansion auraient connu en elle le bonheur d'une intégration réussie... L'enracinement des Celtes dans l'histoire européenne n'est cependant pas une nouveauté historiographique. Depuis la seconde moitié du XIXe siècle, préhistoriens, linguistes et anthropologues ont sans cesse été aux prises avec des problématiques de ce genre, sur fond d'expansion indo-européenne, de peuplement préhistorique ou parfois d'inavouables raisons idéologiques. Mais le concept d'identité celtique va plus loin que des langues parentes ou qu'un espace partagé : il implique aussi la légitimité d'user du nom des Celtes à propos d'une ou de plusieurs séquences archéologiquement identifiables. Ce qui importe ici, c'est la possibilité de se référer à un bloc culturel stable, qui aurait fait sentir ses effets depuis le premier millénaire avant notre ère jusqu'à nos jours ; c'est aussi celle d'expliquer pourquoi les Celtes parvinrent à se distinguer des autres peuples protohistoriques de même niveau (les Scythes, par exemple, qui n'ont pas non plus laissé les anciens indifférents) en assumant un rôle pour ainsi dire supranational. En accompagnant les Celtes au stade ultime de leur ethnogenèse, la référence européenne porte donc le problème de l'origine des peuples à un niveau inconnu jusqu'ici… et sans doute jusqu'au paradoxe.

N'EST PAS AUTOCHTONE QUI VEUT

La remarque précédente conduit à reformuler la question du début : est-il concevable de définir l'identité celtique en référence à une *koinè* culturelle qui ne serait en réalité qu'une tradition évolutive et généralisée, sans patrie et sans âge, à laquelle on aurait fini par concéder l'épithète celtique en vertu d'une hypothèse antique ? À l'évidence, ce ne serait qu'une tautologie. Pour que cette démarche ait du sens, il faudrait d'abord démontrer qu'une telle culture peut être rattachée à une « civilisation » objectivement identifiable, qui serait en quelque sorte dépositaire de la marque et du fonds celtique. Mais que peut bien signifier objectif en l'absence de toute identité ? Par ailleurs, la même question considérée du point de vue d'une sorte de droit du sol conduirait à une autre impasse. En effet, s'affirmer comme Celte reviendrait soit à se prétendre originaire du berceau celtique (fort éloigné des contrées considérées aujourd'hui comme celtiques), soit à se reconnaître comme le produit de l'expansion celtique – c'est-à-dire non autochtone dans les deux cas. À l'échelle européenne, autochtonie et identité celtique forment donc un couple irréconciliable.

L'objectivité en la matière – si l'on y tient – commande de chercher à savoir si les Celtes ou, à défaut, ceux qui les ont côtoyés se sont posé ce genre de question. Ne serait-ce que d'un point de vue terminologique, le concept d'autochtonie est profondément marqué par la culture hellénique (les Grecs ne parlaient que « des autochtones »), où il revêt une importance considérable pour le positionnement du corps civique dans la cité. Sous ce patronage, les citoyens ne sont plus à considérer comme « le perpétuel recommencement du même » dans un processus généalogique, mais comme un corps permanent dont la périodicité générationnelle est transcendée par le mythe de l'origine absolue : ils sont « nés de la terre » et « l'autochtonie donne à Athènes son *aiôn* » (Loraux, 1996 : 34). Il est aisé, à partir de cette conception, de réaliser avec quel raffinement se pose le problème de l'étranger à la cité – puis dans la cité. On y a vu à juste titre une « opération de langage très réussie en ce qu'elle contribue à naturaliser la démocratie » (Loraux, 1996 : 41). Ce n'est probablement que le bon côté des choses…

Tout cela est bel et bon pour les Athéniens, mais est-ce ainsi que les Barbares concevaient leur rapport aux origines, eux qui n'avaient pas de *polis* à justifier (ce qui n'exclut pas qu'ils eurent à rendre compte d'autres structures, comme des lignages ou de la noblesse, par exemple) ? Nous avons la chance de disposer à leur sujet de plusieurs traités bien renseignés, susceptibles de nous éclairer sur l'idée qu'ils se faisaient de leur propre ethnogenèse. *A priori*, les choses sont simples : l'identité d'un peuple barbare se concevait d'abord comme une extension de la territorialité du groupe et comme son imperméabilité aux apports étrangers, avant que d'apparaître comme l'expression de son ethnicité (laquelle se définit immuablement par la langue, les institutions et les mœurs)[4].

En outre, nous pouvons être assurés que le système de parenté celtique accordait une grande importance au lignage (Lewuillon, 1990 : 353 et suiv.). Or, à en croire l'Athénien Hypéride, généalogiste averti, le système particulariste du *génos* s'oppose radicalement à l'autochtonie, qui garantit l'indifférenciation des générations[5]. Puisque c'est bien d'un système généalogique que rendent compte des témoins attentifs, comme Polybe, Poseidonios, César ou Tacite, il faut en conclure, à ce qu'ils en ont compris, que les conceptions barbares des origines se situaient hors du champ de l'autochtonie grecque – c'est-à-dire hors de la dialectique du *génos* et de l'*ethnos*.

Si les auteurs classiques n'évoquent qu'exceptionnellement les origines celtiques, ils s'ingénient en revanche, au prix de multiples contradictions, à localiser les séjours des Celtes et à en mesurer l'extension. À ce propos, Hérodote, dont l'œuvre date approximativement du troisième quart du Ve siècle av. J.-C., inaugure une tradition dont Polybe sera un des derniers dépositaires antiques[6] : en dépit de quelques confusions difficiles à démêler, il apparaît que les Celtes auraient jeté leur dévolu sur la Gaule, où ils seraient arrivés avant le Ve siècle av. J.-C., peut-être en provenance des régions danubiennes, mais en tout cas du nord des Alpes. Bertrand et Reinach, historiens de la fin du XIXe siècle, ont soutenu cette théorie, y apportant des aménagements chronologiques fondés sur les progrès de l'archéologie (Bertrand et Reinach, 1894). Pour sa part, d'Arbois de Jubainville avait la conviction que les Celtes de Gaule avaient commencé par y fonder un empire solide et compact. Pour César, Tite-Live et peut-être Pline, les

---

4. Tacite, Germanie, 28, 1-5.

5. Hyperide, *Epitaphios* : 7.

6. Cet auteur a visité les Alpes, la Gaule méridionale et une partie des rivages océaniques vers le milieu du IIe siècle av. J.-C.

Celtes – ou du moins les Gaulois, dont ils font une subdivision des précédents – étaient originaires de Gaule centrale. Amédée Thierry les suivait,
supposant que la Gaule n'avait représenté qu'une station de longue durée
pour des Celtes arrivés d'Asie vers 1600 av. J.-C. Pour Déchelette et les
archéologues en général, l'origine des Celtes était à chercher en Europe
moyenne, d'où ils auraient migré à partir de 900 av. J.-C. Dans les grandes
lignes, cette position rejoint celle de l'archéologie contemporaine, qui désigne le *Hallstattkreis* comme le creuset celtique et qui fait des «Celtes historiques» les représentants quasi exclusifs de la culture archéologique de La
Tène[7]. Quant au maître des études gauloises, Jullian, il demeurait insensi-
ble aux acquis de l'archéologie et soutenait avec un entêtement pathétique
la thèse improbable d'un peuplement ligure quasi autochtone, auquel
seraient venus s'ajouter les Celtes historiques (Jullian, 1920 : I, p. 79-135 ;
159-178). Cette souche et ce greffon formaient toute l'âme française en
devenir.

Derrière les lieux communs de l'ethnographie primitive et les tâton-
nements de l'historiographie, un nouveau schéma se dessine. Bien que ni
les anciens ni les modernes n'aient développé de théorie explicite sur l'origine des Celtes, les uns et les autres laissent entendre que la Gaule aurait pu
connaître un peuplement en deux temps : des invasions auraient installé
une population celtique dans le pays d'où elle serait ressortie, après un délai
plus ou moins long, pour de nouvelles conquêtes. Un doute plane sur
d'éventuels occupants que les Celtes auraient trouvés à leur arrivée.

Un seul texte évoque l'autochtonie des Celtes, mais il est sujet à
caution. Timagène, Égyptien de langue grecque ayant vécu à Rome dans
l'entourage de César, passait pour bien informé sur la Gaule – sans l'avoir
visitée, mais ayant bien lu Poseidonios. Ammien Marcellin le résuma au IVe
siècle de notre ère : Timagène rapportait que, d'après les druides, une partie
de la population gauloise aurait été indigène, tandis qu'une autre serait
venue d'îles océaniques et de certaines contrées d'outre-Rhin[8]. De ce récit
au troisième degré, toutes les interprétations sont plausibles : en particulier
la celtisation précoce des îles Britanniques, l'extension des Celtes d'Europe
centrale dès le premier âge du Fer – à moins que ce ne soit celle des Belges
au IIIe siècle av. J.-C. – et, bien entendu, l'existence d'un peuplement
autochtone en Gaule. Mais si Timagène dit vrai, comment se fait-il qu'une

---

7. Sur l'historiographie des origines celtiques, voir en dernier lieu Collis (2003a et
   2003b).
8. Timagène, *Sur les rois.*

thèse aussi forte n'ait pas été mentionnée par Diodore, Tite-Live, Strabon ou César, qui souvent le suivirent et qui, pour certains, connaissaient la Gaule et ses habitants ?

Bien que son auteur ait eu recours à des sources ethnographiques, la *Guerre des Gaules* ne relève pas vraiment de ce genre : les rapports du proconsul sont essentiellement dictés par les perspectives politiques du temps, ainsi que par une conception très personnelle de l'aire germano-celtique. Il n'est donc pas étonnant que César ne s'applique pas particulièrement à tirer au clair la question de l'origine des Celtes. Lorsqu'il nomme les tribus gauloises, seul l'ethnonyme apparaît. Des termes comme *gens* ou *natio*, souvent synonymes, renvoient essentiellement à des questions de parenté et d'alliances, sauf dans le cas des Germains[9]. L'exception est notable, car, dans la rhétorique de l'ethnographie classique, les Germains représentent un état de civilisation moins contaminé par la culture romaine que les peuples qui vivent au midi. De ce fait, ils sont censés avoir conservé l'état primitif de leur société, ce qui garantit la pertinence d'un discours sur leurs origines. S'il ne faut pas négliger ce que de tels propos peuvent comporter de poncifs, il faut se garder d'une position outrancière qui mettrait tous les traits plus ou moins ethnographiques sur le compte d'une « rhétorique de l'altérité » (Hartog, 1980). En maintes occasions, on peut observer qu'au delà des topiques et de l'*interpretatio classica* il est envisageable de recueillir quelque élément authentique, particulièrement dans les cas où les auteurs semblent dépassés par ce qu'ils rapportent. Il y a toute chance alors pour qu'on soit aux prises avec un souvenir déformé de quelque réalité lointaine, d'autant plus sincère que sa forme rapportée nous paraît incompréhensible ou fabuleuse.

Sur le récit des origines, la lecture de la *Germanie* de Tacite, composée vers 98 ap. J.-C., est fort instructive. Certes, il y est question à première vue des Germains plutôt que des Celtes. Mais, d'une part, la différence culturelle entre les deux groupes était faible, comme le montrent leurs structures sociales. D'autre part, l'analyse de leur culture matérielle révèle que l'aire considérée comme germanique par Tacite ne l'était pas au sens ethnique. La plupart des peuples évoqués à l'aide d'une définition géographique assez comparable à celle de César, quoique différente dans ses présupposés (Chastagnol, 1984), étaient en réalité des Celtes ou, dans les cas les plus litigieux, des Germains celtisés (Norden, 1959 ; Hachmann et autres, 1962 ; Hachmann, 1971). Quoi qu'il en soit, Tacite, à qui il arrive

---

9. *B.G.*, VI, 22, 2, où le terme est distingué de *cognatio*. Pour ces nuances du système de parenté gauloise, *cf.* Lewuillon (1990 : 353 et suiv.).

de s'affranchir de l'ethnographie républicaine, manifeste une vive sympathie pour l'innocence originelle qui nimbe encore les Germains. À l'inverse des tribus gauloises, réunies en nations politiques au terme d'une ethnogenèse complexe[10], les *gentes* germaniques sont restées pures de tout mélange. Certes, dans la seconde partie de l'ouvrage, où sont énumérées les tribus, *gens* devient pratiquement synonyme de *natio*[11] pour désigner ces entités historiquement constituées. Mais pas une seule fois *natio* ne renvoie à l'identité génétique des tribus : seule la *gens* «pure de tout mélange et qui ne ressemble qu'à elle-même[12]» peut assurer l'authenticité «du nom et du sang[13]». Nulle part, Tacite ne fait référence explicitement à l'autochtonie des hommes : seul un dieu y a droit, mais c'est seulement de son fils, Mannus, que descendent les Germains.

> Ils célèbrent en d'antiques poèmes – la seule forme de tradition et d'histoire qu'ils connaissent – le dieu Tuisto né de la terre (*terra editum*) et son fils Mannus, ancêtre de leur nation (*originem gentis*)[14].

Indépendamment des difficultés que soulève ce dieu mystérieux, on se demande ce que cache ce subtil *distinguo* qui veut que les Germains descendent de Mannus, mais non de son père. Bien sûr, il ne s'agit pas ici des structures de la parenté, mais de celles du mythe. Suivant un procédé propre aux peuples qui pensent mythiquement leur histoire (tels les Celtes et les Germains), au lieu de penser historiquement leurs mythes (comme le font les Romains), la translation de l'histoire au mythe est accomplie par un personnage qui, ayant un pied dans la réalité et l'autre dans la fiction, à la manière d'un héros, peut mieux que tout autre marquer une rupture symbolique (comme Uther Pendragon, coincé entre Arthur et les *duces Britanniarum*). Par ce moyen, Tacite distingue l'autochtonie, le plus archaïque des mythes (puisqu'il survit à peine chez les Germains) de l'indigénie, plus objective et surtout plus historique :

> Quant aux Germains eux-mêmes, je les croirais indigènes (*indigenas*), et qu'en aucune sorte ni l'établissement d'autres peuples ni les relations

---

9. Un processus qui guette aussi les Germains au fil de l'histoire : *Germanie*, 28, 1-5. Les tribus politiquement formées reçoivent le nom de *ciuitates*, comme chez César.

10. Et parfois de *populus*, qui désigne les peuples en tant que modules de la vaste entité germanique.

11. *Germanie*, 4, 1.

12. *Germanie*, 39, 2.

13. *Germanie*, 2, 3.

d'hospitalité n'ont produit chez eux de mélange, car jadis ce n'était pas par terre, mais en bateau que se transportaient ceux qui cherchaient à changer de demeures[15].

Tacite, qui suit César[16], avait déjà exposé ce thème à propos des Celtes de Bretagne (*indigenae an aduecti...*), avant de chercher la réponse dans l'anthropologie physique et dans l'ethnographie[17]. À l'époque où, précisément, les Gaulois étaient redécouverts (*cf. infra*), Jean Bodin avait tiré une règle de cette sorte d'opposition, relevant que les mythes des origines n'appartenaient qu'à deux types fondamentaux : *nati a diuo* ou *indigenae* (Bodin, 1951). L'indigénie est donc bien une affaire humaine.

LES ENRACINÉS

Le mythe de l'autochtonie semble donc pouvoir être écarté de l'historiographie des Celtes et des Germains. Sans entrer dans le détail de la littérature insulaire, bornons-nous à constater qu'il en va de même dans l'épopée irlandaise, qui retrace, au fil d'une tradition continue (ce qui n'est même pas le cas pour les Bretons), les origines de la seule Celtique qui soit devenue une nation. Or, ses propres écrivains nationaux n'ont eu de cesse que de démontrer l'hétérogénéité du peuplement initial de l'Irlande et l'acquisition tardive de son caractère celtique. Cette histoire était relatée dans de nombreux poèmes et récits anciens (*Dinnsenchas*) qui ont été compilés au XIe siècle dans le célèbre *Livre des invasions* (*Leabhar na Gabhala*). Il ne faut pas pour autant voir les Celtes dans l'une de ces vagues d'envahisseurs, car les traces archéologiques d'une celtisation homogène des îles Britanniques font défaut, au moins durant les âges du Fer (Hawkes, 1973). Quoi qu'il en soit, il est clair que l'idée de l'autochtonie n'a jamais effleuré les Celtes insulaires.

Mais elle a surgi plus tard, là où on ne l'attendait pas. Les ethnogénies, genre historique consacré à l'ethnogenèse protohistorique, furent très en vogue au XIXe siècle et au tout début du XXe. Ayant disparu en tant que telles après la première guerre, elles se prolongèrent dans plusieurs ouvrages

---

15. *Germanie*, 2, 1. Quant à ceux qui ne sont pas Germains, ils sont tout simplement *alienigeni* (43, 1).

16. *Britanniae pars interior ab eis incolitur quos natos in insula ipsi memoria proditum dicunt, maritima ab eis, qui praedae ac belli inferendi causa ex Belgio transierunt* : *B.G.*, V, 12, 1.

17. *Agricola*, 11, 1-6.

sur le peuplement de l'Europe durant la préhistoire récente. À cette époque, l'archéologie s'attachait surtout à maîtriser ses typologies et ses chronologies : l'histoire du peuplement était donc le cadet de ses soucis. Dans le domaine des antiquités nationales, la monumentale *Histoire de la Gaule* de Jullian s'imposa comme la référence absolue. Son auteur, indifférent à l'archéologie pratique, y professait des théories notoirement dépassées sur le peuplement de la Gaule. Malgré cela, sa renommée, jointe au succès de la géographie vidalienne et de l'histoire régionaliste, entraîna la propagation d'une conception « agrarienne » de l'histoire antique. La mode était aux ruraux et le contexte politique, du syndicalisme paysan aux chemises vertes de Dorgères (Paxton, 1996), y était favorable. Rien ne symbolise mieux cette ambiance que la parution quasi simultanée à l'aube des années trente de trois des livres fondateurs de l'histoire rurale en France : *Les Caractères originaux de l'histoire rurale française* (Bloch, 1931), l'*Essai sur la formation du paysage rural français* (Dion, 1934) et l'*Histoire de la campagne française* (Roupnel, 1932), auxquels on pourrait joindre les *Visites aux paysans du Centre* (Halevy, 1935).

Le troisième ouvrage retiendra notre attention. Dans cette œuvre inspirée, qui connut immédiatement un grand succès, Roupnel portait l'exaltation du vieux fonds paysan à son paroxysme en ressuscitant la dialectique de l'autochtone et de l'immigrant. Dans la continuité de Jullian, Roupnel plaçait la terre paysanne au centre de sa geste. Aucune description ne peut donner idée du souffle de la prose de l'écrivain bourguignon : trois citations illustreront les thèmes principaux de son archéologie rurale.

Le premier, « nés de la glèbe », est celui de l'enracinement. Vidal de la Blache étant à Roupnel ce que Strabon était à Jullian, on ne sera pas étonné d'y retrouver les motifs de la prédestination et de l'harmonie des paysages.

> Cependant, avant que l'agriculture devînt chez nous, sous l'influence de la race venue de l'Orient, un système généralisé, elle était née déjà spontanément chez les vieilles races d'Occident. [...] L'agriculture chez nous est poussée des sèves <u>indigènes</u>[18], et née comme le fruit de cette terre. L'agriculture fut, dans nos pays, l'adaptation naturelle avec le sol d'une humanité qui était déjà depuis longtemps <u>attachée au sol</u>. [...] La cause de cette précoce sédentarité, ce qui fixa l'homme, ce qui l'attacha au sol, ce n'est pas une décision ou une direction qu'il puisait dans son génie propre. La puissance fixatrice, elle siège en chaque coin de cette future France. Elle

---

18. C'est moi qui souligne dans l'ensemble des extraits de Roupnel.

est la grâce autoritaire de cette nature. Chaque lieu est un territoire complet où l'homme trouve, au raccourci de ses moyens, tout l'Univers nécessaire, toutes les formes du relief, les sous-sols variés, les aptitudes qui se complètent. (Roupnel, 1932 : 30-31)

Le second, « l'éternel paysan », dévoile ce qu'est la véritable autochtonie et combien elle surpasse la culture. Roupnel en fait une expérience primordiale :

Nous avons quelque peine à nous représenter ces aspects et ces temps lointains. Volontiers, il nous plaît de croire que les lieux n'ont reçu leur agrément que de la civilisation [...] partout, l'homme y était déjà <u>fixé sur chaque terroir par des liens éternels</u>. Mais ce qui l'attacha, ce ne fut pas seulement l'émotion de la mémoire héréditaire où s'est rassemblé ce que les contemplations humaines ont reçu du pays [...]. Aux origines de l'agriculture, il n'y a pas seulement l'excitation de l'éternelle recherche humaine ou le souci de satisfaire à des besoins alimentaires ; <u>c'est de la terre, depuis longtemps interrogée par l'homme, qu'est sortie la sollicitation qui lui attacha l'homme</u>. [...] L'agriculture est née de cette longue expérience primordiale, et la partie pratique de sa science a été, jusqu'au début de l'époque moderne, l'exploitation du legs hérité des primitifs. La vie agricole en France reposa sur la <u>longue tradition qu'animaient les origines</u>. (Roupnel, 1932 : 32-34)

Le troisième enfin, « les deux races », répartit les rôles historiques entre la race autochtone et le peuple nouveau venu de l'Est, par ailleurs qualifié en des termes explicitement anthropologiques :

Mais cette généralisation de la vie agricole [...] c'est l'œuvre de la <u>race brachycéphale</u>. [...] Et à mesure que l'homme à tête ronde, en marche vers l'Occident, pénétrait entre des reliefs de plus en plus vigoureux, son territoire agricole [s'achevait] dans l'autorité et l'harmonie d'un système calculé et éprouvé pour une expansion universelle. La fondation de la campagne est la systématique entreprise née de la rencontre et du mélange des rudes populations indigènes avec le peuple nouveau venu de l'Est. Notre système agricole est né de l'association de ces deux forces complémentaires.

Les <u>brachycéphales</u>, infiltrés peu à peu sur le territoire, y ont apporté une science générale, l'ingéniosité d'une activité apte à tous les lieux, leur goût de l'ordre et de l'aménagement général, leur sens de la société. <u>L'indigène</u>, lui, mettait au fonds commun de l'association sa connaissance profonde d'un sol particulier, un instinct animal des choses et du pays, l'âpre attachement à un terroir [...]. <u>Les deux races</u> entraient en collaboration chacune avec son expérience singulière de la terre et du sol [...]. Les deux tempéraments s'affirment en toutes les formes d'activité. Avec <u>l'émigrant</u> a pénétré une vie plus riche et plus général, le sens d'une collectivité plus grande [...]. L'autochtone, lui, est dans cette France paysanne l'énergie rude des lieux. Il est le fonds de constance, l'esprit d'épargne et de résistance. Il est ce qui ne bougea jamais, la fidélité sauvage à la terre [...]. Ces deux races : l'une, souffles et clartés venus de loin !... L'autre, la roche en place !... [...] Dans cette composition ethnique, l'autochtone et l'envahisseur ont l'un et l'autre grandi de tout ce que chacun complétait chez l'autre. (Roupnel, 1932 : 36-38)

Cette oraison palpitante étonne par sa force de conviction, et dérange aussi. Qui croirait que Roupnel n'a puisé qu'en lui-même de quoi se persuader qu'il tenait avec ce vitalisme rural une loi de l'histoire ? Le fondement du système qu'il dévoile ainsi n'est évidemment pas à chercher dans l'archéologie, mais dans la logique d'un discours aussi trouble qu'archaïque, déclamé sur tous les tons dans les années 1930 et 1940.

Au XVIᵉ siècle, à la suite du regain d'intérêt porté à l'antiquité, les Gaulois furent redécouverts et aussitôt idéologiquement marqués, car on leur reconnaissait les vertus nationales qui manquaient aux civilisations grecques et romaines (Dubois, 1972 : 27-28). Dès lors, ils devinrent les acteurs privilégiés du mythe des origines nationales, ainsi que les instruments d'une politique d'union française, mais aussi ceux de la différenciation et de la domination des peuples voisins (Dubois, 1982 : 20). La caractéristique permanente de ce système idéologique est d'avoir fonctionné dès le début selon un code dualiste opposant différentes catégories de groupements humains : peuples, ethnies, ordres, classes, etc. Au cours de cinq siècles de manipulation, seul l'habillage historique du dualisme a varié. C'est, en suivant ce schéma que prospéra la théorie dite « des deux races ». Selon cette doctrine, appelée à bien des renversements de Boulainvilliers (1732) à Montlosier et de Tocqueville à Gobineau, l'opposition entre deux des ordres qui se partageaient la France – noblesse et tiers-État – remontait à l'opposition entre les Francs conquérants et les Gallo-Romains plus ou moins autochtones. En fait, ces reconstructions idéologiques n'étaient que prétextes à une mythomanie de forme ethnogénique, qui devait connaître de beaux jours aux XVIIIᵉ et XIXᵉ siècles. C'est ainsi que se constitua l'historiographie nationaliste, doublée en certaines occasions d'un discours sur la race (Pomian, 1992 ; Aron, 1967 ; Poliakov, 1971 : 29-33). À partir de la Révolution, idéologues et celtomanes prirent la défense des Celtes : plutôt que de laisser aux Francs l'honneur de représenter la noblesse, ils balayèrent le germanisme et mirent à sa place une aristocratie d'extraction celtique. Puis, le bretonnisme et d'autres régionalismes s'en mêlèrent, jetant de nouveaux combattants dans la lice. Cette volonté de socialisation et de nationalisation des antiquités celtiques devait aboutir à naturaliser le débat sur les races : toute question historique concernant l'établissement des Celtes devait être préalablement réglée sur le plan ethnique.

Jamais sans cela les Gaulois n'eussent été partie prenante de l'anthropologie physique, qui aurait dû en principe être réservée aux hommes préhistoriques. Mais les Gaulois, eux, avaient un pied dans l'histoire ; aussi, à vouloir concilier le peu qu'on savait par les plus anciens textes avec les apories de l'anthropologie descriptive (la méthode anthropométrique et les doctrines raciologiques), on ne produisit jamais le moindre argument qui permît de trancher lesquels, des dolichocéphales ou des brachycéphales, étaient les Celtes authentiques (Lewuillon, 2006). Sous l'autorité de Paul Broca, une opinion se détacha ; elle reconnaissait la trace des Gaulois autochtones (c'est-à-dire les populations installées au moins depuis le néolithique, tantôt *Galls*, tantôt *Kymrys*, au gré des systèmes contradictoires) dans le type physique dominant de la paysannerie française. Le reste des traits ethniques des Français étaient alors interprétés comme la marque des Celtes venus de l'Est (*Kymrys* ou *Galls*, en fonction du choix précédent). Mais peu importe cet imbroglio, puisque nous reconnaissons désormais qu'une telle problématique est inconsistante. L'essentiel pour notre propos est de dénoncer les circonvolutions de la théorie sociopolitique des deux races se coulant dans le schéma dualiste. À ce jeu, elle se naturalisa complètement et finit en doctrine raciologique, renouvelant au passage le concept d'autochtonie. On y reconnaîtra la source des visions roupnéliennes.

Des années 1930 aux années 1980, qui virent renaître la protohistoire française, les synthèses historiques se comptent sur les doigts d'une main. Jullian régnait encore sur l'historiographie gauloise. En 1932, l'ouvrage posthume de Hubert avait résumé les positions des celtisants et mis un point final aux ethnogénies (Hubert, 1932). Il n'est donc pas surprenant qu'en l'absence de renouvellement de la critique historique la dialectique des autochtones et des migrants ait continué d'imprégner le monde savant, surtout dans sa version vitaliste. Le premier jalon que l'on repère après la seconde guerre est l'ouvrage de F. Lot (1947 : 25-26). Le moins qu'on puisse dire est que les vues anthropologiques qu'il y expose datent sérieusement :

> Que les Celtes aient occupé la Gaule vers l'an 500 ou vers l'an 1000 avant notre ère, il n'en reste pas moins qu'il y a lieu de se demander s'ils n'y avaient pas été précédés par des populations antérieures. [...] Une autre solution est possible : si l'occupation de la Gaule par les Celtes n'est pas un fait historique relativement récent, pourquoi l'une, au moins, des races

néolithiques ne se confondrait-elle pas avec eux? [...] On prétend qu'il n'y a pas de type français. Il y a cependant une moyenne ethnique française, sans quoi on ne comprendrait pas que, du premier coup d'œil, on distingue le Français de l'Espagnol, de l'Italien, de l'Allemand, du Néerlandais, de l'Anglais. Et ce fait d'expérience ne peut s'expliquer que si les ressemblances entre gens de France sont supérieures aux dissemblances et cela depuis des temps anciens. L'identité du Français et du Celte a frappé les premiers anthropologues et archéologues protohistoriens. (Lot, 1947: 25-26)

On constate que, s'il est indémontrable par définition, le mythe de l'autochtonie gauloise demeure au XXe siècle un procédé nécessaire pour certains historiens: il leur permet, en excipant du fonds français, de résoudre le paradoxe de l'homogénéité du peuplement protohistorique et de la mosaïque de l'Europe moderne, aux identités si caractéristiques qu'on les distingue du premier coup d'œil... disent-ils. La conclusion en terre gauloise n'est guère surprenante: de telles contorsions aboutissent fatalement à supposer, à défaut de pouvoir la démontrer, l'existence d'une ethnie française et, le cas échéant, des droits de primogéniture qui devraient en découler.

On s'attendrait à ce que les historiens contemporains aient définitivement réglé leurs comptes avec ces reliques malséantes de l'anthropologie raciale. Voici pourtant que certains généticiens curieusement inspirés s'acharnent à retracer l'histoire des peuplements les plus lointains non plus à l'aide de la forme des crânes ou du flair infaillible de F. Lot, mais grâce à d'habiles reconstitutions génétiques des populations actuelles. Il suffit de s'enquérir: veut-on les Indo-Européens ou les Doriens, les Celtes ou la race de Cro-Magnon? Soumis à la traçabilité, comme volailles à l'étal, ils se produisent sous nos yeux, tels qu'à leur premier jour, grâce à leur génome reconnu et à d'opportunes statistiques. À condition d'identifier ses gènes et, bien sûr, d'y croire pour toutes les raisons qu'on voudra, nous aurons bientôt l'autochtone *in vitro* (Cavalli-Sforza, 1993; 1996)[19].

LE MIROIR TRANSPARENT

Ce n'est évidemment pas la génétique comme science qui est en cause ici, mais les redoutables amalgames produits au nom de la génétique des populations. Ce qui n'était en principe qu'une anthropologie descriptive finit en autochtonie à l'envers, en assignant à chaque phénomène his-

---

19. Sur cette démarche et ses similitudes avec l'ancienne anthropologie physique, *cf.* Lewuillon (2006).

torique ou culturel des porteurs ethniquement identifiables, ainsi qu'un espace vital, ce qui revient à fonder biologiquement les illusions funestes du diffusionnisme. On en connaît qui eussent applaudi! Hélas, c'est faire bon marché de la culture et des hommes qui l'inventent à chaque instant dans la complexité de leurs rapports sociaux[20]. Bien entendu, jamais l'aire européenne n'a connu de peuplements ethniquement homogènes. Pourtant, il est juste de reconnaître qu'au cours de la protohistoire, elle s'est largement ralliée à ce que nous identifions comme une culture celtique.

Ce n'est donc pas la terre qui a fait l'homme: sans doute est-il à méditer, ce refus des Celtes anciens d'une particularité aussi absolue que l'autochtonie. Qu'on la rejette ou qu'on la revendique, elle n'est jamais qu'un mythe; n'ayant pas de cité à penser, les Celtes ne l'ont pas jugée utile. Dépourvus d'obsessions identitaires, ils se sentaient disponibles absolument, et prêts à se reconnaître dans le regard de ceux qui les abordaient.

Quemcumque mortalium arcere tecto nefas habetur[21]...

Là où les auteurs anciens ont voulu voir une innocence originelle, il n'y avait que transparence de l'intention: à tel regard porté sur eux, nos Barbares jugeaient l'interlocuteur, jaugeaient ses desseins. À qui les voyait comme un peuple, ils proposaient l'égalité et la réciprocité[22]; à qui les traitait en nations jalouses de leurs particularismes, ils opposaient la guerre.

L'estime de soi chez ces Barbares est probablement aux antipodes de la pensée qui a produit l'autochtonie grecque. D'une part, ils ont intuitivement renoncé à l'affirmation d'une origine enracinée, génératrice d'exclusion: au droit du sol, ils ont préféré la parenté, l'alliance et les affinités sociales (Lewuillon, 1990: 358). D'autre part, concevoir leur propre identité comme une relation aux cultures étrangères devenait pour eux une nécessité historique.

«Constituer des ensembles ethniques composites dont les vicissitudes ultérieures démontrent la solidité» (Kruta, 1991): c'est peut-être une grande idée, placée en Europe moyenne au point de rencontre de plusieurs mondes, qui a forgé cette insaisissable identité celtique.

---

20. Sur l'histoire du concept de culture en archéologie et en anthropologie, *cf.* Thomas (2000).

21. *Germanie*, 21, 2.

22. *Germanie*, 41, 1-2. Lewuillon (1992 : 71-89). En outre, le bon accueil fait aux étrangers est une réputation bien établie des Celtes et des Germains : Scymos, [*Livre sur l'Europe*]. *Cf.* également ici, n. 2 et 47.

Au terme de ce parcours singulier, il semblerait que nous ayons perdu l'autochtonie. Mais, après tout, l'essentiel pour exister à la face du monde n'est pas d'être né quelque part ; c'est, comme nous le soufflait Tacite, de ne ressembler qu'à soi-même.

BIBLIOGRAPHIE

ANONYME (1991), « L'exposition "Les Celtes" », dans *Dossier de presse du Palazzo Grassi*, Venise, Palazzo Grassi.

ARON, R. (1967), *Les étapes de la pensée sociologique : Montesquieu, Comte, Marx, Tocqueville, Durkheim, Pareto, Weber*, Paris, Gallimard (Bibliothèque des sciences humaines).

BERTRAND, A. et S. REINACH (1894), *Les Celtes dans les vallées du Pô et du Danube*, Paris, Leroux.

BLOCH, M. (1931), *Les Caractères originaux de l'histoire rurale française*, Oslo, H. Aschehoug ; Leipzig, O. Harrassowitz ; Paris, Les Belles Lettres ; Londres, Williams & Norgate ; Cambridge, Harvard University Press.

BODIN, J. (1951), « Methodus ad facilem historiarum cognitionem », Paris, Martinus Juvenis, 1566, cap. IX dans J. Bodin, *Œuvres philosophiques*, texte établi, traduit et publié par P. Mesnard, Paris, Presses universitaires de France (Corpus général des philosophes français, Auteurs modernes, 5, 3).

BOULAINVILLIERS (1732), *Histoire de l'ancien gouvernement de la France, Mémoire présenté à Monseigneur le Duc d'Orléans Régent. Essai sur la noblesse de France*, sans lieu, manuscrit.

CAVALLI-SFORZA, L. (1997), *Qui sommes-nous ?*, Paris, Flammarion (coll. « Champs », 357), 2ᵉ éd.

CAVALLI-SFORZA, L. (1996), *Gènes, peuples et langues*, Paris, Odile Jacob, (Travaux du Collège de France).

CHASTAGNOL, A. (1984), « La signification géographique et ethnique des mots *Germani* et *Germania* dans les sources latines », *Ktema*, vol. 9, p. 97-101.

COLLIS, J. (2003a), « D'Amédée Thierry à Joseph Déchelette : hypothèses du XIXᵉ siècle sur l'arrivée des Celtes en Gaule », *Revue archéologique de l'Ouest* ; suppl. 10 (*Les marges de l'Armorique à l'âge du Fer. Archéologie et histoire : culture matérielle et sources écrites*), p. 363-368.

COLLIS, J. (2003b), *The Celts. Origins, Myths & Inventions*, Stroud, Tempus.

CONSTANS, (L.-A.), dir. (1967 [1926]), CÉSAR, *Guerre des Gaules*, Paris, Les Belles Lettres (coll. « Universités de France »).

COUGNY, E. (1878), *Extraits des auteurs grecs concernant la géographie et l'histoire des Gaules*, Paris, Société de l'histoire de France.

DIODORE, *Bibliothèque historique*, dans F. Jacoby, *Gr. H., fg.* 116, II, A, p. 302-311.

DION, R. (1934), *Essai sur la formation du paysage rural français*, Tours, Arrault.

DUBOIS, C.-G. (1972), *Celtes et Gaulois au XVIe siècle. Le développement littéraire d'un mythe nationaliste*, Paris, Vrin, (coll. «De Pétrarque à Descartes», 28).

DUBOIS, C.-G. (1982), «"Nos ancêtres les Gaulois". Le développement d'un mythe des origines nationales au 16e siècle», dans P. Viallaneix et J. Ehrard (dir.), *Nos ancêtres les Gaulois*, Clermont-Ferrand, Fac. des lettres et sc. hum. de l'Univ. de Clermont-Ferrand II, p. 18-27.

HACHMANN, R., G. KOSSACK et H. KUHN (1962), *Völker zwischen Germanen und Kelten*, Neumünster.

HACHMANN, R. (1971), *Les Germains*, Genève, Nagel (coll. «Archaeologia Mundi»).

HALEVY, D. (1935), *Visites aux paysans du Centre*, Paris, Grasset.

HARTOG, F. (1980), *Le Miroir d'Hérodote : essai sur la représentation de l'autre*, Paris, Gallimard (Bibliothèque des histoires).

HAWKES, C. F. C. (1973), «Cumulative Celticity in pre-Roman Britain», *Études Celtiques*, vol. 13, p. 607-628.

HUBERT, H. (1932), *Les Celtes et l'expansion celtique jusqu'à l'époque de La Tène*, Paris, Renaissance du Livre (coll. «Évolution de l'humanité», 38).

HYPERIDE (1946), *Epitaphios*, texte établi et publié par G. Colin, Paris, Les Belles Lettres (coll. «Universités de France»).

JULLIAN, C. (1920), *Histoire de la Gaule*, Paris, Hachette.

KRUTA, V. (1991), «Qui étaient les anciens Celtes?», Venise, Dossier de presse du Palazzo Grassi.

LEWUILLON, S. (1990), «Affinités, parentés et territoires en Gaule indépendante : fragments d'anthropologie», *Dialogues d'histoire ancienne*, vol. 16, n° 1, p. 283-358.

LEWUILLON, S. (1992), «Contre le don. Étude sur le sens de la réciprocité et de la compensation sociale en Gaule», *Dialogues d'histoire ancienne*, vol. 18, n° 1, p. 105-156.

LEWUILLON, S. (2006), «La mal-mesure des Celtes. Errements et débats autour de l'identité celtique de 1850 à nos jours», dans *Celtes et Gaulois. L'archéologie face à l'histoire. I. Celtes et Gaulois dans l'histoire, l'historiographie et l'idéologie modernes*, Actes du colloque international du Collège de France, Paris, 3-7 juillet 2006 (5 vol.), Bibracte, vol. 1, p. 171-195.

LORAUX, N. (1996), *Né de la terre. Mythe et politique à Athènes*, Paris, Seuil.

LOT, F. (1947), *La Gaule. Les fondements ethniques, sociaux et politiques de la nation française*, Paris, Fayard (coll. « Les grandes études historiques »).

MORTILLET, G. de (1871), « Les Gaulois de Marzabotto dans l'Apennin », *Revue archéologique*, vol. 22, p. 288-290.

NORDEN, E. (1959), *Die germanische Urgeschichte in Tacitus Germania*, Stuttgart.

O'NEILL, T. (2006), « Celtes appeal », *National Geographic* (France), avril 2006, p. 2-23.

PARTHÉNIOS (1878-1892), *Souffrances d'amour*, dans *Extraits des auteurs grecs concernant la géographie et l'histoire des Gaules*, Paris, Société de l'histoire de France, vol. II, p. 506 *sq.*

PAXTON, R.-O. (1996), *Le temps des chemises vertes. Révoltes paysannes et fascisme rural. 1929-1939*, Paris, Seuil.

POLIAKOV, L. (1987 [1971]), *Le mythe aryen*, Bruxelles, Complexe.

POMIAN, K. (1992), « Francs et Gaulois », dans P. Nora (dir.), *Les lieux de mémoire. III, Les Frances. 1, Conflits et partages*, Paris, Gallimard, p. 40-105.

ROUPNEL, G. (1932), *Histoire de la campagne française*, Paris, Grasset.

SCYMNOS (1878), *Livre sur l'Europe*, dans Cougny, vol. 1, p. 25.

STENDHAL (1981 [1837]), *Mémoires d'un touriste*, Paris, Maspéro.

TACITE (1983), *La Germanie*, texte établi et traduit par J. Perret, Paris, Belles Lettres (coll. « Universités de France »).

TACITE (1942), *Vie d'Agricola*, texte établi et traduit par E. de Saint-Denis, Paris, Les Belles Lettres (coll. « Universités de France »).

THOMAS, J. (2000), « Culture and identity », dans G. Barker, *Companion encyclopedia of archæology*, Londres et New York, Routledge, p. 431-469.

TIMAGENE, J. (1978), *Sur les rois*, dans Jacoby, *Fragmenta Graecorum Historicorum*, n° 88, II, A.

Usages savants et politiques de la notion d'autochtonie

ALBAN BENSA

La notion d'autochtonie constitue depuis longtemps une ressource importante de l'histoire et de l'anthropologie religieuses et politiques. L'idée qu'un groupe puisse fonder sa légitimité sur le lien privilégié qu'il entretiendrait avec le coin de terre où il demeure est ainsi développée sous diverses formes aussi bien en Grèce antique qu'en Afrique subsaharienne ou en Océanie, et l'on en trouve des traces dans le « droit du sol » affiché par la plupart des démocraties occidentales. Actuellement, la référence aux « peuples autochtones » participe du débat politique international relatif aux populations minoritaires.

La transformation de la localité en une spécificité politique établit entre gens d'ici et gens d'ailleurs une limite non seulement spatiale mais aussi juridique. Selon ce partage, les deux entités n'ont pas les mêmes droits et sont même classées dans deux ensembles distincts, voire antagonistes. L'écart ainsi creusé n'esquisse pas seulement la carte, souvent imaginaire, de peuples irrémédiablement séparés par des frontières étanches ou par des *no man's land* infranchissables, mais alimente aussi l'idéologie politique d'une relation possible entre autochtones et étrangers. Le contact entre les gens de l'intérieur et les accourus prend la forme d'un contrat répartissant les tâches : aux premiers la terre et sa maîtrise foncière et religieuse, aux seconds, le pouvoir politique sur les hommes.

Le modèle qui lie les maîtres de la terre aux étrangers-rois mérite d'être exploré dans la mesure où il invite à la comparaison de dispositifs politiques géographiquement et culturellement distincts, dans la mesure aussi où l'anthropologie a pu le mobiliser, à mon avis de façon critiquable, pour penser la genèse et la nature de l'État moderne[1]. Enfin, les revendications identitaires ou les politiques actuelles de l'immigration n'hésitent pas non plus à s'en emparer à l'appui de leurs programmes.

LA PROMOTION DE L'IMMIGRÉ

Il était une fois un pays gouverné par les plus anciens de ses riverains. Ces personnages justifiaient leur emprise sur le territoire et ses occupants par les liens qu'ils entretenaient de longue date, « depuis les origines » disaient-ils, avec les génies du lieu. Ils avaient dû, il y a très longtemps, négocier leur installation auprès des puissances surnaturelles alors maîtresses de la contrée. Du souvenir de cette humanisation primordiale, les fondateurs tiraient l'essentiel de leur importance et de leur autorité. Ils commémoraient en effet régulièrement l'événement par des cérémonies. N'avaient-ils pas été les premiers sur ce sol à initier les sacrifices, à défricher, à récolter, à ériger des édifices, etc. ; bref, à organiser le pays tout en le plaçant sous leur tutelle ? Celle-ci s'exerçait d'ailleurs dans les limites de l'espace politique concédé aux hommes par les dieux ; au-delà s'étendait le monde sauvage, siège d'une altérité fabuleuse ou redoutée. On s'arrangeait pour en contenir les dangers à l'extérieur de la chefferie ou du royaume au moyen de rites marquant la différence ou les passages possibles entre l'un et l'autre monde. Ainsi les premiers occupants pouvaient-ils prétendre détenir leur position souveraine du contrôle à la fois historique et religieux qu'ils exerçaient sur l'espace. En tant que maîtres du sol, ils se croyaient habilités à régner sans partage et pour toujours sur les habitants du pays. Mais c'était là ne pas tenir compte des forces du destin, nom prophétique que les doctrines finalistes aiment donner à l'histoire.

> « Car soudain, semblant crever le ciel, arrivant de nulle part, surgit un aigle noir[2]... »

Comme souvent, lorsque l'événement est d'une portée capitale pour la collectivité, personne ne se souvient plus précisément de ce qui advint : en arrivant aux marches du royaume, les étrangers se sont-ils prosternés dans la poussière aux pieds des divinités locales, ont-ils au contraire poussé plus forts leurs chevaux pour pénétrer chez leurs ennemis à la manière d'une bourrasque emportant tout sur son passage ou bien se sont-ils engagés dans de patientes négociations avec leurs hôtes ? On ne le saura sans

---

1. Sur la critique des modèles anthropologiques (Bensa, 2006).
2. Barbara, *L'aigle noir*, chanson.

doute jamais parce que la vérité historique a été entièrement engloutie par la geste politique qui veut que les étrangers aient été bien accueillis. Tout en conservant sur la terre et les dieux de la région une autorité rituelle reconnue, ceux qui étaient maîtres du pays depuis des temps immémoriaux ont même remis aux nouveaux venus (guerriers, réfugiés ou vagabonds) les attributs, sinon les moyens du pouvoir. Leur ancienne position de monopole a cédé la place à un aigle à deux têtes. Gens de la terre et gens du pouvoir, maîtres du sol et chef, prêtres et rois, etc., ont passé contrat et la souveraineté s'est dédoublée.

Cette configuration, qui fait de l'histoire l'initiatrice de la structure, est commune à des civilisations très diverses et donne lieu dans chacune d'elles à des comportements homologues. Ni les Fidjiens (Sahlins, 1989) ni les anciens Grecs (Vernant, 1965), ni les Mossis (Izard, 1985), ni les Kanaks (Bensa et Rivierre, 1982) ne laissent, par exemple, les fondateurs se faire absorber par leurs hôtes, si puissants soient-ils. Ils opposent au prestige des voyageurs et des enfants prodigues, les vertus de l'enracinement dans le terroir, la sagesse des anciens. Ainsi, le personnage du magicien de connivence avec les divinités du cru se tient, tel l'aveugle Tirésias interprétant les oracles pour Œdipe, toujours dans l'ombre aux côtés de l'étranger-roi lumineux, et place ce dernier sous la coupe du vieux pays où il a été reçu.

L'accueil est autochtonisation. On voyait le nouveau venu, à Fidji, naître à sa fonction de chef après avoir consommé un produit régional stupéfiant, en Nouvelle-Calédonie kanak consommer la chair même de ses hôtes et être par là progressivement doté d'un corps régénéré (Bensa et Goromido, 1997), en pays mossi devenir l'obligé des gens de la terre qui le couvraient de cadeaux et le prenaient ainsi dans leurs rets.

L'hospitalité offerte est alliance politique et aussi matrimoniale. Les chefs errants sont invités à se fixer dans leur havre en y prenant femmes. Les enfants de ces unions seront ainsi les neveux utérins des maîtres du sol ; en retour, certaines filles et sœurs des chefs pourront aussi se marier sur place et faire alors de leurs pères et frères les maternels des gens de la terre. Autochtones par leurs mères ou leurs pères, les enfants-chefs constitueront des lignées de plus en plus enracinées localement qui donneront corps au pacte scellé autrefois entre les premiers occupants et des personnages surgis de l'inconnu (Lévi-Strauss, 1984).

L'investiture est capture. Les Kanaks pensent le chef comme une pierre, une fougère ou un coquillage, aux caractéristiques extraordinaires, découvert dans la forêt ou sur un rivage puis rapporté à la maison et choyé ;

cette trouvaille se transforme ensuite en un être humain à qui le pays sera confié. Les Mossis présentent le souverain comme un gibier attrapé dans la brousse puis élevé au village. Quoique acclimaté à son pays d'accueil au point d'en devenir le membre le plus éminent, l'ex-étranger n'en conserve pas moins les stigmates de son allochtonie originelle : une inquiétante étrangeté, des réactions asociales, une fragilité ou une puissance extrêmes. C'est en cela qu'il diffère de toutes les autres personnes de la communauté, comme chacun d'ailleurs se plaît à le rappeler.

L'intronisation est sacralisation. Le horsain autochtonisé cumule les gages de surnaturalité. Il porte en lui toutes les forces du lointain, du sauvage et de la surprise et jouit d'un accès privilégié aux divinités riveraines, domestiques et clairement identifiées auxquelles lui ont donné accès les maîtres du sol. À la fois de là-bas et d'ici, du ciel et de la terre, du mouvement et de l'immobilité, l'étranger-accueilli-roi est terrible et bon, fourbe et juste, inconstant et conséquent, etc., c'est-à-dire fondamentalement tabou de par cette ambiguïté même. Rites et règles d'étiquette veilleront à entretenir cette duplicité où la souveraineté puise l'essentiel de ses forces. L'union des contraires en une seule et même personne est chantée par tous les mythes à usage politique. Requin qui remonte dans l'intérieur des terres, fils du soleil installé par les petits-fils de la lune, héros céleste marié à une payse, ce type de roi est fait de la rencontre et de l'alliage de deux histoires (Hocart, 1952).

Le modèle de l'étranger-roi-accueilli sert d'armature à un grand nombre d'institutions politiques. Il a donné lieu, au sein de chacune d'elles, à une abondante production d'images, de symboles et d'idées. L'efficacité de ce schème dualiste tient sans doute à son application simultanée à plusieurs registres. À travers une figure synthétique – dont l'une des plus exemplaires est celle d'Œdipe, souverain autochtone mais étranger, fils mais époux, sage répondant au Sphinx mais fou meurtrier et incestueux (Lamaison, 1994) – il propose une solution de compromis aux confrontations entre sédentaires et nomades, vaincus et vainqueurs, parents et alliés, monde domestiqué et espace sauvage. On ne s'étonnera donc pas de voir l'idéologie de l'immigré-roi fleurir dans des civilisations d'agriculteurs aux communautés fortement territorialisées, mais séparées les unes des autres par de vastes espaces d'océan, de friche ou de brousse, à penser en l'occurrence autant comme des coupures que comme des liens. L'accueil pacifique et positif de l'étranger résume les processus par lesquels un système politique, fondé sur des liens identitaires forts avec la terre, noue des relations avec un monde qui d'extérieur lui deviendra propre.

La fortune de ce modèle efficace a vite dépassé les seules populations concernées pour gagner les philosophes, historiens et anthropologues du politique. La sacralité du roi et ses changements d'identité à travers une mise à mort réelle ou rituelle, la distinction et l'association des formes religieuses et politiques du pouvoir et surtout l'idée que la souveraineté survient du dehors de la société peuvent, il est vrai, être considérés comme induits par l'élévation de l'étranger au rang de roi. Mais ce geste généreux des autochtones à l'égard des horsains est-il si général qu'il permette aussi de comprendre des systèmes qui manifestement l'ignorent?

LE RAYONNEMENT DE L'AUTOCHTONE

Dans les sociétés du centre de la Mélanésie, références obligées des systèmes à *big men*, le rapport des groupes à leur sol n'est pas traversé par la suprématie politique de l'intérieur sur l'extérieur et, de fait, le personnage de maître de la terre, cette figure de l'intérieur du terroir, n'apparaît pas (Vienne, 1984). Certes, les unités domestiques, qu'elles soient ou non regroupées en hameaux, voire en villages, constituent, avec leurs jardins attenants, des sortes d'îlots humanisés à la périphérie desquels se tient la brousse sauvage; mais, éparpillés et autonomes, ils ne tirent leur droit d'accès à la terre, leur identité et leur statut d'aucune allégeance territoriale, d'aucun accord préalable d'un premier occupant qui les uniraient entre eux par une primordiale référence à la terre, au sein d'un espace politique durablement établi. Seuls des impératifs conjoncturels (recherche d'un sol de bonne qualité pour l'horticulture, etc.) commandent l'implantation à tel ou tel endroit. Cette occupation pragmatique de l'espace limite considérablement le développement d'une conception identitaire de la terre et fait de la culture des jardins l'un des principaux vecteurs d'une localité composée d'unités disséminées et équivalentes. Leur éventuelle mise en relation au sein d'une même enveloppe, en dehors de toute logique territoriale subordinatrice et englobante, passe ici par l'émergence du *big man*. Le leader de cet univers social très atomisé tresse le tremplin de son ascension politique en liant ensemble et autour de lui les unités domestiques dispersées. Pour mener à bien cette opération, il multiplie à son avantage les échanges entre sa maisonnée et celles de ses partenaires. Dans ces sociétés, le lien matrimonial est constitutif de la structure des groupes de parenté, comme si l'extension et la complexification des relations horizontales venaient compenser «l'amnésie généalogique» et l'atomisation du corps social. L'alliance de mariage renforce en effet la solidité de la toile patiemment tissée par le *big man* (Sahlins, 1963).

Ce leader s'affirme donc au moyen de stratégies qui l'installent au premier plan parmi les siens. L'espace politique qu'il contrôle peu à peu se construit à partir de sa maisonnée, de son village, de son île, etc., localités dont il est originaire. Dans les régions de Mélanésie où prévaut un tel système, il va de soi que ce héros domestique, villageois, insulaire, etc., est un autochtone qui, par cercles concentriques successifs, capte dans son orbite des groupes voisins. De fait, l'opposition entre gens du cru et étrangers n'a ici rien de structural.

L'Europe de l'époque des invasions barbares (V^e-VIIe siècle) fournit un autre exemple d'institutions qui se sont développées, selon un mouvement centrifuge, à travers les initiatives guerrières, administratives et matrimoniales d'un personnage bien enraciné dans sa communauté et son terroir. Les idéologies du pouvoir à l'œuvre chez les Germains, les Francs ou au sein des premiers royaumes wisigoths, etc., sont celles de conquérants qui soumettent de nouvelles populations. L'expansion politique passe par l'expansion territoriale réalisée sous l'autorité d'un valeureux combattant, personnage issu de sa propre communauté, *primus inter pares*. Il élargit la base de son autochtonie en repoussant sans cesse les limites de l'espace politique dont il occupe le centre. Le pouvoir se construit ici de l'intérieur vers l'extérieur à travers un constant processus de conquête et de consolidation des acquis ; le discours qui légitime cet ordre politique est celui des vainqueurs : il exalte la vaillance et la bravoure du roi guerrier à la tête de son peuple. Quant à l'invincibilité de ce héros, elle fut sans doute rapportée par les barbares non christianisés au caractère divin qu'ils semblaient attribuer à leur chef sans que ce dernier soit pour autant jamais présenté comme un étranger accueilli (Lemarignier, 1970). Tout comme le *big man* démontre son mana en remportant des succès, l'aura de sacralité de ces rois guerriers n'est pas fonction de leur origine mais de leurs actions glorieuses. Celles-ci s'avèrent cautionnées par les ancêtres et les dieux dont la bienveillance est à la fois cause et récompense de la réussite de leur protégé.

Les historiens ont cherché à savoir si la théocratie carolingienne, à partir de Pépin (an 751), avait pu s'inspirer des formes «barbares» de royauté. Sans écarter une telle possibilité, Marc Bloch, pour sa part, accorde un rôle beaucoup plus déterminant à la puissance de l'Église. Ainsi, par la coutume relativement tardive du sacre, le pouvoir ecclésiastique, s'inspirant des conceptions bibliques du roi-prêtre, vient à la fois soutenir et coiffer l'émergence d'une dynastie royale forte. Si cette pratique s'appuie sur une très ancienne «atmosphère de vénération quasi religieuse» (Bloch, 1961 : 66) entretenue autour de la royauté, elle s'inscrit dans une logique politique et symbolique nouvelle qui pose sur le roi la main de Dieu. Dès lors, sa gloire n'est plus l'expression de ses succès ou de la reconnaissance *a posteriori* des dieux, elle est associée au roi dès le premier jour de son règne grâce à la cérémonie du sacre. Celle-ci fait du roi le double terrestre de Dieu. L'Église relie ainsi le prince et tout son royaume à l'au-delà comme si l'ordre politique tirait sa légitimité de puissances qui lui sont extérieures. Le rituel de la Sainte Ampoule – apportée, selon la légende, par une colombe et pleine d'un divin liquide dont l'évêque oint le roi – soutient cette idée d'une intervention du monde céleste dans les affaires des hommes.

Le type de sacralité introduit par le rite chrétien excède le thème de la puissance de l'étranger et de l'étrange : le sacre se distingue du don de la royauté au nouveau venu en tant qu'il ne s'inscrit pas dans la même historicité : il confère à la fonction royale la pérennité du divin et se trouve par là associé à la théorie du double corps du roi (Kantorowicz, 1989), tandis que la réception de l'étranger par les autochtones, répondant à une situation plus aléatoire et incertaine, trouve écho dans les gloses sur le caractère ambigu, tabou, du pouvoir. Les royautés théocratiques qui se mettent en place dans l'Europe du VIIIe siècle ne sont le prolongement exact ni des cités antiques où s'étaient développées les conceptions de l'étranger-roi, ni des tutelles «barbares» étayées par l'idéologie d'un roi autochtone charismatique. L'influence de la culture chrétienne et l'émergence d'un fort idéal de centralisation sont à l'origine d'un renouvellement de la pensée politique ancienne ; elles marquent l'avènement d'un modèle institutionnel qui enracine le pouvoir puis l'État dans un espace stabilisé continu.

L'IMPOSSIBLE ANALOGIE

Pourtant, Sahlins file la métaphore d'un pouvoir universellement situé du côté de la nature, de la violence et de la transgression, semblant même déplorer qu'on puisse encore substituer à cette conception «une série d'autres théories – fondées sur le marxisme, la biologie, voire le postulat d'un contrat social –, identiques en ce qu'elles conçoivent toutes le pouvoir politique comme un développement interne, émanant de l'essence des relations ou des dispositions sociales propres à l'homme» (1989 : 87). Notre auteur se défend d'avancer une «théorie historique concurrente» (Sahlins, 1979 : 87) mais, ayant laissé entendre que toujours et partout «le pouvoir se révèle et se définit comme rupture de l'ordre moral en vigueur dans le peuple» (Sahlins, 1979 : 90), il confère à l'opposition autochtones/étranger-roi une portée globale en l'étendant à une dichotomie plus récente et problématique : « l'affinité que nous percevons communément entre le pouvoir et la nature est elle-même une construction sociale qui passe par leur mutuelle opposition à la société civile » (Sahlins, 1979 : 88). Le pouvoir est extérieur à une société à laquelle il s'imposerait toujours par la force : « cette violence originelle est, le complément de la thèse de Clastres et également des thèses de ses illustres prédécesseurs qui accordèrent aussi beaucoup d'importance aux principes antagonistes d'État et de Société Civile, de Gemeinschaft et de Gesellschaft, de Civitas et de Societas » (Sahlins, 1979 : 90). Ainsi, les systèmes politiques fidjiens ou hawaïens s'organisent-t-ils autour d'une opposition duale qui serait homologue à celle qui apparaît à propos d'institutions politiques occidentales modernes puis contemporaines. Une telle analogie est-elle légitime ?

La notion de société civile prend corps dans la pensée politique européenne au XIIe siècle avec Marsile de Padoue (Châtelet et Mairet, 1978) qui entend fonder un pouvoir collectif indépendant de celui du pape et susceptible de promulguer des lois. Quand l'expression devient d'un usage courant en français, à partir du milieu du XVIe siècle, elle soutient encore, dans le contexte cette fois des guerres de religion[3], la critique des théocraties. Contre le fanatisme, la société civile désigne alors, une structure de pouvoir laïque et autonome, et accompagne donc l'émergence de l'idée moderne d'État. Pour que se mette en place une tradition de pensée qui oppose explicitement la société civile à l'État il faut attendre le travail critique de Marx et Engels. Ils définissent en effet la société civile, explique Dominique Colas, comme « l'instance économique, première, fondatrice de l'histoire humaine » (Colas, 1992 : 30) dont l'État s'est progressivement différencié au point de, finalement, la placer sous sa tutelle. Alors que « l'opposition entre société civile et État n'a aucune consistance dans la pensée politique classique et moderne » (Colas, 1992 : 30), elle se construit donc tardivement à l'époque contemporaine à travers le marxisme et les théories sociologiques naissantes. Ce clivage n'en est pas moins interprété par Sahlins à la lumière de son traitement anthropologique du problème de l'étranger-roi.

Ainsi, sans plus d'examen, la société civile se trouve-t-elle assimilée aux autochtones (de la chefferie ou de la cité) et l'État à l'étranger reçu et élevé au rang de roi. Pourtant, ceux qui accueillent les horsains, gardiens des cultes aux divinités locales, se réclament d'une autorité rituelle sur la

---

3. Période historique qui, en outre, est contemporaine de la première élaboration, par Jean Bodin, des concepts d'État et de souveraineté modernes.

terre, tandis que la société civile désigne un espace politique laïque. En outre, le «peuple[4]» autochtone se compose de segments non équivalents situés au sein d'un ordre où chacun ne dispose que d'une parole limitée à ce qu'autorise son statut. À l'inverse, la société civile, de Marsile de Padoue à Marx, réfère à une totalité dont les membres disposeraient du même pouvoir de parole pour, au terme d'un débat, se doter d'une «représentation», ce processus assurant l'émergence de l'État. S'il est probable que les conceptions religieuses de la royauté médiévale puis moderne ont soutenu l'idée d'une structure de pouvoir qui excède les personnes, d'une pérennité des institutions par-delà les dynasties, il n'est pas pour autant crédible de situer l'État à la périphérie de la société, comme l'étranger-roi face à ses hôtes. À la coupure, sans cesse rappelée, dans les royautés antiques, romaines, grecques ou fidjiennes, entre le roi ou grand chef et les autochtones s'oppose, au cours de la genèse de l'État occidental, une gradation de corps intermédiaires pensés comme des représentants des ordres qui composent le pays. Opposer la société civile à l'État, comme l'intérieur à l'extérieur, la légitimité à l'illégitimité, voire l'essentiel à l'accessoire, revient à ériger en schème atemporel le discours qui prévaut en période de crise institutionnelle. La société civile, s'exprimant alors en tant que majorité, ne peut s'affirmer comme «peuple» que lorsque ses représentants sont contestés et remplacés.

Les analyses contemporaines, parfois tournées en forme de slogan, qui ont opposé la société à l'État ont donc pu puiser dans la dichotomie autochtone/étranger, largement répandue dans les sociétés anciennes ou traditionnelles, des éléments de «preuve», la science sociale fournissant ainsi des arguments idéologiques à diverses formes de contestation de l'État[5]. Cette même opposition peut être aussi mobilisée avec une certaine efficacité par le discours anticolonialiste.

En Nouvelle-Calédonie kanak, il n'est pas rare de recueillir des récits qui entendent justifier l'ancienneté des fondateurs de tel ou tel terroir. Leurs premiers occupants, selon une rhétorique constante, sont

---

4. Il faudrait examiner de près ce que les anthropologues traduisent, des langues océaniennes en l'occurrence, par « peuple ». Le passage de « la foule rassemblée lors des cérémonies », des « gens du commun » ou des « maîtres du sol », etc., à « peuple » facilite sans doute le comparatisme mais au risque de quelques malentendus.

5. À cet égard, le livre de Pierre Clastres, *La société contre l'État* (1974) apparaît davantage comme un essai anti-étatique daté que comme une contribution scientifique majeure.

assimilés au premier homme apparu avec la formation même de la terre insulaire. Par le récit, le narrateur (et avec lui le clan des fondateurs) se rattache au personnage associé à la genèse de la Nouvelle-Calédonie. L'homme originel laisse en divers sites – espaces de référence des clans actuels – des frères et des fils qui, plus tard, viennent s'installer au bord du terroir concerné. Toujours en relation avec leur lieu d'émergence ils font, comme les clans qui s'en réclament aujourd'hui, office de médiateurs chargés d'établir avec d'autres terroirs des liens matrimoniaux et politiques au bénéfice des premiers occupants (Bensa et Goromido, 2005). En conformité avec ce schéma, Jean-Marie Tjibaou a tenté, en 1976, de faire entendre la voix des Kanaks, peuple autochtone de Nouvelle-Calédonie en reprenant un récit de ce type pour en faire la trame d'une réflexion sur la nécessaire décolonisation de cet archipel rattaché à la France en 1853. Dans un ouvrage clé publié un an après le festival Melanesia 2000 (Tjibaou et autres, 1976), première manifestation culturelle kanak d'envergure, le futur leader du Front de libération nationale kanak et socialiste (FLNKS) identifie en effet le peuple kanak au personnage du premier occupant, fondateur du pays ; il le campe ainsi dans son identité et son histoire face aux étrangers venus d'Europe pour s'emparer des terres et du pouvoir. Jean-Marie Tjibaou oppose alors à ce rapport de force le droit des autochtones à accueillir qui ils souhaitent sur leur terre. Tout comme dans une chefferie kanak, le chef, étranger reçu par ceux qui s'installèrent avant lui dans le terroir, doit le respect à ses hôtes, le leader indépendantiste demande à la France de respecter les premiers occupants auxquels elle s'est imposée par les armes. Pour que les colonisateurs reconnaissent le peuple kanak afin qu'à son tour il puisse lui-même les reconnaître, Jean-Marie Tjibaou s'empare de la rhétorique ancestrale de l'autochtonie et la fait jouer dans un contexte de décolonisation (*cf.* aussi Tjibaou, 1996).

Ainsi, la renaissance actuelle du discours sur l'autochtonie dans des contextes variés doit être examinée dans une perspective critique qui restitue la mobilisation du concept dans les divers contextes politiques où l'on veut le rendre opératoire.

BIBLIOGRAPHIE

BENSA, A. (2006), *La fin de l'exotisme. Essais d'anthropologie critique*, Toulouse, Anacharsis.

BENSA, A. et A. GOROMIDO (1997), «The Political Order and Corporal Coercion in Kanak Societies of the Past (New Caledonia)», *Oceania*, vol. 68, n° 2, p. 84-106.

BENSA, A. et A. GOROMIDO (2005), *Histoire d'une chefferie kanak (1740-1878). Le pays de Koohnê – 1 (Nouvelle-Calédonie)*, Paris, Karthala.

BENSA, A. et J.-C. RIVIERRE (1982), *Les Chemins de l'alliance. L'organisation sociale et ses représentations en Nouvelle-Calédonie*, Paris, SELAF.

BLOCH, M. (1961), *Les rois thaumaturges. Étude sur le caractère surnaturel attribué à la puissance royale particulièrement en France et en Angleterre*, Paris, Armand Colin (1re éd. 1924).

CHÂTELET, F. et G. MAIRET (dir.) (1978), *Les idéologies*, tome 2 : *De l'Église à l'État*, Paris, Librairie Hachette.

CLATRES, P. (1974), *La société contre l'État*, Paris, Éditions de Minuit.

COLAS, D. (1992), *Le Glaive et le Fléau. Généalogie du fanatisme et de la société civile*, Paris, Grasset.

HOCART, A.-M. (1952), «The Northern State of Fiji», *Occasional Publication*, n° 11, Londres, Royal Anthropological Institute.

IZARD, M. (1985), *Gens du pouvoir. Gens de la terre. Les institutions politiques de l'ancien royaume du Yatenga (Bassin de la Volta blanche)*, Cambridge University Press, Paris, Éditions de la Maison des sciences de l'homme.

KANTOROWICZ, E. (1989), *Les Deux Corps du roi*, Paris, Gallimard.

LAMAISON, D. (1994), *Œdipe roi*, Paris, Gallimard, coll. «Série noire».

LÉVI-STRAUSS, C. (1984), *Paroles données*, Paris, Plon.

SAHLINS, M. D. (1963), «Poor Man, Big Man, Chief: Political Types in Melanesia and Polynesia», *Comparative Studies in Society and History*, vol. 5, n° 3, p. 285-303.

SAHLINS, M. D. (1989), *Des îles dans l'histoire*, Paris, Le Seuil/Gallimard.

TJIBAOU, J.-M., P. MISSOTTE, M. FOLCO et C. RIVES (1976), *Kanaké, mélanésien de Nouvelle-Calédonie*, Nouméa, Les Éditions du Pacifique.

VERNANT, J.-P. (1965), «Hestia – Hermès : sur l'expression religieuse de l'espace et du mouvement chez les Grecs», dans *Mythe et Pensée chez les Grecs*, Paris, François Maspero, p. 124-170.

VIENNE, B. (1984), *Gens de Motlav. Idéologie et pratique sociale en Mélanésie*, Paris, Musée de l'Homme, coll. «Publications de la Société des Océanistes», vol. 42.

L'indigénéité : remarques à propos d'une variable historique*

JONATHAN FRIEDMAN

Le présent article soutient l'idée que l'indigénéité désigne une notion qui n'est pas figée, puisqu'elle est forcément fonction d'un champ hiérarchique élargi. Il faut bien comprendre que le contexte légal concernant l'usage de ce terme a nécessairement imprimé une tendance à son universalisation et à un sens absolu qui vient s'opposer au fait qu'il s'agit d'un concept fondamentalement relatif et ambigu. Le discours sur l'indigénéité est très fréquent dans le monde contemporain. Politisé et employé comme une arme dans les débats sur les droits aux ressources, on comprend pourquoi il est facilement considéré comme un concept tout à fait moderne. Dans les pages qui suivent, je tenterai de situer la relativité de ce terme dans le contexte des représentations politiques du monde historique et du monde contemporain.

THÈMES ET VARIATIONS

Les variations des représentations de la hiérarchie dans la littérature ethnographique et jusque dans la littérature historique ancienne procurent un point de référence intéressant pour la compréhension de la généalogie de l'indigénéité. Dans de nombreuses formations sociales fondées sur les liens familiaux, la hiérarchie politique est représentée en termes de dualisme des peuples autochtones et de leurs chefs étrangers. La valeur relative de ces deux éléments varie selon les cas de figure, mais la constance de la logique de la relation est étonnante, comme s'il s'agissait d'une « structure à

---

* Traduit de l'anglais (États-Unis) par Manuel Benguigui et revu par Marie Salaün.

long terme». D'innombrables mythes de fondation de systèmes de chefferie et de royautés sont fondés sur le type de schéma suivant :

a. Au début, il y avait les gens. Ils pratiquaient une politique égalitaire, étaient «gouvernés» par des aînés généreux et bienveillants qui tiraient leur statut uniquement de leur âge social. L'ordre politique était fondé sur un ordre rituel mettant au premier plan la fertilité de la terre.

b. Puis arrivèrent les chefs étrangers, de la mer, de l'autre rive du fleuve, de Kahiki, etc. C'étaient des hommes, jeunes le plus souvent, qui avaient quitté leur terre d'origine pour venir sur le nouveau territoire, où ils tuèrent/soumirent les hommes et épousèrent les femmes, établissant ainsi une alliance entre leur propre fonction guerrière et la fonction de paix/fertilité des premiers habitants du territoire.

Le dualisme mentionné précédemment correspond aux configurations variables suivantes :

autochtones/étrangers

femme/homme

intérieur/extérieur

terre/mer

paix/guerre

fertilité/destruction

chefs religieux (prêtres)/chefs politiques (guerriers)

donneurs d'épouses/preneurs d'épouses

On retrouve cette série, avec des variantes, dans de nombreux endroits du monde : en Océanie, en Amérique du Sud ou encore en Asie du Sud-Est. Mais c'est aussi l'un des éléments essentiels des travaux réalisés par Dumézil sur les représentations indo-européennes qui ont par la suite constitué le socle d'un article bien connu de Sahlins à propos de la nature du système de chefferie à Fidji. Cette structure est ambivalente dans la mesure où le pouvoir politique des chefs étrangers et conquérants est contrebalancé par le pouvoir rituel des prêtres (chefs) locaux. Il arrive souvent que le rituel d'investiture souligne le pouvoir des autochtones au moyen de la «mort» du chef en tant qu'«étranger» et sa renaissance comme membre de la société locale (au moins en partie). Le modèle de la hiérarchie congolaise, par exemple, s'étire du plus enraciné localement (les pygmées) au plus étranger, comme les chefs, les rois ou les représentants coloniaux d'une Europe lointaine. Dans le contexte moderne, cela s'exprime dans les représentations du pouvoir et dans des activités rituelles telles que la « sape » (voir plus bas). Mais la hiérarchie peut aussi être contestée et même inversée, comme par exemple à Hawaii, où des chefs furent évincés ou tués, leur condition d'étranger (descendants de Kahiki ou Tahiti) étant considérée comme inconciliable avec l'unité sacrée de l'ordre social ancien. Toujours dans le contexte moderne, ce processus s'observe dans l'assimilation de toutes les vagues de colonisation – Kahiki, Angleterre, États-Unis, Japon – à un dénominateur commun représenté par les premiers chefs (Friedman, 1992). Les habitants de cette terre, les *maka'ainana*, sont élevés au rang de hérauts d'un possible retour révolutionnaire à un ordre des choses originel. La tension conflictuelle qui en résulte résonne jusque dans le mouvement hawaiien contemporain. Les sociétés européennes, elles aussi, développent ce type de discours concernant les locaux et le pouvoir étranger, notamment dans l'opposition entre un peuple et ses aristocrates, représentés comme appartenant à une élite cosmopolite se mariant entre soi et incarnant, à certaines époques, une souveraineté illégitime – ce qu'on appellerait, en d'autres circonstances, du colonialisme.

Si on l'envisage dans une acception relative, on peut considérer que l'indigénéité appartient au type de cadre discuté précédemment. Et si les véritables relations internes en jeu sont très différentes, une certaine logique ou représentation demeure. L'indigène est lié à la nature, au précédent historique, à la simplicité, à l'égalité et à l'harmonie, mais aussi à l'état de sous-développement, de sauvagerie, de guerre généralisée et de désordre. Ces séries de termes opposés ne dépendent pas l'une de l'autre ; au contraire, elles constituent simplement des interprétations positives et négatives de la même position au sein d'une hiérarchie plus large, que ce soit au sein d'un seul régime politique, comme dans le cas des formations sociales fondées sur les liens de parenté, ou entre des régimes et des « peuples », comme dans le cas des systèmes impériaux de plus grande échelle. Les usages du mot peuvent être entendus selon ce cadre plus général, comme dans les exemples qui suivent :

1. Au XVIᵉ siècle, lorsque les navigateurs, de retour en Angleterre, parlèrent des Indiens, un certain Roger Williams un des fondateurs du mouvement baptiste qui avait passé une partie de sa vie dans les colonies américaines leur répondit : « Mais, ici aussi, nous avons des

Indiens, à Cornouaille et en Irlande». (Williams, 1974 [1652] : 200,
dans Williamsson, 1996)

2. Il y a quelques années, les Boers d'Afrique du Sud cherchèrent à
   devenir membre du Forum permanent des questions autochtones.
   Leur demande fut rejetée.

3. Lorsque ma femme et moi avons visité Hawaii pour la première fois
   à la fin des années 1970, un anthropologue reconnu nous a confié
   qu'il y avait peu à étudier chez les véritables Hawaiiens, que la
   population indigène avait été biologiquement et culturellement
   intégrée à l'État américain de Hawaii et que, sur le plan culturel, il
   serait plus intéressant d'entreprendre des recherches sur leur histoire. Cette année-là, nous avons découvert que ces mêmes
   Hawaiiens avaient occupé Sand Island dans le port de Honolulu et
   avaient engagé d'autres actions pour acquérir le contrôle de territoires qu'ils revendiquaient. Nous avons également fait la rencontre,
   sur l'île de Hawaii, de jeunes personnes parlant la langue
   hawaiienne ; naïvement, nous leur avons demandé s'ils l'avaient
   apprise à l'université. Ils s'esclaffèrent avant d'expliquer que c'était
   la langue qu'ils utilisaient dans leur foyer. Les choses ont depuis
   changé.

4. Dans de nombreux endroits d'Afrique, le terme « indigène » est considéré comme une insulte envers la population locale. En République
   du Congo, les relations hiérarchiques entre les catégories sont marquées du sceau de la compétition – notamment entre le Nord et le
   Sud –, compétition qui place toutefois systématiquement les
   Pygmées au bas de l'échelle. Ceux-ci sont souvent associés aux premiers arrivants dans une cosmologie que l'on retrouve un peu partout dans le monde où les territoires, aujourd'hui habités par les
   populations contemporaines, étaient autrefois peuplés de « petits »
   hommes. Il s'agit souvent, comme avec les *Menchunes* de Hawaii, de
   peuples depuis longtemps disparus, mais en Afrique centrale, par
   exemple, cette association s'accompagne encore régulièrement de
   formes extrêmes de discrimination. Historiquement toutefois, il
   s'agit souvent d'une relation ambivalente, c'est-à-dire que, tandis
   que les populations premières sont situées en bas de l'échelle politique, on leur confère fréquemment des pouvoirs magiques liés à leur
   qualité de gardien des esprits de la terre. Chez les Sapeurs de
   Brazzaville, bien connus pour leur culte de la haute couture, et pour

qui la « force vitale » était assimilée à la richesse et à la santé directement exprimées dans et sur le corps, certaines invitations à des fêtes
font clairement état de cette relation :

Note : « Entrée interdite aux personnes indigènes, car la Société des
Ambianceurs et des Personnes Élégantes (SAPE) déteste les indigènes.
Venez voir les superbes étiquettes de la plus prestigieuse *haute couture*
(Zibélé). »

Dans cet exemple, le mot s'applique de façon générale à tous ceux
qui souffrent d'un déficit de statut mais, dans d'autres contextes, les liens
sont flagrants.

5. On pourrait envisager la logique de la situation africaine, comme
    toutes les situations où la population était divisée entre colons et
    indigènes, de la manière suivante : l'indigénéité est associée au senti-
    ment d'appartenance à un peuple, donc aux colonisés. C'est un
    terme relatif dans une relation asymétrique de domination[1]. Pour
    les colons, les différents groupes « ethniques », « tribus » et « ethnies »
    faisaient tous partie de la même catégorie, constituant des sous-
    divisions dans l'ensemble des indigènes (particulièrement dans le
    contexte français où le mot était utilisé de manière officielle). Dans
    la situation postcoloniale, la catégorisation a glissé vers le bas au sein
    de la population colonisée mais, au moins dans le cas du Congo, le
    terme « indigène » est englobé dans une hiérarchisation formelle des
    groupes qui est plus ancienne. Dans les situations politiques où la
    question des droits des peuples indigènes en Afrique est soulevée, il
    est souvent établi avec véhémence que c'est « nous » qui sommes les
    indigènes et personne d'autre ; c'est tout à fait le type de propos que
    tenaient souvent les colons blancs il n'y a pas si longtemps.

6. La logique de cette situation est clairement exprimée dans la réu-
    nion ambivalente de l'indigénéité et de l'identité coloniale. Ainsi,
    les membres de la classe dominante blanche de Hawaii de l'époque
    coloniale se revendiquaient comme les « vrais » Hawaiiens :

Une fausse impression laisse penser que seules les personnes de descendance hawaiienne sont de vrais Hawaiiens. Un homme né ici de parents

---

1. Mais, comme nous le suggérons, cela est bien évidemment une reproduction du
    schéma général de conquête où le conquérant étranger est opposé à la population
    locale, indigène, où l'indigénéité est un terme colonial exprimant la domination de
    l'étranger.

blancs, qui consacre ses talents et son énergie au bénéfice de Hawaii, est aussi Hawaiien que si ses parents étaient tous deux rouges, ou l'un rouge et l'autre blanc. Les vrais Hawaiiens sont ceux qui font progresser ce pays par leur bonne nature et leur bon exemple. (Judd, dans *Saturday Post*, 2 oct. 1880)

Plus récemment, dans un documentaire de Karl Slättne, on pouvait voir le maire de Nouméa s'exclamer : « C'est nous, les indigènes » (Bergom-Larsson et Slättne, 1986).

LE CONTEXTE NATIONAL « MODERNE » DE L'INDIGÉNÉITÉ

Dans les pays qui sont eux-mêmes des États-nations ou des extensions coloniales de tels États, la logique est un peu différente : le terme « indigène » désigne alors les enclaves de minorités installées (en général) avant la formation de l'État-nation et associées aux modes de vie et aux économies antérieures dans une situation où la population nationale ne fait aucune revendication vis-à-vis de l'indigénéité, bien qu'il existe une différence intéressante entre les identités nationales des immigrés et des non-immigrés. Pour les premiers, les peuples indigènes sont assez facilement identifiables, mais il existe une ambivalence plus profonde pour les seconds. En Suède, par exemple, il existe un lien très fort entre les Suédois « ethniques » et leurs paysages, leur territoire. L'existence des Samis représente du coup une contradiction qui a mené à d'intéressants paradoxes et jusqu'à des conflits :

A. De nombreux Suédois ne reconnaissent pas le statut des Samis, et l'État refuse de le leur accorder, donc de leur accorder les droits afférents selon la Convention de l'Organisation internationale du travail (OIT) sur les populations indigènes.

B. Les Suédois du nord du pays se revendiquent comme autant indigènes que les Samis, ce qui provoque d'innombrables conflits concernant les droits d'usage des terres.

C. Les Samis sont bien sûr considérés comme une minorité ethnique, à l'instar d'autres minorités qui jouissent du statut de minorités officielles, par opposition aux immigrés. On trouve parmi elles les Roms, les Juifs et les habitants finno-suédois de Törnedalen, ainsi que les descendants d'immigrés finlandais. Si les Samis sont dési-

gnés comme indigènes, ils n'appartiennent toutefois pas à une catégorie clairement séparée.

La comparaison de cette logique avec celle des États-Unis ou de
l'Australie permet d'observer des variations significatives. En Australie, la
majorité de la population s'identifie au passé de colonie pénitentiaire de
l'île. Le territoire est dans ce cas représenté comme étranger, dangereux,
n'appartenant pas à la population, et les Aborigènes sont du coup associés
aux dangers autant qu'aux pouvoirs magiques (négatifs) que possède également la nature locale en général. À l'instar d'autres indigènes, les Aborigènes
furent traités de manière atroce par les autorités coloniales et l'État-nation
postcolonial, même s'il faut préciser que l'imaginaire populaire était dans
ce cas très particulier.

A. Les Australiens reconnaissent aux Aborigènes le statut d'indigènes,
contrairement aux Suédois qui parfois le contestent et lui accordent
peu de respect. En Australie, le mélange de peur et de volonté d'élimination a constitué une tendance forte, alors qu'en Suède il y a eu
concurrence pour le statut d'indigène, mais la volonté d'élimination
n'a plus cours depuis longtemps.

B. Les Australiens envisagent les indigènes comme des étrangers. Étant
donné que ce sont eux qui sont les étrangers, c'est toute la nature
australienne qui prend une teinte négative.

C. Les Australiens sont des immigrés, des immigrés forcés dont le statut et la relation à la terre sont ambivalents, cernés par des populations immigrantes sur les côtes et des peuples indigènes à l'intérieur
du pays.

Aux États-Unis, pays d'immigrés à l'instar de l'Australie mais dont
la base ne fut pas une colonie pénitentiaire, les indigènes constituent aussi
une catégorie ambivalente, mais d'une façon différente. Ils sont admis
comme indigènes mais également situés au bas de l'échelle sociale, considérés tantôt comme de nobles sauvages, tantôt comme des barbares. Ils furent
envahis par une population conquérante qui les tua ou les plaça dans des
réserves où ils virent souvent leur niveau de vie et leurs conditions de santé
se dégrader très fortement.

A. Les Américains reconnaissent aux Indiens le statut d'indigènes mais,
comme en Australie, il existe une ambivalence dans leur association
à la nature – d'un type plus classique, à savoir le Bon Sauvage contre
l'Ignoble Sauvage, au moins dans ce que l'on appelle l'« imaginaire

populaire ». Ici aussi, la catégorie indienne appartient à la nature, mais cette dernière n'est pas aussi négative et étrangère qu'en Australie.

B. Les Indiens furent massacrés et *déplacés*, puis finalement *placés* dans des réserves au cours du processus d'expansion, mais la nature plurielle de l'État-« nation » américain signifie que la définition de la nation ne comporte pas d'association claire avec une culture/ethnicité particulière. Le recensement est explicite sur ce point : il est impossible d'identifier un Américain uniquement en termes d'origine. Seuls les Indiens américains ont pu s'identifier comme des Américains natifs, et il s'agit là d'une catégorie à part plutôt que de celle qui est associée à l'identité de l'État. Ces éléments ont joué en faveur du développement de tous les mouvements ethnopolitiques comme, depuis les années 1970, le « Red Power », entre autres.

C. Les États-Unis, société d'immigrés à l'instar de l'Australie, entretiennent une structure d'identification très différente où la terre aurait été offerte de façon providentielle aux nouveaux arrivants, où l'indigénéité mérite le respect et même la culpabilité, mais où l'ambivalence réside dans le fait que les indigènes ont dû faire place au progrès, aussi tragique que cela puisse paraître, et que la politique concernant les indigènes est assimilée à la politique concernant les minorités en général, même si les peuples indigènes eux-mêmes ne l'envisagent pas de cette façon.

S'il existe une logique inhérente à l'indigénéité, on peut suggérer que c'est dans ce contexte hiérarchique qu'elle peut être correctement appréhendée dans toute sa relativité.

Si l'on peut considérer que la catégorie elle-même fait partie de la logique de la hiérarchie sociale, elle n'est pas toujours marquée, ni même toujours présente. En d'autres termes, elle témoigne d'une variabilité historique liée au contexte fluctuant qui est lui-même, comme je l'ai déjà suggéré, un contexte systémique d'échelle mondiale. L'apparition et la disparition de l'identité indigène sont liées à l'expansion et à la contraction de l'hégémonie. Les recherches sur le déclin et l'ascension de l'identité indigène à Hawaii nous ont permis de parvenir à une formulation récapitulative qui découle du modèle suivant :

FIGURE I CYCLES HÉGÉMONIQUES ET IDENTITÉ CULTURELLE

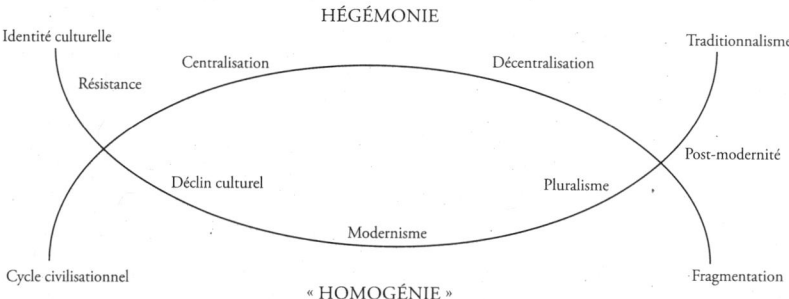

FIGURE II IDENTITÉ HAWAIIENNE DANS LE CYCLE DE L'HÉGÉMONIE OCCIDENTALE

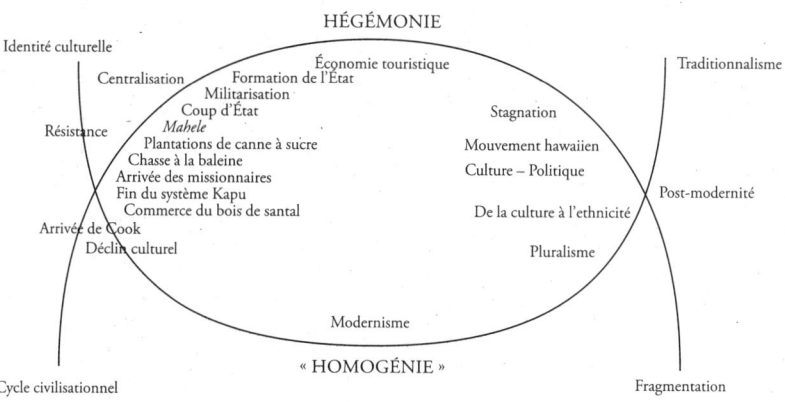

RAPIDE APERÇU HISTORIQUE

La figure I représente la relation inverse entre l'hégémonie fluctuante et l'identité culturelle dans le système mondial. Au cours de la phase d'expansion, les ordres sociaux locaux sont soit détruits, soit intégrés au champ politique et économique plus large de l'hégémonie en expansion, tandis que les identités locales sont soit affaiblies, soit intégrées à des catégories subalternes d'un ordre impérial plus large. Ce schéma a été appliqué dans la figure II à l'histoire de Hawaii afin de retracer la trajectoire particulière de l'identité et de l'organisation hawaiiennes dans un contexte politicoéconomique élargi. La pénétration de l'ordre politique hawaiien au cours des premières décennies du XIX⁰ siècle consista en un ensemble complexe de processus dans lesquels la demande en bois de santal joua un rôle crucial. Les relations avec les Européens menèrent d'abord à l'unification des îles sous le règne du roi Kamehameha I, dont le succès dut beaucoup à l'assistance britannique en armes et en navires. Le commerce avec les vaisseaux marchands britanniques puis américains conduisit ensuite à une réduction rapide du nombre de forêts et de roturiers, qui durent passer de l'agriculture à la collecte de bois de santal tandis que les chefs terriens affluèrent à Honolulu, lieu de collecte des biens de prestige étrangers. Après l'unification des îles, le roi se retrouva face à de nouveaux problèmes : le contrôle des richesses provenant des échanges commerciaux et le monopole des relations avec les étrangers. La compétition pour les richesses mena à une division au sein même de la maison royale et à l'introduction du christianisme par l'intermédiaire d'une partie de l'élite représentée par l'épouse de Kamehameha, la reine Ka'ahumanu, qui habitait sur l'île de Maui. La courte guerre civile qui s'ensuivit aboutit à un changement de direction en matière de développement, à la fin de l'ordre politicoreligieux qui avait prédominé jusque-là — dénommé « système *Kapu* » — et à l'introduction du christianisme sous le règne de Ka'ahumanu. Cette période se caractérisa par un effondrement démographique. Le commerce de bois de santal mit l'aristocratie en faillite, rendant cette dernière de plus en plus dépendante des étrangers à travers le nombre croissant de missionnaires calvinistes. Les liens de la royauté avec une nouvelle élite européanno-américaine se renforcèrent, ce qui mena à une transformation de l'ordre social, à l'introduction de la propriété privée en 1848 ainsi qu'à l'avènement d'une série de nouvelles activités économiques, en premier lieu desquelles la chasse à la baleine, qui entraîna une explosion de la production locale, de même que la transformation de Honolulu en port de libre-échange saturé de prostitution et de jeux d'argent, puis à l'introduction de la production de sucre. L'expansion des plantations sucrières devint le domaine privilégié des missionnaires qui usèrent de leur position pour obtenir de grandes étendues de terre cultivables. D'où l'importation massive, à partir de 1850, de main-d'œuvre étrangère, essentiellement chinoise, japonaise et philippine. On peut considérer que le marché mondial du sucre a constitué le principal élément de la politique des élites blanches de cette période. Or, les tentatives incessantes pour parvenir à des arrangements avec les États-Unis afin d'éviter les droits de douane se trouvaient freinées par l'importante production de sucre du sud de ce pays. Ce facteur, mêlé au sentiment d'identification de la classe des missionnaires-planteurs hawaiiens vis-à-vis des États-Unis, mena à des tensions croissantes avec le gouvernement et la royauté hawaiiens et finalement à un coup d'État en 1892. En réaction au refus du président Cleveland d'exaucer ses vœux de rattachements aux États-Unis, le nouveau gouvernement proclama la création d'une république qui dura quelques années avant de voir ses désirs d'annexion comblés par le président McKinley. À cette période, les États-Unis poursuivaient une politique d'expansion massive dans le Pacifique et les Caraïbes, et Hawaii constituait un archipel stratégique, puisqu'il était situé à mi-chemin entre l'Amérique et l'Asie. Par ailleurs, les Hawaiiens méprisaient la classe missionnaire blanche qui en était venue à dominer les îles, les «Cinq Grandes» (*the Big Five*), comme on les appelait. À la fin du siècle, ils étaient devenus une minorité sur leur propre territoire, avec une population d'environ 40 000 personnes. Leur culture et leur langue avaient été interdites et ils étaient divisés entre, d'un côté, ceux qui habitaient Honolulu, majoritairement pauvres et bien évidemment dénués de terres, mais avec une classe moyenne (médecins et avocats) plus ou moins liée à l'aristocratie et, de l'autre, une population rurale qui, depuis des décennies, s'était créée de son propre chef des enclaves isolées entre les ranchs et les plantations. La première partie du XXᵉ siècle vit l'émergence de mouvements de résistance, comme par exemple le parti Homa Rula, dont l'objectif était clairement de reprendre le pouvoir. Mais cette période fit long feu, étant donné que les élites étaient vendues au Parti républicain, qui représentait la classe des planteurs. Avec l'avènement des États-Unis comme puissance militaire importante dans les développements géopolitiques en Asie au cours des années 1930, les Hawaiiens furent en passe d'être complètement marginalisés. Puis, après la Seconde Guerre mondiale, syndicalisation militante et mondialisation de la concurrence aidant, l'économie des plantations périclita rapidement, et les élites durent vite trouver ce que l'on appela un «nouveau sucre», en l'occurrence le tourisme de masse, industrie qui porta le coup fatal aux Hawaiiens: leur culture fut exhibée par d'autres insulaires du Pacifique et par des Asiatiques pendant qu'eux-mêmes nettoyaient les chambres des hôtels. Durant toute cette période, le modèle apocryphe d'adaptation fut «marie-toi en dehors de la communauté, ne parle pas hawaiien mais anglais et intègre-toi au monde américain». Ce processus graduel d'abandon de l'identité fut facilité par les mariages avec des membres d'autres groupes d'immigrants. Les personnes qui étaient «en partie» hawaiiennes (une catégorie officielle) pouvaient ainsi également être «en partie» chinoises, «en partie» philippines ou «en partie» blanches (*hapa haole*). Les Hawaiiens disparurent alors virtuellement de la carte ethnique des États-Unis – une chute violente quand on pense que le royaume avait été reconnu par la plupart des États du monde, y compris la Grande-Bretagne et la France. Il est à noter que, au moment où j'ai moi-même commencé à travailler à Hawaii, le milieu universitaire reconnaissait à peine l'existence des Hawaiiens, à part comme groupe marginalisé aux origines diverses et situé au bas de la société américaine. Hawaii était devenue une société plurielle par l'importation de main-d'œuvre étrangère, phénomène clairement observable tout au long du XXe siècle dans la combinaison d'habitations situées selon les ethnies, du développement d'un pidgin puis d'un néo-pidgin d'ordre colonial et d'une hiérarchie ethnique dans laquelle s'opérèrent des glissements de positions mais pas de réel nivellement ni de véritable élimination du concept de rang social. Hawaii était et demeure un très bon exemple de ce que l'on appelle la «discrimination structurelle», où les pratiques institutionnelles à l'intérieur de l'État reproduisent une division ethnique du «travail». Les Américains d'origine japonaise finirent par dominer la politique et l'éducation, ceux d'origine chinoise devinrent des acteurs de premier plan de l'économie et le groupe le plus riche de l'archipel. Les Américains blancs étaient quant à eux divisés entre une minorité de vieilles familles de riches propriétaires terriens et de nouveaux arrivants plus pauvres, tandis que les Hawaiiens, les insulaires du Pacifique et les Philippins gravitaient autour du bas de l'échelle, les Philippins dans les secteurs du sucre et de l'ananas (aujourd'hui quasiment abandonnés), les Hawaiiens dans des emplois subalternes ou au chômage. Les mariages intercommunautaires étaient et sont toujours très communs au bas de l'échelle, alors que les groupes de plus haut rang, en particulier les Japonais, sont très largement endogames. L'élite blanche a bien effectué des mariages stratégiques avec l'aristocratie hawaiienne, mais cela a créé, par la patrilinéarité, des transferts de titres terriens et souvent un glissement d'identification vers la communauté blanche. Seule la royauté a maintenu une identité hawaiienne dans le contexte des mariages intercommunautaires mais, s'agissant des élites, c'est un phénomène courant.

L'indigénéité était absente de ce processus historique. À la fin de la période d'expansion hégémonique, les Hawaiiens représentaient simplement les « vestiges » (mélangés) d'une population anciennement indépendante. Il existait bien sûr des représentations de la culture hawaiienne, dans les musées et dans les parcours touristiques, mais elles étaient à peine associées à la population hawaiienne contemporaine. Dans les années 1970, ce processus commença à s'inverser. Le déclin de l'hégémonie américaine, pendant et après la guerre du Vietnam, fut accompagné par l'éclosion de mouvements identitaires, comme le « Black Power » et le « Red Power ». De type ethnopolitique, ces derniers comportaient également la mise en avant de paramètres culturels : histoire, langue, religion. Un grand nombre de groupes émergèrent à cette époque et émirent des revendications territoriales et tentèrent de faire cesser la progression des constructions liées à l'industrie touristique sur des sites considérés comme propriété des Hawaiiens – ce qui était d'ailleurs le cas au regard de la loi. C'était alors l'époque des manifestations d'étudiants de gauche qui soutenaient les revendications hawaiiennes, comme celles des autres minorités du continent. Dans la seconde moitié des années 1970 toutefois, la situation évolua et les Hawaiiens décidèrent de lutter seuls. Comme le déclara une porte-parole à l'époque : « Nous ne voulons pas du socialisme. Nous ne voulons pas être des travailleurs ! Le socialisme n'est qu'un prolongement du capitalisme. » Les membres du mouvement désiraient aller vers « autre chose ». C'est à ce moment-là que le modèle de l'organisation sociale ancienne devint central. Le « retour » à la terre comme toile de fond constitua une force essentielle et de nombreux Hawaiiens retournèrent effectivement à la terre. Les Hawaiiens émergeaient alors en tant que peuple indigène disposant d'une identité culturelle distincte qui soulignait un ensemble de valeurs primordiales opposées à la société dont ils faisaient partie. Ce processus s'est poursuivi depuis les années 1980, en se complexifiant avec l'émergence de différents types de mouvements, certains royalistes, d'autres fondés sur les roturiers. Un nouveau groupe de leaders s'est également consolidé qu'on pourrait considérer comme une élite ou une agglomération d'élites de plus en plus liées à la structure institutionnelle de l'État et aux médias, mais où la formation de réelles classes est au mieux embryonnaire, contrairement à la situation néo-zélandaise, par exemple.

Cet aperçu très schématique a pour fonction d'illustrer le processus récapitulé dans les schémas présentés plus haut. Ce qui s'est déroulé à Hawaii s'est déroulé en de nombreux endroits du monde occidental. Dans le Pacifique (avec les Maoris), en Amérique et en Europe (avec les Samis), on a pu assister à une renaissance généralisée des indigènes. Ce qui a bien évidemment été catégorisé en tant que tel et institutionnalisé à l'échelle mondiale au sein des Nations unies et avec la création d'un conseil mondial pour les peuples indigènes, qui est devenu une institution importante pour la formation d'alliances et pour une construction mondiale de l'identité, au moins pour ceux de ces groupes indigènes qui en sont venus à faire partie de la communauté mondiale. Ce renouveau de l'identité indigène s'est accompagné d'une large réidentification dans les zones du système mondial qui sont dominées par l'Occident, où un certain nombre de luttes relativement couronnées de succès ont été mises en avant par différents groupes s'identifiant eux-mêmes comme indigènes. L'indigénéité, classification hiérarchique à la base, est devenue un lieu de lutte « subalterne ». Elle doit cependant toujours s'entendre dans ce champ hiérarchique.

On peut envisager que le réveil indigène fait partie d'un processus plus large d'indigénisation s'appliquant non seulement aux populations que nous associons habituellement aux « vrais » indigènes, mais aussi à de nombreuses autres populations, nationales ou autres. La recherche de racines a de façon générale créé une série d'intensifications parallèles de l'identité locale et son développement s'est effectué au sein d'une ethnicisation généralisée qui génère la série suivante : populations indigènes, minorités régionales, populations nationales, minorités immigrées. Il s'agit, comme on peut l'observer dans le schéma présenté plus haut, d'une conséquence du déclin de l'hégémonie, où l'homogénie de l'identité nationale ou fondée sur l'État se dissout en fragments, créant la base d'un ordre social pluriel, terrain de conflits internes. La pratique de l'indigénisation explique l'émergence de certaines formes de mouvements néo-païens, ou encore de nouvelles tribus indiennes, comme les Washitaw (Friedman, 1999), qui sont Noirs, possèdent un site Internet, une impératrice et des armes, sont alliés avec des milices d'extrême-droite ainsi que le mouvement désigné comme la « Nouvelle Droite », qui est en fait multiculturelle et opposée à la forme actuelle de l'État-nation.

Le modèle suggéré ici implique aussi que, alors qu'on assiste à une indigénisation et à une ethnicisation de l'Occident et des territoires qui lui sont associés, c'est le processus inverse qui se produit en Asie du Sud et de l'Est, où il y a bien sûr des conflits et de la violence, mais où la tendance est à l'intégration des minorités au sein d'unités étatiques élargies plutôt qu'à la fragmentation. Le processus d'intégration est bien sûr violent et même sanglant, mais c'est le résultat qui distingue ces zones des hégémonies déclinantes. Une étude récente sur la question de la langue mongolienne est révélatrice sur ce point. Dans ce pays, une longue lutte pour l'autonomie culturelle a conduit au rétablissement de la langue et de la culture mongoliennes ; au même moment, la génération qui avait lutté dans ce sens commençait à envoyer ses enfants dans des écoles chinoises !

Le fait que l'on puisse décrire de tels processus comme de l'indigénisation en termes généraux et même mondiaux ne signifie pas que les mouvements indigènes sont de simples inventions, comme cela a souvent été avancé. Dans mes propres recherches, j'ai découvert que le processus d'identification fonctionne notamment parce que les images créées dans de tels mouvements « parlent » à leurs participants, ce qui s'explique par le fait que ces mouvements sont eux-mêmes fondés sur des expériences spécifiques et partagées. Pour les Hawaiiens, les notions d'*aloha*, de *malama* et de *'aina* sont liées à des formes interpersonnelles de sociabilité dans lesquelles l'échange dans le sens strict des actes de donner/recevoir est refusé, dans lesquelles une sorte de fusion communautaire est pratiquée, dans lesquelles l'expérience de relations avortées (qui peuvent toutes être retracées jusqu'au XIXᵉ siècle) est traumatisante, voire mortelle. Formation de communautés fermées, d'une endosociabilité orientée vers l'intérieur... il s'agit là du produit des logiques historiques de pouvoir dans la société hawaiienne où les roturiers ont bâti des murs autour d'eux, au propre comme au figuré. J'ai suggéré précédemment que le déni de la continuité historique par les anthropologues est le produit d'une vision anthropologique qui entrerait en concurrence avec les « natifs » pour le contrôle de la culture ou du processus d'identification lui-même. D'après certains « inventionnistes » tels que Keesing et Linnekin, les Hawaiiens se sont trouvés directement impliqués dans de tels combats. Ce qui engage les anthropologues contre ceux qu'ils étudient dans une situation où les seconds commencent à se trouver une identité qui les amène à contester le pouvoir de catégorisation des premiers. C'est pourtant précisément ce qui pourrait être analysé et, dans l'approche suggérée ici, il faut s'attendre à l'apparition de ce type de conflit. L'argument en faveur de la continuité historique dans la constitution des mouvements indigènes est une reconnaissance importante de l'existence réelle du local, qui n'est pas un simple produit du mondial, comme il est souvent suggéré dans le discours mondialiste (p. ex., Appadurai) ; on constate ici un chevauchement significatif entre le modernisme de l'inventionnisme et le cosmopolitisme de la mondialisation. Dans la situation actuelle, on assiste à une polarisation extrême dans laquelle les cosmopolitains ou les mondialistes s'identifiant comme tels considèrent qu'il convient de critiquer les populations indigènes précisément parce qu'elles vont dans le sens de l'indigénisation, élément essentialiste pour de tels anthropologues, qui contient les germes du nationalisme et du racisme (Kelly, Malkki) et s'exprime dans l'opposition entre nomades et autochtones, entre cosmopolitains et indigènes. Si le discours mondialiste refuse de valider une quelconque identité locale, alléguant qu'il s'agit simplement d'une construction mondiale, cette idée n'est soutenue que par un petit nombre de recherches. L'opposition entre ceux qui bougent et ceux qui ne bougent pas est néanmoins clairement exprimée dans des propos comme ceux qui suivent :

> Sur toute la planète, un conte romantique est en train de se développer pour la défense des indigènes, des premiers peuples, des natifs entravés par la civilisation, qui entraîne l'élaboration d'une politique sentimentale aussi infusée de motifs de nature et d'écologie que de récits historiques [...]. À Hawaii, le point culminant de ce conte est un nouveau mouvement nationaliste indigène, encore essentiellement plein de bruit et de fureur, mais qui a gagné du terrain dans les années 1990 [...]. Cet essai ne traite pas de ce type de politique liée à la pureté du sang. Mon objectif premier n'est pas de parler des alizés sentimentaux qui soufflent dans les îles du Pacifique, quelle que soit leur influence sur la politique liée au sang, elle-même essentielle pour les droits des membres des diasporas et pour les conditions de la faisabilité politique d'un transnationalisme mondial. (Kelly, 1995 : 496)

Cet extrait semble suggérer qu'il est indispensable de faire un choix entre natifs et diasporas, et que ce choix est clair. Cela se retrouve particulièrement dans une idéologie dont on peut dire, en un sens, qu'elle souhaite un retour à la vision hiérarchique d'un passé dans lequel l'indigénéité était moins dangereuse puisqu'elle constituait une simple catégorie et pas une force politique active. Mais il ne s'agit en fait pas simplement là de façons de voir les choses. Dans le monde contemporain, le réalignement des identités est un véritable phénomène social, qui a mené à une polarisation accrue, un processus où l'indigénisation est l'opposé complémentaire de la cosmopolitisation et qui se trouve complexifié par le fait qu'y sont impliquées de «vraies» populations possédant chacune une «vraie» histoire. Si les processus mondiaux sont effectivement puissants, ils s'articulent autour de vies et de stratégies locales précises qui ne peuvent en aucun cas être considérées comme de simples produits de la mondialisation. Envisager les choses de ce point de vue revient à pratiquer une sorte d'impérialisme intellectuel où les acteurs locaux sont des objets pacifiés sans aucune stratégie propre ; ce qui fait de certains anthropologues des colonialistes des derniers jours.

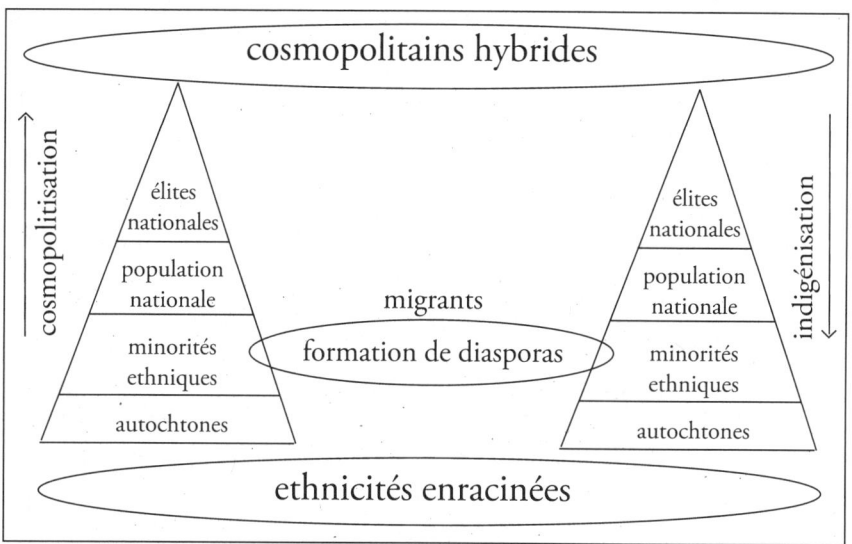

FIGURE **III** DIALECTIQUE DE LA COSMOPOLITISATION ET DE L'INDIGÉNISATION

Ce nouvel alignement constitue une reconfiguration importante de l'arène de représentation, même si la structure de base demeure inchangée. Il y a toujours une partie haute cosmopolite ou nationale et une partie basse indigène, mais de plus en plus d'intellectuels ont été tirés vers le haut, qui est devenu de plus en plus cosmopolite tandis que, dans le même temps, la partie basse devenait de plus en plus indigénisée.

DEUXIÈME ÉTAPE : LE COSMOPOLITISME MENACÉ

Le conflit décrit ci-dessus est devenu explicite dans le débat entourant la récente critique de la notion d'«indigène» par Adam Kuper (2003). L'idée que ce terme n'est pas scientifique appelle une explication vis-à-vis de ce je que j'ai décrit plus haut. Tout s'articule autour de la présupposition que la notion d'«indigène» doit s'entendre de façon scientifique. Kuper relie le terme d'«indigène» à celui, plus ancien, de «primitif» et n'a que peu de difficulté à démontrer qu'il s'agit d'une construction mentale qui, selon certains points de vue, peut être envisagée comme recoupant des constructions anthropologiques plus anciennes qui ont été abandonnées depuis. Mais cela fait oublier une certaine réalité sociale qui est fondamentale dans ce débat : les populations indigènes du monde se constituent bien sûr dans la formation des États ou des régimes coloniaux qui classent et catégorisent leurs habitants. Concernant cette question, Guha (1982 : 7) a fourni d'importantes idées dans ses travaux sur l'histoire indienne, où une représentation dominante a éliminé toute subjectivité et toute intentionnalité de la compréhension du sous-continent indien. Or, l'histoire sociale « réelle » démontre clairement que de telles subjectivités ont bel et bien existé, que les peuples ont été amoindris, marginalisés et éliminés, culturellement ou physiquement, par l'expansion des pouvoirs hégémoniques – un phénomène évidemment vieux comme la civilisation et pas simplement moderne et capitaliste, ni une simple expression de la culture occidentale, comme l'affirment certains penseurs postcoloniaux. Il n'est pas nécessaire de mettre en avant le caractère premier d'une population pour lui conférer le statut d'indigène, bien que les discussions en la matière aient souvent été confuses. Les Samis de Suède n'ont pas besoin de préciser qu'ils ont occupé le territoire avant les Suédois pour soutenir qu'ils avaient un mode de vie distinct sur cette terre *avant l'avènement de l'État suédois*. Les Suédois se définissent dans une large mesure par l'existence de l'État, même s'il existe une continuité culturelle forte, qui varie et doit être prise en compte. Qu'il y ait eu d'autres populations scandinaves, installées culturellement (au sens de culture matérielle) avant les Samis dans le nord de la Suède, ne vient pas vraiment contredire l'idée initiale si cela se passe au travers de la relation avec un État plutôt qu'avec d'autres populations. Or, c'est le pouvoir étatique qui a massacré les chefs samis et marginalisé, compartimenté la population. Voilà une idée différente de celle que soutient Kuper. Il va sans dire qu'il y a toujours eu, et qu'il y a encore aujourd'hui des conflits entre les différentes populations occupant un même territoire, mais ce n'est pas le vrai problème ici. Et cela ne contredit pas non plus la suggestion faite plus haut que l'indigénisation peut être envisagée comme la recherche de racines pour n'importe quelle population. Il est ici important de maintenir une distance intellectuelle vis-à-vis de ces questions pour comprendre les mécanismes à l'œuvre avant de prendre une position morale ; or, dans l'ensemble, c'est l'inverse qui s'est produit : il semble qu'il était indispensable de prendre position quant à savoir si les indigènes devraient avoir le droit à la parole, ce qu'ils pourraient dire, et s'ils devraient pouvoir exister en tant qu'indigènes s'identifiant comme tels. On pourrait en dire de même pour tous les phénomènes sociaux, qu'il s'agisse de classe, d'ethnicité, de race, de genre... La question de la race est intéressante : alors qu'il est évident que cette catégorie ne repose sur aucune réalité biologique, elle a clairement une existence sociale réelle dans certaines sociétés, comme aux États-Unis, par exemple... Après tout, les faits sociaux ne sont pas le produit d'une procédure scientifique ; ils constituent les réalités de nos recherches. Du point de vue adopté ici, le débat soulevé par les articles de Kuper est une confusion à propos des réalités sociales des termes concernés. Les conclusions implicites des idées de

Kuper sont similaires à celles de Keesing (1989), Linnekin (1983, 1992) et d'autres. D'après eux, l'indigénéité n'est qu'une simple construction qui n'a pas de réalité, et les populations concernées ne vivent plus la vie associée à leur existence précoloniale supposée. Dans sa réponse à cet argument, Turner insiste sur le fait que la question de savoir si les indigènes pratiquent un mode de vie traditionnel, qu'ils se battent pour leurs droits ou pas, n'est pas pertinente – une position également adoptée par le Groupe international de travail pour les peuples autochtones (GITPA) (communication personnelle, Andrew Gray ex-président du GITPA).

Contrairement à l'idée de Kuper, l'indigénéité ne fait pas référence à un type particulier de société ni même de mode de vie, mais à une identité politique qui est, comme il a été démontré ici, un produit de la structure même de l'État. Les peuples indigènes ne sont pas, à la base, des populations qui définissent elles-mêmes leur identité : ils ont été catégorisés de force par un ordre colonial, au moins dans les siècles passés de l'État moderne (même si, comme il a été montré, il existe des catégorisations similaires dans d'autres systèmes impériaux plus anciens). La catégorie est cependant subalterne et cela implique donc que les revendications puissent être effectuées en son nom, que de telles populations puissent revendiquer une autonomie, quelle qu'en soit le type. Par ailleurs, depuis qu'il s'agit d'une catégorie socialement institutionnalisée, elle peut engendrer de nouvelles identifications et même des revendications politiques de la part d'individus « extérieurs » au statut indigène (comme dans le cas des Afrikaners, par exemple). Il est indéniable que cela constitue un facteur de division pour l'État-nation et ce type de mouvements, tout comme d'autres mouvements identitaires régionaux, entraîne une désintégration de l'entité étatique. De nouvelles formes d'associations pourraient permettre de préserver l'État, mais pas la nation, qui est fondée sur la production d'identité partagée, d'histoire partagée et d'expérience partagée. La logique de la politique indigène induit la transformation de l'État-nation en un État biculturel ou même binational, ou bien, dans une solution extrême, une décolonisation, c'est-à-dire une souveraineté dans laquelle aucun compromis n'est passé avec l'État. Ce qui me permet d'écrire ces propos sans prendre de position morale, c'est que les phénomènes auxquels je fais référence, qu'ils soient construits intellectuellement ou non, sont objectifs.

Kuper va beaucoup plus loin dans sa critique que les anciens anthropologues « inventionnistes », qui se contentaient d'attaquer l'authenticité des mouvements indigènes. Il soutient que la catégorie des indigènes est en elle-même impropre et devrait être totalement éliminée. À quoi nous répondons de la même façon par une extension de l'argument déjà développé contre la position inventionniste selon lequel la catégorie n'est pas une construction intellectuelle mais une réalité politiquement institutionnelle très vivante. La déconstruction des catégories n'implique pas l'élimination de ces dernières, notamment lorsqu'elles possèdent une réalité «émique». Plus important pour nous ici, la compréhension de la position reflétée par ce type de discours: Kuper a également argumenté en faveur d'un certain cosmopolitisme anthropologique, qui éclairerait la relation entre sa critique de l'indigénéité et sa propre identification. J'objecterai qu'il ne s'agit pas là d'un exemple de choix individuel particulier, mais d'un positionnement au sein d'un ordre social déjà établi, décrit dans la figure III et impliquant une opposition par définition à la notion d'indigène.

La critique de l'indigénéité émise par Kuper semble paradoxalement exprimer un certain désir d'authenticité, une authenticité perdue dont les anthropologues étaient les maîtres. L'engagement en apparence émotionnel de cet argument est lié au sentiment de perte, de perte de l'ordre. Le monde perdu des anthropologues était un monde de hiérarchie ordonnée où les peuples que nous étudiions étaient clairement placés dans une position soumise, offerts, silencieux, à notre regard intellectuel. C'est bien là le cœur de la crise de l'«autorité ethnographique» et de la question de l'authenticité, définie comme un phénomène objectif. Mais l'authenticité est une question existentielle, et pas muséologique, chose que les «inventionnistes», les modernistes et les «mondialistes» négligent constamment (Friedman, 1994). L'émergence récente des mouvements indigènes ne constitue pas un mouvement intellectuel mais un mouvement profondément ancré dans la vie des individus. Je ne cherche pas ici à prendre parti dans le débat, qu'il me semble plus important de placer au sein de la structure plus large de l'hégémonie occidentale et de son déclin. Cela pourrait sembler alarmiste pour ceux qui réfutent la possibilité de tels déclins, notamment à l'heure d'aujourd'hui et nous concernant. Je considère toutefois que le débat qui nous occupe présentement m'autorise la revendication d'une telle position. Le dilemme de Kuper est en fin de compte fondé sur la grande transformation de l'hégémonie occidentale. Le déclin de cette dernière, avec tout ce qu'il implique d'occidentalisme et de haine de soi, reste l'expression d'une réelle perte d'autorité qui accompagne le déclin lui-même tout en étant sa principale expression. Les groupes indigènes ne sont pas les seuls à revendiquer le droit de faire entendre leur voix concernant leur position sociale dans le monde. La portée mondiale du discours postcolonial est imprégnée de cette politique de la culture. Celle-ci est à son tour renforcée par une culturalisation d'une critique plus ancienne de l'impérialisme. C'est à présent la culture occidentale elle-même qui est au cœur du problème. Comme disait une chanson postcoloniale populaire sur les campus : « Hey hey ho ho Western culture's gotta go » (« Hé hé ho ho, la culture occidentale, faut qu'elle détale[2] »). Cela incarne une inversion des valeurs ou, mieux, une inversion des valeurs liée elle-même à la décentralisation croissante de l'expression des voix et même du véritable pouvoir dans le système mondial. Alors que c'est là un processus se développant au coup par coup, il a abouti, à certains endroits, à une réelle inversion de l'idéologie. Il s'agit d'un changement politique important, et même essentiel, dans l'ordre mondial, qui ne peut être réduit au type de discours moralisateur qui semble avoir imprégné ce qui doit être compris en termes de « faits sociaux ». Kuper lutte contre un vrai processus comme s'il s'agissait d'une simple erreur intellectuelle. Et il le fait en adoptant une position qu'il qualifie de « cosmopolite » alors qu'elle est surtout « moderniste ». Et c'est ce dernier « ordre » qui est en voie de désintégration aujourd'hui. Si cette désintégration implique l'émancipation de certaines minorités, sinon toutes – mais pas par n'importe quel moyen –, elle ne peut alors pas être réduite à un simple phénomène intellectuel. Il est possible d'envisager de lutter contre ce qui pourrait apparaître comme une capitulation intellectuelle de la part des chercheurs, mais il faut voir cette lutte comme un phénomène intellectuel occidental et ne pas la confondre avec les mouvements des peuples indigènes auxquels est lié ce phénomène[3].

On s'accordera donc facilement pour dire que, dans un sens purement intellectuel, la catégorie indigène est une construction essentialisée, et non scientifique. Durkheim tenait des propos assez similaires quant au concept d'ethnicité – argument qui allait comme un gant au républicanisme français. Cela explique peut-être pourquoi, lorsque son étudiant Halbwachs se rendit à l'École de Chicago, il découvrit une diversité

---

2. Slogan entonné par les étudiants de l'Université Stanford dans les années 1980 contre l'enseignement de cours obligatoires sur la culture occidentale.

3. Sur certains points, cette analyse recoupe celle d'Alan Barnard (2006) mais selon une approche toute différente. Barnard se concentre plus sur les débats concernant la culture d'Ur, qui ne sont pas en question ici, même si Kuper en fait un point essentiel de son argumentation, assimilant ainsi le concept de l'« indigène » au concept anthropologique du « primitif ». Cela s'explique par le fait qu'il situe son discours au sein du débat concernant le peuple San, c'est-à-dire les représentants d'une forme sociale originelle de chasseur-cueilleur ou le produit d'un système plus large, régional ou même mondial, de relations de pouvoir au sein desquelles ils ont été contraints de se spécialiser.

ethnique – base de tout le programme de recherche de l'école – qu'il mit en contraste avec les sociétés nationales homogènes, notamment les villes européennes (Halbwachs, 1932). Pourtant (!), il négligea le fait que, sur de nombreux points, Marseille était l'équivalent de Chicago, et que la France des années 1930 avait un taux d'immigration supérieur à celui des États-Unis (Noiriel, 1996). L'absence d'ethnicité des immigrés en France était un fait social imposé par l'État, qui organisait tant les perceptions que la politique. L'on pourrait dire que la nature de l'État, qui comprend la culture produite par celui-ci, a un effet puissant sur la façon dont les gens s'identifient, qu'il s'agisse de populations régionales ou immigrées d'avant l'avènement de l'État. L'objet de notre analyse bénéficierait grandement d'une prise de recul vis-à-vis des catégories d'ordre politique qui semblent, dans leurs vicissitudes historiques, pénétrer nos propres catégories d'interprétation.

SOMMES-NOUS DIVISÉS ?

L'appel de Kuper à une anthropologie cosmopolite et sa critique envers la catégorie indigène rejoignent les approches mondialisantes, le cosmopolitisme moderniste en moins. Le chevauchement concerne la politique identitaire des natifs ou des locaux et la façon dont celle-ci menace l'autorité de l'anthropologue. Mais cette menace est intimement liée à l'aspect ethnographique de l'anthropologie, à la maîtrise des significations et des actions des peuples indigènes, comme de tous les peuples en général. La révolte contre cette maîtrise, qui s'applique systématiquement à tous les types d'identités émergentes, n'est pas aussi menaçante qu'elle en a l'air. Cette menace apparente est un produit de la transformation du sujet plutôt que des sujets, même si ces derniers ont fini par bénéficier de plus en plus de pouvoir. Les « inventionnistes » rejettent l'autorité de ceux qu'ils étudient, tandis que les « mondialistes » rejettent la validité et la morale des populations indigènes qui, justement, prennent la voie de la mondialisation. On observe ici une convergence vers un consensus moderne, mais ce consensus n'est pas le même pour les « mondialistes » et pour les « inventionnistes-modernistes ». Les premiers voient le « vrai » moderne comme quelque chose d'hybride : des modernités alternatives combinant des éléments du passé et du présent dans ce qui est conçu comme un équivalent de la modernité occidentale – d'où la modernité de la sorcellerie (ce qui signifie en fait simplement sa contemporanéité). Les « inventionnistes-modernistes », quant à eux, affirment que les indigènes n'existent pas car ils sont en fait modernes mais, pour des raisons politiques – c'est-à-dire instrumentales (modernistes) –, refusent de le reconnaître. Les « mondialistes » s'opposent à l'indigénéité parce que celle-ci nie la tendance évidente et moralement progressiste à la mondialisation. Les modernistes, eux, s'opposent aux indigènes dans des termes similaires mais pour des raisons scientifiques, à savoir qu'ils ne seraient pas vraiment indigènes du tout, mais utiliseraient en fait leur identité à des seules fins politiques et de pouvoir. Ces deux positions sont cependant aussi opposées l'une à l'autre, au moins dans la mesure où l'anthropologie mondialisante est culturaliste alors que l'anthropologie moderniste est plutôt anticulturaliste. Ainsi, pour les mondialistes, la modernité peut contenir tous les types de phénomènes que les « inventionnistes » pourraient dénoncer comme de fausses représentations. Mais, à y regarder de plus près, les différences s'estompent. Pour les deux conceptions, l'indigénéité est une construction fausse, un produit mondial localisé par la pratique politique, un dangereux rejet de la modernité mondiale, dangereux pour les modernistes car elle représente un rejet de la vérité selon laquelle il s'agit d'une tradition fausse, et dangereux pour les « mondialistes », qui l'envisagent comme une négation réactionnaire de la mondialisation elle-même. Dans les deux cas, ce qui permettra facilement à l'anthropologie de survivre à cette menace est le retour à sa propre tradition holistique où la théorie est centrale, où la réalité doit être expliquée plutôt que présentée par l'anthropologue comme une actrice d'une pièce sur la morale. Même l'homme politique par excellence qu'était Lénine comprit en son temps que l'action politique n'est concevable que sur la base d'une compréhension scientifique des situations dans lesquelles nous nous trouvons.

BIBLIOGRAPHIE

APPADURAI, A. (1996), « Patriotism and its futures », dans *Modernity at Large. Cultural Dimensions of Globalization*, Minneapolis, University of Minnesota Press, p. 158-177.

BARNARD, A. (2006), « Kalahari revisionism, Vienna and the "indigenous peoples' debate" », *Social Anthropology*, vol. 14, n° 1, p. 1-16.

BERGOM-LARSSOM, M. et C. SLÄTTNE (1986), *Ett ÖGONBLICK av glömska*, Qfilm AB.

BULAG, U. (2003), « Mongolian Ethnicity and Linguistic Anxiety in China », *American Anthropologist*, vol. 105, n° 4, p. 537-544.

DOUGHERTY, M. (1992), *To steal a kingdom*, 1ʳᵉ éd., Waimanalo, Hawaii, Island Press.

FRIEDMAN, J. (1992), « Myth, History and Political Identity », *Cultural Anthropology*, vol. 7, n° 2, p. 193-209.

FRIEDMAN, J. (1992), « The past in the future : History and the politics of identity », *American Anthropologist*, vol. 94, p. 837-859.

FRIEDMAN, J. (1994), « Will the real Hawaiian please stand : Anthropologists and Natives in the global struggle for identity », *Bijdragen tot de Taal- Land- en Volkenkunde*, vol. 147, p. 137-167.

FRIEDMAN, J. (1994), *Culture, Identity and Global Process*, London, Sage Publications.

FRIEDMAN, J. (1999), « Indigenous movements and the discreet charm of the bourgeoisie », *Australian Journal of Anthropology*, vol. 10, n° 1, p. 1-14.

GANDOULOU, J.-D. (1989), *Au cœur de la Sape : mœurs et aventures des Congolais à Paris*, Paris, L'Harmattan.

GRAY, F. d. P. (1972), *Hawaii : the sugar-coated fortress*, New York, Random House.

GUHA, R. (dir.) (1982), *Subaltern Studies I : Writings on South Asian History and Society*, New Delhi, Oxford University Press.

GUHA, R. et G. C. SPIVAK (dir.) (1988), *Selected Subaltern Studies*, Oxford, Oxford University Press.

HALBWACHS, M. (1932), « Chicago. Expérience ethnique », *Annales d'histoire économique et sociale*, vol. 4, p. 547-560.

HANSEN, L. I. et B. OLSEN (2004), *Samenes historie fram til 1750*, Oslo, Cappelen akademiske forlag.

JUDD, A. F. (1880), *The Saturday Post*, Oct. 2.

KEESING, R. (1989), « Creating the past : custom and identity in the contemporary Pacific », *Contemporary Pacific*, n° 1, p. 19-42.

KELLY, J. (1995), « Diaspora and World War, Blood and Nation in Fiji and Hawaii », *Public Culture*, vol. 7, n° 3, p. 475-497.

KENT, N. J. (1983), *Hawaii, islands under the influence*, New York, Monthly Review Press.

KIRCH, P. V. et M. D. SAHLINS (1992), *Anahulu : the anthropology of history in the Kingdom of Hawaii*, Chicago, University of Chicago Press.

KUPER, A. (1994), « Culture, identity and the project of a cosmopolitan anthropology », *Man*, vol. 29, n° 3, p. 537-554.

KUPER, A. (2003), « The Return of the Native », *Current Anthropology*, vol. 44, n° 3, p. 389-395.

KUPER, A. (2006), « Discussion », *Social Anthropology*, vol. 14, n° 1, p. 21-22.

LINNEKIN, J. (1983), « Defining tradition : variations on the Hawaiian identity », *American Ethnologist*, vol. 10, p. 241-252.

LINNEKIN, J. (1992), « On the theory and politics of cultural construction in the Pacific », *Oceania*, vol. 62, n° 4, p. 249-263.

MALKKI, L. (1992), « National Geographic : The Rooting of Peoples and the Territorialization of National Identity among Scholars and Refugees », *Cultural Anthropology*, vol. 7, n° 1, p. 24-44.

McGREGOR, D. (1989), *Kupa'a I Ka 'aina : persistence on the land*, Ph.D. thesis, Department of History, University of Hawaii.

NOIRIEL, G. (1996), *The French Melting Pot*, Minneapolis, Minnesota University Press.

SAHLINS, M. (1985), *Islands of history*, Chicago, University of Chicago Press.

TURNER, T. (2004), « Discussion », *Current Anthropology*, vol. 45, n° 2, p. 265-266.

WILLIAMSON, A. S. (1996), « Scots, Indians and empire : The Scottish politics of civilization », *Past and Present*, vol. 150, p. 46-83.

L'autochtonie comme processus d'ethnogenèse

FRANÇOISE MORIN

Depuis plus de trente ans, la question autochtone a pris une dimension internationale en devenant une préoccupation onusienne. C'est le Conseil économique et social (ECOSOC) qui a entrepris par l'intermédiaire de ses organes subsidiaires l'étude de cette question. Rapports, études, conférences et groupes de travail ont élaboré des propositions pour remédier à la discrimination des peuples autochtones et promouvoir le respect de leurs droits autant individuels que collectifs. Or, pour formuler ces nouvelles normes légales internationales, il fallait repenser plusieurs des concepts traditionnels des droits de l'homme et faire émerger « un véritable autochtonisme juridique » (Otis, 2002). Experts, représentants gouvernementaux et délégués autochtones s'y employèrent et travaillèrent ensemble, pendant plus de vingt ans, sur un projet de déclaration universelle des droits autochtones qui donna lieu à de très vifs débats.

Présenté à la première session du nouveau Conseil des droits de l'homme (CDH) en juin 2006, ce texte, qui respecte un grand nombre de propositions autochtones et ménage le pouvoir et l'autorité des États, fut adopté le 29 juin par une grande majorité d'États (30 sur 47) siégeant au CDH, en dépit des critiques du Canada et de la Russie qui votèrent contre son adoption. La position du Canada sembla d'autant plus paradoxale que ses représentants s'étaient beaucoup investis dans l'écriture de cette déclaration et qu'ils déployaient depuis plusieurs dizaines d'années beaucoup d'efforts pour faciliter son adoption.

Tout en dénonçant l'attitude du gouvernement canadien, les représentants autochtones se réjouirent du vote historique du Conseil des droits de l'homme, nouvel organe considéré comme une des pièces maîtresses de la réforme de l'ONU. Les leaders autochtones savaient aussi que cette déclaration devait encore recevoir l'approbation de l'Assemblée générale. Pour faciliter les travaux de ce « Parlement des nations » (Roulet, 1999), six comités existent et les questions des droits de l'homme sont traitées par la Troisième commission qui eut donc pour mission, lors de la 61ᵉ session, d'examiner cette déclaration. Les représentants de 33 États présentèrent un projet de résolution (A/C.3/61/L.18/Rev.1) pour que l'Assemblée générale adopte la déclaration telle qu'elle figurait dans le rapport du CDH. Mais la Namibie, soutenue par 29 pays africains, proposa un amendement (A/C.3/61/L.57/Rev.1) demandant de reporter le vote de cette déclaration jusqu'à la fin de la présente session de l'Assemblée générale, en septembre 2007, afin de permettre la poursuite des consultations sur cette question. Or cette proposition africaine émanait d'États ayant peu participé aux travaux d'élaboration de cette déclaration, lesquels ont duré près de 24 ans. Leur manque d'informations était à l'origine d'une interprétation erronée de divers articles. Ils craignaient en particulier que l'utilisation du terme « droit à l'autodétermination » soit comprise comme un droit à la sécession des peuples autochtones, que le droit à maintenir leurs institutions politiques, culturelles, sociales et économiques traditionnelles entre en conflit avec des dispositions constitutionnelles africaines et, enfin, que le droit d'appartenir à une communauté ou à une nation autochtone ne mette en péril l'intangibilité des frontières africaines.

Leur décision de faire ajourner le vote final de la déclaration par l'Assemblée générale fut aussi perçue par de nombreux observateurs comme le résultat de pressions exercées par d'autres États, tels que les États-Unis, l'Australie et la Nouvelle-Zélande, depuis longtemps hostiles à l'adoption de cette déclaration. Ils firent courir des bruits alarmistes et non fondés sur ses effets néfastes pour les droits et intérêts des autres secteurs de la société. Bien que les États latino-américains et les pays de l'Union européenne aient appuyé le projet de déclaration, l'amendement proposé par la Namibie fut adopté par la Troisième commission, le 28 novembre 2006, par un vote de 82 à 67 et 25 abstentions. Les organisations autochtones ont immédiatement manifesté leur indignation et leur inquiétude à propos de l'effet négatif de ce vote. Elles ont dénoncé les manœuvres politiques de certains États pour entraver le développement et la reconnaissance des droits des peuples autochtones dans le monde. Elles craignaient aussi que ce vote affaiblisse grandement la crédibilité du nouveau Conseil des droits de l'homme puisqu'il rejetait l'une de ses premières recommandations.

Pour faire face à cette situation, de nombreuses actions furent entreprises. D'abord, un groupe de 17 experts africains, spécialisés dans les droits de l'homme, élaborèrent une note répondant point par point aux critiques des États africains. Une très large circulation de ce document et la rencontre de six de ces experts avec des représentants des Missions permanentes africaines à l'ONU apportèrent une meilleure compréhension du contenu de cette déclaration. De son côté, la Commission africaine des droits de l'homme et des peuples, réunie en mai 2007 au Ghana, se saisit du dossier et publia un avis juridique traitant des diverses préoccupations exprimées par les États africains sur la déclaration, cela afin d'éclairer les représentants du Sommet de l'Union africaine qui devait se tenir en juillet à Accra (Ghana). Dans le même temps, des experts autochtones rencontrèrent plusieurs gouvernements africains pour dialoguer et faire en sorte que la déclaration ne soit pas mise en pièces ou que son adoption finale ne soit pas définitivement bloquée.

Par ailleurs, quelques États latino-américains soutenant l'adoption de la déclaration engagèrent des discussions intenses avec les États africains pour clarifier certains articles et promouvoir l'adoption de ce texte. Au début de septembre 2007, ils réussirent à s'entendre sur neuf amendements qui ne remettent pas en question les fondements du texte. Et cette nouvelle version de la Déclaration sur les droits des peuples autochtones fut adoptée le 13 septembre par l'Assemblée générale de l'ONU avec 143 votes pour, 4 votes contre (Canada, États-Unis, Australie et Nouvelle-Zélande) et 11 abstentions. M. Ban Ki-moon, secrétaire général de l'ONU, considéra que l'adoption de la déclaration est un « triomphe pour les peuples autochtones du monde entier ». Elle marque, selon lui, « un moment historique où les États membres de l'ONU et les peuples autochtones ont réconcilié leurs histoires douloureuses et ont décidé d'avancer ensemble sur le chemin des droits de l'homme, de la justice et du développement pour tous ».

Bien qu'elle n'ait aucun caractère contraignant, tant que les États ne l'assortissent pas d'une convention, cette déclaration des Nations unies sur les droits des peuples autochtones est dotée d'un fort pouvoir symbolique qui est le socle fondateur et universel de « l'autochtonie ».

Paradoxalement, cette déclaration ne propose aucune définition de l'autochtonie. Qu'entend-on par « peuple autochtone »? Quand cette identification est-elle apparue et comment est-elle passée d'un sens particulier à une valeur universelle? Quel rôle la mondialisation a-t-elle joué dans ce processus? En devenant une identité générique, l'autochtonie peut-elle être considérée comme une forme d'ethnogenèse ? Ce sont les questions que je voudrais maintenant aborder.

L'AUTOCHTONIE, DU LOCAL À L'UNIVERSEL

Ce sont les Indiens d'Amérique du Nord qui s'identifièrent les premiers comme « indigenous peoples » ou « First Nations ». Face aux politiques assimilationnistes des États-Unis et du Canada dans les années 1950-1960, ils refusèrent de disparaître en affichant leur indianité et en revendiquant des droits en tant que « nations indigènes souveraines ». Pour combattre ces politiques gouvernementales, ils s'organisèrent sur un plan interethnique en créant, dans les années 1960, la National Indian Brotherhood au Canada, le National Indian Youth Council, puis l'American Indian Movement aux États-Unis. Mais, cette mobilisation nationale ne suffisant pas, il leur fallut s'investir dans la voie internationale. Des rencontres eurent lieu, d'abord entre peuples autochtones des deux côtés de la frontière Canada–États-Unis, puis entre « nations indigènes » des deux Amériques réunies à Standing Rock en 1974. C'est à cette occasion que fut créé l'International Indian Treaty Council (IITC). Enfin, avec l'aide d'ONG comme International Work Group for Indigenous Affairs (IWGIA), des gouvernements scandinaves et du Conseil des Églises, des représentants des peuples sami, inuit, maori, aborigènes d'Australie et Indiens des deux Amériques se rencontrèrent en 1975 à Port Alberny, en Colombie-Britannique. En dépit de leurs différences, ils voulurent souligner leur même enracinement autochtone en affirmant dans leur déclaration finale : « Nous, Peuples Autochtones du monde... nous engageons à reprendre en main et contrôler notre propre destinée » (Paine, 1985 : 49). Pour concrétiser cette volonté de travailler ensemble, ils créèrent alors le World Council of Indigenous Peoples.

Mais leur volonté d'internationaliser la cause autochtone ne s'arrêta pas là. Ils voulurent interpeller l'ONU pour demander que le droit international prenne en compte leur particularité. À l'époque, seule la « Convention concernant la protection et l'intégration des populations aborigènes et autres populations tribales et semi-tribales dans les pays indépendants » de l'Organisation internationale du travail traitait de cette question. Tout en ayant le mérite d'aborder la spécificité autochtone (Otis, 2002 : 852), cette convention, communément appelée « Convention 107 », l'analysait d'un point de vue paternaliste et intégrationniste. Les leaders autochtones en demandèrent la révision.

Pour que l'ONU ouvre ses portes aux organisations autochtones, il fallait qu'elles soient accréditées comme organisations non gouvernementales avec statut consultatif auprès du Conseil économique et social. Plusieurs d'entre elles l'obtinrent dans les années 1970 et l'ONU choisit même d'assouplir ses règles afin qu'un plus grand nombre puissent en bénéficier. Ce fut le point de départ d'une participation croissante des représentants autochtones à l'ONU dans les années 1980-1990 (Morin, 2005 ; Saladin d'Anglure, 1992). Il fallait cependant convaincre les membres du Conseil économique et social que les peuples autochtones n'étaient pas des minorités et ils furent aidés dans cette tâche par les gouvernements nordiques, sensibilisés aux problèmes des Samis, et par des ONG créées par des anthropologues comme IWGIA (1968) et Survival International (1969) qui dénonçaient les massacres et la colonisation sauvage dont les Indiens étaient victimes. À la suite de ces pressions diverses, une étude sur le « problème de la discrimination à l'encontre des populations autochtones » fut entreprise en 1971 sur décision de l'ECOSOC. Cette étude, communément appelée « rapport Cobo » (du nom de son rapporteur officiel), va participer à l'internationalisation de la question autochtone en abordant ses différentes dimensions à l'échelle mondiale. La recherche ne sera publiée qu'en 1983, mais des comptes rendus annuels à la Sous-Commission de la lutte contre les mesures discriminatoires et de la protection des minorités souligneront dès les premières années l'inadéquation des normes internationales en vigueur, face à la diversité des situations autochtones, et la nécessité de créer un groupe de travail particulier pour les populations autochtones.

Pendant que les experts se concertaient sur cette spécificité juridique, les organisations autochtones cherchèrent à s'exprimer elles-mêmes sur cette question dans l'enceinte onusienne afin de faire entendre leurs voix aux représentants des États. Une conférence organisée par des ONG en 1977 à Genève sur « la discrimination contre les populations autochtones des Amériques » permit ce début de dialogue. Pour la première fois dans l'histoire, une centaine d'Indiens représentant plus de 60 « nations » autochtones des deux Amériques furent conviés au Palais des Nations pour parler de leurs problèmes. Revêtus de leurs costumes traditionnels et accompagnés par leurs aînés, les leaders autochtones pénétrèrent dans l'enceinte onusienne où ils purent s'exprimer librement. Ils se présentèrent comme les représentants de « peuples autochtones » ayant des liens particuliers avec la terre et proposèrent une « déclaration de principes pour la défense des nations et peuples autochtones de l'hémisphère occidental ».

Cette déclaration abordait toutes les grandes questions qui allaient faire l'objet de débats pendant les trente années suivantes.

Une autre conférence, organisée en 1981 sur le même mode, permit d'élargir le cercle des autochtones en invitant les Aborigènes australiens et les Samis de Norvège. Cette fois-ci, on discuta du rapport des peuples autochtones à la terre, ce qui permit de dénoncer l'emprise des compagnies transnationales sur leurs territoires et leurs ressources naturelles. Ces deux conférences firent ressortir le manque d'outils juridiques pour la défense des droits des peuples autochtones, tout en appuyant la recommandation du rapport Cobo de créer un groupe de travail pour y suppléer.

Les pressions conjuguées des organisations autochtones avec statut consultatif auprès de l'ECOSOC, des ONG de soutien à la cause autochtone, des gouvernements nordiques rejoints par le Canada et l'Australie et du Centre des droits de l'homme de l'ONU réussirent à convaincre le Conseil économique et social de la nécessité de créer un tel groupe de travail. Il le fut en 1982 mais sous le nom de « Groupe de travail sur les populations autochtones » (GTPA). La notion de « peuples autochtones » était encore loin de rallier une majorité des représentants des États à l'ECOSOC. C'est au sein de cette nouvelle instance que les représentants autochtones vont pourtant faire leur place à l'ONU et qu'ils vont participer à l'élaboration de normes reconnaissant leurs droits en tant que peuples autochtones. Dès les premières sessions, Erica Daez, la présidente du GTPA, posa le problème de définition de l'autochtonie. Le rapport Cobo n'était pas terminé mais il avait proposé depuis 1972 une définition de travail assortie de trois critères :

1) le critère de l'antériorité qui permet d'identifier les descendants actuels de peuples dont le territoire a été envahi par d'autres peuples venus d'autres régions du monde et qui les ont dominés.

2) le critère de la spécificité culturelle qui insiste sur la langue, la religion, les coutumes, etc., comme caractéristiques distinctives de celles de la société dominante.

3) le critère de l'auto-identification auquel les peuples autochtones attachent beaucoup d'importance, mais que certains gouvernements rejettent car ils veulent se réserver un droit de regard sur la détermination de la qualité d'autochtone.

Le premier critère de cette définition de travail s'applique bien aux « Premières Nations » des deux Amériques, aux anciennes colonies de peuplement européen (Aborigènes d'Australie, Maoris de Nouvelle-Zélande), aux territoires français d'outre-mer (Guyane, Nouvelle-Calédonie, Polynésie), aux Inuit du Groenland, aux Samis dans les pays scandinaves, aux petits peuples de Sibérie et aux Aïnu du Japon. Ces peuples ont d'ailleurs envoyé des représentants de plus en plus nombreux au GTPA dans les années 1980-1990, qui participèrent très activement aux débats sur la déclaration des droits autochtones. Mais ce forum a aussi attiré, au fil des années, des délégués autochtones de l'Inde, du Sud-Est asiatique et de l'Afrique pour qui le critère de l'antériorité était plus discutable et donnait lieu à de multiples controverses (Schulte-Tenckhoff, 1997).

Parmi les autochtones africains représentés au GTPA, des communautés de chasseurs-cueilleurs tels que les Pygmées de la région des Grands Lacs, les San d'Afrique australe, les Ogiek du Kenya et les groupes pastoraux comme les Touaregs d'Afrique du Nord et de l'Ouest, les Maasaï du Kenya et de Tanzanie, dénonçaient les violations de droits humains dont ils étaient victimes. Or, très peu d'États africains reconnaissent l'existence de peuples autochtones dans leurs pays. Beaucoup estiment que tous les Africains sont autochtones. Certes, tous étaient là avant l'arrivée des colons européens et tous ont été soumis à la domination de la période coloniale. Mais, quand des groupes marginalisés se disent aujourd'hui autochtones en Afrique, c'est pour attirer l'attention sur la discrimination dont ils sont l'objet de la part des majorités africaines dominantes, détentrices du pouvoir. Souvent expropriés de leurs terres et privés de leurs ressources naturelles, ils sont devenus de plus en plus vulnérables. Les exactions rapportées par exemple par des Pygmées dans la région des Grands Lacs vont même jusqu'au cannibalisme : il faut manger du Pygmée pour être plus fort, ou violer une vierge pygmée pour se guérir du sida. La création de parcs nationaux, l'exploitation des forêts et des mines, la construction de barrages, les forages pétroliers et la construction d'oléoducs nuisent aussi à ces communautés et profitent aux intérêts économiques des autres groupes dominants.

Face à la marginalité de ces groupes autochtones, la Commission africaine des droits de l'homme et des peuples (CADHP) s'est penchée depuis 1999 sur leur situation dans le continent africain. Elle a mis sur pied en 2001 un groupe de travail sur les droits de ces communautés qui, deux ans plus tard, a remis un rapport publié par l'IWGIA en 2005. Les experts autochtones et non autochtones de ce groupe de travail ont étudié les caractéristiques de ces peuples qui s'identifient comme autochtones en

Afrique. Ils remarquent que «leurs cultures et mode de vie diffèrent considérablement de ceux de la société dominante et qu'ils sont très menacés [...]. Leur survie dépend de la reconnaissance de leurs droits et de l'accès à leurs terres et ressources naturelles traditionnelles» (CADHP, 2005: 99-100). Pour justifier leur identification comme autochtone et leur participation de plus en plus grande au mouvement international autochtone, les experts du Comité pensent qu'il faut mettre l'accent moins sur l'aboriginalité qui fait débat en Afrique, que sur d'autres critères comme l'autodéfinition en tant qu'autochtones, l'assujettissement, la marginalisation, l'exclusion et la discrimination dont ils sont victimes en raison de leurs cultures, de leurs modes de vie ou de leurs modes de production différents de ceux des majorités nationales. Ils ont donc proposé à la Commission africaine de retenir trois critères, à savoir la marginalisation, la différence culturelle et l'auto-identification pour caractériser ces peuples autochtones d'Afrique. On retrouve dans cette proposition trois des caractéristiques retenues par la présidente du GTPA, Erica Daes, dans un document de 1995 (E/CN.4/Sub.2/AC.4/1995/3) qui avait pour but de mieux circonscrire la notion de peuple autochtone.

La Commission africaine des droits de l'homme et des peuples s'est appuyée sur le rapport de son groupe de travail et sur toute la réflexion menée en son sein au sujet des droits des peuples autochtones en Afrique pour s'adresser au représentant de la Namibie le 20 novembre 2006 afin qu'il retire son amendement et adopte avec les autres États africains, réunis dans la Troisième commission de l'Assemblée générale, la Déclaration des Nations unies sur les droits des peuples autochtones. Cette démarche ayant échoué, il fallut que ces juristes africains entreprennent tout un travail d'interprétation de la déclaration en montrant qu'en Afrique le terme peuple autochtone «ne vise pas à protéger les droits d'une certaine catégorie de citoyens par rapport à d'autres [...] mais vise plutôt à garantir une jouissance égale des droits et libertés en faveur de groupes historiquement marginalisés[1]». Et les juges de la Cour suprême du Bostwana l'ont bien compris lorsqu'ils décidèrent, le 13 décembre 2006, que l'expulsion des Bushmen par le gouvernement était «illégale et anticonstitutionnelle» et

---

1. Extrait d'une « Note-Réponse à "L'aide mémoire sur brouillon du groupe africain sur la Déclaration des Nations unies sur les droits des peuples autochtones" », présentée par un groupe d'experts africains le 21 mars 2007 et consultable sur le site Internet de l'IWGIA : http://www.iwgia.org/sw21505.asp (page consultée le 9 septembre 2007). S'y trouve un suivi sur la position africaine en 2006-2007.

qu'ils avaient le droit de vivre, de chasser et de collecter sur leur territoire ancestral, dans la Réserve naturelle du Kalahari. En reconnaissant les droits autochtones de ces Bushmen, les juges ont pris une décision historique, qui a sans doute influencé le gouvernement du Bostwana puisque cet État africain révisa sa position en votant pour le projet de déclaration.

On constate donc que l'autochtonie, revendiquée au départ par les «Premières Nations» des Amériques, est devenue en l'espace de vingt ans une identité planétaire. Cette universalisation du fait autochtone doit beaucoup au processus de mondialisation. Celle-ci, en «intensifiant les relations sociales planétaires» (Giddens, 1990), a favorisé la diffusion de l'information dans les parties les plus reculées du monde. Loin d'uniformiser les cultures, elle a fait circuler des idées nouvelles, elle a rapproché les gens et accéléré le temps, tout en réduisant les distances. Elle a ainsi généré de nouvelles formes de différenciation sociale (Featherstone, 1990), donc le développement d'identités particulières (Friedman, 1994) comme l'autochtonie. La mondialisation a aussi fait émerger de nouveaux acteurs comme sujets de droit international et a créé pour eux des espaces de visibilité comme acteurs collectifs (Sassen, 1999 ; Hall, 2000).

L'émergence d'un mouvement international autochtone, qualifié parfois de «quatrième monde» (Paine, 1985 ; Wilmer, 1993), est un processus global qui ouvre des interstices de pouvoir à des groupes jusque-là inscrits dans le local. Pour ces peuples marginalisés, vivant dans des régions périphériques, et discriminés par des sociétés nationales qui les condamnent à terme à disparaître, la mondialisation offre des forums comme le GTPA ou l'Instance permanente sur les questions autochtones (créée en 2001) pour s'exprimer et faire reconnaître leurs spécificités. Ils peuvent y présenter «leurs doléances» (Sanders, 1989), s'identifier comme autochtones et revendiquer des droits. Soutenus par la société civile internationale (les ONG), ils sont devenus, au cours des années, des acteurs d'un «village global» autochtone (Brysk, 2000). Mais ces forums autochtones attirent aussi des groupes marginalisés qui cherchent désespérément à se faire entendre, quitte à s'inventer une autochtonie, parfois surprenante, comme c'est le cas des femmes celtes, des Ahwazis du Khuzestan (Iran) ou des noirs américains qui se disent les descendants de la tradition précolombienne anasazi.

L'AUTOCHTONIE COMME PROCESSUS
D'ETHNOGENÈSE

Au-delà des définitions juridiques proposées par les experts et discu-
tées ou refusées par les représentants gouvernementaux, les peuples autochtones ont construit, dans leurs interactions au sein des divers forums onu-
siens, une identité générique. Cette construction passe par une mise en
scène de leur autochtonie. Ils ont réussi dès les premières années du GTPA
à y inscrire leur marque en instituant des rituels lors du début et de la clô-
ture de chaque session. Un leader spirituel, souvent d'origine amérindienne, est en charge d'une prière au cours de laquelle il invoque les aînés,
les ancêtres et les esprits afin qu'ils éclairent les travaux. Pendant la 5ᵉ session de l'Instance permanente sur les questions autochtones (IPQA) à New
York en mai 2006, des fumigations purificatrices ont même accompagné
ces prières. Chacun cherche à mettre en avant ses particularités autochtones en portant un vêtement traditionnel. Celui-ci peut aller d'une simple
coiffure en plumes jusqu'à un costume très sophistiqué comme celui des
Aïnu, des Maasaï ou des Akhas de Thaïlande. Lors des sessions, ils s'expriment dans leur langue d'origine pour saluer la présidence du GTPA ou de
l'Instance permanente mais ils utilisent une des langues officielles de
l'ONU pour s'adresser à leurs « frères et sœurs » autochtones. Ils veulent
ainsi affirmer leur appartenance à la grande famille autochtone et certains
le font avec beaucoup d'émotion. Une femme khaka venant de Sibérie du
Sud et représentant pour la première fois son peuple à l'Instance permanente sur les questions autochtones le 19 mai 2006 à New York, avouait
son étonnement. Habituée à vivre dans l'ombre d'une culture dominante
russe, elle était très surprise de découvrir « l'incroyable diversité du monde
autochtone » qui l'entourait et cela lui remplissait « les yeux de larmes de
joies… Toucher ces mains, voir tous ces visages » lui donnait une très grande
force pour revendiquer les droits de son peuple et vivre dans ce monde
souvent considéré très hostile.

Tout en venant de divers continents, aux climats parfois très con-
trastés, ces représentants de plus de 5 000 cultures ont en partage des expériences identiques : colonisation, déplacements forcés, occupations militaires, spoliations de territoires, désastres environnementaux, ethnocides,
acculturations forcées, etc. Les récits de ces expériences souvent dramati-
ques participent à la construction d'une identité globale autochtone qu'ils
fabriquent à Genève et à New York (Morin, 2005). En comparant leurs
expériences et en échangeant des informations, ils reconnaissent appartenir
à ce monde autochtone. Ils tissent des liens, élaborent des stratégies com-

munes, montent des réseaux. Ensemble, à l'ONU, ils se réunissent pour parler d'une même voix au sein de caucus régionaux. Un caucus global autochtone (*indigenous global caucus*) a même vu le jour à New York lors de la réunion de l'IPQA en 2006.

L'autochtonie procède ainsi d'un bricolage identitaire qui s'ancre dans le local tout en s'appuyant sur la force de l'international. Le savoir-faire des uns sert à mobiliser les autres en les aidant à se défendre pour le respect de leurs droits. Ce qui les rassemble dans cette même identité autochtone, ce sont des valeurs qu'ils mettent en avant et qui leur servent de ressource pour tracer une frontière symbolique avec les non-autochtones. Parmi ces valeurs, citons leurs relations à la terre qui sont à la fois spirituelles, sociales, économiques, culturelles et politiques. En invoquant le concept de «terre-mère», ils prônent des valeurs collectives, une conception du développement durable et un sens des responsabilités pour les générations futures.

L'identité autochtone est à la fois plurielle en raison des situations locales qu'elle recouvre et globale parce qu'elle fait référence à une communauté de 370 millions de personnes réparties dans 77 États. Ce n'est donc pas une identité inventée mais une identité construite depuis plus de 30 ans à partir des traditions inscrites dans un passé au service d'un présent et d'un futur autochtone. Ce travail de construction identitaire se poursuit en dehors des réunions onusiennes grâce aux technologies modernes de communication qui leur permettent de réagir immédiatement à telle ou telle initiative politique contraire à la promotion de leurs droits. On l'a vu avec le vote de la Troisième commission de l'Assemblée générale qui a provoqué des réactions autochtones dans les quatre coins du monde.

Cette communication par Internet permet à cette communauté autochtone de se manifester et de se mobiliser au-delà des frontières et des océans qui les séparent. Ce n'est pas pour autant une communauté virtuelle car ses représentants sont présents dans toutes les réunions des instances onusiennes comme l'UNESCO, l'OMPI, la Banque mondiale, l'OIT où, peu à peu, ils ont acquis une visibilité et peuvent défendre leurs droits. Ils participent aussi à toutes les grandes conférences internationales sur le racisme (Durban), la biodiversité (Rio), le développement durable (Johannesburg), les droits de l'homme (Vienne), les droits des femmes (Pékin) où chaque fois ils font entendre les voix autochtones et font progresser la compréhension de leur spécificité en tant que peuples autochtones.

Ce processus de construction identitaire au niveau international est une forme d'«ethnogenèse», concept qui définit le processus de formation d'un peuple ou d'une identité culturelle

Dans les années 1920-1930 l'ethnographie soviétique a développé une conception évolutionniste, historiciste et primordialiste de l'ethnogenèse. Elle servait à classifier les «ethnos» de façon hiérarchique et selon leur niveau de développement par rapport à l'ethnos russe (Bromley, 1978; Kozlov, 1978). Longtemps rejeté par les anthropologues occidentaux qui critiquaient son caractère évolutionniste, le concept d'ethnogenèse est aujourd'hui redécouvert par diverses disciplines pour analyser des processus de restructuration et d'émergence de nouvelles identités.

L'historien Boccara (1999) utilise ce terme pour décrire des processus de restructuration identitaire qui eurent lieu à la fin du XVIIIᵉ siècle parmi les Reches, «les gens vrais», qui vivaient en Araucanie (au sud du Chili actuel). Ces guerriers de l'Araucanie avaient pendant trois siècles résisté avec succès à l'ordre colonial espagnol. Mais leur résistance à la pression espagnole s'effectua au prix de profonds bouleversements économiques et politiques qui les amenèrent à se fondre en une nouvelle et puissante ethnie mapuche «gens du pays» face aux Huincas «les Étrangers». Pour Boccara, il s'agit d'un processus d'ethnogenèse qui accompagne l'émergence d'un peuple revendiquant l'identité mapuche. On a là une première forme de mondialisation, représentée par la rencontre de deux Mondes, et qui engendre des réorganisations et des constructions ethniques.

Citons également les juristes de la Cour suprême du Canada qui, en 2003, ont eu à juger l'affaire Powley. Cette affaire opposait la province de l'Ontario et une famille de Métis qui revendiquait son droit de chasse en tant qu'autochtone. Rappelons que la loi constitutionnelle de 1982 reconnaît les droits ancestraux de trois catégories de peuples autochtones: les Amérindiens, les Inuits et les Métis. Jusqu'ici, cette reconnaissance des Métis comme autochtones était vide de sens. L'affaire Powley a contribué à lui donner un contenu. Parmi les critères retenus par la Cour suprême pour légitimer les revendications métisses, les juristes eurent recours à la notion d'ethnogenèse pour déterminer le moment théorique de la naissance de la première communauté métisse, soit au milieu du XVIIᵉ siècle dans la région des Grands Lacs.

En anthropologie, des auteurs comme Roosens (1989) ont démontré à partir d'études de cas que l'ethnicité ne s'ancre pas toujours dans la tradition mais peut être façonnée, modelée, recréée, voire fabriquée dans le contexte de nos sociétés contemporaines. On peut d'ailleurs se demander si les changements constitutionnels dans de nombreux États d'Amérique latine au cours des années 1980-1990 n'ont pas ouvert la voie à des processus d'ethnogenèse. La reconnaissance de la pluralité de ces sociétés a engendré des revendications de droits culturels, politiques, territoriaux, etc. Dans des pays comme la Colombie et le Brésil, cela a entraîné l'émergence de groupes que l'on croyait assimilés. En remodelant leur culture, ils se sont construit une nouvelle identité ethnique, phénomène relevant de l'ethnogenèse.

Plus généralement, la mondialisation actuelle « encourage la prolifération culturelle » (Hall, 2000) et incite les peuples autochtones à résister à l'englobement et à la domination politique. Ils trouvent à l'ONU une légitimation de leur droit à la reconnaissance et y rencontrent d'autres autochtones engagés dans la même voie. L'itinéraire qui les conduit vers l'international implique qu'ils aient pris conscience de leur situation de dépendance au niveau local et qu'ils aient transformé leur ethnicité en outil politique (Morin, 1994; Morin et Saladin d'Anglure, 1995). Devenus membres du « village global », ils participent au processus d'ethnogenèse en cours dans ce haut lieu de la mondialisation qu'est l'ONU. En partant de leurs connaissances et de leurs expériences du local, ils fabriquent une identité universelle, l'autochtonie, et travaillent ensemble pour élaborer des normes propres à leur situation. L'ONU a servi de creuset à ce processus d'ethnogenèse en reconnaissant qu'ils n'étaient pas des minorités et en acceptant de leur faire une place, d'abord en tant que « populations autochtones » et aujourd'hui en tant que « peuples autochtones ».

BIBLIOGRAPHIE

BOCCARA, G. (1999), *Guerre et ethnogenèse mapuche dans le Chili colonial : l'invention du soi*, Paris, L'Harmattan.

BROMLEY, Yu. V. (1978), « On the Typology of Ethnic Communities », dans R. E. Holloman et S. A. Arutiunov (dir.), *Perspectives on Ethnicity*, Paris, Mouton, p. 15-21.

BRYSK, A. (2000), *From Tribal Village to Global Village*, Stanford, Stanford University Press.

COMMISSION AFRICAINE DES DROITS DE L'HOMME ET DES PEUPLES (CADHP) (2005), *Rapport du groupe de travail d'experts de la commission africaine des droits de l'homme et des peuples sur les populations/ communautés autochtones*, Copenhague, IWGIA.

FEATHERSTONE, M. (1990), « Global culture : an introduction », dans M. Featherstone (dir.), *Global culture, Nationalism, Globalization and Modernity*, London, Sage publications, p. 1-14.

FRIEDMAN, J. (1994), *Culture, Identity and Global Process*, London, Sage Publications.

GIDDENS, A. (1990), *The Consequences of Modernity*, Cambridge, Polity Press.

HALL, Th. D. (2000), « Frontiers, Ethnogenesis and World Systems : Rethinking the Theories », dans Th. D. Hall (dir.), *A world system reader : new perspectives on gender, urbanism, cultures, indigenous peoples and ecology*, Boston, Rowman and Littlefield Publishers, p. 237-270.

KOZLOV, V. I. (1978), « Problems of Identifying Ethnic Processes », dans R. E. Holloman et S. A. Arutiunov (dir.), *Perspectives on Ethnicity*, Paris, Mouton, p. 389-395.

MORIN, F. (1994), « De l'ethnie à l'autochtonie. Stratégies politiques amérindiennes », *Caravelle*, n° 63, p. 161-174.

MORIN, F. (2005), « L'ONU comme creuset de l'autochtonie », *Parcours anthropologique*, n° 5, p. 35-42.

MORIN, F. (2006), « Les Nations unies à l'épreuve des peuples autochtones », dans C. Gros et M. C. Strigler (dir.), *Être Indien dans les Amériques*, Paris, Éditions de l'Institut des Amériques, p. 43-54.

MORIN, F. et B. SALADIN D'ANGLURE (1995), « L'ethnicité, un outil politique pour les autochtones de l'Arctique et de l'Amazonie », *Études Inuit Studies*, vol. 19, n° 1, p. 37-68.

OTIS, G. (2002), « La référence identitaire dans la protection internationale des peuples autochtones », dans J. Pousson-Petit (dir.), *L'identité humaine. Étude de droit français et de droit comparé*, Bruxelles, Bruylant, p. 850-859.

PAINE, R. (1985), « The claim of the Fourth World », dans J. Brosted et autres (dir.), *Native Power. The quest for autonomy and nationhood of indigenous peoples*, Bergen, Universitetsforlaget AS, p. 49-66.

ROOSENS, E. (1989), *Creating Ethnicity. The Process of Ethnogenesis*, London, Sage publications.

ROULET, F. (1999), *Droits de l'homme et peuples autochtones*, Copenhague, IWGIA, Document n° 2.

SALADIN D'ANGLURE, B. (1992), « La Conférence inuit circumpolaire et la protection des droits collectifs des peuples », dans H. Giordan (dir.), *Les Minorités en Europe. Droits linguistiques et droits de l'homme*, Paris, Éditions Kimé, p. 523-536.

SANDERS, D. (1989), « The UN Working Group on Indigenous Populations », *Humans Rights Quarterly*, vol. 11, n° 3, p. 406-433.

SASSEN, S. (1999), «Globalization and the Formation of Claims», dans J. Copjec et M. Sorkin (dir.), *Giving Ground*, New York, Verso, p. 86-105.

SCHULTE-TENCKHOFF, I. (1997), *La question des peuples autochtones*, Bruxelles, Bruylant.

WILMER, F. (1993), *The Indigenous Voice in World Politics*, London, Sage Publications.

Usages et déclinaisons internationales de « l'autochtonie » dans le contexte des Nations unies

IRÈNE BELLIER

La participation des représentants des peuples autochtones dans les instances onusiennes depuis une trentaine d'années suscite d'innombrables réflexions sur la définition des spécificités autochtones aussi bien que sur l'interprétation et la construction des dispositions du droit international susceptibles de protéger les ensembles concernés. Les problèmes sont si complexes sur le plan politique et les situations si diverses dans le monde qu'une sorte de consensus pour en traiter s'est formé autour de l'expression « questions autochtones », laquelle permet d'envisager le phénomène globalement et d'éviter la référence au terme qui divise, à savoir celui de « peuple ».

L'intérêt que l'on porte aux questions autochtones suppose que l'on prenne en compte les voix qui s'expriment sur la scène internationale, celles des porteurs d'intérêts que sont directement mais sur un mode antagoniste les représentants des organisations autochtones et des États, aussi bien que celles des militants des organisations de soutien, des jurisconsultes, des universitaires et du Haut Commissariat aux Droits de l'homme. Ces voix se traduisent par une multitude de discours, de documents et de normes « émergentes » qui montrent comment se construit la catégorie politique de « peuples autochtones ». L'expression est chargée d'un sens précis qui se dégage des travaux réalisés au sein des Nations unies. L'affirmation de la notion de « peuples autochtones » depuis les années 1960 inscrit la construction du mouvement autochtone dans une histoire de la mondialisation (Bellier et Legros, 2001 ; Muehlebach, 2001 ; Fritz et autres, 2005).

L'histoire suit un nouveau cours depuis les années 1980, lorsque le sociologue J. Martinez Cobo qui avait été chargé par le Conseil économique et social de documenter la situation des «populations autochtones» produisit une étude en cinq volumes, de laquelle proviennent quelques lignes abondamment citées qui donnent quatre critères d'identification. Il s'agit: «des peuples et nations qui présentent une continuité historique avec les sociétés précédant la conquête et la colonisation de leurs territoires, qui se considèrent comme distincts des autres secteurs de la société dominant intégralement ou partiellement ces territoires. Ils constituent aujourd'hui, des secteurs non dominants de la société et sont déterminés à préserver, développer et transmettre aux générations futures leurs territoires ancestraux et leur identité ethnique, sur la base de leur existence continue en tant que peuple, en accord avec leurs propres systèmes culturels, leurs systèmes légaux et leurs institutions sociales[1]».

Ces éléments de référence soulignent le rapport des peuples autochtones au territoire, source et moyen de leur subsistance, leur marginalisation dans les systèmes étatiques, leur appartenance à une culture distincte de celles des sociétés dominantes et leur volonté de recouvrer une souveraineté perdue. Entre autres problèmes régulièrement soulevés, se pose celui de la continuité historique des peuples actuels avec les sociétés précédant la conquête et la colonisation des territoires (Kuper, 2003). Le rapport parut souvent plus clair dans le cas des sociétés issues de la colonisation occidentale, une distinction étant faite entre les Amérindiens ou les Aborigènes et les descendants des colons. Il reste complexe dans le cas des sociétés construites par des formes de domination qui n'engagent pas l'autre Blanc, par exemple en Asie ou en Afrique. Dans tous les cas, la question de savoir qui est visé par cette catégorie politique ne peut être résolue que par un processus visant à sortir «les autochtones» de l'invisibilité dans laquelle ils se trouvent, en tenant compte des préjugés qui les tiennent à l'écart dans les sociétés dominantes, ce dont témoignent les travaux de la Commission africaine des droits de l'homme et des peuples (CADHP-IWGIA, 2005). Devenir visible et être reconnu font partie des objectifs des organisations autochtones qui se multiplient depuis les années 1980 sur tous les continents. Le processus s'est accéléré en l'an 2000, avec la mise sur pied de nouvelles institutions au niveau de l'ONU telles que l'Instance permanente pour les questions autochtones (IPQA) et le rapporteur spécial pour les droits et libertés fondamentales des peuples autochtones.

---

1. E/CN.4/sub 2/1986/7 et add 1-4.

Cet article aborde sous trois angles la construction de l'« autochtonie » au niveau international. Nous évoquerons d'abord les aspects sémantiques qui témoignent d'évolutions terminologiques cruciales pour la reconnaissance des autochtones comme acteurs politiques. L'enjeu porte sur la manière de sortir les « questions autochtones » de l'esprit colonial, de l'ornière évolutionniste et du racisme qui biaisent l'appréhension de leur marginalité sur le plan national. Il s'agit de préciser ce que l'expression « peuples autochtones » désigne pour apprécier la nature des réalités sociopolitiques concernées par la formulation de nouvelles normes de droit international. Nous mentionnerons ensuite la dimension juridique qui porte le mouvement autochtone dans sa quête d'un nouveau genre de droits humains. Le débat doctrinal qui engage les juristes et les spécialistes des droits de l'homme s'articule autour de quelques concepts dans trois domaines-clés. Ils concernent l'application du droit des peuples à disposer d'eux-mêmes (droit à l'autodétermination), le lien entre identité et propriété collective des terres ainsi que le rapport entre droits humains individuels et droits collectifs.

Enfin, on examinera les modalités institutionnelles qui rattachent les avancées, en matière de mobilisation sociale, de participation politique ou de partenariat « global », à des mécanismes internationaux susceptibles d'induire des changements dans la condition politique des peuples autochtones. En effet, si les questions autochtones ont mûri dans le contexte des droits de l'homme, on observe qu'elles dépassent aujourd'hui ce cadre, tant en raison de leur reconnaissance institutionnelle au sein de l'ONU que par la mobilisation des autochtones dans différents espaces de la gouvernance mondiale. C'est dans cette perspective que cet article vise à retracer différents usages de l'expression « peuples autochtones » et ce qu'ils signifient en matière de condition politique.

LA CONSTRUCTION D'UNE CATÉGORIE POLITIQUE : « PEUPLES AUTOCHTONES »

Le mouvement international des peuples autochtones qui s'est forgé à l'ONU à partir des années 1980 (Morin, 1992, 1994 ; Bellier et Legros, 2001 ; Bellier, 2006a ; Fritz et autres, 2005) a trouvé sa dynamique autour de la double perspective de la spécificité et de la personnalité juridique.

D'un côté, la spécificité des questions autochtones a conduit à constituer, dans une enceinte réservée aux États (l'ONU), une instance représentative d'une catégorie particulière de populations discriminées dans les

États. Elle se compose de 16 experts représentant 7 régions du monde[2] choisis pour moitié par les organisations autochtones. Les critères d'appréciation de la discrimination convergent sur les atteintes à leurs droits humains dans plusieurs domaines, en particulier l'éducation, la santé et la culture, ainsi que sur leur marginalisation politique et économique. Cette dynamique visant à créer un espace permanent de débat pour induire des changements grâce à la définition de normes et de pratiques nouvelles a débuté par la création, en 1982, du Groupe de travail sur les populations autochtones, une émanation de la sous-commission pour la protection et la promotion des minorités rattachée à l'ancienne Commission des droits de l'homme. Dans ce groupe de travail qui a fonctionné comme tribune et laboratoire de la participation autochtone, des milliers de représentants autochtones s'y étant exprimés, est né le projet de Déclaration des droits des peuples autochtones (DDPA) dont les articles contribuent à définir l'autochtonie.

La seconde perspective vise la reconnaissance pour ces populations d'un statut juridique susceptible de les protéger, que les menaces proviennent des sociétés dominantes, des États ou bien des entreprises multinationales. Elle tourne autour de la qualification de « peuple » et de la reconnaissance de ce statut pour les autochtones dans un instrument international dont une étape est la Déclaration universelle sur les droits des peuples autochtones (Bellier, 2003, 2005, 2006b). Avec l'adoption de la Déclaration, le 13 septembre 2007, par l'Assemblée générale des Nations Unies, après vingt-deux ans de négociation, l'usage de l'expression « peuples autochtones » dans divers instruments et déclarations internationales témoigne d'une montée en généralité de la reconnaissance des spécificités de cette catégorie de sujets. Cet acquis témoigne de la capacité de mobilisation des acteurs autochtones et de leur volonté de se définir comme des partenaires dans les espaces du dialogue international. C'est au sein de l'ONU qu'ont émergé les idées relatives au développement d'un « partenariat » entre les États et les peuples autochtones. Celles-ci ont pris une tournure officielle avec la déclaration du Jour (9 août) puis de l'Année des populations autochtones (1993), suivie de la création de l'Instance permanente pour les questions autochtones (2001). L'idée d'un « partenariat » marque les programmes d'action des deux décennies consacrées par l'Assemblée générale aux populations autochtones (1995-2005 et 2005-2015).

---

2. Arctique, Afrique, Amérique du Nord, Amérique du Sud et Caraïbes, Asie, Europe/Russie, Pacifique.

Les deux perspectives conduisent à nous centrer sur l'expression « peuples autochtones » en tant que catégorie politique qui divise les porteurs d'intérêt (les autochtones et les États) et qu'il convient de déconstruire pour comprendre les enjeux qu'elle recouvre. Trois aspects seront examinés concernant le substantif « peuple », l'épithète « autochtone » et le nombre (expression pluralisée) parce qu'ils ont été, au niveau onusien, l'objet de batailles qui montrent combien le processus de nomination et la fixation d'une terminologie sont cruciaux dans la reconnaissance politique des droits à agir.

DE « TRIBAL » À « AUTOCHTONE », DE « POPULATION » À « PEUPLE », DU SINGULIER AU PLURIEL

Différentes épithètes sont usitées pour qualifier les catégories de population visées par les discours et les normes internationales. Ils varient selon les langues et les régimes de reconnaissance dans les États. La plupart des qualifications empruntent au vocabulaire de la sociologie pour faire référence aux minorités « ethniques » ou « indigènes », aux populations « tribales » ou « indigènes », aux « tribus » répertoriées ou classifiées (*scheduled casts and tribes*). D'autres reprennent le langage de l'évolutionnisme pour distinguer les sections « arriérées », « attardées » ou « très arriérées » et les groupes « primitifs ». Dans tous les pays, le rattachement au mouvement international des peuples autochtones conduit vers la réfutation des expressions usitées par la société dominante désignant le ou les « sauvages ». L'étude des documents internationaux permet de repérer les voies de la fixation sur l'épithète « autochtone » en français.

L'Organisation internationale du travail (OIT) a produit les deux seuls instruments juridiquement contraignants applicables globalement à la situation des communautés autochtones : la convention 107 sur « la protection et l'intégration des populations aborigènes et autres populations tribales et semi-tribales dans les pays indépendants[3] » (1957) et la convention 169 « relative aux peuples indigènes et tribaux[4] » (1989). Une compa-

---

3. Signée en 1957, en vigueur dans 18 pays, la convention 107 a été dénoncée par les autochtones comme un instrument paternaliste et assimilationniste.

4. Signée en 1989, celle-ci a été ratifiée par 20 États dont 14 latino-américains : Argentine, Bolivie, Brésil, Chili, Colombie, Costa Rica, Danemark, Dominique, Équateur, Espagne, Fidji, Guatemala, Honduras, Mexique, Népal, Paraguay, Pérou, Venezuela, , Fidji, Norvège et Pays-Bas.

raison des articles premiers de chacune des conventions atteste du changement des qualifications visant leur spécificité.

L'OIT fait référence à la notion de « tribu », qui n'est utilisée dans
aucun autre instrument. Mais, entre 1957 et 1989, elle a changé les termes
de référence à ces communautés sur trois plans : 1) en remplaçant le vocable « populations » dont les membres sont sujets de la convention par celui
de « peuples » qui a une portée collective et inclusive ; 2) en renonçant au
jugement selon lequel leurs « conditions sociales et économiques correspondent à un stade moins avancé que le stade atteint par les autres secteurs
de la communauté nationale » pour promouvoir l'idée qu'ils « se distin-
guent des autres secteurs de la communauté nationale par leurs conditions
sociales, culturelles et économiques » ; 3) en remplaçant la notion d'« aborigènes » par celle d'« indigènes ». La formulation de 1957 pose un double
problème quant à la norme de référence du développement (comme s'il
s'agissait d'un processus linéaire) et à l'homogénéité de la communauté
nationale. Elle se comprend dans le contexte de l'époque dans lequel, en
dehors de toute participation autochtone, la communauté internationale
débattait des politiques de décolonisation tandis que les États nations mettaient en œuvre des politiques d'assimilation. Le libellé de la convention
169, accepté en 1989 par une communauté internationale plus large que
celle de 1957, permet de noter l'affranchissement du paradigme évolutionniste dominant la réflexion par la référence implicite au stade supérieur de
développement atteint par les pays occidentaux. Demeure l'idée de « différence » sans connotation hiérarchique. La référence continue à la notion de
« communauté nationale » offre comme seul horizon une intégration des
populations autochtones dans un ensemble globalement rattaché à l'État
indépendant, idéalisé par le modèle d'État nation, unitaire[5]. Toutefois les
deux conventions reconnaissent l'autonomie de ces secteurs de « populations » (convention 107) ou de « peuples » (convention 169), lesquels « sont
régis totalement ou partiellement par des coutumes ou des traditions qui
leur sont propres ou par une législation spéciale ».

L'alinéa b de l'article 1 de chacune des constitutions introduit un
deuxième niveau de précisions de ces populations/peuples. Dans la convention 107, elles « sont considérées comme **aborigènes** du fait qu'elles
descendent des populations qui habitaient le pays, ou une région géographique à laquelle appartient le pays, à l'époque de la conquête ou de la

---

5. « La présente convention s'applique aux peuples tribaux dans les pays indépendants... ».

colonisation et qui, quel que soit leur statut juridique, mènent une vie plus conforme aux institutions sociales, économiques et culturelles de cette époque qu'aux institutions propres à la nation à laquelle elles appartiennent ». Dans la convention 169, ces peuples « sont considérés comme **indigènes** du fait qu'ils descendent des populations qui habitaient le pays, ou une région géographique à laquelle appartient le pays, à l'époque de la conquête ou de la colonisation ou de l'établissement des frontières actuelles de l'État, et qui, quel que soit leur statut juridique, conservent leurs institutions sociales, économiques, culturelles et politiques propres ou certaines d'entre elles ». Alors que l'expression « aborigène » renvoie à l'idée d'un développement séparé de celui de la nation et figé dans le temps (« cette époque »), le terme « indigène » accompagne l'idée de la conservation d'institutions particulières, une perspective qui permet de penser que les secteurs de la communauté nationale sont contemporains.

Les changements portés au paragraphe 2 de l'article 1 montrent une autre évolution significative. Dans la convention 107, l'usage de l'expression « semi-tribales » réfère à des entités qui semblent inscrites dans une espèce d'entre-deux temporel et politique : « Aux fins de la présente convention, le terme semi-tribal comprend les groupes et personnes qui, bien que sur le point de perdre leurs caractéristiques tribales, ne sont pas encore intégrés dans la communauté nationale. » La convention 169, elle, transfère le poids de l'identification des personnes concernées sur les sujets collectifs en mettant en avant le sentiment d'appartenance : « Le sentiment d'appartenance indigène ou tribal doit être considéré comme un critère fondamental pour déterminer les groupes auxquels s'appliquent les dispositions de la présente convention. » Ce « sentiment d'appartenance » reconnu comme un critère essentiel par les autochtones était inscrit dans le projet de Déclaration à l'article 8[6]. Mais de nombreux États résistèrent à la validation d'une catégorie alimentée par des mécanismes d'autodéfinition qu'ils ne contrôleraient pas, craignant que la reconnaissance par la voie d'un instrument international ne soit la porte ouverte à une multitude d'ayants droit. Les États-Unis souhaitaient encadrer les conditions de cette auto-identification et reconnaissance comme « autochtones », la France ne l'admettait pas sur son territoire. Le texte qui a été adopté par l'Assemblée générale des Nations Unies ne comprend pas l'article en question, laissant de fait

---

6. « Les peuples autochtones ont le droit, à titre collectif et individuel, de conserver et de développer leurs spécificités et identités distinctes, y compris le droit de revendiquer leur qualité d'autochtones et d'être reconnus en tant que tels. »

ouverte la question de l'identification des ayants droit de la Déclaration sur les droits des peuples autochtones.

Si la dénomination «populations ou peuples tribaux» reste en usage à l'OIT, la plupart des textes internationaux font référence au terme d'«autoch-tones» ou *indigenous*, lesquels semblent désigner le même champ sémanti-que. On observe des variations selon les langues usitées, le terme «indigène» étant connoté péjorativement en français, tandis que le terme «aborigène» renvoie, selon les pays qui l'utilisent, à des «réalités» distinctes.

Le français, l'anglais ou l'espagnol, qui constituent avec l'arabe, le chinois et le russe les six langues officielles de l'ONU, sont les plus usités dans les négociations, en raison de leur extension mondiale et du nombre des autochtones concernés par leur usage. Dans ces trois langues, le terme «indigène» (*indigenous*, *indigena*) dérive du latin pour distinguer les per-sonnes «nées dans un lieu» de celles qui viennent d'ailleurs (*advenae*). Mais ce terme a pris en français, à partir du XVIIIᵉ siècle, le sens de «originaire d'un pays occupé par les colonisateurs» (1770). En raison de la connota-tion péjorative, dérivée du contexte colonial organisant une classification ethnique et raciale[7], le terme «indigène» a été remplacé par «autochtone[8]» en français. Celui-ci n'est guère usité en anglais ou en espagnol, les termes *indigenous* ou *indigenas* étant acceptés. C'est peut-être parce qu'en anglais le vocable *autochtons* désigne «*one of the primitive inhabitants of a country*[9]», introduisant avec *primitive* une connotation que le terme *indigenous* ne véhicule pas puisqu'il désigne simplement l'origine et l'appartenance à une région ou à un pays[10]. Le synonyme le plus courant est *native*, un vocable susceptible de connotation péjorative[11]. Ce terme que l'on peut traduire en français par «natif» sans autre connotation que le rapport à un lieu, est synonyme en anglais d'*aborigene* formé sur la racine latine signifiant «depuis l'origine» pour, en particulier, désigner les peuples autochtones

---

7. Le statut de l'indigénat désigne, à partir de 1888, le régime administratif spécial de certaines colonies par lequel les «indigènes» sont relégués à un rang inférieur (voir Collomb, 2001).

8. Le terme «autochtone» est emprunté au grec *autos* et *khthon* «terre» pour signi-fier dès 1560 l'«habitant du lieu même, indigène», devenant adjectif en 1835, sans connotation particulière.

9. *Chambers's Twentieth Century Dictionary*, W. Geddie (ed.), New York : Hawthorn Books Inc., 1965 (1st ed).

10. «Indigenous»: Originating in and characterizing a particular region or country », *Ramdon House Dictionnary of the English Language*, J. Stein (ed.), New York : Ramdom House, 1966.

11. Ainsi de l'expression *to become native* dans le contexte européen.

d'Australie[12]. De même en français, le terme « aborigène », qui signalait vers 1488 les habitants prélatins en Italie, a été étendu en 1582 pour toute population indigène[13], désignant « celui qui est issu du sol même où il habite, qui est censé n'y être pas venu par immigration[14] ». Mais son usage didactique actuel renvoie surtout aux autochtones de l'Australie (Dumont d'Urville l'employant en 1842 pour la Nouvelle-Zélande)[15]. En espagnol, *aborigen* désigne aussi les premiers habitants d'un pays en les distinguant de ceux qui se sont installés ultérieurement, mais il n'a pas de portée régionale particulière, ce qui le rend applicable sur tous les continents, dont l'Amérique latine. Toutefois, le vocable est moins usité que *indigena* qui désigne « celui qui est originaire du pays dont on parle » (*originario del pais de que se trata*)[16].

> Ce parcours lexicologique permet de constater que les dictionnaires français modernes tout comme les interprètes à l'ONU emploient le terme « autochtones » pour désigner ceux que les Anglophones ou les Hispanophones connaissent comme « indigènes ». Mais en Amérique du Nord, le terme *Aboriginal* peut désigner les Amérindiens d'Amérique, un vocable peu usité en français pour les mêmes peuples. Le Québec retient aussi l'expression « premières nations »/« *First Nations* », c'est-à-dire une catégorie politique qui renvoie au régime de souveraineté, lequel a été historiquement construit par les premiers traités par lesquels les peuples en question ont scellé avec la Couronne britannique une entente, trahie par la suite de l'histoire coloniale (Fritz et autres, 2005 ; Schulte-Tenckhoff, 2004).

LES ENJEUX DE LA RECONNAISSANCE DU STATUT DE PEUPLES POUR LES AUTOCHTONES

Le fait que la convention 169 s'affranchisse du vocable « populations » pour retenir celui de « peuples » témoigne d'une évolution significative pour reconnaître le caractère collectif des entités concernées. Elle ne

---

12. « Australian Aboriginal Cultures », in *The New Encyclopedia Britannica*, Macropedia, vol. 2, 1984, USA : p. 424-430.

13. *Dictionnaire historique de la langue française*, A. Rey (ed.), 1992, Paris : Le Robert.

14. *Petit Robert*, édition mise à jour en 1991, Paris : Le Robert.

15. Dans le *Grand usuel Larousse*, *cf.* Voyage au pôle Sud et dans l'Océanie sur les corvettes *L'Astrolabe* et *La Zélée*, exécuté par ordre du roi pendant les années 1837-1838-1839-1840 sous le commandement de M.J. Dumont d'Urville (23 volumes, 1841-1846).

16. *Diccionario de la lengua española*. Real Academia Española, 2001.

fait plus référence à l'expression « **les membres des** populations tribales ou semi-tribales », mais à celle de « **peuples** tribaux ». Toutefois, c'est pour en limiter expressément l'interprétation par une disposition à l'alinéa 3 de l'article 1 qui stipule que : « L'emploi du terme peuples dans la présente convention ne peut en aucune manière être interprété comme ayant des implications de quelque nature que ce soit quant aux droits qui peuvent s'attacher à ce terme en vertu du droit international. » De cette façon, les « peuples indigènes ou tribaux » reçoivent un traitement qui ne présume pas de leur égalité de droits avec les peuples du monde. Ils sont maintenus dans une position liminaire, dont ils s'efforcent de sortir par la voix de leurs représentants à l'ONU. Ceux-ci voient une marque de discrimination dans cette réserve que les États introduisent dans différents documents internationaux.

Les États acceptent le terme « population » conforme à la volonté de contrôle des citoyens et aux techniques de recensement des individus qui fondent leur régime de souveraineté. Dans le contexte des droits de l'homme, attachés à des personnes et non à des groupes, les autochtones interprètent les réserves posées par les États dans la convention 169 ou dans les programmes d'actions de diverses conventions faisant référence à la notion de « peuples autochtones » comme un moyen de ne pas leur reconnaître une personnalité juridique internationale. Dans le groupe de travail sur le projet de déclaration, la volonté manifestée par certains États (États-Unis d'Amérique et Royaume-Uni, entre autres) de réintroduire les individus autochtones dans un projet concernant le droit des peuples, se doublant d'une tentative pour remplacer l'expression « ont le droit de... » par « sont libres de... », a été interprétée par les délégués autochtones comme une ruse pour tenter d'opérer *in fine* une substitution globale de l'expression « peuple autochtone » par celle d'« individu autochtone », et ainsi ruiner toute possibilité de définir des droits humains collectifs[17].

L'enjeu de la reconnaissance comme « peuples autochtones », au pluriel, est double. Il vise l'obtention de la personnalité juridique qui permet d'exercer le droit des peuples à disposer d'eux-mêmes, un principe sur

---

17. « With the exception of the right to self-determination (which forms article one of the two international covenants on human rights), we [the UK] do not accept the concept of collective rights. [...] Of course certain rights belonging to individuals can often be exercised collectively through, for example, freedom of association, freedom of religion or through a collective title to property. » United Kingdom (Foreign and Commonwealth Office), *Human Rights : Annual Report 2004* (United Kingdom, 2004 : 212).

l'interprétation duquel les juristes et les autochtones déclinent de solides arguments dans les réunions internationales et les séminaires d'experts. Il vise à décharger la notion d'autochtonie du poids quasi infamant que les États qui ne veulent pas les reconnaître, comme les États-Unis ou la France, lui attribuent pour des motifs qui tiennent autant à leurs systèmes juridiques et constitutionnels (la France par exemple ne connaît qu'un seul peuple, le peuple français) qu'à leur volonté de les contrôler sur un plan interne (*domestic* en anglais) en limitant les conditions d'exercice du droit à l'autodétermination. Le fond du débat repose sur la question de savoir si le droit à l'autodétermination est un droit des peuples, *jus cogens*, lequel ne peut être qualifié en droit international – il n'y a pas de peuples de première ou de seconde catégorie – ou s'il s'agit d'un droit des États, lesquels introduisent une distinction entre deux formes d'exercice de l'autodétermination. Par la première, dite «interne», les États peuvent concéder une autonomie politique, territoriale ou régionale, dans les conditions qu'ils déterminent et qui peuvent être révoquées par des changements de majorité politique ou d'ordre constitutionnel. La seconde est dite «externe» dans la mesure où elle interfère avec deux principes du droit international auxquels les États sont particulièrement attachés, relatifs à la défense de l'intégrité territoriale et à la souveraineté politique.

Avec le glissement terminologique de «populations» vers «peuples», le débat sur l'autochtonie acquiert une plus grande portée politique si l'on suit toutes les implications du droit des peuples à disposer d'eux-mêmes, dans les domaines de la culture, de l'économie, du social ou du juridique. Mais, si l'on examine les arguments et les études de cas renvoyant à des situations concrètes (*cf.* les actes du Séminaire organisé par l'ONG canadienne Droits et Démocratie, en 2002), on observe qu'une majorité de ces peuples cherche une personnalité juridique sans nécessairement devenir un État indépendant. Cela a pour conséquence de les différencier des pays et des peuples qui ont visé la décolonisation au XXe siècle (Clech Lâm, 2002). De fait ils recherchent des solutions pour exercer ce droit dans une perspective de transformation des structures démocratiques des États qui les englobent. Après le réductionnisme, l'assimilationnisme et l'intégration forcée, toutes politiques qui prenaient les populations indigènes pour cibles avec une finalité d'extinction de leurs identités et cultures de la part des colons et des sociétés dominantes, les représentants autochtones semblent prêts à développer des relations de partenariat dans une construction politique dans lesquels ils se retrouveraient comme acteurs. En se qualifiant comme «peuples», et en bataillant pour le maintien d'une marque plurielle [s], les autochtones revendiquent aussi leur différence pour affirmer la pluralité du monde et l'éthique collective du lien entre les individus et la culture dans laquelle ils s'inscrivent : « Sans –s, nous ne sommes rien de plus qu'une assemblée d'individus et notre culture collective est perdue » (Mililani Trask, ancien membre de l'Instance permanente, pour la région Pacifique).

Cela les conduit à se différencier des minorités (Morin, 1992) tant parce qu'ils n'ont pas renoncé de plein gré à leur souveraineté que parce qu'ils ne constituent pas toujours des minorités démographiques ni des minorités nationales, religieuses ou sexuelles. Parfois en majorité démographique comme en Bolivie ou au Guatemala, ou dans certaines régions (États du Nord-Est de l'Inde, par exemple), leurs problèmes se différencient de ceux des autres minorités en raison de l'histoire de leur marginalisation et ils ne se retrouvent pas dans le régime de droit international qui consacre le droit des personnes appartenant à des minorités. Ainsi, par exemple, si l'objectif est d'encourager la protection (par les États) et la défense (par les membres) des questions intéressant les minorités, touchant notamment aux droits culturels (éducation, culture, religion, langue, etc.), l'article 2 de la Déclaration des Nations unies relatives aux droits des personnes appartenant à des minorités (1992) ne consacre pas un droit politique. De même l'article 5 de la Convention cadre du Conseil de l'Europe (1995) ne fait qu'inciter les parties à améliorer leurs rapports avec les personnes appartenant à des minorités en renonçant notamment aux politiques d'assimilation. Du fait de l'emphase sur le droit des personnes appartenant à des minorités, tout progrès dépend des États qui sont les parties prenantes à la Convention.

Depuis que se discutent les questions autochtones, les esprits évoluent pour différencier peuples autochtones et minorités. Cela apparaît dans la Déclaration sur la diversité culturelle (2001) et la Convention sur la protection et la promotion de la diversité des expressions culturelles (2006) de l'UNESCO, ou dans la Déclaration de Durban, incluant le programme d'action et le rapport de la Conférence mondiale contre « le racisme, la discrimination, la xénophobie et l'intolérance qui y est associée[18] » (CERD). Mais ces textes ne font nulle référence au droit à l'autodétermination. Par ailleurs, on voit apparaître dans différents documents, notamment ceux de

---

18. Le texte de la Déclaration issue de la Conférence mondiale contre le racisme, la discrimination, la xénophobie et l'intolérance qui est associée (A/CONF.189/12) est consultable sur Internet. http://daccess-ods.un.org/TMP/9111120.html.

la CERD, une distinction pour traiter à la suite des « peuples autochtones » de la catégorie des « migrants », lesquels peuvent aussi être d'origine autochtone. Cela induit une autre perspective de réflexion que la restitution du territoire en ce qui concerne les solutions à apporter à leurs problèmes. Au final, l'incertitude demeure au plan terminologique, la Banque mondiale étant revenue récemment sur l'espèce de reconnaissance qu'elle formulait dans sa directive opérationnelle « 4.20, **peuples** autochtones », remplacée en 2005 par le document « PO/PB 4.10, **populations** autochtones ».

L'INTRODUCTION DES PERSPECTIVES AUTOCHTONES DANS L'AGENDA INTERNATIONAL

Avec la création de l'Instance permanente sur les questions autochtones (IPQA), qui a tenu sa première session en 2001, on observe une montée en généralité des questions autochtones (*mainstreaming*, une notion depuis peu traduite en français par « intégration »). Elles sortent du secteur des droits de l'homme qui jusqu'à présent les couvrait au plan institutionnel et juridique, et sont reprises de différentes façons dans les agences de la famille de l'ONU et dans l'agenda international. La mutation ne fut pas simple, et elle n'est pas achevée. En se déplaçant au sein de l'ONU, de Genève à New York, d'une ville marquée par sa tradition d'accueil des réfugiés à une ville emblématique du capitalisme mondialisé, la mouvance autochtone a eu du mal à retrouver ses appuis et à adapter ses contributions à la réflexion des experts. Mais l'Instance acquiert progressivement une ligne de conduite et une renommée.

Parmi ses mandats figure la formulation de recommandations adressées aux organisations des Nations unies pour intégrer les questions autochtones dans leurs programmes. Alors qu'à l'exception de la Banque mondiale et de l'UNESCO, elles ne se sentaient guère concernées en 2002, on observe qu'en 2006 plus d'une douzaine d'agences ont déposé un rapport, distribué à tous les participants des sessions de l'IPQA (un millier). Certaines organisent des réunions parallèles pour informer les délégués autochtones des avancées dans leurs secteurs, plusieurs d'entre elles ont mis sur pied des mécanismes d'associations des autochtones à leurs travaux. Par ailleurs, des organisations intergouvernementales comme le Commonwealth, la CEPAL ou le groupe de Rio prennent position pour coordonner leurs efforts relatifs à l'amélioration de la situation des autochtones aux plans de leur insertion économique, de la santé, de la lutte contre la discrimination notamment celle des femmes et des enfants autochtones.

Les États commencent à faire rapport des efforts entrepris au niveau national pour tenir certains des engagements qu'ils ont pris au niveau international, dans les programmes d'action de la décennie pour les populations autochtones centrée sur « le partenariat dans la dignité », et au regard des « Objectifs du Millénaire pour le Développement » qui ont été décidés par un sommet mondial, en 2000. La dynamique impulsée par l'Instance (autrement dénommée « Forum permanent » par une expression dérivée des usages anglais et espagnol) a le double effet de contribuer à donner une visibilité aux questions autochtones dans une foultitude de domaines, et d'impulser une réflexion fondée sur les droits de l'homme (*a human right based approach*) dans la conduite des agences en question.

Les efforts conjugués pour croiser « les questions autochtones » avec les perspectives de développement – qui jusqu'à présent ne les prenaient guère en considération, qu'il s'agisse des programmes financés par l'APD (aide publique au développement) ou des projets financés par la Banque mondiale ou le FMI – stimulent l'élaboration de stratégies nouvelles, dans lesquelles encore peu de pays sont effectivement engagés. Les changements dans les pays en voie de développement sont impulsés par la Banque mondiale dont la politique (PO/PB 4.10) a pour objectifs de « contribuer à la mission de réduction de la pauvreté et de promotion d'un développement durable [...] en garantissant un processus de développement qui respecte pleinement la dignité, les droits de la personne, les systèmes économiques et les cultures des Populations autochtones ». De subtils glissements sémantiques visant à remplacer « peuples » par « populations », « consentement » par « consultation » dans l'expression « droit au consentement libre et préalablement informé (*Free and prior informed consent, FPIC*) », et enfin « préalablement informé » par « la communication des informations requises[19] », permettent à la Banque d'évacuer le débat sur la souveraineté (les organisations autochtones faisant du FPIC un élément du droit à l'autodétermination). En même temps, elle définit les populations cibles, c'est-à-dire les « groupes socioculturels vulnérables distincts » qui présentent diverses caractéristiques qu'elle énumère : identification comme autochtone, habitat et territoire, institutions distinctes, langue différente.

---

19. PO/PO 4.10, § 1 : « Le financement de la Banque ne sera accordé que, si lors de la consultation libre et fondée sur la communication des informations nécessaires à se faire une opinion, le projet obtient un soutien massif dans la communauté de la part des populations autochtones. » § 11 évoque la notion d'information requises.

Cet exemple montre que le partenariat entre les organisations internationales, les États et les autochtones conduisent à de nouvelles formulations, révélatrices d'approches suggestives. C'est ainsi qu'est en train de prendre naissance la notion de «développement avec identité» que les représentants autochtones ont avancée lors d'une réunion avec la Banque mondiale consacrée au croisement de leurs perspectives avec les stratégies de lutte contre la pauvreté. Une autre notion est également mise au goût du jour, le «vivre bien» que les autochtones entendent défendre à l'encontre du modèle occidental de développement qui leur paraît fondé sur une logique du «vivre mieux», génératrice d'inégalités[20]. Du point de vue des organisations autochtones, la problématique centrale est de réussir le passage de la logique rhétorique qui nourrit la machine internationale et dans laquelle ils veulent impulser leurs visions du monde, à une logique d'action qui leur permette de changer leur situation, laquelle varie selon les pays, puisque l'exclusion ou la marginalisation se jugent toujours dans le rapport à la société dominante, entité elle-même non figée. Pour dialoguer avec eux, les États expriment des vues différentes tandis que du côté des Nations unies s'est mis en place un Groupe d'appui inter-organisations qui vise à mettre en œuvre les recommandations de l'Instance et à assurer des mécanismes de sensibilisation et de coordination aux échelons national et régional[21].

Sous l'impulsion de l'Instance permanente, les agences onusiennes sont saisies de nombreuses recommandations dont on observe qu'elles se font plus précises au fil des ans, les participants autochtones améliorant leur connaissance des mécanismes internationaux. En retour, elles font état de leurs évolutions. Ainsi par exemple, l'Organisation mondiale de la propriété intellectuelle a-t-elle présenté ses «projets d'instruments pour la protection contre l'usurpation et l'abus des savoirs et des expressions culturelles traditionnels», la création d'un fonds spécial pour les «communautés autochtones» et locales, l'amorce d'un processus de consultations et d'études sur les relations entre le droit coutumier et la propriété intellectuelle, et enfin son programme de renforcement des «capacités autochtones[22]». UNIFEM, le fonds de développement des Nations unies pour les femmes s'efforce d'intégrer les «femmes autochtones» dans ses programmes de lutte contre la discrimination, ce qui l'amène avec les autres agences à examiner

---

20. Sources : note de terrain, Session de l'Instance permanente, New York, mai 2006.
21. E/C.19/2006/3.
22. E/C.19/2006/6/add.13.

les moyens de travailler à la définition d'indicateurs plus pertinents. L'UNICEF, qui inscrit son action dans le cadre de la convention relative aux droits de l'enfant, se centre sur la participation des « enfants autochtones » à la prise de décisions comme « élément indispensable de l'exercice de leurs droits ». Elle développera des programmes de lutte contre la malnutrition, d'accès à l'eau potable, de promotion d'une égalité d'accès à l'éducation ou encore d'une approche interculturelle des services de santé pour réduire la mortalité maternelle. Le même exercice est réalisé par ONUSIDA, le programme commun des Nations unies sur le VIH/sida, à partir d'un effort pour connaître les spécificités des peuples autochtones, en mettant en évidence les aspects communs de l'expérience vécue partout dans le monde pour « expliquer la façon dont l'épidémie de VIH touche leur existence et leurs communautés » et mettre en lumière des solutions possibles. Se heurtant à l'absence de données de surveillance fiables, ONUSIDA souhaite améliorer les conditions d'identification du problème tout en réalisant la difficulté à traiter la déclaration de séropositivité.

On ne peut détailler les options de chacune des agences ni préciser les éléments communiqués par toutes celles qui ont produit un rapport lors de la 5e session de l'Instance en 2006, c'est-à-dire aussi OIT, FIDA, UN-HABITAT, OMS, PNUD, FNUAP, UNHCDH, UNESCO, Banque mondiale, BID et CEPAL. Mais leurs rapports témoignent de la reconnaissance au niveau de chacune d'elles de critères d'autochtonie qui semblent dorénavant fixés pour la communauté internationale. La plupart des agences mettent l'accent sur le lien entre la situation présente des autochtones (qui justifie une intervention de leur part) et la privation des droits dont ils ont été ou sont encore l'objet (ce qui est l'axe de la catégorie politique de peuple autochtone). Si chacune de ces agences développe une vue sectorielle de la question, laquelle les conduit à valoriser la participation des autochtones dans la conduite de leurs programmes, la résolution globale du problème semble emprunter deux voies. La première est l'adoption de la déclaration (DDPA) comme instrument symbolique et politique visant à inspirer des changements constitutionnels ou législatifs sérieux. La seconde correspond à l'insertion des autochtones dans de nouveaux mécanismes de gouvernance. Ceux-ci se distribuent sur un axe ouvert allant de l'autodétermination par la concession d'autonomie ou la reconnaissance de gouvernements autochtones, jusqu'à l'association à tous les processus les concernant, en commençant par la mise en œuvre du droit non conventionnel très réclamé, le droit au consentement, libre, préalable et pris en connaissance de cause (FPIC).

CONCLUSION

En trente ans d'action militante autochtone, avec le développement du mouvement international, l'appui sur les mécanismes des droits de l'homme et une montée en puissance institutionnelle, les autochtones ont réussi à se donner une voix qui commence à devenir audible dans plusieurs forums. Mais il faut regarder ce que cela signifie en dehors du milieu protégé des Nations unies et évaluer le changement des situations sur le terrain. On observera que tout comme la région arctique, l'Amérique est un continent qui semblent plus avancé que les autres sur le plan des luttes ou celui des acquis avec, notamment au sud, des changements constitutionnels reconnaissant la diversité culturelle des pays et les contributions autochtones à la nation.

L'action concertée de l'Instance permanente et des agences onusiennes, *via* la construction de partenariats avec les États, induit des changements quant à la considération des perspectives autochtones. Plus lents à venir dans les autres continents, ils sont néanmoins significatifs. Ainsi en Afrique, la Commission pour les droits de l'homme et des peuples a créé un groupe de travail sur la reconnaissance des populations concernées (CADHP-IWGIA, 2005). En Asie, les Philippines ont adopté une loi sur les droits des peuples autochtones que l'actuelle présidente de l'Instance permanente, V. Tauli Corpuz, qualifie de « clone » du projet universel de déclaration déjà évoqué. La dynamique autochtone onusienne, relayée par les ONG, stimule dans tous les pays une réflexion nouvelle empruntant les voies lexicales signalées précédemment, pour que les personnes qui se reconnaissent dans cette catégorie politique puissent quitter le domaine du « sauvage » et atteindre le règne de l'égalité en dignité et en droits. Mais les autochtones dont les spécificités sont peut-être mieux connues vivent toujours des situations difficiles et de nouveaux problèmes liés aux migrations, à l'urbanisation et à la mondialisation apparaissent.

BIBLIOGRAPHIE

BELLIER, I. (2003), « Dernières nouvelles du Groupe de travail sur le projet de déclaration des droits des peuples autochtones à l'ONU », *Recherches amérindiennes au Québec*, vol. XXXIII, n° 3, p. 93-99.

BELLIER, I. (2005), « The declaration of the rights of indigenous peoples and the world indigenous movement », *Griffith Law Review*, vol. 14, n° 2, p. 227-246.

BELLIER, I. (2006a), «Identité globalisée et droits collectifs: les enjeux des peuples autochtones dans la constellation onusienne», *Autrepart*, n° 38, p. 99-118.

BELLIER, I. (2006b), «Le projet de déclaration des droits des peuples autochtones et les états américains, avancées et clivages», dans C. Gros et M. C. Stiegler, *Être indien dans les Amériques aujourd'hui*, Paris, Institut des Amériques.

BELLIER, I. et D. LEGROS (2001), «Mondialisation et redéploiement des pratiques politiques autochtones: esquisses théoriques», *Recherches amérindiennes au Québec*, vol. XXXI, n° 3, p. 3-11.

CADHP-IWGIA (2005), Commission africaine des droits de l'homme et des peuples, *Rapport du Groupe de travail d'experts sur les populations / communautés autochtones*, Copenhague, IWGIA.

CLECH LÂM, M. (2002), Actes du séminaire sur l'autodétermination, Droits et Démocratie, Montréal.

COLLOMB, G. (2001), «De l'Indien à l'indigène: l'internationalisation des luttes amérindiennes en Guyane et les enjeux de l'autochtonie», *Recherches amérindiennes au Québec*, vol. XXXI, n° 3, p. 37-48.

FRITZ, J. C., F. DEROCHE, G. FRITZ et R. PORTEILLA (2005), *La question indigène. Peuples autochtones et ordre mondial*, Paris, L'Harmattan.

KUPER, A. (2003), «The return of the native», *Current Anthropology*, vol. 44, n° 3, p. 389-402.

MARTINEZ COBO, E. (1986), *Study of the problem of discrimination against Indigenous Populations*, E/CN.4/ sub 2/1986/87 add. 1-4, ONU.

MORIN, F. (1992), «Vers une déclaration universelle des droits des peuples autochtones», dans H. Giordan (dir.), *Les minorités en Europe. Droits linguistiques et Droits de l'Homme*, Paris, Kimé, p. 493-507.

MUEHLEBACH, A. (2001), «"Making place" at the United Nations: Indigenous Cultural Politics at the U.N. Working Group on Indigenous Populations», *Cultural Anthropology*, vol. 16, n° 3, p. 415-448.

SCHULTE-TENCKHOFF, I. (2004), «Te tino rangatiratanga: substance ou apparence? réflexion sur le dilemme constitutionnel de l'État néo zélandais», *Politique et Sociétés*, vol. 23, n° 1, p. 89-114.

Autochtonité et autochtonie : identité et territorialité

PAUL CHAREST

INTRODUCTION

En 1992, Adrian Tanner, de l'Université Memorial de Terre-Neuve, et moi-même avons publié un numéro thématique de la revue *Anthropologie et Sociétés* (volume 16, numéro 3) intitulé «Autochtones et pouvoirs» dans lequel nous utilisions, pour la première fois à notre connaissance, le terme «autochtonéité» conjointement avec celui d'«indigénéité» en référence à l'identité autochtone (Charest et Tanner, 1992 : 11 ; Tanner, 1992 : 25-26). Ces deux termes étaient définis de la façon suivante :

> Je définis l'autochtonéité et l'indigénéité comme référant toutes deux à un trait socialement reconnu de certains groupes ethniques qui vivent dans des sociétés multiculturelles et complexes, à savoir leur occupation antérieure du territoire par rapport aux autres groupes. Cette définition suppose que la distinction entre groupes «arrivés antérieurement» et groupes «arrivés» subséquemment est reconnue. (Tanner, 1992 : 25)

> Comme les autres aspects de l'ethnicité, l'autochtonéité et l'indigénéité, telles que définies ici, sont, en dernière analyse, des éléments négociés de l'identité de groupe. (Tanner, 1992 : 25)

> Les termes «autochtonéité» et «indigénéité» n'étaient toutefois pas définis comme des équivalents, le premier référant aux premiers arrivés dans un territoire donné, le second à des groupes anciennement établis mais pas nécessairement les premiers (Tanner, 1992 : 25-26).

De fait, nous avons en quelque sorte «forgé» ces deux termes français pour en faire des équivalents aux termes anglais *aboriginality* et *indigenity*, puisque le manuscrit de Tanner était rédigé en anglais.

Ce n'est qu'en 1997, lors de la lecture du livre d'Isabelle Schulte-Tenckhoff, *La question autochtone*, que j'ai pris connaissance de l'usage d'un autre terme, celui d'«autochtonie» ayant en apparence la même signification que celui d'«autochtonéité», mais qui à mon sens était mal construit pour faire référence à l'identité autochtone. Plus récemment, à la lecture de plusieurs textes dans lesquels on retrouve le terme «autochtonie», j'ai pu constater que son champ sémantique est beaucoup plus large et qu'il s'applique en fait à «tout ce qui concerne les autochtones» ou les «peuples autochtones». Depuis plusieurs années, j'ai remplacé le terme «autochtonéité», même s'il est toujours en usage, par celui d'«autochtonité», un peu plus simple, toujours pour désigner les dimensions de l'identité autochtone.

Même si l'usage du terme «autochtone» remonte à la Grèce antique (Detienne, 2003a; Loraux, 1996; Thucydide, s.d), à part quelques références anciennes ou plus récentes d'auteurs africanistes (p. ex., Delafosse, 1912, V. 1: 178-180, mentionné par Geschiere, 2006: 4; Izard, 1985: *passim*), son emploi est devenu courant seulement dans les 15 ou 20 dernières années. Celui du terme «autochtonie» est encore plus récent, car il est devenu populaire seulement dans les années 1990, mais il n'est pas d'usage universel chez les autochtonistes, loin de là. Ainsi, de nos jours, on peut publier des livres et des numéros de revue et faire des conférences sur les «peuples autochtones» et sur les «autochtones» sans utiliser le concept d'autochtonie (p. ex., Burger, 2000; Salée, 2004; GITPA, 2005). Quant au terme «autochtonité», comme on peut le constater dans l'inventaire terminologique présenté dans le tableau 1, bien qu'il soit apparu dans la littérature à peu près en même temps que celui d'«autochtonie» il demeure d'un usage très restreint.

LES RÉFÉRENTS AUTOCHTONISTES

Cet inventaire des référents autochtonistes a été effectué avec le moteur de recherche Google et par la lecture de quelques dizaines de textes dans lesquels on retrouve les termes «autochtonie» et «autochtonité». Il est nécessairement incomplet, car la tâche de rassembler tous les mots apparentés dans toutes les langues est incommensurable. Je me suis donc contenté d'en relever un peu plus d'une trentaine en anglais et en français, afin de permettre au lecteur de se faire une assez bonne idée des termes génériques les plus communs actuellement, comme *aboriginals* et «autochtones» ou d'autres plus spécifiques comme Inuits et Indiens, en fonction de mon propre champ d'études autochtones.

TABLEAU 1 : OCCURRENCE DE DIFFÉRENTS TERMES CONCERNANT
LES AUTOCHTONES DANS GOOGLE

Termes anglais (*nombre d'entrées*)	Termes français (*nombre d'entrées*)
Aboriginals : 1 660 000	Aborigènes : 592 000
Aboriginal : 45 100 000	Aborigène : 318 000
Aboriginality : 207 000	Aboriginalité : 125
Aboriginaly : 166	Aboriginalie : 0
Autochtonous : 56 700	Autochtones : 4 840 000
Autochtons : 1 110	Id.
Aboriginal people : 2 210 000	Peuple autochtone : 1 100 000
Aboriginal peoples : 3 230 00	Peuples autochtones : 1 090 000
Autochtony : 832	Autochtonie : 31 200
Autochtonity : 22	Autochtonité : 206
Autochtoneity : 3	Autochtonéité : 63
Autochtonicity : 5	Autochtonicité : 32
Autochtonization : 10	Autochtonisation : 126
Autochtonism : 63	Autochtonisme : 63
Autochtonist : 19	Autochtoniste : 106
Indigenous : 8 330 000	Indigènes : 2 920 000
Indigeneous : 117 000	Id.
Indigenity : 2 140	Indigénité : 39
Indigeneity : 81 300	Indigénéité : 80
Native people : 219 000 000	Peuples natifs : 108 000
Native : 2 78 000 000	Natif : 1 550 000
Natives : 28 900 000	Natifs : 647 000
First People : 1 980 000 000	Premiers peuples : 5 700 000
First Nation : 271 000 000	Premières nations : 6 970 00
Indians : 93 100 000	Indiens : 6 880 000

Indianity: 391	Indianité: 23 700
Indiany: 447 000	Indiany: 447 000
Amerindians: 400 000	Amérindiens: 740 000
Amerindianity: 11	Amérindianité: 94
Amérindiany: 447 000	Amérindianie: 30
Inuit: 88 500 000	Inuit: 88 500 000
Inuicity: 0	Inuicité: 0
Inuity: 9 190	Inuitie: 162
Eskimos: 3 430 000	Esquimaux: 326 000

Pour ce qui est des noms génériques, l'usage des termes «aboriginals» et «autochtones» l'emporte très nettement sur ceux d'«autochtonie» et d'«autochtonité». Par contre, les termes *First People* («Premiers peuples»), *First Nations* («Premières Nations»), *Indians*, «Indiens», «Inuits» et «Eskimos» ont des occurrences très nettement supérieures à des termes en apparence plus génériques comme «aboriginals» et «autochtones», ce qui laisse à supposer que les autochtones sont mieux connus selon leur distribution géographique.

De plus, même si l'usage du terme «autochtonité» apparaît très marginal par rapport à celui d'«autochtonie», je demeure convaincu que cette distinction a lieu d'être, comme je vais l'expliquer dans les parties suivantes.

L'«AUTOCHTONIE»

Mes différentes lectures dont la liste figure en bibliographie m'ont permis de constater que les utilisateurs du terme «autochtonie» ne le définissent à peu près jamais, du moins de façon directe et claire. Il en est de même d'ailleurs pour l'ensemble des communications présentées dans cet ouvrage, sauf quelques exceptions. Quelquefois, il est défini de façon indirecte en passant par la définition du terme «autochtone». C'est le cas pour Schulte-Tenckhoff (1997: 7) et Louis-Edmond Hamelin (2006: 94). Le plus souvent on le caractérise en faisant référence à un ou plusieurs traits dont les plus fréquemment utilisés sont les suivants: l'occupation première d'un territoire (un espace) par les ancêtres et la référence à des mythes fondateurs (Godefroit, 1998; Anonyme, 2004; Detienne, 2003b; Loraux,

1996 ; Thucydide, s.d.) ; un rapport particulier au sol ou à la terre (Schulte-Tenchkoff, 1997 ; Ouattara et Gadou, 2006 ; Rouleau, 2004 ; Hamelin, 2005) ; des droits spécifiques de nature collective (aboriginaux), en particulier des droits fonciers et sur les ressources naturelles (Otis, 1996 ; Otis et Émond, 1996 ; Guillaume, s.d. ; Gros et Strigler, 2006 ; Lajoie, s.d.) ; des différences culturelles par rapport aux « allochtones » (Schulte-Tenckhoff, 1997 ; Galinier, 2004 ; Hamelin, 2006) ; une situation politique de domination par un état central (Schulte-Tenckhoff, 1997 ; Hamelin, 2006) ; une source de violences interethniques (Bayart et Geschiere, 2001 ; Bayard, Geschiere et Nyamnjoh, 2001). À l'occasion, mais rarement, le terme est utilisé comme référent identitaire (Otis, 1996 ; Otis et Émond, 1996 ; Hamelin, 2005 ; Gros et Strigler, 2006). On retrouve à peu près les mêmes critères dans les textes du présent ouvrage, avec différents accents mis par certains auteurs soit sur l'exclusion de l'« étranger » et les conflits « ethniques », soit sur les luttes, les mouvements de résistance et leur internationalisation, soit sur la construction identitaire et le processus d'« autochtonisation » ou d'« ethnogenèse ».

Malgré cet éventail de caractéristiques de l'« autochtonie », il me semble que son champ sémantique se rapporte principalement à des questions relevant de ce que j'appellerais de façon large « l'appartenance territoriale », qui serait le fondement premier de l'identité autochtone. Cette connotation centrale du terme « autochtonie » se situe dans la logique de la construction en français de termes faisant référence à des entités géographiques ou territoriales tels que pays, provinces ou régions (p. ex., Germanie, Colombie, Picardie, Normandie, Estrie, Sagamie) connus et à d'autres à usage plus ou moins fréquent tels que américanie, canadianie, francie et québécie comme le montre le tableau 2.

TABLEAU 2 : TERMES FAISANT RÉFÉRENCE À L'APPARTENANCE TERRITORIALE ET IDENTITAIRE

Territoriale (*nombre d'entrées*)	Identitaire (*nombre d'entrées*)
Américanie : 9 290	Américanité : 43 200
Canadianie : 56	Canadianité : 479
Francie : 7 710 000	Francité : 1 400 000
Québécie : 294	Québécité : 664
	Québécitude : 664

Comme on peut le constater, certains termes territoriaux ont une correspondance identitaire par des termes construits avec le suffixe «-ité». Ce qui nous amène à discuter de l'utilisation qui est faite du terme «autochtonité».

L'«AUTOCHTONITÉ»

Comme on peut le voir dans le tableau 1, le terme «autochtonité» et son équivalent «autochtonéité» sont beaucoup moins utilisés que celui d'«autochtonie». Quant au terme «autochtonicité», de très faible occurrence, il ne semble pas avoir la même signification identitaire, autant qu'on puisse en juger par les titres des références relevés dans Google. Contrairement à ce que j'anticipais avant le début de ma recherche, l'«autochtonité» semble avoir à peu près le même champ sémantique que l'«autochtonie» avec les principales caractéristiques suivantes : la territorialité (Otis, 1996 ; Hamelin, 1998 ; Rivard, s.d.) ; les droits ancestraux et le titre autochtone sur la terre (Otis, 1999 ; Hamelin, 1998) ; le lieu de résidence (Jugement, 2002) ; la culture (Ethnociel, s.d. ; Veilleux, 2004) ; un état de subordination politique et une oppression par l'État (Tanner, 1992 ; Nations unies, 1999a) ; des droits religieux particuliers (Otis, 1999). À part Tanner, déjà cité, peu d'auteurs associent explicitement «autochtonité» et identité autochtone, même si implicitement ils y font référence. J'ai relevé trois textes seulement qui font ce rapprochement : ceux de Bergeron (2002) qui associe l'identité des «peuples autochtones» et «autochtonéité», de Veilleux (2004) qui réfère à «identité culturelle» et de Rivard (s.d.) mentionnant la «conscience identitaire». De même, mis à part Tanner, les auteurs consultés qui utilisent ce terme n'en donnent pas de définition claire et bien précise, comme c'est aussi le cas pour l'«autochtonie».

«AUTOCHTONIE» ET «AUTOCHTONITÉ»

D'une façon quelque peu impressionniste non fondée sur des données statistiques, il m'est apparu à la suite de mes recherches sur Internet que le terme «autochtonie» serait utilisé surtout en France et celui d'«autochtonité» surtout au Québec. Toutefois, en consultant le moteur de recherche Méduse qui fournit un index du contenu des revues en sciences sociales au Québec, j'ai trouvé 19 mentions du terme «autochtonie», quatre mentions du terme «autochtonéité» et une seule mention du terme «autochtonité», ce qui porte à croire qu'«autochtonie» a la préférence des auteurs scientifiques québécois. À ma connaissance, deux auteurs seulement utilisent les deux termes « autochtonie et « autochtonité », mais sans établir de distinction claire entre les deux. Il s'agit de Québécois : Ghislain Otis, professeur de droit à l'Université Laval, et Louis-Edmond Hamelin, géographe très connu pour ses travaux scientifiques et ses publications sur le Nord. Par contre, dans des publications des Nations unies et dans des jugements de cour au Canada, on peut aussi retrouver les deux termes, mais il pourrait s'agir de façons différentes de traduire en français le terme *aboriginality*.

La nette prépondérance de l'usage du terme « autochtonie » en France pourrait être attribuable à une assez forte présence d'hellénistes réputés, comme Marcel Detienne (2003a, 2003b) et Nicole Loraux (1996), qui ont étudié très en détail les fondements de l'« autochtonie » en Grèce à partir des mythes et d'autres récits faisant état de l'origine chtonienne des fondateurs d'États comme Athènes ou Thèbes. De même, des africanistes français, comme Sophie Godefroit (1998) et Michel Izard (1985), se sont aussi intéressé aux droits des premiers occupants, aux cultes de la terre et aux alliances politiques entre les descendants des premiers occupants et des peuples conquérants dans la formation de royaumes africains. Pour certains auteurs, la dérive de l'« autochtonie » a produit des discours comme celui sur les « Français de souche » ou encore l'« ivoirité » visant à exclure les immigrants et autres « étrangers » d'un plein statut de citoyenneté. Comme le démontrent quatre textes rassemblés dans un numéro de la revue *Critique internationale*, ce discours d'exclusion est aussi répandu dans plusieurs autres pays d'Europe tels que la Belgique (Ceuppens, 2001), l'Italie (Machiavelli, 2001), la Georgie (Gordadze, 2001) et d'Afrique comme le Cameroun, le Rwanda, le Burundi, le Congo (Bayart, Geshiere et Nyamnjoh, 2001). Comme elle serait génératrice de conflits voire de massacres comme les « épurations ethniques », certains auteurs européens voient la notion d'« autochtonie » comme une idée subversive source de violence interethnique. On ne retrouve pas la même vision négative chez les autochtonistes québécois et canadiens, car les revendications autochtones n'ont pas donné lieu à des violences et des abus de même nature, bien qu'ils ne soient pas non plus complètement absents des rapports entre autochtones et non-autochtones, comme cela est arrivé en 1990 lors de « la crise d'Oka », près de Montréal (p. ex., Ciaccia, 2000). Comme les droits des autochtones sont reconnus par la constitution canadienne de 1982 et qu'il existe une politique fédérale dite de « revendications territoriales globales » qui a donné lieu à de nombreuses ententes négociées et que la jurisprudence a reconnu des droits fonciers et autres à des groupes autochtones,

cet ensemble de mécanismes a permis de régler plusieurs dossiers de revendications autochtones, foncières et autres, et d'éviter que des situations ne
dégénèrent en conflits. Mais tous les problèmes dans les relations entre
autochtones et non-autochtones ne sont pas réglés, loin de là, en particulier ceux concernant les droits territoriaux et l'accès aux ressources. Et la
territorialité nous ramène au cœur même de l'«autochtonie» en tant que
dimension fondamentale de l'«autochtonité».

«AUTOCHTONIE» ET TERRITORIALITÉ

Pour les autochtones du Canada, il est évident que leur appartenance territoriale – ou leur «autochtonie» – demeure au centre de leur
définition identitaire malgré les changements survenus depuis la période
des premiers contacts avec les Européens et leur incorporation comme
«colonie interne» à l'intérieur de l'État canadien. Même des groupes
déplacés et enfermés dans d'étroites réserves ou «réductions» comme les
Mohawks se réfèrent à ces enclaves comme étant des territoires exclusifs
qu'on est prêt à défendre, les armes à la main à l'occasion, comme à Oka.

Par ailleurs, en vertu de la politique fédérale dite de «revendications
particulières», des centaines et des centaines de dossiers ont été préparés
par des «bandes» locales pour demander des réparations ou des compensations pour des pertes de territoires de réserves souvent dues aux incuries ou
à des malversations des agents du gouvernement fédéral pourtant chargés
de la protection des intérêts de leurs «fiduciaires». De plus, le jugement
Calder de 1973 a forcé le gouvernement canadien à reconnaître l'existence
de droits fonciers aux autochtones et à adopter une politique de négociations de règlements fonciers ou de «revendications globales» par des groupes nationaux et régionaux. Cette politique a donné lieu à la signature de
plusieurs accords – souvent appelés «traités modernes» – dont les plus
connus sont la Convention de la Baie-James avec les Cris et les Inuits du
nord du Québec et l'entente du Nunavut avec une majorité d'Inuits de
l'Arctique canadien. Même si ces ententes comprenaient une clause d'extinction de droits sur la majorité des territoires ancestraux, les groupes qui
les ont signées continuent à les utiliser pour la pratique de leurs activités
traditionnelles et leur développement économique et à se référer à l'entièreté de leur territoire comme terres ancestrales et comme marqueur de leur
identité. C'est ainsi que sont apparus de nouveaux termes de référence
territoriale et identitaire comme le Nunavut, le Nunavik, le Nunatsiavut,
pour les Inuits, ou encore le Eeyuastchee pour le Cris et le Nitassinan pour
les Innus du Québec et du Labrador.

Ces revendications, négociations et règlements ne se font pas sans peine et, à défaut de reconnaissance politique, ce sont souvent des procès allant jusqu'en Cour suprême qui font progresser les dossiers des droits aboriginaux, en particulier ceux portant sur des litiges fonciers. Parmi plusieurs, je peux citer un exemple que je connais bien : celui de la revendication globale des Innus du Québec en négociations avec les gouvernements du Canada et du Québec depuis plus de 25 ans et qui ne sont pas encore parvenus à signer un accord final, bien que quatre communautés aient paraphé il y a quelques années déjà (en 2002) une entente de principe appelée «Approche commune» (Anonyme, 2004). Depuis, il y a eu très peu de progrès pour en arriver à une entente finale. Cette entente a suscité beaucoup de résistance, voire de la peur chez les allochtones résidant à l'intérieur ou près des territoires touchés (Charest, 2003 ; Harvey, 2004) et, en conséquence, l'actuel gouvernement se montre très frileux dans la poursuite des négociations. La voie des tribunaux peut apparaître à certains leaders innus, las de ces lenteurs et atermoiements qui ne sont pas nécessairement attribuables au seul gouvernement du Québec, comme une meilleure garantie d'obtenir une reconnaissance de droits ancestraux. C'est le cas du chef Raphaël Picard de la communauté de Pessamit (ou Betsiamites) dans la cause qui oppose cette dernière à la compagnie forestière Kruger et au gouvernement du Québec en premier chef (Canada, Cour supérieure, 2005). Que ce soit par la voie des négociations ou des tribunaux, les leaders innus, maintenant divisés sur la meilleure démarche à suivre, ont le même objectif principal : reprendre le contrôle – ou du moins obtenir une juridiction partagée – sur une partie des territoires ancestraux pour servir de base à leur développement économique et politique futur selon leurs propres choix, orientations et système de valeurs.

Pour ceux qui n'ont pas de base territoriale élargie à partir de vastes territoires de chasse ancestraux, comme c'est le cas pour les Hurons-Wendat du village de Wendake près de la ville de Québec, l'agrandissement de leur minuscule réserve surpeuplée apparaît comme une solution partielle à leurs problèmes de développement. Ici, comme pour les Innus, s'élèvent des propos suspicieux des voisins qui ont peur d'y perdre quelque chose, mais surtout que les autochtones puissent devenir un peu plus avantagés économiquement qu'eux.

D'autres encore, comme certains souverainistes, ont peur que des concessions territoriales faites aux autochtones n'en viennent à menacer l'intégrité du territoire du Québec actuel et celui d'un futur pays du Québec indépendant. Donc, que ce soit dans les vastes territoires du

Québec nordique ou dans ceux des petites réserves périurbaines, la territorialité demeure au centre des relations politiques entre autochtones déposs-
sédés et allochtones représentés par un État qui a toujours favorisé dans le
passé la prise de contrôle du territoire et de ses ressources au profit de ces
derniers.

« AUTOCHTONITÉ » ET TERRITORIALITÉ

Outre la territorialité, la liste des marqueurs culturels de l'identité
autochtone ou « autochtonité » peut s'avérer longue, allant de l'habitation,
des vêtements et de la nourriture jusqu'aux rituels et pratiques religieuses
en passant par la langue, l'histoire et les traditions, le « style de vie » (chasse,
pêche, collecte, élevage), les rapports sociaux et politiques, le système de
valeurs, etc. Comme tous les groupes autochtones de la planète ont subi
des changements plus ou moins importants depuis leurs contacts avec les
groupes qui les ont dominés économiquement et politiquement, toutes ces
caractéristiques ne sont pas nécessairement pertinentes et mises en valeur
aujourd'hui pour faire valoir une identité autochtone. Au Canada, par
exemple, on peut mentionner des indicateurs comme l'habitation, les vêtements, le « style de vie », la religion, et même la langue dans de nombreux
cas, qui ne présentent plus de caractéristiques d'une identité autochtone ou
très peu. À la limite, celle-ci peut résider surtout dans une référence au
passé, à certains éléments choisis de la culture matérielle pour la représenter
et, surtout, à une conscience d'appartenir à un groupe qui a des racines
différentes et qui occupait un territoire bien situé. Comme l'écrivent Otis
et Émond (1996 : 559), les autochtones du Canada ne doivent pas faire les
frais d'une « ghettoïsation identitaire », « car un véritable droit à l'identité
emporte un libre choix de construction et de reconstruction identitaire »
(Otis et Émond, 1996 : 558).

L'appartenance et la référence à un territoire – ou l'« autochtonie »
– de quelque dimension qu'il soit, vastes terrains de chasse ou petite réserve
urbaine, constitue en fait la quintessence de l'« autochtonité » par ses multiples dimensions touchant à tous les aspects de la culture et des rapports
sociaux des autochtones du Canada. Celles-ci se concrétisent par une série
de liens entre le territoire et les personnes et groupes qui l'habitent ou l'habitaient et qui l'exploitent ou l'exploitaient : liens écologiques, spatiaux,
temporels, économiques, démographiques, sociaux, politiques, éducatifs,
spirituels, religieux, symboliques, scientifiques, discursifs, toponymiques,
sanitaires, gestionnaires, etc. Il ne m'est évidemment pas possible de déve-

lopper ici chacun ni même quelques-uns de ces liens territoriaux (Charest, 2005). Je me contenterai d'esquisser, à partir de l'exemple des Innus (anciennement Montagnais) – et de façon différente que Sylvie Vincent (2006) – quelques éléments d'analyse sur un de ces liens qui m'apparaît particulièrement digne de mention sur le plan symbolique : celui du discours sur le territoire étudié en profondeur par les anthropologues José Mailhot et Sylvie Vincent dans leur ouvrage *Le discours montagnais sur le territoire* (1980). On retrouve une description semblable dans le récent volume du juriste Jean-Paul Lacasse : *Les Innus et le territoire. Innu tipenitamun* (2004).

Les Innus considèrent d'abord que leurs droits sur le territoire ancestral sont ceux du «premier occupant» fondés à la fois sur l'antériorité et la continuité de l'occupation, la volonté divine, l'absence de traité ou de cession de terre, les activités d'exploitation ou le travail qu'ils y exercent, la connaissance qu'ils ont de ses ressources et de sa géographie et l'aménagement qu'ils en ont fait. Les Innus conçoivent aussi leur relation au territoire ou à la terre comme un rapport d'appartenance. Ils appartiennent à la terre et non l'inverse. Ce lien est une responsabilité à la fois communautaire et collective, familiale et individuelle. Le terme «gardiennage» peut aussi être utilisé pour le qualifier. Ainsi, les Innus se définissent souvent comme les «gardiens» du territoire ou ceux qui doivent «en prendre soin», que ce soit le Nitassinan – le territoire de l'ensemble des Innus – ou simplement le territoire familial avec lequel ils sont plus familiers (Mailhot et Vincent, 1980 : 1-72).

Les Innus considèrent aussi leur territoire comme le fournisseur de toutes choses : nourriture, vêtements, abris, moyens de transport, médicaments et ainsi de suite. Il est leur magasin, leur richesse ou la banque dans laquelle ils peuvent puiser chaque fois qu'ils en ont besoin. Il leur a permis de vivre – et de bien vivre selon plusieurs – dans le passé et il leur assurera leur avenir. C'est pourquoi il faut le protéger et ne pas laisser les autres en abuser, ce qui a pour conséquence la volonté de vouloir en reprendre le contrôle que les gouvernements leur ont usurpé, pour que ses ressources soient développées, sinon entièrement à leur façon, du moins en tenant compte de leur présence et de leurs droits.

Dans le passé, les règles de l'occupation et de l'utilisation des différentes parties du territoire communautaire étaient souples, permettant ainsi à chacun d'en vivre selon ses besoins. Mais souplesse ne signifie pas anarchie ; il faut respecter l'ensemble des règles innues régissant le rapport au territoire et la forme de partage des terres et des ressources qui en découle. Ainsi, pour chasser sur le territoire d'un autre, on doit en demander la permission au responsable. Il aurait dû en être de même pour les projets d'exploitation industrielle des ressources minières, forestières et hydroélectriques. Par ailleurs, le « maître du territoire » a aussi des responsabilités vis-à-vis des autres, soit en particulier celles de l'hospitalité et du partage. Ce principe d'entraide s'applique aussi entre personnes occupant des territoires voisins, qu'elles soient de la même bande, d'une autre bande ou même d'un autre groupe ethnique. Les familles « veillaient les unes sur les autres », se faisaient des dons de nourriture en cas de besoin ou partageaient des repas à l'occasion de certaines fêtes, telles que le « makusham ». Comme l'exprimait un Innu du Labrador dans une formule choc : « Nous partageons nos terres. Nous ne sommes pas égoïstes comme les Blancs » (Canada, 1977 : 8).

Il est donc évident que le territoire touche à tous les aspects de la culture et de la société innue ou de l'identité innue comme l'écrit Patrice Paul, un Innu de Betsiamites : « Le territoire de chasse doit être perçu comme la pierre angulaire du mode de vie entretenu par la population montagnaise » ; « il occupe une place prépondérante dans la vie des Montagnais » (Paul, 1988 : 16-18).

CONCLUSION : AUTOCHTONIE ET AUTOCHTONITÉ

Si les champs sémantiques des termes « autochtonie » et « autochtonité » recouvrent à peu près les mêmes composantes, comme j'ai pu le démontrer à partir de mon petit bilan de la littérature, devrait-on en éliminer un au profit de l'autre ? Cela pourrait se faire au profit du premier qui est de loin le plus couramment utilisé. Je ne suis toutefois pas de cet avis et c'est pourquoi, aussi pour être en meilleur accord avec l'esprit de la langue française, je propose que le terme « autochtonie » serve à désigner tout ce qui a trait aux rapports des autochtones avec les territoires et qu'il soit considéré comme la principale composante de l'identité autochtone ou « autochtonité ».

BIBLIOGRAPHIE

ANONYME (2004), *Entente de principe d'ordre général entre les premières nations de Mamuitun et de Nutashkuan et les gouvernements du Québec et du Canada* (paraphée en 2002 et ratifiée le 31 mars 2004), Québec, Secrétariat aux Affaires autochtones.

BAYART, Jean-François et Peter GESCHIERE (2001), «"J'étais là avant". Problématiques de l'autochtonie», *Critique internationale*, n° 10, p. 126-128.

BAYART, Jean-François, Peter GESCHIERE et Francis NYAMNJOH (2001), «Autochtonie, démocratie et citoyenneté en Afrique», *Critique internationale*, n° 10, p. 177-194.

BERGERON, Kristina Maud (2002), *L'autochtonéité dans l'environnement international*, Mémoire M.A., Département de science politique, Université Laval.

BURGER, Julian (1987), *The State of the World's Indigenous Peoples*, Londres et New Jersey, Zed Books.

BURGER, Julian (2000), *Premières Nations. Un avenir pour les peuples autochtones*, Fontenay-sous-Bois, Annako Éditions.

CANADA, CHAMBRE DES COMMUNES (1977), *Procès-verbaux et témoignages du comité permanent des Affaires indiennes et du développement du Nord canadien concernant: Bill C-9, Loi sur les règlements des revendications des autochtones de la Baie-James et du Nord québécois*, Deuxième session de la trentième législature, 1976-1977, p. 19.3-19.63.

CEUPPENS, Bambi (2001), «Le Vlaams Blok et le "Flamand naturel"», *Critique internationale*, n° 10, p. 143-157.

CHAREST, Paul (2005), *L'importance du territoire pour les Innus de Betsiamites*, rapport d'expert déposé à la Cour supérieure dans la cause Betsiamites/Kruger.

CHAREST, Paul (2003), «Qui a peur des Innus? Réflexions sur les débats au sujet du projet d'entente de principe entre les Innus de Mashteuiatsh, Essipit, Betsiamites et Nutashkuan et les gouvernements du Québec et du Canada», *Anthropologie et sociétés*, vol. 27, n° 2, p. 185-206.

CHAREST, Paul et Adrian TANNER (1992), «Autochtones et pouvoirs», *Anthropologie et Sociétés*, vol. 16, n° 3, p. 5-16.

CIACCIA, John (2000), *La Crise d'Oka. Miroir de notre âme*, Montréal, Leméac.

DELAFOSSE, Maurice (1972 [1912]), *Haut-Sénégal-Niger*, Paris, G.P. Maisonneuve et Larose, 3 vol.

DETIENNE, Marcel (2003a), *Comment être autochtone: du pur Athénien au Français raciné*, Paris, Seuil.

DETIENNE, Marcel (2003b), «L'autochtonie: mythe et actualité. Entre Athènes et Thèbes, et jusqu'au Français de souche», dans Julie Kristeva, Francis Marmande et Martin Rueff (dir.), *Le plaisir des formes*, Paris, Éditions du Seuil, p. 197-225.

ETHNOCIEL (s.d.), «Les peuples autochtones d'ici et d'ailleurs», site Web d'*Ethnociel – Anthropologie et développement* (cours collégial d'anthropologie du profil Études sociales sur les Autochtones), http://www.ethnociel. qc.ca/102-2.html [en ligne] avril 2006.

GALINIER, Jacques (2004), «Détruire pour conserver. Notes sur l'imagination muséographique en Mésoamérique», *Anthropologie et sociétés*, vol. 28, n° 2, p. 101-109.

GESCHIERE, Peter (2006), «Les mirages de l'autochtonie: trajectoires divergentes en Afrique», texte présenté à la rencontre internationale: L'autochtonie en question: regards croisés France/Québec, 13 et 14 juin 2006, Paris.

GODEFROIT, Sophie (1998), *À l'ouest de Madagascar. Les Sakalava du Menabe*, Paris, Karthala, Orstom.

GORDADZE, Thornike (2001), «La Géorgie et ses "hôtes ingrats"», *Critique internationale*, n° 10, p. 161-176.

GROUPE INTERNATIONAL DE TRAVAIL SUR LES PEUPLES AUTOCHTONES (GITPA) (2005), *Droits territoriaux des peuples autochtones*, Paris, L'Harmattan.

GROS, Christian et Marie-Claude STRIGLER (dir.) (2006), *Être indien dans les Amériques. Spoliations et résistance. Mobilisations ethniques et politiques du multiculturalisme*, Institut des Amériques.

GUILLAUME, Stéphane (s.d.), «Le droit des minorités canadiennes (l'exemple des Cris)», site Web du Centre d'études rémois des relations internationales (CERRI), http://helios.univ-reims.fr/Labos/CERI/cr3-minorite-canada.htm [en ligne] mai 2006.

HAMELIN, Louis-Edmond (2006), *L'âme de la Terre: parcours d'un géographe*, Québec, Éditions MultiMondes.

HAMELIN, Louis-Edmond (2005), «La dimension nordique de la géopolitique du Québec», *Globe. Revue internationale d'études québécoises*, vol. 8, n° 1, p. 17-36.

HAMELIN, Louis-Edmond (1998), «L'entièreté du Québec: le cas du Nord», *Les Cahiers de Géographie du Québec*, vol. 42, n° 115, p. 95-110.

HARVEY, Richard (2004), «Lettre ouverte à Benoît Bouchard, représentant du Lac-St-Jean à la table des négociations sur l'Approche commune: Autochtonie», site Web des Classiques des sciences sociales, *collection la désintégration du Québec et des régions*, http://classiques.uqac.ca/desintegration/harvey_richard/autochtonie/autochtonie.html [en ligne] avril 2006.

IZARD, Michel (1985), *Gens du pouvoir, gens de la terre: les institutions politiques de l'ancien royame du Yatenga (bassin de la Volta blanche)*, Cambridge University Press, Paris, Éditions de la Maison des sciences de l'homme.

JUGEMENT DE COUR (2002), *Roger Misquadis et al. C. Le procureur général du Canada*, 11 octobre.

LACASSE, Jean-Paul (2004), *Les Innus et le territoire. Innu tipenitamun*, Québec, Septentrion.

LAJOIE, Andrée (dir.) (s.d.), « Projet Autochtonie et gouvernance », site Web de l'Université de Montréal, http://www.autochtonie.umontreal.ca/ [en ligne] avril 2006.

LORAUX, Nicole (1996), *Né de la terre. Mythe et politique à Athènes*, Paris, Seuil.

MACHIAVELLI, Marta (2001), « La ligue du Nord et l'invention "Padan" », *Critique internationale*, n° 10, p. 129-142.

MAILHOT, José et Sylvie VINCENT (1980), *Le discours montagnais sur le territoire*, Village-des-Hurons, Conseil Atikamek-Montagnais.

NATIONS UNIES. CONSEIL ÉCONOMIQUE ET SOCIAL. COMMISSION DES DROITS DE L'HOMME. SOUS-COMMISSION DE LA LUTTE CONTRE LES MESURES DISCRIMINATOIRES ET DE LA PROTECTION DES MINORITÉS (1999a), Cinquante et unième session, Point 7 de l'ordre du jour : *Droits de l'homme des peuples autochtones : Étude des traités, accords et autres arguments constructifs entre les États et les populations autochtones.* Rapport final de M. Miguel Alfonso Martinez, Rapporteur spécial.

NATIONS UNIES (1999b), *Rapport final sur l'étude des traités, accords et autres arrangements constructifs entre les États et les populations autochtones.* Résolution de la sous-commission 1999/22, version non éditée.

OTIS, Ghislain (1996), « Ébauche d'une théorie d'un droit à l'identité appliquée à l'autochtonie canadienne », *Cahiers d'études constitutionnelles et politiques de Montpellier I*, p. 6-17.

OTIS, Ghislain (1999), « Autochtonité, revendications foncières et liberté religieuse au Canada : le contournement des droits fondamentaux », *Cahiers de droit*, n° 41, p. 741-772.

OTIS, Ghislain et André ÉMOND (1996), « L'identité autochtone dans les traités contemporains : de l'extinction à l'affirmation du titre ancestral », *Revue de droit de McGill/McGill Law Journal*, n° 41, p. 543-570.

OUATTARA, Kigbafory Hervé et Dakouri Mathias GADOU (2006), « Allochtonie et autochtonie, rapports autour de la terre : une étude de cas dans le Sud-est ivoirien », site Web du colloque Les frontières de la question foncière : enchâssement social des droits et politiques publiques, http://www.mpl.ird.fr/colloque_foncier/Communications/PDF/Ouattara.pdf [en ligne] consulté en avril 2006.

PAUL, Patrice (1988), « Le territoire de chasse chez les Montagnais », *La Revue d'histoire de la Côte-Nord*, n° 9, p. 16-19.

RIVARD, Étienne (s.d.), « La territorialité des Métis au Québec : la médiété commune comme géographie fondatrice d'une autochtonité repensée », 71ᵉ
Congrès de l'ACFAS (Résumé de communication).

ROULEAU, Michèle (2004), « Autochtonie et intégration des Amériques : un
paradoxe », conférence présentée lors d'un séminaire sur la dimension
sociale de l'intégration économique des Amériques, *Institut d'études internationales de Montréal*, 11 février.

SALÉE, Daniel (dir.) (2004), « Peuples autochtones et enjeux politiques »,
Politiques et Sociétés, vol. 23, n° 1, p. 3-114.

SCHULTE-TENCKHOFF, Isabelle (1997), *La question des peuples autochtones*,
Bruxelles, Bruylant ; Paris, L.G.D.

TANNER, Adrian (1992), « Le pouvoir et les peuples du quart monde »,
Anthropologie et sociétés, vol. 16, n° 3, p. 17-35.

THUCYDIDE (s.d.), « L'autochtonie et l'hommage aux ancêtres », traduction du
grec de J.A.C. Buchon, 1848, site Web de Musagora, http://www.musa-
gora.education.fr/citoyennete/textes/thucydide-oraison-funebre-3.htm [en
ligne] avril 2006.

VEILLEUX, Marco (2004), « Autochtones : Blanc de mémoire », *Relations*, décembre, p. 10-11.

VINCENT, Sylvie (2006), « Se dire Innu hier et aujourd'hui : l'identité est-elle
territoriale ? », texte présenté à la rencontre internationale : L'autochtonie
en question : regards croisés France/Québec, 13 et 14 juin 2006, Paris.

Les autochtones et l'État

Peuples autochtones : penser le dilemme fondateur de l'État néo-européen

ISABELLE SCHULTE-TENCKHOFF

Le 28 novembre 2006, le processus d'adoption du projet de Déclaration sur les droits des peuples autochtones se trouve bloqué au niveau de l'Assemblée générale des Nations unies : la Troisième commission de l'Assemblée générale accepte les amendements[1] que la Namibie, au nom du groupe des pays africains, propose d'apporter à un projet de résolution visant l'adoption de la déclaration. En acceptant ces amendements, la Troisième commission décide de reporter toute décision et action concernant la déclaration, tout en se déclarant favorable à une adoption au cours de la 61e session de l'Assemblée générale. Et effectivement, le 13 septembre 2007, la déclaration est enfin adoptée, après plus de deux décennies de travaux impliquant une grande diversité d'acteurs, dont de nombreux représentants autochtones, et dans une ambiance où se mêlent soulagement, euphorie et exaspération (voir aussi *infra*).

La préoccupation des pays africains, notamment du Botswana, porte sur certaines dispositions de la déclaration, considérées comme étant susceptibles de mettre en péril l'intégrité politique et géographique de l'État, de favoriser tribalisme et ethnicisme. Or, l'instrument juridique en question avait déjà été fortement remanié au cours de la décennie (1995-2006) pendant laquelle un groupe de travail *ad hoc* a révisé la version initiale du projet (1993), jadis élaboré avec une forte participation autochtone

---

1. Pour les amendements du groupe africain, voir document A/C.3/61/L.57Rev.1 ; pour le projet de résolution (sponsorisé par le Pérou), voir document L.18/Rev.1 ; les amendements du groupe africain ont été acceptés par 87 voix contre 67, avec 25 abstentions : le moins qu'on puisse dire, c'est qu'il y a controverse.

au niveau de la défunte Sous-Commission de la lutte contre les mesures discriminatoires et de la protection des minorités (*cf.* Schulte-Tenckhoff, 1997, partie II).

Sans aller dans le détail du texte et du processus de sa rédaction (tous deux ont déjà fait l'objet de nombreuses publications), considérons simplement l'une de ses dispositions-clés, à savoir l'article 3. Calqué sur l'article premier des deux Pactes[2], celui-ci stipulait dans sa version initiale : « Les peuples autochtones ont le droit de disposer d'eux-mêmes. En vertu de ce droit, ils déterminent librement leur statut politique et assurent librement leur développement économique, social et culturel[3]. » Dans sa version actuelle adoptée en juin 2006 par le nouveau Conseil des droits de l'homme (qui a pris la relève de la Commission des droits de l'homme), le droit des peuples autochtones « à disposer d'eux-mêmes » devient un « droit à l'auto-détermination ». La nuance est de taille, en tout cas en français. De fait, elle est moins apparente en anglais où il est généralement question d'un *right of self-determination* – ce qui n'empêche cependant que celui-ci puisse être qualifié. En effet, la communauté des États semble bien réfractaire à concéder aux groupes autochtones plus qu'une *internal self-determination* sous forme de régimes d'autonomie politique ou administrative. Celle-ci est conçue principalement comme un droit « à géométrie variable » dont le contenu varie selon l'identité du titulaire. Par ailleurs, elle privilégie l'accommodement culturel des autochtones sur le modèle des droits minoritaires, soit la mise en œuvre de certains droits collectifs exercés par les individus en commun avec les autres membres de leur groupe, tels les droits d'ordres linguistique, culturel ou religieux.

---

2. Pacte international relatif aux droits civils et politiques et Pacte international relatif aux droits économiques, sociaux et culturels, résolution 2200A (XXI) de l'Assemblée générale de l'ONU, du 16 décembre 1966.

3. Projet de Déclaration des Nations unies sur les droits des peuples autochtones, adopté par le Groupe de travail sur les populations autochtones de l'ONU en 1993 ; voir la résolution 1994/45 de la Sous-Commission de la prévention de la discrimination et de la protection des minorités (rebaptisée, en 1999, Sous-Commission de la promotion et de la protection des droits de l'homme). Pour le texte du projet, voir par exemple Schulte-Tenckhoff (1997 : 214-227). Pour la version de la Déclaration adoptée par l'Assemblée générale, voir la résolution 61/295, du 13 septembre 2007.

Pour sa part, la notion de « droit des peuples à disposer d'eux-mêmes » relève à proprement parler – et sans ambiguïté sémantique – de la catégorie des droits « de collectif », selon la formule de G. Koubi (1998), dont peuvent se prévaloir les collectivités non étatiques *en tant que telles*. Cette catégorie de droits ne peut donc guère être pensée sans référence à la situation des peuples coloniaux et, partant, au problème de la décolonisation (Koubi et Schulte-Tenckhoff, 2000) – contrairement à la notion de l'autodétermination (voir, par exemple, Christakis, 1999). Il n'en convient pas moins de manier avec prudence les référents culturels souvent associés aux droits *de collectif*, à commencer par l'attribut « ethnique » dont l'anthropologie contemporaine, forte de l'approche constructiviste de l'ethnicité inspirée des travaux de Fredrik Barth, a su mesurer le caractère subjectif et relationnel (par exemple, Barth, 1995 ; Eller, 1999).

De même, il convient de différencier clairement l'idée d'une collectivité potentiellement *revendicatrice* de droits – là on est face à la dimension proprement stratégique et politique du problème – de celle d'une collectivité potentiellement *porteuse* de droits. Pareils enjeux conceptuels expliquent, du moins en partie, les raisons faisant que, dans la quête de normes internationales, les droits collectifs soient nettement moins controversés que les droits de collectif (notamment les droits des peuples) lorsque ceux-ci sont invoqués à l'encontre de l'État en dehors du processus de décolonisation dans sa configuration classique.

Quels sont donc les bénéficiaires de la Déclaration des droits des peuples autochtones ? Le problème épineux de la définition de « peuple autochtone » a déjà fait couler beaucoup d'encre et ne sera sans doute pas résolu dans ces pages. Pour ma part, je m'en tiens à la « définition pratique » qui guide l'activité de l'ONU depuis plus de vingt ans et qui obtient aujourd'hui un assez large consensus, pour autant que l'on en reste à l'aspect politico-juridique. Cette définition fait intervenir quatre critères jouant *conjointement*, à savoir l'antériorité dans un territoire donné, l'expérience de la conquête ou de la colonisation, la marginalisation par rapport à la société dominante ou majoritaire et la volonté de préserver collectivement une identité propre (Cobo, 1986 : 379). En revanche, pour les propos de l'analyse entreprise dans ces pages, j'exclus d'emblée ici toute polémique autour de la dimension plutôt anthropologique de la question, comme elle est illustrée par la controverse lancée récemment par Adam Kuper (*cf.* Barnard, 2006 ; Kuper, 2003).

En dépit de l'existence de la « définition pratique » précitée, la signification juridique exacte du qualificatif « autochtone » reste sujette à controverse, au même titre que les caractéristiques susceptibles de distinguer – ou de rapprocher – les peuples autochtones d'autres collectivités non étatiques ou minoritaires. L'évolution récente du débat montre ainsi une tendance à la généralisation abusive : tout se passe comme si l'autochtonie était – ou était devenue – une donnée universelle. Pareille optique présuppose que l'attribut « autochtone » soit pris dans un sens quasi générique, à l'instar de son équivalent anglais, *indigenous* (dans le langage officiel des Nations unies ; la terminologie change au niveau étatique). Pareille universalisation de la notion même d'autochtonie risque toutefois de fausser le débat sur les droits revendiqués à titre de peuple autochtone, surtout à l'échelle internationale. Dans ce contexte, c'est surtout l'applicabilité du qualificatif « autochtone » à certaines populations d'Afrique et d'Asie qui a suscité la controverse pour ce qui est, justement, de la distinction établie précédemment entre « droits collectifs » et « droits de collectif ».

L'échec de la construction étatique dans les pays ayant acquis leur indépendance après la Deuxième Guerre mondiale, sous l'effet de la politique de décolonisation conduite par l'ONU, tend à exacerber le potentiel de conflit qui existe *per se* dans les États multiethniques ou multinationaux. Il illustre ainsi le paradoxe d'une décolonisation fondée sur l'idée de la libre disposition des peuples, alors que les États nouvellement constitués n'ont pas su accommoder le droit de libre disposition des peuples souvent aussi nombreux que divers vivant en leur sein. C'est ainsi que nombre d'États asiatiques et africains s'opposent aux revendications identitaires, toujours plus fréquemment formulées en termes d'autochtonie, qui émanent d'ethnies ou de peuples opprimés ou marginalisés – l'initiative africaine de novembre 2006 en étant une manifestation. La question des similitudes et des différences entre peuples autochtones, peuples tribaux, minorités ethniques, minorités autochtones… reste néanmoins tout entière posée et continuera à déterminer l'action internationale en matière de droits autochtones.

Ce n'est peut-être pas un hasard, dès lors, si les prises de position avancées par le groupe africain en novembre 2006 rappellent étrangement celles avancées par les pays occidentaux lors de l'adoption de la déclaration au niveau du Conseil des droits de l'homme, quelques mois auparavant, lorsque certains États – notamment le Canada – ont essayé de bloquer le processus (avec la Russie, le Canada s'est par la suite opposé à l'adoption de la déclaration). On pourrait penser que des pressions aient été exercées en vue de favoriser un amalgame permettant aux États néo-européens (c'est-à-dire issus d'un peuplement européen), de désamorcer tout débat sur les phénomènes persistants de colonialisme interne marquant leurs relations avec les peuples autochtones vivant en leur sein.

La négation d'une forme de personnalité juridique (internationale) aux peuples autochtones ne soulève pas moins un paradoxe, si l'on songe au discours légitimateur prévalant dans certains États néo-européens (tels le Canada et la Nouvelle-Zélande) quant à l'acquisition de droits souverains par traité. Dans ce qui va suivre, il s'agira de rappeler quelques éléments d'une réflexion commencée, il y a quelques années, sur la portée du droit des peuples à disposer d'eux-mêmes par référence aux peuples autochtones établis dans les anciennes colonies de peuplement européen (Schulte-Tenckhoff, 1998, 2004a, 2004b). Trois thèmes seront abordés plus spécifiquement : la notion hybride « traité moderne », l'apparente internalisation des relations avec les peuples autochtones et, enfin, le culturalisme affectant le débat relatif aux droits des peuples autochtones.

LE « TRAITÉ MODERNE »

Il y a quelques années, la procédure de ratification d'un « traité moderne » avec les Nisga'a en Colombie-Britannique a soulevé un tollé au Canada. Si le débat à l'échelle nationale a eu pour point de mire l'opportunité politique et la viabilité économique de ce type d'entente, un enjeu conceptuel – pourtant fondamental – a été quelque peu négligé : puisque l'entente avec les Nisga'a n'est pas régie par le droit international, pourquoi la qualifie-t-on de « traité » et, de surcroît, de « traité moderne » ? En effet, contrairement à ce qu'elle semble suggérer, la notion hybride de « traité moderne » (Schulte-Tenckhoff, 2004a) renvoie à l'ordre juridique interne et non au droit international. En réalité, il s'agit d'une entente administrative établie sur un mode purement contractuel. Mais pourquoi la décrire comme un « traité », et ce, de manière quelque peu arbitraire, comme le révèle un document fédéral lorsqu'il évoque la conclusion d'accords « ou [de] traités *comme on les a appelés par la suite* » (MAINC, 1982 : 9 ; c'est moi qui souligne) ? Parce qu'il fournit un formidable argument de vente, si l'on peut dire, permettant au gouvernement canadien de mener à bien sa politique des revendications territoriales globales, tout en masquant le dilemme fondateur de l'État canadien en tant qu'État néo-européen.

La politique fédérale en question, mise en chantier dès 1971, se fonde sur le critère de l'utilisation et l'occupation traditionnelle des terres.

Elle vise les régions qui ne sont couvertes jusque-là par aucun traité ou accord, notamment dans le Grand Nord, au Québec et en Colombie-Britannique. Les vastes étendues concernées, dont certaines zones ont longtemps été réservées au commerce des fourrures et à une économie de chasse et de pêche, renferment d'importants gisements, ce qui explique en grande partie pourquoi le gouvernement canadien tient à en clarifier le statut juridique. Par opposition aux revendications dites particulières qui concernent la mise en œuvre des dispositions des traités et l'administration des biens autochtones par le gouvernement fédéral, les revendications globales portent sur des droits généraux tels que les droits fonciers et économiques. En contrepartie, les autochtones reçoivent des allocations territoriales limitées ainsi qu'une compensation financière et, dans bien des cas, ils peuvent se prévaloir du droit de continuer la chasse, la pêche et le piégeage dans des secteurs clairement délimités.

Si le terme « traité » apparaît fréquemment dans le débat sur les relations – passées et futures – entre les peuples autochtones et le Canada, il n'est pas compris désormais comme un acte juridique impliquant deux sujets de droit. Ce constat peut sembler surprenant dans la mesure où le gouvernement fédéral argumente par ailleurs que, historiquement, la conclusion de traités avec les peuples autochtones a résolu le problème de l'acquisition territoriale, créant les bases pour l'adoption de diverses législations fédérales visant la gestion des affaires autochtones et l'assimilation des autochtones à la société euro-canadienne (par exemple, Grammond, 2003).

Les autorités canadiennes sont conscientes de l'importance que les peuples autochtones attachent aux relations de traités qui, de leur point de vue, les lient en tant que nations souveraines aux États qui ont succédé aux anciennes puissances coloniales. Ce n'est donc pas un hasard si la politique fédérale des revendications territoriales globales est située explicitement dans le prolongement de la Proclamation royale de 1763, en vertu de laquelle les droits ancestraux sont à considérer comme un fardeau grevant la souveraineté de la Couronne, lequel exige d'être levé par la conclusion d'un accord négocié : aucun droit autochtone ne peut être éteint de façon unilatérale. Fort de ce principe, le gouvernement a déclaré que « les traités, tant historiques que modernes, et la relation dont ils témoignent, offrent le fondement pour établir un partenariat renforcé et ouvert sur l'avenir avec les Autochtones » (MAINC, 1997 : 11).

Mais cette continuité est établie de manière purement formelle. La logique profonde selon laquelle la partie étatique envisage ces « traités » doit plutôt être cherchée dans l'argument fréquemment avancé selon lequel toute incertitude affectant des domaines stratégiques comme les terres et les ressources risquent de mettre en péril le développement économique du pays. Il s'agit donc de déterminer sans équivoque les droits autochtones de possession et d'utilisation des terres et des ressources et, partant, de lever toute ambiguïté entourant les droits ancestraux et le titre aborigène (*native title*), afin de permettre à divers acteurs non autochtones (État, provinces, compagnies, particuliers...) de se les approprier. À cette fin, le gouvernement fédéral cherche à s'assurer que ces droits soient définis entièrement par les dispositions de l'entente négociée, sans que la partie autochtone puisse invoquer la survivance de droits ancestraux ou du titre aborigène, ni en *common law* ni en droit international. Pareille « certitude » permet donc à la partie étatique d'ignorer le postulat de base du débat actuel sur le titre aborigène, à savoir que les droits des peuples autochtones sur leurs territoires, justement, ne dérivent pas de l'ordre juridique imposé par les Européens mais du fait qu'ils « s'y trouvaient déjà » au moment de l'arrivée des Européens, comme l'a reconnu la Cour suprême du Canada en 1996, dans l'affaire *Van der Peet* (*cf. infra*; voir aussi McNeil, 1997).

LE PROBLÈME DE L'INTERNALISATION

La logique sous-tendant la quête gouvernementale de la certitude se nourrit d'une certaine représentation de l'évolution du statut des peuples autochtones, laquelle procède de l'idée d'une autonomie initiale précaire, fatalement compromise par la souveraineté britannique et française, dont le Canada actuel aurait hérité en tant que successeur territorial. Elle est axée sur la prémisse de l'internalisation complète, érigée en pure évidence, des relations avec les peuples autochtones, c'est-à-dire leur transfert du domaine du droit international à celui du droit interne (Schulte-Tenckhoff, 1998). Les glissements sémantiques dont est affectée la notion de « traité moderne » reflètent ainsi l'ambiguïté entourant d'autres notions bien établies dans le discours juridique dominant : celle, par exemple, de « traité *sui generis* » ou unique en son genre, appliquée plus particulièrement aux traités dits numérotés du XIXe siècle. D'après la jurisprudence fédérale, ces instruments n'auraient été ni engendrés ni abrogés selon les règles du droit international (*Simon* c. *la Reine* [1985] 2 R.C.S. 387); et les relations historiques avec les peuples autochtones se situeraient quelque part à mi-chemin entre les relations de type interétatique et celles qui existent entre un État et ses citoyens (*R. c. Sioui* [1990] 1 R.C.S. 1025).

Ce type de raisonnement présuppose une différence entre quelques « vrais » traités limités à l'époque des premiers contacts entre Européens et autochtones en Amérique du Nord[4], et les traités numérotés conclus dans la seconde moitié du XIXe siècle (*cf.* Brown et Maguire, 1983), ces derniers marquant la transition vers l'entente administrative ou « traité moderne ». Or, cette représentation de l'évolution des relations de traités est loin de faire l'unanimité (par exemple, Fumoleau, 1994). Plus même, bien que la *doctrine* juridique ait toujours été réfractaire à considérer les peuples autochtones comme étant dotés d'une personnalité juridique internationale, c'est une autre affaire dans la *pratique* étatique, laquelle représente une source importante du droit international (par exemple, Dörr, 2002). Il convient donc d'éviter de céder aux raisonnements *ex post facto*, qui projettent dans le passé la configuration actuelle des relations internationales.

C'est également le défi qu'a dû relever l'étude de l'ONU sur les traités entre États et peuples autochtones, menée tout au long des années 1990 pour sonder la pertinence juridique actuelle des instruments en question. Cette étude a conclu que rien ne permet d'affirmer d'emblée que les traités impliquant des parties autochtones ne soient pas des instruments relevant du droit international, indépendamment du fait que le rapport de force entre les parties ait changé entre-temps (Alfonso Martinez, 1999 : § 271). Dès lors, s'il est malaisé de concevoir une différence intrinsèque entre les traités de telle époque et ceux de telle autre, on ne voit guère comment le Canada peut invoquer les traités avec les peuples autochtones pour argumenter qu'il occupe légalement le territoire national – les « traités entre la Couronne et les Premières Nations constituent les bases fondamentales sur lesquelles s'est édifié notre pays » (MAINC, 1997 : 11) – tout en contestant désormais aux premiers occupants de ce même territoire la capacité de procéder à la cession de droits souverains. De deux choses l'une, soit les peuples autochtones sont dépourvus de la qualité de peuples, si bien que le gouvernement canadien n'est pas en mesure d'invoquer les traités conclus avec eux à des fins de légitimation constitutionnelle, soit les peuples autochtones ont la qualité de peuples avec tout ce que cela comporte, à savoir un territoire, une population, un gouvernement et une personnalité juridique leur permettant de procéder à des transferts de souveraineté.

---

4. Un exemple célèbre et largement documenté est la Grande Paix de Montréal de 1701 (Havard, 2001).

Dans ce dernier cas, les prémisses régissant les négociations en cours exigent d'être adaptées.

Une ambiguïté supplémentaire tient au conflit d'interprétation qui entoure les traités numérotés principalement. Dans de nombreuses instances, la tradition orale autochtone contredit la version officielle, écrite, de ces traités. Les autochtones affirment notamment qu'ils s'agit de traités de paix et d'alliance qui instituent un partage du territoire avec l'immigrant européen ; ils disent en outre qu'ils n'ont jamais procédé à des cessions territoriales (voir, par exemple, Treaty 7 Elders and Tribal Council, 1996 : 323-324 ; Venne, 1997).

LA NÉBULEUSE DE LA CULTURE

Il arrive souvent que le qualificatif « autochtone » soit chargé de référents culturels attribués au fait que de nombreux autochtones vivent à la marge de la société majoritaire ou nationale. Cette optique a été introduite par le rapporteur spécial Martínez Cobo dès le début de ses travaux, dans les années 1970, lorsqu'il a complété sa « définition pratique », à laquelle j'ai déjà fait référence, par quelques considérations relatives aux populations isolées ou marginalisées qui, sans être victimes de conquête, de génocide ou d'assimilation forcée, se trouvent actuellement dans une situation marginale similaire à celle des peuples autochtones, tout en aspirant à maintenir leurs identités distinctes :

> En dépit du fait que les groupements de population isolés ou marginaux qui existent dans le pays n'ont été ni conquis ni colonisés, il faut également les inclure dans la notion de « populations autochtones », pour les raisons suivantes : a) ils sont les descendants de groupes qui se trouvaient sur le territoire du pays au moment de la venue d'autres groupes, de culture ou d'origine ethnique différente ; b) ils ont conservé presque intactes leurs coutumes et traditions ancestrales, analogues à celles qui ont été qualifiées d'autochtones, en raison précisément de leur isolement des autres couches de la population du pays ; c) ils sont, ne serait-ce même que formellement, placés sous une structure étatique qui est l'expression de caractéristiques nationales, sociales et culturelles qui leur sont étrangères[5].

---

5. Voir Étude du problème de la discrimination à l'encontre des populations autochtones : rapport préliminaire, document E/CN.4/Sub.2/L.566, § 45.

Or, pareille invocation d'une spécificité liée au style de vie fait que l'autochtonie acquiert une dimension culturaliste difficilement contrôlable en termes juridiques et, en même temps, hautement problématique du point de vue anthropologique, en raison de son caractère essentialiste.

Pour revenir au cas canadien, rappelons tout d'abord que la relation de fiduciaire, entendue comme l'engagement de l'État canadien à agir dans le meilleur intérêt des autochtones, forme la pierre angulaire d'un ordre juridique visant à concilier la préexistence des sociétés autochtones sur le territoire du Canada avec la souveraineté de la Couronne (Rotman, 1996). D'un côté, contrairement à certains autres États (comme la France), le Canada ne récuse pas le fait de l'autochtonie, d'où l'importance de la notion de « droit ancestral » :

> [...] la doctrine des droits ancestraux existe et elle est reconnue et confirmée par le par. 35(1), et ce pour un fait bien simple : quand les Européens sont arrivés en Amérique du Nord, les peuples autochtones *s'y trouvaient déjà*, ils vivaient en collectivités sur ce territoire et participaient à des cultures distinctives, comme ils l'avaient fait pendant des siècles. C'est ce fait, par-dessus tout, qui distingue les peuples autochtones de tous les autres groupes minoritaires du pays et qui commande leur statut juridique – et maintenant constitutionnel – particulier (*R. c. Van der Peet* [1996] 2 R.C.S. 507, § 30, souligné dans le texte).

D'un autre côté, la définition de la substance des droits ancestraux se heurte au « test de la culture distinctive » élaboré à travers une série de décisions-clés de la Cour suprême du Canada basées sur l'affaire *Van der Peet* précitée. Pour que l'article 35(1) de la Loi constitutionnelle de 1982 soit efficace, « un droit ancestral doit être défini d'une manière qui, tout en tenant compte du point de vue des autochtones, soit néanmoins compatible avec le système juridique non autochtone » (*ibid.* : § 49). Par ailleurs, on se soucie peu du point de vue des premiers concernés : d'après la Cour suprême, une revendication de droit ancestral « ne peut pas être fondée sur l'importance d'une coutume, pratique ou tradition autochtone pour la collectivité autochtone en cause » (*ibid.* : § 79).

Malgré leur enracinement dans l'ordre constitutionnel du Canada, les droits autochtones semblent donc être conçus principalement sur le registre identitaire. Toujours dans *Van der Peet*, il est affirmé que, du point de vue du droit positif, l'enjeu consiste à définir « les droits ancestraux d'une manière qui reconnaisse qu'il s'agit bien de *droits*, mais de droits détenus par les autochtones **parce qu'ils sont des autochtones** » (*ibid.* :

§ 20, italiques dans le texte ; caractères gras ajoutés par moi pour souligner).
Or, les tentatives actuelles tendant à (re)valoriser la spécificité culturelle des
peuples autochtones ne visent que les symptômes du problème, dans la
mesure où la reconnaissance juridique de droits autochtones se heurte
d'emblée à des limites étroites. Significativement, les modalités des négociations en cours portent sur l'usage traditionnel des terres selon une définition proprement culturelle de l'autochtonie : après avoir été longtemps la
cible de politiques assimilationnistes, les peuples autochtones sont désormais en mesure de réclamer certains droits spéciaux d'ordre culturel, mais à
condition de se conformer à des normes de « culture distinctive » définies
de manière exogène (Schulte-Tenckhoff, 1999).

De ce point de vue, la politique fédérale canadienne semble axée sur
la reconnaissance stratégique et temporaire de droits collectifs en vue d'éliminer tout obstacle structurel et institutionnel aux droits individuels de
non-discrimination. S'il faut reconnaître des droits culturels, c'est dans le
seul but de garantir que les membres de groupes minoritaires ne soient pas
discriminés par rapport à ceux des groupes majoritaires. Ce modèle favorise
une politique censée permettre aux minoritaires de trouver leur place dans
l'État libéral sur la base d'un arrangement associatif (*consociation*), leur
garantissant que la nature des droits de chacun puisse varier en fonction de
sa communauté d'appartenance (Kymlicka, 2001).

Or, peut-on caractériser les peuples autochtones comme des « groupes culturels » (Kymlicka, 2001), voire une catégorie spéciale de minorités
dont il faut protéger l'identité culturelle ? La domination culturelle n'est-
elle pas ici que le symptôme d'un colonialisme interne persistant, non
reconnu ou refoulé parce qu'impensable dans une démocratie pluraliste et
libérale ? Dès lors, le problème de fond ne réside pas dans la reconnaissance
de la différence et l'application de mesures spéciales à titre de « droits créan-
ces », mais plutôt dans la non-reconnaissance du lien historique qui unit les
peuples autochtones au territoire canadien.

J'ajouterais que, s'il faut parler « culture » en rapport avec les droits
ancestraux des peuples autochtones, c'est peut-être ailleurs qu'il convient
de situer le débat. L'entente avec les Nisga'a, déjà évoquée, à l'instar d'autres
ententes réalisées (l'exemple le plus célèbre étant, sans doute, la Convention
de la Baie-James) ou en cours de négociation (comme en Colombie-
Britannique), soulève d'innombrables problèmes de mise en application.
Comme on peut s'y attendre, ceux-ci tiennent à la prééminence d'un ordre
étatique qui privilégie un mode bureaucratique de gestion des ressources, et

dont la compétence exclusive est légitimée par le droit positif. Mais ils s'expliquent aussi par le fait que les peuples autochtones placent au cœur de leurs revendications non pas nécessairement la reconnaissance de leur différence culturelle (réelle? perçue? voulue parce qu'elle est stratégiquement utile?...), mais plutôt une forme de reterritorialisation : seul enjeu de justice possible après des décennies marquées par la dépossession territoriale, l'assimilation forcée et l'instauration d'une relation asymétrique avec l'État. Par ailleurs, on peut dire avec M. Jaccoud (1996) que l'exclusion des peuples autochtones résulte d'un paradoxe, en ce qu'il se fonde sur un processus simultané d'incorporation et d'assimilation forcées à l'État-nation, ayant entraîné, pour les peuples autochtones, la perte de leurs territoires, de leurs ressources et de leur souveraineté politique.

Dès lors, une revendication territoriale a peu de chances d'aboutir selon les critères défendus par les parties autochtones, ou certaines d'entre elles au moins, dans la mesure où elle fait intervenir des logiques économiques et juridiques divergentes. Il est possible de qualifier cette divergence de «culturelle», à condition que le concept de culture soit abordé ici dans un sens rigoureusement anthropologique, axé sur son caractère systémique et analytique. Sur cette base, une divergence de logique socioculturelle peut être conceptualisée de diverses manières. L'une d'entre elles découle du constat que les systèmes autochtones de possession et d'utilisation des ressources échappent le plus souvent au cadre normatif et juridique dominant, lequel est régi par la logique de la propriété privée (individuelle ou collective). Ainsi, en vertu de l'entente Nisga'a de 1998, la partie autochtone a dû céder à la Couronne près de quatre-vingt-dix pour cent du territoire qu'elle réclamait comme son territoire traditionnel. Sur le territoire restant de 2 000 km² environ, un titre aborigène lui a été reconnu sous forme d'un droit de propriété en fief simple. L'entente prévoit également quelques droits relatifs au piégeage, à la faune et à la flore, ainsi qu'une indemnité de 200 millions de dollars canadiens. Par ailleurs, les Nisga'a ont négocié une forme restreinte d'autonomie politique qui leur donne des pouvoirs plus étendus que ceux d'une municipalité, mais inférieurs à ceux d'une province. Le problème de la compatibilité limitée entre un titre aborigène sous forme d'un droit de propriété en fief simple et des droits de possession réglant l'accès à la faune et à la flore reste néanmoins posé.

Un autre problème d'actualité est celui de la propriété intellectuelle, entendue ici dans un sens précis, à savoir le type de connaissances autochtones mises à contribution lors de procédures juridiques. Le débat tourne ici autour du type de savoir utilisé (public ou privé), de ses caractéristiques, ainsi que du rôle de l'anthropologie dans ce domaine, entre autres – le cas le plus célèbre au Canada étant sans doute l'affaire *Delgamuukw*. Dans ce cas, le principal enjeu tenait au recours à la tradition orale en vue d'argumenter des revendications portant sur les ressources économiques aussi bien que sur la juridiction territoriale et politique des plaignants. L'intérêt de l'affaire *Delgamuukw* résidait sans doute dans le recours à des témoins autochtones – plutôt qu'à des experts anthropologues (selon une pratique tombée en désuétude depuis quelques décennies), peu importe la qualité du jugement intervenu en première instance (*cf.* Schulte-Tenckhoff, 1999). Se pose ainsi la question de savoir si, en plus de la dépossession territoriale et économique, on n'assiste pas actuellement à une dépossession du savoir juridique des peuples autochtones, notamment dans des contextes comme celui des sociétés de la côte Nord-Ouest où le savoir associé au patrimoine lignager représente une forme de propriété qui s'avère cruciale pour l'accès aux ressources et à certaines fonctions politiques ou spirituelles.

PERSPECTIVE

Voilà deux domaines qui illustrent d'une manière originale le rapport entre droit(s) et culture. Leur signification pour une meilleure compréhension des enjeux de la question autochtone dans les États néo-européens demande cependant à être sondée davantage, d'autant plus que les États en question ne semblent guère prêts à affronter leur dilemme fondateur. Significativement, le 13 septembre 2007, ce sont quatre États qui votent contre l'adoption de la Déclaration des droits des peuples autochtones par l'Assemblée générale de l'ONU : l'Australie, le Canada, les États-Unis et la Nouvelle-Zélande[6]. Dans le cas du Canada, il s'agit là d'une sorte de volte-face – le Canada ayant participé activement et, en partie, constructivement aux travaux de rédaction du projet jusqu'au changement de gouvernement de 2006, amenant au pouvoir le Parti conservateur de Stephen Harper.

Les préoccupations du Canada, énoncées par son représentant à l'ONU et par ailleurs largement médiatisées en cet automne 2007, concernent principalement les dispositions relatives aux terres, territoires et

---

6. On dénombre par ailleurs 144 votes favorables et 11 abstentions (Azerbaïdjan, Bangladesh, Bhoutan, Burundi, Colombie, Géorgie, Kenya, Nigeria, Fédération Russe, Samoa et Ukraine).

ressources (art. 26 et 27), considérées comme trop vagues et se prêtant à de multiples interprétations susceptibles d'engendrer des conflits de propriété et d'intérêts économiques. Elles concernent également le principe d'auto-détermination (art. 3) – pourtant déjà atténuée dans la version finale de la déclaration, comme je l'ai indiqué au début de ce chapitre. Elles concernent enfin le principe du consentement préalable, libre et informé des peuples autochtones, énoncé dans diverses dispositions, notamment celles qui sont relatives aux biens culturels, religieux et spirituels (art. 11), à l'adoption de lois ou de mesures administratives concernant spécifiquement les autochtones (art. 19), au droit à la restitution ou à l'indemnisation en cas de spoliation ou de pollution de terres ou de ressources autochtones (art. 28 et 29) ou encore à l'exploitation des ressources minérales ou hydriques en territoire autochtone (art. 32). Dans sa déclaration à l'Assemblée générale pour expliquer son vote négatif, le Canada se voit par ailleurs obligé de souligner le caractère non contraignant de la déclaration (pourtant intrinsèque à ce type d'instrument), affirmant qu'elle « n'a aucune portée juridique au Canada, et ses dispositions ne constituent pas un élément du droit international coutumier[7] ». Sans s'attarder sur les implications juridiques de la question (voir, sur ce point, Saganash et Joffe, 2005), on doit se demander si le poids moral et symbolique d'une déclaration internationale n'est pas aussi lourd de conséquences qu'un instrument juridiquement contraignant (telle la Convention n° 169 relative aux peuples indigènes et tribaux dans les pays indépendants, adoptée par l'OIT en 1989). Il est intéressant de noter à ce sujet que les dispositions du projet de déclaration dans sa version initiale de 1994 ont déjà laissé de nombreuses traces dans le débat sur les droits autochtones au Canada, que l'on peut repérer notamment dans les décisions judiciaires qui mériteraient d'être examinées davantage sous cet angle. À lire, par ailleurs, les nombreuses réactions au vote du 13 septembre 2007, qui émanent de divers milieux concernés par l'élimination des conséquences de politiques discriminatoires et assimilationnistes à l'égard des autochtones, on voit que le débat est loin d'être clos. Plus même, ce sont bel et bien les avancées réalisées par les représentants autochtones conjointement avec le groupe d'experts de la défunte Sous-Commission et les organisations actives dans le domaine des droits de l'homme qui continuent à déterminer les termes du débat au

---

7. Affaires étrangères Canada http://geo.international.gc.ca/canada_un/new_york/whats_new/defaultfr.asp?id=10382&content_type=2&lang_update=1, consulté le 21 septembre 2007.

sujet de thèmes controversés comme les droits territoriaux ou la question de l'autodétermination. Pour les chercheurs s'intéressant aux droits des peuples autochtones, ce constat est une invitation à maintenir une perspective proprement historique sur la Déclaration des droits des peuples autochtones et à l'aborder sous l'angle de l'anthropologie du droit, moins concernée par les textes de loi et leur interprétation que par les processus plus ou moins conflictuels de construction sociale qui les ont façonnés et qui régissent leur mise en œuvre.

BIBLIOGRAPHIE

ALFONSO MARTINEZ, M. (1999), *Étude des traités, accords et autres arrangements constructifs entre États et populations autochtones. Rapport final de M. Miguel Alfonso Martínez, Rapporteur spécial*, document ONU E/CN.4/Sub.2/1999/20.

BARNARD, A. (2006), « Kalahari revisionism, Vienna and the "indigenous peoples' debate" », *Social Anthropology*, vol. 14, n° 1, p. 1-16.

BARTH, F. (1995), « Les groupes ethniques et leurs frontières (1969) », dans P. Poutignat et J. Streiff-Fenart (dir.), *Théories de l'ethnicité*, Paris, PUF, p. 203-249.

BROWN, H. et R. MAGUIRE (1983), *Indian Treaties in Historical Perspective*, Ottawa, Minister of Supply and Services.

CHRISTAKIS, T. (1999), *Le droit à l'autodétermination en dehors des situations de décolonisation*, Paris, La Documentation française (coll. « Monde européen et international »).

COBO, J. M. (1986), *Étude du problème de la discrimination à l'encontre des populations autochtones*, vol. 5, « Conclusions, propositions et recommandations », New York, Nations unies.

DÖRR, D. (2002), « Les peuples "sauvages" et le droit international », dans I. Schulte-Tenckhoff (dir.), *Altérité et droit*, Bruxelles, Bruylant, p. 205-239.

ELLER, D. (1999), *From Culture to Ethnicity to Conflict, An Anthropological Perspective on International Ethnic Conflict*, Ann Arbor, University of Michigan Press.

FUMOLEAU, R. (1994), *Aussi longtemps que le fleuve coulera : la nation dènèe et le Canada*, Sillery, Septentrion.

GRAMMOND, S. (2003), *Aménager la coexistence : les peuples autochtones et le droit canadien*, Bruxelles, Bruylant et Cowansville, Y. Blais.

HAVARD, Gilles (2001), *The Great Peace of Montreal of 1701 : French-Native Diplomacy in the Seventeenth Century*, Montréal, McGill-Queen's University Press.

JACCOUD, M. (1996), « Le Droit, l'exclusion et les Autochtones », *Canadian Journal of Law and Society*, vol. 11, p. 217-234.

KOUBI, G. (1998), « Réflexions sur les distinctions entre droits individuels, droits collectifs et "droits de groupe" », dans Mélanges Raymond Goy, *Du droit interne au droit international*, Rouen, Publications de l'Université de Rouen, p. 105-117.

KOUBI, G. et I. SCHULTE-TENCKHOFF (2000), « "Peuple autochtone" et "minorité" dans les discours juridiques : imbrications et dissociations », *Revue interdisciplinaire d'études juridiques*, n° 45, p. 1-26.

KUPER, A. (2003), « The return of the Native », *Current Anthropology*, n° 44, p. 389-402.

KYMLICKA, W. (2001), *La citoyenneté multiculturelle : une théorie libérale du droit des minorités*, Montréal, Boréal.

MAINC (1982), *Dossier en souffrance : une politique des revendications des Autochtones*, Ottawa, Approvisionnements et Services Canada.

MAINC (1997), *Rassembler nos forces : le plan d'action du Canada pour les questions autochtones*, Ottawa, ministre des Travaux publics et Services gouverne-mentaux.

McNEIL, K. (1997), « The Meaning of Aboriginal Title », dans M. Asch (dir.), *Aboriginal and Treaty Rights in Canada*, Vancouver, UBC Press, p. 135-154.

ROTMAN, L. I. (1996), *Parallel Paths : Fiduciary Doctrine and the Crown-Native Relationship in Canada*, Toronto, University of Toronto Press.

SAGANASH, R. et P. JOFFE (2005), *Indigenous Peoples and International Human Rights : Eliminating State Discrimination*, Oxford, Oxford Amnesty Lectures, 13th Series : Land Rights (multicopié).

SCHULTE-TENCKHOFF, I. (1997), *La question des peuples autochtones*, Bruxelles, Bruylant et Paris, L.G.D.J. (coll. « Axes »).

SCHULTE-TENCKHOFF, I. (1998), « Reassessing the Paradigm of Domestication : the Problematic of Indigenous Treaties », *Review of Constitutional Studies*, n° 4, p. 239-289.

SCHULTE-TENCKHOFF, I. (1999), « Du déjà-vu en Colombie-Britannique. L'affaire *Delgamuukw* et la controverse du potlatch », *Recherches amérindiennes au Québec*, vol. XXIX, n° 3, p. 41-51.

SCHULTE-TENCKHOFF, I. (2004a), « Droits collectifs et autochtonie : que penser des "traités modernes" au Canada ? », dans T. Berns (dir.), *Le droit saisi par le collectif*, Bruxelles, Bruylant, p. 133-164.

SCHULTE-TENCKHOFF, I. (2004b), « *Te tino rangatiratanga* : substance ou apparence ? Réflexion sur le dilemme constitutionnel de l'État néo-zélandais », *Politique et Société*, vol. 23, n° 1, p. 89-114.

TREATY 7 ELDERS AND TRIBAL COUNCIL (1996), *The True Spirit and Original Intent of Treaty 7*, Montréal, McGill-Queen's University Press.

VENNE, S. H. (1997), « Understanding Treaty Six : an Indigenous Perspective », dans M. Asch (dir.), *Aboriginal and Treaty Rights in Canada*, Vancouver, UBC Press, p. 173-207.

Le dépassement de la territorialité dans les ententes d'autonomie gouvernementale autochtone au Canada

GENEVIÈVE MOTARD ET GHISLAIN OTIS

INTRODUCTION

Dans les années 1990, Bertrand Badie a sondé les tendances géopolitiques globales pour en extraire l'hypothèse de la *La fin des territoires* (1995). Le territoire dont l'irrépressible déclin était prophétisé était celui de l'État-nation moderne et libéral, le territoire comme support exclusif de l'autorité, comme théâtre d'une appartenance commune, égalitaire et citoyenne à un espace politique affranchi des allégeances communautaires. Ceux qui connaissent un peu l'histoire de la colonisation de l'Amérique du Nord savent bien que, s'agissant de la gouvernance des peuples autochtones, ce territoire-là n'a jamais vraiment existé, qu'il fut plutôt franchement répudié au profit d'une autre figure, diamétralement opposée, de la territorialité : le territoire ethnique ou ethnoculturel réputé homogène. Cet espace physique et mental que le professeur Jean-Jacques Simard désigne par l'idoine vocable de « réduction » (2003) et que nous connaissons mieux sous le nom de « réserve ».

Mais l'étanchéité des frontières de la réserve n'a jamais été parfaite, pas plus d'ailleurs que l'homogénéité identitaire de la collectivité y vivant, puisque les autochtones n'ont pas échappé au brassage des peuples qu'emporte inéluctablement la cohabitation séculaire imposée ou volontaire. C'est ainsi qu'à l'heure où il faut liquider le passif colonial pour aménager de nouvelles institutions politiques véritablement émancipatrices pour les premiers peuples, les acteurs politiques prennent dûment acte de l'imbrication spatiale croissante des populations autochtones et non autochtones au Québec et au Canada. On observe dès lors, dans les ententes relatives à l'autonomie gouvernementale, une tendance claire au dépassement de la territorialité classique et l'émergence d'une personnalisation du pouvoir autochtone, c'est-à-dire d'un ancrage de la compétence gouvernementale autochtone dans le lien personnel communautaire ou l'appartenance ethnoculturelle des individus plutôt que dans un rattachement territorial. Lorsqu'elle se trouve ainsi personnalisée, la compétence d'une nation autochtone ne s'exerce qu'à l'égard des individus membres de cette nation, et non à l'égard de toute personne se trouvant sur le territoire, mais elle peut s'étendre au-delà du territoire communautaire. La personnalisation des lois emportera inéluctablement le pluralisme des ordres juridiques sur un même substrat spatial.

Même si l'autonomie personnelle, plutôt que purement territoriale, fait l'objet de débats importants parmi les politologues et les juristes spécialistes des États multicommunautaires ou multinationaux[1], peu de chercheurs se sont à ce jour intéressés à l'expérimentation canadienne de l'autonomie personnelle en contexte autochtone[2]. Sans nullement prétendre à l'exhaustivité, ce bref article vise à faire état de quelques manifestations du dépassement – mais non du reniement – de la territorialité qui sont décelables dans les ententes conclues récemment entre les représentants des peuples autochtones et les gouvernements fédéral, provinciaux et territoriaux : « ententes tripartites ».

La nature des compétences autochtones dites « personnelles » varie d'une entente à l'autre. En outre, comme les communautés autochtones doivent souvent se regrouper en collectivités nationales plus larges afin de négocier des ententes suffisamment substantielles, plusieurs échelons décisionnels sont mis sur pied afin de respecter la diversité interne qui caractérise chacune des nations. Un partage de compétences entre les collectivités autochtones est par conséquent arrêté afin de refléter cette diversité[3]. Ainsi,

---

1. Voir Rouland, Pierré-Caps et Poumarède (1996) ; Pierré-Caps (1995) ; Messarra (2005), Dieckhoff (2004) ; Nimni (2005).
2. Voir toutefois Nootens (2005 : 51).
3. Voir par ex. : *Accord définitif nisga'a*, conclu le 27 avril 1999 et publié conjointement par le gouvernement du Canada, le gouvernement de la Colombie-Britannique et la nation Nisga'a [*Accord définitif nisga'a*] ; *Accord sur les revendications territoriales et l'autonomie gouvernementale entre le peuple tlicho et le gouvernement des Territoires du Nord-Ouest et le gouvernement du Canada*, ratifié le

des compétences personnalisées pourront être exercées par des gouvernements autochtones locaux[4] ou par des gouvernements autochtones nationaux[5]. Nous présentons, dans les pages qui suivent, une analyse sommaire des compétences personnelles présentes dans les ententes ainsi que des modalités d'articulation de ces compétences avec le référent territorial.

1.   LES COMPÉTENCES PERSONNELLES

Les ententes tripartites prévoient des compétences législatives personnelles dans plusieurs domaines d'activité (section 1.1.). La portée de ces compétences est tributaire de leur interprétation par les tribunaux et des règles de conflit de lois énoncées dans les ententes. Il est encore trop tôt pour traiter de l'interprétation judiciaire, mais il demeure possible d'exposer les mécanismes adoptés par les parties pour prévenir (section 1.2.) et résoudre (section 1.3.) les conflits de lois qui surviennent inévitablement.

1.1.   La nature des compétences personnelles

Les compétences législatives peuvent être classifiées de différentes manières. Aux fins de nos travaux, nous avons jugé pertinent de les regrouper suivant leur degré de rattachement au territoire. Ainsi, certains domaines d'activité normative, comme le zonage, possèdent un très fort rattachement au territoire, tandis que d'autres domaines, tels que les relations contractuelles, n'en possèdent aucun ou très peu. Les mécanismes mettant en œuvre des compétences législatives personnelles et les problèmes qui y sont reliés ne se poseront pas de la même manière en présence de l'une ou l'autre de ces matières.

Dans les ententes tripartites, l'exercice des compétences personnalisées n'est, à l'instar des autres systèmes contemporains d'autonomie personnelle, généralement pas rattaché au territoire. Les matières visées par les

---

25 août 2003 [*Accord définitif tlicho*] ; *Accord sur des revendications territoriales entre les Inuit du Labrador et Sa Majesté La Reine du Chef de Terre-Neuve-et-Labrador et Sa Majesté La Reine du Chef du Canada*, 2005 [*Accord définitif inuit du Labrador*].

4.   Voir par ex. : Accord définitif tlicho, *ibid.*, art. 8.1.1. : les quatre gouvernements communautaires tlichos doivent être établis par une mesure législative des Territoires du Nord-Ouest.

5.   Voir par ex. : *ibid.*, art. 7.1.1 : le gouvernement tlicho est établi par l'Accord.

compétences personnelles des nouveaux ordres gouvernementaux autochtones sont multiples, mais on les regroupe aisément en trois domaines : le domaine culturel (langue[6], culture[7], religion[8], éducation[9], formation[10] et

---

6. Entente de principe relative à l'autonomie gouvernementale des Gwich'in et des Inuvialuit du delta de Beaufort, conclue le 16 avril 2003 [entente de principe gwich'in et inuvialuit]. Voir les « Ententes du Yukon » : Entente sur l'autonomie gouvernementale de la première nation des Kwanlin Dun, conclue par la première nation des Kwanlin Dun et Sa Majesté la Reine du chef du Canada et le gouvernement du Yukon, publié avec l'autorisation du ministre des Affaires indiennes et du Nord canadien, Ottawa, 2004 ; Entente sur l'autonomie gouvernementale de la première nation de Kluane, entre la première nation de Kluane et Sa Majesté la Reine du chef du Canada et le gouvernement du Yukon, publiée avec l'autorisation du ministre des Affaires indiennes et du Nord canadien, Ottawa, 2003 ; Entente sur l'autonomie gouvernementale du Conseil des Ta'an Kwach'an, conclue le 13 janvier 2002 par le Conseil des Ta'an Kwach'an et Sa Majesté la Reine du chef du Canada et le gouvernement du Yukon, publiée avec l'autorisation du ministre des Affaires indiennes et du Nord canadien, Ottawa, 2001 ; Entente sur l'autonomie gouvernementale de la première nation de Little Salmon/Carmacks, conclue le 21 juillet 1997 par la première nation de Little Salmon/Carmacks et Sa Majesté la Reine du chef du Canada et le gouvernement du Yukon 1997 ; Entente sur l'autonomie gouvernementale de la première nation de Selkirk, conclue le 21 juillet 1997 par la première nation de Selkirk et Sa Majesté la Reine du chef du Canada et le gouvernement du Yukon, publiée avec l'autorisation du ministre des Affaires indiennes et du Nord canadien, Ottawa, 1998 ; Entente sur l'autonomie gouvernementale des Tr'ondëk Hwëch'in, conclue le 16 juillet 1998 par les Tr'ondëk Hwëch'in, connus auparavant sous le nom de la première nation de Dawson et Sa Majesté la Reine du chef du Canada et le gouvernement du Yukon.

7. Entente de principe gwich'in et inuvialuit, *ibid.* ; Ententes du Yukon, *ibid.*

8. Ententes du Yukon, *ibid.*

9. An agreement with respect to Mi'kmaq education in Nova-Scotia, conclu en 1997 [entente mi'kmaq] ; Accord définitif inuit du Labrador, *supra* note 5 [revoir avec la nouvelle numérotation des notes] ; Accord définitif nisga'a, *supra* note 5 ; Autonomie gouvernementale de la première nation de Westbank, entente conclue entre Sa Majesté la Reine du chef du Canada et la première nation de Westbank, 2003 [Entente westbank] ; Accord sur le gouvernement Anishnaabe, conclu le 7 décembre 2004 (l'accord doit être approuvé et ratifié par les Premières Nations et par le Canada) [Accord anishnaabe] ; Accord de principe sur la revendication territoriale globale et l'autonomie gouvernementale entre la première nation Dogrib telle que représentée par le Conseil du traité n° 11 *des Dogrib* et le gouvernement des Territoires du Nord-Ouest et le gouvernement du Canada, conclu le 7 janvier 2000 [Entente de principe tlicho].

10. *Accord définitif tlicho*, *supra* note 5 ; Ententes du Yukon, *supra* note 8.

soutien aux études[11]), le domaine social (santé[12] et services sociaux[13], assistance sociale et logement[14]) le domaine familial et civil (droit de la famille[15], adoption[16], mariage[17], garde[18], enfance[19], jeunesse[20], capacité[21], tutelle et curatelle[22], successions et administration des biens d'autrui[23] et règlement extrajudiciaire des différends[24]).

La compétence dans le domaine de la gestion des ressources naturelles peut elle aussi faire l'objet d'une personnalisation. Seule compétence

11. Entente mi'kmaq, *supra* note 11 ; Entente de principe gwich'in et inuvialuit, *supra* note 8.

12. Accord définitif inuit du Labrador, *supra* note 5 ; Ententes du Yukon, *supra* note 8 ; Accord définitif tlicho, *supra* note 5.

13. Ententes du Yukon, *ibid.* ; Accord définitif nisga'a, *supra* note 5.

14. Entente de principe tlicho, *supra* note 11 ; Accord définitif tlicho, *supra* note 5 ; Accord définitif inuit du Labrador, *supra* note 5.

15. Ententes du Yukon, *supra* note 8 ; Entente de principe tlicho, *ibid.* ; Accord définitif tlicho, *ibid.* ; Entente de principe d'ordre général entre les premières nations de Mamuitun et de Nutashkuan et les gouvernements du Québec et Canada, conclue le 31 mars 2004 [entente de principe innu] ; Accord définitif inuit du Labrador, *ibid.* ; Entente de principe globale de la première nation Dakota de Sioux Valley, conclue en 2001 [Entente dakota].

16. Entente dakota, *ibid.* ; Entente de principe tlicho, *ibid.* ; Ententes du Yukon, *ibid.* ; Agreement-in-principle between the Inuit of Labrador, Newfoundland and Canada, conclu le 10 mai 1999 [Entente de principe inuite du Labrador].

17. Ententes du Yukon, *ibid.* ; Accord définitif inuit du Labrador, *supra* note 5 ; Entente dakota, *ibid.*

18. Ententes du Yukon, *ibid.* ; Entente dakota, *ibid.* ; Entente de principe tlicho, *supra* note 11 ; Accord définitif tlicho, *supra* note 5 ; Accord définitif inuit du Labrador, *supra* note 5.

19. Ententes du Yukon, *ibid.* ; Entente de principe tlicho, *ibid.* ; Accord définitif tlicho, *ibid.* ; Accord définitif inuit du Labrador, *ibid.* ; Entente dakota, *ibid.*

20. Ententes du Yukon, *ibid.* ; Entente de principe tlicho, *ibid.* ; Accord définitif tlicho, *ibid.*

21. Ententes du Yukon, *ibid.*

22. *Ibid.* ; Entente de principe tlicho, *supra* note 11 ; Accord définitif tlicho, *supra* note 5 ; Entente de principe gwich'in et inuvialuit, *supra* note 8 ; Accord définitif inuit du Labrador, *supra* note 5 ; Entente dakota, *supra* note 17.

23. Entente de principe gwich'in et inuvialuit, *ibid.* ; Entente westbank, *supra* note 11 ; Entente de principe tlicho, *ibid.* ; Accord définitif nisga'a, *supra* note 5 ; Ententes du Yukon, *ibid.*

24. Entente de principe tlicho, *ibid.* ; Ententes du Yukon, *ibid.* ; Accord définitif inuit du Labrador, *supra* note 5.

législative personnalisée dont l'exercice nécessite l'utilisation du territoire, cette compétence sera limitée à la gestion des ressources halieutiques, fauniques et floristiques, particulièrement en ce qui concerne la pratique d'activités traditionnelles de prélèvement par les autochtones comme la chasse, la pêche, le piégeage et la cueillette[25]. Il s'agit là, en fait, de la particularité de la personnalité des lois en contexte autochtone.

1.2. La prévention des conflits de lois

Puisque le régime de personnalité des lois engendre une pluralité d'ordres juridiques enchevêtrés sur un même espace, plusieurs méthodes servent à prévenir les conflits de lois qui peuvent en découler. Il est ainsi possible d'adopter des mécanismes permettant aux entités gouvernementales de se communiquer les informations pertinentes à la prise de décisions. Ces mécanismes prendront la forme de comités, consultatifs ou décisionnels, visant à mettre de l'avant une politique de gestion intégrée ou de cogestion des ressources[26]. De plus, les parties à l'entente tripartite peuvent prévoir la négociation d'ententes complémentaires visant à harmoniser les lois adoptées par chacune des législatures[27] ou encore obliger les gouvernements à se consulter[28], à réduire les effets des chevauchements[29] et à harmoniser leurs lois[30], sans toutefois mettre sur pied des instances permanentes. Parallèlement, des objectifs législatifs peuvent être imposés par l'entente ou par l'une des parties. On parle alors d'objectifs communs ou de principes fondamentaux, comme c'est le cas en matière de droit de la famille et de la jeunesse où le principe du meilleur intérêt de l'enfant prime[31].

---

25. Voir par ex., Accord définitif tlicho, *supra* note 5 ; Entente de principe innue, *supra* note 17.

26. Voir par ex., *Accord définitif tlicho, ibid.* ; Ententes du Yukon, *supra* note 8.

27. Entente de principe innue, *supra* note 17, art. 5.4.1.

28. Voir notamment *Accord définitif tlicho, supra* note 5, art. 7.5.5, 7.5.13 et 7.5.15.

29. *Ibid.*, art. 7.10.11.

30. Voir notamment : *ibid.*, art. 12.14.1 : les gouvernements tlicho et territorial doivent, en vertu de l'entente, s'efforcer d'harmoniser leurs lois.

31. Voir par ex., *Accord définitif inuit du Labrador, supra* note 5, art. 17.18.3, 17.18.6, 17.18.10 et 17.18.11 ; *Accord définitif tlicho, supra* note 5, art. 7.4.4.(i). À notre connaissance, toutes les ententes tripartites prévoient le respect de principes directeurs communs, généraux ou encore fondamentaux (justice naturelle, conservation, meilleur intérêt de l'enfant, promotion de la sécurité et du bien-être, etc.).

1.3. La résolution des conflits de lois

Lorsque des conflits surviennent entre les lois des gouvernements autochtones et étatiques, les ententes prévoient des règles de prépondérance afin de déterminer la loi applicable dans un cas donné. Pour mieux protéger la différence autochtone, les lois autochtones relatives aux domaines culturel et éducatif l'emportent généralement sur les lois étatiques incompatibles[32]. Dans le domaine de la santé et des services sociaux, les règles varient d'une entente à l'autre. L'Accord nisga'a dispose, par exemple, qu'en cas de conflit la loi étatique l'emportera sur la loi nisga'a dans la mesure du conflit[33]. En revanche, les lois adoptées par les Premières Nations du Yukon primeront, en ces matières, sur les lois étatiques[34]. D'autres ententes ont plutôt uniformisé les règles de conflit de lois : l'accord définitif tlicho prévoit qu'en cas d'incompatibilité les lois tlicho l'emportent sauf à l'encontre des législations fédérales et des lois étatiques mettant en œuvre un engagement international[35].

Il convient de souligner qu'alors que les ententes tripartites définissent généralement le conflit de lois comme une incompatibilité, quelques ententes permettent en certaines matières l'éviction d'une loi étatique par simple occupation du champ normatif[36].

---

32. Accord définitif nisga'a, *supra* note 5, art. 101 ; Accord définitif inuit du Labrador, *ibid.* art. 17.8.5 ; Accord anishnaabe, *supra* note 11, art. 42 ; Entente de principe gwich'in et inuvialuit, *supra* note 8, art. 7.1.3. et 7.2.3.

33. Art. 79.

34. Ententes du Yukon, *supra* note 8. Voir par ex. Entente sur l'autonomie gouvernementale de la première nation des Kwanlin Dun, *supra* note 8, art. 13.5.3.

35. *Accord définitif tlicho, supra* note 5, art. 7.7.1 à 7.7.4.

36. Voir notamment l'*Entente de principe innue, supra* note 17, art. 8.4.2.2. « Les règles relatives à l'interprétation et la validité des lois fédérales et provinciales, les unes par rapport aux autres, s'appliquent, en faisant les adaptations nécessaires aux lois innues et aux lois canadiennes ou québécoises, les unes par rapport aux autres. Notamment, il y a conflit entre des lois lorsque l'observation d'une loi serait une violation de l'autre loi et des lois ne sont pas incompatibles simplement parce qu'elles traitent d'un même sujet » ; art. 8.4.2.3. « Toutefois, dans une matière visée à l'article 8.4.4.1, lorsqu'une loi innue et une loi québécoise traitent d'un même sujet ou d'une même question, la loi innue est prépondérante qu'il y ait ou non conflit de lois au sens du deuxième alinéa de l'article 8.4.2.2. »

2. L'ARTICULATION SPATIALE CONCENTRIQUE DES COMPÉTENCES PERSONNELLES

Les activités humaines s'inscrivent toutes à l'intérieur d'un espace déterminé dont les frontières changent nécessairement suivant la nature des activités pratiquées[37]. Ce principe vaut tant en ce qui concerne l'étendue de compétences législatives territoriales que personnelles. Dans les ententes tripartites, les compétences personnelles des gouvernements autochtones peuvent s'appliquer sur différents espaces que l'on peut se représenter comme des cercles concentriques à déploiement progressif : les terres communautaires forment le premier cercle et le noyau restreint de l'espace normatif (section 2.1.), le territoire traditionnel autochtone, plus considérable, constitue le deuxième cercle (section 2.2.) alors que le territoire étatique, encore plus ample, représente le troisième cercle (section 2.3.).

2.1. Les terres communautaires

Les terres communautaires ou terres de la collectivité font référence aux terres détenues en pleine propriété (ou *fief simple*) par une collectivité autochtone locale. Les compétences dont la portée spatiale se limite aux terres communautaires sont le plus souvent d'une nature locale, reliées à l'administration des affaires internes de la collectivité, mais elles peuvent être exercées tant par les gouvernements locaux que par les gouvernements nationaux. Ces compétences sont pour la plupart purement territoriales, mais on rencontre aussi des compétences personnelles, par exemple en matière d'éducation[38], de petite enfance[39], de santé[40] et de services sociaux[41], de succession et d'administration des biens[42].

---

37. Voir Radcliffe-Brown (1940). Voir aussi Pierré-Caps (2004) et Otis (2006).

38. Accord définitif tlicho, *supra* note 5, art. 7.4.4j ; Accord définitif inuit du Labrador, *supra* note 5, art. 17.12.1. ; Accord anishnaabe, *supra* note 11, art. 39 ; Entente mi'kmaq, *supra* note 11, art. 5.1.1 et 5.1.2 ; Entente westbank, *supra* note 11, art. 186.

39. Accord définitif tlicho, *ibid.*, art. 7.4.4k ; Accord définitif inuit du Labrador, *ibid.*, art. 17.15.1.

40. Accord définitif inuit du Labrador, *ibid.*, art. 17.13.1.

41. *Ibid.*, art. 17.15.1.

42. *Entente dakota, supra* note 17, art. 30.03.

Dans les ententes négociées entre le Conseil des Indiens du Yukon et les gouvernements du Canada et du Yukon, ainsi qu'entre les Nisga'a, le Canada et la Colombie-Britannique, on retrouve une disposition qui, à notre avis, indique une personnalisation des services offerts dans les domaines des soins de santé et services sociaux[43], tutelle, garde, prise en charge et placement des enfants et éducation[44] à l'intérieur des terres des communautés autochtones[45]. Cette disposition n'est toutefois pas exempte d'ambiguïté et il faudra attendre l'interprétation qu'en feront les tribunaux.

2.2. Le territoire traditionnel autochtone

Il s'agit du territoire traditionnellement occupé ou utilisé par la nation partie à l'entente et dont les limites sont précisées dans ladite entente. Sur ce territoire, les nations autochtones se voient reconnaître des droits (par exemple : redevances ou priorité d'accès) sur les ressources naturelles ainsi que, parfois, des compétences[46]. Si ce territoire est souvent plus vaste que l'emprise communautaire exclusive, les compétences personnelles autochtones y sont plus limitées. À titre d'exemple, le territoire traditionnel des Tlicho (*Môwhì Gogha Dè Nîîtåèè*), à l'intérieur duquel ceux-ci jouissent de droits de prélèvement et d'une compétence en matière de pêcherie, couvre une grande partie des Territoires du Nord-Ouest[47].

Les compétences législatives personnelles qui s'appliquent sur l'étendue du territoire traditionnel sont généralement réservées au domaine de la gestion des ressources fauniques, halieutiques et floristiques ou à la pratique des activités traditionnelles qui concernent ces ressources (chasse, pêche, piégeage et cueillette). Mais certaines ententes prévoient, à l'instar

---

43. Ententes du Yukon, *supra* note 8 ; *Accord définitif nisga'a, supra* note v.

44. Ententes du Yukon, *ibid.*

45. Cette disposition se lit : « [...] sauf l'agrément et la réglementation des services offerts à partir d'installations situées à l'extérieur des terres désignées » tandis que la version anglaise énonce : « [...] excluding regulation and licensing of facility-based services outside the settlement land of the first nation ».

46. Pour un aperçu des territoires traditionnels revendiqués, des territoires couverts par les traités et par les ententes de revendications territoriales globales déjà conclues par les Premières Nations et les Inuits, voir *Carte des Traités et revendications territoriales globales au Canada*, préparé par la division des levés officiels, Géomatique Canada, Ressources naturelles Canada, 2004, [en ligne] http://www.lsd.nrcan.gc.ca/francais/comprehensive_claims_f.asp (27 juin 2005).

47. Accord définitif tlicho, *supra* note 5, art. 7.4.3.

de l'entente relative à l'autonomie gouvernementale des Gwich'in et des Inuvialuit du delta de Beaufort, des compétences en matière de succession et de testament[48].

2.3. Le territoire étatique

Certaines compétences personnelles s'étendent au-delà des territoires traditionnels. Lorsque les limites territoriales des compétences d'un ordre gouvernemental autochtone n'ont pas été précisées par l'accord définitif, il doit être présumé qu'elles s'étendent et se bornent aux frontières de la province partie aux négociations[49]. Les dispositions de l'Accord définitif nisga'a relatives à la dévolution des biens culturels d'un citoyen nisga'a décédé intestat illustrent ce cas de figure. Bien sûr, les territoires traditionnels de nombreux peuples autochtones outrepassent les frontières d'une seule province canadienne. Pour leur rendre justice, la négociation d'ententes interprovinciales est nécessaire.

Par ailleurs, quelques ententes étendent, de façon expresse, la portée des compétences personnelles à l'ensemble de la province. Au Yukon, toutes les nations autochtones visées par la *Loi sur l'autonomie gouvernementale des premières nations du Yukon*[50], et qui ont profité de ce cadre législatif, ont compétence à l'intérieur de ce territoire en ce qui concerne les domaines liés à la langue, la culture, la spiritualité, l'adoption, la formation, les successions, la célébration du mariage, la capacité et le règlement extrajudiciaire des différends[51].

L'élargissement de la compétence personnelle peut aussi être progressif ou conditionnel. L'accord définitif des Inuits du Labrador offre un exemple de cette technique. Cet accord énonce que les lois personnelles, dont l'application est limitée aux terres communautaires, pourront s'appli-

---

48. L'entente de principe gwich'in et inuvialuit prévoit que là portée de la compétence en matière de succession et de testament sera limitée aux terres gwich'in et à la région de l'Arctique de l'Ouest, *supra* note 8, art. 19.2.1 (gwich'in) et 19.2.4 (inuvialuit).

49. L'emploi du terme « province » fait aussi référence, lorsque la situation s'y prête, aux territoires autonomes canadiens (Nunavut, Territoires du Nord-Ouest et Yukon).

50. S. C. 1994, ch. 35.

51. Loi sur l'autonomie gouvernementale des Premières Nations du Yukon, *ibid.*, art. 11(1)b) et annexe 3, partie II.

quer à l'extérieur de ces terres, dans les limites de la province, lorsque les citoyens inuits y consentiront (par exemple, dans le cas du mariage, la garde, la tutelle et les droits de visite), ou encore lorsque le gouvernement inuit offrira des services (assistance sociale, santé et services sociaux, famille, enfance, jeunesse, éducation, culture, langue et religion)[52].

À première vue, il ne semble pas y avoir de corrélation fonctionnelle entre la nature des compétences et leur articulation spatiale. En effet, les compétences portant généralement sur le droit de la famille et des personnes et la prestation des services trouvent une application dans tous les types d'espace. De même, en matière culturelle, différents scénarios ont été envisagés. Seules les compétences personnelles relatives à la gestion et l'exploitation communautaires des ressources fauniques, halieutiques et floristiques sont logiquement confinées au territoire traditionnel car elles visent précisément à sauvegarder l'attachement culturel et économique de la nation à ses terres ancestrales.

CONCLUSION

La complexité institutionnelle et juridique est une caractéristique notoire du modèle d'autonomie des groupes nationaux fondé sur le principe de personnalité. S'agissant des peuples autochtones, cette complexité se trouvera exacerbée au Canada par la grande diversité des régimes créés par les ententes tripartites. Cette multiplicité des approches vise certes à rendre compte de la situation socioéconomique, politique et culturelle propre à chacune des nations autochtones du Canada, mais elle posera des défis pratiques inédits qui nécessiteront une collaboration étroite des différents ordres gouvernementaux.

En revanche, la complexité inhérente au dépassement de l'approche purement territoriale est sans doute, en certaines circonstances, le prix de l'autonomie véritable pour les peuples autochtones et de la légitimité – culturelle et démocratique – des ordres juridiques autochtones.

---

52. *Accord définitif inuit du Labrador*, *supra* note 5, art. 17.8.4, 17.16.1, 17.17, 17.18.4.

ENTENTES[53]

An agreement with respect to Mi'kmaq education in Nova-Scotia, conclu en 1997.

Entente sur l'autonomie gouvernementale de la première nation de Little Salmon/Carmacks, conclue le 21 juillet 1997 par la première nation de Little Salmon/Carmacks et Sa Majesté la Reine du chef du Canada et le gouvernement du Yukon.

Entente sur l'autonomie gouvernementale de la première nation de Selkirk, conclue le 21 juillet 1997 par la première nation de Selkirk et Sa Majesté la Reine du chef du Canada et le gouvernement du Yukon, publié eavec l'autorisation du ministre des Affaires indiennes et du Nord canadien, Ottawa, 1998.

Entente sur l'autonomie gouvernementale des Tr'ondëk Hwëch'in, conclue le 16 juillet 1998 par les Tr'ondëk Hwëch'in, connus auparavant sous le nom de la première nation de Dawson et Sa Majesté la Reine du chef du Canada et le gouvernement du Yukon.

Entente sur l'autonomie gouvernementale des Tr'ondëk Hwëch'in, conclue le 16 juillet 1998 par les Tr'ondëk Hwëch'in, connus auparavant sous le nom de la première nation de Dawson et Sa Majesté la Reine du chef du Canada et le gouvernement du Yukon.

Agreement-in-principle between the Inuit of Labrador, Newfoundland and Canada, conclu le 10 mai 1999.

Accord définitif nisga'a, conclu le 27 avril 1999 et publié conjointement par le gouvernement du Canada, le gouvernement de la Colombie-Britannique et la nation Nisga'a.

Accord de principe sur la revendication territoriale globale et l'autonomie gouvernementale entre la première nation Dogrib telle que représentée par le Conseil du Traité No 11 des Dogrib et le Gouvernement des Territoires du Nord-Ouest et le Gouvernement du Canada, conclu le 7 janvier 2000.

Entente de principe globale de la première nation Dakota de Sioux Valley, conclue en 2001.

---

53. Les ententes tripartites sont classées en ordre chronologique.

Entente sur l'autonomie gouvernementale du Conseil des Ta'an Kwach'an, conclue le 13 janvier 2002 par le Conseil des Ta'an Kwach'an et Sa Majesté la Reine du chef du Canada et le gouvernement du Yukon, publiée avec l'autorisation du ministre des Affaires indiennes et du Nord canadien, Ottawa, 2001.

Entente sur l'autonomie gouvernementale de la première nation de Kluane, entre la première nation de Kluane et Sa Majesté la Reine du chef du Canada et le gouvernement du Yukon, publiée avec l'autorisation du ministre des Affaires indiennes et du Nord canadien, Ottawa, 2003.

Autonomie gouvernementale de la première nation de Westbank, entente conclue entre Sa Majesté la Reine du chef du Canada et la première nation de Westbank, 2003.

Entente de principe relative à l'autonomie gouvernementale des Gwich'in et des Inuvialuit du delta de Beaufort, conclue le 16 avril 2003.

Accord sur les revendications territoriales et l'autonomie gouvernementale entre le peuple Tlicho et le gouvernement des Territoires du Nord-Ouest et le Gouvernement du Canada, ratifié le 25 août 2003.

Entente sur l'autonomie gouvernementale de la première nation des Kwanlin Dun, conclue par la première nation des Kwanlin Dun et Sa Majesté la Reine du chef du Canada et le gouvernement du Yukon, publié avec l'autorisation du ministre des Affaires indiennes et du Nord canadien, Ottawa, 2004.

Entente de principe d'ordre général entre les premières nations de Mamuitun et de Nutashkuan et les gouvernements du Québec et Canada, conclue le 31 mars 2004

Accord sur le gouvernement anishnaabe, conclu le 7 décembre 2004.

Accord sur des revendications territoriales entre les Inuits du Labrador et Sa Majesté La Reine du Chef de Terre-Neuve-et-Labrador et Sa Majesté La Reine du Chef du Canada, 2005.

BIBLIOGRAPHIE

BADIE, Bertrand (1995), *La fin des territoires*, Paris, Fayard.

DIECKHOFF, Alain (dir.) (2004), *La constellation des appartenances : nationalisme, libéralisme et pluralisme*, Paris, Presses de Sciences Po.

FORTES, Meyer et Edward EVANS-PRITCHARD (dir.) (1940), *African Political System*, London, Oxford University Press.

MESSARRA, Antoine Nasri (2005), « Principe de territorialité et principe de personnalité en fédéralisme comparé : le cas du Liban et perspectives actuelles pour la gestion du pluralisme », dans Jean-François Gaudreault-DesBiens et Fabien Gélinas (dir.), *Le fédéralisme dans tous ses états/The States and Moods of Federalism*, Les Éditions Yvon Blais.

NIMNI, Ephraim (dir.) (2005), *National Cultural Autonomy and its Contemporary Critics*, London, Routledge.

NOOTENS, Geneviève (2005), « Nations, States and the Sovereign Territorial Ideal », dans Ephraim Nimni (dir.), *National Cultural Autonomy and its Contemporary Critics*, London, Routledge, p. 51.

OTIS, Ghislain (2006), « Personnalité, territorialité et gouvernance autochtone », *Cahiers de droit*, vol. 47, n° 4, p. 781-814.

PIERRÉ-CAPS, Stéphane (2004), « Le principe de l'autonomie personnelle : une solution d'avenir ? », dans A. Dieckhoff (dir.), *La constellation des appartenances : nationalisme, libéralisme et pluralisme*, Presses de Sciences Po, p. 371.

PIERRÉ-CAPS, Stéphane (1995), *La multination : l'avenir des minorités en Europe centrale et orientale*, Paris, Éditions Odile Jacob.

RADCLIFFE-BROWN, Alfred (1940), « Préface », dans Meyer Fortes et Edward E. Evans-Pritchard, *African Political Systems*, London, Oxford University Press for the International Institute of African Languages and Cultures, p. xiv.

ROULAND, Norbert, Stéphane PIERRÉ-CAPS et Jacques POUMARÈDE (1996), *Droits des minorités et des peuples autochtones*, Paris, Presses universitaires de France.

SIMARD, Jean-Jacques (2003), *La réduction : l'autochtone inventé et les amérindiens d'aujourd'hui*, Québec, Septentrion.

Les ambiguïtés du statut personnel en droit colonial

Respect des coutumes « indigènes » ou construction d'une exclusion républicaine*

ISABELLE MERLE

La France républicaine, on le sait, jacobine et centralisatrice par tradition répugne à reconnaître officiellement les particularismes culturels, régionalismes et autres communautarismes revendiqués en son sein. L'actualité récente donne maints exemples de cette résistance récurrente à toute distinction affichée qui porterait en elle le risque d'une dérive communautariste à « l'anglo-saxonne » contraire aux principes fondamentaux d'une république « une et indivisible ». Les débats passionnés sur l'Islam, les enjeux de la laïcité ou encore la laborieuse reconnaissance des spécificités du peuple corse ne sont que des exemples parmi d'autres.

Depuis les années 1980, les historiens et sociologues de la nation ont décrit avec précision les mécanismes d'intégration « à la française », les modalités historiques de fabrication des citoyens et les processus d'homogénéisation de l'identité nationale. Ils ont étudié en détail le progressif arasement des particularismes locaux, linguistiques, identitaires et plus généralement culturels qui s'est opéré dans la France de la fin du XIXᵉ siècle. Ils ont aussi analysé les logiques intégratrices et assimilatrices à l'œuvre au

---

* Ce texte a déjà été publié en 2005 sous le titre « Respect des coutumes indigènes ou exclusion républicaine », dans Laurence Bérard, Marie Cegarra et Marcel Djama (dir.), *Biodiversité et savoirs naturalistes locaux en France*, Paris, CIRAD, Éditions Quae, p. 60-65.

XXe siècle envers les communautés étrangères issues de l'immigration[1]. Le débat sociologique et historique a alors imposé l'idée qu'il existerait une «assimilation à la française» particulière qui constituerait l'un des moteurs essentiels de la formation nationale et d'une adhésion partagée aux principes de la République.

Il est pourtant un domaine où cette image de la France intégratrice et assimilatrice se craquelle lorsqu'il s'agit des colonies. Des travaux récents ont montré les limites du processus intégrateur eu égard aux indigènes de l'Empire à qui l'on confère un statut radicalement distinctif: le statut de sujet d'Empire (Diouf, 1981; Bruschi, 1987-1988; Saada, 2001; Blévis, 2003; Deschamps, 1998). Français par nationalité, les indigènes sont exclus de la citoyenneté française au nom précisément de leurs particularismes, de leurs «mœurs et coutumes» particulières. C'est au nom du «respect des coutumes» que la République se refuse à étendre aux peuples qu'elle assujettit le statut de citoyen. La justification de cette exclusion se niche dans la reconnaissance d'un «statut personnel» antinomique, dit-on, avec le respect du Code civil qui, au cours de la période coloniale, devient, en droit du moins, le marqueur de la civilisation française. Pour mieux comprendre les enjeux de ces logiques impériales, il convient de revenir dans un premier temps sur la fabrique française de la nationalité et de la citoyenneté. On analysera dans un deuxième temps les limites du «compromis républicain» lorsqu'il s'exporte dans les colonies puis le contenu de ce qu'on appelle «le statut personnel» et les enjeux de définition qu'il recouvre.

LES CONDITIONS D'UN «COMPROMIS RÉPUBLICAIN» OU LA FABRIQUE DE LA NATIONALITÉ ET DE LA CITOYENNETÉ FRANÇAISE

Contre le principe de l'allégeance au roi prévalant sous l'Ancien Régime, la Révolution française invente la notion moderne de citoyenneté pour désigner la participation à l'exercice de la souveraineté nationale. Les citoyens, hommes ou femmes, actifs ou passifs, constituent le corps de la nation et, conformément à l'idéologie cosmopolite des Lumières, peuvent être alors Français ou étrangers. Cette ouverture se referme dès 1803 avec

---

1. La littérature sur le sujet est très importante. On ne citera que quelques références ici : Weber (1983), Brubaker (1992), Colas et autres (1991), Noiriel (1988, 1999), Schnapper (1994), Weil (2004).

l'avènement du Code napoléon qui invoque le lien de filiation comme lien de rattachement à la nation. Alors que l'Ancien Régime mettait en avant la résidence sur le sol français comme critère essentiel d'appartenance au royaume, le code civil privilégie le principe de *jus sanguini* et imagine la nation comme une famille. La nationalité se transmet comme le nom de famille par la filiation et s'ancre dans l'exercice de droits privés. « Tout Français », comme le stipule l'article 7, jouira des droits civils. » Dans le même temps, la citoyenneté est reléguée au second plan. Élargie en 1848 à l'ensemble des hommes français et adultes, elle devient progressivement une sous-catégorie de la nationalité. Le principe s'impose que tout Français est citoyen (actif ou passif) et que tout citoyen est Français (Saada, 2001 : 308-344). Le clivage essentiel est ailleurs puisqu'il s'agit de stabiliser la réponse à la question : Qu'est-ce qu'un Français ? La première grande loi sur la nationalité, votée en 1889, confirme le principe du *jus sanguini* en affirmant la prééminence du lien de filiation mais ouvre à nouveau, après un siècle d'effacement, le principe du *jus solis*, en reconnaissant la nationalité française à la naissance à tous ceux qui sont nés en France d'un parent lui-même né en France (double *jus solis*), à la majorité, à tous ceux qui sont nés en France de parents étrangers. Alors que l'Ancien Régime exigeait des étrangers installés en France la promesse d'une résidence présente et future, comme signe d'allégeance au roi et d'intégration au royaume, la République exige un temps de résidence passée (10 ans pour la naturalisation) qui prouve une éducation ou un niveau de socialisation suffisant pour garantir une intégration harmonieuse de l'individu dans la nation française (Weil, 2004 : 90). Cette socialisation est d'autant plus importante que, conformément au « compromis républicain », l'accès à la nationalité confère en métropole l'accès automatique à la citoyenneté et par la même au bénéfice du Code civil. D'où l'importance fondamentale des capacités de l'individu à s'intégrer dans la société française, à s'adapter à ses « mœurs, coutumes et pratiques », y compris dans le domaine de la sphère privée.

LES ENJEUX DU « CONFLIT COLONIAL »

On devine d'emblée les questions qu'a pu poser le défi impérial, c'est-à-dire l'expansion de la souveraineté nationale sur un vaste ensemble de territoires et de peuples dont il convenait de définir les modes « d'intégration ». Comme le souligne le juriste Henry Solus, spécialiste reconnu de droit colonial dans les années 1930 et auteur du *Traité de la condition des indigènes en droit privé* (Solus, 1927) : « Lorsqu'il s'agit de résoudre les problèmes que pose la colonisation envisagée au point de vue du droit public, le peuple colonisateur possède une initiative et une liberté d'allures incontestables. Il est le souverain ; il lui appartient, entre les divers systèmes possibles de gouvernement et d'administration (assujettissement, assimilation ou association et autonomie), de choisir celui qui correspond le mieux d'une part à son propre tempérament et à ses visées politiques et économiques, d'autre part à l'état de la colonie, à sa situation géographique et à son étendue, à la race et aux mœurs de ses habitants. [...] Lorsqu'il s'agit, au contraire, de résoudre les problèmes que pose la colonisation envisagée du point de vue du droit privé, la question est beaucoup plus ardue et difficile. Le peuple colonisateur se trouve en présence d'éléments objectifs qui existent indépendamment et en dehors de lui, qui s'imposent à lui et dont il ne peut pas ne pas tenir compte, à savoir : le droit privé indigène préexistant, les coutumes, les mœurs, la religion. Les indigènes, en effet, vivaient dans un état social déterminé, selon des lois le plus souvent d'origine très ancienne, généralement coutumières, non codifiées et par conséquent malaisées à connaître et à préciser. » (Solus, 1927 : 5-6)

Henry Solus évoque alors la notion de « conflit colonial » utilisée par les juristes à propos de ce problème de concurrence entre loi française et « lois coutumières » sur des territoires soumis à la souveraineté de l'État impérial. La colonisation pose en effet un problème inédit puisqu'il s'agit de définir la part réservée aux institutions indigènes, coutumes et pratiques dans un contexte où s'imposent, par ailleurs, la souveraineté et la loi française. Pour les juristes coloniaux, il s'agit d'écrire un nouveau chapitre du droit traitant de « la qualité juridique de l'indigène ». « Considéré en soi et dans sa signification générale, le mot indigène, en droit colonial français, sert à qualifier la population aborigène d'un territoire de colonisation qui a été [...] annexé à la France [...]. Il n'exprime donc qu'une situation de fait (les Anglais disent "natif" [...]. La qualité juridique dérive, en effet, des rapports qui ont été établis entre la France et les peuplades aborigènes à la suite de la conquête ou par le fait des traités ; elle résulte du statut personnel que la France a entendu reconnaître en leur octroyant des droits civils et politiques plus ou moins étendus. » (Solus, 1927 : 10)

LES AMBIGÜITÉS DU « STATUT PERSONNEL »

On mesure ici l'ambigüité immédiate que présente la notion de statut personnel qui semble être un espace juridique résiduel par-delà les « droits civils et politiques plus ou moins étendus » que la France a octroyés. De faire, à suivre Solus, la qualité juridique indigène dépend surtout du lien à l'État français et de l'écart qu'elle présente par rapport au statut plein et entier de citoyen français. Au sommet de la hiérarchie indigène, on trouve les « indigènes citoyens français » issus des anciennes colonies (Guyane, Réunion, Antilles), des Établissements de français de l'Inde et des quatre communes du Sénégal, du royaume de Pomaré à Tahiti qui, pour des raisons historiques, se sont vu attribuer la citoyenneté française. Cette attribution entraîne, dans le principe tout au moins, à la fois l'égalité des droits civils et politiques avec les citoyens français des colonies ou de métropole et l'extension du Code civil avec en contrepoint l'impossibilité de revendiquer à court terme ou moyen terme, des particularismes locaux et un « statut personnel[2] ». Il s'agit d'une minorité. L'immense majorité des indigènes de l'Empire est qualifiée juridiquement de « sujets ». La France aux colonies rompt « le compromis républicain » en distinguant la nationalité et la citoyenneté qui ont été progressivement confondues sur le terrain métropolitain. Le clivage français *versus* étrangers cède la place aux colonies au clivage citoyens *versus* sujets. Les « sujets d'Empire » sont Français par nationalité mais non citoyens. La justification consiste à avancer l'idée d'une inapplicabilité du Code civil à des individus dont les coutumes les tiennent très éloignés de la civilisation française (la polygamie étant un argument fréquemment employé). D'où la création du « statut personnel » supposé respecter les us et coutumes des peuples assujettis dans le domaine du droit privé. Dans certaines colonies, des efforts de connaissance et de codifications ont été entrepris. C'est le cas de la Cochinchine où les « principes fondamentaux du droit annamite » furent réunis dans les années 1880 sous la forme d'un projet de code civil, « dans l'ordre de notre propre code civil » (Solus, 1927 : 226). C'est aussi le cas de Madagascar, du Tonkin, de la Côte d'Ivoire ou des Gambiers et des îles Sous-le-vent en Océanie. C'est bien sûr le cas de l'Algérie avec la définition du « droit musulman ». Ces efforts de codification cherchaient à stabiliser des normes juridiques applicables en monde indigène dans le domaine du droit privé et souvent dans le domaine du droit pénal (la justice indigène) ou commercial. L'œuvre de codification que défendent les juristes coloniaux entre les deux guerres

---

2. Il s'agit ici de nuancer la situation très particulière des habitants des Établissements français de l'Inde et des habitants des quatre communes du Sénégal qui ont pu défendre une citoyenneté « dans le statut », c'est-à-dire permettant de garder le statut personnel. Ces exceptions firent l'objet de longues controverses juridiques. On se reportera à la thèse de Damien Deschamps ainsi qu'aux travaux de Mamadou Diouf. Des projets de « citoyenneté dans le statut » ont été défendus dans l'entre-deux-guerres mais n'ont jamais abouti.

reste cependant très marginale et inégale. Elle est peu ou pas entreprise en Afrique occidentale française (AOF) et en Afrique équatoriale française (AEF) et reste un vœu pieux en Nouvelle-Calédonie. Elle soulève surtout de grandes difficultés – «une œuvre délicate et dont l'achèvement nécessite une longue période de temps consacrée à une étude attentive et scrupuleuse des institutions et coutumes qu'ils s'agit de codifier» (Solus, 1927: 198) – et de fortes contradictions. Comme le signale Solus: «un des grands écueils de la codification des coutumes indigènes [...] est que celle-ci allait contre son but même: elle immobilise les coutumes en "leur donnant un caractère de rigidité qu'elles n'avaient pas auparavant, retarde une évolution naturelle qui se produirait inévitablement au contact de la domination européenne".» (1927: 198)

Car le statut personnel qui recouvre des «coutumes indigènes», très peu stabilisé en droit pendant toute la période coloniale, est, conformément à l'idée d'une mission civilisatrice, supposé subir une progressive rétractation au profit du droit français qui s'imposera *in fine* comme modèle à suivre. Mais le statut personnel, dans le même temps, est aussi un argument fondamental pour maintenir les indigènes dans un espace juridique d'exception. Puisque ceux-ci ne sont pas citoyens, ils peuvent se voir appliquer des règles particulières non conformes aux principes fondamentaux du droit français. Et c'est en particulier le cas de l'application exclusive du Régime de l'indigénat aux sujets de l'Empire français[3]. Le maintien du statut personnel justifiant le statut de «non-citoyen» et par là même l'application d'un système répressif particulier sert les desseins d'un ordre colonial républicain qui organise aux colonies une véritable ségrégation juridique entre sujets et citoyens. Les procédures d'accès à la citoyenneté mises en place progressivement dans les colonies françaises justifient un ordre ségrégatif en organisant au compte-gouttes le passage de quelques rares élus à qui l'on demande l'abandon du statut personnel, l'acceptation du Code civil, la preuve d'un comportement «parfaitement français» y compris dans la sphère privée. Les enquêtes administratives veillent à élire ceux qui en tous points prouvent leur allégeance à la France, ses mœurs, ses croyances, ses pratiques et son droit au mépris de tout ce qui peut rappeler leur société d'origine.

La France est un pays qui ignore les problèmes soulevés par les populations «autochtones» ou «aborigènes» faute de concevoir la notion même d'autochtonie sur son propre sol. Les rares références aux «popula-

---

3. À ce sujet, *cf.* Merle (2004) et Blévis (2003).

tions aborigènes» sont le fait de juristes coloniaux qui traitent de la question de la qualité juridique des indigènes de l'Empire français. Aux colonies, la République se trouve devant des populations auxquelles elle se refuse à appliquer son modèle d'intégration. D'où la création d'une catégorie juridique, le sujet d'Empire, qui permet de penser un espace juridique propre aux Français non citoyens. Cet espace particulier permet à la fois de tolérer des pratiques indigènes non conformes aux normes du Code civil et d'ouvrir des possibilités légales de répression impossibles en France métropolitaine. Il est pensé comme une longue transition d'apprentissage vers un état de civilisation dont le droit et la citoyenneté sont des marqueurs essentiels. Mais il sert dans la pratique de verrou entre deux types de populations au sein de la communauté des Français, les sujets et les citoyens. Ce verrou sautera en 1946 avec l'avènement de l'Union française. Alors que le principe du «statut personnel» justifiait jusque-là la ségrégation entre sujets et citoyens, il devient possible en 1946 d'accorder la citoyenneté à des individus gardant leur statut personnel. En d'autres termes, il devient pensable de créer un citoyen français aux coutumes particulières non conformes au Code civil. La République s'ouvre à la différence mais l'épisode fera long feu car l'heure n'est plus à l'aménagement d'un ordre impérial mais aux indépendances. L'espace juridique «indigène» se referme alors avec l'émancipation des peuples colonisés. Le droit colonial est tombé en désuétude, le régime de l'indigénat a été largement oublié, les tentatives de codifications des coutumes aussi. Paradoxalement, on peut dire qu'avec la disparition de l'Empire, s'est refermé un espace possible de réflexion sur la diversité des «us et coutumes» ainsi que la diversité des «normes» puisqu'au fond la France républicaine s'est alors rétractée dans ses frontières et concentrée sur une problématique centrale: l'intégration des étrangers. Seuls quelques territoires lointains, la Nouvelle-Calédonie et l'Océanie française, savent ce que signifie le statut personnel qu'aujourd'hui on appellera plus volontiers statut coutumier.

BIBLIOGRAPHIE

BLÉVIS, Laure (2003), «La citoyenneté française au miroir de la colonisation : étude des demandes de naturalisation des "sujets français" en Algérie coloniale», *Genèses*, dossier «Sujets d'Empire», n° 53, décembre, p. 25-47.

BRUBAKER, Rogers (1992), *Citizenship and Nationhood in France and Germany*, Cambridge, Harvard University Press.

BRUSCHI, Christian (1987-1988) « La nationalité dans le droit colonial », *Procès, Cahiers d'analyse politique et juridique*, numéro spécial : « Le droit colonial », n° 18, p. 29-84.

COLAS, Dominique et autres (1991), *Citoyenneté et nationalité. Perspectives en France et au Québec*, Paris, PUF.

DESCHAMPS, Damien (1988), *La République aux colonies : le citoyen, l'indigène et le fonctionnaire*, Thèse de doctorat, Faculté de droit de Grenoble.

DIOUF, Mamadou (1981), *Justice constitutionnelle au Sénégal : genèses, usages et limites dans la construction d'un État de droit*, Thèse de doctorat, Université de Paris I.

MERLE, Isabelle (2004), « De la "légalisation" de la violence en contexte colonial : le régime de l'indigénat en question », *Politix*, vol. 17, n° 66, p. 137-162.

NOIRIEL, Gérard (1988), *Le Creuset français. Histoire de l'immigration. XIXᵉ-XXᵉ siècle*, Paris, Éditions du Seuil.

NOIRIEL, Gérard (1999), *Les Origines républicaines de Vichy*, Paris, Hachette.

SAADA, Emmanuelle (2001), *La « question des métis » dans les colonies françaises : socio-histoire d'une catégorie juridique*, Thèse de doctorat, EHESS.

SCHNAPPER, Dominique (1994), *La Communauté des citoyens*, Paris, Gallimard.

SOLUS, Henry (1927), *Traité de la condition indigène en droit privé*, Paris, Recueil Sirey.

WEBER, Eugen (1983), *La fin des terroirs. La modernisation de la France rurale, 1870-1914*, Paris, Fayard.

WEIL, Patrick (2004), *Qu'est-ce qu'un Français ?*, Paris, Gallimard.

La République, la Coutume et le Droit de l'outre-mer : statuts territoriaux « à la carte » et « kaléidoscope » des statuts civils personnels

RÉGIS LAFARGUE [1]

L'accord de Nouméa a pu apparaître comme une rupture par rapport à une longue tradition assimilationniste. Il ne constitue, en fait, qu'une exception unique et bien circonscrite à une collectivité spécifique. Il confirme qu'au-delà de la variété des réponses institutionnelles, se dégage une constante volonté d'assimiler ou simplement d'uniformiser partout où les conditions locales, entre réalisme et opportunisme, semblent le permettre : partout où le fait (les nécessités locales, les hommes et ce en quoi ils croient) ne résiste pas trop à notre droit (étatique).

INTRODUCTION

« Le droit est trop humain pour prétendre à l'absolu de la ligne droite » (Carbonnier, 2001 : 8). « Le droit, ce ne sont pas seulement des règles, c'est aussi un jaillissement en dehors des règles... » (Carbonnier, 1993 : 17). Le juriste, parce qu'il est homme, ne pourra que difficilement se défaire de ses présupposés, de ses valeurs ou de ses craintes. Il refusera parfois de voir la réalité du droit : celle qui ignore le dogme, la hiérarchie, le

---

1. Juge au tribunal de première instance de Nouméa de janvier 1989 à novembre 1994. La présente contribution, strictement personnelle, n'engage en rien l'institution dans laquelle l'auteur exerce ses fonctions.

cadre convenu. Mais le droit (celui qui jaillit « en dehors de nos règles ») n'en a cure. La théorie même de la Coutume en porte témoignage : Droit et Coutume sont de même nature, pourtant tout est fait pour les distinguer ; placer encore et toujours la « Coutume sous la garde du roi ». On en parlait au Moyen Âge ; on en parlait pendant la période coloniale ; on en parle encore.

Tout d'abord, la coutume existe. Elle est une source du droit. Elle est admise par notre Code civil (art. 1135) sous la forme des usages professionnels à valeur supplétive. Elle produit effet, au même titre que la loi étrangère désignée par la règle de conflit[2]. Il est donc de l'office du juge de trancher le litige en fonction des lois qui régissent la matière, au besoin en recherchant la teneur de la norme applicable[3], et ce, même dans l'hypothèse où les parties ne lui ont pas demandé l'application de ladite norme. Même si les peuples autochtones ne sont pas reconnus, les coutumes autochtones ont leur place dans notre droit (étatique) : il incombe au juge de les reconnaître. Et l'article 75 de la constitution ajoute, par-dessus tout cela : « Les citoyens de la République qui n'ont pas le statut civil de droit commun [...] conservent leur statut personnel tant qu'ils n'y ont pas renoncé. » Il résulte de cet ensemble de textes un droit à la sécurité juridique qui prime sur la fonction proclamatoire de notre droit (étatique) dont l'ambition n'est autre que le bonheur de tous, manifestement selon les mêmes standards.

Ensuite, autant le législateur et le constituant peuvent, et cela est légitime dans un régime démocratique, vouloir impulser une évolution ; le juge (et c'est de ce point de vue que nous nous plaçons ici) ne se projette pas dans le futur d'une société idéale. Son office est de trancher le litige en fonction de l'appréciation immédiate des faits, tout en ayant un œil sur ce qu'avaient voulu les parties au moment de leur engagement. Faire produire un effet non voulu, ou non concevable au départ d'une relation juridique, est caractéristique de la *mauvaise foi* lorsqu'elle procède du plaideur, elle est sanctionnée comme une *dénaturation du contrat* lorsqu'elle émane du juge du fond, elle est aujourd'hui critiquée lorsque la Cour suprême dans sa fonction normative « change la règle du jeu », et sanctionne *a posteriori* la

---

2. *Cf.* articles 3, alinéa 2, du Code civil et 12 du nouveau Code de procédure civile qui énonce que « le juge tranche le litige conformément aux règles de droit qui lui sont applicables ».

3. Cass. 1re civ. 18 septembre 2002, *Bulletin civil* 2002, I, no 202 ; Cass. 1re civ. 13 novembre 2003, *JCP* 2004.IV.1004.

méconnaissance d'une obligation nouvelle dont elle a découvert l'existence postérieurement à la formation de l'engagement litigieux[4].

Le juge n'a donc pas, en principe, à être au service d'un idéal de société (le lui rappelle l'article 2 du Code civil qui prohibe la rétroactivité des lois) mais au service de la volonté des parties en fonction d'un cadre juridique donné, à un temps donné. Le juge se situe dans l'immédiat. Il est donc tenu de respecter ce qu'ont voulu les parties en contemplation de la règle qui régissait leurs rapports au moment où a été conclu l'accord. Promouvoir des valeurs nouvelles, tel n'est pas le rôle naturel du juge[5]. Et il lui revient beaucoup plus en cas de silence de la loi d'assumer le rôle de gardien de l'existant ; que celui d'inventer autre chose. Il le fait, certes, mais que de façon ponctuelle, tout en s'exposant à se voir reprocher de créer de l'insécurité juridique au regard des situations stables et acquises.

C'est en cela que le juge étatique est légitime à appliquer le Droit autochtone (qu'il soit coutume orale ou droit écrit musulman) et parfaitement illégitime à en contourner l'application pour des motifs qui, excédant ou dénaturant la «loi des parties», ne pourraient qu'apparaître comme le fait d'un engagement personnel susceptible de faire douter de sa neutralité. Il y a, certes, l'obligation de faire prévaloir l'ordre public. Mais l'obligation a souvent été tempérée : Henry Solus, le spécialiste français du droit colonial, parlait d'*ordre public colonial* (Solus, 1927) ; les internationalistes parlent d'*ordre public atténué*, pour rendre l'injonction conciliable avec un minimum de réalisme. À défaut, comment concevoir que les Maliens en France, mariés selon les lois de leur État d'origine, soient très légalement polygames[6] ? Comment concevoir, par exemple, il y a encore peu de temps,

---

4. Par exemple sur l'obligation d'information du médecin à l'égard du patient : Cass. 1re civ., 9 octobre 2001, *Bulletin civil* 2001, I, no 249, p. 157 ; la critique de cette jurisprudence se trouve exposée dans le « Rapport sur les revirements de jurisprudence » (rapport Molfessis), du 30 novembre 2004.

5. L'avocat général J. Sainte-Rose a même affirmé que « l'office du juge est, dans le silence de la loi, d'adapter le droit aux mœurs ou au besoin de résister à l'évolution de celles-ci pour préserver les valeurs de la société qu'il estime devoir l'être » (Cass. Ass. plén. 17 novembre 2000, *JCP* 2000, II, 10438, p. 2293 et suiv. sp. p. 2309).

6. Ce qui n'empêche pas l'inertie administrative ou des actions plus directes telles que l'incitation à la « décohabitation » pour les couples polygames d'origine étrangère qui veulent obtenir certains titres, en application des lois Pasqua de 1993. L'attitude face à la polygamie est en réalité très contradictoire : selon le Conseil constitutionnel, la polygamie ne peut se prévaloir du droit au respect d'une « vie familiale normale », car, pour le Conseil constitutionnel, la « vie familiale normale » au sens de l'alinéa 11 du préambule de la constitution de 1946 renvoie aux conceptions « [...]

que la répudiation prononcée selon la loi marocaine à la demande du mari n'ait pas été jugée contraire à la conception française de l'ordre public, *pourvu que l'épouse ait été appelée à la procédure* (Agostini, 1999: 671-673)[7]?

En un mot le juge est au service du droit. Or «le droit est un produit spontané de la conscience des individus qu'il régit» comme l'écrivit naguère le Pr. Luchaire, manifestement inspiré par les théories de l'École allemande, dite «du droit historique», de Savigny, qui voit dans le droit «une part de l'existence organique de la communauté» (cité par Assier-Andrieu, 1996: 121). Là est la légitimité du système des statuts personnels

---

qui prévalent en France, pays d'accueil, lesquelles excluent la polygamie» (93-325 DC du 13 août 1993 ; 97-389 DC du 22 avril 1997). Cette conception de la «normalité» (qui évolue manifestement très vite par ces temps d'éclatement du ou des modèles familiaux) laisse songeur... Le constituant de 1946 avait-il envisagé la possibilité et *a fortiori* la «normalité» de ces nouveaux rapports familiaux que constituent aujourd'hui les «familles recomposées», la «famille homosexuelle» ? La «normalité» ne devrait-elle pas prendre en considération la culture et l'identité des requérants comme le fait, par exemple, le comité des droits de l'homme de l'ONU lorsque, dans l'affaire *Hopu et autres C/ France*, du 29 juillet 1997, il affirme l'obligation pour l'État de respecter «les traditions culturelles» comme élément constitutif de la protection de la vie privée et familiale. En l'espèce, le «lien avec leurs ancêtres» constituant pour les requérants [qui s'opposaient à la construction d'un complexe immobilier sur des lieux de sépulture précoloniaux ; puisque la parcelle et le lagon qui la bordait représentaient à leurs yeux un haut lieu de leur histoire, de leur coutume et de leur vie» (§ 2.3)] un «élément essentiel de leur dignité et (lequel) joue un rôle important dans leur vie familiale» (§ 10.3) (Communication 549/1993, *Revue universelle des Droits de l'Homme*, 1998, p. 27-33). Voir sur ce point : J.-P. Marguenaud (1998).

7. Désormais le juge français refuse l'exequatur aux décisions algérienne et marocaine portant sur le divorce des époux par l'effet de la répudiation unilatérale du mari. Car le divorce prononcé dans de telles conditions, et même si la femme a été appelée à la procédure, est «contraire au principe d'égalité des époux lors de la dissolution du mariage reconnu par l'article 5 du protocole du 22 novembre 1984, n° 7, additionnel à la convention européenne des droits de l'homme». À noter, cependant, les importantes fluctuations jurisprudentielles en la matière : la répudiation encore admise en application de la doctrine de «l'effet atténué de l'ordre public» en 1983 (Cass. 1re civ., 3 novembre 1983, JCP, 1984, II, 20131, concl. Gulphe) a été condamnée au nom de l'ordre public à partir de 1994 (Cass. 1re civ., 1er juin 1994, et 31 janvier 1995, Bull civ., I, n° 58, p. 42) sur le fondement de l'article 5 du protocole 7 de la CEDH du 22 novembre 1984 : Voir J.-P. Marguenaud (1996).

que nous connaissons encore en France. C'est la même logique qui inspire le *principe de spécialité législative*[8].

La coutume aujourd'hui est devenue un thème mobilisateur pour ceux qui invoquent leur droit en tant que *peuple autochtone*, plutôt (hélas) qu'un thème de réflexion pour juriste. Elle fut, autrefois, mise en œuvre comme le droit de certaines populations, et ce, jusqu'à la décolonisation au tournant des années 1958-1960.

Le désinvestissement actuel des juristes n'est que partiel, il ne concerne que les privatistes qui furent toujours appelés à la « rescousse » par les publicistes. Les cas de Henry Solus (1927 : préface) et d'Arthur Girault

---

8. Le Pr. Luchaire, dans sa préface à la thèse de Claude Rossillion (1952), souligne : « Duguit affirme que la loi est un mode de constatation de la règle de droit. Nous partageons son sentiment. Le droit est un produit spontané de la conscience des individus qu'il régit. Mais il est regrettable que Duguit n'ait pas analysé le phénomène d'élaboration des lois par une société pour une autre société ; ce phénomène est la conséquence du fait colonial [...] l'expérience confirme [...] de la façon la plus vivante les idées de Léon Duguit. En effet, l'introduction des lois métropolitaines dans les pays d'outre-mer n'a jamais pu se faire totalement. Bien souvent cependant emportée par la croyance dans l'unité de la race humaine, persuadée que la politique d'assimilation était la seule digne des vertus républicaines, la France a voulu étendre son droit à l'une ou l'autre de ses possessions d'outre-mer. Mais, chaque fois que les conditions sociales n'étaient pas les mêmes dans la métropole et la possession considérée, celle-ci n'a pu supporter le droit métropolitain et a cherché à s'en débarrasser. L'exemple le plus typique est fourni par l'Algérie où l'on considérait que l'annexion avait eu pour résultat de soumettre le pays à la loi métropolitaine. La jurisprudence a dû parmi les règles métropolitaines faire un tri, comme l'exprime parfaitement un arrêt de la Cour d'appel d'Alger (3 nov. 1873 Juris. Alg. 73.53) les textes métropolitains ne pouvant s'appliquer que dans la mesure compatible *"avec les mœurs et les circonstances"*. En Nouvelle-Calédonie les décrets relatifs à l'organisation judiciaire avaient pour effet théorique de soumettre les litiges intéressant les autochtones aux tribunaux français leur appliquant le droit français. Les tribunaux n'ont pu accepter cette conséquence des textes les régissant et ont écarté de leur prétoire les canaques qui, en fait, restent soumis à leurs coutumes. On pourrait ainsi multiplier les exemples montrant que le juge ne peut appliquer la loi écrite lorsque celle-ci est inadaptée au milieu social. Le législateur et le constituant l'ont d'ailleurs parfaitement compris et ainsi est né le principe de la spécialité législative qui veut qu'en principe la loi nouvelle ne soit pas applicable outre-mer. Sans doute aujourd'hui ce principe est-il abandonné pour les départements d'outre-mer (Guyane, Guadeloupe, Martinique et Réunion) et subit-il de plus en plus d'exceptions, surtout en Algérie. Mais l'assimilation juridique ne peut se réaliser que s'il y a au préalable assimilation sociale. Or celle-ci n'est pas et ne peut être complète. »

(1927), au début du XXe siècle, sont significatifs. C'est ce que confirme, plus près de nous, la création par le Pr. Faberon de l'Institut de droit d'outre-mer (l'IDOM) en 1996 à Montpellier, qui intervint à la même époque où paraissait une étude annonçant le renouveau du droit de l'outre-mer (Custos, 1997)[9].

Tout cela concourt, en pratique, à faire de la question du statut personnel de droit interne un thème quelque peu confidentiel, guère visible dans notre environnement juridique, donc facilement éclipsé par l'étude des statuts territoriaux. Car, en pratique, la garantie des *statuts civils personnels* dont parle l'article 75 de notre constitution, presque par allusion, apparaît largement dépendante de la définition du statut territorial. Même si rien ne le justifie sur un plan théorique, le choix du statut territorial influe de façon décisive sur la prise en compte de l'altérité d'une société donnée. En effet, l'appartenance à un DROM[10] plutôt qu'à une COM a des effets concrets sur les droits individuels (les *principes d'identité* ou, au contraire, de *spécialité législative* influent directement sur le contenu des droits individuels, et d'abord sur la marge de spécificité susceptible d'être reconnue à une population donnée). Et cette logique institutionnelle conduit à faire « payer », en matière de renonciation à la spécificité culturelle et juridique, ce qui est accordé en matière d'avantages économiques et sociaux : devenir DOM implique de renoncer à un droit, voire une façon d'être spécifique (voir les DOM d'Amérique et la réforme du statut personnel à Mayotte qualifiée par le *Grand cadi* « d'attentat contre l'Islam[11] », et dénoncée par de nombreuses voix dans la population comme une réforme menée sans concertation suffisante). En somme, cette primauté des statuts territoriaux induit, paradoxalement, une logique collective et politique,

---

9. Avec cette création, l'outre-mer a cessé d'être considéré comme un simple particularisme au sein des enseignements de droit public. L'outre-mer est devenu un laboratoire juridique pour le droit public : le lieu d'observation d'un droit précurseur, en cessant d'être vu comme le ghetto où survivent les témoignages d'un droit archaïque. Mais cette révolution s'est trouvée en quelque sorte bornée au droit public et à l'étude des statuts territoriaux. Il n'y a rien d'équivalent en droit privé, sauf à souligner les travaux des historiens du droit, particulièrement ceux du Pr. Norbert Rouland.

10. À l'ancienne organisation binaire DOM / TOM a succédé, avec la loi constitutionnelle n° 2003-276 du 28 mars 2003, la dualité DROM / COM (pour *départements et régions d'outre-mer* et *collectivités d'outre-mer*) : v. Constitution, art. 73 et 74.

11. Cité par *Mayotte Hebdo*, n° 153 du 13 juin 2003, p. 4. Voir aussi : Lambert (2003 : 796-800) ; Guillaumont (2005) ; Sermet (2004b : sp. 186 sur le contexte idéologique de la réforme) ; Lafargue (2004).

dans un environnement juridique qui prétend privilégier les droits individuels au détriment des droits collectifs.

Face au désinvestissement des juristes, la coutume (et de façon générale les systèmes juridiques attachés aux populations d'outre-mer) *importe moins pour ce qu'elle est, que pour ce qu'elle symbolise.* En témoigne la méprise sur le sens de l'article 75 de notre constitution qui a été vu, par certains, comme la manifestation du respect d'une spécificité juridique (et a été utilisé, faute de mieux, par les tribunaux lorsqu'il s'agissait d'aller dans ce sens), mais qui, en réalité, signifie tout le contraire : une simple règle de procédure pour renoncer à sa spécificité et non pour l'affirmer en tant que règle de fond. La confrontation des exemples néo-calédonien et mahorais est à cet égard éclairante.

L'article 75 dans sa forme originelle (l'article 82 de la constitution de 1946) a 60 ans d'existence, mais que peut-on mettre à son actif ?... Peu de chose, sauf à avoir servi de pseudo assise juridique à une jurisprudence en Nouvelle-Calédonie qui anticipait sur certaines des avancées de l'Accord de Nouméa (5 mai 1998). Avec « l'Accord », la Nouvelle-Calédonie a acquis un statut spécifique sur le plan politique[12]. Conséquence directe de ce statut territorial « sur mesure », on y trouve un *statut civil personnel* (dit *statut coutumier kanak*) affirmé par l'article 77 de la constitution, organisé et garanti par la loi organique du 19 mars 1999, au régime juridique sans équivalent ailleurs dans l'outre-mer français. Aussi, la Nouvelle-Calédonie fait figure d'exception : au mieux, de laboratoire juridique démontrant les capacités d'adaptation (fût-ce quelque peu contraintes) de notre système juridique ; au pire, d'anomalie (laquelle disparaîtra avec l'accession à l'indépendance, se rassurent ceux qui déplorent les entorses à certains de nos principes).

À côté de cette expérience « phare » (l'arbre qui cache la forêt), toutes les variantes – du déni à la politique d'assimilation pure et simple – coexistent. La France hésite à reconnaître les peuples autochtones (réserves de l'article 30 de la Convention sur les droits de l'enfant, notamment), mais en même temps elle prend en compte les spécificités de l'outre-mer (là encore par une réserve à l'article 56 de la Convention européenne de sauvegarde des droits de l'homme, visant les « nécessités locales »). De la même façon, sur le plan interne, la France n'a pas une attitude unique : elle « com-

---

12. Avec une organisation administrative proche du modèle fédéral à la fois sur le plan de son organisation interne et dans ses rapports avec la métropole : pour le Pr. Faberon, il s'agit d'un *fédéralisme sans État fédéral* (Faberon, à paraître).

pose» avec les résistances locales telles qu'elles se traduisent en droit privé. De son côté, le justiciable agit comme s'il ignorait tout du contexte institutionnel. À la Réunion, il fait du «forum shopping» à ses propres risques, afin d'éviter le contact avec le juge étatique (Lafargue, 1999 et 2001). En Polynésie, il s'accroche à la coutume *contra legem* du maintien dans l'indivision des terres. Ailleurs, l'autochtone ne saisit jamais la justice étatique : qu'il ait un statut coutumier reconnu (Wallis et Futuna) ou non reconnu (Guyane). Le cadre juridique est divers, mais le justiciable – citoyen de statut particulier ou même de droit commun – se défend partout avec ses armes : il use ou rejette les instruments officiels qui lui sont proposés, développe un jeu qui n'est pas du domaine du droit, mais de l'ordre de la stratégie : le *forum shopping*. Et le paradoxe est que les textes de loi parfois y invitent[13] !

Pour toutes ces raisons, la recherche juridique concernant les statuts civils personnels *de notre ordre juridique interne* (nous n'évoquons pas ici le droit international privé), après avoir été florissante jusqu'aux indépendances, est redevenue éparse et isolée. Elle est parfois mal perçue par certains professionnels du droit, qui refusent d'ailleurs d'y voir du droit mais seulement du fait. Pour ceux-là, la saisine du juge étatique équivaudrait à une adhésion des plaideurs à la *lex* de l'État, et au reniement du *jus non scriptum* (droit coutumier). Les mêmes omettent au passage (mais cela relève du fait) le chiffre noir de la justice et, par la même occasion, la fonction sociale de la justice : ils passent sous silence le risque évident de non-justiciabilité de nombreux litiges civils[14], qui n'attendent que de dégénérer en infrac-

---

13. Voir l'exemple de la Loi de programme pour l'outre-mer, du 21 juillet 2003 (Lambert, 2003).

14. Le propos de D. Peyrat pour la Guyane vaut partout ailleurs : « [...] On a l'impression qu'une fois rendu un hommage de principe au pittoresque, la valeur juridique potentielle des coutumes devrait demeurer cachée précisément à l'endroit où elles concernent une masse significative de personnes... D'où ce paradoxe : les mêmes qui tolèrent sans barguigner (parfois avec un brin de condescendance à l'égard des "primitifs") la coexistence de systèmes juridiques contradictoires redoutent que le conflit patent entre certaines lois et certaines coutumes soit élevé devant les tribunaux aptes à les trancher. La coutume n'entre pas dans le prétoire à Cayenne, pour cette raison bien simple : les autochtones ne font jamais de procès civil à quiconque. C'est que cela ne leur vient jamais à l'esprit. Frappe-t-on à la porte d'une maison dont toutes les ouvertures paraissent obstruées ? S'ils le faisaient, comment accueillerait-on leurs demandes ? » (Peyrat, 1999 : 63) (l'auteur évoque la Guyane française des années 1995-1998, époque où il occupait le poste de président du tribunal de grande instance de Cayenne – seul et unique tribunal pour un territoire vaste comme le Portugal).

tions pénales. De ce constat réaliste sont nées les maisons de justice et du droit à la Réunion (Lafargue, 2001) et, probablement aussi, la « médiation pénale coutumière » en Nouvelle-Calédonie (Frezet, 2005). Ceux-là omettent, évidemment, la dimension politique du problème, car comme l'a souligné le Pr. Rouland, notamment, le droit est parfois utilisé par les autochtones comme un moyen d'action au service d'une revendication politique (Rouland, 1996 ; Garde, 1999 : 1).

Aussi la variété des situations (I), qui semble traduire une approche pragmatique des rapports du centre avec sa périphérie, exprime en réalité la constance d'un projet assimilationniste, voire simplement uniformisateur, toujours puissamment défendu (II).

1.   LA VARIÉTÉ DES SITUATIONS : LE PATCHWORK « À LA FRANÇAISE »

La France joue sur trois registres : le déni de spécificité reste la règle dans les DOM ; ailleurs un statut personnel existe sans traduction officielle (Guyane et Polynésie) ; enfin, il y a le cas des statuts personnels garantis de façon variable (cette garantie n'est que législative à Mayotte ; elle est constitutionnelle en Nouvelle-Calédonie).

1.1   Le déni de la spécificité : les collectivités soumises au principe d'identité législative et dépourvues de statut personnel reconnu

Ces collectivités sont les DOM / ROM des Antilles et de la Réunion. Ces collectivités ont obtenu dès 1946 un statut de DOM afin de bénéficier des mêmes avantages sociaux que la métropole. Elles en sont « dépendantes » et se disent malheureuses : comment ne pas y voir la perpétuation d'un rapport inégal, et la confirmation d'un échec ? Le prix a été jugé lourd à payer : les avantages de l'État-providence (prestations sociales, revenu minimum d'insertion...) s'avèrent destructeurs des solidarités familiales, des petits métiers, de la culture et de l'identité, comme le souligne Aimé Césaire[15], l'un des cinq députés à l'origine, en 1946, de la départementalisation des « quatre vieilles » (les quatre plus vieilles colonies)[16].

---

15. « [...] ça nous a complètement perturbés ! » déclarait-il en 2001 au quotidien *France-Antilles* du 4 décembre 2001). Pour lui six décennies après la départementalisation, l'assimilation demeure une impossibilité : « je suis nègre : comment la Martinique peut-elle être département français à part entière ? » Propos cités par

« L'identité » est devenue la revendication essentielle, que le mot se conjugue ou non avec celui de « coutume » : ainsi, le succès des maisons de justice et du droit à la Réunion est le révélateur d'une probable inadaptation de notre système juridique.

1.2   Le cas des sociétés autochtones avec un statut personnel « sous-jacent » : Polynésie et Guyane

1. Pour la Polynésie, la spécificité serait derrière nous si nous en croyons l'abandon du statut personnel dès 1887 en ce qui concerne les États de Pomaré (Tahiti, notamment) et, en 1945, partout ailleurs. La réalité est, bien sûr, tout autre, comme le montrent la coutume *contra legem* de l'indivision des terres et la signification très particulière de l'adoption « à la tahitienne » qui voit organiser une circulation des enfants au sein d'une famille élargie.

Mieux, la question du statut personnel ressurgit plus qu'elle ne s'estompe. Ainsi, un spécialiste de la civilisation polynésienne soutenait en 1994 (Saura, 1995) qu'il n'existerait pas de statut personnel polynésien en se fondant sur le seul état du droit positif. Mais lorsqu'il décrivait la réalité du rapport à la terre, par exemple, il énonçait des règles qui (de toute évidence pour un juriste) sont des règles de droit (Saura, 1995 : 112[17]). Le

---

Thierry Michalon (2006). N'est-on pas en train de rééditer le même travers avec la départementalisation à Mayotte ? Mais comment pourrait-on refuser à nos concitoyens vivant outre-mer les avantages sociaux qui leur sont accordés lorsqu'ils viennent vivre en métropole ?

16. Donner sans rien attendre en échange est le meilleur moyen d'assujettir l'autre : en ce sens, le témoignage d'une femme, chef coutumier amérindien : « recevoir éternellement, sans avoir jamais rien à donner : voila la situation de l'Amérindien face à l'Occident... » (Wyngaarde, 2005 : 31).

17. « Traditionnellement, la terre est un élément indissociable et même constitutif de la parenté. On est parent parce que l'on vit ensemble sur une même terre, que l'on soit effectivement parents par le sang, issus d'un même *ôpu fetii* (groupe parental large) et membres d'un même *ôpu ho'e* (composé de frères et de sœurs et de leurs descendants, sur deux générations), ou bien parents par adoption. Par ailleurs, la résidence valide les droits que l'on a sur une terre de par ses origines familiales. Dans l'éventail des terres sur lesquelles un individu a des droits indivis potentiels, il ne peut revendiquer la propriété de celles qu'il n'aura jamais exploitées, mises en valeur, ou habitées. [...] l'absence, pendant plus de trois générations, annule ces droits potentiels. [...] Une telle indissociabilité de la terre et de la famille aboutit à l'idée que vendre la terre ou même la partager revient à vendre sa famille ou à la

propos confirmait bien l'existence de coutumes *contra legem* clairement discernables, que le doyen Carbonnier aurait probablement qualifiées de « non-droit » : c'est-à-dire de la norme juridique ou non juridique que ni l'État ni les juristes ne reconnaissent comme constituant le droit étatique, mais qui régissent bien la société et qui, pour celles de ces normes qui revêtent un caractère juridique, constituent bien du droit. Et comme si la démonstration n'était pas déjà suffisante, l'auteur soulignait la forte charge symbolique que revêt dans le discours populaire l'expression *Ture ma'ohi* qui désigne les *lois polynésiennes*, mais aussi et

> de manière plus subjective, [...] renvoie à un ordre, une vision du monde, la façon dont est organisée la vie des hommes *ma'ohi*, dans une acception culturaliste et souvent religieuse qui dépasse largement la sphère du droit proprement dit. Parler de *Ture ma'ohi* (dans le sens de *Ture no te orara'a ma'ohi*, règle(s) de vie des *Ma'ohi*), c'est faire référence à ce qui est bon (*au*) mais aussi adapté (*tano*) et juste ou digne (*ti'a*) pour les Polynésiens, par opposition aux valeurs et aux critères français. On a donc moins à faire à un conflit de systèmes juridiques (puisque le système juridique tahitien a dû épouser les contours de celui du colonisateur, et qu'il n'y a pas de juridictions *ma'ohi* en dehors du système français en 1994) qu'à un conflit de valeurs et de légitimités (Saura, 1995 : 95).

Enfin, l'auteur concluait son propos en soulignant l'existence de « changements sociaux et culturels à l'œuvre [...] [qui] déboucheront peut-être demain sur de nouveaux ordres et désordres politiques et juridiques » (Saura, 1995 : 131).

Dix ans plus tard, la loi organique du 27 février 2004 et une loi ordinaire du même jour ont recréé la juridiction foncière propre aux Polynésiens. En effet, la loi ordinaire complétant le statut d'autonomie de la Polynésie française prévoit, en son article 17, la création d'un « tribunal foncier compétent pour les litiges relatifs aux actions réelles immobilières et

---

diviser, ce qui est à l'opposé des valeurs *ma'ohi*. La terre est donc inaliénable, au sens où elle ne peut passer à un étranger, ce qui ne signifie pas pour autant que les droits que l'on détient sur elle soient éternels. [...] la coutume tahitienne ne permet pas la prescription acquisitive, ou usucapion. En aucun cas, un étranger ne pourra devenir propriétaire d'une terre sur laquelle il a résidé plus de trente ans, ou même, sur laquelle sa famille habite depuis plus de trois générations. S'il réside sur cette terre, c'est qu'il a des droits familiaux sur elle, en vertu de ses origines ou d'une adoption lui conférant des droits. Les Polynésiens n'avaient pas prévu qu'un homme puisse être sans famille et sans terre, mais prétende vouloir devenir propriétaire de la terre d'une autre famille » (Saura, 1995 : 112).

aux actions relatives à l'indivision ou au partage portant sur les droits réels immobiliers». L'institution qualifiée «tribunal» – le mot a son importance – prend le relais de la Commission de conciliation obligatoire en matière foncière née de la loi n° 96-609 du 5 juillet 1996. Cette commission n'était elle-même qu'une «officialisation» du processus de résurrection des Toohitu entamé dans les années 1980-1990 à Rapa, Tahiti, Rurutu et Tahaa[18]. La revendication identitaire imprime donc sa marque dans le droit qui se construit au fil des lois statutaires. Et la boulimie législative finit parfois par jouer en faveur de cette revendication, là où l'autochtone se donne les moyens de se faire entendre. Le propos de Bruno Saura (1995) décrit à l'évidence un processus de reconstruction d'un système coutumier porté par une revendication identitaire. Et comme il l'écrivait, si dans la société tahitienne contemporaine «la terre est un élément [...] constitutif de la parenté» (Saura, 1995 : 95), admettre un statut spécifique pour les terres n'est-ce pas déjà introduire un élément de différenciation au sein d'une population : entre ceux issus de ces «terres familiales» (*fenua'amui*, les «terres que l'on a ensemble») et les autres? Et n'y a-t-il pas là, au moins, l'embryon d'un statut civil personnel, si l'on admet, avec un autre sociologue, que «dans le droit étatique comme dans le droit non étatique, tout se passe comme si les Polynésiens se réappropriaient les éléments et les influences extérieures pour mieux conforter leurs logiques [...] en octroyant la propriété de la terre à un groupe familial, les Polynésiens montrent

---

18. Dans les États du roi Pomare, les juridictions indigènes avaient vu leur existence garantie par le traité d'annexion du 29 juin 1880. À cette occasion Pomare V déclarait : « Nos États sont ainsi réunis à la France, mais nous demandons à ce grand pays de continuer à gouverner notre peuple en tenant compte des lois et coutumes tahitiennes... Nous demandons aussi de faire juger toutes les petites affaires par nos conseils de districts, afin d'éviter pour les habitants des déplacements et des frais très onéreux. Nous désirons que l'on continue à laisser les affaires relatives aux terres entre les mains des tribunaux indigènes » (Annuaire de Tahiti, 1892, p. 104, Archives du Territoire de la Polynésie française). C'est le même Pomare V qui décida de leur suppression pour l'avenir par une convention en date du 29 décembre 1887 (ratifiée par une loi du 10 mars 1891). En fait, cette organisation judiciaire autochtone, à trois degrés (à la base elle était constituée de 44 juges soumis en appel à un corps de 7 « grands juges », *to'ohitu* signifiant *les sept*), avec à sa tête la Haute Cour tahitienne, cessera de fonctionner en 1934. Ailleurs, hors des États du roi Pomare (Îles sous le vent, Rurutu, Rimatara), les *Toohitu* fonctionneront jusqu'en 1945 date à laquelle ils seront supprimés, en même temps que sera aboli le statut personnel (ordonnance n° 45-482 du 24 mars 1945, et décret du 5 avril 1945, *JOEFO* 1945, p. 88 – ordonnance ensuite confirmée par la loi Lamine-Gueye du 7 mai 1946).

aujourd'hui le caractère imprescriptible de leurs propriétés et le fait qu'ils ne reconnaissent que des droits d'usage aux individus» ? (Bambridge, 1999 : 89)

2. En Guyane, à ce jour, aucun Amérindien n'a demandé à une juridiction de trancher un différend entre Amérindiens selon les règles coutumières, et probablement jamais, non plus, selon les règles du Code civil.

Ce n'est pas tant une question d'accès, pour les justiciables, au droit ou à nos juridictions étatiques (Peyrat, 1998, 1999) que la question de l'accès, pour le juge professionnel, à la connaissance du droit des parties, qui fait problème. Notre justice n'est apte, en l'état, qu'à traiter «également», c'est-à-dire à «assimiler» la situation du justiciable amérindien à celle de tous les autres citoyens, et en aucun cas outillée pour appréhender, comprendre, et dire le droit de cet Autre qui compte, aujourd'hui, quelque 18 000 individus (6 % de la population guyanaise). À cet égard, on ne peut, lorsque l'on évoque la Guyane, s'empêcher de penser à ce que furent les débuts de la rencontre entre les juges français et les Kanaks. Le 19 septembre 1933, la Cour d'appel de Nouméa préférait prudemment commettre un déni de justice à leur encontre en renvoyant les justiciables kanaks «devant leurs juges naturels» (Affaire *Dydime dit Farge*[19]). C'est la même position qu'affirmait un arrêt en 1987, le premier à faire l'objet d'un pourvoi en cassation : il donna lieu à l'arrêt du 6 février 1991[20]. C'est alors, seulement, que la tendance a commencé à être inversée. Mais ce «tournant» coïncidait avec la possibilité offerte au juge professionnel de siéger avec des «assesseurs coutumiers». Et c'est bien cette modification dans la composition des juridictions qui a rendu possible l'entrée (souvent à reculons, d'ailleurs) de nos juridictions dans une sphère sociale et juridique jusqu'alors inconnue : le monde coutumier.

---

19. Cet arrêt énonce « qu'en l'état de la législation, les litiges dans lesquels des indigènes seuls sont intéressés échappent à la connaissance des tribunaux français et ressortissent du serviee des affaires indigènes [...] qu'il y a lieu, en conséquence, de *renvoyer les parties devant leurs juges naturels* » (*Recueil Penant*, 1934 : 86-87).

20. Nouméa, 23 novembre 1987, *Gnibekan c/ Kate*, cassé en 1991 : Cass. 2ᵉ civ, 6 février 1991, *Bull. civ. 1991*, II, n° 44 ; *Dalloz Sirey*, 1992, p. 93, note Orfila.

1.3   Le cas des sociétés autochtones dotées d'un statut civil personnel reconnu

Même là où ce statut est « officiel » il est doté de garanties variables : comme le montre la confrontation des exemples néo-calédonien et mahorais.

C'est à partir de l'arrêt de 1991 que le *statut coutumier kanak* a commencé à avoir droit de cité dans nos enceintes judiciaires. Mais un statut « local » bénéficiait déjà d'une reconnaissance plus ancienne : le statut personnel mahorais. Il n'a subi les pires atteintes que de façon récente : après le choix fait, en 2001, en faveur d'une départementalisation progressive. Le prix à payer, en quelque sorte, pour devenir « département » français. Ces deux statuts personnels, statuts de « droit coutumier kanak » et de « droit local mahorais », ont subi une évolution croisée. C'est au moment où le premier accède à la vie officielle que le second risque à son tour d'entrer en clandestinité par le fait du législateur.

1. Le *statut coutumier kanak*, reconnu dès les années 1930, est aujourd'hui cantonné au civil (au moins officiellement[21]). Il est doté de règles particulières par la loi organique du 19 mars 1999 qui organise la possibilité d'un retour du statut de droit commun au statut coutumier pour ceux qui le souhaitent, dès lors que cela correspond au vécu des gens, et ne contredit pas l'intérêt familial. Ce statut a deux juges : les « autorités traditionnelles » auxquelles l'ordonnance du 15 octobre 1982[22] (art. 1) reconnaît un pouvoir de « conciliation », et la « juridiction de droit commun [...] complétée par des assesseurs coutumiers » (L. org. art. 19) qui crée un *droit jurisprudentiel* (que nous nommons « coutume judiciaire » (Lafargue, 2003) par opposition à « La Coutume », c'est-à-dire la « coutume autochtone »). Cette « coutume judiciaire » devrait être, en principe, le fruit d'un compromis, puisqu'elle est produite par une juridiction biculturelle. La réalité est probablement différente : les juges professionnels ont certai-

---

21. La Chambre criminelle de la Cour de Cassation l'a rappelé en 2000 : l'article 75 de la constitution exclut, implicitement, toute idée de statut pénal dérogatoire, qui remettrait en cause l'égalité formelle des citoyens devant la loi. Ce principe d'unité du droit pénal, dont il résulte que les autorités traditionnelles ne tiennent d'aucun texte le droit de sanctionner leurs sujets, a été réaffirmé à l'occasion de l'affaire dite des *coutumiers de Xepenehe* : Cass. Crim., 10 octobre 2000, n° 5871, *Siwel Waehnya et autres*.

22. Ordonnance n° 82-877 du 15 octobre 1982 instituant des assesseurs coutumiers dans le territoire de la Nouvelle-Calédonie et Dépendances au tribunal civil de première instance et à la Cour d'appel (*JORF*, 17 octobre 1982, p. 3106).

nement « forcé la main » aux assesseurs coutumiers (non sans mal d'ailleurs) pour leur faire admettre l'existence d'une famille naturelle. Mais les assesseurs coutumiers, qui ont voix délibérative et sont majoritaires en première instance, imposent leurs vues ou sont en condition pour les imposer : rien ne les empêche dans certaines situations de faire endosser au juge de la République le rôle de gardien de la coutume si telle est leur volonté (ou plutôt leur *devoir*).

La conception que ces « échevins » se font de leur rôle permet d'éviter de voir apparaître une jurisprudence totalement déconnectée du droit traditionnel, ou qui n'entretiendrait pas un dialogue étroit avec ce dernier. Ce ne sont pas seulement des « sachants », comme l'étaient les assesseurs coutumiers de l'époque coloniale, mais des juges au sens plein du terme (dans notre vocabulaire, lequel va au-delà de la fonction dévolue au juge « traditionnel »). Là où les sachants de la période coloniale n'avaient souvent qu'une fonction consultative, ils ont, depuis l'ordonnance du 15 octobre 1982, voix délibérative. Ils sont en mesure de mettre le magistrat professionnel en minorité (en première instance du moins). Et l'assesseur actuel, magistrat kanak, assume pleinement ses décisions. Cela tient à son mode de désignation : il vient de l'aire coutumière des parties. On peut aisément concevoir que l'assesseur coutumier se sente investi d'une mission dont il devra, tôt ou tard, rendre compte. Et même si, pour reprendre le propos du Pr. Vanderlinden, l'assesseur ne crée pas le droit – mais exprime son propre avis sur le droit autochtone, ce dont M. Vanderlinden déduit que la fonction de l'assesseur serait « doctrinale » –, le réalisme impose de voir, derrière cette distinction doctrine/fonction normative, l'obligation vitale pour l'assesseur de remplir sa mission sans trahir ses devoirs coutumiers… Nous pensons qu'il juge, moins sous les auspices d'une hypothétique Thémis (qui masque un regard ethnocentrique), que sous le *regard des siens*.

2. C'est une situation très différente que connaît Mayotte et son droit *écrit* musulman, servi par une juridiction spécifique (le *cadi* – le *Grand Cadi* – la *chambre d'annulation musulmane* du tribunal supérieur d'appel). Cette organisation inchangée depuis la période coloniale (Flori, 2004), et qui assurait à l'immense majorité de la population de se voir appliquer le droit musulman, a été remise en cause de façon récente. Non pas de façon directe (cela eût nécessité la suppression des *cadis*) mais indirectement en créant une option de législation et de juridiction. En somme, en instaurant une compétition entre juges : en invitant au *forum shopping*.

L'événement mérite d'être replacé dans son contexte : c'est au nom de nos valeurs républicaines que la réforme a dénié un «droit à la différence» prétendument garanti par l'article 75 de la constitution. À la saisine des parlementaires qui voyaient dans la réforme issue de la loi du 21 juillet 2003[23] (et dans l'insertion d'un article 52-1[24] dans la loi statutaire du 11 juillet 2001[25]) une violation de l'article 75 de la constitution (en «vidant de sa substance la notion de statut civil, lequel a nécessairement un caractère dérogatoire par rapport aux "droits et libertés attachés à la qualité de citoyen français" puisque certaines règles locales ne sont pas parfaitement compatibles avec les droits fondamentaux»), le Conseil constitutionnel a répondu, dans sa décision du 17 juillet 2003, que «dès lors qu'il [le législateur] ne remettait pas en cause l'existence même du statut civil de droit local, il pouvait adopter des dispositions de nature à en faire évoluer les règles dans le but de les rendre compatibles avec les principes et droits constitutionnellement protégés» (2003-474 DC, JO 22 juillet 2003). Par la suite, le contenu du statut personnel de droit local s'est trouvé, à nouveau, vidé de sa substance : l'article 32 de la loi du 26 mai 2004 éten-

---

23. Loi n° 2003-660 du 21 juillet 2003, JO n° 167 du 22 juillet 2003 p. 12320.

24. Il convient de rappeler que l'article 61 offre aux plaideurs de choisir entre le juge de droit commun et le *cadi*, et l'article 52-1, alinéa 4, permet en outre aux mêmes plaideurs d'opter, entre les deux droits (droit musulman et droit civil) puisqu'il précise que « [l]es personnes relevant du statut civil de droit local peuvent soumettre au droit civil commun tout rapport juridique relevant du statut civil de droit local ». En d'autres termes, les plaideurs peuvent non seulement choisir entre le *cadi* et le juge de droit commun, mais ils peuvent, devant le juge de droit commun, voire devant le *cadi*, opter pour le Code civil si celui-ci leur paraît plus favorable à leurs intérêts. On imagine donc que les parties renoncent ainsi à la loi qui a présidé à l'élaboration du contrat... La seule question qui se posera sera celle de savoir si cette option de législation devra être conjointe (ce que laisse penser la lettre du texte) ou si elle pourra n'être que le fait du demandeur au procès. Cette dernière solution imposerait, alors, au défendeur de se placer – en contradiction avec son appartenance statutaire – sur le terrain d'un droit qu'il ignore, ou, mieux encore, d'un droit qu'il rejette (quid du défendeur qui ne comparaît pas ?). En ce cas, quid du droit à un procès équitable (article 6.1 de la Convention européenne des droits de l'homme) ? Quelle sera la limite à l'exercice d'un droit d'option sans tomber dans le travers d'un abus de droit ? Où placer le « curseur » ? À ce jour la Cour de Cassation n'a été saisie d'aucun *pourvoi*, ni d'aucune demande d'*avis* (Code de l'organisation judiciaire, art. L 151-1) sur « une question de droit nouvelle, présentant une difficulté sérieuse et se posant dans de nombreux litiges »... sauf à considérer que les Mahorais « boudent » l'option de juridiction et de législation si « généreusement » octroyée.

25. Loi n° 2001-616 du 11 juillet 2001 relative à Mayotte, JO 13 juillet 2001, p. 11199.

dant aux Mahorais de statut musulman les dispositions du Code civil relatives au divorce et à la séparation de corps.

Alors, que reste-t-il aujourd'hui d'un statut personnel déjà restreint à un domaine d'exception (droits des personnes et de la famille, successions et libéralités), dès lors que, par l'effet des lois de 2003 et 2004, l'essentiel des règles spécifiques en ces matières ont été abrogées au profit des règles de notre Code civil ? Le *pluralisme normatif* disparaît, mais le *pluralisme juridique* demeure. Le statut civil particulier jusqu'ici lisible deviendra sous-jacent sans cesser d'exister. La polygamie est supprimée, soit ! Mais le droit de la famille, dans ses tendances les plus récentes, confirme que l'institution du mariage monogamique ne recouvre plus qu'une simple variété de rapports familiaux. L'égalité des filiations et la diversification de l'organisation familiale ont rendu caduques toutes les conceptions traditionnelles en ce domaine. Aussi, rien n'empêchera le futur jeune musulman polygame de n'être marié qu'avec sa première épouse tout en cohabitant avec autant de secondes épouses – requalifiées «concubines» pour la circonstance – qu'il voudra. La loi n'empêchera rien, elle aura simplement cessé de rendre compte de la réalité, pour simplement décrire un trompe-l'œil, qui n'abusera personne.

Le «patchwork» dissimule en réalité l'attachement à notre «trinité républicaine», à savoir la triple unité de souveraineté, de peuple et de territoire qu'affirme régulièrement le Conseil constitutionnel. Le patchwork des statuts territoriaux à la carte se marie admirablement avec la position d'attentisme de ceux qui croient en l'éviction de la seule note discordante : «l'anomalie» néo-calédonienne au moyen d'une indépendance programmée, comme autrefois a été réglé le droit d'exception résultant des nombreux statuts coutumiers africains, malgaches, musulmans d'Afrique du Nord ou asiatiques présentés par Henry Solus dans son *Traité de la condition des indigènes en droit privé* (1927).

Le principe est donc celui d'une assimilation plus ou moins affirmée – en réalité plus ou moins différée – selon les territoires considérés. Cette idée d'assimilation différée rejoint la conception, héritée des Romains, que nous avons souvent du droit coutumier : le *jus non scriptum* par opposition à la *lex*. La coutume est la tradition parlée et entendue («l'héritage des oreilles» disent les Malgaches) par opposition à la tradition lue et écrite. La coutume n'est rien d'autre qu'un droit établi par les mœurs ; elle ne tiendrait lieu de loi qu'à défaut de loi écrite. Dès lors, dans cette conception, la coutume serait le droit antérieur à la loi écrite. Elle serait appelée à disparaître lorsque la loi, en quelque sorte, PARAÎT...

La coutume n'aurait donc, pas plus que les statuts personnels particuliers, vocation à perdurer. Cette conception qui a dominé pendant toute la période monarchique marque encore la plupart des juristes contemporains. On comprend mieux qu'en fait, derrière la diversité des réponses, la seule vraie constante soit l'objectif assimilationniste/uniformisateur. Cet objectif s'il ne l'explique peut-être pas totalement, se combine harmonieusement avec le système «à la carte» qui caractérise aujourd'hui l'organisation administrative de l'outre-mer français.

2. DERRIÈRE LA VARIÉTÉ DES RÉPONSES : LE RÈGNE DE L'OPPORTUNITÉ AU SERVICE D'UN OBJECTIF ASSIMILATIONNISTE

Lorsque le statut personnel n'est pas rejeté dans ce que le doyen Carbonnier appelle «non-droit», le respect de la loi personnelle (là où elle est reconnue) semble relever d'une logique collective : elle apparaît dépendante du statut territorial considéré. Non seulement le statut personnel apparaît, presque, comme relevant de l'*infra droit* mais, en outre, il se heurte partout au *mythe de la modernité* qui subsiste partout, peut-être plus vivace aujourd'hui que dans la période coloniale[26].

---

26. La « religion des droits de l'homme » a pris la relève de la religion tout court. Le risque est de voir aujourd'hui parvenir aux mêmes fins une morale laïque substituée à une morale religieuse, comme celle qui a été exprimée par Mgr A. Tardy, évêque du Gabon : « En haut-lieu, on a donné jusqu'ici comme consigne unique le respect des coutumes indigènes. Comme si une formule aussi sommaire pouvait résumer toute l'action civilisatrice d'un grand pays comme le nôtre et qui a sous sa tutelle des populations de culture et de mentalité si diverses... » (Tardy, 1935 : 666-680). De tels propos ont conduit à l'adoption du décret Mandel, relatif à l'AOF et à l'AEF, du 15 juin 1939 (JO, 16 juin 1939, p. 7606) qui évoque le statut de la femme indigène et qui, en dépit des beaux principes proclamés est demeuré, pour l'essentiel, lettre morte. L'exposé des motifs commence par ces mots : « Au contact de notre civilisation, une évolution s'est opérée dans les mœurs [...] fidèle à l'engagement pris par elle de respecter les traditions établies, la France s'est gardée de troubler, par une intervention prématurée, la vie sociale et familiale de ses sujets. Ce respect des coutumes indigènes ne doit pas aller toutefois jusqu'à nier la transformation opérée sous notre influence. Pour ce qui concerne notamment la femme indigène, sa condition dans la société s'est aujourd'hui améliorée et relevée. Le moment est venu de consacrer dans un texte la jurisprudence nouvelle qui subordonne au consentement de la jeune fille la validité du mariage et qui assure à la veuve la libre disposition d'elle-même. » Voir encore l'ineffectivité du *décret Jacquinot* du 14 septembre 1951 qui visait à proscrire le versement de la « dot » en Afrique, laquelle reste encore la condition essentielle d'existence du mariage (Lafargue, 1997).

2.1 Le « tempo » imposé par les statuts territoriaux

Les exemples les plus éclairants sont ceux que nous offrent la Guyane, mais aussi Mayotte (voir Sermet, 2006b, pour une comparaison).

1. La Guyane est un DOM / ROM soumis, comme tel, au principe d'identité législative. Comment concilier l'application, en principe automatique, des lois métropolitaines avec un statut coutumier ?

La première réponse a d'abord consisté à user d'interdictions administratives (un arrêté préfectoral de 1970 restreint la liberté d'aller et de venir dans les zones peuplées par les Amérindiens).

Ensuite, pour répondre à la revendication indigène qui réclamait depuis deux décennies la libre disposition des territoires coutumiers pour y vivre et s'y développer en conformité avec la coutume[27], le décret n° 87-267 du 14 avril 1987 a permis « aux communautés qui tirent traditionnellement leur subsistance de la forêt » de se voir attribuer des « zones de droits d'usage » (ZDU) (et non un « titre foncier indigène »). Ce droit d'usage est, néanmoins, limité à « la pratique de la chasse, de la pêche et d'une manière générale pour l'exercice de toute activité nécessaire à la subsistance de ces communautés ». À cela s'ajoute la possibilité d'octroyer des concessions aux communautés indigènes pour « pourvoir à l'habitat de leurs membres ». Ce texte, qui est directement inspiré par le régime des parcours de transhumance dont bénéficient en métropole les habitants des zones de montagne (voir sur l'origine du décret de 1987 : Grenand et Grenand, 2005 : 147), peut être apprécié de façon très contradictoire. Pour les uns, il conduit à une « essentialisation » de la coutume (reconnue par référence à l'interprétation que nous nous faisons aujourd'hui de l'état d'un droit coutumier figé au stade qui était le sien à la période précoloniale, ce qui limite la portée cette reconnaissance). Au surplus, il suppose l'accord des mairies concernées (qui s'y montrèrent réticentes). En toute hypothèse, ce processus ne ferait qu'officialiser un usage déjà toléré. En d'autres termes, l'« officialisation » d'un droit d'usage exercé depuis des temps immémoriaux n'apporte rien de plus à ce qu'ont déjà, dans les faits, les Amérindiens. Il réduirait

---

27. La revendication la plus forte venait des *Kali'na*, vivant sur le littoral et soumis à la pression foncière générée par les projets de développement. Elle s'était traduite par la déclaration officielle de l'un d'eux, M. Félix Tiouka, en 1984 : « Nous voulons obtenir la reconnaissance de nos droits aborigènes, c'est-à-dire la reconnaissance de nos droits territoriaux, de notre droit à demeurer amérindiens et à développer nos institutions et notre propre culture » (1er congrès de l'Association des amérindiens de Guyane française, 9 décembre 1984).

même leurs droits en posant pour principe la négation des droits dont les intéressés se croyaient jusque-là titulaires de par l'effet de la coutume (Collomb, 2005). Au contraire, selon Françoise et Pierre Grenand (2005), ce décret aura permis de délimiter en faveur des Amérindiens et des *Aluku* (Noirs marrons) environ 670 000 hectares, ce qui reste (notent-ils) « en deçà des aires réellement parcourues », mais il offre tout de même un début de solution.

Enfin, la troisième réponse consiste à traiter le problème sans le dire réellement, en ne parlant pas de la condition des hommes mais en se préoccupant de l'écosystème indispensable à leur survie. Tel est l'objet d'un futur parc national couvrant le tiers sud du département, dont le projet a été lancé après le Sommet de Rio de 1992, et dont la vocation sera de protéger l'environnement et, par voie de conséquence, les communautés autochtones qui y vivent. Ce parc couvrira l'essentiel des « parcours » et des zones d'ores et déjà dévolues à l'usage des Amérindiens par l'effet du décret de 1987.

En définitive, toutes ces réglementations ne visent qu'à préserver l'existant, sans aller dans la voie de la reconnaissance de droits fonciers fondés sur la coutume autochtone ou de droits inhérents à un peuple spécifique. C'est en se plaçant de ce point de vue que le décret de 1987 apparaît comme la négation même d'un modèle social amérindien – un modèle qui se développe sur l'ensemble du bassin amazonien, les *Kali'na*, par exemple, étant présents sur les côtes depuis le Brésil jusqu'au Venezuela en passant par le Surinam et la Guyane française – fondé sur un système de corésidence, et sur un usage collectif d'un territoire donné et de ses ressources. Aussi, l'autre réponse (complémentaire aux réglementations qui restreignent le contact et les possibilités de perturbation du mode de vie traditionnel) est le *déni*. Nul n'envisage le droit des Amérindiens. Leur statut personnel existe sans être nommé ni organisé. Il est véritablement « coutumier » au sens où l'entendent les « légicentristes », à savoir que la coutume est une loi qui n'est pas du droit au sens strict du terme, car, si elle est inscrite dans les cœurs, il lui manque encore d'être inscrite dans les textes. Et si un Amérindien saisissait une juridiction officielle, ne s'exposerait-il pas à se voir appliquer le droit métropolitain[28]? Ou bien, ne verrait-il pas la juri-

28. « La Cour de cassation, siégeant dans l'île de la cité, s'autorise à reconnaître des effets juridiques en France au mariage polygamique contracté à l'étranger. Mais le juge siégeant dans l'île de Cayenne, lui, confronté à un problème d'état civil ou de capacité posé par un Amérindien ou un "Bushinenge" [...] est censé ne rien faire d'autre que de leur appliquer la loi française, y compris lorsque celle-ci va directe-

diction préférer se déclarer incompétente ? Cette seconde solution présenterait au moins un intérêt : elle serait une forme de reconnaissance *en négatif* de la spécificité de l'autochtone et de son statut, si l'on admet que discriminer c'est déjà reconnaître. Mais même cela n'existe pas encore... car aucun Amérindien ne saisit le juge officiel, comme le souligne Didier Peyrat (1999).

En Guyane, une dynamique est en marche : cette dynamique est de nature démographique. En effet, l'arrivée des populations immigrées venant du Brésil, du Surinam... a modifié la donne qui voyait les créoles favorables au statut départemental, et jusque-là majoritaires, devenir une minorité parmi les autres. Car les « autochtones », Amérindiens et Alukus, ont connu un essor démographique considérable (en voie de disparition dans les années 1950-1960, les Amérindiens étaient 4 000 en 1984, 7 000 en 1997, et atteignent 18 000 âmes actuellement). Le risque est donc bien celui d'une possible « balkanisation spatiale et culturelle de la Guyane » ainsi que l'a souligné M. Karam, le président de la Région Guyane[29]. Derrière ce constat se profile la remise en cause du statut territorial actuel (région monodépartementale) comme cadre adapté à une réalité socioculturelle inédite. Le cadre territorial s'adaptera-t-il, comme le souhaitent les élus guyanais, en rejoignant le groupe des collectivités d'outre-mer ? (Faberon, 2006) Et, dans l'affirmative, un statut personnel reconnu et nommé pourra-t-il, enfin, voir le jour ?

2. Concernant Mayotte, un (faux) débat de juristes a vu ceux qui soutenaient que le statut départemental serait inconciliable avec l'existence du statut civil musulman[30] s'opposer à ceux qui admettent, comme nous, la

---

ment à l'encontre d'une coutume parfaitement valable au sens juridique : l'usage ancien, collectif et perçu comme obligatoire » (Peyrat, 1999 : 44).

29. Propos tenu lors d'un colloque qui s'est déroulé à Cayenne en 1995 sur le thème « L'Identité guyanaise en question ».

30. Selon un auteur : « [...] la reconnaissance du statut personnel au sein des départements est constitutionnellement impossible d'autant que l'article 73 de la constitution n'institue pas dans les DOM un régime législatif particulier et se contente d'une simple adaptation qui ne remet en cause ni la répartition des compétences déterminées par les articles 34 et 37 de la constitution ni la présomption d'applicabilité de plein droit de la loi. En conséquence il nous paraît que le souhait de départementalisation qu'expriment certains élus mahorais se heurte à cette impossibilité constitutionnelle : *les statuts personnels relèvent du particularisme constitutionnel des territoires d'outre-mer* » (Boyer, 1999 : 126).

possibilité que dans une collectivité soumise au principe d'*identité législative* puisse demeurer, tel un îlot isolé, un statut civil personnel spécifique échappant à la loi commune mais nécessairement d'exception : limité au droit des personnes et de la famille, successions et libéralités. C'est d'ailleurs ce que prévoyait la loi statutaire du 11 juillet 2001. Il convient de rappeler qu'historiquement l'article 82 de la constitution de 1946, ancêtre de l'article 75, a été conçu pour les musulmans d'Algérie, c'est-à-dire pour des départements.

Le changement de statut territorial n'interdisait donc pas la perpétuation d'un statut personnel auquel, à Mayotte, pratiquement personne ne renonçait spontanément.

Mais l'amendement Kamardine, d'abord retiré, puis repris à son compte par le gouvernement, et enfin devenu l'article 68 de la loi du 21 juillet 2003, est venu « forcer le destin », en contournant, dans l'article 75 de la constitution, la règle implicite selon laquelle nul ne peut être privé de son statut personnel sauf s'il y renonce de façon expresse et irrévocable[31]. Cet amendement surprise dans un débat plus général sur la loi de programme pour l'outre-mer est venu vider de son contenu la compétence d'exception du droit musulman : « adieu polygamie, répudiation, inégalités successorales... » (Guillaumont, 2005 : 97-114). Désormais, le citoyen de statut particulier pourra choisir (selon quelle mesure et jusqu'où ?) son juge et même choisir le droit applicable (faire appliquer le Code civil par le *cadi* ou le droit musulman par le juge de droit commun). Aurait-on voulu tarir la saisine des *cadis* que l'on ne s'y serait pas pris autrement. Et comme l'on n'était pas certain que cela suffise, on a réformé les règles du statut musulman en y incorporant des pans entiers de notre Code civil. Ce que la colonisation n'avait osé faire, le législateur des années 2003-2004 l'a fait d'une main ferme : un « progrès » pour les uns ; un « attentat contre l'Islam » pour les autres. Une inconnue demeurera toujours : qu'aurait dit la population consultée sur ce point, ne serait-ce que par voie de sondage d'opinion ?

Il faut dire qu'un facteur institutionnel essentiel a changé entre-temps : dans la période antérieure au statut hybride de 1976, le législateur compétent en matière de droit local était une assemblée territoriale (improprement appelée « conseil général »). Une assemblée probablement trop

---

31. Il faut dire que le nombre des personnes de statut particulier à Mayotte est en plein essor, avec une démographie galopante d'un côté, et, de l'autre, une vingtaine, seulement, de renonciations au statut particulier par an (Châteauneuf, 2004).

sensible à la nécessité de respecter les spécificités pour toucher aux règles composant le statut personnel. On le voit aujourd'hui en Nouvelle-Calédonie dont l'assemblée, le *Congrès*, compétente en cette matière s'abstient prudemment d'y toucher. Si Mayotte était devenue en 2001 un TOM, elle aurait vu le statut personnel organisé par une loi organique et doté d'un législateur local. En devenant un DOM, son statut ne relève que d'une loi ordinaire, et rien n'empêche à une loi ordinaire nouvelle, par ces temps d'inflation législative, d'amender une autre loi ordinaire, fût-elle le socle d'un statut personnel. Surtout, le législateur est l'assemblée nationale. C'est cette conjonction de facteurs qui a permis à l'unique député de Mayotte de proposer l'amendement de 2003 qui a bouleversé l'équilibre que préservait la loi statutaire du 11 juillet 2001.

On voit donc bien « l'attraction » que le statut territorial exerce (*de facto* puisqu'en droit rien ne le justifie) sur l'environnement juridique, au point de sembler le résumer à lui seul. Le choix du statut territorial crée une dynamique de conservation ou au contraire de remise en cause du statut personnel ; il offre la garantie d'une loi organique ou simplement (la non-garantie) d'une loi ordinaire qu'une autre loi ordinaire pourra modifier sans peine ; et, surtout, en ce qu'il définit la nature du rapport de la « périphérie » au « centre », il détermine si le statut personnel relève du législateur national ou d'un législateur local : outre-mer il y a des « populations » (non des peuples) mais, selon que la population relève d'une collectivité d'outre-mer ou d'un DROM, les garanties entourant le respect de l'altérité juridique changent.

En définitive, le droit à la différence n'est réellement garanti que dans le cas de la Nouvelle-Calédonie du fait que notre constitution comprend un article 77 qui évoque le *statut coutumier kanak*, reconnu par l'accord de Nouméa (qui a valeur constitutionnelle) mis en œuvre par la loi organique du 19 mars 1999. Seul le *statut coutumier kanak* est à l'abri des péripéties politiques ou des amendements « surprise ».

Il est temps d'en finir avec le mythe de l'article 75 : ce texte ne garantit aucun droit à la différence, et surtout pas le droit pour les populations, consultables en cas de changement de statut territorial, de l'être en cas de « confiscation » de leur statut civil personnel.

Cet article énonce, simplement, que la différence est un fait dont découle un droit toujours révocable par l'effet d'une loi, et auquel tout un chacun peut renoncer en faveur du statut civil de droit commun pour être, vraiment, un citoyen comme les autres.

Une approche dépassionnée invite à ne voir dans l'article 75 que ce qu'il affirme positivement: il s'agit d'un dispositif visant à résorber une spécificité, jugée inopportune et archaïque, car elle est contraire à l'idéal de liberté individuelle et d'égalité de tous. Il s'agit donc d'une concession, simplement temporaire, au particularisme. Ce n'est qu'à la faveur d'une interprétation *a contrario* (nécessairement discutable) qu'on a pu y déceler le fondement juridique d'un droit à la différence. Mais que vaut une disposition, affirmant un prétendu droit, dépourvue de sanction? Dans l'immédiat, la portée normative d'un tel texte «proclamatoire» est nulle. Elle n'aura de portée que celle que les tribunaux lui conféreront s'ils ont à répondre à des demandes portées en justice. Aussi est-ce vers le justiciable qu'il convient de se tourner: lui seul pourra faire advenir le droit à la différence en mettant notre droit face à ses propres contradictions (Lafargue, 2006a), et l'obliger à dépasser le débat stérile entre «archaïsme» *versus* «modernité», et une conception ethnocentrée des droits de l'homme, comme si les autres sociétés n'avaient pas une conception bien à elles de la «dignité humaine» (Nicolau et autres, 2007).

2.2 En finir avec le mythe de la «modernité» ou, si l'on préfère, avec le discours compassionnel à l'égard des «primitifs»

Certes, les jugements de valeur continuent à peser sur le débat et ce seul constat nous suffira sans, à notre tour, ajouter au discours sur les mérites du discours (1). Cependant, la validité et l'opposabilité du statut personnel doivent être assurées sauf à remettre en cause le droit à un procès équitable ou l'objectif de sécurité juridique (2).

2.2.1 *Les jugements de valeur continuent à peser sur le débat*

À la question «Existe-t-il dans le droit une mentalité archaïque?», le doyen Carbonnier a répondu que «[...] les droits archaïques sont souvent d'une déconcertante subtilité et leurs tendances communautaires ne les empêchent nullement de connaître le procès, donc la possibilité d'une contradiction inter-individuelle» (Carbonnier, 1972).

* La permanence de la dichotomie entre les évolués et les autres

Le Pr. Laurent Sermet a souligné l'importance du facteur idéologique dans la réforme du statut de droit local à Mayotte. Évoquant la suppression de la polygamie et l'affirmation de l'égalité entre les héritiers, qui proclame plus largement l'égalité homme/femme, il constate que «l'argument du progrès est alors très fort, car il empêche toute réelle contestation, qui fait dès lors figure de position rétrograde. Ce contexte idéologique explique que la réforme du statut personnel [...] n'ait été que mollement contestée» (Sermet, 2004b: 186). Ce contexte idéologique, ne le retrouvet-on pas dans les mots du Conseil constitutionnel? Il évoque l'objectif de «faire évoluer les règles» du statut personnel (terminologie à rapprocher de celle qui a été utilisée dans le décret Mandel du 15 juin 1939), et ce, dans le but de «les rendre compatibles avec les principes et droits constitutionnellement protégés» (2003-474 DC du 17 juillet 2003). Cela signifie-t-il, *a contrario*, que l'altérité affirmée par l'article 75 ne recouvre pas un droit constitutionnellement protégé? Tout cela ne peut que conforter le regard désabusé de la plupart des juristes.

* Le faible intérêt des juristes pour ces questions.

Il convient ici de redire la «révolution» qu'a constituée la redécouverte du droit de l'outre-mer par les publicistes, et ce que l'on doit à ce propos au Pr. Faberon, fondateur de l'IDOM. En droit privé, l'autochtone est «transparent» et, s'il revendique encore son identité, la cause est entendue: il faudrait n'y voir que les ultimes soubresauts d'une coutume agonisante, l'assimilation étant, évidemment, inéluctable.

Pour la Nouvelle-Calédonie, après le tout premier travail de juriste, réalisé avant-guerre par un magistrat (Rau, 1944), le véritable premier essai de synthèse de la jurisprudence locale sur le statut personnel a été élaboré en 1995 à l'initiative du président Delahaye (1995). La dernière étude à cette date consiste en un ouvrage de 300 pages dont l'objectif est d'expliquer le cadre et les logiques poursuivies par les initiateurs de cette «coutume judiciaire» (Lafargue, 2003) à une époque où la dynamique née des accords de Matignon (1988), pourtant renforcée par l'Accord de Nouméa (1998), semblait marquer le pas (en témoigne l'arrêt Nouméa, 17 septembre 2001) (Nicolau et Lafargue, 2004). Tous ces travaux expriment le point de vue de praticiens. Aussi faut-il souligner l'apport de la doctrine universitaire et la contribution de Gilda Nicolau (1992, 1999a, 1999b; Nicolau et autres, 2007) toujours à l'écoute, depuis de nombreuses années, des interrogations (ou des non-interrogations) des premiers.

En ce qui concerne la Polynésie française, l'existence d'un «non-droit» omniprésent et qui ne demande qu'à devenir du droit, comme le montre la renaissance des juridictions foncières, et le souvenir non moins présent d'un statut personnel encore officiellement reconnu jusqu'en 1945 contribuent à favoriser la recherche. Il n'y a donc aucun paradoxe à noter que, si la Polynésie n'a plus de statut personnel officiellement reconnu, cette aire culturelle a connu, et connaît encore une recherche active en ce qui concerne le statut personnel, sinon la plus active à l'échelle de l'outre-mer français. On pense à divers travaux dont ceux d'Ottino (1975), Panoff (1970), Ravault (1978 et 1979), Oliver (1974 et 1989) et, tout récemment, Bambridge (2004). Des thèses ont précisément étudié le conflit de normes, notamment dans la période qui a suivi la suppression du statut civil personnel de droit local, et recensé les règles coutumières *praeter legem* et *contra legem* qui subsistent à côté du droit officiel, notamment celle de F. R. Cochin (1949)[32]. Enfin, de façon plus récente, des travaux ont continué à voir le jour tant dans le domaine foncier (Bonneau, 1965 ; Calinaud, 1991 et 1992) qu'en matière d'adoption (*fa'a'amu*) et de statut de l'enfant (Charles, 1992). Ces travaux confortent les observations les plus récentes en sociologie (Bambridge, 1999).

Pour Wallis et Futuna, la recherche juridique est des plus modestes (Soulé, 2003 ; Aimot, 1995 ; Simete, 1995). La question est plutôt envisagée sous d'autres angles, tel l'angle historique (Angleviel, 1989 et 2006) ou ethnologique (Pechberty et Toa, 2004). Finalement, on en revient à ce qu'a décrit Eric Rau (1935) dans sa thèse de doctorat.

À Mayotte l'essentiel dans le domaine juridique, depuis les travaux de Paul Guy (1951, 1952, 1981)[33], on le doit à la persévérance du Pr. Laurent Sermet (1999, 2000, 2006b) face à un contexte très défavorable puisque le statut personnel de droit local mahorais est *officiellement* en voie d'extinction. La réflexion de cet auteur embrasse, plus largement, l'étude des systèmes juridiques de l'ensemble régional de l'Océan indien (Madagascar, Afrique du Sud, Comores, Maurice...) faisant de l'Université

---

32. On citera ici, dans un ordre chronologique : Bonhoure (1915), Cochin (1949), Brochet (1956) et Sage (1981).

33. Il convient de rappeler que le statut de droit local mahorais est constitué à la fois de règles coutumières et de règles écrites relevant du rite Chaféite (l'un des quatre rites sunnites) exprimées dans un recueil intitulé *Minhadj at-twalibine* ou *Guide des zélés croyants*. Ce recueil (déjà traduit au XIXe siècle par le Hollandais Van Den Berg sous le titre *Le livre des zélés croyants*, Batavia, 1881-1883) constitue toujours, dans sa traduction française annotée par Paul Guy (1952), le texte de référence dans le département français de Mayotte, comme sur le territoire de la République fédérale islamique des Comores.

de la Réunion une plaque tournante ouverte sur l'ethnologie juridique et le comparatisme.

Pour la Guyane, la recherche sur le droit autochtone ne prendra pas son essor tant que la Coutume ne deviendra pas le droit du prétoire (Martres et Larrieu, 1993 ; Karpe, 2001 et 2002 ; Tiouka, 1999).

* La mise en cause de l'assessorat coutumier

Il existe un discours dévalorisant sur l'assesseur coutumier, dont nous avons entendu parler à peu près dans les mêmes termes en Centrafrique et en Nouvelle-Calédonie. Le principal grief fait à l'assesseur est de n'exprimer, jamais, d'emblée, un point de vue « théorique ». Il explique quelle procédure, quelle attitude auraient été idoines en la circonstance, ou conformes aux devoirs coutumiers, en donnant des exemples, par analogie, conciliables avec la solution proposée. L'assesseur n'explique pas, du moins spontanément, les ressorts internes ou intimes d'une règle, car il ne porte pas de jugement distancié sur sa société : pour lui, la solution proposée relève de l'évidence (ce qu'un Occidental percevra comme du conformisme). L'évidence s'énonce, elle ne s'explique pas ou difficilement. Elle n'a pas, non plus, lieu de se justifier. Cette façon de raisonner n'a rien pour nous surprendre : combien parmi les magistrats professionnels s'interrogent spontanément sur le bien-fondé des normes, et sur l'influence de l'ordre symbolique qui leur sert d'assise ? C'est pourtant ce point de vue « non théorique », ou l'absence de lecture critique du droit, qui est pointé du doigt comme une faiblesse... chez l'assesseur coutumier !

C'est, précisément, le poids de cette évidence des règles appliquées comme le poids des assesseurs coutumiers dans le délibéré qui devraient, en Nouvelle-Calédonie, réconcilier les ethnologues et les juristes pour considérer le droit jurisprudentiel comme réellement tributaire de la coutume, à défaut d'en être le reflet parfait. Cela est si vrai que les assesseurs refusent de siéger lorsque les solutions qui leur sont proposées leur paraissent contraires à la Coutume. Car la Nouvelle-Calédonie aura eu, aussi, cette vertu de montrer des assesseurs coutumiers qui, explicitement ou implicitement, refusent de se compromettre, en faisant jouer une véritable « clause de conscience » pour refuser de juger : soit en ne venant pas à l'audience, soit en la quittant purement et simplement[34]... Certes, la vie judiciaire ne s'en

---

34. L'exemple le plus topique est celui que retrace un jugement qui énonce : « [...] que les assesseurs adjoints à la juridiction exposent que le présent dossier ne les con-

trouve pas facilitée, mais cette attitude nous garantit une chose : la production jurisprudentielle dans laquelle s'impliquent les assesseurs coutumiers est révélatrice de l'état de la « Coutume ».

2.2.2 Le respect du pluralisme juridique peut-il se prévaloir du droit à un procès équitable ou de l'objectif de sécurité juridique ?

* S'il fallait répondre à la question : quel avenir pour les statuts civils personnels ?, je verrais d'abord un espoir dans le constat que ce qui fait l'essence d'une société donnée résiste, car aucun peuple ne peut se passer durablement d'un retour sur son passé (voir la réflexion actuelle sur l'histoire coloniale) et sur ce qui fait son « identité ». Ce sont les ingrédients pour construire une citoyenneté (tel est l'objet du préambule de l'accord de Nouméa). Et l'appartenance à une structure sociale n'a jamais été inconciliable avec le concept de citoyenneté ou l'exercice des droits du citoyen. Tout au plus, cette « appartenance » impose-t-elle une obligation de réserve dans l'expression d'une opinion, une certaine discrétion, pour ne pas nuire à l'image du groupe dans son ensemble et à sa crédibilité à l'égard des tiers. L'obligation de réserve du magistrat ou du militaire, outre l'interdiction du droit de grève, n'en fait pas pour autant des citoyens diminués. Leurs revendications s'expriment simplement autrement.

* La deuxième cause de désespérance pour les « légicentristes », tient dans le « miracle historique » d'une coutume qui ne disparaît pas (et pour cause, elle s'adapte). Cette coutume qui résiste finit parfois par remporter quelques « victoires » en faisant plier la loi de l'État comme le montre l'*affaire Law King*. On connaît l'importance qu'occupe la famille naturelle dans un certain outre-mer (une famille naturelle longtemps marginalisée par nos textes métropolitains jusqu'à la loi du 3 janvier 1972). Cette réalité

---

cerne pas en ce qu'il ne touche à la coutume en aucune manière, puisque les parties ne sont pas mariées coutumièrement, et que la coutume ou les clans ne sont jamais intervenus dans leurs relations ; *qu'ils déclarent ne pas vouloir, pour être logiques et honnêtes avec eux-mêmes, juger cette affaire purement civile* ; que l'ordonnance n° 82-877 *impose la présence d'assesseurs de la coutume dès lors que le dossier concerne des Mélanésiens de statut de droit particulier, et non en raison de la matière*, ayant un rapport ou non à la coutume [...] ; que les assesseurs coutumiers estiment n'avoir à siéger que dans le cas où l'affaire qui leur est présentée se rapporte, d'une manière ou d'une autre, à une question ou à des personnes, qui ont un lien avec les rapports coutumiers ; qu'aucune disposition légale ne permet au Président de la juridiction d'obliger les assesseurs coutumiers à siéger... » (TPI Nouméa, 30 août 1999, n° 99002082).

explique, par exemple, le rôle précurseur joué par la Cour d'appel de Saint-Denis de la Réunion à l'occasion de l'*affaire Law-King*. En 1980[35], cette cour d'appel a résisté face au refus de la Cour de Cassation d'admettre la possession d'état comme mode d'établissement de la filiation naturelle[36]. Cette opposition sera tranchée par le législateur en 1982 en faveur de la position défendue par la Cour d'appel[37]. Ainsi, parfois, le réalisme finit par l'emporter et imposer la reconnaissance des règles qui « jaillissent » hors du cadre légal (Carbonnier, 1993 : 17).

Non seulement les territoires qui connaissent un statut personnel de droit particulier n'ont pas vu leurs populations y renoncer massivement, mais la loi organique du 19 mars 1999 pour la Nouvelle-Calédonie a dû aménager un dispositif de « retour » du droit commun vers le droit coutumier et même « d'accession » au droit coutumier pour des personnes dont les ancêtres furent autrefois soumis à ce statut. Certes l'usage de ce recours n'a été que limité (environ 200 personnes ont demandé à en bénéficier entre 1999 et 2004) (Wamytan, 2004), mais quel retournement de situation ! Un « légicentriste » y verra la revanche du fait sur le droit. Il suffit simplement de constater que c'est la réalité des rapports sociaux qui finit par imposer sa marque au droit ! Pour ceux qui admettent l'existence d'un droit hors du droit de l'État, il s'agit bien d'une victoire du *jus non scriptum* (la coutume) qui finit, par sa vigueur et sa persévérance, à imposer sa primauté.

* La troisième raison d'y croire raisonnablement pour les partisans du « pluralisme juridique » tient dans les potentialités, probablement encore trop souvent négligées que recèlent des « principes » ou « objectifs » qui irriguent de plus en plus profondément notre droit national : le « droit » à un *procès équitable*, « l'objectif » de *sécurité juridique*[38], qui supposent la *prévisi-*

---

35. Saint-Denis de la Réunion 4 juillet 1980, *D.*, 1981, 58, note Vialard.

36. Civ. 1re, 8 mai 1979, *D.*, 1979, 477, note Huet-Weiller. La Cour de cassation faisait application de la jurisprudence habituelle (Civ. 1re 1872, *D.*, 1872, 1, 113) au motif que cela aurait permis de tourner la restriction au droit de rechercher en justice une paternité naturelle : les modes d'établissement de la filiation naturelle reposant classiquement sur des titres (reconnaissance ou jugement), ce qui excluait la possession d'état.

37. La loi n° 82-536 du 25 juin 1982 introduisant l'actuel article 334-8 al. 2 du code civil.

38. Nous nous situons dans une situation proche de celle qui est posée par la question de la portée des revirements de jurisprudence : lorsque le juge envisage une obliga-

bilité du droit (et qui rejoignent le principe d'égalité devant la loi et de loyauté procédurale) pourraient rendre toute sa place à la «possession d'état» pour faire reconnaître le droit de l'autre, qu'il soit autochtone ou seulement insulaire. Il n'est pas nécessaire d'attendre la proclamation de «droits nouveaux» pour faire valoir ceux qui existent déjà, pour qui sait regarder la vie non pas des «statuts» mais celle des gens qui sont derrière, et la spécificité de leurs conditions d'existence, ou de culture.

La «sécurité juridique» n'est que l'autre face de l'*opinio necessitatis* qui détermine la force obligatoire de la norme coutumière, ainsi que le soulignait Jean Carbonnier :

> L'*opinio necessitatis* est la conviction, non pas tellement de la nécessité où je suis que de celle où je vais mettre tous les autres, *la conviction des liens généralisés que je vais créer par mon geste, parce que d'autres le répéteront envers moi ou envers d'autres encore, et que de cette réciprocité virtuelle naîtra une sécurité générale* (c'est nous qui soulignons). C'est ici le lieu de citer George Herbert Mead (1863-1932) et ce que l'on a appelé la théorie de «l'autre généralisé» [...] le fondement de la vie sociale est la capacité qu'a chacun de nous de se mettre en esprit à la place d'un autre... (2001 : 127).

En somme, le *pluralisme juridique* (qui existe car c'est une donnée de fait) pourra déboucher sur du *pluralisme normatif* (de la différence reconnue par la loi, et plus certainement encore par le juge) si le plaideur sait prendre notre droit à son propre jeu : au jeu des principes et des valeurs

---

tion nouvelle dont il fait application immédiatement à l'affaire qui lui est soumise. Le juge peut-il changer la « règle du jeu » au nom de l'intérêt des parties ou d'un meilleur respect du droit, en somme, d'un « progrès » ? Certes, au niveau de la jurisprudence de la Cour européenne des droits de l'homme n'existe pas de principe d'immutabilité du droit et il est admis qu'un revirement de jurisprudence qui produit un effet nécessairement rétroactif soit possible mais pour des motifs valables : « sans être formellement tenue de suivre l'un quelconque de ses arrêts antérieurs, la Cour considère qu'il est dans l'intérêt de la sécurité juridique, de la prévisibilité et de l'égalité devant la loi qu'elle ne s'écarte pas sans motifs valables des précédents. La Convention étant avant tout un mécanisme de défense des droits de l'homme, la Cour doit cependant tenir compte de l'évolution de la situation dans les États membres et réagir, par exemple, au consensus susceptible de se faire jour quant aux normes à atteindre... » (CEDH, 18 janvier 2001 Chapman c/ Royaume-Uni req ; n° 27238/95 parag. n° 70). Cette illustration jurisprudentielle n'est donnée qu'à titre d'élément de réflexion, puisqu'en ce qui concerne l'outre-mer la France a ratifié la convention européenne des droits de l'homme sous la réserve du respect des « nécessités locales ».

qu'il a la prétention d'apporter aux autres (Lafargue, 2006a). Et il y a là, probablement, matière à collaboration ou à interaction entre le travail du juriste et celui de l'ethnologue.

Mais revenons au droit et à son (bon/mauvais) « usage » : le mécanisme, par excellence, de « contournement » de la coutume est l'option de législation au nom de l'idée que notre Code civil serait « plus favorable » que la coutume... mais « favorable » envers lequel des deux plaideurs ? En raisonnant ainsi, le juge ne cesse-t-il pas d'être impartial ?

En Nouvelle-Calédonie, les partisans de l'option de législation ont progressivement perdu tous les combats. Ils ont encore récemment tenté de limiter la portée de l'article 7 de la loi organique de 1999 en considérant qu'il n'y avait place pour le droit coutumier que lorsqu'il offrait des institutions au moins équivalentes aux nôtres : précisément, il n'y a pas de règles formelles équivalentes à notre assistance éducative ou à celles régissant la protection des majeurs incapables[39], les accidents de la circulation, le droit de l'urbanisme... Les mêmes en viennent à soutenir soit que la Coutume kanak n'est pas du droit, tout au plus une pratique sociale ; soit, lorsqu'ils veulent bien lui reconnaître valeur de norme juridique, ils pointent du doigt ses faiblesses (la coutume protégerait mal les « faibles » : femmes et enfants), et, surtout, elle ne pourrait être un recours fiable en raison de ses trop nombreux *silences* ; quitte à imputer au droit coutumier des silences qui pourraient n'être que le fruit de notre propre ignorance[40].

D'autres considèrent, au contraire, que le droit traditionnel est le socle, le canevas, à partir duquel tisser un droit jurisprudentiel. Les mêmes admettent, par ailleurs, que les silences, là où ils existent, sont le signe de ce que la Coutume règle de façon différente de notre droit un problème donné (c'est le concept d'équivalent homéomorphe que connaissent bien les comparatistes), et qu'en tous les cas les silences sont rarement neutres ou vides de sens. Les tenants de cette conception, dont nous nous réclamons, rejettent, par principe, toute idée de recours automatique à l'application du Droit civil comme droit supplétif.

---

39. Cela a fait l'objet d'un contentieux qui a donné lieu à un arrêt de cassation : Cass. 1re civ., 13 octobre 1992, *Bulletin civil* 1992, I, n° 248, JCP 1992, IV, n° 3046. Voir, *La Coutume judiciaire en Nouvelle-Calédonie, op. cit.*, p. 210-212.

40. Déjà, en 1944, le Pr. René Maunier, préfacier du livre d'Éric Rau, dénonçait cette « tendance naturelle de nos magistrats officiant là-bas, que d'allonger la main vers nos codes et lois, arguant que la coutume a "gardé le silence", et tirent un trait sur des traditions qu'on n'étudie pas : car il faudrait apprendre le canaque, alors qu'il fait trop chaud... » (Maunier cité dans Rau, 1944 : 8).

Enfin, la question récurrente[41], à savoir si le droit coutumier devrait n'avoir qu'un domaine d'exception ou de principe en matière civile, n'a cessé de se poser en Nouvelle-Calédonie. C'est à cette question qu'a répondu la Cour de Cassation dans son Avis du 16 décembre 2005 (Frezet, 2006 ; Sermet, 2006a)[42]. Cet avis condamne *a posteriori* la jurisprudence de la Cour d'appel de Nouméa : elle avait décidé, dans son arrêt du 17 décembre 2001, que le juge des enfants, statuant en matière d'assistance éduca-

---

41. La question était débattue en doctrine dans les années 1930. Henry Solus fait état de l'existence d'un consensus quant au maintien des institutions fondant le droit de la famille, mais de controverses concernant le régime de propriété, tout en soulignant le fait que celui-ci « est intimement lié à l'organisation sociale elle-même et bien souvent aussi à l'organisation familiale ; il fait corps avec le genre de vie, la mentalité et l'état de civilisation des indigènes pour lesquels il a été élaboré. Cette considération [...] milite puissamment en faveur de son maintien » (1927 : 251, n° 215). De même, comment ne pas reconnaître que la coutume régit le droit des obligations et des contrats ? Là encore, Solus énonce ce qui pourrait s'appliquer, aujourd'hui, au débat sur l'interprétation de l'article 7 de la loi organique du 19 mars 1999 : « [...] tout d'abord, que les textes par lesquels le gouvernement français a proclamé le respect des institutions indigènes sont conçus en termes très généraux et doivent dès lors être considérés comme s'appliquant au droit des contrats aussi bien qu'aux institutions concernant la famille et la propriété. On y trouve, le plus souvent la formule que "la loi indigène régit les conventions et contestations entre indigènes". Pourquoi donc refuser de respecter la loi indigène lorsqu'il s'agit spécialement du droit des obligations, alors du moins qu'il n'y a point de motif précis et catégorique de l'écarter ? »

D'autre part, entre le régime de propriété et le droit des contrats, il y a souvent un lien tellement étroit que l'on ne peut avoir une attitude différente selon qu'il s'agit de l'un ou de l'autre » et ce d'autant, souligne-t-il, que « notre division classique entre les droits réels et les obligations est parfois totalement étrangère aux coutumes indigènes. Certaines de celles-ci répartissent le droit du patrimoine en deux chapitres : d'une part le régime foncier (tout ce qui concerne les immeubles, sol et eau), d'autre part, les dettes (tout ce qui concerne soit les biens meubles, soit les relations qui ne se rapportent pas à un objet tangible)... Comment alors assurer aux contrats et obligations un régime spécial et différent du régime des droits réels, sans mutiler l'ensemble de la coutume et la dénaturer ?

Enfin, il convient d'ajouter que, dans les législations indigènes, il arrive très souvent que le système de la preuve des obligations est intimement lié à des habitudes et à des traditions locales, voire même rituelles et religieuses, qu'il serait également téméraire de prétendre méconnaître ou briser. Ainsi donc [...] nous nous prononçons, sur la question de principe, dans le sens du respect du droit indigène en ce qui concerne les contrats et obligations » (Solus, 1927 : 273, n° 240).

42. Avis n° 0050011 du 16 décembre 2005. V. le rapport du conseiller P. Chauvin, et l'avis de l'avocat général Cavarroc sur le site Internet de la Cour de Cassation.

tive, siégerait seul et appliquerait les règles de notre Code civil aux citoyens de *statut coutumier kanak* au lieu de se conformer à la règle édictée par l'article 7 de la loi organique[43], qui impose la présence d'assesseurs coutumiers, et l'application de la coutume *pour toutes les affaires civiles* concernant les personnes relevant de ce statut.

Le rêve de plus d'un était de s'en tenir à une lecture (plus que) restrictive de la loi, et, plus encore, à cette position qui a servi à couvrir bien des «arrangements» : le constat du silence de la coutume pour justifier le recours systématique au droit supplétif[44].

Cet avis souligne, en confortant l'avancée constituée par la loi organique, la prise de conscience du déficit de légitimité, de nos textes et de nos institutions outre-mer, qui impose aujourd'hui comme autrefois une approche «ethnologique» du droit : un croisement des savoirs et des expériences. En Nouvelle-Calédonie, le législateur, après avoir à peu près tout essayé (Lafargue, 2006b), s'est résolu à faire le pari d'une coutume à la compétence très large (plus large que dans toutes les expériences coloniales que nous avons connues autrefois) et qui ouvre sur une autre forme de justice, en faisant du tribunal le lieu d'un dialogue entre les cultures : la scène d'une «dialogie» (Nicolau, Pignarre et Lafargue, 2007).

L'«entêtement» de la coutume et de ceux qui s'en réclament finit, quand même, par faire plier le droit *formel* (la *lex*) face aux réalités (et au *jus non scriptum*).

En fait, le seul vrai danger c'est l'anomie ou plus exactement le doute permanent sur le droit applicable, la perte de confiance qui signe la désagrégation des rapports sociaux. C'est ce qui se produit en Afrique, là où le «droit moderne» de l'État, sans parvenir à supplanter la Coutume, ne réussit qu'à en ruiner le respect, la force obligatoire, au point où plus personne ne sait à quelle autorité, et à quelle référence, se vouer. Ce constat désabusé est autrement préoccupant (Magnant, 2004).

---

43. L'article 7 de la loi organique n° 99-209 du 19 mars 1999 relative à la Nouvelle-Calédonie, énonce que « les personnes dont le statut personnel, au sens de l'article 75 de la constitution, est le statut civil coutumier kanak décrit par la présente loi sont régies en matière de droit civil par leurs coutumes, JORF, 21 mars 1999, p. 4197.

44. Il n'y a rien d'étonnant à ce que la loi du 21 juillet 2003 ait prévu d'inclure dans la loi statutaire de Mayotte un article 52-1, alinéa 3, ainsi rédigé : « En cas de *silence ou d'insuffisance* du statut civil de droit local, il est fait application, à titre supplétif, du droit civil commun. » Le mot « insuffisance » est significatif en induisant un jugement de valeur éventuellement subjectif sur le droit de l'Autre.

CONCLUSION

La France compose avec les résistances ou les demandes locales, au coup par coup. D'aucuns diront que le ministère de l'Outre-mer n'a pas eu de plan d'ensemble depuis les statuts Deferre de 1956-1957. Dès lors, elle pratique une politique «autochtone», qui ne dit pas son nom en Nouvelle-Calédonie, parce que ce «pays» serait promis à l'indépendance ou à rejoindre le groupe des collectivités de l'article 74 de la constitution, sans envisager la possibilité d'une perpétuation de la troisième voie fédérale qui régit les rapports de ce «pays» avec la métropole depuis 1988 (Faberon et autres, à paraître). Au même moment, on assiste au regain d'une politique d'assimilation à Mayotte : en cherchant à faire *évoluer* le statut personnel (c'est le terme employé dans la décision du Conseil constitutionnel). Enfin, notre pays semble toujours s'inspirer de la doctrine *Terra nullius* en Amazonie...

Mais la Coutume est loin d'être moribonde : l'exception coutumière, comme l'exception culturelle, se revendique d'autant plus fermement qu'elle se sent en danger. Le seul risque est de voir se creuser le fossé qui sépare le droit proclamé (le droit de façade), et la norme vécue pour le plus grand bonheur des anthropologues. Tout démontre le manque de réalisme de ceux qui ne voient dans la Coutume qu'un droit passéiste, ou qui n'envisagent son avenir que sous l'angle soit de la ghettoïsation, soit d'une inéluctable acculturation dans une vision schématiquement «évolutionniste». Nous ne nions pas le concept de «progrès», nous doutons simplement que la voie adoptée par nos systèmes juridiques occidentaux soit la seule perspective possible. Certes, certaines différences peuvent s'estomper au contact d'autres sociétés, mais de la même façon que d'autres traits peuvent s'exacerber pour mieux marquer une spécificité. Ce n'est là rien d'autre que la construction d'une identité. La prétendue seule solution de rechange – ce choix binaire – entre repliement sur soi et acculturation ne fait que brouiller une réalité plus subtile : celle d'une coutume qui «remue» en sauvegardant des valeurs essentielles auxquelles nul, dans un environnement donné, n'entend renoncer[45]. L'autre enseignement est que le mythe de la coutume «gardée par le roi» a vécu : la coutume, même lorsqu'elle est dite par une juridiction avec des assesseurs, s'affirme souvent contre ou en

---

45. Maurice Leenhardt écrivait en 1953 : « Ils repensent leur société en fonction de la civilisation qui les entoure. Qu'il s'agisse de liberté, de mariage, de respect de l'esprit communautaire, de progrès économique sous forme de coopératives ils trouvent chaque fois les formules d'adaptation les plus sages » (1952 : 218).

dépit de nos principes d'ordre public. Henri Solus l'avait observé ; il l'écrivait encore dans les années 1950, mais peu l'admettront néanmoins.

Ainsi, demeure d'actualité la fracture entre les deux courants ou sensibilités décrites au XIXe siècle par H. Klimrath :

> Suivant l'opinion vulgaire, le droit positif est le produit et le contenu de la loi ; la loi est une déclaration volontaire, arbitraire du pouvoir législatif, qui sanctionne ce qui lui semble juste, utile, raisonnable, de droit naturel et de bonne politique. Dans cette hypothèse, la science du droit se borne à l'interprétation grammaticale et logique de la volonté du législateur, déclarée dans les textes de lois actuellement en vigueur.

> Suivant une opinion contraire, plus récente, et jusqu'ici beaucoup moins répandue, le droit dérive des rapports nécessaires des choses ; il existe indépendamment de la loi, qui n'est que la reconnaissance par le législateur de cette nécessité même. Les rapports nécessaires, à leur tour, résultent de tout le développement social et politique d'un peuple, de ses mœurs, de ses besoins, et, pour appeler les choses par leur nom, de son histoire (1843 : 92-93 cité dans Assier-Andrieu, 1996 : 131).

La doctrine privatiste ignore très généralement les *statuts civils personnels* dits « coutumiers », de « droit particulier », ou « local », *de notre droit interne*, comme il y a un quart de siècle encore la doctrine publiciste passait sous silence, ainsi que le rappelle Thierry Michalon (à paraître), le fait que la République était un ensemble composite – bien loin du modèle proclamé « d'unité » et « d'indivisibilité ». Le dogme des *droits constitutionnellement protégés* – droits individualistes – a encore de beaux jours devant lui, car ce dogme repose sur des valeurs d'où le sacré n'est pas absent : la renaissance du droit de l'outre-mer du côté des publicistes portait sur des concepts laïques certes très ancrés ; le même effort qu'il faudrait mener dans le domaine du droit privé impliquerait de faire abstraction de nos propres valeurs, morales, religieuses, en un mot de tout ce que nous sommes, pour arriver à nous placer quelque peu du côté de cet « autre » que l'on veut toujours « secourir », et pour cela « convertir », en un mot rendre pareils à nous.

Un fait demeure et, fort heureusement, le fait crée plus souvent le droit qu'on ne l'imagine : le juge professionnel, là où il travaille avec des assesseurs coutumiers, n'a d'autre choix que de partir ou de s'investir dans la compréhension de la société qui l'entoure. Même s'il ne peut prétendre devenir ethnologue, il ne peut plus faire l'économie de s'initier à son nouvel environnement social. C'est la condition de sa saisine, la condition de son autorité et de la crédibilité des décisions rendues. Car un juge qui n'inspire plus confiance perd tout ou une partie de son utilité sociale. Et l'impératif, pour le juge, de mériter sa légitimité, rejoint cet autre constat : « Le droit ne peut plus être, de nos jours, figuré uniquement par une pyramide ou une colonne de normes : c'est aussi le champ où il pousse comme une herbe, fût-ce avec l'aide des hommes, les juges d'équité en première ligne, mais également des hommes quelconques, usagers, témoins, victimes du juridique, altérés de paix, de repos, de justice » (Carbonnier, 1993 : 19).

Quant au législateur, dans un contexte qui voit la conception pyramidale du droit et le raisonnement fermé sur lui-même de plus en plus mis en doute, que ne s'inspire-t-il de l'humanisme d'un Portalis : « le législateur ne doit point perdre de vue que les lois sont faites pour les hommes et non les hommes pour les lois » (*Discours préliminaire lors de la présentation du projet de Code civil, An XI*). Car en jouant des statuts qui offrent toute la palette des contrastes, et en n'assumant que difficilement l'aspiration à la différence, c'est sa propre loi qu'il expose à voir délaissée.

Le droit est, décidément, bien *trop humain pour prétendre à l'absolu de la ligne droite...*

BIBLIOGRAPHIE

AGOSTINI, E. (1999), « Statut personnel : requiem pour l'ordre public ? », *Dalloz*, note sous Cass. 1re civ. 5 janvier 1999. Contra : Cass. 1re civ. 17 février 2004 (5 arrêts) Dalloz, 2004, p. 824, concl. F. Cavarroc.

AIMOT, O. (1995), « Les Instances juridictionnelles coutumières », dans P. de Deckker (dir.), *Coutume autochtone et évolution du droit dans le Pacifique sud*, Paris, L'Harmattan, p. 175-189.

ANGLEVIEL, F. (1989), *Wallis et Futuna (1801-1888) – Contacts, évangélisation, inculturation*, thèse de doctorat, Université de Montpellier III, 3 tomes, 865 p.

ANGLEVIEL, F. (2006), « La Coutume et l'État à Wallis et Futuna ou la perpétuation d'un mariage de raison », dans P. de Deckker (dir.), *Figures de l'État dans le Pacifique*, Paris, L'Harmattan, 49-64.

ASSIER-ANDRIEU, L. (1996), *Le Droit dans les sociétés humaines*, Paris, Nathan.

BAMBRIDGE, T. (1999), « L'identité fondée sur le lien à la terre en Polynésie », dans J.-Y. Faberon et Y. Gautier, *Identité, nationalité, citoyenneté outre-mer*, CHEAM, p. 73-94.

BAMBRIDGE, T. (2004), *Revendications foncières dans l'archipel des îles Australes*, Paris, Société des océanistes – Musée de l'homme.

BONHOURE, R. (1915), *La propriété foncière dans les établissements français de l'Océanie*, thèse de doctorat en sciences politiques et économiques, Université de Paris.

BONNEAU, R. (1965), *Les problèmes de la tenure des terres en Polynésie française*, Nouméa, Commission du Pacifique Sud.

BOYER, A. (1999), «Les autochtones français: populations, peuples?», *Droit et cultures*, n° 37, p. 115-139.

BROCHET, R. (1956), *L'introduction du droit civil et du droit pénal français aux îles Sous-le-vent*, thèse de doctorat en droit, Université de Paris.

CALINAUD, R. (1991), *La création des titres fonciers en Polynésie française*, Papeete, Conférence judiciaire du Pacifique.

CALINAUD, R. (1992), *La situation juridique des lagons polynésiens*, Université française du Pacifique, 1992, et *Bulletin de la Société des études océaniennes*, n° 260, Papeete, 1993.

CARBONNIER, J. (2001 [1969]), *Flexible droit: pour une sociologie du droit sans rigueur*, 10ᵉ éd., Paris, LGDJ.

CARBONNIER, J. (1972), *Sociologie juridique*, Paris, A. Collin.

CARBONNIER, J. (1993), «La religion fondement du droit?», *Archives de philosophie du droit*, vol. 38, p. 17-21.

CHARLES, M.-N. (1992), «L'enfant fa'a'amu vu par le droit», *Regards sur l'enfant «fa'a'amu»*, Papeete, premières journées de recherches de l'APRIF, p. 86-91.

CHÂTEAUNEUF, A. (2004), «La procédure de renonciation au statut civil de droit local applicable aux originaires de Mayotte», dans L. Sermet, *Mayotte dans la République*, Paris, Montchrestien, p. 369-391.

COCHIN, F. R. (1949), *L'application du droit civil et du droit pénal français aux autochtones des établissement français de l'Océanie*, thèse de doctorat en droit, Université de Paris.

COLLOMB, G. (2005), «De la revendication à l'entrée en politique (1984-2004)», *Ethnies*, vol. 18, nᵒˢ 31-32, p. 16-28.

CUSTOS, D. (1997), «Le Droit d'outre mer, mort, résurrection ou transfiguration?», *Études en l'honneur de Georges Dupuis*, Paris, LGDJ, p. 83-92.

DELAHAYE, J.-L. (1995), *Le juge et les statuts civils particuliers en Nouvelle-Calédonie, essai d'analyse de la jurisprudence locale* (document interne à la cour d'appel – non publié).

FABERON, J.-Y. (dir.) (2006), *Les collectivités françaises d'Amérique au carrefour des institutions*, Paris, La Documentation française.

FABERON, J.-Y. (dir.) (à paraître), *Séminaire d'actualité de droit d'outre-mer 2006: la République française sur la voie fédérale?*, Aix-en-Provence, Presses universitaires d'Aix-Marseille.

FLORI, J.-B. (2004), « Le Tribunal supérieur d'appel de Mayotte : cheminement entre spécificité et assimilation », dans L. Sermet (dir.), *Mayotte dans la République*, Paris, Montchrestien, p. 413-430.

FREZET, P. (2005), « Chronique d'un jugement qui ne sera jamais rendu », *Revue de la recherche juridique. Droit prospectif*, vol. 4, n° 1, p. 2023-2030.

FREZET, P. (2006), « Justice française en Nouvelle-Calédonie : la fin du rêve colonial », *Revue juridique, politique et économique de la Nouvelle-Calédonie*, n° 7, p. 40-41.

GARDE, F. (1999), « Les Autochtones et la République », *Revue française de droit administratif*, n° 1, p. 1-13.

GIRAULT, A. (1927), *Principes de colonisation et de législation coloniale*, Paris, Librairie du Recueil Sirey, 5ᵉ édition.

GRENAND, F. et Pierre GRENAND (2005), « Trente ans de luttes amérindiennes », *Ethnies*, vol. 18, nᵒˢ 31-32, p. 132-163.

GUILLAUMONT, O. (2005), « Adieu polygamie, répudiation, inégalités successorales... ou la mort à petit feu du statut civil de droit local applicable à Mayotte », *Revue juridique et politique : indépendance et coopération*, n° 1, p. 97-114.

GUY, P. (1951), *Cours de droit musulman à l'usage des candidats à l'emploi de Cadi dans le territoire des Comores*, Polycopié de la Cour d'appel de Madagascar, réimpression en 1981.

GUY, P. (1952), *Minhâdj at-tâlibîn, le guide des étudiants et l'auxiliaire des muftis dans la doctrine juridique.* Essai de traduction juxtalinéaire du traité de jurisprudence châféite de l'imâm Am-Nawawi (1233-1278).

GUY, P. (1981), *Études de droit comorien et approche de l'islam comorien*, Paris, Centre d'études juridiques comparatives de l'Université de Paris I.

KARPE, P. (2001), « Droit colonial, droit d'outre mer... droit des collectivités autochtones. De l'urgente nécessité de renouveler une branche de droit spécifique », *Revue juridique et politique : indépendance et coopération*, n° 2, p. 236-239.

KARPE, P. (2002), « Y a-t-il encore des collectivités autochtones en Guyane française ? D'une méconnaissance à une indifférence », *Revue juridique et politique : indépendance et coopération*, n° 2, p. 231-244.

KLIMRATH, H. (1843), « Programme d'une histoire de droit français », *Travaux sur l'histoire du droit français*, Paris-Strasbourg.

LAFARGUE, R. (1997), « L'État de droit et le nouveau code des personnes et de la famille en Centrafrique : demain peut-être... la fin des modèles », *Revue juridique et politique : indépendance et coopération*, n° 1, p. 49-84.

LAFARGUE, R. (1999), « Le réveil de l'identité réunionnaise à l'heure de l'accord de Nouméa », *Droit et cultures*, n° 37, p. 203-210.

LAFARGUE, R. (2001), « Les Maisons de justice et du droit à l'île de la Réunion », *Droit et cultures*, hors série 3, p. 179-199.

LAFARGUE, R. (2003), *La Coutume judiciaire en Nouvelle-Calédonie, aux sources d'un droit commun coutumier*, Presses universitaires d'Aix-Marseille.

LAFARGUE, R. (2004), « Les contraintes posées par l'article 75 de la constitution : entre héritage colonial et volonté de modernisation de la société mahoraise », dans L. Sermet et J. Coudray (dir.), *Mayotte dans la République*, Paris, Montchrestien, p. 305-331.

LAFARGUE, R. (2006a), « Dire le droit de l'autre : contribution à une approche réaliste du pluralisme juridique », dans J.-Y. Faberon (dir.), *Les collectivités françaises d'Amérique au carrefour des institutions*, Paris, La Documentation française, p. 88-98.

LAFARGUE, R. (2006b), « Les Kanak et la justice de l'État aujourd'hui : du juge serviteur de la loi, au juge gardien des promesses », dans P. de Deckker (dir.), *Figures de l'État dans le Pacifique*, Paris, L'Harmattan, p. 121-145.

LAMBERT, F. (2003), « La coutume révisée par la loi (du bon usage de l'article 75 de la Constitution) », *Revue française de droit constitutionnel*, n° 56, p. 796-800.

LEENHARDT, M. (1953 [1937]), *Gens de la Grande Terre*, Paris, Gallimard, 9ᵉ édition.

MAGNANT, J.-P. (2004), « Le Droit et la coutume dans l'Afrique Contemporaine », *Droit et cultures*, n° 48, p. 167-192.

MARGUENAUD, J.-P. (1996), « La répudiation refoulée au nom de l'égalité des époux », *Revue trimestrielle de droit civil*, 515.

MARGUENAUD, J.-P. (1998), « Le comité des droits de l'Homme place les lieux de sépulture ancestraux sous les auspices du droit au respect de la vie privée et familiale », *Revue trimestrielle de droit civil*, 1014.

MARTRES, J.-P. et J. LARRIEU (dir.) (1993), *Coutumes et droit en Guyane*, Paris, Economica.

MICHALON, T. (2006), « Un déplorable faux pas du constituant », dans J.-Y. Faberon (dir.), *Les collectivités françaises d'Amérique au carrefour des institutions*, Paris, La Documentation française.

MICHALON, T. (à paraître), « La République française, une fédération qui s'ignore ? ou la jubilation du chercheur », dans J.-Y. Faberon et L. Tesoka (dir.), *Séminaire d'actualité de droit d'outre-mer 2006 : la République française sur la voie fédérale ?*, Presses universitaires d'Aix-Marseille (actes du colloque de l'IDOM, Montpellier 3 mai 2006).

NICOLAU, G. (1992), « L'autonomie de la coutume canaque », *Revue juridique et politique : indépendances et coopération*, n° 2, p. 219-257.

NICOLAU, G. (1999a), « Le Droit très privé des peuples autochtones en Nouvelle-Calédonie », *Droit et cultures*, n° 37, p. 53-70.

NICOLAU, G. (1999b), « Identité et accès à la justice », *Identité, nationalité et citoyenneté dans les territoires d'outre-mer*, CHEAM, Paris, La Documentation française, p. 104-132.

NICOLAU, G. et R. LAFARGUE (2004), « Note sous l'arrêt Nouméa du 17 septembre 2001 », *Revue de la recherche juridique. Droit prospectif*, vol. II, p. 1401-1422.

NICOLAU, G., G. PIGNARRE et R. LAFARGUE (2007), *Ethnologie juridique. Autour de trois exercices*, Paris, Dalloz.

OLIVER, D. (1974), *Ancient Tahitian Society*, 3 vol., Honolulu, University Press of Hawaii.

OLIVER, D. (1989), *Native Cultures on the Pacific Islands*, Honolulu, University of Hawaii Press.

OTTINO, P. (1975), *Rangiroa. Parenté étendue, résidence et terres dans un atoll polynésien*, Paris, Cujas.

PANOFF, M. (1970), *La terre et l'organisation sociale en Polynésie*, Paris, Payot.

PECHBERTY, D. et E. TOA (2004), *Vivre la coutume à 'Uvea (Wallis)*, Paris, L'Harmattan, coll. « Mondes océaniens ».

PEYRAT, D. (dir.) (1998), *L'accès au droit en Guyane*, Matoury, Ibis rouge.

PEYRAT, D. (1999), *Le Juge et le Lieu. Essai sur le besoin de droit en Guyane*, Matoury, Ibis rouge.

RAU, É. (2006 [1944]), *Institutions et coutumes canaques*, Paris, L'Harmattan.

RAU, É. (2007 [1935]), *La Vie juridique des indigènes des îles Wallis*, Paris, L'Harmattan.

RAVAULT, F. (1978), « Problèmes fonciers en Polynésie », *Tahiti*, Publication de la Maison des jeunes et de la culture de Polynésie française, n° 24, p. 10-15.

RAVAULT, F. (1979), *Le régime foncier de la Polynésie française*, Papeete, ORSTOM.

ROSSILLION, C. (1952), *Le régime législatif de la France d'outre-mer*, Thèse, Université de Nancy, Éditions de l'Union française.

ROULAND, N. (1996), « Être Amérindien en Guyane française : de quel droit ? », *Revue française de droit constitutionnel*, n° 27, p. 493-522.

SAGE, L. Y. (1981), *Le droit foncier polynésien de la période antérieure à juin 1934*, thèse de droit, Université de Grenoble.

SAURA, B. (1995), «Les règles coutumières en Polynésie française», dans P. de Deckker (dir.), *Coutume autochtone et évolution du droit dans le Pacifique Sud*, Paris, L'Harmattan, p. 95-131.

SERMET, L. (1999), «Regards sur la justice musulmane à Mayotte», *Droit et cultures*, n° 37, p. 185-201.

SERMET, L. (2000), «Loi et coutume en Grande Comore», *Mélanges Claude Wanquet*, Saint-Denis Messag, Université de La Réunion, p. 347-358.

SERMET, L. (2004b), «Mayotte: évolution du statut personnel de droit local», dans J.-Y. Faberon, *L'outre-mer français. La nouvelle donne institutionnelle*, Paris, La Documentation française, p. 185-196.

SERMET, L. (2006a), «Statut civil coutumier kanak: entre politique jurisprudentielle et incertitude juridique. Commentaire de l'avis de la Cour de cassation du 16 décembre 2005», *Revue juridique, politique et économique de la Nouvelle-Calédonie*, n° 7, p. 42-49.

SERMET, L. (2006b), «Les Amérindiens de Guyane devant la justice et l'exemple de la justice cadiale à Mayotte», dans J.-Y. Faberon (dir.), *Les collectivités françaises d'Amérique au carrefour des institutions*, Paris, La Documentation française, p. 99-114.

SIMETE, E. (1995), (en collaboration avec Mme Trouilhet-Tamole), «Les règles coutumières à Wallis», dans P. de Deckker (dir.), *Coutume autochtone et évolution du droit dans le Pacifique sud*, Paris, L'Harmattan, p. 132-139.

SOLUS, H. (1927), *Traité de la condition des indigènes en droit privé*, Paris, Sirey.

SOULÉ, M. (2003), «Wallis et Futuna: coutume et modernité», dans Paul de Deckker, Jean-Yves Faberon, Chantal Le Guillou et Luc Steinmetz, *L'outre-mer français dans le Pacifique. Nouvelle-Calédonie, Polynésie française, Wallis et Futuna*, Paris, L'Harmattan, p. 135-140.

TARDY, A. (Mgr) (1935), «Le Fléau social africain», *Revue des Deux mondes*, 1er octobre, p. 666-680.

TIOUKA, A. (1999), «La question juridique des peuples autochtones de Guyane», *Droit et cultures*, n° 37, p. 91-94.

WAMYTAN, L. (2004), «Changement de statut et statut civil coutumier: bilan et perspectives. Nouméa», *Revue juridique politique et économique de Nouvelle-Calédonie*, n° 4, p. 39-40.

WYNGAARDE, B. (2005), «Communautés amérindiennes: identités en danger?», *Ethnies: droits de l'homme et peuples autochtones*, vol. 18, n°s 31-21, p. 31.

Politiques de l'autochtonie en Nouvelle-Calédonie

MARCEL DJAMA

INTRODUCTION

Au cours des dix dernières années, les débats relatifs à la situation des peuples autochtones[1] sont sortis de l'espace restreint et confidentiel dans lequel ils étaient confinés pour faire irruption dans les principales instances de négociation qui débattent de la régulation mondiale, qu'elle soit politique, économique ou sectorielle. Les questions environnementales, notamment, ont contribué à un regain de mobilisation des peuples autochtones, comme par exemple la Convention sur la diversité biologique dont l'article 8j (reconnaissant le rôle des populations autochtones dans la préservation de la biodiversité des régions qu'elles habitent) est abondamment débattu.

Proclamée en 1993 par l'Assemblée générale des Nations unies, la décennie internationale des populations autochtones (1995-2004) a été reconduite en décembre 2004 pour une nouvelle décennie. Les peuples autochtones bénéficient de divers programmes menés par les agences des Nations unies et la Banque mondiale ; ils occupent une place importante dans le rapport mondial sur le développement humain publié par le PNUD en 2004, « La liberté culturelle dans un monde diversifié », qui plaide en faveur de la reconnaissance de leurs droits.

---

1. Nous reprenons les usages linguistiques qui semblent s'imposer dans les instances internationales autour de ces notions : le terme anglais *indigenous* est traduit par « autochtone » en français et *indígena* en espagnol.

Les premiers textes juridiques internationaux faisant explicitement référence aux droits des populations autochtones sont publiés dans les années 1930 (Thornberry, 2002). Ils ont été élaborés par l'Organisation internationale du travail (OIT). L'OIT a aussi produit les principaux textes de droit international sur cette question, notamment la « convention 169 relative aux peuples indigènes et tribaux » (1989). Cette convention est la plus audacieuse sur le plan politique : elle fait explicitement référence aux « peuples autochtones[2] », alors que la plupart des documents internationaux de ces trente dernières années[3] utilisent les termes plus neutres de « populations » ou « communautés » autochtones.

La terminologie est l'un des principaux points soulevés dans les débats internationaux. Derrière le choix des termes se profile le statut politique des groupes désignés et des droits collectifs qu'ils peuvent revendiquer (notamment le droit à l'autodétermination). La définition de la notion même de « peuples autochtones » est controversée et fait débat au sein du groupe de travail de l'ONU sur les populations autochtones. Toutefois, elle est communément établie à partir du document rédigé, en 1986, par le rapporteur spécial des Nations unies, José Martinez Cobo[4]. Celui-ci désigne comme autochtones « les communautés, peuples et nations qui, du fait de leur continuité historique avec les sociétés précédant la conquête et la colonisation de leurs territoires, se considèrent comme distincts des autres secteurs des sociétés aujourd'hui dominantes sur ces territoires ou des parties de ces territoires. Ils constituent actuellement des secteurs non dominants de la société et sont déterminés à préserver, développer et transmettre aux générations futures leurs territoires ancestraux et leur identité ethnique, sur la base de leur existence continue en tant que peuple, en accord avec leurs propres systèmes culturels, leurs systèmes légaux et leurs institutions sociales. »

Plusieurs critères sont mis en avant : la conquête coloniale comme moment clé de la marginalisation des premiers occupants d'un territoire,

---

2. Néanmoins, l'article 1 précise que « l'emploi du terme peuples dans la présente convention ne peut en aucune manière être interprété comme ayant des implications de quelque nature que ce soit quant aux droits qui peuvent s'attacher à ce terme en vertu du droit international ». Il n'empêche que de nombreux États, dont la France, n'ont pas ratifié ce texte.

3. Notamment le Pacte de l'ONU sur les droits civils et politiques, entré en vigueur en 1976, le document final du Sommet de Rio (1992) et la convention sur la diversité biologique (1994).

4. José Martinez Cobo (1986).

l'auto-identification des populations autochtones comme étant distinctes de la société dominante et leur résistance à l'assimilation.

La position des États au regard des revendications des peuples autochtones varie selon le régime politique, le poids démographique, les relations entre le pouvoir central et ces populations. Pour ne prendre que le cadre comparatif retenu dans cette rencontre consacrée à un croisement des perspectives québécoises et françaises, la prise en compte des populations autochtones ne revêt pas la même intensité : dans le Nouveau Monde, où les « Premières Nations[5] » ont été subjuguées et reléguées par les conquérants, le traitement de la question autochtone touche au fondement identitaire de la nation entière. Dans le cas de la France, aux prises depuis quelques années avec les mêmes revendications dans ses territoires périphériques, elle ne remet pas en cause avec la même acuité le pacte national. Cependant, la prise en compte croissante de ces réalités contribue à faire évoluer les principes républicains et la constitution.

Il est cependant un autre aspect qu'il me paraît important de considérer pour cette comparaison : c'est le fait que la revendication d'une reconnaissance de l'autochtonie et de droits collectifs associés à ce statut n'a pas la même incidence, dès lors qu'on la rapporte à une trajectoire de formation de l'État dans laquelle les groupes historiquement marginalisés peuvent être amenés à prendre le pouvoir. C'est une chose de reconnaître des droits propres à une minorité « autochtone » dans une démarche de réparation des torts coloniaux ; mais c'en est une autre de bâtir un État fondé sur une survalorisation des droits politiques des premiers occupants au détriment des autres citoyens. Ce second aspect traduit en fait une inversion des discriminations juridiquement instituées par le pouvoir colonial[6].

Dans cette communication, j'essaie de poser cette problématique de l'autochtonie, telle qu'elle s'exprime dans le contexte de la décolonisation engagée par l'État français en Nouvelle-Calédonie. À travers cette formule de « politiques de l'autochtonie », je voudrais traiter deux dimensions qui me paraissent liées entre elles :

la première porte sur la façon dont l'État français prend en charge cette problématique de l'autochtonie, dans le contexte néo-calédonien et au-

---

5. Le terme « Premières Nations » est utilisé au Canada pour désigner les populations autochtones, mais il commence à se diffuser dans d'autres pays.

6. Voir à ce sujet deux textes remarquables de Mamdani (1999 ; 2001) sur les implications contemporaines des catégories juridiques forgées dans l'Afrique sous domination coloniale.

delà, dans les «pays» de l'outre-mer français où le débat est formulé (je pense à la Guyane française);

la seconde renvoie aux modalités de construction, de l'autochtonie comme «identité politique» kanak. Je m'intéresse alors à la façon dont cette identité politique reconfigure les relations entre les Kanaks et le reste de la population installée dans l'archipel, mais aussi les relations des Kanaks entre eux.

UNE APPROCHE FRANÇAISE DE LA QUESTION AUTOCHTONE?

L'État français est directement concerné par les débats internationaux sur l'autochtonie depuis qu'il a reconnu, à la fin des années 1990, l'existence de communautés ou de peuples autochtones dans la République, d'autant que ces derniers (Amérindiens de Guyane et Kanaks de Nouvelle-Calédonie) résident dans les régions répertoriées comme parmi les plus riches de la planète en biodiversité.

Comment s'est opéré le changement doctrinal qui a conduit la France à reconnaître le fait autochtone et les droits collectifs attachés à des communautés particulières?

Dans l'histoire de France, le thème de l'autochtonie n'apparaît qu'en de rares occurrences historiques[7]. L'idée républicaine issue des Lumières et de la Révolution de 1789 ne tolère pas les particularismes: elle s'efforce d'imposer une nation homogène, en mobilisant les ressources d'un État fortement centralisé, en introduisant le principe de la laïcité et en imposant l'usage exclusif de la langue française. L'une des principales spécificités du modèle républicain français est qu'il privilégie une conception politique plutôt qu'ethnique de la nation: en cela, il distingue les logiques identitaires du principe de citoyenneté[8].

7. Sur ces occurrences historiques et la présence du thème de l'autochtonie dans l'histoire française, lire Marcel Detienne (2003).

8. Comme le rappelle Jacqueline Costa-Lascoux (2005 : 10), « Dans de nombreuses sociétés, l'identité n'est pas séparée de la citoyenneté, comme cela est de principe en France. Les deux registres, s'ils entrent dans une construction dialectique de la personne, ne sauraient être confondus : la filiation, l'héritage, la terre des ancêtres, la tradition, la communauté... sont de l'ordre de l'identité ; le choix, l'adhésion, le contrat, le territoire, la loi, le suffrage, la nation... sont de l'ordre de la citoyenneté. »

Ce modèle archétypal de la République a fortement évolué sous l'effet conjugué de plusieurs facteurs : les politiques de décentralisation à partir de 1982, l'intégration européenne, l'émergence ou l'exacerbation de revendications identitaires en métropole et outre-mer et le renouveau des terroirs et la revalorisation de leurs ressources, sous l'effet de la mondialisation et de la segmentation des marchés.

Si la constitution de 1958 prend déjà en compte les particularismes sociaux et culturels des collectivités d'outre-mer[9], ce n'est qu'au cours des années 1980 et au début des années 1990 qu'est explicitement envisagée l'existence, au sein de la République, de communautés distinctes bénéficiant de droits particuliers. La motion visant à reconnaître un «peuple corse, composante du peuple français», votée en octobre 1988 par l'Assemblée de Corse, puis relayée par le gouvernement, est emblématique. Bien que le projet de loi ait été censuré par le Conseil constitutionnel en mai 1991, la démarche engagée signale les changements doctrinaux à l'œuvre au sein de l'appareil d'État et dans la société. L'idée fera son chemin dans d'autres contextes. Le Conseil constitutionnel s'est également prononcé en 1999 contre certaines dispositions de la Charte européenne des langues régionales ou minoritaires, parce qu'elles portaient atteinte aux principes constitutionnels d'indivisibilité de la République et d'unicité du peuple français.

C'est dans l'outre-mer français que les évolutions seront les plus marquantes. Le préambule de l'Accord sur la Nouvelle-Calédonie, signé à Nouméa en 1998, reconnaît l'existence du «peuple kanak», dont «l'identité [...] [est] fondée sur un lien particulier à la terre». Il établit explicitement la présence «d'une population autochtone» lors de la prise de possession de l'île par la France. La mise en œuvre de cet accord nécessitera de réviser la constitution. Dans les années 1990, l'État français reconnaît également l'existence de communautés autochtones amérindiennes en Guyane française (Alexis Tiouka, 2005).

Ces évolutions résultent des actions militantes engagées par les mouvements sociaux et politiques autochtones dès les années 1980, tant par le Front de libération kanak socialiste (FLNKS) que par l'Association des Amérindiens de Guyane française (qui deviendra, en 1992, la Fédération des organisations amérindiennes de Guyane, la FOAG). Sortant

---

9. Article 74 sur le statut des collectivités d'outre-mer et article 75 sur les statuts personnels particuliers.

d'un face-à-face stérile et parfois violent avec l'État, ils sauront investir les réseaux internationaux, les organisations non gouvernementales et les instances régionales[10] ou supranationales (ONU) pour défendre leur cause et se faire reconnaître.

Mais les évolutions institutionnelles de l'outre-mer français, notamment le processus d'émancipation à l'œuvre en Nouvelle-Calédonie, et les revendications portées par les populations autochtones ont des fondements plus lointains : elles sont le produit d'une histoire coloniale caractérisée par des idéaux républicains plus rhétoriques qu'assumés et de cadres institutionnels fondés sur l'arbitraire, les inégalités instituées et les régimes d'exception (lire notamment Bancel, Blanchard et Vergès, 2003).

DES POLITIQUES DE L'AUTOCHTONIE EN NOUVELLE-CALÉDONIE

L'exemple de la Nouvelle-Calédonie permet d'entrevoir comment la gestion des populations pendant la période coloniale, fondée sur la codification juridique, a abouti à une particularisation ethnique des groupes.

Si les populations autochtones ont eu à cœur de se préserver de toute acculturation, l'idéal républicain assimilationniste n'a pas toujours été au rendez-vous. En Nouvelle-Calédonie comme dans d'autres lieux, la colonisation s'est traduite par une ingénierie sociale, dont l'une des finalités était d'organiser les rapports sociaux et politiques entre les groupes autochtones colonisés et les différentes catégories d'allochtones.

Des frontières sociales et raciales ont été érigées afin d'organiser les différences qui avaient été instituées entre « sujets indigènes de la colonie » et « immigrants » (et, parmi ces derniers, entre colonisateurs et immigrants colonisés), en s'appuyant pour une large part sur les instruments du droit. Dès les premiers temps de la colonisation, les pouvoirs coloniaux se sont livrés à une intense activité de codification juridique des appartenances sociales et des identités des groupes et des individus[11]. Parmi les quelques

---

10. Notamment les mouvements amérindiens d'Amérique latine dans le cas de la FOAG et les États du Forum du Pacifique dans le cas du FLNKS.

11. Le régime de l'indigénat est l'un de ces instruments, même s'il semble avoir eu une fonction essentiellement répressive en Nouvelle-Calédonie (Isabelle Merle, 2004). Toutefois, il agit de concert avec d'autres dispositifs juridiques, notamment ceux qui régissent le statut des immigrants dans une colonie donnée, selon que ceux-ci

milliers d'individus qui peuplaient l'archipel, plusieurs groupes sociaux ont été distingués : indigènes assujettis, colons pénaux, colons libres français, immigrants libres non européens (Japonais), travailleurs allochtones sous contrat (Javanais, Tonkinois), etc. Ces catégories sont constitutives d'une stratification sociale qui perdure encore aujourd'hui dans une certaine mesure.

Le legs institutionnel de l'histoire coloniale forme une sorte de matrice au sein de laquelle se coulent les dynamiques contemporaines qui façonnent les identités politiques des peuples autochtones de la République et leurs revendications. Ces dynamiques s'inscrivent dans des conjonctures politiques et économiques.

En Nouvelle-Calédonie, le premier de ces moments est marqué par la polarisation et «l'ethnicisation» du champ politique, avec l'émergence de la revendication indépendantiste kanak dans les années 1970 et les violences civiles des années 1980 entre partisans et opposants de l'indépendance du territoire. C'est au cours de cette période que les identités culturelles (kanak et caldoches[12]) qui recoupaient les identités juridiques coloniales (sujets, citoyens) se cristallisent en identités politiques.

Vient ensuite la décentralisation, la «provincialisation», consécutive à la signature et la mise en œuvre des Accords de Matignon en 1988. Elle débouche sur la désunion des territoires de l'archipel et la réification d'une fracture ethnique qui se matérialise désormais dans l'organisation spatiale. Sans doute faut-il ramener la provincialisation au contexte politique et social dans lequel elle s'inscrivait et à sa finalité première : élaborer un compromis politique fondé sur le partage du pouvoir local et le report du débat sur l'autodétermination afin de permettre un retour à la paix civile. De ce point de vue, les Accords de Matignon ont été un succès. Il n'empêche qu'en dessinant trois collectivités provinciales en fonction de leur peuple-

---

sont sujets ou protégés français (Tonkinois en Nouvelle-Calédonie), sujets d'une autre puissance coloniale (les Javanais, sujets néerlandais), citoyens d'un État indépendant non européen (Japonais), etc.

12. Au cours de cette période, la désignation « caldoche » s'est imposée, en opposition aux Kanaks, pour désigner les colons et immigrants établis sur l'île. L'effet de polarisation politique a ainsi contribué à gommer les différences construites durant la période coloniale entre « colons blancs » et immigrants asiatiques par exemple et à asseoir l'assimilation de ces derniers.

ment et de la composition de leur électorat[13] l'action de l'État a contribué à inscrire dans les territoires ces identités ethniques et politiques.

Avec l'Accord de Nouméa de 1998, un nouveau défi politique émerge, lié à l'épineuse question de la définition du corps électoral pour les prochaines échéances, notamment le futur référendum sur l'autodétermination. Plus largement, il s'agit de déterminer dans quelle condition la reconnaissance du fait autochtone peut s'articuler avec l'instauration d'une citoyenneté élargie aux autres composantes de la population calédonienne.

La revendication de l'autochtonie a aussi ses étapes économiques. Dès les années 1980, elle a été intimement liée au foncier et à la rétrocession aux Kanaks des terres spoliées durant la colonisation. À la fin des années 1990, elle s'est exprimée dans les revendications des populations locales – inscrites dans les Accords de Nouméa – afin que leur soit accordée une priorité en matière d'accès aux emplois.

Elle investit désormais les lieux témoins de la mondialisation : les instances internationales où se débattent l'accès aux ressources de la biodiversité et le rôle des communautés locales et autochtones dans la préservation de la diversité biologique, instances auxquelles participent de plus en plus les représentants du peuple kanak ; le secteur minier et métallurgique calédonien, qui s'ouvre aux multinationales du nickel (Falconbridge, Inco).

AUTOCHTONIE, CITOYENNETÉ : UNE ÉTHIQUE DU PROCHAIN

Au cours de ces derniers mois, les mobilisations relatives à la prise en compte des droits des peuples autochtones ont pris un nouveau tournant en Nouvelle-Calédonie. Contestant l'implantation d'une usine métallurgique par une multinationale canadienne dans le sud du pays, un nouveau mouvement est apparu dans la scène politique calédonienne en 2005 : le Conseil autochtone pour la gestion des ressources naturelles en Kanaky Nouvelle-Calédonie (CAUGERN). À l'examen, la résistance du CAUGERN est bien justifiée face à des industriels et des politiques qui

---

13. Le territoire de la Nouvelle-Calédonie a été divisé en trois provinces disposant de larges compétences. Deux d'entre elles sont gérées par une assemblée issue des partis indépendantistes : la Province des îles (98 % de Kanaks) et la Province Nord (78 %). La troisième, la Province Sud, est gérée par un parti anti-indépendantiste ; les Kanaks y sont minoritaires (25 %).

font fi de toutes considérations relatives aux souhaits des populations riveraines et aux atteintes environnementales de leur programme : point de
concertation ou si peu, et le point de vue surplombant d'experts mandatés
en guise d'explications.

Pour autant, il nous faut rappeler que la reconnaissance des droits
autochtones se confine rarement au seul domaine du rapport de force entre
«colonisés» et «colonisateurs» ou «multinationales impérialistes». Car, à
peine refermée la page de la lutte anticoloniale, le spectre de l'autochtonie
s'insinue dans de nouvelles failles et ouvre la voie aux clivages fratricides.

Ces déplacements du domaine de la lutte – de la résistance anticoloniale au conflit interne au monde kanak – se développent et, on assiste
depuis le début des années 1990 à une multiplication des conflits d'accès
aux ressources (foncières, mais aussi à l'emploi) renvoyant à cette opposition entre ayants droit locaux et allochtones. Comme cet épisode étudié
lors d'une récente enquête de terrain (novembre 2005) effectuée dans un
bassin minier situé sur la côte est de la Grande Terre : en 1999, une grève
est provoquée dans une mine de nickel située au voisinage de la tribu de
Nakety, dans la commune de Canala. Ce conflit éclate à la suite d'un projet
de licenciement économique d'une partie des employés engagés par l'entreprise exploitante. Dans un premier temps, les ouvriers (essentiellement des
Kanaks originaires de Nakety) réclament l'ajournement des licenciements
et l'affaire prend l'allure d'un classique conflit du travail, tristement banal
en ces temps de libéralisme effréné.

Assez rapidement cependant, le conflit change de tonalité : aux sala-
riés viennent s'ajouter les voix des responsables coutumiers de Nakety.
Ceux-ci ne s'insurgent pas tant sur la question des licenciements que sur le
fait de ne pas avoir été consultés sur cette décision. Ils réclament dès lors un
droit d'exploiter pour leur propre compte les mines qu'ils considèrent
comme leur ressource et demandant à la société de quitter les lieux.

Cette revendication intervient dans un contexte politique très
tendu. En 1998 et 1999, l'État français renégocie avec les forces politiques
calédoniennes une prolongation du compromis politique qui, dix ans plus
tôt, avait débouché sur les «Accords de Matignon». Dans cette nouvelle
phase de négociation, le Front de libération nationale kanak socialiste
(FLNKS) a engagé un nouveau rapport de force avec l'État métropolitain,
en imposant un préalable à la poursuite des négociations. Ce préalable –
désigné localement comme le «préalable minier» – revendique le transfert
des compétences en matière d'exploitation des ressources minières de l'État

aux autorités de Nouvelle-Calédonie. Plus concrètement, la revendication du FLNKS porte alors sur la cession d'un important massif minier à une société minière de la Province Nord de Nouvelle-Calédonie (une collectivité dirigée par un exécutif indépendantiste kanak). Cette dernière envisage de construire une usine métallurgique, comme moyen d'affermir l'indépendance économique du pays. Ce contexte global de mobilisation politique autour du contrôle des ressources minières explique les revendications exprimées à l'échelle locale par les responsables coutumiers de Nakety, mais aussi la tournure prise par les événements en ce mois de mai 1999, dans ce conflit. De fait, les rôles vont soudain s'inverser, et ce sont les chefs locaux qui envisagent de congédier l'entreprise. L'épreuve de force qui s'engage leur sera favorable : elle va déboucher sur la mise en place d'une structure locale d'exploitation, basée sur le principe d'un actionnariat populaire et gérée par les populations kanaks riveraines.

La même année cependant, un second conflit éclate, et il perdure encore aujourd'hui de façon sporadique. Ce conflit oppose la tribu de Nakety aux autres tribus voisines. Il a pour objet la question de l'accès aux emplois miniers, notamment les emplois intermittents de dockers sur les quais de chargement des minéraliers.

En 2002, dans un bassin minier voisin (Boakaine), situé sur le territoire de la commune de Canala, un autre conflit opposera cette fois-ci des responsables coutumiers à la société minière de la Province Nord, pour laquelle le FLNKS s'était mobilisé quelques années auparavant, pour revendiquer l'accès des Kanaks à l'exploitation de la ressource minière. Les coutumiers revendiqueront et obtiendront l'arrêt de l'activité, au motif qu'ils ne contrôlent pas l'exploitation et le recrutement des travailleurs sur cette mine, qu'ils considèrent comme leur appartenant au nom de droits claniques ancestraux sur le site d'exploitation.

On voit apparaître l'une des principales difficultés de l'autochtonie, dès lors que cette notion s'institue comme l'identité politique des colonisés : elle renvoie à une impossibilité « d'imaginer une éthique du prochain » selon l'expression de l'historien A. Mbembé (2000)[14].

---

14. *Cf.* notamment ce diagnostic lucide de l'expérience postcoloniale africaine que l'on pourrait utilement mettre à l'épreuve dans nos situations calédoniennes : « [...] en faisant de la lutte entre "père" et "fils" – c'est-à-dire du rapport entre colonisateur et colonisé – le paradigme en dernière instance du politique dans les sociétés non-européennes, ils ont occulté l'intensité de la "violence du frère à l'égard du frère" et

L'autochtonie perpétue – en l'inversant – une identité politique imposée par le rapport colonial. Elle limite dès lors les possibilités de construction d'un projet commun, d'une citoyenneté fondée sur d'autres ressorts que les droits que confère une descendance commune.

CONCLUSION

Les évolutions institutionnelles engagées outre-mer – notamment dans des politiques de régionalisation et d'autonomisation des collectivités – ouvrent ainsi de nouvelles possibilités aux populations autochtones. Mais elles comportent aussi de nouveaux défis dans la mesure où le désengagement accru de l'État contribue à l'émergence d'un nouvel espace au sein duquel les peuples autochtones doivent composer avec d'autres groupes sociaux issus du peuplement colonial ou des diverses immigrations. Dès lors, il s'agit de concilier la reconnaissance des droits collectifs revendiqués au nom de la préservation des cultures et des modes de vie ancestraux des populations autochtones avec l'avènement d'une identité (guyanaise ou polynésienne par exemple) ou d'une citoyenneté (Nouvelle-Calédonie), conçue sur la base d'une communauté politique et non ethnique. Ce n'est d'ailleurs pas le moindre des paradoxes du discours sur l'autochtonie que d'être porteur à la fois d'émancipation et d'exclusion, d'où la nécessité de prendre en compte les contextes dans lesquels il s'exprime et les réalités qu'il recouvre.

Les revendications légitimes que la plupart des peuples autochtones expriment pour sortir de la marginalité dans laquelle l'expansion coloniale les a plongés peuvent aussi faire l'objet d'une instrumentalisation politique relayant des crispations identitaires et des démarches d'exclusion. Quel que soit le registre mobilisé – la reconnaissance des peuples minoritaires ou les « ethnonationalismes » en vogue dans certaines parties du globe –, la reconnaissance des peuples autochtones pose des questions éminemment politiques, au premier rang desquelles l'organisation d'une communauté nationale postcoloniale et la définition d'une citoyenneté.

---

le statut problématique de la "sœur" et de la "mère" au sein de la fratrie. Au passage, ils ont brouillé notre intelligence du rapport entre désir de souveraineté d'une part, et homicide, fratricide et suicide de l'autre » (2000 : XI).

BIBLIOGRAPHIE

BANCEL, Nicolas, Pascal BLANCHARD et Françoise VERGÈS (2003), *La République coloniale. Essai sur une utopie*, Paris, Albin Michel.

COBO, José Martinez (1986), *Study of the problem of discrimination against Indigenous Populations*, UN Doc. E/CN.4/Sub.2/1986/7 et Add 1-4.

COSTA-LASCOUX, Jacqueline (dir.) (2005), « République et particularismes », *Problèmes politiques et sociaux*, n° 209, Paris, La Documentation française.

DETIENNE, Marcel (2003), *Comment être autochtone. Du pur Athénien au Français raciné*, Paris, Seuil, coll. « La Librairie du XXIᵉ siècle ».

MAMDANI, Mahmood (1999), *Citizen and Subject. Contemporary Africa and the legacy of late colonialism*, Princeton (NJ), Princeton University Press.

MAMDANI, Mahmood (2001), « Beyond Settler and Native as Political Identities : overcoming the political legacy of Colonialism », *Comparative Studies in Society and History*, vol. 43, n° 4, p. 651-664.

MBEMBÉ, Achille (2000), *De la postcolonie. Essai sur l'imagination politique en Afrique*, Paris, Karthala.

MERLE, Isabelle (2004), « De la "légalisation" de la violence en contexte colonial : le régime de l'indigénat en question », *Politix*, n° 66, p. 137-162.

THORNBERRY, Patrick (2002), *Indigenous people and human rights*, Manchester, Manchester University Press.

TIOUKA, Alexis (2005), « La question des droits autochtones sera-t-elle résolue en France ? », *Ethnies : droits de l'homme et peuples autochtones*, vol. 18, nᵒˢ 31-32, p. 10-15.

Représentations de soi comme autochtones dans les Amériques

Par-delà la pluralité des voix : l'anthropologie face aux mouvements autochtones contemporains en Amérique latine

PIERRE BEAUCAGE

Je commencerai par identifier celui qui parle : mes grands-parents se considéraient *Canadiens*, mes parents, *Canadiens français*, et moi, je me définis comme *Québécois*. Mes enfants et ma femme aussi, même si cette dernière est née en Espagne. Entre l'abandon du deuxième gentilé et l'adoption du troisième, les frontières du « nous » collectif se sont modifiées considérablement : à l'ouest, elles s'étendaient auparavant, en principe du moins, jusqu'à l'océan Pacifique, elles s'arrêtent désormais à la rivière des Outaouais. Mon oncle, métis de Huron, Canadien et Irlandais, serait aujourd'hui Wendat à part entière. Mon histoire personnelle et familiale reflète des glissements identitaires qui ont eu lieu aux quatre coins de la planète et qui ont eu un effet notable sur l'orientation de notre discipline, spécialisée dans l'étude des cultures, des sociétés et des identités. Cette précision est d'autant plus importante que je veux m'interroger plus particulièrement ici sur les conséquences de la prise de parole autochtone, depuis 1970, sur la définition de l'autochtonie et sur notre discours d'anthropologue.

Car ce qu'on a appelé le « réveil autochtone » des années 1970 a pris non seulement les politiciens, de gauche et de droite, par surprise, mais aussi beaucoup d'anthropologues. Les peuples amérindiens, que beaucoup considéraient en voie d'assimilation définitive, mettaient-ils fin à la « ventriloquie » de l'ethnologie (Guerrero, 2000) en s'exprimant par eux-mêmes,

concernant leur passé, leur présent et leur avenir ? Commença alors un dialogue laborieux, multiforme et encore inachevé, entre ceux qui se considèrent désormais comme les porte-parole autorisés de *leur* autochtonie, d'une
part, et, d'autre part, les praticiens d'une discipline, l'anthropologie, qui
s'est donné comme mission de connaître la réalité sociale et culturelle des
peuples exotiques et de diffuser cette connaissance dans les termes de la
tradition scientifique occidentale.

Dans ce nouveau contexte, les anthropologues ont adopté des positions diverses. L'une d'entre elles, plus souvent exprimée verbalement que
par écrit, soutient, en reprenant – et en interprétant – une phrase célèbre
de Claude Lévi-Strauss[1], que ce que les autochtones disent d'eux-mêmes
fait partie de notre objet d'études, pas du discours ethnologique. À la
limite, cette position correspond à celle de nombreux politiciens de nos
sociétés officiellement multiculturelles qui considèrent – en privé – que les
nouvelles organisations amérindiennes n'ont d'autochtone que le nom :
elles sont dirigées par des individus totalement acculturés qui, devant la
vogue actuelle de l'indianité dans l'opinion publique internationale, ont
décidé de jouer cette carte pour favoriser leur carrière politique. Le chercheur qui veut être objectif ne devrait donc pas en tenir compte et, surtout,
il doit éviter le «piège» du dialogue et de la collaboration, qui ne peut que
déboucher, en fin de compte, que sur la manipulation ou sur l'autocensure.
Il y a quelques années, j'ai engagé sur ce thème une polémique avec un
collègue mexicaniste (Beaucage, 1992) mais j'imagine que, étant donné le
thème même de ce livre, cette position n'est pas très présente ici.

À l'autre extrême, devant l'importance croissante que prend le discours énoncé par des autochtones sur les tribunes politiques et scientifiques, nationales et internationales, d'autres chercheurs en viennent à douter eux-mêmes de la légitimité des concepts et des outils de notre discipline
et à considérer comme seule position légitime d'«exprimer le point de vue
autochtone». Je crois qu'au-delà des bonnes intentions, il y a là une confusion des rôles qui peut cacher un néo-paternalisme inconscient : parmi les
multiples points de vue exprimés par les autochtones dans le monde, ce
serait encore à *nous* à déterminer lesquels sont l'expression légitime de
l'autochtonie. Car, s'il y a un milieu qui n'est pas régi par la pensée unique,

---

1. Lévi-Strauss affirmait de façon beaucoup plus nuancée que «les représentations
   conscientes des indigènes, tout intéressantes qu'elles soient [...] peuvent rester
   objectivement aussi distantes de la réalité inconsciente que les autres» (1958 :
   310).

c'est bien le milieu amérindien. La pluralité des voix qui s'expriment concernant l'autochtonie est désormais une réalité incontournable, qui définit
des conditions nouvelles de production du discours anthropologique. Cela
laisse ouverte la question de savoir comment les anthropologues peuvent et
doivent se situer par rapport à ces nouveaux acteurs sociaux agissant sur la
scène globale. Je dis « anthropologues » et non « ethnologues », puisque le
problème se pose aussi, avec des différences importantes pour les autres
disciplines de l'anthropologie. Au Canada, les archéologues ne peuvent
plus, depuis plusieurs années, enfoncer candidement leurs pioches dans les
cimetières amérindiens ; les ethnolinguistes n'abordent plus la question des
variantes dialectales de la même manière, ni au Québec ni au Mexique ; et
l'affaire de l'« homme de Kennewick » a montré que même la bio-anthro-
pologie avait une dimension politique. Dans les limites de cet exposé, je
m'en tiendrai cependant au cas de l'ethnologie.

Je défendrai ici une position de collaboration entre anthropologues
et organisations autochtones, avec des précisions importantes. D'abord,
parce que la disqualification en bloc du nouveau nationalisme autochtone
m'apparaît aussi inacceptable que celle de la tradition anthropologique, ce
qui ne nous laisse pas d'autre choix que de nous entendre. Ensuite, parce
que plus de trente ans de recherche chez les Nahuas de la Sierra Norte de
Puebla me permettent d'affirmer que le dialogue avec des groupes amérindiens structurés et militants n'entrave nullement le travail de recherche, à
condition que le chercheur défende l'indépendance de sa démarche et de
ses conclusions face à l'autre discours, qui correspond à un contre-pouvoir
émergent. Je crois que plusieurs des participants à ce volume, autochtones
et non autochtones, ont pu faire des expériences similaires. J'aborderai successivement trois grands sous-thèmes de ce livre en tentant de dégager ce
que l'anthropologie peut apporter, en dialogue permanent avec la parole
autochtone[2].

LES GÉNÉALOGIES DU CONCEPT D'AUTOCHTONIE

Les généalogies de l'autochtonie nous renvoient à des parcours
sémantiques multiples, tant amérindiens qu'européens, parcours qui
empruntent au religieux, au politique, à l'histoire et à l'anthropologie, et
qui condensent, sur le plan de l'imaginaire, la dynamique des relations

---

2. Dans le domaine de l'histoire, Georges E. Sioui exprime, à partir du point de vue
   autochtone, une position qui me semble similaire (Sioui, 1989).

entre les premiers habitants et les nouveaux arrivants d'Europe et d'Afrique. À chacun de ces parcours correspondent des faisceaux de pratiques. Ils se sont, bien sûr, influencés les uns les autres. J'ai montré ailleurs comment, du côté des groupes dominants, c'est le discours théologique qui a donné ses fondements à l'imaginaire occidental de l'autochtonie (Beaucage, 2005). Il a oscillé historiquement entre une vision idéale de l'amérindianité (qu'on retrouve en filigrane, de Colomb aux théologiens de la libération, en passant par Bartolomé de Las Casas) et une définition négative, celle de brebis égarées qu'il faut ramener au bercail. Des conceptions similaires inspirent des pratiques de conversion similaires : les pasteurs d'aujourd'hui forment leurs communautés de croyants, comme on regroupait jadis les Indiens en *reducciones* et comme on soumettait les jeunes « Sauvages » à la discipline des pensionnats (Étienne et Leacock, 1980 : 43-62) et des *residential-schools*.

L'imaginaire politique de l'autochtone, de Cortés et Champlain jusqu'à l'indigénisme latino-américain et au discours sur les « affaires indiennes » d'Amérique du Nord, s'est voulu essentiellement pratique. Les conquistadors s'intéressent surtout au fait que les Amérindiens sont des paysans laborieux et d'habiles artisans qui, une fois *subordonnés*, constitueront une main d'œuvre adéquate pour la mise en valeur des richesses du pays. Dès le milieu du XVIe siècle, la société coloniale espagnole est donc divisée en deux « castes » (*castas*), les Espagnols et les Indiens, chacune possédant un statut et un rôle social bien définis et une assise territoriale distincte ; leur interrelation est étroitement encadrée par les pouvoirs civils et religieux. Le *maintien de la différence* demeura une dimension essentielle du colonialisme espagnol (Beaucage, 2005). Au Nord, Samuel de Champlain élabore également un discours pragmatique concernant ceux qu'on appelle, depuis Cartier, les *Sauvages* : robustes et endurants, et connaissant à fond le pays, ils sont indispensables à sa reconnaissance. Il les juge cependant peu aptes au travail du sol, qui devra être effectué par des colons européens. En Nouvelle-France, leur dispersion est nécessaire à la traite des fourrures, qui se double du lucratif commerce de l'eau-de-vie. La logique d'*articulation* qui prévaut dans les zones d'influence française, liée à la faiblesse de l'immigration, permettra aux autochtones de maintenir un mode de vie relativement autonome, à travers les alliances politiques et le commerce avec les nouveaux arrivants. Quant à l'Angleterre, elle ne s'est pas préoccupée de prime abord d'établir une domination sur les peuples indigènes ni de s'y articuler par la traite (sauf à la « frontière »). Elle a plutôt œuvré de façon à leur *substituer* le flot continu des colons, chassés des îles

Britanniques par l'intolérance religieuse et par les *enclosures*. Plus au sud, dans l'aire des plantations de tabac et de sucre qui s'établit progressivement de la Virginie au nord-est du Brésil, la société de remplacement fut composée de maîtres blancs et d'esclaves noirs.

Dans les sociétés issues de ces deux formes de *colonisation de substitution*, l'Amérindien sera défini comme l'occupant provisoire d'un territoire qu'il est incapable de mettre en valeur, que ce soit pour lui-même ou pour d'autres : c'est un obstacle qui doit être éliminé. Cette définition politique de l'Indien comme superflu, longtemps limitée aux zones côtières, se généralisera après les indépendances (en 1821, pour les colonies espagnoles). Les sociétés des extrémités du continent américain (États-Unis, Cône Sud, Canada), rompant avec les métropoles européennes, se projetteront alors comme États-nations selon le nouveau modèle élaboré dans l'Europe des Lumières. Dans les anciennes colonies espagnoles de Mésoamérique et des Andes, cependant, les pratiques et les représentations suivirent un cours différent. Dès la seconde moitié du XVIIIᵉ siècle, les *criollos*, descendants d'Espagnols nés en Amérique, ressentent de plus en plus le joug de la métropole, qui les maintient dans une position subordonnée face aux *peninsulares*. Ils se réapproprieront, en l'exaltant, l'indianité précolombienne, source de l'originalité américaine par rapport à l'Espagne, en y adjoignant des « symboles indiens » nés du syncrétisme colonial, telle la Vierge de la Guadeloupe sur les étendards que brandissent les insurgés mexicains. L'*indigénisme* était né dans sa dimension littéraire et symbolique.

Au début du XIXᵉ siècle, les autochtones sont encore majoritaires dans la plupart des colonies espagnoles de Mésoamérique et des Andes, sauf en Nouvelle-Grenade (Colombie actuelle). Cependant les métis (diversement appelés *mestizos, ladinos, cholos*) constituent partout une importante minorité, surtout dans les villes et les centres miniers. Relégués aux tâches inférieures, généralement exclus de la propriété foncière, les *mestizos* trouvèrent dans l'armée le chemin de l'ascension sociale et dans le libéralisme leur idéologie, face au conservatisme des grands *criollos*. Ils accédèrent au pouvoir avec les révolutions libérales, à partir de la moitié du XIXᵉ siècle.

Si l'autochtonie du passé fondait la fierté nationale naissante, celle du présent, par contre, posait aux nouveaux dirigeants un problème à la fois politique et identitaire. Affecté de tous les défauts des groupes subalternes, « superstitieux », « paresseux » et « ivrogne », l'autochtone *vivant* était un boulet qui empêchait la nation de progresser. En même temps, le métis, le marginal, le hors-caste de l'époque coloniale, en accédant au pouvoir, était devenu le prototype du national (la *raza cósmica* de Vasconcelos – 1948). L'indigénisme philosophique devint politique indienne. Son objectif : remplacer la subordination coloniale par l'intégration, pour laquelle de multiples moyens sont mis en œuvre : la scolarisation, le service militaire et surtout, l'expropriation foncière (*desamortización*), qui privait les communautés de leur base agraire et transformait les paysans autochtones en ouvriers agricoles.

Cependant, en même temps que l'idéologie de la construction nationale exigeait la liquidation de l'indianité, le capitalisme extractif qui dominait en Amérique latine impliquait le maintien de cette masse, privée de droits civiques, et qui assurait elle-même par la petite agriculture une bonne partie des frais de reproductionde sa force de travail : il fallait des autochtones pour cueillir le café au Chiapas et au Guatemala, pour couper la canne à sucre au nord de l'Argentine, pour extraire le cuivre au Pérou et l'étain en Bolivie. Malgré les plans d'assimilation qui se succédèrent, et en dépit des expulsions et des statistiques trafiquées, les autochtones ont survécu, au point de dépasser aujourd'hui les trente-trois millions[3]. Les représentations politiques officielles de l'autochtonie devront tenir compte de cette persistance.

L'AUTOCHTONIE DES AUTOCHTONES : LA CONSTRUCTION DE LA REPRÉSENTATION DE SOI ET LA STRATÉGIE DES ALLIANCES

Les autochtones ne se cantonneront pas, bien sûr, à l'intérieur des définitions établies par les Européens et leurs descendants, pas plus qu'ils n'accepteront sans se rebeller les pratiques coloniales. Ils s'engageront dans un double processus de résistance. Au quotidien, d'abord, ils préservèrent, souvent clandestinement, des dimensions qui leur semblaient essentielles dans leurs cultures.

Cette résistance au quotidien devient rupture lorsque éclatent les mouvements prophétiques et millénaristes autochtones, depuis la prédication révolutionnaire d'Andrés Mixcoatl, dans la Nouvelle-Espagne du

---

3. Quand les organisations autochtones s'aperçurent qu'ils étaient les laissés-pour-compte dans les négociations entre les « deux peuples fondateurs », l'Indian Brotherhood of Canada fut rebaptisée Assemblée des Premières Nations.

XVIᵉ siècle (Gruzinski, 1992 : 32 et suiv.), jusqu'au prophète Wovoka, ins-
pirateur des Ghost Dancers de l'ouest des États-Unis, au XIXᵉ siècle
(Logan, 1980), en passant par les insurrections de Tupac Amaru et Tupac
Katari, dans les Andes, à la fin du régime colonial espagnol. Ces mouvements s'appuient généralement sur des structures profondes des cultures
autochtones, comme les mythes de l'Homme-Dieu et de l'Éternel Retour,
et y intègrent certains éléments subversifs du message évangélique (le
« Christ des pauvres ») et biblique (p. ex., « Le livre de l'Exode »).
Syncrétiques, les mouvements millénaristes œuvrent à la fois pour le retour
d'un monde d'avant l'arrivée des Européens et pour la libération du peuple
de Dieu réduit à la servitude.

Comme je l'ai mentionné plus haut, après les indépendances, la
résistance ouverte à la pénétration du capitalisme éclate, surtout en
Amérique latine, sous la forme de luttes agraires ; l'autochtone est privé
d'existence légale, mais les paysans autochtones du Mexique, du Guatemala
ou des Andes réclament « la terre pour qui la travaille », revendication
appuyée par les groupes de gauche (voir Mariátegui, 1969). Même là où la
lutte échoue (chez les Mayas du Guatemala, les Paez de Colombie, les
Mapuches du Chili), la dimension agraire demeurera une composante
essentielle de l'indianité vécue aujourd'hui en Amérique hispanique, autant
que les dimensions linguistiques et culturelles.

Pendant que, dans les Andes et la Mésoamérique, on comptait sur le
« métissage culturel » pour en finir avec les identités autochtones, aux deux
extrémités du continent, l'importance de l'immigration européenne avait
permis aux autorités d'espérer une absorption totale des peuples amérindiens de chasseurs et d'horticulteurs itinérants. Après 1960, cependant,
une évidence se fait jour partout : des dizaines de millions d'Amérindiens
forment une composante essentielle de vastes régions : sierras d'Amérique
centrale et des Andes, Nord canadien, sud-ouest des États-Unis, forêt ama-
zonienne. Or, ces régions renferment des ressources énergétiques, forestières et minières convoitées dans le contexte de l'économie-monde qui se
consolide.

Un autre facteur intervient. Un certain nombre de jeunes autochtones, éduqués par l'État pour qu'ils collaborent activement à la grande tâche
d'acculturation, ont appris l'histoire et le droit et se sont emparés de certaines idées occidentales potentiellement subversives : les droits de la personne, par exemple, ou le droit des peuples à disposer d'eux-mêmes, idées
qu'ils appliquent, de façon créative, à leurs propres collectivités. Dans les

villages mêmes, l'Église forme des leaders, au Brésil, au Guatemala, au Chiapas (LeBot, 1994 ; Beaucage, 1996) dans le Nord canadien. Ces nouveaux leaders rencontrent d'autres jeunes, issus des villes et membres de groupes d'opposition. En Amérique latine, après le succès de la révolution cubaine de 1959, la lutte armée est à l'ordre du jour et des mouvements de guérilla se constituent suivant la ligne mise de l'avant par « Ché » Guevara. Or, devant l'impasse des luttes légales, les catéchistes, tout comme les instituteurs de village, peuvent devenir révolutionnaires et, au Pérou, en Colombie, au Guatemala, au Mexique, de nombreux autochtones se joignent à la guérilla ou l'appuient. Dans le contexte de la guerre froide, les organisations paysannes et autochtones des années 1970 et 1980, révolutionnaires ou pas, furent associées au « complot communiste international », ce qui justifia une répression qui, dans le cas du Guatemala, déboucha sur un véritable génocide : l'élimination physique de plus de cent mille autochtones réalisée au début des années 1980 dans les hautes terres de l'Ouest guatémaltèque n'a pas d'équivalent ailleurs en Amérique au XXe siècle. Dans les autres pays touchés, la répression vint également à bout des guérillas autochtones[4].

Le Brésil présente ici une différence intéressante. À partir de 1970, le régime militaire orchestra la mise à sac de l'Amazonie par les transnationales minières et forestières et pour des projets d'élevage à grande échelle ; quant aux autochtones, que la junte présentait comme des « étrangers qui menacent la sécurité nationale », ils devaient disparaître devant les bulldozers. Cependant, d'importants secteurs d'opposition, comprenant l'Église catholique, gagnée à la théologie de la libération (voir Corten, 1990) et le mouvement démocratique brésilien se portèrent à leur défense, en utilisant au besoin, comme les porte-parole amérindiens eux-mêmes, la figure de l'Indien de l'utopie, qui vit heureux et libre dans la nature. Image qui leur valut l'appui des Églises, de la gauche et des écologistes d'Europe et d'Amérique du Nord. On connaît la suite : face aux pressions, la Banque mondiale supprima le financement du Polonoroeste[5], et, malgré beaucoup

---

4. Plus de 90 % sont concentrés dans les pays des Andes (17,5 millions) et de Mésoamérique (13 millions) (IWGIA, 1998 : 4).

5. Le cas des autochtones du Nicaragua mérite un traitement tout à fait particulier. Dès 1981, les Miskitos s'insurgèrent contre la politique assimilationniste du jeune gouvernement révolutionnaire sandiniste. C'est à la suite de trois ans d'une guerre civile au cours de laquelle la *contra* s'appuya sur les Miskitos de la côte atlantique, que le gouvernement sandiniste octroya à ces derniers, de même qu'aux Sumus, aux Ramas et aux *creoles*, deux vastes territoires autonomes dans l'est du pays (Diskin, 1989).

d'abus, le génocide a pu être évité. Par la suite, toutefois, après l'insertion de leurs droits à l'autonomie dans la nouvelle constitution démocratique de 1988, *los indios* disparurent de l'imaginaire national brésilien. À un bien mauvais moment, car la plupart des terres octroyées aux Indiens réels ne sont pas encore délimitées et la *mineralizaçaõ* de l'Amazonie se poursuit. Mais les Amérindiens du Brésil ont appris à combiner l'action directe sur place (p. ex., expulsion d'envahisseurs) avec des démarches juridiques et d'autres dans lesquelles la dimension symbolique est essentielle.

Cette stratégie qu'on peut appeler « civile », qui cherche à mobiliser l'opinion publique et qui réalise des alliances aux niveaux national et international, en vue d'objectifs politiques précis, se généralisa en Amérique latine après la fin de la guerre froide. Elle était déjà le fait de l'Assemblée des Premières Nations (APN), au Canada. Dans le contexte des négociations constitutionnelles du début des années 1980, l'APN et les autres organisations autochtones insistèrent pour que leurs *droits inhérents* soient enchâssés dans la nouvelle constitution. Même si elles n'obtinrent pas gain de cause, le gouvernement fédéral fut contraint par la Cour suprême à négocier avec elles et leurs représentants participèrent avec les autorités provinciales aux négociations de Charlottetown, en 1992. Les représentants autochtones sont désormais considérés au Canada comme des interlocuteurs politiques incontournables. Leur participation aux rencontres du Groupe de travail sur les peuples autochtones des Nations unies fut pour beaucoup dans l'élaboration d'un projet de Déclaration sur les droits des peuples autochtones (1987) qui inclut l'autonomie politique et le contrôle sur les territoires et les ressources (Schulte-Tenckhoff, 1997 : 103 et suiv.)[6].

À la même époque, les organisations autochtones furent choquées d'apprendre que l'Espagne et les pays d'Amérique (dont la plupart ne reconnaissaient pas leurs droits collectifs) se préparaient à célébrer le « Cinquième Centenaire de la Découverte » c'est-à-dire du début de l'invasion européenne du continent. Il leur parut essentiel de produire un contre-discours, ce qui donna lieu à plusieurs rencontres internationales, entre 1989 et 1992. En octobre 1989, les représentants d'organisations « paysannes et populaires » de dix-sept pays des deux Amériques lançaient à Bogota la Campaña 500 Años de Resistencia Indígena y Popular. En juillet

---

6. Le 13 septembre 2007, l'Assemblée Générale des Nations Unies adoptait enfin, après des années de négociations et d'atermoiements, la Déclaration sur les droits des peuples autochtones. Parmi les quatre pays qui ont refusé de la signer, après avoir tout tenté pour en empêcher l'adoption, on retrouve le Canada

1990, le Primer Encuentro Continental de Pueblos Indios réunit à Quito les représentants de cent vingt « nations indiennes et organisations sœurs » des Andes, de Mésoamérique et d'Amérique du Nord (*Encuentro Continental* dans Sarmiento Silva, 1998 : 307). En 1991, à Xelaju (Quetzaltenango), au Guatemala, eut lieu le Segundo Encuentro Continental, mais cette fois de Resistencia Indígena, Negra y Popular. Le Tercer Encuentro, à Managua, en octobre 1992, qui devait être le couronnement, attira en fait beaucoup moins de délégations et eut assez peu de retentissement.

C'est, à mon avis, la rencontre de Quito (1990) qui produisit les matériaux discursifs les plus riches, fruit de la réflexion de huit commissions de travail. La première commission, sur l'autodétermination, buta d'abord sur l'appellation même des collectifs autochtones : *nacionalidades, pueblos o naciones indias*, « selon la dénomination que nous avons dans chaque pays » (Sarmiento Silva, 1998 : 312). On choisit finalement *pueblo* parce que le terme « a un statut dans les documents du droit international » (Sarmiento Silva, 1998 : 308). Aussitôt affirmé le droit à l'autodétermination, on ajoute cependant qu'il s'agit d'une « pleine *autonomie dans les cadres nationaux* » (*ibid.* : 313, italiques ajoutés), en précisant « ou *souveraineté*, dans le cas des peuples de l'Amérique du Nord » (Sarmiento Silva, 1998 : 308). Le projet politique qui en découle est l'autonomie gouvernementale (*autogobierno*). Pour cela, il faut détruire « l'actuel système capitaliste » (Sarmiento Silva, 1998 : 313). On souligne dès le début que cette lutte ne doit pas se faire isolément et qu'il faut « marcher aux côtés des paysans, des ouvriers, des secteurs marginaux et des intellectuels engagés en faveur de notre cause pour détruire le système dominant et oppresseur et construire une société pluraliste, démocratique et humaine [...] » (Sarmiento Silva, 1998 : 308).

La Commission sur la culture et sur la religion recommande une « éducation bilingue et interculturelle, même pour la population métisse » et recommande qu'on remplace l'enseignement de l'anglais par celui des langues autochtones (Sarmiento Silva, 1998 : 314). Dans le paragraphe sur la religion, on la dénonce comme « l'arme avec laquelle on a humilié, dominé nos peuples et usurpé nos richesses » mais on ne réclame que l'expulsion de l'Instituto Lingüistico de Verano, une organisation protestante états-unienne (Sarmiento Silva, 1998 : 314). À ces religions importées préexistait « notre mystique ou religiosité, puisque nous vivions en harmonie avec Mère Nature » (Sarmiento Silva, 1998 : 314). Dans le même ordre d'idées, la section sur la femme autochtone souligne qu'« avant l'arrivée des valeurs occidentales, la femme occupait la moitié du cosmos» (Sarmiento Silva, 1998 : 316). La Commission sur le territoire et les ressources naturelles oppose, de même, «l'exploitation vorace des ressources» qui détruit et empoisonne, à la technologie traditionnelle qui permet «l'utilisation harmonieuse des ressources naturelles» (Sarmiento Silva, 1998 : 318-319). Enfin, on proteste contre les violations flagrantes des droits humains des autochtones qui ont lieu impunément dans nombre de pays (Sarmiento Silva, 1998 : 322).

L'examen de ce nouveau discours qui veut définir une identité et une vision du monde proprement amérindiennes à l'échelle des Amériques permet d'y retrouver des représentations que l'imaginaire *occidental* progressiste (de la libération nationale à l'écologie, en passant par le féminisme et les droits de la personne) a produit depuis deux siècles concernant les groupes subordonnés et leur émancipation : droit de se gouverner soi-même de façon démocratique, opposition entre un passé d'égalité et d'harmonie avec la nature et réalité actuelle faite de destruction et d'oppression, nécessité d'une alliance de tous les opprimés pour construire une utopie égalitaire. Faut-il y voir la preuve d'un manque d'authenticité du discours, d'un décalage par rapport aux réalités autochtones, comme l'affirme la droite ? Non, un tel discours a pour fonction essentielle d'appuyer les positions autochtones dans les négociations avec l'État, qui exigent l'utilisation des représentations communes à l'ensemble de la société. Le caractère proprement subversif du discours politique amérindien intervient lorsqu'il établit un nouveau sujet historique dépositaire des attributs et des droits antérieurement reconnus aux sujets dominants : une culture à soi, une histoire et des savoirs propres, un droit à décider pour soi son présent et son avenir[7].

Cependant, le texte renferme une contradiction dans le mode même de l'intégration subversive qu'il tente de réaliser à partir de représentations communes. On y trouve deux projections politiques distinctes de l'amérindianité, qu'on a tenté de faire coexister à la rencontre de Quito et à celle de Xelaju : l'une centrée sur l'Indien-classe et l'autre sur l'Indien-peuple. Cette divergence reflète une tension profonde au sein du mouvement autochtone en Amérique latine et dans les Amériques. En Mésoamérique

---

7.   Vaste projet de mise en valeur du bassin amazonien, entrepris par la dictature militaire brésilienne à la fin des années 1970 et financé par la Banque mondiale. Les critiques montrèrent aisément qu'on n'avait aucunement tenu compte de la présence de peuples autochtones dans la région, ni de l'écologie du milieu. Les protestations internationales obligèrent la Banque à retirer son financement et le projet fut finalement abandonné.

et dans les Andes, la présence de majorités métisses et de fortes minorités amérindiennes a créé un rapport imaginé différent à l'État national : les autochtones les plus politisés s'y considèrent comme les *vrais* Mexicains, Guatémaltèques, Boliviens, opprimés par une petite clique sans vergogne soumise à l'étranger. Ces organisations ont été historiquement proches des partis marxistes et adoptent un vocabulaire et une stratégie similaires favorisant les alliances larges avec les syndicats ouvriers et les secteurs populaires des villes pour obtenir des changements sociaux et politiques qu'ils formulent en termes de rupture avec le système capitaliste[8].

À l'opposé, dans les pays où la colonisation de substitution a triomphé (comme le Canada, les États-Unis, l'Argentine et le Brésil), les autochtones n'ont jamais considéré qu'ils possédaient la même identité nationale que la majorité (et celle-ci les en a exclus également). En conséquence la représentation proposée par les organisations autochtones est celle d'une lutte de *nations* occupées contre une nation coloniale dominante. Le discours insiste ici sur la légitimité que donne le statut de premiers habitants du territoire, avant la constitution des divers États-nations. D'où les références à la Terre-Mère et la revendication d'une spiritualité propre (voir l'excellente analyse du discours ethnique des Miskitos par Diskin, 1991 : 168 et suiv.). Ici, la terre qu'on réclame, c'est un *territoire*, lié à un imaginaire de type *national*, que développent les organisations (Conseil mondial des peuples autochtones dans Sarmiento Silva, 1998 : 285-294). Ce n'est pas seulement à l'État qu'on s'oppose alors, mais bien à l'ensemble des occupants, y compris les agriculteurs et les travailleurs des entreprises forestières et minières qui exploitent ces mêmes territoires. Les principaux alliés qu'on peut alors trouver, ce sont des Églises progressistes et des groupes écologistes. L'objectif est l'*autonomie gouvernementale*, dans les régions où les autochtones constituent encore la majorité. Les autochtones ont obtenu sur ce plan des victoires importantes : sur la côte atlantique du Nicaragua, en Amazonie brésilienne, chez les Shuars d'Équateur et au Nunavut.

---

8. Telle a été la stratégie de la Confederación de nacionalidades indígenas des Ecuador (CONAIE) en Équateur et de l'Organización nacional indigena de Colombia (ONIC) en Colombie, entre autres. En Bolivie, c'est au nom de la « patrie humiliée » lors de la guerre du Pacifique de 1878 que les Aymaras de Bolivie se sont soulevés, à l'été 2003, contre le projet d'exportation gazière à travers le Chili, créant rapidement une vaste coalition avec les jeunes et les syndicats pour obliger le gouvernement de Sánchez Lozada à démissionner. Transformée en parti, le Movimiento al Socialismo, elle a vu son candidat à la présidence, Evo Morales, l'emporter en janvier 2006.

À Quito, on tenta de surmonter l'opposition entre ces deux visions en produisant un discours hybride. Le conflit éclata au grand jour à Xelaju, en 1991, où de nombreuses organisations autochtones, celles d'Amérique du Nord notamment, refusèrent de s'identifier à une résistance « indigène, noire et populaire », ainsi qu'à l'incorporation, dans la déclaration, d'un vocabulaire qui leur sembla « marxiste, donc étranger ». La divergence politique se traduisit même dans le choix du lieu pour la « contre-célébration de 1992 » : le Conseil mondial des peuples autochtones, dont le siège était à Ottawa, proposait Tenochtitlán (Mexico) (Sarmiento Silva, 1998 : 302) tandis que le groupe de Quito, majoritaire, fit triompher le choix de Managua (*Declaración de Xelajú* – Sarmiento Silva, 1998 : 259). D'où la désertion des participants de l'autre tendance.

Le « Cinquième Centenaire » a donc été l'occasion d'une formidable prise de conscience continentale de l'autochtonie, dont on peut observer la mise en place lors des rencontres préalables à 1992. Elles se terminèrent cependant sur le constat d'une divergence profonde entre deux projets politiques : un projet qu'on peut appeler « de classe » et un projet « de peuple » ou national.

UNE NOUVELLE CONVERGENCE ;
L'EFFET DU SOULÈVEMENT ZAPATISTE

L'insurrection du 1er janvier 1994, au Chiapas, allait permettre un rapprochement entre ces deux tendances. À cette occasion, la lutte des Mayas du Chiapas déborda largement le cadre de leurs revendications agraires traditionnelles pour reprendre le concept d'autonomie territoriale en l'adaptant à un contexte géographique où autochtones et Métis sont étroitement associés depuis des siècles. Étant donné le retentissement considérable qu'a eu le néo-zapatisme, la question de l'autonomie s'en est trouvée posée au niveau de tout le continent (Díaz-Polanco, 1997 ; Sieder, 2002 : 6 et suiv.)

Ce soulèvement est à la fois un point d'arrivée et un point de départ. Point d'arrivée d'une lutte séculaire et multiforme, qui prit une connotation clairement agraire après les grandes expropriations de terres communautaires (*desamortización*) à la fin du XIXe siècle. La révolution mexicaine, à laquelle participèrent des milliers de paysans métis et autochtones, déboucha à terme sur la grande réforme agraire des années 1930. Vers 1970, l'inflation et la crise agricole vinrent mettre un terme aux trois décennies de « développement stabilisateur » qui avaient suivi cette réforme

agraire et les grandes nationalisations. Dans le Centre et dans le Sud, surtout, les occupations de terre se multiplièrent. L'État fédéral proposa plutôt
une « alliance pour la production » aux paysans, dont plusieurs se
regroupaient dans des organisations indépendantes combatives comme la
Central Independiente de Obreros Agrícolas y Campesinos (CIOAC) et la
Confederación Nacional Plan de Ayala (CNPA). Cette alliance montre des
fissures profondes lors de la crise financière de 1982, quand le gouvernement, sous la pression de ses créanciers internationaux, réduit l'ensemble
de ses programmes sociaux, dont l'aide à l'agriculture. Quant aux vingt
mille Tzeltals qui avaient colonisé la Selva Lacandona depuis une génération, ils apprirent que, non seulement personne ne leur achèterait leur café,
mais qu'ils devraient déguerpir puisque la forêt avait été décrétée « réserve
de la biosphère »... avec beaucoup de pétrole dessous.

Pour comprendre le processus qui s'enclencha alors au Chiapas, il
faut savoir aussi que la Théologie de la libération trouva là, dès 1970, un
partisan déterminé, dans la personne de Mgr Samuel Ruiz, évêque de San
Cristobal de las Casas ; sa « pastorale indienne » reçut un accueil favorable,
en particulier dans les communautés autochtones de la Selva. En 1973,
Samuel Ruíz organisa, de pair avec un gouverneur libéral, le Primer
Congreso Indígena, le premier congrès autochtone du Mexique, auquel
participèrent des représentants des quatre peuples amérindiens du Chiapas :
les Tzeltals, les Tzotzils, les Chols et les Tojolabals. Dans les années qui suivirent, une vaste organisation régionale voyait le jour, la Quiptik Ta
Lecubtesel, bientôt forte de plusieurs milliers de membres. Les catéchistes
et les « délégués de la parole » formés par l'Église en furent les premiers
cadres. Pendant ce temps, divers conseillers marxistes – parmi eux Marcos
– formaient en secret l'Armée zapatiste de libération nationale (EZLN)
(Legorreta Díaz, 1998).

En 1984, quand le désengagement de l'État fit s'écrouler l'Union de
crédit nouvellement fondée et, par ricochet, la Quiptik elle-même, le mouvement se scinda. Une fraction importante passa du côté du gouvernement, en
s'intégrant à l'Asociación Rural de Interés Colectivo (ARIC) que ce dernier
leur proposait. Une autre alla grossir les rangs de l'EZLN et s'entraîna pour la
lutte armée. Une troisième, enfin, plus restreinte, demeura fidèle à l'idée du
« changement profond sans violence » de la Théologie de la libération et
forma Las Abejas (« Les Abeilles »). Comme on le sait, après des années de
préparation, le commandement zapatiste fixa la date du soulèvement au 1er
janvier 1994, soit le jour même de l'entrée en vigueur de l'Accord de libre-
échange nord-américain (ALENA). La Declaration de la Selva Lacandona,
« déclaration de guerre » publiée le jour même de l'insurrection, en appelle à

tous les Mexicains pour renverser la «clique de traîtres» vendue à l'étranger, qui dirige le pays, et la remplacer par un gouvernement libre et démocratique (Nadal, 1994: 139-142).

Lorsque l'EZLN révéla alors sa composition autochtone, cela lui attira une énorme vague de sympathie, sur les plans national et international, et le gouvernement Salinas décida d'entamer des négociations avec les rebelles. En février 1996, les représentants du gouvernement et ceux de l'EZLN en vinrent à un accord sur «la culture et les droits autochtones», accord que le gouvernement Zedillo refusera de ratifier. En 2001, son successeur Fox le présenta finalement comme projet de loi au Sénat et au Congrès, qui l'approuvèrent, après l'avoir amputé de deux dimensions essentielles: l'autonomie politique et les territoires autochtones.

L'EZLN ET LE MOUVEMENT AUTOCHTONE, AU MEXIQUE ET EN AMÉRIQUE LATINE

Le soulèvement de janvier 1994 ne fut pas qu'un aboutissement de processus antérieurs. Il marqua un nouveau départ pour un mouvement qui dépassa de beaucoup les frontières du Chiapas et celles du Mexique. Dans les vastes rencontres organisées dans la Selva Lacandona, des gauchistes européens et des écologistes nord-américains côtoyaient des délégations mohawk, totonaque ou mapuche. Sur le plan local, immédiatement après le soulèvement, les autochtones zapatistes occupèrent des grands domaines et y fondèrent de nouveaux villages et municipalités, imités ailleurs par des paysans affiliés aux centrales indépendantes, la Centrale indépendante des ouvriers agricoles et paysans (CIOAC) et la Confédération nationale Plan de Ayala (CNPA), et même à la Confédération nationale paysanne (CNC) pro-gouvernementale. Le motif universellement invoqué: en finir avec les abus des élites de *criollos* et *ladinos* qui, en plus de la terre, contrôlent les chefs-lieux des anciens municipes et auxquels étaient soumis les hameaux amérindiens. Lors du second soulèvement, celui de décembre 1994, l'insurrection déborda l'encerclement des militaires et atteignit le nord de l'État. À tel point que, dès janvier 1994, le Conseil des organisations autochtones et paysannes du Chiapas (CEOIC), fort de deux cents groupes (et mis sur pied par l'État mexicain lui-même!) manifesta d'emblée son appui à l'EZLN (sauf en ce qui touche la lutte armée) et son désir d'être associé aux négociations. Sur ce plan, il est indéniable que le néo-zapatisme s'inscrit pleinement dans la trajectoire des mouvements paysans autochtones en Amérique latine.

En même temps cependant, l'EZLN est une armée, comme son nom l'indique, et, comme toute armée, fonctionne verticalement (Olivera, 2004), ce qui ne manqua pas de nuire à ses rapports avec le reste du mouvement autochtone, où les décisions importantes se prennent en assemblées. Ainsi, l'EZLN accepta l'appui du CEOIC... et refusa l'alliance! Il fera de même, plus tard, avec l'Assemblée nationale indépendante pour l'autonomie (ANIPA), qui réunit des organisations amérindiennes de tout le pays et appuya la lutte zapatiste[9]. La direction zapatiste négocia toujours seule «au nom de tous les autochtones du Mexique», et ce, malgré sa faible représentativité en dehors de l'aire maya du Chiapas. Au lieu de forger des alliances avec les véritables forces indigènes et populaires du pays, l'EZLN préféra créer ses propres structures, comme la Convention nationale démocratique (1994) et le Front zapatiste de libération nationale (1995), qui furent de simples courroies de transmission pour ses directives et qui connurent une existence très brève.

Cette contradiction interne entre le fonctionnement d'une organisation politico-militaire issue de la guérilla classique et un mouvement paysan autochtone permet de comprendre les difficultés qui survinrent dans les relations entre l'EZLN et le mouvement populaire et le mouvement autochtone au Chiapas, au Mexique et dans l'ensemble des Amériques. Malgré son enracinement dans la lutte séculaire des Mayas, il demeure en même temps l'héritier de l'idéologie et des structures élaborées par la guérilla à l'époque de la guerre froide. Dans ce dernier cadre, les Amérindiens n'existent que comme représentants de l'ensemble des exploités et doivent subordonner leurs revendications aux intérêts de l'ensemble... tels qu'ils sont définis par la direction du mouvement révolutionnaire. C'est ce qui fait que les autochtones zapatistes ont été les seuls à ne pas profiter de la redistribution de plus de 273 000 hectares de terres que le gouvernement mexicain a dû effectuer au Chiapas, par suite de leur lutte (Reyes Ramos, 2004): les communautés n'avaient pas le droit de négocier avec l'État tant que se poursuivaient les discussions entre ce dernier et la direction de l'EZLN, et encore moins après que ces négociations furent définitivement interrompues, en 2001.

D'autre part, les groupes de tout le Mexique, et même d'ailleurs dans les Amériques, se sont reconnus dans la dimension paysanne et autochtone et ont puisé dans l'expérience zapatiste des encouragements

---

9. Sur l'ANIPA, voir Ruíz Hernández et Burguete Cal y Mayor (2003: 87-114).

pour leurs propres luttes. Au Mexique même, les rencontres convoquées par l'ANIPA ont donné naissance au Consejo Nacional Indígena – CNI. Bien que ce dernier ne possède pas encore une grande capacité de mobilisation, il constitue le seul forum de rencontres et de débats pour les centaines d'organisations qui forment aujourd'hui le mouvement autochtone mexicain.

L'espace me manque pour comparer la trajectoire zapatiste avec un autre mouvement autochtone qui, lui, semble en voie de déboucher sur une transformation sociale profonde. En Bolivie, ses leaders ont su associer la lutte contre la discrimination raciale et pour le respect des cultures aymara, quechua et guarani avec une remise en question globale des inégalités sociales, et de l'État qui les cautionne. Cela a permis aux producteurs de coca du lointain Chapare, qui exigeaient de maintenir cette culture millénaire, de forger des liens avec les utilisateurs d'eau de Cochabamba, qui protestaient contre les hausses de tarifs, et avec l'ensemble des groupes sociaux qui protestaient contre la cession des réserves de gaz aux transnationales. La spirale ascendante du mouvement, de la «guerre de la coca» à celle de l'eau et à celle du gaz, jusqu'à la victoire d'Evo Morales (MAS) aux élections présidentielles de janvier 2006, contraste avec l'isolement progressif de l'EZLN.

VOIES ET VOIX DE L'AUTOCHTONIE

Je crois que les exemples actuels illustrent bien la diversité des voies qu'emprunte aujourd'hui l'autochtonie et la diversité des voix qu'elle fait entendre. À travers cette double variation, cependant, des lignes de fond se dégagent. En revendiquant le droit de se gouverner eux-mêmes, les peuples autochtones entrent de plain-pied dans le débat très contemporain qui oppose droits individuels universalistes et droits collectifs particularistes. D'une part, ils contestent la discrimination ethnique et ils revendiquent, comme *citoyens*, les mêmes droits fondamentaux et les mêmes droits sociaux que les autres citoyens des pays où ils se trouvent : droit à la vie, en principe reconnu mais encore bafoué quotidiennement dans beaucoup de régions amérindiennes, droits à l'éducation, à la liberté d'expression, à la santé, à la participation politique[10]. Face aux politiques ultralibérales qui

---

10. Rappelons que ce n'est qu'en 1960 que les autochtones du Canada ont obtenu le droit de vote. Quant à la lutte des femmes amérindiennes pour conserver – comme les hommes – leur statut après le mariage avec un non-amérindien, elle n'a triomphé qu'après 1980.

accentuent les inégalités, ils réclament haut et fort le droit de sortir de la misère (Davis, 2002). Mais ils réclament en outre le droit collectif de préserver une culture différente, des valeurs différentes, une éducation différente et un système juridique différent. Ici, ils ont recours à une autre représentation d'eux-mêmes, à une autre « communauté imaginée » pour reprendre le terme d'Anderson : la *nation* (Anderson, 1983).

Il n'y a pas de manière simple et univoque d'harmoniser ces deux dimensions de l'appartenance actuelle des autochtones. Dans plusieurs cas, aucun conflit fondamental ne surgit entre la conception universaliste des droits et l'application de normes particulières, lorsqu'elles sont acceptées par l'ensemble de la communauté : par exemple, la possession en commun des terres ou un programme scolaire modifié. Parfois, au contraire l'incompatibilité est flagrante, comme lorsque la tradition exige que l'on mette à mort les « sorciers ». Dans la grande majorité des communautés d'aujourd'hui, plutôt qu'un dualisme, on trouve en fait une interpénétration dynamique des représentations ethniques et nationales concernant les droits. La coutume juridique autochtone, imaginaire institutionnalisé par consensus, se trouve « dans un rapport dialectique avec la loi d'État, étant constamment renégociée en fonction des circonstances politiques et économiques changeantes. C'est un moyen de résistance anti-hégémonique dans un système de pouvoir asymétrique, caractérisé par sa flexibilité » (Sieder, citée par Stavenhagen, 2002 : 39).

Une nouvelle génération d'intellectuels autochtones travaille désormais à perpétuer la différence culturelle que la mondialisation est en train d'atténuer. Car, si les mouvements revendicatifs actuels produisent de l'autochtonie, ils ne le font pas en vase clos, sur la seule base des seuls éléments traditionnels refonctionnalisés. Leur discours, centré sur le concept d'autodétermination, comme sur les droits, individuels et collectifs, ne peut être compris qu'en rapport avec le discours de l'État et celui des organisations transnationales comme les ONG et les agences des Nations unies.

Il est par ailleurs manifeste que la référence à la seule dimension culturelle ne constitue pas à l'heure actuelle une base de mobilisation politique suffisante. Pour être efficace, il semble que le discours indianiste doit inclure d'autres composantes, comme la lutte contre la pauvreté et pour la réappropriation des terres et des ressources. En effet, la revendication la plus commune, du Nord canadien à la Bolivie, semble être une *modernité non exclusive et contrôlée par le groupe, étroitement associée au combat pour sortir de la misère et de l'exclusion.* Les Mayas de la forêt des Lacandons veulent des cliniques et des routes, ainsi que des débouchés pour leurs produits. Les Aymaras du Haut Plateau exigent qu'une partie du gaz naturel dont le pays regorge s'achemine vers leurs réchauds avant d'aller approvisionner, par le Chili, la Californie à court d'énergie. Il n'est pratiquement aucune lutte indienne récente où ce refus de l'exclusion, généralement exprimé sous la forme d'une dénonciation du néolibéralisme, ne soit présent (voir par exemple *Campaña Continental 500 Años...* 1992, dans Sarmiento Silva, 1998: 247-249).

Comment s'articule l'appartenance amérindienne, qui s'enracine forcément dans le passé, avec la demande d'inclusion dans la modernité? Dans le contexte de mondialisation, où les acteurs sociaux traditionnels (syndicats, organisations paysannes, partis politiques) semblent faire preuve d'une moindre capacité pour mobiliser et faire pression sur l'État et sur les détenteurs du pouvoir économique, il semble que de nombreux exclus considèrent la référence explicite à l'autochtonie comme une solution de rechange valable, peut-être en raison du capital de sympathie dont jouissent les autochtones dans l'imaginaire occidental contemporain. D'autre part, la dénonciation du néocolonialisme et du néolibéralisme permet de sceller l'alliance avec «l'ensemble des secteurs sociaux» (Sarmiento Silva, 1998: 247-249), comme a réussi à le faire le Mouvement vers le socialisme (MAS) bolivien. Cependant, en Bolivie ou au Mexique, l'insertion de l'autochtonie dans le jeu politique national est tout sauf simple. Lors des processus électoraux, s'il arrive que les autochtones votent massivement pour les partis et les candidats qui affirment les représenter, la plupart du temps «les revendications autochtones sont canalisées par d'autres moyens que la politique partisane traditionnelle [...]» (Stavenhagen, 2002: 34). Ces «autres moyens», telles les organisations régionales ou nationales, tendent aujourd'hui à élaborer un discours de l'autochtonie qui maintient un équilibre délicat entre l'identité ethnique et les appartenances à la classe et à la nation, entre l'enracinement et la modernité.

BIBLIOGRAPHIE

ANDERSON, Benedict (1983), *Imagined Communities: Reflections on the Origin and Spread of Nationalism*, Londres, Verso.

BEAUCAGE, Pierre (1992), «À qui appartient le patrimoine autochtone. Débat à propos d'un livre au Mexique», *Recherches amérindiennes au Québec*, vol.

22, n° 1, p. 33-37 (article repris sous le titre « Ciencia y ética » dans la revue mexicaine *Ojarasca*, vol. 6, p. 85-87).

BEAUCAGE, Pierre (1996), « Un débat à plusieurs voix au Mexique. Les Amérindiens et la nation », *Recherches amérindiennes au Québec*, numéro thématique : *Nations et nationalismes*, vol. 25, n° 4, p. 15-30.

BEAUCAGE, Pierre (2005), *Parcours de l'indianité : théologie, politique, anthropologie*, Cahiers du Groupe de recherche sur les imaginaires politique en Amérique latine (GRIPAL), Montréal, Université du Québec à Montréal.

CORTEN, André (1990), *Les peuples de Dieu et de la forêt, À propos de la « nouvelle gauche » brésilienne*, Paris et Montréal, L'Harmattan et VLB.

DAVIS, Sheldon (2002), « Indigenous Peoples, Poverty and Participatory Developement. The World Bank in Latin America », dans R. Sieder (dir.), *Multiculturalism in Latin America. Indigenous Rights, Diversity and Democracy*, Londres, Palgrave MacMillan, p. 227-251.

DÍAZ POLANCO, Hector (1997), *La rebelión zapatista y la autonomía*, México, Siglo, XXI.

DISKIN, Martin (1989), « Revolution and ethnic identity. The Nicaraguan Case », dans N. S. González et C. S. McCommon (dir.), *Conflict, Migration and the Expression of Ethnicity*, Boulder, Westview Press, p. 11-27.

DISKIN, Martin (1991), « Discourse and the Challenge to Anthropology. The Nicaraguan Case », dans G. Urban et J. Sherzer (dir.), *Nation-States and Indians in Latin America*, Austin, University of Texas Press, p. 156-180.

ÉTIENNE, Mona et Eleanor LEACOCK (1980), *Women and Colonization : Anthropological Perspectives*, New York, Praeger.

GRUZINSKI, Serge (1992), *Les hommes-dieux du Mexique*, Paris, Éditions des archives contemporaines.

GUERRERO, Andrés (2000), « El proceso de identificación : sentido común ciudadano, ventriloquía y transescritura », dans A. Guerrero (dir.), *Etnicidades*, Quito, FLACSO-Ecuador, p. 9-60.

INTERNATIONAL WORKING GROUP ON INDIGENOUS AFFAIRS (1998), *The Indigenous World 1997-1998*, Copenhague, IWGIA.

LEACOCK, E. (1980), « Montagnais Women and the Jesuit Program for Colonization », dans M. Étienne et E. Leacock (dir.), *Women and Colonization : Anthropological Perspectives*, New York, Praeger, p. 25-42.

LEBOT, Yves (1994), *Violence de la modernité en Amérique latine. Indianité, sociétés et pouvoir*, Paris, Karthala.

LEGORRETA DÍAZ, María del Carmen (1998), *Religión, política y guerrilla en Las Cañadas de la Serva Lacandona*, México, Cal y Arena.

LÉVI-STRAUSS, Claude (1958), *Anthropologie structurale*, Paris, Plon.

LOGAN, Brad (1980), «The Ghost-Dance among the Paiute: an ethnohistorical view of the documentary evidence (1889-1893)», *Ethnohistory*, vol. 27, n° 3, p. 267-288.

MARIÁTEGUI, José Carlos (1969), *Sept essais d'interprétation de la réalité péruvienne*, Paris, Maspero.

NADAL, Marie-José (1994), *À l'ombre de Zapata. Vivre et mourir dans le Chiapas*, Montréal, La Pleine Lune.

OLIVERA B., Mercedes (2004), «Sobre las profundidades del mandar obedeciendo», dans M. L. Pérez Ruíz (dir.), *Tejiendo historias. Tierra, género y poder en Chiapas*, México, Instituto Nacional de Antropología e Historia, p. 355-385.

REYES RAMOS, María Eugenia (2004), «Reconfiguración del espacio agrario en Chiapas: las consecuencias del levantamiento zapatista», dans M. L. Pérez Ruíz (dir.), *Tejiendo historias. Tierra, género y poder en Chiapas*, México, Instituto Nacional de Antropología e Historia, p. 71-90.

RUÍZ HERNÁNDEZ, Margarito et Araceli BURGUETE CAL Y MAYOR (2003), *Derechos y autonomía indígena. Veredas y caminos de un proceso. Una década 1988-1998*, Mexico, Comisión Nacional para el Desarrollo de los Pueblos Indígenas.

SARMIENTO SILVA, Sergio (1998), *Voces indias y Quinto Centenario*, México, Instituto Nacional de Antropología e Historia.

SCHULTE-TENCKHOFF, Isabelle (1997), *La question des peuples autochtones*, Bruxelles, Bruylant.

SIEDER, Rachel (2002), «Introduction», dans R. Sieder (dir.), *Multiculturalism in Latin America. Indigenous Rights, Diversity and Democracy*, Londres, Palgrave MacMillan, p. 1-23.

SIOUI, Georges E. (1989), *Pour une autohistoire amérindienne*, Québec, Presses de l'Université Laval.

STAVENHAGEN, Rodolfo (2002), «Indigenous Peoples and the State in Latin America. An Ongoing Debate», dans R. Sieder (dir.), *Multiculturalism in Latin America. Indigenous Rights, Diversity and Democracy*, Londres, Palgrave MacMillan, p. 24-44.

VASCONCELOS, José (1948), *La raza cósmica. Misión de la raza iberoamericana*, México, Espasa-Calpe Mexicana.

Mexicains sans être métis, autochtones sans être indiens

Variations dans la représentation de soi chez les *originarios* de Milpa Alta (Mexico) (1950-2000)[1]

PAULA LÓPEZ CABALLERO

INTRODUCTION

En mai 2003, le gouvernement local de la *delegación* Milpa Alta (District fédéral (DF), Mexico) inaugurait une piscine publique (la seule de ce genre du DF) à San Francisco Tecoxpa, l'un des douze villages qui constituent la petite zone urbaine de Milpa Alta. Bien que Milpa Alta fasse partie de la capitale du pays, seulement 9% de ses presque trente mille hectares sont urbanisés et encore il ne s'agit que de villages dispersés ; le reste du territoire est couvert, au sud, par une forêt dense et, au nord, par les basses terres du Nord. La partie qui est la plus proche de la ville est majoritairement dédiée à la culture intensive et assez productive du nopal. La construction de cette piscine était, en fait, un projet issu des assemblées communautaires de San Francisco. Mais seulement deux mois après son inauguration, un groupe d'employés bloquait son accès et en empêchait l'utilisation. Ils étaient soutenus par un nombre important d'habitants du village. Leur demande était pour le moins surprenante : ils exigeaient que la *delegación* licencie tous les employés « extérieurs » au village. Leur argument

---

1. Cet article s'inscrit dans ma recherche doctorale (Paris), qui présente une analyse anthropologique et historique de la formation et la reproduction de l'hégémonie de l'État mexicain (López Caballero, 2007).

était tout aussi dérangeant : « Ils ne sont pas de Tecoxpa et les salaires qu'ils perçoivent doivent revenir aux membres originaires de la communauté ; de plus, on ne peut pas faire confiance à ces *fuereños*[2]. »

Ce conflit illustre, comme beaucoup d'autres incidents quotidiens entre les habitants de Milpa Alta, l'existence d'une différenciation interne qui se décline sous le binôme originaire/étranger. Cette opposition est de plus en plus présente et devient une formulation courante dans les conflits concernant les ressources et la représentation politique.

Les habitants natifs de cette localité réclament en effet une identité qui, de manière singulière dans l'horizon des politiques identitaires au Mexique, « défait » le lien entre autochtonie et indianité et cristallise dans le terme *originario*. Dans ce nouveau discours d'appartenance, la cohésion du groupe est construite à partir de la conviction « d'être là depuis toujours », d'être né dans la localité depuis plusieurs générations ; mais cette « territorialisation » de l'identité contourne, dans sa définition, les signes (langue, habit, organisation sociale et politique) qui conventionnellement caractérisent ceux qu'au Mexique on considère autochtones. Comment peut-on, au Mexique, être « natif », « autochtone », sans pour autant être indien ? C'est le défi lancé par les revendications identitaires contemporaines des *milpaltenses*. Cette définition est encore plus singulière si l'on considère qu'au Mexique, comme presque partout en Amérique latine, autochtone est synonyme de « population indienne » ; le concept fait donc référence aux groupes ethniques d'origine précolombienne et intègre appartenance ethnique, culture et territoire dans un tout presque indivisible.

Cela ne signifie pas que des discours identitaires aboutissant à une polarisation intracommunautaire soient ailleurs absents du paysage mexicain. Souvent, les identités très particularistes expriment la différence qui existe entre soi et d'autres groupes en termes religieux (catholiques *versus* protestants), ou bien la défense de la « véritable » tradition ; mais cela n'empêche pas que l'identité déployée dans ces conflits continue d'être associée à une appartenance définie en termes de « groupe ethnique ».

Dans le contexte mexicain donc, l'exacerbation de particularismes identitaires qui mettent en avant la localité, le lieu, sans faire appel à une dimension ethnique, semble un phénomène singulier. C'est cette caractéristique qui donne à l'identité, telle qu'elle est revendiquée aujourd'hui à

---

2. Celui qui vient d'ailleurs (de *fuera*, en espagnol).

Milpa Alta, toute son « exceptionnalité ». D'autant que cette population a effectivement une origine indienne (Nahuatl). Donc, l'opposition entre « originaires » et « étrangers » pratiquée actuellement à Milpa Alta n'a pas « inventé » une collectivité là où il n'y en avait aucune. Au contraire, cette autochtonie s'ajoute au fort discours d'identité ethnique présent de longue date.

Il s'agirait alors d'un processus de redéfinition des pratiques d'auto-représentation au niveau local. C'est pourquoi nous proposons d'appré-hender ce phénomène en soulignant d'une part sa dimension historique, à travers les variations temporelles des discours sur l'identité et, d'autre part, en faisant varier les échelles de l'observation (individu, localité, région, État-nation et échelle mondiale). Selon Friedman (1994), cette approche vise à comprendre un phénomène ancré au niveau local – prenant alors comme point de départ l'expérience partagée des acteurs – en élargissant le champ d'observation pour situer l'objet d'étude dans un système de rela-tions sociales, politiques et historiques qui dépassent les frontières physi-ques de la localité. Cette démarche permettra de s'interroger sur la com-plexité des rapports entre cette autochtonie locale et l'appartenance nationale.

PRATIQUES CONTEMPORAINES DE L'AUTOCHTONIE À MILPA ALTA

Milpa Alta, nous l'avons dit, fait partie du District Fédéral de Mexico. Elle est une des quatre *delegaciones* rurales de la ville mais la seule où l'importante activité agricole a contribué à freiner, d'une part, la vente des terres et l'urbanisation massive qui caractérise la plupart de la zone et, d'autre part, les migrations vers d'autres régions du pays ou vers l'étranger. Au contraire, c'est une des rares régions rurales du pays (non agro-indus-trielles) qui accueille des paysans des provinces les plus pauvres pour y tra-vailler. Une autre caractéristique est l'origine nahuatl d'une grande partie de la population. En effet, quelques décennies auparavant la langue la plus courante était le nahuatl, aujourd'hui utilisée seulement par les personnes âgées. Ce statut d'Indiens est également reconnu par l'instance fédérale correspondante, l'Institut national indigéniste.

Mais, depuis une dizaine d'années, le caractère rural de cette *delega-ción* est menacé par la croissance d'habitats informels tout autour des villa-ges historiques. C'est ce qu'on appelle les mouvements de colons : ce sont des familles en général les plus démunies qui s'installent dans les terrains vides, avec ou sans l'accord des habitants *milpaltenses*, souvent à la suite de ventes illégales de terre[3]. La situation des «colons» est extrêmement précaire. Du fait que ces établissements sont illégaux et qu'ils se trouvent en dehors du périmètre urbain de chaque village (*casco urbano*), ils ne peuvent bénéficier d'aucun service d'infrastructure. En général ce sont des maisons de fortune, toujours en construction, sans toilettes, ni électricité ni eau courante[4]. En conséquence, il se développe ici une économie informelle où tous les moyens sont utilisés pour arriver à survivre.

Mme Lourdes habite dans un de ces quartiers de colons ; elle s'occupe de malades et de personnes âgées vivant en ville. Elle a acheté son terrain de 400 m² en 1987, parce que sa petite chambre du centre-ville avait été fortement endommagée à la suite du tremblement de terre de 1985. Elle a payé le terrain à un intermédiaire, sans titre de propriété ni registres notariaux dans le cadastre public, et n'a déménagé qu'en 1992 quand une petite maison de fortune a été prête pour l'accueillir avec son mari et son fils. Sa famille a été une des premières à habiter dans ce nouvel *asentamiento*, aujourd'hui connu comme le quartier de Santiago. Ce n'est qu'en 1994 que les autorités de la *delegación* lui ont confirmé que l'achat qu'elle avait réalisé était illégal et qu'elle n'était pas propriétaire de ce terrain. Néanmoins, comme dans presque tous les hameaux, le gouvernement local n'a pas réussi à la chasser. Ces initiatives restent inefficaces du fait de la complicité des autorités gouvernementales ou des partis politiques, souvent liés par des rapports de clientèle à ces groupes de nouveaux venus, mais aussi en raison de la difficulté à avoir un contrôle réel sur des mouvements qui par définition se font subrepticement, comme la vente et l'achat de ces terrains. Aujourd'hui, ce quartier compte près de 35 familles ; les maisons sont reliées par des ruelles en terre et ne disposent ni d'eau courante ni de services. Il faut marcher une demi-heure pour arriver à la route principale. Les habitants de ces hameaux sont très mobilisés pour exiger l'installation de services à la *delegación*.

---

3. D'après le dernier recensement national, le pourcentage de la population née dans une autre localité et habitant Milpa Alta était de 13,2 % ; le pourcentage de la population née à Milpa Alta et habitant une autre localité est de seulement 2,7 % (Instituto Nacional de Estadística, 1994).

4. À propos des mouvements de colons à Mexico et dans les municipalités voisines, voir Jiménez (1988) ; Jones et Ward (1998) ; Navarro (1990) ; Nuñez González (1990) ; Ramírez Saiz (1986) ; Varley (1985).

Bien que souvent, pour un regard extérieur, les frontières physiques entre les villages *milpaltenses* et ces zones périphériques ne soient pas évidentes, la distinction entre les deux ensembles détermine la sociabilité locale. Cette différenciation est fondée tout d'abord sur la possession des ressources puisque seuls les habitants d'origine *milpaltense* ont légalement accès à l'exploitation de la forêt et à la possession de terres agricoles. Ce droit a été accordé aux descendants des familles enregistrées lors du recensement fait par le gouvernement dans les années 1920 et qui est à la base de la répartition agraire qui s'ensuivit[5]. Toutefois, cet antécédent n'est plus considéré comme une démarche officielle, mais a été intériorisé à un point tel qu'actuellement la référence commune du groupe est vécue et imaginée en termes de sang, de souche.

Également, la reconnaissance en tant que membre de la communauté *milpaltense* (*originario*) se fait quotidiennement à travers une infinité de rapports qui incluent la participation aux fêtes de quartier, les liens familiaux, les travaux communautaires (*faenas*) et l'exploitation agricole. De leur côté, les *avecindados*[6], comme on les désigne à Milpa Alta, n'ont pas le droit de posséder des lopins de terre cultivables et habitent rarement dans les villages. Ils ne peuvent pas occuper des postes d'autorité – qu'ils soient civils ou religieux – et ne participent pas aux décisions collectives des villages.

En général, le sentiment des *milpaltenses* est que ces « étrangers » viennent pour « envahir » et « détruire » la forêt de Milpa Alta. Ils sont également perçus comme des concurrents sur le marché local du travail, mais aussi pour l'accès aux ressources éducatives, administratives et sociales. Ce discours s'exprime, chez la plupart des *milpaltenses* avec lesquels j'ai pu

---

5. À la suite de la Révolution de 1910, la redistribution des terres fut un des principaux axes de la politique du nouvel État. En ce qui concerne les populations indiennes comme celles de Milpa Alta, le gouvernement partit du principe que la plupart d'entre elles avaient été dépossédées de leurs terres en vertu des lois libérales (*Desamortización*) de 1856. Ces terres leur furent donc « restituées », ce qui impliquait que l'État reconnaissait leur possession ancestrale. Cette forme de propriété foncière s'appelle « propriété sociale » (en opposition à la propriété privée) puisque le sujet de la répartition est une communauté agraire, établie par le recensement agraire, et non pas un individu.

6. Néologisme provenant du verbe *avecindar* qui signifie, d'après l'Académie de la langue espagnole : « Admettre quelqu'un parmi les voisins d'une localité, s'établir dans une localité en qualité de voisin. » C'est un adjectif et un nom.

m'entretenir, sous la forme d'un profond mépris, quelquefois de façon voilée, mais dans la plupart des cas avec une franchise surprenante. Un exemple extrême est le commentaire fait par l'autorité civile d'un des villages, Santa Ana Tlacotenco, au sujet d'un lynchage qui avait eu lieu dans le village voisin de San Pablo Oztotepec, où trois jeunes gens de son village avaient été battus à mort en décembre 2002 : « Dans cet événement, on a jamais parlé d'affrontement entre les villages ; la communauté de Santa Ana n'exigeait pas vengeance parce que ces jeunes n'étaient pas de bonne souche (*bien nacidos*) : ils ont été lynchés à San Pablo, mais ils n'étaient pas originaires de Santa Ana, ils étaient des *avecindados* » (entretien du 4 novembre 2004).

Cette identité territorialisée s'exprime parfois en termes d'une différence absolue entre les deux groupes. Ainsi, les mariages entre *milpaltenses* et nouveaux venus – qui ne sont pas souhaitables – sont qualifiés de façon négative d'unions « mixtes » ; et les enfants nés de ces couples sont appelés « mélangés ». Effectivement, un certain nombre de ces *avecindados* sont d'origine indienne et proviennent notamment des États d'Oaxaca, Guerrero ou de l'État de Mexique.

Le mépris s'exprime aussi par des différences sociales et linguistiques : ces nouveaux arrivés ne connaissent pas la ville, et souvent ne parlent pas correctement l'espagnol. D'après un travailleur temporaire mixtèque, lorsqu'il est arrivé à Milpa Alta, son employeur profitait de son unilinguisme pour le payer moitié moins que les autres ; maintenant, après cinq ans et depuis qu'il s'exprime en espagnol, il a appris à exiger que ses droits soient respectés.

Toutes ces expériences donnent forme à une nouvelle catégorisation interne, *originarios* et *avecindados*, qui ne se fonde plus sur l'origine ethnique de la population locale, puisqu'on trouve des métis et des Indiens dans les deux ensembles, mais sur une territorialisation de l'origine qui fait que c'est le lieu de naissance de l'individu et son ascendance qui prennent le dessus. Ainsi, l'origine comprise comme la combinaison de l'endroit de naissance et de l'ascendance est donc réifiée et exaltée comme marque légitime de différenciation. Elle devient centrale dans la définition de la personne à Milpa Alta puisqu'elle détermine l'appartenance à chacun des deux ensembles, *originarios* ou *avecindados*.

Pour mieux saisir les enjeux de cette nouvelle représentation de soi, nous allons d'abord nous demander si cette façon de s'identifier a toujours existé, ce qui permettra de resituer ces pratiques d'identification dans leur contexte historique. Dans un deuxième temps, nous reviendrons sur la conjoncture politique locale, régionale et nationale pour comprendre comment un tel discours identitaire a pu émerger dans le Mexique contemporain.

LES «HÉRITIERS DES AZTÈQUES» : ÉCHOS DU MYTHE NATIONAL À MILPA ALTA

L'histoire du nationalisme au Mexique est traversée par deux forces opposées qui dominent à différentes périodes la définition de la citoyenneté : d'une part la race comme critère d'appartenance, héritée de l'organisation sociale coloniale qui divisait la société en castes (créoles, métis, indiens et les combinaisons) et, d'autre part, le libéralisme qui, au XIXᵉ siècle, tenta d'établir une citoyenneté universelle dans un pays marqué par la diversité ethnique et culturelle. À la suite du mouvement révolutionnaire de 1910-1917, l'appartenance nationale essaya de synthétiser ces deux principes. Il y eut alors au Mexique ce que de nombreux historiens (notamment Joseph et Nugent, 2002 [1994]b) s'accordent à appeler une «révolution culturelle», qui inclut la reconstruction d'une histoire et d'une culture nationales, ainsi que l'incorporation de groupes sociaux jusqu'alors marginalisés du corps national et qui devraient dorénavant être intégrés (les Indiens, les paysans, les ouvriers).

Ce projet de nationalité se basait sur trois idées fondamentales qui suivaient les principes dominants de l'époque : 1) Un passé singulier, source et âme de la particularité nationale, qui situerait les origines de la nationalité mexicaine avant la Conquête espagnole, et remonterait à l'Empire aztèque. 2) Le métissage comme politique d'État pour contrer la diversité sociale (cristallisée surtout dans les multiples cultures indiennes), perçue comme une entrave au progrès. Dans ce contexte, en effet, la non-assimilation culturelle impliquait nécessairement une exclusion, une position marginale face au projet national. 3) La modernité comme projet portant sur la construction de la nation, celle-ci étant conçue comme le résultat d'une unification du territoire, de la population et de la culture (Aguilar Rivera, 2004).

Bien qu'il soit impossible dans ce texte de développer avec plus de détails les particularités de ce projet, il semble important de l'insérer dans son contexte systémique. Le nationalisme, au Mexique et dans la plupart du monde postcolonial, s'est révélé être une réaction de défense contre l'expansionnisme des puissances comme l'Angleterre ou les États-Unis, plutôt que l'exaltation d'un sentiment de supériorité raciale ou culturelle, comme ce fut le cas en Europe ou dans d'autres pays riches. Le métissage comme idéologie nationaliste permettait de se positionner tout particulièrement face aux États-Unis, non seulement pour une question de défense de la souveraineté, mais aussi par besoin de se distinguer idéologiquement du puissant voisin[7].

Ainsi, une des rares citoyennetés nationales fondée sur l'exaltation du mélange de la « race » européenne (espagnole) et de la « race » indigène a été créée au Mexique. Cette construction identitaire est appelée *idéología del mestizaje* et fait du métis l'acteur central de l'histoire, le citoyen par excellence de la nation mexicaine, l'incarnation d'une « race cosmique » (Vasconcelos, 1999 [1948]) projetée vers le futur[8]. En tant que projet, le *mestizaje* fut conçu comme une stratégie d'inclusion et d'incorporation qui ciblait principalement les groupes ethniques considérés comme des sociétés anachroniques qu'il fallait sauver au moyen de l'intégration[9].

Cela nous amène donc à examiner comment l'altérité pouvait trouver sa place au sein d'une nation qui se voulait métisse, et qui se devait d'incorporer ceux qui ne l'étaient pas, tout particulièrement les groupes indigènes du pays. Car l'image de progrès que représentait le *mestizo* s'est définie à partir de l'altérité de l'Indien, source de la « mexicanité ». « Enfant » de la nation, il fallait l'aider à devenir un individu à part entière, un véritable citoyen (Lomnitz, 2001). C'est dans ce contexte social et politique que les principales ethnographies de Milpa Alta ont été produites, faisant de cette région une importante source d'inspiration pour définir et ébaucher la figure de « l'Indien », telle qu'elle a été imaginée et diffusée par l'idéologie d'État.

---

7. Selon les idéologues de ce projet national, leur programme devançait les Américains ; effectivement, « l'anglais a continué à s'unir avec le blanc et a exterminé l'indigène ; il continue de le faire dans la sourde lutte économique. Cela montre ses limites et c'est l'indice de sa décadence [...] il contredit le principe ultime de l'Histoire qui est d'arriver à la fusion des peuples et des cultures » (Vasconcelos, 1999 [1948] : 52).

8. Le concept de « race cosmique » fut développé par José Vasconcelos (1999 [1948]) dans un essai qui cherche à prouver la « mission ethnique » dont le *mestizo* est investi pour construire le futur de la nation.

9. Il existe une riche bibliographie sur l'idéologie du métissage au Mexique. Voir entre autres : Alonso (2005) ; Bartra (2003) ; Basave Benítez (2002) ; Lomnitz (1998, 2001) ; Navarrete, 2004 ; Tenorio Trillo (1999).

Les premiers comptes-rendus existant sur Milpa Alta datent du début du siècle. En 1911 et 1912, Franz Boas, fondateur de l'anthropologie nord-américaine, recueille des contes et des mythes dans cette région (Boas, 1920; Boas et Haeberlin, 1924). Dès cette époque, lui et son équipe concluent que la population locale serait l'héritière des Aztèques échappés lors de la chute de l'empire quatre siècles auparavant[10]. Peu après, pendant les années 1930, Benjamin Lee Whorf (1946), plus connu pour son hypothèse sur la relation entre langue et culture, publie plusieurs travaux sur la langue aztèque, dans lesquels il lie le nahuatl de Milpa Alta à celui du XVIe siècle, considéré comme « classique[11] ».

Mais il faut attendre les années 1950 pour que soit publiée la première ethnographie complète de Milpa Alta. Elle fut rédigée par l'anthropologue William Madsen (1960), un fonctionnaliste proche de Robert Redfield. Il décrivit Milpa Alta comme étant une « communauté folk », isolée, parfaitement structurée et rythmée par ses propres logiques, témoignages vivants de la grande civilisation aztèque perdue partout ailleurs.

Une nouvelle ethnographie de Milpa Alta fut rédigée par Rudolf van Zantwijk, un linguiste hollandais qui y arriva vers la fin des années 1950 (Zantwijk, 1958, 1960). C'est lui, en fait, qui systématisa le concept d'« héritiers des Aztèques ». Comme ses prédécesseurs, Zantwijk conclut que Milpa Alta aurait été le refuge des prêtres, militaires et commerçants ayant réussi à fuir Mexico-Tenochtitlan lors de la conquête espagnole. Cet héritage s'exprimerait dans la socialité, la cosmovision et surtout dans la langue des *milpaltenses*. Enfin, le dernier travail ethnographique de cette époque fut réalisé par un anthropologue mexicain, Fernando Horcasitas, avec l'aide d'une « informatrice » très connue dans le milieu intellectuel d'alors : Luz Jiménez (Horcasitas, 1979). Le travail de Luz Jiménez est éga-

---

10. D'après leurs recherches, Milpa Alta aurait été fondée « par des familles de nobles Aztèques qui s'étaient échappées du siège de Tenochtitlan avec ses richesses et ses serviteurs après la conquête de Cortès. [...] À cet endroit, ils sont restés protégés jusqu'à l'arrivée des moines franciscains. » (Ramírez Castañeda, 1912 : 352) Toutefois, les preuves de cette affirmation ne nous sont pas offertes.

11. Ce chemin fut aussi emprunté par un des historiens les plus reconnus du Mexique, Miguel León-Portilla, un des pionniers dans la valorisation de la civilisation aztèque. Deux ouvrages principaux marquent la trajectoire de cet intellectuel : *La philosophie Nahuatl* (1956) et *La vision des vaincus* (1959).

lement intéressant en raison du rôle qu'elle a joué dans la création d'une iconographie de l'indianité mexicaine[12].

Ces représentations jouèrent un rôle fondamental dans la construction de Milpa Alta en tant que repère de l'espace national ; les villages de Milpa Alta sont ainsi devenus l'incarnation topographique de l'authenticité précolombienne, des véritables origines indiennes des Mexicains : les héritiers des Aztèques. Puisqu'il s'agirait du même groupe ethnique que celui des empereurs précolombiens – les fondateurs de la future nation mexicaine, selon l'histoire officielle – cette filiation apparaissait comme une source de fierté pour la population locale, mais aussi comme une valeur importante dans la négociation politique, dans les échanges et les équilibres de force entre la population et les autorités gouvernementales. Cela deviendra évident quelques années plus tard, durant les années 1970, lors de l'affirmation du mouvement paysan (*movimiento comunero*) qui revendiquait le droit de gérer le territoire de Milpa Alta et qui mettait en avant cette origine aztèque comme élément de légitimité.

À ce sujet, le témoignage de deux autres chercheurs semble significatif. Vers la fin des années 1970, Joaquín Galarza, Mexicain formé en France, et Michel Launey, linguiste français, travaillèrent aussi à Milpa Alta (Galarza, 1987 ; Launey, 1980). Les deux observèrent l'émergence, dans cette localité, du mouvement paysan et les deux relevèrent que l'argument de l'origine aztèque des *milpaltenses* était mis de l'avant pour dénoncer les abus du gouvernement et d'une industrie privée de pâtes et papiers qui surexploitait clandestinement les ressources forestières de la région.

La particularité identitaire de Milpa Alta se dessine alors en interaction avec des intellectuels et universitaires nationaux et étrangers. Cela ne veut pas dire que ces derniers aient « créé » une identité ethnique là où il n'y en avait aucune. En réalité, ce qu'ils ont élaboré, c'est le lien qui était censé exister entre celle-ci et l'ancien Empire aztèque ; c'est surtout l'idée que la population de Milpa Alta, « devenue » héritière des gloires précolombiennes, acquérait le statut de symbole national (Tenorio Trillo, 1999).

Dans un contexte idéologique d'homogénéisation raciale et culturelle tel que le métissage, la singulière ethnicité qui s'esquisse alors à Milpa Alta peut se constituer comme une altérité valable et appréciée. Puisque

---

12. En effet, elle fut le modèle de Diego Rivera, José Orozco, David A. Siqueiros, Jean Charlot, et de bien d'autres artistes de l'époque engagés dans la révolution culturelle visant à constituer une histoire et une culture nationales (Barlow, 1960 ; Conaculta, 2000).

l'Indien contemporain devrait être métissé (modernisé), la remarquable opération qui se met en place ici consiste donc à situer la différence *milpaltense* au plus près de l'identité nationale, où la culture indienne avait une valeur, c'est-à-dire à la source de la nation : la civilisation aztèque. En se définissant comme ses héritiers, les *milpaltenses* atteignaient une altérité qui n'était pas culturelle, mais en fait temporelle : leur authenticité découlait du lien pratiquement intact qu'ils avaient gardé avec la seule culture indigène importante pour le discours dominant : la culture aztèque.

Nous avons essayé de montrer qu'en effet la formation de la catégorie d'«héritiers des Aztèques» ne peut être comprise que comme résultat d'un moment historique particulier : la montée du nationalisme postrévolutionnaire. Maintenant, il reste à examiner comment, avec ces antécédents historiques, le nouveau discours d'autochtonie a pu prendre place dans le Milpa Alta d'aujourd'hui. Il s'agira alors de mettre en relation les variations dans le discours autochtone de Milpa Alta et les transformations plus larges présentes dans le Mexique contemporain, notamment les réformes structurelles apportées par l'adhésion aux politiques néolibérales, dont la démocratisation (et le multipartisme) et la décentralisation administrative commencées au début des années 1980.

LA RECONNAISSANCE GOUVERNEMENTALE DES *PUEBLOS ORIGINARIOS*

En mars 2001, la ville de Mexico s'apprêtait à recevoir les zapatistes ; l'Armée zapatiste de libération nationale (EZLN) arrivait là pour exiger devant le Congrès et le président de la République l'accomplissement des accords de San Andrés Larraínzar[13]. Quelques mois plus tôt, en décembre 2000, Vicente Fox, le premier président issu d'un parti d'opposition, le Parti d'action nationale (PAN), recevait l'investiture et, en même temps, la ville de Mexico s'ouvrait au multipartisme : le chef du gouvernement local

---

13. Le soulèvement zapatiste débuta en janvier 1994. Entre 1994 et 2000 des pourparlers se sont déroulés entre les rebelles et le gouvernement. Enfin, en 2000, une loi sur les droits indiens fut approuvée par les deux parties (Accords de San Andrés) mais ne fut entérinée par l'Assemblée nationale qu'en 2001. À ce sujet voir, entre autres, García de León (2002) ; Harvey (1998) ; Le Bot et Marcos (1997) ; Legorreta Díaz (1998). Pour une synthèse, voir dans ce même ouvrage le texte de Pierre Beaucage.

et ses représentants des *delegaciones* venaient d'être élus pour la première fois depuis l'instauration du régime postrévolutionnaire[14].

À Milpa Alta, ce fut une femme de la localité qui remporta les élections mais peu de temps après, malgré une campagne aux accents autochtones, un conflit explosa entre elle et les autorités « traditionnelles » des villages de sa circonscription (les CET : *Coordinadores de Enlace Territorial*). Elle exigeait la démission de ces représentants populaires sans reconnaissance juridique, accusés d'être anti-démocratiques, et cherchait à nommer elle-même de nouvelles autorités. La réaction fut très vive et eut des répercussions étendues puisque, en principe, la durée des fonctions d'un CET était une affaire interne à chaque village. C'est dans ce contexte de concurrence pour le pouvoir à l'intérieur de la *delegación* Milpa Alta que la catégorie de *Pueblo Originario* fut créée, comme une nouvelle instance de représentation face au gouvernement local et régional. Les CET s'organisèrent rapidement pour faire face à la maire et, peu à peu, le droit coutumier, la Convention 169 de l'OIT et l'article 4 de la constitution[15] ont été mis de l'avant dans leur argumentation, « pour conserver une identité propre et donner une continuité à un processus historique en tant qu'entités sociales organisées[16] ». À cette occasion, nulle mention n'est faite de l'héritage aztèque ou des liens que la communauté *milpaltense* pourrait avoir avec cette civilisation.

Le problème déborda rapidement les limites de Milpa Alta et, fin avril, les CET furent reçus par M. López Obrador, chef du gouvernement de la ville, dans une conjoncture politique qui joua en leur faveur : le gouvernement fédéral venait juste d'approuver la Loi sur les droits indigènes (mars 2001), modifiée et très nuancée par rapport à ce qui avait été convenu avec les zapatistes lors des *Acuerdos de San Andrés*. L'intérêt manifesté par le gouvernement local envers la problématique des CET peut alors se comprendre comme une stratégie pour se démarquer des politiques fédérales envers les groupes ethniques.

Peu après la rencontre avec le maire de Mexico, en mai 2001, un travail systématique entre les CET et le gouvernement de la ville fut mené

---

14. Depuis 1929, par décret présidentiel, le gouvernement de la ville de Mexico était nommé directement par le président de la République.

15. Cet article a été modifié en 1994 et depuis reconnaît la composition pluriculturelle de la nation mexicaine.

16. Tract publié par les CET à Milpa Alta et distribué localement.

pendant un an, dont le premier résultat fut un diagnostic de la situation. À partir de celui-ci, un programme de soutien économique fut créé spécifiquement pour les *Pueblos Originarios* (PAPO : *Programa de Apoyo a Pueblos Originarios*). L'objectif de ce programme est de financer des projets proposés et votés au sein de la communauté, afin de stimuler des activités sociales ou culturelles, ratifiées uniquement par l'assemblée communautaire et exécutées par la communauté elle-même. En termes plus larges, le résultat de ce programme devrait être de transformer les relations entre le gouvernement et les villages, en instaurant un engagement mutuel et un respect des formes traditionnelles d'organisation et d'action politique[17].

Ce programme accentue donc l'indépendance des villages par rapport à la *delegación* puisque, désormais, la communauté dispose d'un programme social exclusif, des interlocuteurs spécifiques au sein du gouvernement régional et d'un petit budget. Mais, en reprenant une catégorie locale d'identification, le PAPO renforce aussi les différenciations internes à l'échelle micro qu'est le village. En effet, les *avecindados* ne peuvent pas proposer de projets ni les exécuter, bien que, dans de nombreux cas, ils bénéficient de leurs résultats puisque ce sont des projets culturels pour tout le village. Cette conséquence, sans doute involontaire mais aussi inévitable, est au cœur de ce mécanisme de participation qui se veut inclusif mais qui ne peut échapper aux contradictions innées de cette forme de représentation qu'est l'autochtonie des *Pueblos Originarios*.

Toutefois, et malgré la polarisation que la reconnaissance des *Pueblos Originarios* entraîne, ce type de politiques permet au gouvernement de la ville de Mexico de mettre en avant son intérêt pour la diversité et le respect du multiculturalisme, présenté comme constitutif de cette ville tentaculaire. Ces programmes, et de façon plus large la reconnaissance de la pluralité culturelle, le soutien moral aux Accords de San Andrés, le rejet explicite de la Loi des droits indiens approuvée par l'administration Fox, etc., contribuent à la conformation d'une image de Mexico – la « ville de l'espérance » – comme un espace de modernisation, où l'ouverture et le progrès, qui manquent au niveau fédéral, peuvent s'affirmer.

---

17. Le programme PAPO a été approuvé en décembre 2002 avec un montant de presque 350 000 euros à répartir entre les 34 villages existant à Mexico. Quant aux projets financés en 2003 (34 projets, dont un par communauté), ils comprennent autant le soutien monétaire pour célébrer la fête du saint patron (San Juan Miacatlán) que le financement d'une salle informatique pour les jeunes du village (San Agustín Ohtenco) ou la consolidation d'un groupe musical pour jeunes et enfants (San Andrés Totoltepec, Tlalpan).

Cette valorisation de la diversité dépasse également le cadre national puisqu'il s'articule, comme les CET l'ont bien compris, selon des paradigmes fonctionnant au niveau continental, voire mondial, comme la démocratisation, le multiculturalisme et l'accent sur la responsabilité individuelle (Rose et Miller, 1992). Ces principes sont effectivement des forces globales qui traversent le local, puisqu'ils créent des régimes de vérité et de validation, donnant forme aux identités et aux représentations individuelles des sujets[18].

AUTOCHTONIE ET CITOYENNETÉ NATIONALE: DES APPARTENANCES ANTAGONIQUES?

À travers l'examen des variations de l'identité telle qu'elle apparaît à Milpa Alta entre 1950 et les années 2000, nous avons essayé de montrer que la construction identitaire d'un groupe est un phénomène historique, traversé par des facteurs sociaux et politiques qui dépassent le niveau local. Cet exemple permet de réfléchir aux discours d'autodéfinition en comparant deux moments forts de l'autochtonie *milpaltense*: l'identité nahuatl, comme «héritiers des Aztèques», qui fait écho au discours nationaliste mexicain postrévolutionnaire, et l'identité actuelle des *Pueblos Originarios*, qui célèbre la diversité en exaltant une identité exclusive, ancrée dans le local et détachée du récit nationaliste qui avait jusqu'alors défini les identités culturelles en fonction de l'ethnicité.

Un premier constat issu de cette comparaison touche aux processus d'élaboration de chacune de ces définitions. La première, on l'a vu, est une image élaborée par les anthropologues et les linguistes sur les habitants de la localité, qui a été ensuite assimilée et utilisée par ces derniers à leurs propres fins. Cependant, comme on l'a signalé, la particularité ethnique de Milpa Alta n'a pas été créée par les universitaires; c'est plutôt leur place unique dans l'espace national, comme idéal-type de l'Indien, comme descendants directs de la civilisation qui, dans le mythe officiel, fonda la nation mexicaine.

Au contraire, le concept de *Pueblo Originario* prend forme lentement à travers les pratiques et les expériences des acteurs à l'intérieur de la

---

18. Cela se traduit, par exemple, dans un nombre croissant de pays de l'Amérique latine, par une modification de la constitution afin d'y inclure la reconnaissance du caractère pluriculturel de l'État, ou par la ratification de la Convention 169 de l'OIT exigeant le respect du territoire et des systèmes indigènes d'application de justice.

localité. Ce n'est qu'à la suite des conjonctures politiques au niveau local et au niveau régional que cette catégorie « monte » jusqu'à s'institutionnaliser dans l'administration de la ville de Mexico. Cette reconnaissance gouvernementale en tant qu'« originaires » donne aux habitants de Milpa Alta une place singulière dans le paysage social du Mexique : ils ne sont plus définis comme Indiens mais ne sont pas pour autant des *mestizos* : la caractéristique de cette nouvelle catégorie est précisément l'absence du critère ethnique.

Le deuxième constat porte sur les frontières mêmes de chacune des deux identités. La notion d'« héritiers des Aztèques » est une catégorie identitaire qui permettait aux *milpaltenses* d'être associés à d'autres groupes sociaux, par exemple d'autres populations parlant le nahuatl. De même, cette identité pouvait faciliter l'inclusion de ces populations dans un ensemble plus large, « les Indiens », face aux métis. C'est justement en réaction à ce schéma duel (indien *versus* métis) que la rhétorique de la diversité culturelle prend tout son sens. Dans ce contexte, l'autochtonie exprimée par l'idée de « peuple originaire » échappe également à cet ordre puisque les origines sont maintenant exclusivement liées à la localité et à l'ascendance. Il semblerait alors que les frontières de cette catégorie soient moins poreuses et que son accès soit plus rigide puisque la condition pour pouvoir se revendiquer de cette nouvelle appartenance est d'être né dans la localité depuis plusieurs générations.

Enfin, le troisième résultat qui découle de cette analyse comparative a trait aux rapports entre l'identité autochtone comme marqueur de différenciation et la citoyenneté nationale, tels qu'ils se manifestent à Milpa Alta. Il a été dit que, quand la catégorie d'« héritiers des Aztèques » prit forme, en pleine période de formation de l'État-nation mexicain, la citoyenneté nationale se définissait comme homogène ; du moins, le projet national tendait vers cette uniformisation sociale (idéologie du métissage). Dans ce contexte, l'hétérogénéité apparaissait comme une source de conflits, comme une menace pour la nation. Mais à Milpa Alta une identité qui puise dans cette différence a été élaborée ; une identité qui faisait référence aux gloires passées de la civilisation précolombienne, seul aspect valorisé des cultures indigènes.

La désignation de *Pueblos Originarios* est, pour sa part, en rupture avec le passé et la culture nationaliste, puisqu'elle n'adhère pas à une appartenance plus large. Cependant, elle s'inscrit aussi dans un paradigme qui la dépasse : la diversité culturelle. Cette autochtonie exalte la particularité, la singularité de cette population. La nouvelle catégorie de représentation s'articule par ailleurs avec la transition démocratique qui a suivi les réformes structurelles de l'État. Dans ce nouveau contexte social et politique, l'endurance et la richesse de la nation ne se conçoivent plus comme le produit de l'homogénéisation mais, au contraire, comme la reconnaissance d'une diversité interne limitée par le cadre légal.

Dans le cas de Milpa Alta, la construction identitaire qui exalte la différence et la particularité de cette population, autant dans la version nationaliste (les héritiers des Aztèques) que dans la version contemporaine (les *Pueblos Originarios*), n'est pas la manifestation d'une tendance séparatiste ou autonomiste. Au contraire, ce particularisme viserait plutôt à une intégration et à une participation au projet national. Les *milpaltenses* se représentent aujourd'hui comme des autochtones, sans pour autant mettre en avant l'antécédent indien. Ce remarquable mécanisme, inimaginable il y a trente ans, donne une place unique à cette population, ni indienne ni métisse. Mais cette identité particulariste ne les situe pas « en dehors » du corps national, à « l'extérieur » de l'État. Au contraire, il semblerait que la spécificité qu'ils affichent leur a garanti un accès à la citoyenneté, dont les institutions gouvernementales font à présent l'éloge. La même affirmation peut être faite en ce qui concerne la définition d'« héritiers des Aztèques » des années 1950. En prônant une différence qui les plaçait à la source de la nation mexicaine, ils étaient devenus l'altérité par excellence de la nation et, de ce fait, étaient arrivés à s'y intégrer tout en gardant leur « différence ».

Ainsi, les deux revendications identitaires affichées par les *milpaltenses*, loin d'entrer en conflit avec l'appartenance nationale, confirment, chaque fois, le lien à celle-ci : auparavant, en faisant écho à l'idéologie nationaliste postrévolutionnaire ; aujourd'hui, en reprenant le discours multiculturaliste du Mexique contemporain. Milpa Alta est certainement un exemple particulièrement clair, sans être unique, de ce rapport entre une appartenance locale très marquée et l'adhésion à la citoyenneté nationale à deux moments historiques : l'identité affichée par les *milpaltenses*, bien qu'elle souligne une certaine différenciation, est utilisée pour négocier une meilleure place dans le contexte plus large de la nation. Elle est en fait un autre moyen d'incorporation au projet national. Alors, l'exceptionnalité de Milpa Alta ressort clairement : une région où ses habitants ont été Mexicains sans pour autant être métis, et où aujourd'hui ils sont autochtones sans être indiens.

DOCUMENTS

« Acuerdo por el que se crea el Consejo de Consulta y Participación Indígena del Distrito Federal », 19 juin, 2001. Page Web de la Dirección General de Equidad y Desarrollo del DF. http://www.equidad.df.gob.mx/indigenas/index.html

Delegación, Milpa Alta (2005), *Programa de Desarrollo Urbano en Milpa Alta*, México, Gobierno del Distrito Federal, p. 94.

« Desatención a demandas de comuneros provoca violencia en Villa Milpa Alta », *La Jornada*, 9 mars 2006.

« Diagnóstico de las Funciones y Facultades de los Coordinadores de Enlace Territorial de las delegaciones del sur del Distrito Federal. » Page Web de la Dirección General de Equidad y Desarrollo del DF : http://www.equidad.df.gob.mx/indigenas/index.html.

BIBLIOGRAPHIE

AGUILAR RIVERA, José Antonio (2004), *El sonido y la furia. La persuasión multicultural en México y Estados Unidos*, Historia, México, Santillana.

ALONSO, Ana María (2005), « Territorializing the Nation and "Integrating the Indian" : "Mestizaje" in Mexican Official Discourses and Public Culture », dans T. B. Hansen et F. Stepputat (dir.), *Sovereign Bodies. Citizens, Migrants, and States in the Postcolonial World*, Princeton (NJ), Princeton University Press, p. 39-60.

BARLOW, Robert H. (1960), « Un cuento sobre el día de muertos », *Estudios de Cultura Náhuatl*, vol. V, n° II, p. 77-82.

BARTRA, Roger (2003), *La jaula de la melancolía. Identidad y metamorfosis del mexicano*, 12ᵉ éd., México, Grijalbo.

BASAVE BENÍTEZ, Agustín (2002), *México mestizo. Análisis del nacionalismo mexicano en torno a la mestizofilia de Andrés Molina Enríquez*, Sección de Obras de Historia, México, Fondo de Cultura Económica.

BOAS, Franz (1920) « Cuentos en mexicano de Milpa Alta, DF. Recogidos por Franz Boas y traducidos por José María Arreola », *Journal of American Folklore*, vol. 33, n° 127, Hispanic Number, p. 1-24.

BOAS, Franz et Herman K. Haeberlin (1924) « The Folktales in Modern Nahuatl », *Journal of American Folklore*, vol. 37, n° 145/146, p. 345-370.

CONACULTA (2000), *Luz Jiménez, símbolo de un pueblo milenario. 1987-1965*, Mexico, CONACULTA, INBA, Museo Casa Estudio Diego Rivera.

FRIEDMAN, Jonathan (1994), *Cultural Identity and Global Processes*, London, Sage Publications.

246   Paula López Caballero

GALARZA, Joaquín (1987), *In Amoxtli, In Tlacatl. El libro, el hombre. Códices y vivencias*, México, Aguirre y Beltrán.

GARCÍA DE LEÓN, Antonio (2002), *Fronteras interiores. Chiapas: una modernidad particular*, El ojo infalible, México, Editorial Océano.

HARVEY, Niel (1998), *The Chiapas Rebellion. The Struggle for Land and Democracy*, Durham et Londres, Duke University Press.

HORCASITAS, Fernando (1979), *Los cuentos en náhuatl de doña Luz Jiménez*, México, Universidad Nacional Autónoma de México.

INSTITUTO NACIONAL DE ESTADÍSTICA, GEOGRAFÍA E INFORMÁTICA (INEGI) (2001), *Cuaderno Estadístico Delegacional: Milpa Alta, Distrito Federal. Edición 2001*, Aguascalientes, Ags, México, INEGI.

JIMÉNEZ, Edith (1988), «New Forms of Community Participation in Mexico City: Success or Failure?», *Bulletin of Latin American Research*, vol. 7, n° 1, p. 17-31.

JONES, Gareth et Peter WARD (1998), «Deregulating the Ejido: The Impact of Urban Development in Mexico», dans W. Cornelius et D. Myhre (dir.), *The Transformation of Rural Mexico: Reforming the Ejido Sector*, La Jolla (CA), Center for US-Mexican Studies, UCSD, p. 247-275.

JOSEPH, Gilbert M. et Daniel NUGENT (2002 [1994]b), «Cultura popular y formación del estado en el México revolucionario», dans M. J. Gilbert et D. Nugent (dir.), *Aspectos cotidianos de la formación del estado. La revolución y la negociación del mando en el México moderno*, Colección Problemas de México, México, Ediciones ERA.

LAUNEY, Michel (1980), *Introduction à la langue et à la littérature aztèques*, Paris, L'Harmattan.

LE BOT, Yvon et SOUS-COMMANDANT MARCOS (1997), *Le rêve zapatiste*, Paris, Seuil.

LEGORRETA DÍAZ, María del Carmen (1998), *Religión, política y guerrilla en las Cañadas de la Selva Lacandona*, Mexico, Cal y Arena.

LOMNITZ, Claudio (1998), *Modernidad Indiana. Nueve ensayos sobre nación y mediación en México*, México, Editorial Planeta.

LOMNITZ, Claudio (2001), *Deep Mexico, Silent Mexico. An Anthropology of Nationalism*, Minneapolis, University of Minneapolis Press.

LÓPEZ CABALLERO, Paula (2007) Récits de fondation, catégories identitaires et disputes pour la légitimité politique à Milpa Alta, DF (XVIIᵉ – XXIᵉ siècle). Ethnographier l'État et historiciser l'ethnicité, Thèse en Anthropologie Sociale et ethnologie, défendue le 6 décembre 2007, École des Hautes Études en Sciences Sociales.

MADSEN, William (1960), *The Virgin's children. Life in an Aztec village today*, Westport (Connecticut), Greenwood Press.

NAVARRETE, Federico (2004), *Las relaciones interétnicas en México*, vol. 3, La pluralidad cultural en México, Mexico, UNAM.

NAVARRO, Bernardo (1990), *Crisis y movimiento urbano popular en el Valle de México*, México, Universidad Autónoma Metropolitana – Xochimilco.

NUÑEZ GONZÁLES, Óscar (1990), *Innovaciones democrático culturales del movimiento urbano popular: ¿hacia nuevas culturas locales?*, México, Universidad Autónoma Metropolitana – Azcapotzalco.

RAMÍREZ CASTAÑEDA, Isabel (1912), «El Folklore de Milpa Alta, D.F., México», conférence prononcée à l'International Congress of Americainists, actes de la XVIIᵉ session, Londres.

ROSE, Nikolas et Peter MILLER (1992), «Political Power beyond the State: Problematics of Government», *British Journal of Sociology*, vol. 43, n° 2, p. 172-205.

TENORIO TRILLO, Mauricio (1999), «Stereophonic Scientific Modernisms: Social Science between Mexico and the United States, 1880s-1930s», *Journal of American History*, vol. 86, n° 3, p. 1156-1187.

VARLEY, Ann (1985), «Urbanisation and Agrarian Law: The Case of Mexico City», *Bulletin of Latin American Research*, vol. 4, n° 1, p. 1-16.

VASCONCELOS, José (1999 [1948]), *La raza cósmica*, México, Espasa Calpe.

WHORF, Benjamin Lee (1946), «The Milpa Alta dialect of Aztec with notes on the Classical and the Tepoztlan Dialects», dans H. Hoijer (dir.), *Linguistic Structures of Native America*, Viking Found Publications in Anthropology, New York, The Viking Found, vol. 6, p. 367-397.

ZANTWIJK, R. A. M. van (1958), «Supervivencias intelectuales de la cultura náhuatl en el municipio de Milpa Alta», *América Indígena*, vol. 18, n° 2, p. 119-128.

ZANTWIJK, R. A. M. van (1960), *Los indígenas de Milpa Alta, herederos de los Aztecas*, Amsterdam, Instituto Real de los Tropicos Seccion de Antropologia Cultural y Física.

Le Québec et les peuples autochtones : une perspective crie de la Baie-James

INTRODUCTION

L'histoire ancienne et contemporaine des peuples autochtones du Québec est extrêmement diverse et variée. Les peuples autochtones au Québec n'ont pas toujours été traités de la même manière, de sorte que mes remarques sur le sujet seront nécessairement d'une portée limitée.

Je voudrais commencer mon examen de la question du Québec et des peuples autochtones en faisant quelques commentaires préliminaires, afin de bien cerner notre discussion. Tout d'abord, en ce qui concerne les peuples autochtones, un certain nombre de progrès ont été faits au Québec au cours des récentes années. En même temps, des défis fondamentaux demeurent, et l'issue est loin d'être certaine. Je reviendrai sur ces aspects un peu plus tard.

Ensuite, afin d'évaluer la portée de certains changements au Québec, il est essentiel de se souvenir du passé. En tant que peuples autochtones, nous avons toujours apprécié et respecté le devoir de mémoire. La compréhension et la conservation de notre histoire – même si elle renferme des injustices incompréhensibles – ont toujours été cruciales pour nous. D'un point de vue juridique et politique, le contexte historique est essentiel pour garantir la reconnaissance et le respect de nos droits inhérents ou antérieurs. Il est aussi crucial de créer de façon durable une culture de la paix, de la vérité et du respect des droits humains, ainsi que de faire naître un véritable espoir pour l'avenir.

Enfin, l'évolution constitutionnelle au Canada a eu une incidence sur la façon dont les peuples autochtones ont été traités par le Québec et les gouvernements des autres provinces. La Loi constitutionnelle de 1982 prévoyait – pour la première fois dans l'histoire du Canada – que les « droits existants – ancestraux ou issus de traités – des peuples autochtones du Canada sont reconnus et confirmés ».

Pendant la plus grande partie de l'histoire du Canada, le gouvernement fédéral et les gouvernements provinciaux ont en général nié l'existence même des droits des autochtones. Ils ont aussi omis de façon répétée de respecter les droits des peuples autochtones issus de traités.

En conséquence, pour le bien de la justice et pour le respect de nos droits fondamentaux, la consécration de nos droits dans la constitution canadienne a été une mesure cruciale. Cette affirmation constitutionnelle signifiait que ces mêmes gouvernements ne pourraient plus se contenter de nier l'existence de ces droits des autochtones lorsqu'ils négocient des ententes globales concernant des terres et des ressources. Nos traités ne pouvaient plus continuer d'être foulés aux pieds et non honorés en toute impunité. Nos droits constitutionnels ont commencé à être appliqués par des décisions judiciaires.

Cette évolution est très nettement différente des conditions qui existaient quand la Convention de la Baie-James et du Nord québécois a été négociée et conclue en 1975. À l'époque, le gouvernement fédéral et le gouvernement du Québec niaient l'existence même des droits ancestraux de mon peuple, les Cris de la Baie-James, et des Inuits du Nunavik dans le Nord-du-Québec. Un tel manque de reconnaissance fondamentale a perpétué un climat de méfiance, et nous a empêchés d'arriver facilement à une entente juste et honorable.

Ce qui nous conduit à un quatrième facteur qu'il est important de souligner. Depuis le début des années 1980, les droits humains des peuples autochtones s'intéressent de plus en plus aux processus normatifs internationaux. Cette évolution progressive en droit international a une incidence favorable sur le droit au Québec et dans d'autres parties du Canada. Par exemple, dans l'interprétation des droits des peuples autochtones, les tribunaux du Canada font de plus en plus référence aux normes existantes ou émergentes qui sont exprimées par des instruments comme la Déclaration des Nations unies sur les droits des peuples autochtones et la Convention relative aux peuples autochtones et tribaux, 1989.

Selon l'argumentaire ou le document d'information de la rencontre « L'autochtonie en question » pour lequel ce texte a été préparé :

> [...] les problématiques autochtones s'imposent comme des enjeux politiques majeurs dans plusieurs régions du monde. Les peuples autochtones ont en effet été impliqués, en particulier depuis les années 1970, dans des mouvements nationalistes et souverainistes, ainsi que dans toutes sortes de luttes pour la décolonisation, l'autodétermination et la reconnaissance de leurs droits.

Il s'agit là d'observations judicieuses. Parmi les grands problèmes qui touchent les États figurent inévitablement les aspects autochtones qui sont simplement incontournables.

Les peuples autochtones au Québec et ailleurs au Canada n'ont jamais été inclus dans les processus officiels de décolonisation négociés aux Nations unies. Cependant, de fait, nous continuons notre combat pour la décolonisation. À l'image des peuples autochtones ailleurs, au Québec, nous avons souffert de discrimination, nous avons été dépossédés de nos terres, territoires et ressources et nous avons subi l'exclusion et la marginalisation. Toutefois, ces méthodes de colonisation et de domination n'ont jamais fonctionné et nous luttons en permanence pour mettre fin à cet héritage de pauvreté et d'injustice.

Pour aller dans le sens des thèmes et des sujets abordés lors de la rencontre, je traiterai brièvement de trois aspects dans le contexte du Québec :

i)   le rétablissement du statut des peuples autochtones, dans un esprit de relations harmonieuses et de respect mutuel ;

ii) l'affirmation des droits collectifs des peuples autochtones ;

iii) les défis à venir pour les peuples autochtones au Québec.

1. LE RÉTABLISSEMENT DU STATUT DES PEUPLES AUTOCHTONES

Il est bien établi que certains pays du monde ont cherché à exploiter, à dominer et à déposséder les peuples autochtones en arguant de leur prétendue infériorité raciale et culturelle. En droit anglais et canadien, les théories de la dépossession ont évolué en fonction des doctrines de la supériorité formulées en Europe. Les peuples autochtones étaient considérés soit comme trop primitifs, soit comme des barbares ou des infidèles, et ils n'étaient pas donc pas qualifiés pour être propriétaires ou pour contrôler les terres, les territoires et les ressources. Des justifications racistes comme la « doctrine de la découverte », qui fait encore partie de la jurisprudence en droit canadien et dans de nombreux autres pays, ont censément fourni aux puissances européennes une justification pour revendiquer la compétence et la souveraineté sur nos territoires traditionnels. Après tout, selon les puissances coloniales, nous n'étions que des « sauvages ».

Cette terminologie était encore en usage au moment de la création du Canada. En 1867, dans la version française officielle de l'Acte de l'Amérique du Nord britannique (maintenant appelée la Loi constitutionnelle de 1867), le terme anglais *Indians* était rendu par « Sauvages ».

De plus, lorsque les Inuits du Nord-du-Québec mouraient de faim dans les années 1930, ni le Québec ni le Canada ne souhaitaient assumer la responsabilité de les aider à survivre. Le paragraphe 91(24) de l'Acte de l'Amérique du Nord britannique de 1867 disait seulement que le gouvernement fédéral avait la compétence législative exclusive sur « les Indiens et les terres réservées aux Indiens ». Ainsi, le gouvernement fédéral a demandé un avis au plus haut tribunal du pays, mais il l'a fait sans aucune représentation inuite.

En 1939, la Cour suprême du Canada a tranché dans l'affaire *Re Eskimos* et déclaré que le terme « Indiens » du paragraphe 91(24) incluait les Inuits, ou les « Esquimaux », comme on les appelait alors. Toutefois, la Cour a appliqué un critère bienveillant pour définir les « Sauvages ». Elle a décrété que le terme « Esquimaux » était couvert par le générique d'« Indiens » du fait qu'ils avaient été appelés des « Sauvages », comme l'avaient été les Montagnais et les Hurons. La Cour a souligné que le général Murray, qui était alors gouverneur du Québec, avait fait référence dans les documents officiels en 1742 aux « Esquimaux » comme étant « les plus sauvages et les plus indomptables » (traduction libre).

Néanmoins, l'histoire montre une autre réalité. Les peuples autochtones de l'Amérique du Nord et d'ailleurs avaient des relations diplomatiques et concluaient des traités avec différents États européens. Les décisions judiciaires de la Cour suprême, tant au Canada (par ex., *R. c. Sioui*, 1990) qu'aux États-Unis (par ex., *Worcester* v. *Georgia*, 1832), reconnaissent que les peuples autochtones ont été traités, en termes internationaux, comme des nations indépendantes par les États européens.

De nos jours, la communauté internationale et la plupart des États reconnaissent les nombreuses contributions positives des peuples autochtones en tant qu'acteurs internationaux aux Nations unies et dans d'autres tribunes internationales. Cet apport est particulièrement évident à l'Instance permanente des Nations unies sur les questions autochtones, dont les sessions annuelles ont commencé en mai 2002. On voit aussi le même phénomène dans les processus normatifs internationaux, comme celui qui a conduit au tout dernier texte de la Déclaration des Nations unies sur les droits des peuples autochtones.

En ce qui concerne le Québec, l'Assemblée nationale a reconnu, dans une résolution de 1985, que les peuples autochtones du Québec étaient des « nations » distinctes. En même temps, cette résolution a généré beaucoup de controverses. Quand les représentants autochtones ont proposé une formulation pour la résolution que le gouvernement du Québec n'appréciait pas, ce dernier a mis fin aux négociations avec nous et a déposé unilatéralement son propre libellé.

En décembre 2000, l'Assemblée nationale a adopté la Loi sur l'exercice des droits fondamentaux et des prérogatives du peuple québécois et de l'État du Québec. Cette loi mentionne que le « peuple québécois » peut disposer de lui-même, comme s'il n'y avait qu'un seul peuple dans la province de Québec. La loi indique aussi que « l'État du Québec reconnaît les droits existants – ancestraux ou issus de traités – des *nations* autochtones du Québec ». Toutefois, la Loi constitutionnelle de 1982 n'emploie pas le terme « nations » dans ce même contexte. Elle reconnaît et affirme les droits autochtones et issus de traités des « peuples » autochtones. La loi du Québec ne sera pas invoquée à l'avenir, nous le souhaitons, pour nier notre statut à titre de « peuples » distincts, dotés d'un droit à l'autodétermination en vertu du droit international et du droit canadien.

Après trente années de litiges depuis le début des années 1970, les Cris de la Baie-James et le gouvernement du Québec ont décidé d'établir ensemble une méthode de coopération plus efficace et mutuellement bénéfique. Nous avons actuellement des relations beaucoup plus harmonieuses.

En février 2002, le gouvernement du Québec a signé une entente de « nation à nation » pour 50 ans avec le peuple cri de la Baie-James. Cette entente est aussi appelée la Paix des Braves. À notre avis, cette entente comporte certains aspects particulièrement importants. Non seulement elle reconnaît les Cris de la Baie-James en tant que « nation » distincte de la « nation du Québec », mais c'est un document qui

> renforce les relations politiques, économiques et sociales entre le Québec et les Cris et qui se caractérise par la coopération, le partenariat et le respect mutuel...

Cette approche harmonieuse de la coopération est conforme à la Déclaration des Nations unies sur les droits des peuples autochtones. La déclaration incarne aussi une norme « à atteindre dans un esprit de partenariat et de respect mutuel ».

Par conséquent, le renforcement et le rétablissement de notre statut légal sont des processus permanents. Des progrès sont faits, tant au niveau national qu'au niveau international.

2.   AFFIRMATION DES DROITS COLLECTIFS DES PEUPLES AUTOCHTONES

Passons maintenant à une autre question fondamentale, à savoir les droits collectifs des peuples autochtones. Comme l'a affirmé la Cour suprême du Canada en 1997 dans l'affaire *Delgamuukw* c. *la Reine* :

> Le titre aborigène ne peut pas être détenu par un autochtone en particulier ; il est un droit foncier collectif, détenu par tous les membres d'une nation autochtone. Les décisions relatives aux terres visées sont également prises par cette collectivité.

Cette affirmation judiciaire de nos droits collectifs est essentielle. Dans le contexte contemporain, le gouvernement du Québec semble appuyer les droits collectifs des Cris. Quand il s'agit de protéger nos langues, nos cultures et notre bien-être, en tant que peuples et nations distinctes, il semble que les Québécois et les peuples autochtones partagent de plus en plus des perspectives communes.

Dans le cas de la France, du Royaume-Uni et d'un certain nombre d'États européens, il existe une volonté de traiter des droits collectifs des peuples autochtones dans la Déclaration des Nations unies sur les droits des peuples autochtones. Toutefois, un certain nombre d'États européens ont cherché à nier le caractère de droits humains de nos droits collectifs. Cela était, bien entendu, entièrement inacceptable du fait qu'il pourrait en découler une exclusion de nos droits collectifs du régime international des droits dits « de l'homme ».

À la fin de janvier 2006, cette question centrale a été réglée de manière satisfaisante. Au cours du dernier groupe de travail, la déclaration montrait qu'un juste équilibre avait été trouvé, dans le respect des droits de l'homme, au plan tant individuel que collectif.

Actuellement, les États-Unis expriment de grandes inquiétudes en ce qui concerne la « confusion entre la nature des droits de l'homme sur le plan individuel et celle des droits collectifs reconnus par la déclaration » (traduction libre). De plus, les États-Unis se sont joints à l'Australie et à la Nouvelle-Zélande pour s'opposer à l'adoption de la déclaration par l'Assemblée générale.

Ces États ont recours à une combinaison d'arguments extrêmes, non fondés, discriminatoires et erronés, dans l'espoir que les autres États se joindront à eux pour s'opposer à la déclaration. Ils soutiennent que les droits dans la déclaration sont « absolus », bien qu'ils sachent parfaitement que les droits de l'homme ont une nature généralement relative. Ils prétendent aussi de façon scandaleuse que les droits dans la déclaration sont déséquilibrés et discriminatoires, en dépit du fait qu'il est explicitement dit que les « les droits de l'homme [...] de tous seront respectés ». En outre, la déclaration précise que toutes les dispositions dans cet instrument de nos aspirations « seront interprétées conformément aux principes de justice, de démocratie, de respect des droits de l'homme, d'égalité, de non-discrimination, de bonne gouvernance et de bonne foi ».

C'est de cette manière, entre autres, que ces trois États cherchent à saper l'intégrité de la déclaration et, en particulier, nos droits collectifs.

Le 7 juin 2006, le Comité permanent des affaires indiennes du Parlement canadien a recommandé au gouvernement canadien de « voter en faveur du projet de déclaration des Nations unies sur les droits des peuples autochtones lors de la prochaine session de travail du Conseil des droits de l'homme ». Bien que les membres du Comité des trois partis d'opposition aient voté en faveur de cette motion, les membres du nouveau gouvernement conservateur du Canada ont décidé de s'abstenir.

Nous espérons que le Canada ne sera pas influencé par les positions des États-Unis, de l'Australie et de la Nouvelle-Zélande. Comme par le passé, le Canada devrait être aligné sur des pays qui ont adopté une attitude respectueuse et fondée sur les principes en ce qui concerne les droits des peuples autochtones. Autrement, il en découlerait un préjudice extrême pour plus de 370 millions d'autochtones dans le monde entier. Les violations constantes des droits de l'homme que subissent les peuples autochtones continueraient en toute impunité.

3.   DÉFIS À VENIR POUR LES PEUPLES AUTOCHTONES DU QUÉBEC

Lorsque nous nous tournons vers l'avenir, l'un des défis les plus importants que devront relever les Cris de la Baie-James et les autres peuples autochtones du Québec au cours des prochaines années concerne la sécession du Québec. En juin 2005, lors du congrès du Parti québécois (PQ), les membres ont adopté une résolution dans laquelle il est prévu qu'advenant la victoire du « OUI » au prochain référendum sur la souveraineté, il y aurait une déclaration unilatérale d'indépendance. Si une déclaration unilatérale d'indépendance était prononcée, il en résulterait une situation chaotique. Ce serait bien plus que les droits les plus fondamentaux des peuples autochtones qui seraient violés.

Depuis le congrès du PQ de 2005, il semble qu'André Boisclair, le chef du PQ à ce moment-là, a tenté d'infléchir la position du PQ sur une éventuelle déclaration unilatérale d'indépendance. Toutefois, même si aucune déclaration unilatérale d'indépendance n'est prononcée, il y a une réelle possibilité pour que les stratégies qui seraient alors mises en œuvre ne respectent pas le droit des Cris et des autres peuples autochtones du Québec de décider de leur propre avenir. Ce type d'unilatéralisme constitue une véritable menace pour les droits de l'homme, ainsi que pour les valeurs et les principes que notre lutte a contribué à établir, tant au Canada que sur le plan international.

Les Québécois sont libres de choisir le projet de société qu'ils désirent par un éventuel référendum ; c'est leur droit démocratique. Toutefois, les Cris de la Baie-James et les autres peuples autochtones du Québec ont aussi des droits démocratiques équivalents. Le principe de l'égalité des droits et de l'autodétermination, qui est prévu dans la Charte des Nations unies, s'applique de manière égale aux peuples autochtones et non autochtones.

L'unilatéralisme dont il est question dans le contexte de la sécession du Québec va à l'encontre de ce que veut dire la démocratie, à savoir le respect des droits de l'homme, la coopération, la tolérance, la paix et la sécurité. Nous devrions ainsi renoncer à notre droit à l'autodétermination. Cela constituerait une violation de nos droits en tant que peuples autochtones, de nos droits issus de traités et des autres droits de l'homme dont nous jouissons en droit constitutionnel canadien et en droit international. Une telle déclaration entraînerait une grande division et des plaies qui prendraient d'innombrables décennies à guérir.

En tant que nation et peuple distincts, nous, les Cris de la Baie-James, avons lutté pendant les trente-cinq dernières années pour les droits de l'homme qui nous sont reconnus, et ce, tant au Canada que sur le plan international. De plus en plus, ces droits sont inscrits dans la primauté du droit au Canada et sur le plan international.

En octobre 1995, les Cris de la Baie-James ont tenu leur propre référendum. Plus de 96 % des électeurs ont alors déclaré qu'ils n'accepteraient pas que les Cris de la Baie-James soient séparés du Canada sans leur consentement. Cela ne signifie pas nécessairement que les Cris, en tant que peuple, choisiraient de rester rattachés au Canada. Toutefois, il est manifeste de tout gouvernement qui tenterait de nier notre droit inaliénable à l'autodétermination et, par conséquent, notre droit de décider de l'avenir de notre peuple et de notre territoire traditionnel pourrait difficilement nous convaincre d'adhérer à son projet.

En ce qui concerne les Cris de la Baie-James, il est également important de souligner que nos droits issus de traités sont protégés par la constitution. Nous avons signé la Convention de la Baie-James et du Nord québécois dans le cadre de la fédération canadienne. Cela est également le cas en ce qui concerne la Paix des Braves, une entente conclue pour 50 ans avec la province de Québec. Toute modification à ces ententes dans le contexte de la sécession exige explicitement notre consentement libre, préalable et éclairé.

S'il doit exister un dialogue et un processus vraiment démocratiques dans l'indépendance du Québec, les Cris de la Baie-James et les autres peuples autochtones doivent y participer à toutes les étapes. Comme il a été dit dans le Renvoi relatif à la sécession du Québec, « la sécession d'une province ne peut être réalisée unilatéralement "en vertu de la Constitution", c'est-à-dire sans négociations, fondées sur des principes, avec les autres participants à la Confédération ».

Nous ne sommes pas prêts à nous contenter de donner nos commentaires sur la rédaction de la constitution d'un nouvel État québécois. Cela pourrait laisser entendre à tort que le peuple des Cris de la Baie-James n'a pas le droit de déterminer son avenir si les Québécois décidaient de faire sécession.

Quand il s'agit de garantir un dialogue constructif et harmonieux, les questions suivantes se posent à tous ceux qui cherchent à aller de l'avant avec leur projet de souveraineté :

i) Le droit à l'autodétermination des Cris de la Baie-James et des autres peuples autochtones du Québec sera-t-il pleinement respecté?

ii) Le principe de la démocratie sera-t-il pleinement appliqué, sans discrimination ou toute application de deux poids deux mesures?

iii) Les résultats de notre propre référendum seront-ils pleinement respectés, surtout si notre niveau d'appui chez les électeurs cris dépasse 96%?

iv) Notre consentement libre et éclairé sera-t-il obtenu avant toute proposition de modification de nos traités?

v) Serons-nous pleinement et effectivement inclus en tant que participants directs dans toute future négociation sur la sécession?

vi) Le gouvernement du Québec honorera-t-il pleinement ses responsabilités fiduciaires, surtout ne ce qui concerne la Convention de la Baie-James et du Nord québécois?

Toutes ces questions ont été soulevées de manière très détaillée par le passé. Les positions du Parti québécois sur la souveraineté énoncent de façon non équivoque que «les traditions démocratiques du Québec sont irréprochables» (traduction libre) et qu'il est fondamental de déclarer la souveraineté du Québec «d'une manière démocratique». Nous sommes en faveur d'une approche véritablement démocratique, de notre point de vue. Nous n'avons toutefois jamais reçu de réponse juste et équitable, une réponse qui serait tout à fait en harmonie avec les principes de démocratie, d'égalité, de non-discrimination et de respect pour les droits de l'homme.

CONCLUSION

Au cours des cinq dernières années, la première nation des Cris de la Baie-James a façonné une nouvelle relation d'harmonie et de collaboration avec le gouvernement du Québec. Un facteur important de cette grande amélioration tient au fait que nos relations sont fondées sur le respect mutuel et une reconnaissance croissante de nos statuts de peuples distincts et de nos droits fondamentaux en matière de droits de l'homme.

En même temps, il est important de savoir que l'avenir réservera toujours de grands défis. Ces défis concernent notre peuple, notre culture, notre territoire, et nos droits, à un environnement acceptable et à l'utilisation de nos ressources. Certains de ces défis seront probablement incommensurables et demanderont la plus grande vigilance, le plus grand soin et la plus grande prudence.

Le présent ouvrage porte essentiellement sur les écarts fondamentaux qui existent parfois entre les politiques du gouvernement français et celles du Québec. Les progrès et les réussites que nous avons eus au Québec devraient pouvoir se reproduire dans les territoires autochtones dont la France a la responsabilité. Dans chaque cas, les approches et les politiques devraient être déterminées avec un esprit de collaboration. Elles devraient nécessairement être axées sur les besoins, les priorités et les aspirations des peuples autochtones en cause.

En ce qui concerne les peuples autochtones en général, l'obligation de veiller au respect et au maintien de leurs droits en matière de droits de l'homme est une obligation collective – partagée entre l'ONU et ses organisations régionales, les États et les peuples autochtones que nous sommes. Le Grand Conseil des Cris (Eeyou Istchee) joue un rôle de premier plan, tant au Canada qu'internationalement, pour ce qui est de promouvoir les droits de l'homme des peuples autochtones et de les protéger. À cette fin, nous travaillons en étroite collaboration avec d'autres peuples autochtones et avec des organismes non autochtones de défense des droits de l'homme dans différentes parties du monde.

En ce qui concerne le processus qui a mené à la Déclaration de l'ONU, notre réseau coopératif étendu a inclus toutes les régions du monde et il a fait la preuve de sa grande efficacité. Ces réseaux mondiaux sont essentiels – surtout lorsque l'on est aux prises avec des États qui prêchent aux autres les vertus de la démocratie et des droits de l'homme, mais qui s'opposent à ces normes lorsqu'il s'agit de leurs affaires internes. Hélas, les chefs de file dans cette catégorie d'États peu scrupuleux sont notamment les États-Unis, l'Australie et la Nouvelle-Zélande. Les peuples autochtones n'ont tout simplement pas d'égalité avec les autres peuples qui vivent au sein de ces États.

Se dire Innu hier et aujourd'hui : l'identité est-elle territoriale ?

SYLVIE VINCENT

L'identité, que l'on peut définir comme la conscience d'appartenir à un groupe avec lequel on partage une même origine, ce qui s'incarne le plus souvent – quoique pas toujours et pas exclusivement – dans le fait de parler la même langue, d'avoir reçu et de transmettre le même héritage culturel et, souvent, d'être issu ou d'habiter un même territoire, est en fait une réalité mouvante dans la mesure où elle ne peut exister en elle-même. En effet, l'identité d'un groupe, quelle que soit sa taille, se construit en fonction de la présence des groupes environnants, en fonction des rapports avec ceux-ci (insertion ou non dans un ensemble national, lequel peut être pluriethnique ou non) et de la représentation que l'on s'en fait. Comme l'écrit Selim Abou :

> [...] le problème de l'identité en général ne surgit que là où apparaît la diffé-
> rence. On n'a besoin de s'affirmer soi-même que face à l'autre et cette affir-
> mation de l'identité est d'abord une auto-défense, car la différence apparaît
> toujours, au premier abord, comme une menace. (Abou, 1981 : 31)

En théorie, être Innu serait aujourd'hui avoir l'innu comme langue maternelle ou se réclamer d'ancêtres qui parlaient innu et avoir hérité en tout ou en partie d'un mode de vie, de façons de faire, de traditions, de savoirs, de valeurs, bref de plusieurs éléments reconnus comme faisant partie de la culture innue telle qu'on se la représente. Par ailleurs, comme de façon générale on caractérise les autochtones par leur appartenance à leurs territoires, cet élément prend une importance particulière dans la définition de leur identité, si bien qu'être Innu signifierait aussi entretenir des liens particuliers avec un territoire représenté comme innu. Liens généalogiques, langue, culture, territoire. On pourrait détailler, insister sur certains points de la culture : la chasse et le respect des animaux, par exemple, pour les Aînés, la musique dont des recherches récentes (Jérôme, 2005; Audet, 2005) ont fait ressortir les liens avec l'identité, du moins pour les jeunes.

Pour diverses raisons juridiques et politiques, la réflexion actuelle pointe vers les liens entre identité autochtone et territoire, que ce soit pour affirmer leur force et leur nécessité ou pour suggérer qu'il serait souhaitable de dépasser cette «territorialisation de l'identité». «Les tribunaux ont [...] inscrit dans l'ordre juridique une conception archaïque, immobiliste et foncièrement stéréotypée de l'identité autochtone» écrivent Otis et Émond qui proposent au contraire de reconnaître que les communautés autochtones ont le pouvoir «de construire sans entrave, et de réinterpréter au besoin, leur identité en fonction de leurs aspirations propres» (Otis et Émond, 1996: 560). On ne remettra pas en question, ici, le fait que toute culture se transforme avec le temps et s'adapte aux situations nouvelles ni celui que les traditions peuvent être «inventées» (voir, par exemple, Bayart, 1996; Hobsbawm et Ranger, 1983). Cependant, la question que j'aimerais poser est celle-ci: dans le cas des Innus de l'est du Québec, l'identité peut-elle être vue comme territoriale et, si oui, cette territorialité est-elle proprement et encore actuellement innue?

Afin d'y répondre, je voudrais porter mon attention sur ce que les Innus eux-mêmes disent à propos des liens entre leur identité et leur territoire, et tenter de déceler les transformations éventuelles de ces liens. Pour ce faire, je me tournerai tout d'abord vers les Aînés et les porteurs de la tradition orale dont j'ai recueilli les dires dans les communautés de la côte-nord du golfe du Saint-Laurent au cours des années 1970 et 1980 ainsi qu'au début des années 1990[1]. J'examinerai ensuite ce qui filtre des propos des plus jeunes et des documents officiels récents.

HIER

Les liens traditionnels entre identité autochtone et territoire sont pratiquement tenus pour acquis. Que les Aînés se soient dits proches de

---

1. Il s'agit des communautés d'Ekuanitshit, Unaman-shipit, Pakua-shipit mais aussi et surtout de celle de Nutashkuan. Les membres de ces communautés s'appellent eux-mêmes «Mamit Innuat», c'est-à-dire les gens de l'aval. Le travail de collecte a été effectué en bonne partie en collaboration avec Joséphine Bacon au cours de différentes recherches et contrats et surtout à l'aide d'une subvention du Conseil de recherches en sciences humaines du Canada (1987-1988).

leurs territoires, attachés à ceux-ci, et qu'ils aient affirmé qu'ils se sentaient redevables à leur égard, ne sera probablement mis en doute par personne. Mais en quoi, à leurs yeux, ces liens sont-ils spécifiques et constitutifs de leur identité?

Établissons en premier lieu que, pour les Aînés, l'ordre naturel des choses (ou le Créateur) fait qu'à chaque peuple a été attribué un territoire. La France a été remise aux Français, l'Angleterre aux Anglais, l'Afrique aux Africains, etc. Dans ce système, les Canadiens français sont directement reliés à leur pays d'origine, la France, et les Canadiens anglais sont considérés comme des Anglais au même titre que les Anglais d'Angleterre. Il n'existe pas de terme pour désigner les Canadiens en tant qu'habitants du Canada si bien qu'en fin de compte, et certains le disent ainsi, les Canadiens, et tout autant les Québécois, ne détiennent pas de territoire au Canada. En fait, ce qui est aujourd'hui appelé le Canada a été attribué à l'origine aux Indiens et aux Inuits. Les autres habitants actuels de ce pays sont donc installés en terre indienne. Les Aînés considèrent que, en ce qui concerne le Nord-Est du Québec, la présence des nouveaux arrivants a été tolérée à certains endroits par leurs ancêtres et que, pour le reste, ils se sont fait voler leurs terres. Si les Français et, plus tard, les Acadiens et les Canadiens français qui s'installèrent en Moyenne et Basse-Côte-Nord sont désignés par des termes qui indiquent bien qu'ils arrivèrent du large («ceux qui ont des bateaux de bois», «les pêcheurs», «ceux qui viennent avec les vagues») (Vincent, 1991: 125), les Innus se désignent eux-mêmes par les toponymes de leurs territoires et plus particulièrement par ceux des rivières qui leur permettaient d'y circuler: Pessamiulnut (les gens de la rivière Bersimis), Mishta-shipiunnut (les gens de la rivière Moisie), Unaman-shipiunnut (les gens de la rivière Olomane), etc. (voir Mailhot et Vincent, 1980). Dans la nomenclature même des groupes, on voit donc s'exprimer l'idée que les peuples sont liés à leurs territoires et définis par rapport à ceux-ci.

Sous prétexte qu'ils étaient dits «nomades», on a souvent tendance à croire que, si les Innus, comme tous les autres Amérindiens, ont des liens particulièrement forts avec la Terre, ils n'en ont pas avec des territoires précis. Hypothèse qui ne tient pas. La tradition orale des Innus de la Moyenne et de la Basse-Côte-Nord rapporte comment des peuples voisins (Micmacs, Inuits, Iroquois) ont tenté des incursions dans des régions que les Innus considéraient comme placées sous leur autorité. Elle relate les combats qui s'ensuivirent et comment les Innus demandaient aux étrangers de retourner sur les terres qui leur étaient propres. Et l'on trouve ce même type de récits dans les traditions orales des autres peuples algonquiens du Québec. Le continent n'est donc pas considéré comme une *Terra nullius* où chacun peut aller et venir à sa guise. Il est conçu comme réparti entre des peuples dont les territoires sont délimités par des frontières. Ce n'est pas que les membres des autres peuples n'avaient pas le droit de fréquenter les terres innues – certains récits indiquent le contraire – mais plutôt que les Innus étaient ceux qui établissaient les règles de circulation et d'utilisation de leurs terres. D'après ce que disent les Aînés, les Innus percevaient la présence des étrangers dès qu'il s'en présentait dans leurs territoires familiaux. La conscience d'être lié à une rivière, à un lac, à un territoire précis était donc forte chez eux. Mais, en même temps, la capacité qu'ils avaient de parcourir la péninsule du Québec-Labrador de la baie d'Ungava au golfe du Saint-Laurent est, comme nous le verrons plus loin, l'un des traits de leur culture. C'est donc non seulement à des territoires particuliers mais aussi à une région beaucoup plus vaste qu'ils se disaient attachés.

Nous avons indiqué précédemment que l'identité se concrétise dans les liens généalogiques. Le fait de savoir que grands-parents, arrière-grands-parents et sans doute ceux qui les ont précédés ont vécu sur tel territoire et grâce aux ressources de celui-ci fournit à chacun un ancrage fort qui lui permet de s'identifier à un ensemble de lieux précis. Retourner sur ces lieux, les revoir et en prendre soin permettent de consolider la conscience d'avoir une origine particulière, différente de celle que peuvent avoir les Blancs. Cette conscience est d'autant plus vive que le territoire conserve les multiples traces du passage des générations précédentes : ce sont les ancêtres qui ont aménagé les sentiers de portage, repéré les meilleurs endroits pour installer les campements et les caches ou pour récolter telle ou telle sorte de ressource animale ou végétale. On raconte ce qu'ils ont fait et dit et l'on indique les lieux où se trouvent leurs sépultures. Ce sont eux aussi qui ont inscrit les toponymes dans le bagage culturel des Innus, leur donnant prise sur le territoire, leur permettant de le faire leur. Et ce sont les ancêtres également qui ont enseigné comment prendre soin de ces territoires, comment veiller au renouvellement de leurs ressources.

On arrive ainsi, au moyen du territoire d'origine et par l'entremise des générations précédentes, à la culture innue dont, afin de mieux affirmer son identité, on souligne les différences avec celle des voisins non innus. Beaucoup de ces différences ont rapport au territoire, à ses ressources, à la connaissance que l'on en a, à la façon dont on le gère. Je n'en soulignerai que quelques-unes.

Les Aînés, chez les Mamit Innuat, distinguaient très nettement entre la côte et l'intérieur des terres. Ils se disaient originaires de l'intérieur, même s'ils séjournaient régulièrement et brièvement sur la côte, et reconnaissaient que leurs ancêtres avaient autorisé les Eurocanadiens à s'établir dans certaines enclaves du littoral. Ils faisaient de leur capacité à parcourir en tous sens la péninsule du Québec-Labrador l'un des traits de leur culture et la base de leurs savoirs. Quand ils se comparaient aux Blancs, dont les horizons leur semblaient limités à leurs maisons et aux clôtures qui entouraient celles-ci ou qui, lorsqu'ils chassaient, ne le faisaient qu'à proximité des camps qu'ils s'étaient construits, les Aînés insistaient pour dire que les Innus, eux, se déplacent sans cesse sur leurs territoires, ce qui leur permet de les voir. Or, voir le territoire, c'est en prendre connaissance, développer ses savoirs et son intelligence. C'est aussi s'en occuper mentalement (kanauenimeu) et en avoir le contrôle (tipenitam) (Mailhot et Vincent, 1980).

Les Aînés distinguaient entre les animaux innus (caribou, castor, perdrix, par exemple) et les animaux blancs (vache, cochon, poulet) (Bouchard et Mailhot, 1973 : 39-40) disant que, pour eux, il n'était pas question de domestiquer des animaux ni, pour certains Aînés encore vivants dans les années 1970, de consommer des animaux «blancs» puisque ce ne sont pas ceux qui ont été attribués à leur peuple. Ils se disaient essentiellement chasseurs alors que les Blancs étaient vus comme appartenant à une culture de pêcheurs de ressources marines et, à l'occasion, d'horticulteurs (voir Mailhot et Vincent, 1980). Ils se définissaient aussi eux-mêmes par le soin qu'ils apportaient à leurs animaux : utilisation rotative des territoires afin de permettre aux espèces de se renouveler ; moratoire sur la chasse quand les animaux mettaient leurs petits au monde, quand ils étaient encore jeunes ou quand ils étaient malades ; respect de nombre de règles et de rituels afin de ne pas offenser les Maîtres des animaux ; consommation de tout ce qui était consommable et attention portée aux ossements et autres restes... Bref, ils se voyaient comme veillant à la préservation des espèces et ayant hérité d'une culture qu'ils caractérisaient par le respect comparativement aux Blancs qui, à leurs yeux, participent d'une culture de gaspillage (voir Mailhot et Vincent, 1980).

L'affirmation de sa différence, qui est une affirmation identitaire, passe donc, comme il se doit, par l'affirmation de la singularité de ses origines, de sa langue et de sa culture mais tout cela, pour les Aînés, est fortement chevillé au territoire. Ne plus avoir accès à son territoire et en perdre la maîtrise c'est donc, si l'on en croit les Aînés, être dépossédé des bases de sa culture, de celles d'une partie de sa langue, des lieux de son histoire et, par là, perdre une bonne part des fondements de son identité. En fait, risquer de ne plus fréquenter son territoire, c'était autrefois risquer de s'assimiler au monde des Blancs.

AUJOURD'HUI

Qu'en est-il aujourd'hui? Les Innus évidemment continuent à se dire Innus. Mais les liens avec le territoire sont-ils toujours présentés comme l'un des fondements essentiels de leur identité et, si oui, comment parle-t-on du territoire aujourd'hui?

Lors d'une enquête effectuée à la toute fin des années 1990 auprès de 10 % des membres de trois communautés de la Côte-Nord ayant plus de 15 ans, les liens entre territoire, culture et identité sont ressortis clairement, et ce, quel que soit l'âge des répondants. Si les plus âgés continuent à s'identifier aux lieux qu'ils ont vus lorsqu'ils étaient enfants, les plus jeunes, même quand ils ne sont jamais allés à l'intérieur des terres, voient la fréquentation éventuelle du territoire ancestral comme une façon de conserver des liens avec les générations précédentes et aussi comme une façon d'apprendre leur culture afin de la transmettre à leurs enfants et, ainsi, de veiller à ce qu'elle soit préservée. Aller régulièrement sur le territoire familial c'est, ou ce serait, non seulement s'assurer que l'on continue à vivre en Innu mais aussi échapper quelque peu à l'emprise de la culture euroquébécoise. Certains estiment qu'en fréquentant leurs territoires les Innus retrouveraient la santé physique mais aussi la force d'être eux-mêmes, la conscience et la fierté de leur identité. Et, disent-ils, s'affirmant plus clairement en tant qu'Innus, ils obtiendraient la reconnaissance et le respect des non-Innus.

Les plus jeunes auraient sans doute du mal à définir précisément la culture innue mais il est certain que, pour eux, territoire et culture sont indissociables. Le territoire étant le lieu où la culture peut vraiment être transmise, il en est en quelque sorte le garant. Si les jeunes Innus désirent que leurs terres restent aussi belles et intactes que possible, c'est parce que, se sentant eux-mêmes fragilisés dans leur identité, le territoire, et un territoire innu c'est-à-dire non pollué, non défiguré, non aliéné, leur apparaît comme le rempart protecteur de cette identité. Il s'ensuit diverses recommandations en vue de continuer à y inscrire la présence innue.

Au cours de cette enquête, le territoire s'est donc révélé être l'objet des préoccupations premières non seulement des Aînés mais de toutes les catégories d'âge, et ce, pour diverses raisons mais principalement pour des raisons culturelles et identitaires. Non pas que les liens avec le territoire soient les seuls qu'il faille protéger pour préserver la culture (les liens entre les générations et entre les communautés sont aussi vus comme importants) mais les jeunes se les représentent comme prioritaires car ils sont essentiels à la survie des Innus en tant qu'Innus.

Dernièrement, Véronique Audet a montré que certains jeunes chanteurs innus, tout en décrivant une vie dans l'intérieur des terres évidemment différente de celle de leurs grands-parents, continuent à faire le lien entre la fréquentation du territoire et l'identité et craignent de perdre tout à la fois leur culture, leur langue et leurs terres. D'après diverses études ethno-musicologiques, dit Audet, la musique joue un rôle important dans les mouvements d'affirmation identitaire et sert, notamment, à marquer les frontières culturelles. En ce qui concerne les jeunes chanteurs innus, le territoire n'est pas, bien sûr, le seul thème qu'ils abordent mais il est très présent dans leurs chansons qui, chez eux comme chez d'autres autochtones, estime Audet, est un moyen privilégié d'expression de son identité (Audet, 2005 : 37).

Il me semble que, dans les dires des plus jeunes, les liens entre la culture et le territoire sont moins affirmés comme une réalité tangible que comme une aspiration. Le territoire, celui que l'on n'a pas vu, ou à peine, est revêtu d'une valeur symbolique forte. Il est moins le lieu qui permet de se dire Innu que celui où l'on rêve de se réfugier pour comprendre ce que c'est que d'être Innu et pour se construire en tant qu'Innu. Si, de par leur ancrage dans le territoire, les Aînés pouvaient affirmer tranquillement leur identité, on décèle dans les dires des plus jeunes une sorte d'urgence et l'espoir que le territoire les aidera à ne pas devenir des Blancs.

Décrivant le contexte des relations entre le Canada et les Innus du Labrador, contexte qu'il qualifie de « colonial » (2004 : 182), Colin Samson écrit :

> In many ways, the resistance of Innu people to processes of incorporation, assimilation and land appropriation is reflected in their continuing attachment to the land, despite the personal devastation that has accompanied sedentarization. (Samson, 2001 : 235)

Et cet auteur rapporte qu'au milieu des années 1990 les Innus du Labrador virent dans le projet d'exploitation minière de Voicey's Bay un danger pour leur culture et pour leur langue. Certains craignaient qu'à la longue leurs enfants ne se voient plus comme Innus et qu'ils finissent par penser comme des Blancs (*ibidem*: 236, voir aussi 2004: 165). Toute atteinte au territoire est donc perçue, chez les Innus du Labrador comme chez les Mamit Innuat, comme une menace pour l'identité.

Afin de mieux cerner l'évolution de l'image identitaire des Innus de la Moyenne et de la Basse-Côte-Nord, il m'a semblé qu'il serait intéressant de voir si les discours ou les documents officiels diffusés par les Mamit Innuat établissent, quant à eux, un lien entre territoire et identité. Il faut tout d'abord signaler que les documents officiels des organismes innus ne sont pas forcément rédigés par des Innus et ensuite qu'une étude approfondie devrait être menée pour en arriver à des résultats vraiment concluants. Un bref survol de quelques documents produits entre 1995 et 2004 fournit, malgré tout, quelques indices.

Datant du début de la période, le premier document examiné tend à relever de la philosophie des Aînés. Il souligne que les Innus ont toujours occupé, utilisé et gouverné le Nitassinan[2], qu'ils en ont nommé les entités géographiques et ont respecté tous les êtres qui y vivent, que le territoire porte la trace des ancêtres, qu'il est «essentiellement un territoire innu» et qu'il est «empreint de cette identité innue» (Premières Nations de Mamit Innuat, 1995a). C'est seulement après avoir affirmé que les Innus, s'ils ont accueilli les étrangers, ne leur ont jamais donné aucun droit de propriété ou de souveraineté sur leurs terres que le document en arrive aux droits que ceux-ci leur reconnaissent (droit constitutionnel et droit international). Dans une autre version de la même déclaration, il est affirmé: «Les Premières Nations de Mamit Innuat déclarent solennellement que [... leurs] droits et libertés proviennent du Nitassinan» et l'on préconise des relations de nation à nation fondées sur l'égalité des peuples (Premières Nations de Mamit Innuat, 1995b). Ce texte, inscrit dans la mouvance du discours des Aînés, fait donc d'un Nitassinan aux couleurs de l'identité innue la source des droits des Innus.

Deux ans plus tard, le porte-parole des Mamit Innuat déplore que le gouvernement du Québec refuse de reconnaître le droit inhérent des Innus à l'autonomie gouvernementale. Aucune mention du territoire en tant que fondement de l'identité innue sinon, *a contrario*, pour dire que le Québec affirme l'intégrité d'un territoire qui ne peut être que «mythique»

---

2. «Notre territoire», autrement dit l'ensemble du territoire innu.

pour lui puisque, à l'opposé des peuples autochtones, il ne le connaît pas (Premières Nations de Mamit Innuat, 1997). Comme je l'ai mentionné plus haut, le rapport entre la connaissance du territoire et la possibilité d'affirmer en avoir la maîtrise est clair dans le discours des Aînés.

En 1999, les Innus de Mamit présentent un mémoire au Bureau d'audiences publiques sur l'environnement qui effectue une consultation sur la gestion de l'eau au Québec. Après avoir rappelé que l'eau du Nitassinan fait partie du territoire du Nitassinan, un territoire fréquenté par les Innus depuis des milliers d'années et qu'ils fréquentent toujours, les rédacteurs indiquent qu'eau, territoire et Innus forment un tout. Si l'eau est mal gérée, expliquent-ils, l'équilibre entre l'identité des Innus et leur territoire risque d'en être affecté (Assemblée Mamu Pakatatau Mamit, 1999 : 3). Une fois réaffirmés les liens entre territoire et identité, le document passe à la situation juridique spéciale du Nitassinan et renvoie aux droits reconnus jusqu'alors aux autochtones par la Cour suprême du Canada. Les rédacteurs reviennent bien sur le fait que les Innus estiment avoir des responsabilités de gardiennage, de gestion et de maîtrise de la ressource eau, mais ils se retranchent surtout derrière le statut juridique que les cours de justice eurocanadiennes ont défini pour le Nitassinan et ses ressources.

À partir de 2000, le Nitassinan ne sera plus présenté comme la source des droits et libertés des Innus et à peine comme le fondement de leur culture et de leur identité. On exposera le désir des Innus de se faire reconnaître des droits et l'on parlera de la coexistence nécessaire du titre aborigène et de la souveraineté de la Couronne. Dans le mémoire présenté à la Commission des institutions chargée de tenir des auditions publiques à l'égard de l'Approche commune[3], il sera brièvement question de « l'irréductible différence culturelle des Innus », du fait que « le territoire est au centre du mode de vie innu », et que « le lien avec Nitassinan, le territoire innu, est une caractéristique fondamentale de [...] l'identité innue » (Mamit Innuat, 2003 : 18), mais le mémoire est largement dominé par l'argument selon lequel les Innus bénéficient désormais « d'une position juridique solide » basée sur les arrêts des cours de justice, sur la Loi constitutionnelle de 1982 et sur le droit international. On se préoccupe moins des liens que les Innus entretiennent avec leurs terres que des droits territoriaux qui leur sont attri-

---

3. « Approche commune » est le nom qui a été donné à l'entente de principe conclue entre quatre communautés innues (autres que celles des Mamit Innuat dont nous parlons ici) et les gouvernements du Canada et du Québec. Cette entente a été examinée en commission parlementaire.

bués par les Eurocanadiens, moins de la maîtrise que les Innus disaient exercer sur ces terres que des obligations que les Eurocanadiens se sont imposées eux-mêmes par l'intermédiaire de leurs cours de justice. Dans un bref paragraphe, on retrouvera certains éléments du discours des Aînés (occupation très ancienne, toponymie) et cette phrase : « Le lien avec le territoire est au centre de notre mode de vie et de notre identité » si bien que céder les droits ancestraux « équivaudrait à abandonner nos responsabilités et à renier notre identité » (*ibidem* : 36). Mais il s'agit surtout ici d'expliquer que, en termes juridiques, « identité » se traduit par « droits ancestraux ».

Il semble que l'objectif soit moins désormais d'affirmer que l'identité innue est indissociable du territoire que de faire reconnaître la légalité et la légitimité des activités des Innus sur ce territoire. Un document de 2004, qui porte sur la gestion des forêts, fait ressortir l'importance du Nitassinan pour la vie économique des Innus – argument fréquemment utilisé par la population elle-même – et le heurt auquel on assiste désormais, sur ce territoire, entre deux systèmes de gestion issus de deux cultures différentes : celle des Innus et celle des Euroquébécois.

Encore une fois l'examen des mémoires et des documents produits par les organismes innus est trop sommaire pour être absolument concluant. À première vue, il semble pourtant que, si les arguments utilisés par les Aînés continuent à y filtrer ici et là, le fort lien établi par toutes les générations entre territoire et identité s'efface au profit d'un discours qui a recours à l'obligation, pour l'Autre, de reconnaître des droits aux Innus. Comme si, en même temps que s'impose le recours au juridisme, s'estompe l'importance d'affirmer une identité ancrée dans le territoire. J'y vois, outre l'influence croissante des juristes – autochtones et non autochtones – la manifestation du fait que, lorsqu'ils s'adressent aux Euroquébécois, les Innus, comme l'ont fait avant eux tant d'autochtones[4], doivent adopter les termes que leurs interlocuteurs peuvent comprendre. On ne dira donc plus « Nous affirmons nos liens avec ces territoires car ce sont eux qui ont fait et

---

4. Voir, par exemple, les constatations de Sturtevant (1988) et de Gill (1987). William Sturtevant explique que les Européens représentèrent nombre de peuples autochtones, y compris des Algonquiens du Nord-Est et des Iroquoiens, parés de plumes verticales comme les Tupinambas du Brésil et que ces peuples s'approprièrent par la suite cette image pour se représenter eux-mêmes et s'affirmer comme Indiens face aux Européens. Sam Gill fait l'histoire du concept européen de Terre-Mère et de son utilisation relativement récente par les Amérindiens chaque fois qu'ils se sont sentis forcés de s'affirmer comme autochtones face à ceux qui voulaient les déposséder de leurs terres.

qui continuent à faire ce que nous sommes» mais plutôt «Vous êtes dans l'obligation, de par vos propres lois, de reconnaître nos droits sur ces territoires». Comme si c'était l'Autre qui donnait aux Innus leur légitimité et définissait leur identité alors que, même pour les plus jeunes, la différence innue découle largement des liens avec le territoire. En tout temps et en tout lieu, dès qu'un Autre apparaît, il est nécessaire et normal d'affirmer sa propre identité pour contrer la menace qu'il représente, mais que dire d'une identité qui serait définie par l'Autre?

L'expression lapidaire utilisée par Samson, *Rights as reward for simulated cultural sameness* (2001), montre bien que, lorsqu'ils négocient en vue de faire reconnaître leurs droits, les Innus – en fait, les autochtones dans leur ensemble – doivent, du moins s'ils veulent se faire reconnaître et arriver à des ententes, taire leurs différences et leurs points de vue. Ils sont contraints à se couler dans le moule préparé par leurs interlocuteurs des gouvernements fédéral et provinciaux. Les stratégies de la négation de l'Autre sont répétitives. L'argument du passéisme et de la nécessité, pour les autochtones, d'aller de l'avant, ce qui signifie en fait de se conformer aux us et coutumes et concepts de la société dominante, date déjà de plusieurs siècles[5].

Il est difficile d'imaginer ce que les Innus identifieront comme la base de leur identité dans vingt-cinq ans et l'on s'entendra aisément avec Otis et Émond pour dire que ni les tribunaux ni personne n'a à opérer cette «dépossession identitaire» des autochtones en les enclavant dans un «cocon originel». Il ne s'agit pas, en effet, de voir la culture comme figée dans le temps, incapable d'emprunter, inapte au changement, fermée à l'invention de nouvelles formes. Il ne s'agit pas non plus d'ignorer les processus d'invention de la tradition ni celui du recours à des symboles étrangers pour acquérir une certaine légitimité (voir Bayart, 1996) mais il y a lieu de s'abstenir de définir l'identité de l'Autre à sa place et, dans le cas qui nous occupe ici, il n'est en rien justifié de nier l'importance du territoire pour les Innus, y compris ceux qui vivent loin de leur terre d'appartenance. Pour l'instant, il y a tout lieu de croire que ce ne sont pas les tribunaux qui lient identité et territoire mais que, tout en se transformant, l'affirmation identitaire des Innus s'enracine toujours fermement dans leurs terres, du moins quand ils l'expriment eux-mêmes.

---

5. On le trouve dans la bouche des missionnaires et des représentants des gouvernements dès le XVIIe siècle mais surtout aux XIXe et XXe siècles.

BIBLIOGRAPHIE

ABOU, Selim (1981), *L'identité culturelle*, Paris, Éditions Anthropos.

ASSEMBLÉE MAMU PAKATATAU MAMIT (1999), « La gestion de l'eau dans Nitassinan », Mémoire de l'Assemblée Mamu Pakatatau Mamit présenté au Bureau d'audiences publiques sur l'environnement lors de la consultation publique sur la gestion de l'eau au Québec.

AUDET, Véronique (2005), « Les chansons et musiques populaires innues : contexte, signification et pouvoir dans les expériences sociales de jeunes Innus », *Recherches amérindiennes au Québec*, vol. XXXV, n° 3, p. 31-38.

BAYART, Jean-François (1996), *L'illusion identitaire*, Paris, Fayard.

BOUCHARD, Serge et José MAILHOT (1973), « Structure du lexique : les animaux indiens », *Recherches amérindiennes au Québec*, vol. III, n°s 1-2, p. 39-67.

GILL, Sam D. (1987), *Mother Earth, An American Story*, Chicago, The University of Chicago Press.

HOBSBAWM, Eric et Terence RANGER (dir.) (1983), *The Invention of Tradition*, Cambridge, Cambridge University Press.

JÉRÔME, Laurent (2005), « Musique, tradition et parcours identitaire de jeunes Atikamekw : la pratique du *tewehikan* dans un processus de convocation culturelle », *Recherches amérindiennes au Québec*, vol. XXXV, n° 3, p. 19-30.

MAILHOT, José et Sylvie VINCENT (1980), *Le discours montagnais sur le territoire*, Rapport soumis au Conseil Attikamek-Montagnais, Québec.

MAMIT INNUAT (2003), Mémoire de Mamit Innuat à la Commission des institutions chargée de tenir des auditions publiques à l'égard de l'Entente de principe d'ordre général entre les Premières Nations de Mamuitun et de Nutashkuan et le gouvernement du Québec et le gouvernement du Canada (http://www.mamupakatatau.com/files/M%E9moire%20commission%20parlement.%20final) [en ligne] avril 2006.

MAMIT INNUAT (2000), Innus d'Ekuanitshit, Unamen Shipu et Pakua Shipi proposent aux gouvernements du Canada et du Québec une nouvelle entente territoriale et politique conduisant à un traité de nouvelle génération (http://www.mamupakatatau.com/files/Approche%20commune%20(FR)) [en ligne] avril 2006.

OTIS, Ghislain et André ÉMOND (1996), « L'identité autochtone dans les traités contemporains : de l'extinction à l'affirmation du titre ancestral », *McGill Law Journal / Revue de droit de McGill*, vol. 41, p. 543-570.

PREMIÈRES NATIONS DE MAMIT INNUAT (1995a), «Déclaration des Innu sur la séparation du Québec», *Guide éclair*, CRIC (http://www.cric.ca/fr_html/guide/referendum/referendum1995_autochtones.html) [en ligne] avril 2006.

PREMIÈRES NATIONS DE MAMIT INNUAT (1995b), «Déclaration des Premières Nations de Mamit Innuat», *Guide éclair*, CRIC (http://www.cric.ca/fr_html/guide/referendum/referendum1995_autochtones.html) [en ligne] avril 2006.

PREMIÈRES NATIONS DE MAMIT INNUAT (1997), «Les Innu à Vancouver et à Genève pour dénoncer le Québec», *Guide éclair*, CRIC (http://www.cric.ca/fr_html/guide/referendum/referendum1995_autochtones.html) [en ligne] avril 2006.

PREMIÈRES NATIONS DE MAMIT INNUAT (2004), Mémoire des Premières Nations de Mamit Innuat à la Commission d'étude scientifique, publique et indépendante chargée d'examiner la gestion des forêts du Domaine de l'État.

SAMSON, Colin (2001), «Rights as the reward for simulated sameness: the Innu in the Canadian colonial context», dans Jane K. Cowan, Marie-Bénédicte Dembour et Richard A. Wilson (dir.), *Culture and Rights, Anthropological Perspectives*, Cambridge, Cambridge University Press, p. 226-246.

SAMSON, Colin (2004), «"We Live This Experience", Ontological Insecurity and the Colonial Domination of the Innu People of Northern Labrador», dans John Clammer, Sylvie Poirier et Eric Schwimmer (dir.), *Figured Worlds, Ontological Obstacles in Intercultural Relations*, Toronto, University of Toronto Press, p. 151-188.

STURTEVANT, William C. (1988), «La tupinambisation des Indiens d'Amérique du Nord: les figures de l'Indien», dans Gilles Thérien (dir.), *Les Cahiers du département d'études littéraires*, n° 9, Université du Québec à Montréal, p. 293-303.

VINCENT, Sylvie (1991), «La présence des gens du large dans la version montagnaise de l'histoire», *Anthropologie et Sociétés*, vol. 15, n° 1, p. 125-143.

De la dissimulation à la revendication identitaire : l'exemple des Métis francophones du Manitoba

DENIS GAGNON

INTRODUCTION

Depuis quelques années, nous observons un important processus de revendication identitaire chez les Métis francophones du Manitoba qui s'exprime entre autres par l'émergence de deux mouvements politiques et d'un mouvement étudiant. Ce processus implique des rapports de pouvoir difficiles avec les représentants de la Manitoba Metis Federation qui, comme les autres organisations métisses anglophones, sont peu ouverts aux revendications des Métis francophones. Comment expliquer cette attitude de la part des représentants d'une nation autrefois majoritairement francophone ?

Après un bref historique de la nation métisse qui met l'accent sur la diversité des classes sociales existantes au XIXᵉ siècle, je présente trois hypothèses qui peuvent expliquer l'exclusion des Métis francophones de la sphère politique dans la seconde partie du XXᵉ siècle : le système d'éducation, le processus d'auto-exclusion, et la tendance des Métis anglophones à l'indianisation de leur culture. Par la suite, en guise d'exemples de revendications identitaires des Métis francophones, je présente le rôle du Conseil Elzéar-Goulet, du Regroupement étudiant métis du Collège universitaire de Saint-Boniface et celui de l'Union nationale métisse Saint-Joseph du Manitoba. Pour conclure, j'ouvre la discussion en présentant quelques pistes et quelques concepts de recherche reliés aux enjeux identitaires et politiques associés à ce processus.

CONTEXTE HISTORIQUE : NAISSANCE, RÉSISTANCE, DÉCLIN ET RECONNAISSANCE D'UNE NATION

Ethnogenèse et généalogie, moyens ultime et dernier recours des Métis canadiens qui ne sont pas reconnus par les gouvernements de faire la preuve juridique de leur existence selon les critères du jugement Powley. Après des décennies de discriminations en tant que Métis, ils doivent maintenant prouver qu'ils le sont. Il s'agit alors pour eux de démontrer qu'ils appartiennent à une communauté qui partage un mode de vie commun et qui possède une identité collective reconnaissable et distincte de celle de leurs ancêtres Amérindiens ou Inuits et Européens. Cette communauté doit avoir un degré de continuité et de stabilité rattaché à un lieu précis et avoir vu le jour avant que les institutions politiques européennes et l'influence des colons deviennent prédominantes (Cour suprême du Canada, 2003 ; Gagnon, 2006a)[1]. Et d'ouvrir les coffres de l'État : 24 millions de dollars (14,5 millions d'euros) depuis 2004 pour engager anthropologues, historiens et avocats, travaillant soit pour la Couronne, soit pour les Métis. Et tout ce monde risque de se retrouver devant les tribunaux pour débattre de cette identité floue, pour la figer une fois pour toutes dans l'histoire[2]. Malheureusement, dans certaines conditions, la reconnaissance légale peut mener à l'extinction d'un peuple autochtone car, selon la Loi sur les Indiens de 1876 (Canada, 1980), les autochtones qui se métissent (à la suite d'unions exogames) au-delà de deux générations perdent leur statut. Il en sera probablement de même pour les Métis, produisant cette absurdité identitaire : les Métis qui se métisseront perdront leur statut (Gagnon, 2006b).

---

1. Ce jugement de la Cour suprême du Canada de 2003 reconnaît les droits autochtones des Métis de Sault-Sainte-Marie en Ontario. Soulignons qu'au Québec ces nouveaux Métis sont souvent vus comme des opportunistes qui veulent profiter des privilèges accordés par ce jugement. C'est la même chose pour les Métis francophones du Manitoba qu'on accuse de vouloir profiter des bourses d'études. Selon moi, il s'agit plutôt d'une revendication adéquate à l'ouverture de ce nouvel espace identitaire.

2. C'était le but de la démarche, mais il semble que le ministère de la Justice fasse maintenant marche arrière soit en refusant les rapports de recherche, soit en laissant tomber les poursuites.

Appelés autrefois selon le contexte et l'époque coureurs des bois, voyageurs, Canadiens, Canayens, Chicots, Bois-brûlé, Sang-mêlé et Sauvages en français ; *Burnt-sticks, Halfbreed, Freemen, Mixed Bloods* et *Rupertslander* en anglais ; *Otipemisiwak* et *Otipayimsowak* (gens libres, maîtres d'eux-mêmes) par les Cris, et *Wissakodewinmi* (bois brûlé) par les Ojibwás, les descendants de ces groupes qui se reconnaissent aujourd'hui comme nations, communautés ou peuples distincts partagent tous l'ethnonyme Métis. Nés des unions entre femmes amérindiennes, inuit et Euro-Canadiens d'origine canadienne-française et quelquefois écossaise, du XVIIe au XIXe siècles, des Maritimes aux Grands Lacs, il faudra toutefois la grande distance associée à la traite dans les Prairies, les conflits entre la Compagnie du Nord-Ouest et la Hudson Bay Company (HBC), et la présence du cheval et du bison pour permettre la naissance d'un peuple métis et l'émergence d'une nation. Celui-ci émergera lors de la sédentarisation partielle dans la vallée de la rivière Rouge au milieu du XIXe siècle de Métis (Dickason, 1985 et Shore, 2001).

Vivant en marge des cultures amérindiennes, euro-canadiennes et euro-américaines, les Métis ont créé une culture et une langue originales au cœur des Prairies de l'Amérique du Nord et une nation au Manitoba. Payés en espèces par les compagnies de traite, plutôt qu'en crédits comme les Indiens, les Métis connaissent une indépendance et une prospérité économique qui favorise l'émergence d'une classe moyenne (Foster, 1986 ; Shore, 2001). C'est ainsi que les Métis d'ascendance et de culture majoritairement eurocanadienne, peu métissés, éduqués, commerçants et agriculteurs, occupent le haut de l'échelle sociale tandis que les Métis d'ascendance et de culture majoritairement amérindienne, chasseurs de bisons et employés des commerçants, en occupent le bas. Ensemble, ils organisent des chasses au bison qui les mènent des Rocheuses au Nouveau-Mexique dans des expéditions qui peuvent durer quatre ans ; ils développent un réseau commercial entre les communautés de la Rivière-Rouge et de St. Paul au Minnesota ; ils gèrent un comptoir pour la vente de biens domestiques et de grain à la Fourche ; et ils produisent et font le commerce du pemmican pour eux-mêmes et pour la HBC[3]. Ce contexte socioéconomique fait en sorte que, lorsque le Manitoba joint la Confédération en 1870, le peuple métis

---

3. Nourriture de base des voyageurs faite d'un mélange de graisse et de viande de bison séchée et réduite en poudre auquel on ajoute les petits fruits séchés de l'amélanchier appelé *saskatonn* par les Indiens.

possède déjà ses propres lois et ses propres moyens de contrôle social (Shore, 2001). Mais les politiques coloniales racistes du XIXᵉ siècle auront vite fait de détruire leur ambition de former une province au sein du Canada. Après une brève apogée économique et politique surviennent les résistances et défaites de la Rivière-Rouge et de Batoche, la pendaison de Riel, le repli et la dissimulation quand l'assimilation n'est pas possible.

Dans le territoire connu sous le nom de Terre de Rupert, l'identité métisse n'est pas menacée avant l'arrivée des Orangistes[4], des missionnaires et des colons canadiens-français et anglais venus au Manitoba pour occuper les riches terres de la vallée de la rivière Rouge au milieu du XIXᵉ siècle. En 1869, Louis Riel organise la résistance et fonde un gouvernement provisoire qui mène à l'adoption de la Loi de 1870 du Manitoba qui donne des garanties pour la langue française, les écoles catholiques et la distribution de terres aux Métis. Avec l'entrée du Manitoba dans la Confédération, les relations entre la nation métisse et le gouvernement fédéral sont marquées par l'injustice, l'abus et la fraude dans le suivi des articles de cette loi et le gouvernement cède les meilleures terres aux émigrants plutôt qu'aux Métis (Canada, 1996 : 255). Débute alors une période de terreur pour les Métis. L'Ontario, ne pouvant accepter d'être enclavée entre deux provinces francophones et catholiques, envoie plus de 1 000 militaires pour prendre possession du territoire des Métis. Intimidation, assauts, outrages, meurtres et incendies sont les techniques qui permettront de repousser les Métis dès qu'ils approchent des postes de traite et des colonies (Shore, 2001). Ces événements ont mené à la forte diminution du nombre de Métis au Manitoba : de 1870 à 1886, ils passent de 83 % (10 000 sur 12 000) à 7 % de la population. Après la défaite de Batoche et la pendaison de Riel en 1885, le même scénario se répète en Saskatchewan et ces événements mènent à la dispersion, à la marginalisation et à l'assimilation des Métis qui ont dû cacher leur identité en se repliant dans les communautés amérindiennes ou euro-canadiennes, selon leur langue et leur héritage culturel, pour échapper au racisme.

Après cent ans de dissimulation, une période appelée par le Métis « les années oubliées », les Métis ont repris le combat pour obtenir la reconnaissance de leurs droits et de leur identité distincte de celle des autres peuples autochtones. Quatre étapes marquent ce processus : la formation des organisations politiques métisses dans les années 1960-1970, leur reconnaissance comme peuple autochtone dans la Loi constitutionnelle de

4. Royalistes ontariens anti-francophones et anti-catholiques.

1982, les répercussions des travaux de la Commission royale sur les peuples autochtones de 1992 et le jugement Powley de 2003. Ces étapes sont également responsables de l'accroissement du nombre de personnes se déclarant métisses au Canada. Lors du recensement de 2006 (Canada, 2006), 389 785 individus s'identifient comme Métis, une augmentation de 34,7 % depuis le recensement de 1991. De ce nombre, environ 338 000 Métis de l'Ouest (Ontario, Manitoba, Saskatchewan, Alberta et Colombie-Britannique) sont représentés aux niveaux national et international par le Métis National Council (MNC). Les quelque 52 000 « autres Métis » des Territoires du Nord-Ouest, du Yukon, du Nunavut, du Québec, du Labrador et des Maritimes ne sont toujours pas reconnus par le gouvernement ni par le MNC qui revendique ce nom pour ses membres seulement. Pour les autres Métis, il utilise un « m » minuscule et/ou un « e » sans accent, ce qui donne, en français, les « metis » !

LES MÉTIS FRANCOPHONES DU MANITOBA, DE MAJORITAIRES À MINORITAIRES

Non seulement les associations politiques métisses sont-elles récalcitrantes à reconnaître les Métis canadiens qui ne descendent pas des Métis de la Rivière-Rouge, mais elles sont également peu portées à tenir compte des revendications des Métis francophones du Manitoba et manifestent une attitude négative à l'égard de la langue française[5]. Dans cette section je présente trois hypothèses qui permettent d'explorer cette situation : le système d'éducation au XXᵉ siècle, l'auto-exclusion des Métis francophones dans les années 1960 et la tendance des organismes métis officiels à rejeter l'héritage canadien-français de leur culture au profit de l'héritage amérindien.

Malgré les garanties accordées aux Métis en 1870, le bilinguisme est aboli au Manitoba en 1916 et les enseignants poursuivent en cachette l'enseignement du français dans les villages francophones[6]. Ailleurs dans la province et partout dans l'Ouest, l'éducation se fait en anglais. Minorité

---

5. Ils n'utilisent que l'anglais et le mitchif lors des événements officiels et les cérémonies commémoratives. Par exemple, lors de la commémoration annuelle de la mort de Louis Riel à Saint-Boniface, même si l'officiant est parfaitement bilingue et que l'assemblée est aux deux tiers francophone.

6. Ce n'est qu'en 1970, après une longue lutte, que l'éducation francophone sera permise à nouveau.

souvent visible et audible, les Métis sont doublement stigmatisés lorsqu'ils parlent français, et ce, autant en milieu anglophone majoritaire que francophone minoritaire. Humiliés en raison de leur accent par les enseignants francophones, plusieurs vont angliciser leur nom et choisir la langue anglaise car ils sont mieux traités par les anglophones. L'analyse de vingt entrevues réalisées avec des Métis francophones manitobains[7] a démontré que c'est à l'école que la plupart ont appris qu'ils étaient Métis, tout en faisant l'expérience du racisme, de la discrimination et de la honte de leur origine. Ils étaient rejetés parce qu'ils avaient «du sang mélangé»; une interlocutrice précise que les plus «méchants» étaient les Canadiens-français. Un interlocuteur mentionne que le système d'éducation en français n'a pas permis aux Métis de conserver «la couleur locale» de leur langue car on disait qu'ils parlaient mal le français. Selon Martin et Capitaine (2005), les Métis de St. Laurent, dernier bastion francophone au nord de Winnipeg, demeurent critiques par rapport à l'enseignement reçu par les religieuses qui leur empêchaient de parler mitchif[8], mais ils reconnaissent que malgré tout c'est grâce à elles s'ils parlent encore français.

Les Métis francophones, à l'exception de ceux de St. Laurent, ont donc tenté de s'assimiler à la société franco-manitobaine et de cacher leur origine métisse lorsque la chose était possible. D'autres ont tenté de s'assimiler dans les communautés autochtones et anglophones et, en l'espace d'une ou deux générations, leurs enfants sont devenus anglophones et ce sont les descendants de ces Métis anglicisés qui sont aujourd'hui à la tête des organismes politiques métis. Ajoutons que plusieurs représentants de ces organismes parlent avec un accent français, comprennent très bien le français mais refusent de le parler car ils ont honte de leur dialecte français mitchif-français qui ne satisfait pas les critères du «bon parler français». Après quelques générations de discrimination linguistique, il est clair pour eux qu'il est beaucoup plus simple de parler anglais et ils ne conservent pas un très bon souvenir des Canadiens français, un groupe auquel ils associent les Métis francophones.

La seconde hypothèse est que l'auto-exclusion a également joué un rôle important dans le processus d'exclusion des Métis francophones des organisations politiques métisses. Un exemple est celui de l'Union nationale métisse (UNM) de Saint-Joseph du Manitoba. Fondée en 1887, la

---

7. Dix par l'équipe de la Chaire en 2004-2005 et dix par la radio de Radio-Canada en 2002.

8. Il s'agit ici du français mitchif qu'il faut différencier du mitchif-cri.

mission de l'UNM vise à protéger les traditions des Métis d'origine canadienne-française et catholique par l'entremise de programmes éducatifs et d'œuvres de charité et à rendre sa fierté au peuple métis manitobain. Pour être membre, il fallait être Métis francophone ou Canadien français établit à la Rivière-Rouge avant 1890 et catholique pratiquant. En 1921, l'UNM publie *Riel et la naissance du Manitoba* de l'historien français Trémaudan et, en 1927, elle le mandate pour écrire *L'Histoire de la nation métisse dans l'Ouest canadien* qui sera publiée en 1936. Isolés dans une province où les Métis s'anglicisent, s'assimilent ou cachent leur origine, l'UNM vit une période de repli qui s'étendra des années 1940 à 2000. Si les Métis francophones disparaissent pendant quelques décennies de l'échiquier politique, il faut rappeler que ce sont eux qui ont formé les premières associations politiques et qu'elles étaient francophones. Après la défaite de 1870 à la Rivière-Rouge, le noyau politique de la nation métisse se reforme brièvement à Batoche en Saskatchewan où en 1884 Riel et Dumont fondent l'Association nationale des Métis. Après la défaite de Batoche en 1885, cette association se reforme à la Rivière-Rouge en 1887 sous le nom de l'UNM. Par la suite, l'Association des Métis de l'Alberta et des Territoires du Nord-Ouest est fondée en 1932 (Métis National Council, 2004).

L'erreur stratégique de l'UNM demeure le refus, au milieu des années 1960, d'accepter l'offre de subvention du gouvernement fédéral pour représenter les Métis du Manitoba. Selon le président actuel, l'UNM avait peur que les agences gouvernementales dictent leurs actions. C'est donc la Manitoba Metis Federation (MMF), une association anglophone fondée en 1967, qui a bénéficiée de ces fonds. L'UNM n'a donc pas réussi à prendre le leadership qui aurait permis une meilleure représentation des Métis francophones aux niveaux provincial et fédéral. S'il est moins difficile aujourd'hui pour les francophones de s'afficher comme Métis au Manitoba, cela ne veut pas dire que la discrimination a complètement disparu. Comme le souligne le président de l'UNM Gabriel Dufault (s.d.) : « Être Métis est devenu beaucoup plus acceptable, mais il est plus facile d'être un Métis anglophone que francophone. C'est à cause de l'organisme provincial Manitoba Metis Federation, qui semble favoriser davantage les Métis anglophones et ceux plus proches des groupes autochtones. Cette bataille dure depuis longtemps. »

Ce qui nous amène à la troisième hypothèse que j'appelle l'indianisation des Métis, un processus qui consiste à minimiser l'héritage canadien-français au profit de l'héritage amérindien. L'ouvrage de Barkwell, Dorion et Prefontaine (2001) est un bon exemple de cette tendance. Dans le chapitre qui présente l'histoire des Métis de l'Ouest, Shore (2001) ne fait aucune mention de l'UNM, la plus ancienne association métisse au Canada, ni des descendants de la communauté francophone de Pembina au Dakota du Nord ni des garanties accordées au français dans la Loi du Manitoba de 1870. De plus, les lexiques mitchif-cris publiés par le Gabriel Dumont Institute ne donnent pas la version française du mitchif[9]. Par exemple, *blood* – « li sawn », *elbow* – « li koudr », *fingernail* – « enn zoung », *foot* – « aen pyee » (Barkwell, 2004). Quelqu'un qui ne reconnaît par les mots français *sang, coude, ongle* et *pied* croira que c'est une langue autochtone très exotique !

Un autre élément d'indianisation est que les Métis de l'Ouest s'identifient de plus en plus au stéréotype du Métis nomade chasseur de bison locuteur du mitchif-cri (représenté par Gabriel Dumont) tout en prenant leur distance avec l'image du Métis éduqué, sédentaire, agriculteur, commerçant et francophone (représenté par Louis Riel), pour lui préférer celle du chef de guerre exalté et martyr. Pourtant, l'émergence d'une nation métisse au XIXe siècle est le fait de la classe moyenne métisse, et peut-être même d'un début de bourgeoisie, représentée par les Métis francophones, catholiques, agriculteurs et marchands, plus à l'aise avec les institutions eurocanadiennes que les Métis plus proches, du mode de vie autochtone et chasseur de bison. Il faut aussi tenir compte du fait que les descendants francophones de la classe moyenne métisse n'ont pas connu les problèmes associés à la pauvreté que les Métis pratiquant le mode de vie autochtone ont connu après la désintégration de la société métisse. C'est une des raisons pour lesquelles les organisations métisses représentent surtout les Métis autochtones et anglophones et que les Métis francophones sont exclus de ces organisations : ils ont moins besoin des programmes sociaux destinés aux Métis. Mais un droit étant plus qu'un privilège, lorsque la MMF établira un programme d'aide financière aux études diplômées, les Métis francophones, exclus de ce programme, vont mettre en place le processus politique pour y accéder en s'inscrivant officiellement à la MMF par l'entremise du Conseil Elzéar-Goulet et à l'UNM.

---

9. Le mitchif, plus précisément le mitchif-cri, est une langue mixte composée de mots français et de verbes cris.

LA REVITALISATION DE L'IDENTITÉ MÉTISSE FRANCOPHONE

Trois événements récents marquent le retour des Métis francophones sur l'échiquier politique : la création du Conseil Elzéar-Goulet (CEG), la fondation du Regroupement étudiant métis (REM) au Collège universitaire de Saint-Boniface (CUSB) et la revitalisation de l'UNM. En 2003, les Métis francophones fondent le CEG pour être représentés à la MMF qui perçoit toujours ce groupe comme une menace pour l'identité métisse « officielle ». Ce chapitre de la MMF regroupe les Métis francophones de Winnipeg et de ses environs et commence à jouer un rôle essentiel dans les décisions politiques. Comme la MMF est une organisation démocratique, il suffit d'avoir un nombre suffisant de votes pour faire adopter une proposition et, grâce au leadership du président du CEG, les Métis francophones se déplacent et votent en grand nombre lors des assemblés.

Le CEG jouera un rôle important lorsque que les étudiants métis francophones formeront un regroupement pour bénéficier des bourses qu'on leur refuse lorsqu'ils se présentent isolément. Ils vont donc former une assemblée constituante et présenter cette demande en groupe. Cette requête est mal reçue au début par la MMF qui se demande pourquoi des individus qui ont renié leur identité pendant plus de trois générations la revendiquent aujourd'hui. On les accuse de ne rien connaître à la culture métisse et d'être motivés uniquement par l'argent[10]. Malgré cela, ce mouvement de revitalisation de l'identité métisse francophone chez les étudiants, qui a débuté au CUSB en 2003 avec la fondation du REM, a porté fruit. Sur les 900 étudiants du CUSB, 400 sont Franco-Manitobains et, de ce nombre, 200 sont d'ascendance métisse et la moitié, 106 étudiants, se sont inscrits comme Métis en septembre 2004 afin de bénéficier des bourses d'études. Un des objectifs du REM, le seul regroupement du genre au Canada, est de servir d'incitatif pour que les jeunes soient fiers d'afficher leur identité métisse au moyen d'activités culturelles et pédagogiques. L'analyse des entrevues réalisées avec des membres du REM montre que plusieurs reconnaissent s'être inscrits uniquement pour bénéficier de la

---

10. Les Métis inscrits auprès des organisations provinciales qui les représentent reçoivent une carte avec photographie les identifiant comme tel. Pour avoir sa carte de statut Métis, la personne doit faire faire sa généalogie, démontrer qu'elle a au moins un ancêtre indien et être acceptée par une communauté métisse. Ces cartes ne sont toutefois pas reconnues par les gouvernements provincial et fédéral, contrairement aux cartes des Indiens inscrits.

bourse mais qu'ils se sont rapidement intéressés à la culture métisse. Même si les étudiantes et étudiants membres du REM ne veulent pas s'engager politiquement[11], leurs activités culturelles demeurent tout de même une forme de revendication politique et c'est grâce à l'appui du CEG que la MMF a consenti à verser 75 000 $ au CUSB pour des bourses d'études sur les 500 000 $ accordés annuellement aux universités manitobaines (Brandon University, Winnipeg University et University of Manitoba).

Enfin, pour la première fois dans son histoire et grâce au leadership et à la vision de son président, l'UNM a bénéficié en 2004 d'une subvention de 43 250 $ du gouvernement du Canada par l'entremise du Programme de contributions de l'Interlocuteur fédéral auprès des Métis et des Indiens non inscrits. Ces fonds sont utilisés pour élaborer un plan stratégique à long terme et un ouvrage sur l'histoire du l'UNM. L'année suivante, également pour la première fois depuis trente ans, l'UNM a été officiellement invitée au rassemblement annuel de Batoche en Saskatchewan, le plus grand rassemblement métis au Canada. Face aux difficultés du dialogue avec la MMF, depuis deux ans, l'UNM travaille à créer des liens avec les Métis du Québec et, en mai 2005, elle a conclu une alliance avec les Métis du Québec et leur porte-parole désigné par l'Alliance autochtone s'est rendu en visite officielle au Manitoba pour la journée commémorative de la mort de Louis-Riel en octobre 2005, puis une deuxième fois en mars 2006 lors du festival Manipogo de St. Laurent. Le mois suivant, le président de l'UNM procédait à la 31e nomination d'un Métis du Québec au sein de l'organisation en vertu de l'Union Métis Est-Ouest. Il est difficile de prévoir où mèneront ces revendications mais il semble qu'il soit surtout question de légitimer une existence contestée par l'idéologie dominante en milieu métis anglophone qu'en milieu gouvernemental.

CONCLUSION

Pour certains, le processus contemporain de revendication identitaire métis qui se manifeste au Manitoba et au Canada peut sembler relever de l'essentialisme et de la réécriture de l'histoire. C'est-à-dire que le fait de posséder des ancêtres autochtones donnerait automatiquement accès à la culture métisse et que ceux qui s'en réclament depuis le jugement Powley

---

11. Le REM répéterait-il la même erreur que l'UNM dans les années 1960 en se présentant comme organisme culturel plutôt que politique ?

vont inventer, réécrire ou faire une relecture de leur histoire afin de répondre aux critères de ce jugement de la Cour suprême. Pourtant, ce processus d'essentialisation de la culture, qu'on retrouve partout où l'identité ethnique est menacée, est aussi une façon de découvrir, de valider et de légitimer son identité, tout comme nous l'avons vu avec l'exemple des étudiants métis du CUSB et de l'Union Métis Est-Ouest.

Dans un sens, le jugement Powley a permis l'ouverture d'un espace identitaire, et la revendication des droits qui y sont associés s'accompagne immanquablement de rapports de pouvoir entre l'État, les organisations officielles, et les membres des communautés non reconnues. Selon les Comaroff (1992), le pouvoir est une relation dont les effets sont expérimentés par les individus de façon négative en tant que contraintes, de façon neutre en tant que conventions, et de façon positive en tant que valeurs. Les pistes de recherche que je propose visent donc à distinguer ces relations entre l'idéologie et l'hégémonie à l'œuvre dans le discours et les pratiques des groupes métis en tenant compte des façons dont les valeurs, conventions et contraintes sont expérimentées par les acteurs sociaux. Que ce soit les victoires juridiques, comme le jugement Powley, les commémorations, les représentations symboliques, la discrimination et la résolution des tensions entre différents groupes.

Le rêve du président de l'UNM est de voir naître un jour une association métisse pancanadienne basée sur l'inclusion plutôt que sur l'exclusion, où il n'y aurait plus de différence entre les «vrais Métis», les «autres Métis» et les «plus ou moins Métis». Cela est-il possible, réalisable, ou même souhaitable? Assisterions-nous à une homogénéisation de l'identité métisse? Et à quel prix? Quels seraient les pertes pour les collectivités métisses, fortement hétérogènes, qui rendent compte de la diversité du métissage?

BIBLIOGRAPHIE

BARKWELL, Lawrence J. (dir.) (2004), *La lawng: Michif Peekishkwewin: the Heritage Language of the Canadian Metis, Vol. 1: Language Practice.* Winnipeg, Pemmican Publications/Manitoba Metis Federation Michif Language Program.

BARKWELL, L., D. DORION et D. PREFONTAINE (dir.) (2001), *Métis Legacy: A Métis Historiography and Annotated Bibliography*, Saskatoon, Gabriel Dumont Institute of Native Studies and Applied Research, et Winnipeg, Louis Riel Institute of the Manitoba Metis Federation.

CANADA (1980), *Historique de la Loi sur les Indiens*, Ottawa, ministère des Affaires indiennes et du Nord.

CANADA (1996), *Rapport de la Commission royale sur les peuples autochtones*, Ottawa, ministère des Approvisionnements et Services du Canada.

CANADA (2008): Peuples autochtones du Canada en 2006 : Inuits, Métis et Premières nations, Recensement de 2006. Ottawa, Statistique Canada. N° 97-558-XIF.

COMAROFF, John et Jean COMAROFF (1992), *Ethnography and the Historical Imagination*, Boulder, Westview.

COUR SUPRÊME DU CANADA (2003), *Jugement rendu le 19 septembre 2003 dans la cause de Sa Majesté la Reine contre Steve Powley et Roddy Charles Powley*, Ottawa, Cour suprême du Canada, n° du greffe 28533. 27, paragraphes 10 et 12.

DICKASON, Olive (1985), «From "One Nation" in the Northeast to "New Nation in the Northwest: A Look at the Emergence of the Métis», dans J. Peterson et J. S. H. Brown (dir.), *The New Peoples: Being and Becoming Métis in North America*, Winnipeg, University of Manitoba Press, p. 19-36.

DUFAULT, Gabriel (s.d.), entrevue, site Web de Patrimoine canadien, http://www.culture.ca/perspective-pointdevue-f.jsp?data=200412/tcp01200122004f.html [en ligne], page consultée en avril 2006.

FOSTER, John E. (1986), «The Plains Métis», dans R. B. Morrison et C. R. Wilson (dir.), *Native Peoples: The Canadian Experience*, Toronto, McClelland and Stewart, p. 388-394.

GAGNON, Denis (2006a), « Les impacts potentiels des enquêtes du ministère de la Justice sur l'identité métisse», *Recherches amérindiennes au Québec*, vol. 36, n° 1, p. 95-96.

GAGNON, Denis, (2006b), « Le métissage et les Métis: exploration de l'interface entre la notion et la nation», dans D. Laporte (dir.), *L'Autre en mémoire*, Québec, Presses de l'Université Laval, p. 313-328.

MARTIN, Thibault et Brieg CAPITAINE (2005), «Comment flirter avec la modernité pour conforter son identité: projet éducatif d'une communauté métisse au Manitoba», *Recherches amérindiennes au Québec*, vol. 25, n° 3, p. 313-328.

MÉTIS NATIONAL COUNCIL (2004), *Snapshot of the Nation. An Overview of the Métis Nation's Governance Structures and Institutions*, Regina, Métis National Council.

SHORE, Fred J. (2001), «The Emergence of the Metis Nation in Manitoba», dans L. Barkwell, D. Dorion et D. Prefontaine (dir.), *Métis Legacy: A Métis Historiography and Annotated Bibliography*, Saskatoon, Gabriel Dumont Institute of Native Studies and Applied Research, et Winnipeg, Louis Riel Institute of the Manitoba Metis Federation, p. 71-78.

TRÉMAUDAN, Auguste Henri de (1921), *Riel et la naissance du Manitoba*, Winnipeg, Union nationale métisse Saint-Joseph.

TRÉMAUDAN, Auguste-Henri de (1936), *Histoire de la nation métisse dans l'Ouest canadien*, Montréal, Albert Lévesque.

Jusqu'à quatre-vingts nations autochtones au Canada[1] ?

PIERRE TRUDEL[2]

La Commission royale sur les peuples autochtones (CRPA) est reconnue pour l'ampleur de ses consultations auprès des autochtones ainsi que pour ses nombreuses recherches entre 1991 et 1996. À ses yeux, les recommandations contenues dans le volume 2 de son rapport sont les plus importantes à réaliser car elles proposent le retrait de la Loi sur les Indiens et son remplacement par des structures politiques modernes. Intitulé *Une relation à définir*, ce volume traite des moyens pour assurer un meilleur équilibre des forces entre les gouvernements et les peuples autochtones. Or, au cœur de ses recommandations se trouve celle-ci :

> De nombreux peuples autochtones qui constituaient jadis des nations historiques se sont fragmentés et dispersés au cours du XIXe siècle, sous l'effet du colonialisme et des politiques gouvernementales, de sorte que leur sentiment d'identité commune s'est effrité et que leurs liens politiques internes se sont relâchés. À notre avis, il est urgent que ces nations se reconstituent en tant qu'unités politiques modernes. C'est seulement ainsi qu'elles pourront efficacement protéger et enrichir leurs langues, leurs cultures et leurs traditions distinctes. (Canada, 1996, vol. 2 : 199)

Soixante pour cent des réserves où vivent les « Premières Nations » sont composées de moins de 500 habitants ; 6,5 % comptent plus de 2 000 personnes. La plus populeuse est la réserve des Six-Nations, en Ontario, qui regroupe 22 000 personnes ; cette collectivité réunit plusieurs nations iroquoises. De plus, 48 % des autochtones vivent en milieu urbain, dont 40 % des « Indiens inscrits » (Trudel, 2005 : 108).

---

1. Ce texte a été publié initialement en 2007 dans la revue *Recherches amérindiennes au Québec,* 37(1) : 77-84 qui en a aimablement autorisé la reproduction.
2. Chercheur associé à la Chaire de recherche du Canada en études québécoises et canadiennes.

La volonté de protection de l'identité culturelle et du pouvoir politique des «Premières Nations» qui, essentiellement, forment des villages au sein d'un État moderne, devrait en toute logique faire que la proposition de regroupement de la Commission soit retenue et promptement mise en œuvre. Or, ce n'est pas le cas.

UNE RÉÉDIFICATION QUI TARDE[3]...

La Commission attribue à ce qu'elle qualifie de «nations historiques» l'ultime autorité de négocier le droit à l'autodétermination, plutôt qu'aux bandes ou aux collectivités locales car, selon elle, ce sont ces nations qui sont les héritières des traités ratifiés avec les premiers Européens. Par ailleurs, et pour des considérations plus pragmatiques, ce droit ne pourrait s'exercer à l'échelle des collectivités locales, compte tenu de leur grand nombre – environ mille – et à cause de leurs faiblesses démographiques. La Commission estime entre soixante et quatre-vingts le nombre de nations autochtones historiques qui pourraient se reconstituer au Canada; ce sont en grande majorité les Premières Nations actuelles, soit les bandes indiennes, les autres étant des Métis et des Inuits.

En proposant cette restructuration politique, la Commission convient qu'elle avance en *terres inconnues*:

> Nous nous interrogeons sur les formes que peuvent prendre les gouvernements autochtones et sur les moyens de favoriser leur développement. Nous traitons des liens qu'ils pourront établir avec les gouvernements fédéral et provinciaux afin de créer une fédération réellement souple et vivante. Comme des explorateurs en terres inconnues, nous avons dégagé des voies provisoires et parfois incertaines. (*ibid.*: 119)

Dans son rapport annuel (1996), au lendemain de la publication du rapport de la CRPA, la Commission canadienne des droits de la personne, tout en appuyant en général le rapport de la CRPA, constate le caractère litigieux de la réédification proposée:

> Quant à la question de savoir avec qui les gouvernements devraient négocier, elle n'est pas plus simple. Ces dernières années, le gouvernement a

---

3. Une version préliminaire de ce texte a été présentée le 27 novembre 2006 au Centre de recherche en droit public, Faculté de droit, Université de Montréal, dans le cadre du séminaire «Théories et émergence du droit». Éric Cardinal a commenté le texte et une discussion a suivi. Je remercie pour leurs commentaires Karine Gentelet, Andrée Lajoie, Guy Rocher, Pierre Noreau, Jean Leclair et Richard Janda.

privilégié les négociations avec les collectivités, surtout les conseils de bande constitués sous le régime de la Loi sur les Indiens. Intéressante par certains côtés, cette stratégie comporte toutefois des inconvénients. Comme nous l'avons signalé, les recommandations de la Commission royale sont fondées sur la reconnaissance et la réédification des nations autochtones traditionnelles. Il s'agit d'une tâche difficile. Nous pouvons seulement exhorter les gouvernements et les peuples autochtones à travailler ensemble pour sortir de l'impasse actuelle. (CCDP, 1996 : 9)

L'impasse semble demeurer dix ans après le dépôt du rapport de la CRPA et ce n'est pas, strictement, parce que l'État entame plus aisément des négociations avec des communautés locales plutôt qu'avec les nations historiques. Cinq ans après avoir terminé son mandat de coprésident de la CRPA, le juge René Dussault affirme, dans une entrevue accordée à la juriste Andrée Lajoie :

> Nous avons proposé que les Autochtones puissent réédifier leurs nations si c'est leur souhait et que celles-ci servent de base à l'autonomie gouvernementale. [...] Il s'agit évidemment pour ceux-ci d'un chantier considérable. Si les Autochtones eux-mêmes ne donnent pas de signal qu'ils veulent aller dans cette direction, les gouvernements n'aborderont pas l'autonomie gouvernementale sous cet angle. (Dussault, 2002 : 16)

Selon Newhouse et Belanger (2001 : 28) et selon McNeil (2004 : 17), peu d'études ont été réalisées spécifiquement sur cette proposition centrale et névralgique de la CRPA. Dans un texte, le seul en français à ma connaissance qui traite de cette question, Jean Leclair explore certains tenants et aboutissants du projet de réédification. Il avance que la proposition de la CRPA impose « une obligation qui incombe aux bandes indiennes de se départir d'une part de leur pouvoir au profit d'agents collectifs autochtones plus englobants, si elles aspirent un jour à l'exercice d'un droit à l'autodétermination » (Leclair, 2005 : 128). « Il n'en demeure pas moins que, en l'absence de tout regroupement institutionnel, ces petites collectivités ne seront jamais en mesure d'exercer la panoplie des pouvoirs qu'on associe à l'idée d'un troisième gouvernement » (ibid. : 134). Au-delà de la problématique du nombre, l'auteur cite l'opinion de la CRPA, qui croit que ce projet politique de regroupement est associé à une meilleure gouvernance car il favorise l'établissement d'un système de « poids et de contrepoids » et davantage de « transparence ». L'auteur rappelle également, toujours en citant les travaux de la CRPA, que les autochtones se sont plaints à la CRPA de pratiques généralisées de népotisme, d'abus de pouvoir et de corruption dans les gouvernements des bandes actuelles (ibid. : 133). Selon

Leclair, cette réédification des bandes en «agents collectifs plus vastes» risquerait fort de remettre en question la tradition du consensus, ainsi que certains aspects de l'identité des autochtones (*ibid.* : 135). L'idée, avancée par la CRPA, de péréquation entre nations autochtones afin d'assurer une certaine forme de partage de la richesse, amène Leclair à écrire : «Si tel est le cas, il faudra alors assurer la mise en place d'une structure politique dont les membres ne pourront se retirer à leur guise» (*ibid.* : 137).

Au-delà des motifs invoqués par la CRPA et de certains juristes ou politologues, comment se situe le débat parmi les autochtones eux-mêmes ?

LA CONCEPTION QU'ONT LES AUTOCHTONES DE LEURS NATIONS

Dans *La Société contre l'État*, l'anthropologue Pierre Clastres, qui a longuement étudié les Amérindiens d'Amazonie, écrit : «L'histoire des peuples qui ont une histoire est, dit-on, l'histoire de la lutte des classes. L'histoire des peuples sans histoire, c'est, dira-t-on avec autant de vérité au moins, l'histoire de leur lutte contre l'État.» (Clastres, 1974 : 186) Des mécanismes sociaux puissants, dont les guerres systémiques de vendetta, faisaient que ces sociétés se dispersaient sur de vastes territoires et évitaient de déléguer tout pouvoir à une élite ou une institution politique qui se situait hors de leurs communautés. On comprend ici que le droit à l'auto-détermination des peuples autochtones du Canada s'inscrit dans une réalité historique où jouent toujours, dans une certaine mesure, ces forces qui agissent contre toute délégation de pouvoir, y compris à l'échelle de la «nation historique». La Loi sur les Indiens de 1876 ne respectait pas les entités politiques traditionnelles. Cependant, l'instauration de conseils de bande à l'échelle des nouvelles communautés, qui souvent venaient de se sédentariser ou l'étaient encore à moitié, correspondait toutefois à une certaine réalité culturelle. Les termes «unité politique moderne», utilisés par la Commission dans sa recommandation, et qui s'opposent à ce qui est prévu dans la Loi sur les Indiens, interpellent sûrement les sociétés autochtones contemporaines, en les invitant, en quelque sorte, à briser cette tendance séculaire qui consiste à refuser toute délégation de pouvoir.

Dans leur revue de la littérature sur l'autonomie gouvernementale publiée depuis 1960, Newhouse et Belanger ont critiqué la proposition de la Commission royale en la définissant davantage comme une politique d'État plutôt que découlant d'une conception autochtone de l'autodétermination. Ils résument ainsi l'évolution du discours sur l'autonomie gouvernementale :

> Pendant cette période, la responsabilité de concevoir et de diriger le programme de l'autonomie gouvernementale est passée des mains des organisations de leaders autochtones des communautés aux organisations provinciale et nationale autochtone et aux gouvernements.

> Selon une perspective de politique publique, la question déterminante maintenant consiste à voir de quelle façon le gouvernement peut promouvoir et appuyer une participation communautaire comme dans le passé, ainsi que de retrouver l'essentiel du processus qui émane de la base et qui a orienté à l'origine l'autonomie politique. (Newhouse et Belanger, 2001 : 2)

> Le programme se développant, le leadership du mouvement passa de la communauté aux organisations politiques autochtones et au gouvernement fédéral, pour finalement se retrouver sous contrôle gouvernemental ; c'est le gouvernement qui maintenant dirige la feuille de route et demande une participation des communautés. (Newhouse et Belanger, 2001 : 7)

> Contrairement à une perspective d'autonomie politique émanant de la base et qui voit chacune des nations en mesure de négocier les dispositions de son autonomie politique avec le Canada, la CRPA recommande que l'exercice du droit à l'autonomie politique se fasse après la réédification de plus de 80 nations autochtones et après la reconnaissance officielle de ces nations reconstituées. (Newhouse et Belanger, 2001 : 28)

Ainsi, selon Newhouse et Belanger, le Canada aurait en quelque sorte, à partir de 1980, récupéré le mouvement d'autonomie gouvernementale, mouvement qui s'était développé à partir des années 1960 à l'échelle des « bandes » ; aujourd'hui une élite politique et académique contrôle les termes de ce débat. Ce qui manque, aux yeux des politologues autochtones de l'Université Trent, c'est le retour à une situation où les *grass root activists* et les leaders autochtones des communautés modifient le processus en y intégrant des éléments de la culture politique autochtone. Remarquons ici que la critique de Newhouse et Belanger ne relève pas strictement d'une conception culturelle de la gouvernance mais concerne aussi le pouvoir et la légitimité. Pour eux, contrairement au point de vue de la CRPA, les communautés locales détiennent le droit à l'autodétermination. Il importe ici de rappeler la nuance qu'établit la CRPA entre les deux niveaux de pouvoir :

> Par comparaison, l'autonomie gouvernementale est une conséquence naturelle de l'exercice du droit à l'autodétermination et désigne le droit des

peuples d'exercer leur autonomie politique. L'autodétermination fait référence au pouvoir collectif de choisir, tandis que l'autonomie gouvernementale est l'une des conséquences de ce choix. (Canada, 1996, vol. 2 :
195)

Cela implique, selon l'interprétation que fait Leclair de la recommandation
de la CRPA, que la reconstitution des nations doit intervenir *avant* la
pleine instauration de l'autonomie politique. Ce processus est critiqué par
Newhouse et Belanger parce qu'il enlève aux communautés du pouvoir
politique au profit d'une institution autochtone extérieure.

Ladner avance aussi, selon Newhouse et Belanger (*ibid.* : 28), que
les commissaires ont manqué à leur mandat en n'interprétant pas correctement la vision autochtone de l'autodétermination qui leur était présentée
au cours des nombreuses audiences publiques. Il ajoute également que la
recommandation relative à la réédification des nations ne respecte pas la
diversité des situations, ni le processus historique colonial qui a resitué les
nations dans des bandes, des traités et des provinces. Toujours selon
Newhouse et Belanger, pour Ladner, il s'agirait d'une stratégie naïvement
dangereuse.

Pourtant, les consultations et les études menées par la CRPA sont
d'une envergure certaine : 178 jours d'audience publique, 76 000 pages de
transcriptions et 356 études. On peut difficilement avancer que les commissaires, dont la majorité était autochtone, aient méconnu ces dimensions culturelle et historique de la question. Manifestement, au-delà du
débat sur la culture traditionnelle, ces critiques découlent d'une conception
plutôt « politique » du droit à l'autodétermination des autochtones au
Canada qui ne coïncide pas avec celle de la CRPA.

Voici comment Martin Papillon donne un aperçu de ce débat politique interne au nationalisme autochtone.

L'idée d'une « fédéralisation » des rapports entre le Canada et les peuples
autochtones a fait l'objet de plusieurs réflexions théoriques ces dernières
années. Le plus connu des modèles consiste à reconnaître les gouvernements autochtones comme troisième ordre de gouvernement *au sein* de la
fédération canadienne, selon la vision proposée par la Commission royale
sur les peuples autochtones. Cette approche est cependant critiquée par
certains puisqu'elle prend pour acquis la légitimité et l'unicité de l'ordre
constitutionnel canadien. Les peuples autochtones doivent négocier la
portée de leur autonomie au sein d'un ordre politique qui, comme nous
avons discuté plus haut, est fondée [*sic*] sur le principe de suprématie des

Parlements fédéral et provinciaux. Autrement dit, ceux-ci peuvent décider ce qui est négociable et ce qui ne l'est pas.

C'est pourquoi d'autres auteurs suggèrent une approche qui s'éloigne du cadre fédéral existant et voient plutôt dans les premiers traités d'alliances conclues entre les puissances européennes et les peuples autochtones avant la période coloniale une forme d'association fédérale dont les fondements devraient être réactualisés.

[...]

Ainsi, chaque nation autochtone devrait pouvoir négocier librement la nature de son association avec la fédération canadienne, créant ainsi non pas nécessairement un 3e ordre de gouvernement (quoique cette possibilité ne soit pas en soi exclue) mais une multitude d'associations confédérales coexistant avec celle-ci. La logique est donc inversée : il ne s'agit pas de négocier l'autonomie des gouvernements autochtones mais plutôt ce que ceux-ci souhaitent déléguer ou mettre en commun avec l'État canadien.

Le fédéralisme par traité est fondé sur la reconnaissance de la présence d'une pluralité d'ordres juridiques et politiques sur le territoire canadien. (Papillon, 2006 : 468)

Le juge Dussault contestait, en 2002, l'affirmation selon laquelle une majorité de nations amérindiennes aient fait devant la Commission la promotion d'un type de « fédéralisme de traité » qui, pour lui, ressemble en quelque sorte à la souveraineté-association. Cette position, plus nationaliste ou traditionaliste que celle qui a été adoptée par la CRPA, serait propre aux signataires des « traités numérotés » de l'Ouest canadien, ou encore aux Mohawks, notamment, et vise l'établissement d'une confédération autochtone-Canada parallèle à celle qui unit les provinces à l'État fédéral.

Notre sentiment, notre appréciation, fut que, malgré tout, cela n'était pas ce que proposait la majorité des Autochtones. Nous avons fait un choix qui nous apparaissait plus réaliste et qui permettait plus facilement de concilier ce que les Autochtones estiment être leurs intérêts et les intérêts de la société canadienne. (Dussault, 2002 : 21)

Certaines nations autochtones tiennent donc un discours plus « souverainiste », ou « traditionaliste », et proposent, comme on l'a vu plus haut, un « fédéralisme de traité » ou un type de lien politique qui laisse leur souveraineté intacte et qui a tendance à se situer strictement à l'échelle des communautés. (Notons cependant que d'autres traditionalistes visent à faire reconnaître des institutions regroupant leur nation ou leur confédération, tels les Iroquois ou les Micmacs, institutions qui n'auraient, selon eux, jamais cessé d'exister.) Bien que proposant aussi un type de «fédéralisme de traité», la CRPA se distingue de l'autre par son type d'intégration aux institutions canadiennes, et sans doute aussi par l'appel plus pressant à une mise en œuvre du droit à l'autodétermination à l'échelle des nations historiques qui formeraient désormais des «unités politiques modernes». Dans les rares cas de revendications globales et de signatures de traités dits «modernes» réalisées depuis quelques décennies, le Canada a favorisé l'établissement d'institutions gouvernementales regroupant des bandes ou des collectivités locales. Ces institutions s'intègrent au fédéralisme canadien en y impliquant obligatoirement les compétences des provinces ou des territoires, et tiennent compte également, notamment, de la Charte canadienne des droits et libertés. Ce type d'intégration au fédéralisme canadien apparaît trop contraignant pour certains.

Une lecture attentive du volume 2 tend à démontrer le contraire de ce qu'affirment les critiques quant au fait que la CRPA se serait éloignée d'une conception autochtone de la souveraineté. La CRPA a pris le soin de longuement expliquer la conception traditionnelle de la souveraineté chez les autochtones en affirmant que celle-ci se distingue d'une conception de la souveraineté issue des États unitaires.

> Alors que certains Canadiens ont tendance à voir le gouvernement comme une entité éloignée, séparée des gens et de la vie quotidienne, les Autochtones ont généralement une vision plus globale du gouvernement et le considèrent comme indissociable de l'ensemble des pratiques communautaires qui constituent un mode de vie. (Canada, 1996, vol. 2: 128)

La CRPA rapporte qu'au cours de ses audiences les autochtones ont exprimé l'idée selon laquelle la totalité des pouvoirs ne doit pas se concentrer dans une institution gouvernementale, institution qui pourrait procéder sans consulter la population. Sur la question centrale et vitale du regroupement des collectivités locales en nation historique, la CRPA explique que le débat a toujours existé, autant avant le colonialisme européen qu'après. Elle donne l'exemple des districts micmacs: «L'autorité des institutions de districts et de la nation leur vient des communautés, qui peuvent leur retirer leur appui sans préavis.» (Canada, 1996, vol. 2: 179)

Dans son bilan de ses nombreuses audiences publiques, elle conclut:

> En résumé, la plupart des peuples autochtones songent à exercer leur droit à l'autodétermination par l'intermédiaire de gouvernements à paliers multiples. Par ailleurs, de nombreux autochtones craignent une concentration

excessive du pouvoir, au niveau des structures politiques plus vastes, que ce soit au niveau de la nation, du groupe signataire du traité, de la région, de la province ou du pays. (Canada, 1996, vol. 2 : 182)

La CRPA réfute donc la critique selon laquelle elle ne tient pas compte de la conception autochtone de l'autonomie politique. Elle a plutôt constaté l'existence de plusieurs conceptions de la tradition et du droit à l'autodétermination, ce qui peut remettre en question la justesse de l'analyse de ceux qui critiquent la CRPA en invoquant la tradition.

Par exemple, les audiences ont démontré que les leaders inuits et métis visent en quelque sorte à corriger le fédéralisme canadien afin qu'il tienne mieux compte de leurs droits, de leurs situations particulières et de leurs cultures. Lors des discussions de la Table ronde Canada-Autochtones, instaurée par Paul Martin, Jose Kusugak, président d'Inuit Tapiriit Kanatami, a déclaré : « Nous, Inuits, sommes plus que les Premiers Canadiens ; nous sommes aussi Canadiens en premier. » (Table ronde, 2004 : 47) En comparaison, Ghislain Picard, chef de l'Assemblée des Premières Nations du Québec et du Labrador, et strictement porte-parole des « bandes », a déclaré, lors de l'ouverture du Forum socioéconomique tenu à Mashteuiatsh les 26 et 27 octobre 2006, qu'il n'était pas Canadien ni Québécois mais Innu, ce qui suscita un vif débat dans certains médias. Parmi les autochtones, existe donc une grande variation sur les thèmes de l'identité et de la tradition.

La CRPA précise que sa proposition n'impose pas la réédification des nations et reconnaît aux communautés actuelles tout le pouvoir d'adhérer ou non à ces nouvelles entités politiques. Ici, la question demeure cependant ambiguë. Comment peut-on reconnaître à la fois aux bandes, ou collectivités locales, et aux nations historiques le même droit à l'autodétermination ? Il s'agit de lire attentivement le chapitre « La transition » du volume 2 du rapport de la CRPA, qui décrit les modalités très complexes assurant la légitimité du processus de réédification et la nécessité d'éviter le vide juridique pendant cette période, pour constater que l'enjeu est de taille. Des opposants politiques internes à la nation, voire externes, pourraient tout à fait jouer sur cette ambiguïté pour créer de sérieuses embûches à la réédification des nations.

Quant à la critique selon laquelle la CRPA n'a pas suffisamment tenu compte de l'histoire coloniale dans la transformation des nations autochtones, il importe de rappeler que le premier constat fait par le CRPA concerne la diversité des situations qui découlent des cultures mais aussi de l'histoire, d'où sa proposition de regrouper les nations autochtones selon quatre modèles de gouvernance, dont celui qui concerne les autochtones en milieu urbain. Cette dernière situation résulte bien entendu de l'histoire. De plus, selon la CRPA, la diversité ne se réduit pas à la culture ou à la situation géographique et historique, mais couvre aussi la question de la capacité d'exercice du pouvoir politique.

Malgré cette crainte énoncée lors des audiences publiques par les héritiers de ces « sociétés contre l'État », et à cause sûrement de la conjoncture actuelle qui menace l'identité distincte des nations autochtones, fondement même de leur droit à l'autonomie gouvernementale, les commissaires ont manifestement fait un choix. Ils insistent particulièrement sur la nécessité de réédification des nations. Le rappel de la réalité historique mouvante de gouvernement autochtone à « paliers multiples » leur a permis d'asseoir leur recommandation de modernisation des unités politiques sur l'argument de la tradition.

LA POSITION DE L'ASSEMBLÉE DES PREMIÈRES NATIONS DU QUÉBEC ET DU LABRADOR, DE L'ASSEMBLÉE DES PREMIÈRES NATIONS ET DU CONGRÈS DES PEUPLES AUTOCHTONES

Des entretiens que j'ai menés avec le chef de l'Assemblée des Premières Nations du Québec et du Labrador, Ghislain Picard, confirment tout à fait cette méfiance devant des structures politiques centrales[4]. Selon lui, depuis vingt ans, les chefs de son organisation partagent le point de vue de maintenir et de développer le pouvoir des bandes. Il définit son rôle comme celui d'un strict porte-parole des chefs. L'avenir dépendra de ce que voudront bien déléguer les collectivités locales. C'est un processus qui, selon lui, assure davantage de légitimité dans l'exercice du pouvoir. Et toutes les portes sont ouvertes quant à déterminer l'entité qui assumerait une certaine fonction centrale. Le chef prend soin de manifester un certain malaise devant le concept d'autorité centrale. Malgré ses craintes devant le développement d'une entité politique qui ne représenterait pas la volonté des collectivités locales, Ghislain Picard appuie l'idée de la réédification des Premières Nations et estime que les Cris constituent un modèle qui pourrait être adopté par les autres nations.

---

4. Ces entretiens vont paraître au début de 2009 dans le premier livre de la collection Trajectoires, chez Boréal, et dont le titre est *Ghislain Picard*.

Notons qu'il a été témoin, depuis trente ans, de la dissolution de l'Association des Indiens du Québec, association qui était vue par une certaine jeunesse autochtone de l'époque comme trop près des politiques du ministère des Affaires indiennes. Ont succédé à l'Association des Indiens du Québec des entités politiques régionales, ou d'autres à l'échelle des nations. Picard a aussi assisté à la dissolution du Conseil Attikamek-Montagnais. Présentement, sa nation est divisée en trois entités politiques qui, malgré les négociations d'un traité, n'arrivent pas à se réédifier. Il convient cependant que ces longs débats sur l'unité de la nation ont nui au développement du rapport de force avec les gouvernements.

L'Assemblée des Premières Nations (APN), l'organisation nationale qui regroupe 634 bandes indiennes au Canada, a publié en septembre 2005 *Un traité entre nous*, qui est le rapport de la Commission du renouvellement de l'APN. Presque rien n'est dit sur la proposition de la CRPA, sinon que l'APN continuera d'appuyer le processus de réédification des nations. Sans plus. La principale préoccupation de la Commission vise à répondre à la critique selon laquelle elle ne représente pas l'importante portion des autochtones vivant en milieu urbain. Des changements de structures de l'organisation sont proposés, dont l'élection au suffrage universel du chef de l'APN. Le pouvoir demeure cependant essentiellement entre les mains de 634 chefs réunis en assemblée. Des comités consultatifs seraient constitués en vue de faire participer des conseils tribaux ou d'autres organisations autochtones. Notons que la participation des chefs aux assemblées est aléatoire et volontaire. Dans les faits, les collectivités des Premières Nations y participent ou non, ou s'en retirent pour un certain temps. La lecture du document suggère que les 634 chefs ne partagent pas l'opinion selon laquelle la reconstitution des nations revêt un caractère vital pour préserver leurs identités.

On obtient un peu plus de précisions sur le sort de cette recommandation à la lecture d'un autre document produit par l'APN (2006a), *Les dix ans de la Commission royale sur les peuples autochtones : bilan*. Après avoir mentionné les recommandations qui s'adressent plus particulièrement au gouvernement fédéral (dix ans plus tard le gouvernement n'obtient pas « la note de passage » quant à sa volonté de les réaliser), le document traite des recommandations de la CRPA qui visent, cette fois-ci, les Premières Nations. Il est alors précisé que « les gouvernements de certaines Premières Nations ont pris des mesures dignes d'être mentionnées... » (APN, 2006a : 5) Dans un tableau montrant l'état d'avancement de ces recommandations, la réédification est placée en troisième lieu dans l'ordre d'importance, et on peut lire :

> Dans chaque région du pays, les Premières Nations sont en train de rétablir et de reconstruire des nations : Nation Anishinabe, Confédération iroquoise, le processus de gestion des traités signés de la Fédération des Premières Nations en Saskatchewan (discussions exploratives), ce qui comprend des travaux dans des secteurs précis, comme le modèle des soins de santé prévu par le traité n° 6. (APN, 2006a : 5)

Dans un discours prononcé à l'occasion d'une réception en l'honneur du dixième anniversaire de la CRPA, Phil Fontaine, grand chef de l'APN, a repris à son compte la recommandation relative à la réédification en précisant que ceux qui s'y opposent ont mal compris ce que proposait la Commission. Selon lui, « [l]a reconstruction des nations ne passe pas par l'élimination du gouvernement canadien, pas plus qu'elle ne nécessite l'élimination des gouvernements des Premières Nations ».

Quant au partage des pouvoirs entre collectivités locales et nations, Fontaine ajoute :

> L'autorité principale revient aux collectivités locales mais, en pratique, les pouvoirs et les responsabilités sont assumés par des organismes gouvernementaux de plus haut niveau et par de nouvelles institutions. Cela va dans le sens de notre approche traditionnelle de la gouvernance. L'autorité ultime revient au peuple. (APN, 2006b)

Cinq ans après le commentaire de l'ex-coprésident de la CRPA à savoir que les autochtones n'envoient pas de « signal qu'ils veulent aller dans cette direction », le discours de Phil Fontaine et le bilan de l'état d'avancement de cette proposition présenté par l'APN ne semblent pas, à mon avis, modifier de façon significative l'évaluation de René Dussault.

Quelques semaines avant le discours de Phil Fontaine sur les dix ans du rapport de la CRPA, le nouveau chef du Congrès des peuples autochtones, élu le 5 novembre 2006, a manifesté beaucoup plus d'empressement à mettre en œuvre la recommandation de la CRPA. Selon le site Internet de Radio-Canada, du service des nouvelles (National) du 7 novembre 2006, Patrick Brazeau a déclaré au *Globe and Mail* qu'il y a trop de chefs dans le système, ce qui maintient les autochtones dans la pauvreté. Les chefs résistent au changement parce que cela remet en question la source de leur pouvoir, affirme-t-il. Notons que cette organisation nationale autochtone, qui représente les autochtones hors réserve et des Métis, a donné son appui aux conservateurs aux dernières élections fédérales parce que ces derniers ont promis qu'ils redistribueraient à l'avantage du CPA les fonds attribués aux autochtones. Cette concurrence entre organisations nationales autochtones quant à l'attribution des fonds et à la représentativité politique, met en relief un aspect méconnu de la problématique de la réédification. Il est fort probable qu'à l'occasion d'une éventuelle réunification la question de l'insertion des non-inscrits dans la nation réédifiée se pose et crée des débats houleux au sein des « inscrits ». La CRPA avait d'ailleurs recommandé que l'appartenance à la nation réédifiée ne relève pas du statut d'inscrit, mais d'un nouveau processus qui serait rendu légitime par la nation au cours de la réédification. Autrement dit, pour l'APN, la réédification peut impliquer l'intégration de nouveaux acteurs politiques qui représentent les non-inscrits. Cela peut constituer un frein à la réédification.

LA POSITION DU CANADA ET DU QUÉBEC

La Cour suprême hésite à se prononcer sur des questions trop nettement politiques. Ou encore à donner des pouvoirs à des entités qui ne sont pas reconnues dans la constitution canadienne. La tendance de la Cour est de reconnaître, à l'instar du gouvernement canadien, que les droits ancestraux reconnus à l'article 35 de la nouvelle constitution de 1982 incluent le droit inhérent à l'autonomie gouvernementale. Grammond (2003 : 297) et McNeil (2004 : 3) avancent que la Cour ne reconnaîtrait pas ce pouvoir dans sa totalité mais procéderait par domaines particuliers, tout en s'inspirant des ententes actuelles en matière d'autonomie gouvernementale. Selon Papillon, l'arrêt *Pamajewon* (1996) avance que ce droit à l'autonomie gouvernementale doit être évalué, et de façon restrictive, au même titre que les autres droits ancestraux, tout en observant qu'un plus récent jugement (Mitchell, 2001) « soulève la possibilité d'une autonomie fondée sur les principes de la souveraineté partagée » (Papillon, 2006 : 470). La Cour admet qu'elle ne peut résoudre ce problème d'autonomie politique et invite les politiciens à négocier. Quant à la réédification des nations, Leclair écrit que la Cour « n'a pas affirmé que l'exercice de droits ancestraux supposait une reconstruction préalable des nations autochtones » (Leclair, 2005 : 133).

Selon McNeil (2004 : 16), dans un jugement récent, les juges de la Cour suprême de Colombie-Britannique ne se posent pas la question de savoir si c'est bien l'ensemble du peuple nisga'a qui détient le droit inhérent à l'autonomie gouvernementale, ainsi que l'autorité de conclure un traité.

D'autres jugements semblent au contraire reconnaître ce droit aux bandes, ou aux collectivités locales, selon l'expression de la CRPA.

Cette ambiguïté se retrouve dans l'action du gouvernement fédéral. Celui-ci mène plus d'une centaine de négociations d'autonomie gouvernementale strictement avec des bandes et, lorsqu'il négocie à un autre niveau, l'État peut signer un traité tout autant avec une nation historique qu'avec une ou des composantes de celle-ci. (Il est trop simple ici d'accuser l'État de diviser pour régner car, n'oublions pas, ce n'est pas lui qui doit décider de la composition de la nation mais bien la nation elle-même.)

L'idée de regrouper les bandes indiennes a précédé les travaux de la Commission. Le gouvernement tentait de cette façon de réaliser des économies d'échelle et de transférer l'administration de programmes à des entités autochtones. Environ cinq cents bandes ont été regroupées en quatre-vingts conseils tribaux mais, selon l'évaluation de Leclair (2005 : 135) tirée d'une étude réalisée en 1994 par R. C. Depew, cette politique n'a pas obtenu le succès espéré.

Quant au Québec, celui-ci a reconnu depuis 1985 jusqu'à onze « nations » autochtones sur son territoire. Celles-ci correspondent davantage à la conception de la nation que se fait la CRPA, soit des entités qui relèvent de l'histoire, de la culture, du territoire et de la langue. Le Canada reconnaît, quant à lui, trois peuples autochtones : Indiens, Métis et Inuits, catégories qui manifestement comprennent plusieurs nations au sens de la CRPA. Le Canada reconnaît aussi 634 « premières nations » amérindiennes. Le terme « peuple » sonne cependant mieux aux oreilles de certains leaders autochtones qui l'associent plus clairement au droit international à l'autodétermination. Il est possible que le Québec, compte tenu de sa politique en matière d'intégrité territoriale ainsi que du débat sur la sécession d'avec le Canada, préfère l'emploi du concept de « nation » qui lui apparaîtrait moins contraignant. Notons également que les réédifications des Inuits et des Cris réalisées en 1975 au moyen de la Convention de la Baie-James et du Nord québécois ont rendu ces nations davantage intégrées à l'administration publique québécoise, notamment pour ce qui est de l'éducation, des services sociaux et de la sécurité publique. Le Québec appuie donc la réédification car cela lui donne l'occasion de clarifier ses compétences politiques à l'égard des autochtones. Sinon, on peut se demander si le Québec appuierait un processus qui réduirait ses compétences politiques, et surtout territoriales.

RÉÉDIFICATION DES NATIONS ET PERSPECTIVES DE RECHERCHE

Commençons par un bilan

> On ne peut tenter ici de régler la question complexe et éventuellement controversée de l'identité des groupes investis du droit inhérent à l'autonomie gouvernementale. Quoi qu'il en soit, je crois qu'il s'agit d'un sujet important qu'une recherche plus poussée pourrait éclairer. Le traitement de la question dans le rapport de la CRPA pourrait servir de point de départ utile, mais je crois qu'il faut s'intéresser davantage à l'incidence des lois et politiques canadiennes sur l'organisation sociale et politique des peuples autochtones. (McNeil, 2004 : 17)

McNeil partage donc la critique de Newhouse et Belanger, selon laquelle la CRPA sous-estime l'importance du processus colonial dans la reconfiguration des nations contemporaines. À cet égard, il se pourrait bien qu'il ait raison. Il faudrait examiner comment, à l'échelle des provinces ou des territoires, se partagent les allégeances entre les entités politiques provinciales, et d'autres qui représentent en totalité ou en partie une nation historique. Peut-on, à l'échelle canadienne, repérer certaines tendances? Quelles sont les collectivités locales qui se sont regroupées, ou qui l'ont toujours été, et quelles sont les circonstances qui expliquent ce phénomène?

Les traités de l'Ouest canadien ont-ils divisé les nations historiques? Quel rôle jouent-ils dans l'actuelle représentation politique? Les cas d'avancement de réédification, dont il est question dans le bilan de l'APN, devraient être mieux connus et étudiés. Il en est de même quant au regroupement plus ou moins réussi, réalisé par le ministère des Affaires indiennes et du Nord Canada, d'environ cinq cents bandes en quatre-vingts conseils tribaux.

Le Québec présente une diversité des nations que l'on ne retrouve pas ailleurs au Canada, sauf en Colombie-Britannique. Comment se situent les nations du Québec quant à ce projet de réédification? L'expérience récente des Abénaquis, des Atikamekws et des Micmacs devrait être étudiée. Le récent Forum socioéconomique entre le Québec et l'Assemblée des Premières Nations du Québec et du Labrador (APNQL) a-t-il consolidé les commissions de l'APNQL dans leurs rôles auprès des nations, aux dépens des organisations politiques qui représentent les nations? Pourquoi la nation innue, en processus de ratification de traité, ne se réunit-elle pas? Quel bilan peut-on tirer de l'instauration au Conseil de la nation atikamekw de l'élection au suffrage universel de son grand chef?

Ainsi, un bilan de la situation au Canada et au Québec pourrait nous éclairer sur la pertinence de la recommandation de la CRPA. D'ailleurs, il est étonnant de constater que la Commission n'ait pas fait ce bilan au cours de son mandat. Vingt-cinq études de cas sur la gouvernance ont été réalisées sous la direction de la CRPA. En parcourant rapidement les titres, il m'apparaît que ces études de cas n'ont pas porté directement sur des cas de nations réédifiées. Elles semblent traiter plutôt de la gouvernance à l'échelle des provinces ou des régions, ou encore à l'échelle d'une collectivité locale. Et sur tout autre sujet... Se pourrait-il que cette recommandation centrale ait été élaborée à la toute fin des travaux de la Commission? Et qu'elle tire son origine du coprésident québécois de cette commission royale?

Paradoxalement, le cas des Cris du Québec n'a pas retenu l'attention de la CRPA. Pourtant, il s'agit d'une situation de réédification qui correspond à ce que souhaite la CRPA. Selon Roméo Saganash, l'instauration de l'élection d'un grand chef au suffrage universel a engendré en 1975 une dynamique interne à la nation qui explique en bonne partie le développement politique subséquent; on sait que cette nation joue un rôle important, autant à l'échelle nationale qu'internationale.

De plus, l'étude du débat interne à la nation crie relatif à la Paix des Braves et, surtout, à la décision de donner le consentement à la dérivation de la rivière Rupert – qui constitue un énorme enjeu socioéconomique –, pourrait s'avérer fort intéressante. En effet, ce débat peut éclairer la problématique de la nouvelle répartition des pouvoirs dans ce modèle de gouvernance « réédifiée ». Comment la tradition du consensus se maintient-elle dans ce nouveau cadre? Ou comment les Cris vivent-ils une rupture de cette tradition? Dans ce nouveau modèle de gouvernance, « l'autorité ultime revient-elle toujours au peuple », pour reprendre l'expression de Phil Fontaine dans ses trop brèves explications sur la nature du projet de réédification? Les trois communautés cries les plus affectées par la dérivation de la Rupert ont voté contre le projet.

Il serait aussi intéressant d'examiner financièrement ce que peut représenter à l'échelle du Canada la reconstitution de quatre-vingts nations, et ce, par un simple calcul. Il s'agirait de rapporter à l'échelle de l'ensemble des autochtones du Canada les sommes versées aux Cris du Québec. Il s'agit ici de paiements de transferts, négociés désormais en bloc par les Cris, et par conséquent bonifiés – en comparaison avec ceux qui sont accordés aux bandes –, ainsi que les sommes d'argent tirées de l'exploitation des ressources naturelles de leurs territoires traditionnels. Cela donnerait une idée des enjeux financiers que devrait relever l'État canadien si la réédification se généralisait. Malgré ses politiques de revendications globales, qui amènent parfois certaines nations autochtones à se réunifier, en partie ou totalement, il se pourrait que le gouvernement fédéral se retrouve, en quelque sorte, à être un allié objectif des traditionalistes qui s'opposent à la reconstitution de nations autochtones en tant qu'« unités politiques modernes », telle qu'elle est proposée par la CRPA. On comprend mieux aussi l'extrême lenteur relative aux négociations globales qui mènent à des traités modernes, ce qui a été régulièrement critiqué par la vérificatrice générale du Canada.

Chercher du côté des négociateurs

[...] une revue exhaustive de la littérature portant sur l'autonomie politique indique que la majorité des auteurs tend à s'adonner à des réflexions philosophiques sur ce que devrait être l'autonomie politique plutôt que développer des modèles et des stratégies quant à sa mise en œuvre. (Newhouse et Belanger, 2001 : 5)

La politique courante est structurée d'une telle façon que l'apport autochtone dans la conception et la mise en œuvre du processus de l'autonomie politique est minime avant que le gouvernement entre en négociation. (Newhouse et Belanger, 2001 : 39)

Martin Papillon (2006) a étudié la situation des Cris du Québec. Il avance qu'avec la récente Paix des Braves, qui ne change pas substantiellement la Convention de la Baie-James et du Nord québécois de 1975, les Cris ont malgré tout modifié la donne. Dans la pratique, plutôt que dans des modifications institutionnelles ou constitutionnelles, ils auraient acquis un niveau intéressant de pouvoir politique et auraient changé la nature du rapport qui les lie à l'État. (N'oublions pas que c'est précisément ce que souhaite la CRPA : *Une relation à redéfinir.*) Son analyse découle d'entrevues auprès d'acteurs politiques, du côté autant autochtone que gouvernemental.

De la même façon, la recherche sur la proposition de réédification devrait, à mon avis, tenir compte de l'expérience de gens engagés dans les négociations, ou proches de celles-ci, afin d'y jeter un éclairage nouveau. Comment la réédification se pose-t-elle lors des négociations d'autonomie gouvernementale ou lors des revendications globales ? Ce type de données éclairerait à la fois la question de la conception de la nation et celle qui est associée aux contraintes face à la mise en œuvre de la recommandation de la CRPA.

En discutant avec la responsable de l'autonomie gouvernementale au ministère des Affaires indiennes et du Nord Canada, région Québec, Mireille Bonin, j'ai constaté que la perspective traditionaliste de Newhouse et Belanger semble tout à fait partagée par cette représentante du gouvernement du Canada. Elle attribue beaucoup d'importance au fait que l'initiative doit venir de la base, et pas seulement de la politique officielle du Canada en matière de gouvernance, comme celle qui fut énoncée en 1998 en réponse au rapport de la CRPA. L'empressement qu'elle met à décrire l'expérience récente chez les Micmacs en vue de se doter d'une institution de résolution de conflits qui pourrait se développer à l'échelle de leur nation, avant même de développer des modèles de gouvernance, illustre bien l'importance qu'elle accorde au principe de « partir de la base ».

Probablement que ce constat découle de l'expérience, du fait que les initiatives institutionnelles qui viennent de haut ont montré peu d'efficacité. Voici ce qu'elle a déclaré lors d'un colloque :

> Je pense aussi qu'il serait préférable de travailler à la gouvernance par l'intermédiaire de projets rassembleurs pour que la gouvernance devienne le reflet d'un large consensus social. [...] Aujourd'hui, après huit ans de pratique [...] Nous sommes toujours en recherche quant à la manière de faire. (Bonin, 2006)

> J'ai appris aussi que les projets de gouvernance pourraient avoir plus de sens s'ils s'inscrivaient à la base dans un projet à nature culturelle pour impliquer la population. Un code électoral par exemple ou un code de gestion financière n'a pas beaucoup de sens à moins qu'il ne soit la traduction d'un pouvoir inhérent puisé à même une tradition ou un concept autochtone. J'ai aussi appris que pour intégrer les activités de développement de capacité, il ne suffit pas de travailler entre gens des ministères fédéral et provincial, il fallait impliquer la fonction publique autochtone. (Bonin, 2006)

Encore là, il est étonnant de constater que, dans sa conférence intitulée *À la recherche d'une gouvernance autochtone*, rien n'est dit sur les raisons pour lesquelles la recommandation de la CRPA sur la réédification n'a pas avancé depuis dix ans, et ce, malgré le fait qu'elle met l'accent expressément sur cette position de la Commission dès le début de son exposé.

Autrement dit, pour y voir plus clair, il est temps que la question soit posée directement aux acteurs politiques. Sortir du bureau et des salles de colloques, faire du terrain, pour en arriver à mieux réfléchir sur cette question.

Les enjeux relatifs à la réédification d'environ quatre-vingts nations autochtones au Canada dépassent largement la protection de l'identité culturelle des sociétés autochtones. S'entremêlent ici diverses problématiques, certaines étant relatives au type d'intégration des gouvernements autochtones au système politique canadien. D'autres sont relatives aux rapports entre une instance centrale autochtone et ses composantes, sans parler des problématiques associées à l'instauration de nouveaux rapports sociaux entre les membres de ces nations : intégration des non-inscrits, partage éventuel de la richesse entre communautés et implantation de modes plus transparents et démocratiques de gouvernance.

BIBLIOGRAPHIE

ASSEMBLÉE DES PREMIÈRES NATIONS (2005) : « Un traité entre nous », Commission de renouvellement de l'APN 29 septembre 2005, http:// www.afnrenewal.ca/ [en ligne] 16 mai 2007.

ASSEMBLÉE DES PREMIÈRES NATIONS (2006a), « Les dix ans de la Commission royale sur les peuples autochtones : bilan », site Web de l'APN, http://www.afn.ca/cmslib/general/afn_crpa.pdf, [en ligne] le 16 mai 2007.

ASSEMBLÉE DES PREMIÈRES NATIONS (2006b), « Discours du Chef national de l'Assemblée des Premières Nations lors de la réception en l'honneur du 10e anniversaire de la CRPA », http://www.afn.ca/article.asp?id=3144, [en ligne] 16 mai 2007.

ASSEMBLÉE DES PREMIÈRES NATIONS (2006c), *Position de l'APN sur le statut de nation*. Document transmis par le Groupe CNW le 27 novembre 2006.

BONIN, Murielle (2006), *À la recherche d'une gouvernance autochtone*, Conférence des 21 et 22 mars 2006, Quatrième Forum autochtone d'Insight, Loews le Concorde, Québec.

CANADA (1996), *Rapport de la Commission royale sur les peuples autochtones*, 5 volumes (vol. 1 : « Un passé, un avenir » ; vol. 2 : « Une relation à redéfinir » ; vol. 3 : « Vers un ressourcement » ; vol. 4 : « Perspectives et réalités » ; vol. 5 : « Vingt ans d'action soutenue pour le renouveau »), Ottawa, Approvisionnements et Services Canada.

CLASTRES, Pierre (1974), *La Société contre l'État*, Paris, Éditions de Minuit.

COMMISSION CANADIENNE DES DROITS DE LA PERSONNE (1996), *Rapport annuel 1996*, site Web de la CCDP, http://www.chrc-ccdp.ca/1996_ar/page4-fr.asp, [en ligne] 11 décembre 2006.

DUSSAULT, René (2002), « L'avenir passe par la reconnaissance, le partage et le respect », entrevue avec Andrée Lajoie, *Canadian Journal of Law and Society/Revue canadienne Droit et société*, vol. 17, n° 2, p. 9-21.

GENTELET, Karine (2005), « Les revendications politiques des Premières Nations du Canada : le concept de nation comme outil contre-hégémonique », *Canadian Journal of Law and Society/Revue canadienne Droit et société*, vol. 20, n° 2, p. 157-181.

GRAMMOND, Sébastien (2003), *Aménager la coexistence. Les peuples autochtones et le droit canadien*, Montréal et Bruxelles, Yvon Blais et Bruylant.

LECLAIR, Jean (2005), « L'aménagement institutionnel de la diversité : Petites collectivités locales ou nations ? Qui sont les titulaires du droit inhérent des peuples autochtones à l'autodétermination », dans Pierre Noreau et José Woehrling (dir.), *Appartenances, institutions et citoyenneté*, Montréal, Wilson et Lafleur ltée, p. 127-139.

McNEIL, Kent (2004), *Le Droit inhérent à l'autonomie gouvernementale : nouvelles orientations de la recherche en droit*, Rapport de recherche préparé pour le Centre de la gouvernance des Premières Nations.

NEWHOUSE, David R. et Yale D. BELANGER (2001), *Aboriginal Self-Government in Canada. A review of littérature since 1960*, document non publié, Études autochtones, Université Trent.

PAPILLON, Martin (2006), « Vers un fédéralisme postcolonial ? La difficile redéfinition des rapports entre l'État canadien et les peuples autochtones », dans Alain G. Gagnon (dir.), *Le Fédéralisme canadien contemporain*, Montréal, Presses de l'Université de Montréal, p. 461-485.

TABLE RONDE CANADA-AUTOCHTONES, « Renforcer la relation. Rapport de la Table ronde Canada-Autochtones, le 19 avril 2004, Ottawa », site Web de Table ronde Canada-Autochtones, http://www.aboriginalroundtable.ca/rtbl/strenght_rpt_f.pdf, [en ligne] 9 mai 2007.

TRUDEL, Pierre (2005), « Les Autochtones au Canada : combien sont-ils ? », *Recherches amérindiennes au Québec*, vol. XXXV, n° 3, p. 107-110.

Représentations de soi
comme autochtones dans le Pacifique

Identité autochtone et lutte pour l'autodétermination : le cas de la nation taroko à Formose[1]

SCOTT SIMON

L'émergence des peuples autochtones est liée à l'expansion des puissances européennes outre-mer, ainsi qu'à celle du système capitaliste et de l'État westphalien. Selon la Convention 169 de l'OIT (1989), c'est la relation historique avec les puissances coloniales qui détermine directement si un groupe constitue un *peuple autochtone*. Selon cette convention, les peuples autochtones sont ainsi les «peuples dans les pays indépendants qui sont considérés comme indigènes du fait qu'ils descendent des populations qui habitaient le pays, ou une région géographique à laquelle appartient le pays, *à l'époque de la conquête ou de la colonisation ou de l'établissement des frontières actuelles de l'État* et qui, quel que soit leur statut juridique, conservent leurs institutions sociales, économiques, culturelles et politiques propres à eux» (Schulte-Tenckhoff, 1997 : 15 ; italiques ajoutés par l'auteur).

Depuis 1982, au sein de la Commission des droits de l'homme de l'ONU, un groupe de travail sur les droits des populations autochtones a

1. L'auteur souhaite remercier le Conseil de recherches en sciences humaines du Canada pour son appui financier, sans lequel la réalisation de ce projet n'aurait pas été possible. Il remercie également la Faculté de sciences sociales de l'Université d'Ottawa pour avoir partiellement financé sa participation à la rencontre «L'autochtonie en question : Regards croisés France / Québec» à Paris, 13-14 juin 2006. Merci aussi à Marc Jacquin, Marie Salaün, Natacha Gagné et Thibault Martin pour leur relecture de ce texte.

développé le Projet de déclaration sur les droits des peuples autochtones dont le but était d'inclure des droits politiques collectifs, y compris le droit à un territoire et le droit à l'autodétermination. Le 29 juin 2006, le Conseil des droits de l'homme adoptait cette déclaration et recommandait son adoption par l'Assemblée générale des Nations unies – malgré l'opposition du Canada et de la Russie, deux États qui abritent des populations autochtones en nombre, et qui craignaient sans doute que ce texte, aux accents décolonisateurs, ne menace leur souveraineté nationale. Cette déclaration a finalement été adoptée le 13 septembre 2007 malgré l'opposition du Canada, de l'Australie, de la Nouvelle-Zélande et des États-Unis. Onze pays se sont aussi abstenus, dont la Russie. Le résultat de ce vote n'en demeure pas moins décevant puisque plusieurs pays porteurs du projet auraient souhaité qu'il soit adopté à l'unanimité. Il est aussi très problématique que les pays où l'autochtonie, en tant que catégorie juridique et identitaire, est née s'y soient opposés. Par ailleurs, plusieurs pays du continent asiatique tels que la République populaire de Chine, l'Inde, l'Indonésie, le Japon, la Malaisie, le Pakistan, la République de Corée et le Sri Lanka ainsi que des pays du continent africain l'ont fait au nom de l'« épreuve de l'eau salée» (*saltwater test*) – selon laquelle seuls les colons d'outre-mer sont perçus comme colonialistes contrairement à ceux qui sont originaires du même continent. De même, plusieurs États asiatiques et africains, y compris la République populaire de Chine, ont soutenu ce projet, considérant qu'une telle norme juridique ne peut s'appliquer dans leurs territoires[2].

En Asie, seules les Philippines, le Japon et la République de Chine (Taïwan) reconnaissent l'existence de peuples autochtones sur leur territoire, et la République de Chine n'est même pas membre de l'ONU. Bien que sa constitution la rattache territorialement à la Chine continentale et à la Mongolie, seuls les îles de Formose, Kinmen, Matsu, Penghu et quelques autres îlots restent sous l'autorité effective de cet État orphelin[3]. La population autochtone de Taïwan compte près de 475 000 individus, soit 2 % de la population globale. Membres de quatorze tribus juridiquement recon-

---

2. Pourtant, les groupes qui se reconnaissent eux-mêmes comme autochtones sont habituellement acceptés aux congrès et parmi les groupes de travail de l'ONU et des ONG. Cette politique permet aux minorités africaines et asiatiques de s'identifier comme autochtones et de se représenter aux seins des forums autochtones dans l'ONU sans le consentement de leurs États respectifs.

3. Certes, cette fiction juridique a contribué à la croissance des revendications nationalistes taïwanaises, mais la place nous manque pour développer ce point.

nues par l'État, ils sont d'origine austronésienne, une famille linguistique qui s'étend de Madagascar à l'ouest jusqu'à l'île de Pâques à l'est, et de Taïwan au nord à la Nouvelle-Zélande au sud.

À l'instar des autochtones des autres pays du monde, les populations austronésiennes de Taïwan sont marginalisées et connaissent des conditions de vie nettement inférieures à celles du reste de la population de leur pays. En 2003, par exemple, les autochtones avaient un taux de chômage de 9,64 %, alors que ce taux était de 4,98 % pour l'ensemble de la population. Cette année-là, leur revenu mensuel médian était de 22 000 $ NT (816 $ CA), ce qui représentait 69 % du revenu mensuel médian de la population totale qui, lui, s'élevait à 32 000 $ NT (1 185 $ CA) (Commission aux affaires aborigènes, 2003 : 3-6). Les travailleurs autochtones occupent davantage que les autres Taïwanais des postes précaires et souvent des contrats à durée limitée dans les secteurs industriel, de la construction et agricole. Dépossédés de leur territoire et de leurs moyens traditionnels de subsistance, les autochtones doivent chercher des emplois dans le secteur industriel pour lesquels ils n'ont pas les compétences, les réseaux sociaux et les habitudes culturelles nécessaires pour concurrencer les Taïwanais d'origine chinoise. La marginalisation subséquente des autochtones dans l'économie capitaliste contribue donc aux divers problèmes sociaux et médico-sanitaires. Les villages autochtones connaissent des problèmes liés à l'alcoolisme et à la violence domestique. Leur taux de mortalité infantile (40,9 pour 1 000) est plus de deux fois plus élevé que celui de la population totale (17,5 pour 1 000), et l'espérance de vie des hommes autochtones (59,2 ans) est de 13,5 années plus courte que celle des non-autochtones (Wen et autres, 2004). Ces données révèlent que la situation actuelle des autochtones à Taïwan est similaire à celle des autochtones canadiens ou australiens. Les mouvements autochtones qui agissent au niveau international affirment que cette situation est le résultat d'une atteinte aux droits de la personne (Shih, Li et Chu, 2005).

La recherche ethnographique sur les populations austronésiennes de Taïwan est très récente, en raison du fait que la majorité des anthropologues occidentaux à Taïwan se sont habituellement intéressés aux données sur les traditions chinoises, surtout celles se situant dans le courant de l'anthropologie culturelle américaine (Murray et Hong, 1994). Mais le mouvement social des autochtones à Taïwan a attiré l'attention de quelques chercheurs européens intéressés par l'anthropologie politique (Allio, 1998 ; Cauquelin, 2000 ; Rudolph, 2003). Certes, faire référence au concept d'« autochtonie » est un choix important aussi bien pour l'État que pour l'anthropologue, car ce concept renvoie à des groupes ethniques *comme étant des peuples colonisés*. Si les revendications autochtones sont les dernières phases de la décolonisation, aucun ethnologue ne peut ignorer les dimensions politiques de son métier et ne devrait hésiter à utiliser ce terme lorsque cela est nécessaire. Car, comme Pierre Bourdieu en a fait l'expérience au cours de son travail sur l'Algérie coloniale :

> De là découle, pour l'ethnologue, un impératif absolu, non point éthique mais scientifique : il n'est pas de conduite, d'attitude ou d'idéologie qui puisse être décrite, comprise ou expliquée objectivement en dehors de toute référence à la situation existentielle du colonisé telle qu'elle est déterminée par l'action des forces économiques et sociales caractéristiques du système colonial... Telle est la responsabilité réelle de l'ethnologue. (Bourdieu, 1963 : 258)

Pour les ethnologues travaillant à Taïwan, rien n'est plus pertinent qu'une anthropologie politique de l'autochtonie. Que signifie « l'autochtonie » pour ces minorités ethniques ? Que représentent pour elles des revendications telles que l'autonomie ? De plus, quel rôle doivent jouer les anthropologues, notamment ceux qui sont engagés dans des mouvements internationaux, dont des ONG comme Survival International, face aux demandes d'aide exprimées par les communautés auprès desquelles ils effectuent leur recherche ? Le présent article est une réflexion préliminaire sur ces questions, dans un contexte de recherche ethnographique avec la tribu des Tarokos de Taïwan, autrefois connue sous le nom de Formose.

RÉFLEXIONS SUR UNE IMPLICATION ANTHROPOLOGIQUE

Je suis entré en contact avec la tribu « taroko » pour la première fois en 1999 lorsque j'ai fait la connaissance de Yuma Nogan (un pseudonyme) pendant une enquête à Taipei sur les femmes entrepreneures (Simon, 2003). Elle s'était présentée à moi comme membre de la tribu des « Tayals », un groupe reconnu comme « Atayal » par l'État ainsi que dans la littérature ethnographique en règle générale. Me confiant que l'entrepreneuriat avait changé sa vie pour le mieux, elle m'a encouragé à étudier sa communauté située dans la commune de Hsiu-lin, dans le but de promouvoir l'entrepreneuriat autochtone comme modèle du développement communautaire. J'ai donc visité son village plusieurs fois et rencontré ses parents et amis durant la période où j'étais professeur à temps partiel à l'Université nationale Donghwa située dans la région. La plupart des gens rencontrés pendant ces visites m'ont expliqué que le nom correct de leur tribu était « Taroko » plutôt que « Atayal ».

Ces contacts initiaux ont déterminé mes premières impressions de la communauté et m'ont permis de repérer plusieurs thèmes de recherche qui méritaient d'être développés. Durant ces premières visites, j'ai aussi rencontré Igung Shiban, activiste dans le mouvement « Rendez-nous nos terres », qui m'a expliqué comment la cimentière Asia Cement s'était arrogé des terrains appartenant aux membres de sa famille. Pour soutenir sa cause, j'ai répondu à ses demandes et j'ai écrit un article en anglais pour la revue *Cultural Survival*, ma première publication sur l'autochtonie formosane. D'autres membres de sa communauté m'ont expliqué qu'ils avaient été dépossédés d'une grande partie de leur territoire lors de la création, dans les années 1980, du parc national Taroko. J'ai donc découvert en travaillant avec eux que le principal facteur qui pouvait expliquer leurs problèmes socioéconomiques était finalement moins l'absence d'esprit capitaliste que la perte de territoires. Un ministre presbytérien m'a même expliqué que la cupidité et l'accumulation des biens constituent une violation de *gaya*, leur code moral, et que l'entrepreneuriat était incompatible avec leurs valeurs. Selon les normes du *gaya*, les gens doivent travailler simplement pour subvenir à leurs propres besoins et partager le surplus avec les autres, comme les chasseurs l'ont toujours fait avec le gibier qu'ils rapportaient des zones montagneuses. Ainsi, de cette première rencontre, se dégageait l'impression que la culture autochtone constituait un mode de vie avec son éthique du travail propre. Quand j'ai quitté Taïwan en 2001 pour venir occuper un poste en anthropologie au Canada, j'ai promis à mes amis de revenir plus tard avec un projet de recherche sur leurs expériences du développement.

Après plusieurs visites personnelles effectuées pendant des vacances, je suis finalement retourné dans la communauté en 2004 avec un projet de recherche financé par le Conseil de recherches en sciences humaines du Canada. J'ai consulté les membres de la communauté pendant l'été pour établir les paramètres du projet et déterminer les villages dans lesquels je mènerais des enquêtes ethnographiques au cours des trois années suivantes. À leur demande, j'ai aussi changé le nom de leur tribu dans mon projet de « Atayal » à « Taroko ». Finalement, j'ai effectué des recherches sur le terrain dans le village de Bsngan (population de 2 171 habitants) pendant trois mois en 2005 et deux mois en 2006, suivies par des recherches dans le village de Cyakang (population de 1 496 habitants) pendant quatre autres mois de l'année en 2006. J'ai fait encore six mois de recherche dans un village de la même tribu dans le comté de Nantou en 2007. Dans ce dernier village, la plupart des gens s'identifient comme étant des «Seediqs», une variation locale des «Sediqs». Ils sont les descendants de la communauté des Tkedayas qui a failli être décimée par les Japonais lors de l'«incident» de Wushe (voir ci-dessous).

Pendant mes recherches, en 2005, j'ai fait la connaissance de Tera Yudaw et de son équipe pour la promotion de la région autonome des Tarokos (voir ci-dessous). J'ai accepté son invitation de devenir consultant pour la tribu, ma tâche principale étant de leur fournir de l'information sur l'autonomie autochtone au Canada, mais aussi de les aider dans leurs relations avec les autres autochtones au niveau international. C'est ainsi que, lorsque la fille de Tera Yudaw et une autre étudiante ont participé à une réunion de l'ONU à New York en 2006, j'ai traduit en anglais leurs documents rédigés en chinois. En faisant mes recherches pour cet organisme, j'ai rapidement découvert qu'il y a beaucoup de similitudes entre les autochtones du Canada et ceux de Taïwan. Mais j'ai surtout compris que la recherche dans les communautés autochtones mène inévitablement à un engagement dans des enjeux politiques. Même le choix des mots, comme «autochtone» au lieu de «minorité ethnique» ou «Taroko» à la place d'autres appellations, est un acte politique. Il faut donc être conscient des aspects politiques du discours de l'autochtonie ainsi que de la dimension politique de leurs mouvements de revendication. Cela n'est pas seulement un impératif moral, mais aussi une tâche scientifique. Comme Bourdieu l'a écrit : « La première et la seule mise en question radicale du système est celle que le système lui-même a engendrée, à savoir la révolution contre les principes qui le fondent» (Bourdieu, 1963 : 259).

LES AUTOCHTONES DE FORMOSE ET LE PASSÉ COLONIAL

À l'instar de la situation d'autres pays d'Amérique et d'Océanie, l'existence de peuples autochtones à Formose est liée à leurs expériences coloniales. La plupart des études sur les revendications autochtones concernent des peuples des pays de l'Amérique et de l'Océanie qui ont été colonisés directement par les Anglais, les Espagnols ou les Français. En Asie, pourtant, le colonialisme européen du XIXe siècle a eu une influence moins directe, bien que non négligeable, du fait de l'émergence du Japon comme puissance impérialiste dans la région. Ayant compris le danger que représentait l'expansion européenne en Asie, le Japon, pendant l'ère Meiji (1868-1912), a envoyé des juristes, des administrateurs et du personnel militaire en Europe pour étudier les processus de modernisation et les méthodes d'administration des États européens. Il est devenu rapidement lui-même une puissance moderne et colonisatrice dans sa propre région, le but étant de devenir «l'Angleterre de l'Orient». C'est ainsi qu'au début de cette période le Japon a conquis l'île de Hokkaïdo, qui était traditionnellement occupée par les Ainu (Schulte-Tenckhoff, 1997 : 93-94).

À l'issue de la première guerre sino-japonaise (1894-95), le Japon a acquis également l'île de Formose. Il faut garder en mémoire que la côte ouest de Formose était habitée par des colons chinois depuis le XVIIᵉ siècle, mais la côte est, quant à elle, était encore majoritairement peuplée par des tribus austronésiennes. Ces indigènes de la partie orientale de Formose étaient en grande partie «des chasseurs de têtes» qui avaient violemment résisté, depuis des siècles, aux interventions chinoises sur leurs territoires. Ils étaient donc identifiés par les administrateurs Mandchous comme des «barbares crus ou non domestiqués» (*shengfan*, 生蕃), en comparaison avec les «barbares cuits ou domestiqués» (*shoufan*, 熟蕃) de la partie occidentale de Formose qui avaient adopté des coutumes chinoises après une longue histoire d'intermariages et de métissage (Cauquelin, 2000 : 95)[4].

Ces différents groupes autochtones se distinguaient par leurs structures sociales respectives. Les Atayals vivaient en communautés égalitaires dont l'économie reposait sur la chasse et la cueillette. La structure de base était la bande, celle-ci ne comportait aucune stratification sociale permanente, ni leaders institutionnels. En atayal, on appelait ce noyau communautaire le *niqan*, ce qui signifie «les gens qui mangent ensemble»; toutefois le *nigan* n'était pas formé nécessairement par les membres de la même famille. Chaque *niqan* avait des *mrhu*, leaders temporaires qui émergeaient pour les besoins immédiats de la chasse, de l'organisation du travail, ou d'autres situations. Sans aucune organisation politique ou stratification sociale permanente, le code moral *gaya* était extrêmement important pour maintenir les relations au sein du groupe (Huang, 2000). D'ailleurs, le mot *gaya* signifiait aussi le groupe rituel responsable du comportement moral de ses membres. Pour ces chasseurs-cueilleurs, le territoire était sacré. Chaque violation de leur territoire par les membres des autres groupes était punie de mort, et les hommes devaient montrer leur courage en coupant la tête d'un ennemi. Seuls les hommes qui avaient chassé une tête humaine

---

4. Pour l'histoire de ces derniers groupes (les autochtones des plaines), voir Brown (2004) et Shepherd (1993). Comme les autochtones des Amériques, beaucoup de ces autochtones furent décimés au temps de la colonisation.

étaient capables de traverser le pont « arc-en-ciel » qui conduit au paradis après la mort (Tera, 2003 : 27)[5].

Les « barbares crus », surtout les membres du groupe des Atayals, résistèrent violemment aux tentatives de conquête des Japonais. Cependant, quelques communautés coopérèrent avec les conquérants pour régler leurs comptes avec d'autres groupes ennemis. Le sous-groupe Teuda de la tribu des Atayals/Tarokos/Sediqs fut ainsi le premier groupe à capituler devant les Japonais. À cette époque, les Teudas ne jouissaient pas d'une bonne réputation auprès des autres groupes autochtones, notamment des Trukus qui les accusaient d'être des « nomades » qui envahissent les territoires de chasse des autres. Durant les combats qui opposèrent les deux groupes, les Trukus coupèrent la tête de plusieurs Teudas en défendant leur territoire ; ce serait pourquoi ces derniers se sont tournés vers l'administration japonaise afin d'obtenir son soutien. À partir de l'incident de Wushe (dont nous allons parler plus loin), les Japonais utilisèrent leurs « alliés » afin d'asseoir leur contrôle sur le territoire. C'est ainsi que les Teudas furent l'instrument de l'oppression des Tkedayas lorsque ceux-ci prirent la tête d'une révolte antijaponaise[6].

Au terme de 25 ans de conflits armés violents, durant lesquels ils eurent recours aux bombardements aériens et aux armes chimiques, les Japonais obtinrent le contrôle de tout le territoire de Formose. Le dernier groupe autochtone capitula en 1930 après « l'incident de Wushe » au cours duquel les membres d'une communauté tkedaya, sous la direction de Mona Ludaw, furent massacrés. Après la « conquête » du territoire, les Japonais, s'inspirant de la politique indienne menée par les États-Unis d'Amérique, créèrent des réserves pour les autochtones et mirent en place des politiques de développement assimilationnistes destinées à transformer ces derniers en ouvriers et travailleurs agricoles (Fujii, 1997 : 281). L'administration japonaise appelait les autochtones « peuples de Takasago » (*takasago minzoku*, 高砂民族), en référence au fait que plusieurs groupes habitaient les montagnes. Les Japonais exploitaient les forêts sur le territoire autochtone pour la production du camphre et pour le bois des arbres *hinoki*.

---

5. Après la cessation de cette pratique, la chasse aux animaux est devenue l'épreuve de la masculinité pour les hommes tarokos.

6. Dans la mémoire collective de ces trois sous-groupes, il y avait beaucoup de conflits entre ces groupes et les Japonais comprenaient très bien la façon de manipuler ces différences dans le but de conquérir la tribu. Cela n'est qu'un exemple.

La plupart des communautés tarokos dans le comté Hualien, y compris celles qui formeront plus tard les villages de Bsngan et Cyakang, furent forcées par le gouvernement colonial à s'installer dans les plaines et durent adopter l'agriculture. Chaque nouveau village fut composé de familles originaires de communautés différentes, en vue de prévenir l'unité sociale et de réduire ainsi la possibilité de révolte. Dans les années 1980, deux villages, Hohos et Skadang, furent encore déménagés à Bsngan lors de la création du parc national Taroko (Masaw, 1977, 1978). Alors qu'ils établissaient les villages, les Japonais mettaient en place des chefferies administratives pour faciliter la gestion des affaires locales et la communication avec le gouvernement colonial (Huang, 2000 : 11). Mais c'était en fait les policiers japonais qui détenaient véritablement le pouvoir dans les villages et l'institution du chef fut éliminée en 1939. Le conseil du village avait, en fin de compte, pour véritable objet de relayer les demandes du gouvernement japonais (Masaw, 1998 : 49).

En 1935, les ethnologues japonais Nenozö Utsurikawa, Nobuto Miyamoto et Toichi Mabuchi établirent une liste de neuf groupes ethniques à Formose : Atayal, Saisiat, Bunun, Tsou, Rukai, Paiwan, Puyuma, Amis et Yami (Cauquelin, 2000 : 96). Ils classifièrent les Atayals en deux groupes principaux : les Atayals et les Sediqs, le premier groupe comportant vingt sous-groupes et le second au moins six sous-groupes, incluant les Trukus, Tkedayas et les Teudas (Taïwan, Bureau du Gouverneur général, 1996 : 5-10). Pour des raisons d'administration coloniale, le gouvernement japonais les considérait cependant comme une seule tribu : les Atayals. Plusieurs de ces appellations ethniques sont aujourd'hui contestées par les communautés concernées.

LA RÉPUBLIQUE DE CHINE : UNE DEUXIÈME VAGUE DE COLONISATION ?

À la fin de la Deuxième Guerre mondiale, l'île de Formose fut transférée du Japon à la République de Chine de Tchang Kaï-chek, sans le consentement de la population locale[7]. Le KMT (Parti nationaliste chinois), parti léniniste de Tchang Kaï-chek, plaça Taïwan sous la loi martiale jusqu'en 1987. Pour la population austronésienne de l'île, tout comme pour la population des colons taïwanais d'origine chinoise, ce changement

---

7. Après la révolution chinoise en 1949, son autorité effective fut limitée à Formose et quelques autres îlots.

de gouvernement n'a été, en fait, que le début d'une deuxième phase du colonialisme (Chiu, 2000). Le nouveau gouvernement a gardé, en grande partie, le système des réserves autochtones, en opérant toutefois une révision juridique permettant aux autochtones de vendre leurs terres à d'autres autochtones. Cette individualisation de la propriété contribua à la dépossession des territoires traditionnels des autochtones, notamment de leurs territoires de chasse. Certaines familles autochtones ont même perdu leurs terres agricoles, parce qu'elles ignoraient qu'elles étaient tenues d'enregistrer ces terres auprès des autorités de l'État. Certains autochtones, liés aux colonisateurs, ont exploité cette situation pour saisir les terres d'autres autochtones afin de les revendre par la suite aux capitalistes taïwanais (Chang, 1999). Ces actions ont généré la spoliation de territoires encore plus vastes pour l'exploitation des forêts et des ressources minérales, la construction de barrages hydroélectriques et la création de parcs nationaux[8].

Comme les Japonais, les Chinois instrumentalisèrent les conflits internes à la tribu des Atayals/Sediqs au nom du bon vieux principe colonial du *dividere ut imperes*. Ainsi, James Soong, alors qu'il était gouverneur de la province de Taïwan (1993-1998), a octroyé de l'argent aux descendants de Mona Ludaw dans la communauté Tkedaya, une politique qui suscita de la jalousie parmi les communautés teuda et truku.

Reprenant les catégories de leurs prédécesseurs japonais, l'administration chinoise appelait les populations indigènes «montagnards» (*gaoshanzu* 高山族) ou «compatriotes des montagnes» (*shandi tongbao* 山地同胞). Immédiatement après la prise de pouvoir, en 1945, le nouvel État créa trente «communes des montagnes» subdivisées en villages et arrondissements. En 1950, en vertu du principe de l'autonomie locale pour les autochtones, le gouvernement établit un système de désignation par élections des maires des communes, des conseillers communaux et des chefs de village, et seuls des autochtones étaient éligibles à ces postes. Les quotas furent établis pour garantir une représentation des autochtones aux niveaux provinciaux et fédéraux (Masaw, 1998 : 49). Cela dit, il fut difficile dans les premiers temps pour le gouvernement de trouver des candidats à ces postes.

Un demi-siècle plus tard, les politiciens locaux souffrent encore d'une mauvaise réputation dans les villages. Ils sont souvent accusés de corruption au profit des capitalistes taïwanais, particulièrement des compa-

---

8. Voir Yan et Yang (2004) pour l'histoire juridique des réserves autochtones à Formose.

gnies minières, soupçonnées d'obtenir des permis d'exploitation des ressources naturelles en échange de leur appui financier aux campagnes électorales. Les politiciens, qui tirent de leurs activités des revenus – qui ne sont pas nécessairement illégitimes – finissent par acquérir une certaine opulence qui contribue à la méfiance qu'on manifeste envers eux, car l'accumulation de biens est considérée comme un signe de cupidité et comme une violation du *gaya*. Cette déconnexion entre les élus et la population a créé des réseaux de clientélisme dans lesquels les leaders autochtones sont plus au moins dépendants du parti KMT pour protéger leurs positions face à un électorat désabusé.

En dépit du discours officiel reconnaissant «l'autonomie locale», le gouvernement a continué sa politique d'assimilation culturelle. Vers la fin de la période de la loi martiale, en 1987, la politique du gouvernement était définitivement orientée vers la sinisation totale de tous les groupes minoritaires du pays (Cauquelin, 2000 : 101) et on interdisait même aux élèves de parler leurs langues maternelles à l'école. L'Église presbytérienne restait cependant un champ de résistance politique ainsi que la dernière place publique où les langues austronésiennes étaient parlées (Stainton, 1995).

STRUCTURATION D'UN MOUVEMENT SOCIAL AUTOCHTONE

Le mouvement social autochtone prit naissance le 29 décembre 1984 avec la formation de l'Alliance des aborigènes de Taïwan (Allio, 1998). Depuis 1990, les autochtones formosans participent à Genève à la session annuelle du Groupe de travail sur les peuples autochtones. Une de leurs revendications principales fut de changer leur nom collectif de *shanbao* (山胞) en «aborigènes» (*yuanzhu min* 原住民) et, plus tard, en «peuples autochtones» (*yuanzhu minzu* 原住民族)[9]. Le terme juridique «peuples autochtones» fut inclut dans la constitution de la République de Chine pendant les révisions constitutionnelles en 1994 et en 1997. La Commission des affaires aborigènes rattachée au Conseil exécutif, créée en 1996, grâce au travail, dans une large mesure, des parlementaires autochtones Walis Beilin et Cai Zhonghan (Iwan, 2005), fut finalement rebaptisée

---

9. Ce vocabulaire juridique fut introduit aux mouvements sociaux autochtones à Taïwan par des activistes mohawk du Canada pendant des séances de formation URM (Urban-Rural Mission) organisées par l'Église presbytérienne. Les activistes taïwanaises réussirent à promouvoir le changement au Parlement et ont gagné aussi l'appui du Président Lee Teng-hui, un presbytérien pratiquant.

Commission des affaires des peuples autochtones. Certains membres du groupe des Atayals demandèrent à cette occasion la séparation de leur groupe des Atayals, pour donner naissance à une nouvelle entité, les Tarokos. Ce nouveau groupe inclurait les sous-groupes des Trukus, Tkedayas et Teudas.

Une autre revendication émergea à la même époque sous la forme du mouvement «Rendez-nous nos terres». Ce mouvement demandait la restitution des territoires traditionnels perdus au profit du ministère de l'Intérieur pour la construction de «parcs nationaux», du ministère de la Défense et d'autres instances gouvernementales qui cherchaient à développer l'exploitation minière et forestière (Allio, 1998; Cauquelin, 2000). La lutte des Tarokos menée par Igung Shiban contre la cimentière Asia Cement fit partie de ce mouvement. Étant donné l'étroitesse des relations entre Asia Cement et le KMT, ce n'est pas un hasard si Igung Shiban est finalement devenue candidate pour le parti d'opposition PDP (Parti démocrate-progressiste) dans sa commune en 1997. Elle a cependant perdu l'élection après que la femme de son frère cadet, lui-même employé chez Asia Cement, se fut présentée comme candidate du KMT dans le but de diviser le vote de sa parenté dans le village.

Le PDP, fondé en 1987 par les activistes sociaux taïwanais du mouvement *dangwai*, incorpora progressivement les revendications autochtones dans son programme politique, et donna son appui aux activistes tel Igung. En 1999, pendant la campagne électorale, leur candidat présidentiel, Chen Shui-bian, signait un document de principe intitulé « Un nouveau partenariat entre les peuples autochtones et le gouvernement taïwanais» avec les activistes autochtones lors d'une conférence de presse sur l'île des Orchidées. Dans ce document, il reconnaissait la souveraineté naturelle des autochtones sur Formose en raison de leur présence sur l'île pendant au moins 6 000 ans avant l'arrivé des colons chinois et de la constitution des États-nations du Japon et de la République de Chine. La reconnaissance de cette souveraineté «naturelle» implique que les autochtones de Formose ont droit à l'autonomie tout comme ceux du Canada, de la Nouvelle-Zélande, de l'Australie et de l'Amérique latine. Ses promesses électorales furent reprises en 2000 dans le «Livre blanc sur les peuples autochtones» du PDP, dans lequel il reconnaît le fait que les autochtones formosans vivent encore dans une situation coloniale[10]. Le KMT a réagi en affirmant dans son propre

---

10. Pour une discussion de ces changements juridiques après 2000, voir Simon (2007).

« livre blanc » sur les autochtones qu'il appuie lui aussi le principe d'autodétermination. L'autochtonie est donc devenue un champ discursif dans les luttes politiques, dans lequel chaque parti politique est obligé d'afficher son soutien à l'autonomie des communautés autochtones.

Après ses victoires électorales de 2000 et 2004, le gouvernement PDP fit quelques modifications juridiques marquant les premiers pas d'une démarche accordant plus d'autonomie aux autochtones. À l'été 2004, il convoqua des experts en affaires autochtones, y compris l'auteur de ce texte, à la Commission des affaires des peuples autochtones pour rédiger les clauses d'une nouvelle constitution incorporant les droits autochtones dans la loi supérieure du pays (Simon, 2006). Le 21 janvier 2005, le Parlement de la République de Chine adoptait la Loi organique sur les peuples autochtones, ajoutant de nouveaux droits juridiques aux peuples autochtones, y compris le droit à l'autonomie.

Le défi pour l'anthropologie politique est donc de comprendre la mise en œuvre de ces changements juridiques dans les communautés locales et leurs implications pour les luttes politiques au-delà de la communauté autochtone.

La tribu taroko réclame présentement l'autonomie pour ses communautés dans les comtés de Hualien et Nantou, sur un modèle d'autonomie régionale comprenant la cogestion des parcs nationaux et le droit d'imposer des impôts aux industries et autres entreprises non autochtones sur leur territoire. Étant la première tribu à demander l'autonomie, leur expérience sera un modèle pour les autres tribus de l'île. S'ils ne réussissent pas à former une région autonome, leur échec serait aussi un précédent politique qui diminuerait les chances d'autonomie des autres tribus. Cela est particulièrement important dans la mesure où des colons chinois qui habitent dans les régions autochtones réclament eux aussi un droit d'accès légal aux territoires traditionnels autochtones. Certains de ces « Taïwanais de souche » d'origine chinoise, qui habitaient Taïwan bien avant l'arrivée de Tchang Kaï-chek et de son gouvernement, sont majoritairement des sympathisants du PDP, mais s'opposent pourtant catégoriquement à l'idée de l'autonomie autochtone et s'opposent même au système actuel des réserves (Allio, 1998 : 54). Dans l'éventualité où ils accepteraient le principe de l'autonomie autochtone, ils préfèrent un modèle d'autonomie villageoise, qui n'aura pas d'influence sur les terres contrôlées par les communautés non autochtones. L'issue de cette lutte pour l'autonomie, qui est une lutte pour le contrôle du territoire formosan, déterminera le maintien des tribus autochtones dans une situation coloniale ou bien l'engagement vers une vraie décolonisation.

LA LUTTE POUR LA RECTIFICATION DES NOMS ET POUR L'AUTONOMIE DE LA TRIBU TAROKO

En 2003, les activistes pour «la rectification du nom», essentiellement des membres de l'Église presbytérienne, ont soumis une pétition de 972 noms au Conseil exécutif, en vue de la reconnaissance juridique d'une tribu taroko indépendante de la tribu atayal. Comme tous les mouvements nationalistes, le mouvement pour la rectification du nom des Tarokos a développé une rhétorique nationaliste (Tera, 2003; Siyat, 2004). Utilisant les théories du nationalisme de Benedict Anderson (1991) et Anthony Smith (1991), Siyat Ulon fait une distinction entre groupes ethniques et nations, une nation étant un groupe ethnique ayant une conscience politique. Il soutient que les Tarokos constituent une nation distincte des Atayals en raison de leur nom collectif, de leur partage d'un «sang» commun, d'une mémoire collective de l'histoire (la lutte contre les Japonais), d'une culture partagée, d'une patrie et de l'expérience d'un vivre-ensemble (Siyat, 2004: 28).

Le 14 janvier 2004, la tribu des Tarokos fut reconnue par le Parlement de la République de Chine comme la douzième tribu officielle du pays. Comptant une population d'environ 26 000 personnes, elle est située dans les comtés de Hualien et Nantou. Les individus se réclamant de l'identité atayal ont désormais le droit d'adopter un statut juridique taroko dans leur déclaration de résidence auprès des autorités locales. Quelque 21 000 personnes, surtout à Hualien, ont opté pour ce changement d'identité, y compris les membres des sous-groupes truku, tkedaya et teuda. L'appellation taroko a cependant rencontré une résistance au sein de la tribu, surtout à Nantou. Faisant référence aux ethnographies japonaises, les défendeurs du nom sediq considèrent ce nom plus approprié car il signifie «être humain» dans leur langue. Ils maintiennent que la racine linguistique du nom taroko provient du nom du sous-groupe truku, et ne fait qu'institutionnaliser l'hégémonie politique de ce dernier sous-groupe, en raison du fait qu'il est numériquement majoritaire. C'est en raison d'un héritage historique résultant d'une longue série de conflits entre ces groupes que les Teudas se montrèrent hostile à l'idée que le nom de Taroko leur soit attribué. Ainsi Walis Beilin, membre du Parlement autochtone de Nantou, anciennement membre du parti KMT mais devenu parlementaire indépendant, s'est opposé fortement au nom de Tarokos.

Cependant, après des consultations rapides entre les représentants des deux groupes membres de la Commission des affaires des peuples autochtones, le premier ministre Yu Shyi-kun (PDP) entérina le noveau nom. Dans les entrevues effectuées à Hualien, les partisans des deux côtés m'ont expliqué que la décision avait été prise « à la sauvette » par le PDP pour des raisons de stratégie électorale. En effet, durant l'année 2004 eurent lieu trois élections importantes : l'élection présidentielle en mars, une élection locale pour le magistrat du comté de Hualien, suivie par les élections législatives en décembre. Dans l'espoir de gagner des votes à Hualien (une région où le parti KMT reste encore très fort), le PDP a appuyé les revendications tarokos. Malheureusement pour eux, le PDP a perdu toutes les élections. À l'élection législative, alors que six parlementaires autochtones ont été élus à l'échelle nationale, ni Walis Beilin ni le candidat taroko nommé par le PDP (Chen Dao-ming) n'ont gagné de siège. Le président Chen Shui-Bian a nommé Walis Beilin directeur de la Commission des affaires des peuples autochtones, probablement pour éviter son opposition potentielle aux plans de création d'une région autonome taroko.

En 2005, les partisans de l'appellation taroko, notamment ceux qui sont affiliés à l'Église presbytérienne, ont mis en place l'Équipe pour la promotion de l'autonomie des Tarokos. Tera Yudaw, directeur d'une école locale, a organisé des réunions publiques pour promouvoir l'idée d'autonomie dans les villages autochtones. Il a formé un comité avec les représentants de tous les villages concernés. Finalement, ils ont écrit une « constitution » taroko avec les membres de ce comité en consultation avec plusieurs juristes et chercheurs. Une sociologie du mouvement révélerait qu'il est dirigé par les élites locales : enseignants, politiciens, pasteurs et leaders des « associations de développement » ; essentiellement des factions liées à l'Église presbytérienne. Malgré ce soutien du leadership, Tera Yudaw n'a pas réussi à créer de consensus, par manque d'une bonne communication avec les villageois, notamment les travailleurs et les chasseurs qui forment la majorité de la population taroko et qui continuent de s'identifier plus à leurs sous-groupes d'appartenance qu'aux regroupements administratifs plus larges. Par ailleurs, le mouvement pour l'autonomie est souvent perçu par les villageois comme une nouvelle forme politique s'inscrivant dans la tradition des chefferies de la période japonaise et dans celle des districts électoraux, autant d'institutions qui enrichirent une minorité en laissant la majorité dans la pauvreté. Certains villageois accusent même Tera Yudaw de vouloir devenir le « roi des Tarokos ». Un signe de cette désaffection pour son projet est la faible participation à la réunion publique organisée dans propre son village natal, qui n'a attiré que cinq personnes. En somme, l'appui pour l'autonomie vient plus de l'Église et des partis politiques existants que de la population taroko elle-même. On peut donc dire qu'il s'agit plus d'un conflit entre élites que d'un mouvement populaire.

Un an plus tard, pendant que les Tarokos commencèrent à faire du lobbying au sein du Parlement en vue d'obtenir une loi reconnaissant l'autonomie de leur région, Walis Beilin organisait ses réseaux pour contrer les Tarokos. Les partisans sediqs et sympathisants de Walis Beilin écrivirent leur propre pétition pour la reconnaissance légale d'une tribu sediq. Ces enjeux politiques divisèrent profondément la population au point que, dans certaines familles, les enfants d'une même mère se réclamaient d'identités ethniques différentes.

Ces revendications pour la reconnaissance de la tribu des Sediqs auront certainement des répercussions sur les projets de création d'une grande région autonome taroko. Si les opposants à l'autonomie réussissent à créer une deuxième tribu officielle sur le même territoire, ils créeront des divisions dans les communautés et réduiront donc la possibilité d'une grande région autonome. Le seul compromis possible serait de créer des régions autonomes plus petites (au niveau administratif du village), dans lesquelles les communautés pourraient décider si elles se considèrent taroko ou sediq. Ce modèle d'autonomie ne pourra pourtant pas institutionnaliser le contrôle autochtone des territoires au-delà de l'entité villageoise. On pourrait aussi y voir la preuve que les luttes présentes ne sont que la continuation d'une politique coloniale visant à *dividere ut imperes*. Conscients de cette possibilité, quelques partisans de la tribu des Sediqs ont rencontré des activistes de la tribu des Tarokos durant l'été 2007. Ils ont envisagé la création éventuelle d'une confédération, inspirée par la Confédération iroquoise, qui unirait les tribus des Tarokos, des Sediqs, des Atayals ainsi que plusieurs autres. Ils insistaient cependant sur le fait que la reconnaissance juridique des Sediqs est un préalable à la création d'une telle confédération.

CONCLUSION

Plusieurs anthropologues canadiens et québécois espèrent que leurs projets de recherche contribueront à la justice sociale et à l'autodétermination des peuples autochtones (Asch, 2001 ; Poirier, 2000). En 1992, la revue québécoise *Anthropologie et Sociétés* a même consacré un numéro spécial à la question du pouvoir et de l'autodétermination des autochtones (Chalifoux, 1992 ; Charest, 1992 ; Charest et Tanner, 1992 ; Tanner, 1992). On voit que les autochtones formosans ont les mêmes problèmes que leurs homologues des Amériques : colonisation par les puissances étrangères, perte de territoire, marginalisation économique et incorporation dans un système politique électoral qui les marginalise. La lutte pour l'autonomie autochtone est toujours dépendante des autres luttes politiques. Elle ne mène pas toujours à une autonomie substantielle pour les autochtones. C'est pour cette raison que Charest estime qu'il ne faut pas confondre « la prise en charge » et l'autodétermination qui constitue le pouvoir réel (Charest, 1992 : 57). À Taïwan, les mouvements sociaux autochtones et leurs alliés de l'Église presbytérienne revendiquent une vraie autonomie, pendant que les autres forces essayent de limiter le pouvoir autochtone à une prise en charge locale.

Que peut faire l'anthropologue dans une telle situation ? Évidemment, les deux discours sont le produit d'hégémonies politiques engendrées hors des communautés autochtones. À Taïwan, la classification juridique des « autochtones » ainsi que les revendications pour les noms et les terres de ces communautés sont liées historiquement au PDP et la lutte pour l'autonomie de Taïwan. Pourtant, les capitalistes taïwanais et leurs alliés dans les deux partis continuent de s'opposer à toute politique qui pourrait limiter la marge de manœuvre des entreprises et des autres acteurs non autochtones qui veulent exploiter les ressources des territoires autochtones. Ils utilisent les mêmes méthodes coloniales que celles qui ont réussi à subordonner les autochtones depuis l'ère japonaise. Simultanément, des forces affiliées aux deux principaux partis politiques (KMT, PDP) luttent pour le droit des autochtones à l'autodétermination. Une anthropologie politique de l'autonomie rend visibles les contours du pouvoir dans ces luttes politiques.

Comme le constatait Asch (2001), les anthropologues doivent prendre position. Mais ni l'anthropologie comme discipline ni la croyance en la justice sociale ne peuvent fournir une réponse à la question « Quoi faire ? » À Taïwan, les partisans de chaque « camp », taroko et sediq, insistent sur le fait que leur combat est une lutte pour la justice sociale : les Tarokos sont contre le colonialisme chinois et les Sediqs sont contre l'hégémonie presbytérienne et truku. Une anthropologie du pouvoir nous oblige à faire des choix cornéliens devant les hégémonies en compétition pour le pouvoir. En fin de compte, il faut choisir un camp, parce que nos partenaires de recherches (et amis) dans les communautés le demandent. À mon niveau, il s'agit de faire le choix d'écrire « Sediq » ou « Taroko », sachant que ce choix, dans chacune des publications, implique de prendre parti entre un projet d'autodétermination à une grande échelle régionale, une politique de la prise en charge locale ou la possibilité d'une confédération. Toutefois, ce n'est pas l'anthropologie en soi, mais les conventions internationales et les normes juridiques en évolution à Taïwan qui éclaireront le sujet et permettront aux anthropologues, dans leurs relations avec les différents groupes de faire des choix éthiques. De plus, il ne faut pas oublier que ce sont les actions politiques des autochtones eux-mêmes qui détermineront s'ils parviendront à une véritable décolonisation de leurs territoires.

BIBLIOGRAPHIE

ALLIO, Fiorella (1998), « L'autochtonie en terre taïwanaise », *Recherches amérindiennes au Québec*, vol. 28, n° 1, p. 43-57.

ANDERSON, Benedict (1991), *Imagined Communities: Reflections on the Origin and Spread of Nationalism*, London, Verso.

ASCH, Michael (2001), « Indigenous Self-Determination and Applied Anthropology in Canada: Finding a Place to Stand », *Anthropologica*, vol. 43, n° 2, p. 201-207.

BOURDIEU, Pierre (1963), *Travail et travailleurs en Algérie*, Paris, Mouton & Co.

BROWN, Melissa (2004), *Is Taiwan Chinese? The Impact of Culture, Power, and Migration on Changing Identities*, Stanford, Stanford University Press.

CAUQUELIN, Josiane (2000), « Les sociétés austronésiennes », dans Christine Chaigne, Catherine Paix et Chantal Zheng (dir.), *Taïwan: enquête sur une identité*, Paris, Karthala, p. 91-112.

CHALIFOUX, Jean-Jacques (1992), « Ethnicité, pouvoir et développement politique chez les Galibis de la Guyane », *Anthropologie et Sociétés*, vol. 16, n° 3, p. 37-54.

CHANG, Dai-ping (1999), *Kanbujian de Tudi: Tailugezu « Fan Yani Huanwo Tudi Yundong » de Lishi, Lunshu yu Xingdong*, Thèse de maîtrise, Université nationale Donghwa, Institut de relations ethniques et culture.

CHAREST, Paul (1992), « La prise en charge donne-t-elle du pouvoir ? L'exemple des Atikamek et des Montagnais », *Anthropologie et Sociétés*, vol. 16, n° 3, p. 55-76.

CHAREST, Paul et Adrian TANNER (1992), « Présentation. La reconquête du pouvoir par les autochtones », *Anthropologie et Sociétés*, vol. 16, n° 3, p. 5-16.

CHIU, Fred Y. L. (2000), « Suborientalism and the Subimperialist Predicament : Aboriginal Discourse and the Poverty of State-Nation Imagery », *Positions : east asia cultures critique*, vol. 8, n° 1, p. 101-149.

COMMISSION DES AFFAIRES ABORIGÈNES (2003), *Jiushier Nian Taiwan Yuanzhumin Jiuye Zhuangkang Diaocha yu Zhengce Yanjiu – Jiuye Zhengce Yanjiu Baogao*, Taipei, Commission des affaires aborigènes.

FUJII, Shizue (1997), *Lifan : Riben Zhili Taiwan de Jice : Meiyou Paohuo de Zhanzheng*, Taipei, Wenyingtang.

HUANG, Kuo-Chao (2000), « Taiyazu de Shehui Goucheng – gaga, niqan yu qalang – gaga niqan qalang ». *Tianye Quanshi yu Xin Shengdai Renleixue : Zhongyangyuan Minzusuo, Taida Renleixi, Qingda Renleisuo Yanjiusheng Tianye Peixun Jihua Chengguo Fabiaohui*, Taipei, Academia Sinica Institut d'ethnologie.

IWAN, Nawi (2005), *Taiwan Yuanzhu Minzu Yundong de Guohui Luxian*, Taipei, Guojia Zhanwang Wenjiao Jijinhui.

MASAW, Mowna (1977), « Taiyazu Dong Saidekequn de Buluo Qianxi yu Fenbu (shang) », *Zhongyang Yanjiuyuan Minzu Yanjiusuo Jikan*, vol. 44, p. 61-206.

MASAW, Mowna (1978), « Taiyazu Dong Saidekequn de Buluo Qianxi yu Fenbu (xia) », *Zhongyang Yanjiuyuan Minzu Yanjiusuo Jikan*, vol. 45, p. 81-212.

MURRAY, Stephen O. et Keelung HONG (1994), *Taiwanese Culture, Taiwanese Society : a Critical Review of Social Science Done on Taiwan*, Lanham (MD), University Press of America.

POIRIER, Sylvie (2000), « Contemporanéités autochtones, territoires et (post) colonialisme. Réflexions sur des exemples canadiens et australiens », *Anthropologie et Sociétés*, vol. 24, n° 1, p. 137-153.

RUDOLPH, Michael (2003), *Taiwans multi-ethnische Gesellschaft und die Bewegung der Ureinwohner – Assimilation oder kulterelle Revitalisierung ?*, Hamburg, LIT Verlag.

SCHULTE-TENCKHOFF, Isabelle (1997), *La question des peuples autochtones*, Bruxelles, Bruylant.

SHEPHERD, John (1993), *Statecraft and Political Economy on the Taiwan Frontier, 1600-1800*, Stanford, Stanford University Press.

SHIH, Cheng-feng, An-ni LI et Fang-ying CHU (2005), *Geguo Yuanzhumin Renquan Zhishu zhi Bijiao Yanjiu*, Taipei, Commission des affaires aborigènes.

SIMON, Scott (2003), *Sweet and Sour: Life-Worlds of Taipei Women Entrepreneurs*, Lanham (MD), Rowman & Littlefield.

SIMON, Scott (2006), «Taiwan's Indigenized Constitution: What Place for Aboriginal Formosa?», *Taiwan International Studies Quarterly*, vol. 2, n° 1, p. 251-270.

SIMON, Scott (2007), «Paths to Autonomy: Aboriginality and the Nation in Taiwan», dans Carsten Storm et Mert Harrison (dir.), *The Margins of Becoming. Identity and Culture in Taiwan*, Wiesbaden, Harrassowitz.

SIYAT, Ulon (2004), *Gimi Ka Truku*, Taipei, Hanlu Tushu Chubanshe.

SMITH, Anthony (1991), *National Identity*, Reno (NV), University of Nevada Press.

STAINTON, Michael (1995), *Return our Land: Counterhegemonic Presbyterian Aboriginality in Taiwan*, mémoire de maîtrise en anthropologie sociale, Toronto, York University.

TAÏWAN, BUREAU DU GOUVERNEUR GÉNÉRAL, COMITÉ PROVISOIRE DE L'ENQUÊTE DES VIEILLES COUTUMES TAÏWANAISES (1996), *Fanzu Xiguan Diaocha Baogao Shu, Di yi juan, Taiyazu*, traduit par l'Institut d'ethnologie, Academia Sinica, Taipei, Academia Sinica Institut d'ethnologie.

TANNER, Adrian (1992), «Le pouvoir et les peuples du quart monde», *Anthropologie et Sociétés*, vol. 16, n° 3, p. 17-35.

TERA, Yudaw (2003), *Muda Hakaw Utux*, Hualien: Tailugezu Wenhua Gongzuofang.

WEN, Chi Pang, Shan P. TSAI, Yaw-Tang SHIH et Wen-Shen Isabella CHUNG (2004), «Bridging the Gap in Life Expectancy of the Aborigines of Taiwan», *International Journal of Epidemiology*, vol. 33, n° 2, p. 320-327.

YAN Ai-ching et Kuo-chu YANG (2004), *Yuanzhu Minzu Tudi Zhiduyu Jingji Fazhan*, Banqiao, Daoxiang Publishers.

Pratiques et stratégies de résistance et d'affirmation en milieu autochtone contemporain

Une analyse comparative d'exemples canadiens et australiens[1]

SYLVIE POIRIER

L'AUTOCHTONIE EN QUESTION. RÉFLEXIONS SOMMAIRES[2]

Au sein d'États-nations, comme le Canada et l'Australie, ou encore au sein d'organismes internationaux comme l'ONU, les appellations « autochtone » et « autochtonie » sont porteuses de l'histoire coloniale. Ces appellations font référence généralement aux premiers habitants des territoires colonisés, desquels ils furent dépossédés, et qui sont engagés aujourd'hui dans des processus d'affirmation identitaire et culturelle et de revendications politiques et territoriales afin de recouvrer leur dignité et les moyens de leur autodétermination. On ne saurait non plus négliger le fait que l'appellation « autochtone » est eurocentrique, puisqu'elle puise aux conceptions européennes de l'histoire, du temps et du territoire et reste porteuse de l'histoire coloniale. Ingold souligne d'ailleurs que le seul fait de décrire les autochtones comme les descendants de ceux qui étaient là en

---

1. Mes recherches sur la démarche comparative ont été rendues possibles grâce au soutien financier du Conseil de recherches en sciences humaines du Canada. Je le remercie de la confiance qu'il m'a témoignée.
2. Dans cette section et afin d'énoncer dans leurs grandes lignes mes réflexions sur l'autochtonie, je m'appuie, pour l'essentiel, sur des propos déjà publiés (Poirier, 2000).

premier, c'est d'ores et déjà les situer dans une histoire, elle-même conçue comme un récit de la conquête coloniale et de la formation étatique (2000 : 151)[3]. Alors que cette définition reste certes utile pour faire valoir la reconnaissance de droits propres aux groupes concernés, elle tend aussi, plus souvent qu'autrement, à nier la *contemporanéité* des ordres sociaux et symboliques, et des identités autochtones, en les figeant dans un passé ancestral ou en les y référant sans cesse. Or, dans leurs expressions contemporaines, ces identités et ces ordres sociaux et symboliques, tout en étant porteurs d'une certaine continuité, elle-même sujette à des transformations d'ordre et de degrés divers, sont aussi le produit d'au moins deux cents ans (selon les régions) de régime colonial et de cohabitation avec l'État et les non-autochtones, de rapports de pouvoir inégaux, ainsi que de la mise en œuvre locale de pratiques et de stratégies diverses de relecture, de résistance, de négociation et de revendication à la fois culturelles et politiques. En outre, les politiques identitaires des autochtones et leurs ordres sociaux et culturels contemporains sont ainsi, à plusieurs égards, l'expression d'une constante négociation dans laquelle sont engagés les autochtones, comme acteurs sociaux et sujets historiques, afin d'affirmer et de renouveler leur différence (et non de la perdre ou de la nier) et leur spécificité face à eux-mêmes et face à la société dominante. Autour d'une définition du concept d'autochtonie, les propos de Merlan, inspirés de l'exemple australien, sont pertinents à cet égard : « Indigeneity (like all identity categories) does not designate a fixed entity but suggests processes of interaction and differentiation. Indigenous mobilization in Australia has involved not only indigenous but also, in fundamental ways, non-indigenous actors and forms of action » (2005 : 474). C'est donc au sein de ces processus d'interaction et de différentiation, à la fois complexes et subtils, empreints souvent de souffrance et d'un sens d'injustice, que se construisent les identités autochtones contemporaines (locales, nationales et globales).

Dans le contexte soi-disant postcolonial[4] actuel, ces appellations (autochtone et autochtonie) nous rappellent que les présences et les reven-

---

3. Afin d'étayer ses propos, Ingold propose une distinction originale et convaincante entre deux modèles d'ancestralité et de rapport à la terre, le modèle générationnel (dominant en Occident) et le modèle relationnel (dominant chez les autochtones) (2000 : 132-151).

4. Le terme « postcolonial » doit être nuancé dans la mesure où, au Canada comme en Australie, les autochtones sont encore aux prises avec des structures coloniales pourvues de soutiens politiques et juridiques importants. De plus, la souveraineté étatique, affirmée à partir du droit colonial, n'y est aucunement remise en question.

dications autochtones sont devenues incontournables pour les États-nations modernes comme le Canada et l'Australie, et ce, à tous les niveaux de la vie sociale, politique et économique. Elles rappellent aussi que les questions autochtones sont devenues depuis peu une affaire publique, dans la mesure où elles ne concernent plus seulement quelques chercheurs, fonctionnaires ou intervenants, mais dans une certaine mesure tous les citoyens de ces pays. En effet, les autochtones et leurs revendications ne peuvent plus être relégués aux marges de la société et de l'histoire. Au Canada, par exemple, la crise d'Oka de 1990, la Commission royale sur les peuples autochtones (1996) et des jugements récents de la Cour suprême du Canada en faveur des titres aborigènes, pour ne nommer que ceux-là, sont parmi les événements récents qui ont obligé chaque citoyen à prendre conscience de la présence et des revendications autochtones et à se faire une opinion, quelle qu'elle soit, sur le sujet. En Australie, depuis le jugement de la Cour suprême, le jugement Mabo (1992), qui reconnaît le titre aborigène sur le territoire, et la législation qui s'ensuivit, le Native Title Act, ou encore, avec la Commission pour la réconciliation qui a dominé les années 1990, les questions entourant les revendications et les droits des Aborigènes sont devenues incontournables. Alors que ces avancées récentes aux niveaux politique et juridique offrent aux autochtones du Canada et de l'Australie la possibilité d'envisager un futur où ils pourront se négocier des espaces d'autonomie et d'autodétermination au niveau national, il nous faut reconnaître qu'elles n'en ont pas pour autant amélioré les relations entre autochtones et non-autochtones. Dans plusieurs cas, et les médias aidant (Russell, 2005 : 280), elles ont contribué au contraire à les exacerber davantage. Les non-autochtones, en l'occurrence les Blancs, y voient non pas la possibilité d'une coexistence négociée (et d'une réparation de l'histoire coloniale et de la dépossession des autochtones), mais craignent plutôt de perdre leurs propres acquis. Il va sans dire qu'au Canada, comme en Australie, la définition et la reconnaissance de droits propres aux autochtones, celles notamment d'un « titre aborigène », posent des défis énormes sur les plans social, politique et juridique, compte tenu des intérêts (surtout économiques) non autochtones sur le territoire[5]. Pourtant, la reconnaissance de droits politiques et territoriaux aux autochtones au sein d'espaces géopolitiques comme le Canada et l'Australie pourraient permettre de renouveler la réflexion sur

---

5. Sur le plan juridique notamment, un problème de traduction émerge entre « le sujet de la reconnaissance », soit les relations autochtones au territoire sur la base des systèmes de loi traditionnelle, et le « produit de la reconnaissance », soit le titre aborigène (Mantziaris et Martin, 2000 : 10).

la question de la souveraineté, elle-même mise à mal face aux forces du néolibéralisme et de la mondialisation (voir aussi Niezen, 2003). Elle pourrait en l'occurrence permettre une réelle décolonisation des relations entre les autochtones, l'État et les non-autochtones.

Devenues donc incontournables sur le plan national, les revendications autochtones se déploient aussi sur le plan international. C'est d'ailleurs à ce niveau qu'elles puisent une grande partie de leur visibilité et de leur légitimité. Comme le souligne Niezen, les mouvements autochtones d'affirmation identitaire et culturelle et de revendications politiques et territoriales marquent la création d'un nouveau type d'entité politique globale (Niezen, 2003). Ainsi, le groupe de travail de l'ONU sur le projet de la Déclaration des droits des peuples autochtones offrit à ces derniers une tribune et une éventuelle reconnaissance comme sujets de droit international dont les avait dépouillés l'ère coloniale (Schulte-Tenckhoff, 1997), et cela même en dépit des nombreuses embûches que rencontra le projet. De plus, toujours sur le plan international, les réseaux autochtones de rencontres, d'échanges et de solidarité d'ordre à la fois culturel et politique représentent autant de lieux d'affirmation des expressions et des identités autochtones contemporaines.

Par ailleurs, et tout en appuyant les avancées récentes dans la reconnaissance, aux niveaux national et international, des droits et des revendications autochtones, il nous faut cependant faire preuve de prudence à l'égard des appellations « autochtone » et « autochtonie ». En effet, ces appellations, en ce qu'elles cherchent à circonscrire une entité politique globale sur la base d'une histoire commune de dépossession et d'exclusion, peuvent être réductrices, voire négatrices, de la multiplicité et de la contemporanéité des sociétés dites autochtones. L'autochtonie, est-il nécessaire de le rappeler, est loin en effet de représenter un ensemble homogène. Elle (dé)voile autant de réalités sociales et culturelles et d'historicités qu'il y a de peuples (ou de communautés) autochtones. Les identités particulières comme Mohakw, Nishga, Dene Tha, Atikamekw ou Innu, ou encore comme Kukatja, Pintupi, Warlpiri ou Yolngu (pour prendre ici des exemples canadiens et australiens) sont encore très vivantes aujourd'hui ; et elles n'ont de cesse d'ailleurs de se redéfinir face aux conditions changeantes de ceux et celles qui les revendiquent. Les référents identitaires de ceux et celles que l'Occident dénomme autochtones sont rarement à une entité globale (celle de l'autochtonie), sauf dans certains contextes politiques précis, mais prennent appui plutôt dans des affiliations locales, territoriales, tribales, claniques ou communautaires. C'est face à l'histoire coloniale et à l'État nation et dans un contexte particulier de revendications politiques et territoriales que l'on se définit comme « autochtone ».

LA DÉMARCHE COMPARATIVE : LES KUKATJAS ET LES ATIKAMEKWS

Chaque anthropologue, chaque ethnographe, est non seulement nourri et transformé par son terrain, mais les gens avec lesquels nous travaillons contribuent aussi dans une large part – et le plus souvent bien malgré eux – à orienter nos affiliations théoriques et conceptuelles et à influencer notre façon de nous positionner en tant qu'anthropologues. Au début des années 1980, lorsque j'ai entamé des recherches avec les Kukatjas[6], un groupe aborigène du désert occidental australien, je n'inscrivais pas vraiment celles-ci dans le champ des études autochtones en tant que tel, mais plutôt au sein d'une catégorie classique de l'anthropologie, celle des sociétés de chasseurs-cueilleurs. Je me suis attardée alors à documenter dans leurs expressions contemporaines les aspects cosmologiques et mythico-rituels des liens au territoire ; les principes ontologiques d'une pensée et d'un être-au-monde nomades et relationnels ; la notion de personne ainsi que le système culturel du rêve (Poirier, 1996, 2005). À l'époque, les Kukatjas, dont les territoires sont situés dans l'état d'Australie occidentale, n'étaient pas encore pleinement engagés dans des processus de revendications politiques et territoriales avec le gouvernement[7]. Ils n'étaient pas ignorants de la possibilité, mais la législation de l'époque ne leur offrait pas encore les moyens d'une telle aventure[8]. À l'aube des années 2000, les Kukatjas ont entamé les procédures pour recouvrer le titre aborigène sur

---

6. Ils sont quelques centaines dont la majorité vivent aujourd'hui dans la communauté aborigène de Balgo.

7. À la fin des années 1970, cependant, deux anthropologues avaient effectué, avec des aînés de la communauté, un voyage sur leur territoire ancestral dans le but d'identifier et de recenser les sites sacrés en vue de leur protection éventuelle face à l'arrivée de compagnies d'exploration minière dans ces régions désertiques. Pour les Kukatjas, il s'agissait d'une première forme de reconnaissance de certains de leurs droits territoriaux par les instances gouvernementales.

8. Les groupes aborigènes voisins, avec lesquels ils sont apparentés et dont les territoires ancestraux sont situés dans le Territoire du Nord, bénéficiaient pour leur part du Northern Territory Land Right Act de 1976. Plusieurs groupes, avec l'aide d'anthropologues et d'avocats, avaient donc entamé les procédures de revendications.

leurs terres en vertu du Native Title Act. Ils ont depuis obtenu la reconnaissance d'un tel titre. Bien qu'ayant été trop loin pour pouvoir les accompagner dans cette démarche que je considère cruciale pour leur avenir, je me
console en me disant que certains de mes travaux et certaines de mes données ont pu servir à appuyer la preuve anthropologique dans le contexte
précis de cette revendication. Plusieurs de mes collègues anthropologues en
Australie ont, à des degrés divers et à un moment ou l'autre de leur carrière,
participé auprès des groupes aborigènes à un processus de revendications
territoriales, en vertu soit du Northern Territory Land Right Act (1976),
soit du Native Title Act (1993). Dans les années 1970 et 1980, cette réalité
avait d'ailleurs contribué à donner une certaine orientation à l'anthropologie australienne. Une facette de celle-ci était un engagement politique très
clair des anthropologues australiens envers les Aborigènes et la reconnaissance de leurs droits. Une autre facette était l'exploration d'avenues afin de
« traduire », et ce, le plus adéquatement possible, un système cosmologique,
social et culturel et un droit coutumier (ceux des Aborigènes) dans les termes d'un autre système (celui des Euro-Australiens), l'un et l'autre empruntant à des principes épistémologiques et ontologiques radicalement différents[9].

Dans le cas des Atikamekws, une nation amérindienne du centre-
nord du Québec appartenant à la famille linguistique algonquienne[10], mon
engagement avec eux a plutôt suivi le parcours inverse. Ma première
recherche avec les Atikamekws, en 1991, se situait spécifiquement dans le
contexte de leurs revendications politiques et territoriales. Depuis les
années 1970, à l'instar d'autres Premières Nations du Canada, et suite à la
mise en place de la politique fédérale de revendications globales, les
Atikamekws sont engagés dans des processus de revendications politiques
et territoriales avec les deux niveaux de gouvernement. Les leaders politiques m'avaient alors pressentie afin que j'établisse, sur la base d'une occupation ancestrale, la preuve anthropologique confirmant leur droit d'établir
des campements permanents en des lieux administrés par la municipalité
voisine et déclarés zone de villégiature pour les non-autochtones. Sur la

---

9. Sur les obstacles ontologiques dans les relations interculturelles voir Clammer et
   autres, 2004.
10. Ils sont environ 6 000 répartis dans trois communautés : Wemotaci, Manawan et
    Opitciwan.

base de ma recherche[11], et sur ce dossier particulier, les Atikamekws avaient obtenu gain de cause. Ce fut le point de départ d'une longue collaboration avec eux. Les leaders politiques m'ont ensuite demandé de mettre à profit mon expertise anthropologique afin de documenter plus en profondeur leur droit coutumier, soit les processus locaux de répartition et de transmission des territoires familiaux, et ses transformations récentes. Ils ont donc, d'une certaine façon, orienté les thèmes de mes recherches à partir de leurs propres besoins sur le plan des revendications politiques et territoriales. Une démarche avec laquelle je suis tout à fait à l'aise, dans la mesure où je considère que les anthropologues doivent avoir un engagement politique clair envers les groupes autochtones avec lesquels ils travaillent. Je poursuis aujourd'hui mes recherches avec les Atikamekws, sur la base d'un partenariat étroit avec eux, en axant celles-ci sur la mise en valeur et la transmission des savoirs liés au territoire. Des Atikamekws participent activement à toutes les étapes de la recherche, depuis l'énonciation des objectifs, la collecte des données et l'élaboration d'outils et de documents aptes à favoriser la mise en valeur et la transmission intergénérationnelle des savoirs locaux. Dans le cas des anthropologues travaillant en milieu autochtone, je suis très sensible à l'appel de l'anthropologue maorie, Linda Tuhiwai Smith (1999), envers ce qu'elle appelle une « décolonisation des méthodologies ». Je reviendrai brièvement en conclusion sur la façon dont je conçois le rôle et l'engagement de l'anthropologue travaillant en milieu autochtone.

Au niveau anthropologique, la démarche comparative entre les Kukatjas et les Atikamekws se justifie à plusieurs égards : 1) Il s'agit dans les deux cas, et sur la base des catégories classiques de la discipline, de sociétés de chasseurs-cueilleurs, nomades (dans le cas des Kukatjas) et semi-nomades (dans le cas des Atikamekws). En tant que sociétés de chasseurs, elles entretiennent avec le territoire et les mondes non humains[12] une relation particulière basée sur l'échange et la réciprocité, des valeurs qui caractérisent d'ailleurs l'ensemble des relations sociales chez les deux groupes. Le concept d'« ontologie relationnelle » (voir, entre autres, Ingold, 2000 ; Clammer et autres, 2004) me semble pertinent pour rendre compte de leur mode d'être-au-monde. C'est dire aussi que les territoires ancestraux et

---

11. Celle-ci comportait, entre autres, des données généalogiques, une cartographie des territoires familiaux, l'histoire récente des familles concernées, une explication de la teneur de leurs liens au territoire en tant que société de chasseurs semi-nomades.

12. Dans la catégorie des non-humains, j'inclus, parmi d'autres, les animaux, les plantes, les lieux ou encore les ancêtres. Considérés comme agents dotés d'intentionnalité, ils sont partie intégrante de la socialité locale.

leurs relations particulières avec ceux-ci (incluant les cosmologies, les pratiques, les savoirs et les divers récits liés au territoire) sont au cœur de leur monde social et culturel et constituent encore aujourd'hui des points nodaux de leur identité et de leur socialité, même s'ils en ont été exclus à plusieurs égards. 2) Leur histoire coloniale respective partage aussi plusieurs points en commun. Les deux groupes, sur la base de leur insertion au sein d'États issus de l'empire britannique, ont une histoire coloniale similaire dont une sédentarisation imposée et irréversible à partir des années 1950[13]. Entre 1950 et 1970, les deux groupes ont dû composer avec les politiques étatiques d'assimilation, incluant, entre autres, le régime des pensionnats. Celui-ci fut particulièrement marqué pour les Atikamekws où les enfants étaient retirés de leur famille et amenés à l'extérieur de la communauté pour être scolarisés. Avec la sédentarisation et le régime de dépossession et de «réduction», les défis, pour les deux groupes, furent incommensurables. Il leur fallait redéfinir leurs ordres sociaux et culturels, leur socialité, leurs processus décisionnels, leurs modalités de transmission des savoirs et des valeurs dans un espace restreint où on les avait consignés, celui de communautés sédentaires. Au sein de celles-ci, les deux groupes perdirent en grande partie leur autonomie économique et devinrent dépendants des subsides et des programmes gouvernementaux.

Dans les années 1970, au Canada comme en Australie, et dans la mouvance de la décolonisation, on assiste à la mise en place de politiques fédérales d'autodétermination et au début d'une réflexion sur la reconnaissance de droits propres aux autochtones. Un sujet trop vaste et complexe pour être abordé ici en quelques paragraphes. Disons seulement que, pour les Atikamekws, cela a signifié, entre autres, de s'engager dans des processus de négociations et de revendications politiques et territoriales avec les gouvernements provincial et fédéral, avec les embûches, les lenteurs, les ambiguïtés et les désillusions inhérentes à de tels processus. Aucune entente globale n'est encore survenue à ce jour. Jour après jour, ils sont témoins de l'appropriation toujours plus grande de leur territoire forestier par les inté-

---

13. Dans des «réserves» pour les Atikamekws selon la Loi sur les Indiens; dans une mission catholique (devenue depuis 1983 une corporation aborigène) pour les Kukatjas. Ces établissements étant situés non loin des territoires ancestraux des deux groupes, ceux-ci continuent de les fréquenter sur une base plus ou moins régulière. Les Atikamekws ont été impliqués dans la traite des fourrures à partir de la fin du XVIIe siècle, mais des contacts permanents et prolongés avec les Blancs sur leurs territoires ancestraux n'ont débuté qu'à la fin du XIXe siècle.

rêts et les activités allochtones[14]. Quant aux Kukatjas, ils ont obtenu, en 2007, la reconnaissance d'un titre aborigène sur leur territoire ancestral[15].

LES POLITIQUES IDENTITAIRES

J'ai mentionné déjà comment les groupes autochtones, au Canada et en Australie, face à eux-mêmes et aux groupes autochtones voisins, et face à l'État et à la société dominante, face à leurs conditions changeantes d'existence, sont engagés dans des processus de redéfinition et de négociation de leurs identités et de leurs différences. Depuis l'époque coloniale jusqu'au contexte actuel, on note à cet effet une transformation dans les appellations utilisées pour se désigner. Ces transformations découlent à la fois de leur insertion au sein d'États-nations, du passage d'un mode de vie nomade à un mode sédentaire, ainsi que de la rencontre d'une socialité non moderne avec la modernité.

Les Kukatjas du désert occidental australien

Les appellations comme Kukatja ou Pintupi, et comme Myers l'a fait remarquer déjà (1986)[16], sont relativement récentes. Il semble qu'elles aient pris un caractère permanent dans le contexte des communautés sédentaires. Il s'agissait initialement d'appellations utilisées par les groupes voisins afin de désigner d'autres groupes plus ou moins éloignés. De telles appellations étaient donc de nature exogène plutôt qu'endogène. Dans la seule communauté de Balgo (Wirrimanu) où je mène mes recherches, sur une population fluctuante d'environ 500 personnes, on note la présence d'au moins huit entités linguistiques et territoriales plus ou moins circons-

---

14. Parmi ceux-ci mentionnons les activités forestières, les barrages hydroélectriques, la villégiature, les activités sportives de chasse et pêche.

15. Le territoire des Kukatjas, sis en région désertique, offre pour le moment peu d'attrait pour les intérêts et les activités allochtones, hormis des équipes d'exploration minière (surtout pour l'or et le pétrole). Il est à noter aussi que des groupes aborigènes voisins, soit en Australie occidentale soit dans le Territoire du Nord, ont obtenu des titres ou des droits particuliers sur leurs territoires et certains bénéficient de redevances minières.

16. Parlant des Pintupis, un groupe voisin des Kukatjas, Myers écrit : « Even their name is an artifact imposed on them by changing conditions. Though known in the area where they came to live as "Pintupi" most say they never used this label to refer to themselves before contact with whites » (1986 : 28).

crites, et de personnes se revendiquant de celles-ci[17] : les Kukatjas (le groupe majoritaire), Wangkatjungas, Walmatjaris, Mandiltjarras, Tjarus, Ngartis, Pintupis et Warlpiris. Une telle multiplicité témoigne, entre autres, de la persistance des identités et des affiliations territoriales. Il est à noter aussi que, considérant la réalité des affiliations multiples, ainsi que le caractère flexible des critères d'appartenance territoriale, une même personne est susceptible de revendiquer une appartenance à au moins deux de ces entités (voir Poirier, 1996, 2005). Il me faut souligner cependant que les aînés que j'ai côtoyés dans les années 1980 n'utilisaient en fait que très rarement ces appellations pour se définir et signifier leur appartenance, mais référaient plutôt à des lieux plus précis sur les territoires ancestraux. C'est dire que les identités précoloniales se déclinaient en une série de « pays » (*ngurra*, comme un ensemble de lieux nommés) auxquels les personnes s'identifiaient, eux-mêmes reliés en complexes réseaux de droits et de responsabilités sociaux et rituels.

Les appartenances à ces entités linguistiques et territoriales représentent encore aujourd'hui des critères identitaires dominants, même chez les jeunes générations. Un jeune n'hésitera pas à se définir, par exemple, comme Kukatja/Tjaru. Interrogé plus avant, il ou elle nommera alors, non pas les « pays » auxquels il ou elle est affilié (comme le feraient les aînés), mais plutôt ses quatre grands-parents. Dans certains contextes, cependant, et lorsqu'ils sont à l'extérieur de la communauté[18], jeunes et moins jeunes se présentent comme appartenant au « Balgo mob ». De plus, depuis le début des années 1990, le terme Kutjungka (« le même groupe ») est utilisé pour regrouper et désigner l'ensemble des quatre communautés de la région[19]. Il ne s'agit pas toutefois d'une appellation identitaire, mais plutôt d'un regroupement administratif.

Les Atikamekws

On remarque chez les Atikamekws un modèle de transformation similaire, allant d'appellations multiples, chacune liée à un territoire donné, à une appellation unique. Avant la période de contact, le terme Atikamekw

---

17. Il est à noter qu'il ne s'agit pas d'entités tribales.

18. Les motifs sont divers : événements religieux ou sportifs, cérémonies initiatiques ou funéraires ou simples virées en ville.

19. Notamment Balgo, Mulan, Billiluna et Yagga Yagga.

n'était pas une appellation endogène mais était plutôt utilisé par les groupes voisins afin de désigner, *grosso modo*, les bandes (soit un ensemble de groupes familiaux) qui occupaient le territoire aujourd'hui identifié comme atikamekw. Chacun de ces groupes semi-nomades s'identifiait à un territoire duquel il tirait son appellation. Au XIXᵉ siècle, il semble que les bandes aient été au nombre de quatre : Wemotaci, Kokokac, Kikentatch et Manawan[20]. Alors que ces lieux représentaient les sites de rassemblement d'été, il est à noter qu'au sein de ces bandes (comme entités territoriales plus ou moins circonscrites) chaque groupe familial s'identifiait à un territoire précis duquel il tirait son nom. Dans les années 1970, alors qu'ils s'engagent dans les processus de négociation et de revendication et qu'ils cherchent à concrétiser une appartenance commune et à se représenter face à l'État et à la société allochtone, le Conseil de la nation atikamekw est créé. Comme je l'ai écrit ailleurs (Poirier, 2001), il est possible de retracer l'émergence moderne de la nation atikamekw, comme entité politique distincte, à la fin du XIXᵉ siècle alors que les bandes d'alors, devant l'invasion graduelle de leurs territoires respectifs par les non-autochtones, décident de faire front commun et de présenter au gouvernement fédéral une pétition demandant que des territoires leur soient réservés. Au fil des décennies et dans ses relations avec l'État, la nation atikamekw n'a eu de cesse de se consolider et de s'affirmer. Cependant, tout au fil du XXᵉ siècle et encore aujourd'hui, du moins pour les aînés, l'identification à une nation atikamekw ne va pas de soi puisque les identités territoriales et communautaires sont encore très vivantes et priment souvent, selon les contextes et les individus, sur celle de l'appartenance à une nation (entendue ici comme une « communauté imaginée » dans le sens d'Anderson) – d'autant plus que celle-ci n'a pas encore de territoire et de droits propres qui lui soient reconnus par l'État canadien. C'est dire que du point de vue de certains Atikamekws le concept de « nation », comme concept moderne et non-autochtone, demeure peu représentatif de leur expérience, de leur être-au-monde et de leur identité. L'appartenance et l'identification à une des trois communautés sont toujours fondamentales, dans la mesure notamment où elles réfèrent à un territoire précis et à un ensemble de territoires familiaux, ainsi qu'à une historicité propre. Une autre appellation qui a persisté depuis l'époque précoloniale, et qui connaît un certain regain ces dernières années parmi les Atikamekws, est celle de *Nehirowisiw*, soit le « premier habitant »,

---

20. Les trois communautés atikamekws actuelles sont Wemotaci, Manawan et Opitciwan (anciennement la bande de Kikentatch) : *Wemotaci Iriniw* (les gens de Wemotaci), *Manawani Iriniw* (les gens de Manawan), etc.

l'amérindien, l'être autonome, celui qui engage des relations réciproques et responsables avec son environnement, entendu ici dans un sens large. Au contraire du concept d'une nation atikamekw, celui de *Nehirowisiw* semble vouloir transcender les questions strictement politiques et territoriales.

Ces quelques propos sont loin de rendre compte de toute la complexité des schèmes identitaires et des systèmes sociaux et territoriaux des Kukatjas et des Atikamekws, et de leurs transformations graduelles depuis les premiers contacts jusqu'à aujourd'hui. Le but principal ici était de montrer, bien que de manière incomplète, comment ces deux groupes ont négocié la transition d'un mode et d'une logique d'identification et d'affiliation qui valorisaient la multiplicité (et la flexibilité) vers un régime d'appellation unique. Cette transition reflète le passage d'un mode de vie nomade et autonome sur de vastes territoires, conçus comme des ensembles d'itinéraires et de lieux nommés, vers un mode de vie sédentaire dans un espace restreint. Elle reflète aussi la nécessité de faire valoir leur identité et leur spécificité face à l'état et à la société dominante, comme pratiques et stratégies d'affirmation et de solidarité sociales et culturelles.

STRUCTURES POLITIQUES ET PROCESSUS DÉCISIONNELS

Les sociétés autochtones contemporaines offrent un bon exemple de ce que Sahlins appelle des «cultures de résistance». Le concept de résistance réfère ici aux processus de continuité et de transformations culturelles dans des contextes de domination; ou, suivant N. Thomas, aux stratégies d'accommodation et d'appropriation sur la base des agendas et des paradigmes locaux. Selon les contextes sociaux, historiques et politiques, ces processus et stratégies de résistance, d'affirmation et d'engagement prennent évidemment des formes locales différentes. Tout en poursuivant la comparaison entre les Atikamekws et les Kukatjas et pour tenter de mieux comprendre leur façon respective de redéfinir la contemporanéité de leur ordre social et culturel, donc leur différence, et de négocier leur coexistence avec la société dominante, je mentionnerai deux autres dimensions qui m'apparaissent pertinentes. La première a trait aux structures et aux institutions politiques, l'autre aux pratiques rituelles et particulièrement aux réseaux contemporains d'échange et de rencontre à des fins rituelles.

Sur le plan strictement politique, on note une différence quant aux choix orchestrés par les Atikamekws et les Kukatjas. Je débuterai avec les Atikamekws. Au Canada, dans la foulée des procédures de sédentarisation et de la création des « réserves », et tel que stipulé dans la Loi sur les Indiens, le gouvernement fédéral a imposé à celles-ci une structure politique, soit les conseils de bande, formés d'un chef et de conseillers (des membres de la communauté élus pour un mandat qui varie de trois ou quatre ans). Au fil du siècle dernier, les Atikamekws se sont graduellement approprié cette nouvelle structure laquelle coexiste néanmoins avec des formes et des processus décisionnels plus traditionnels. C'est ainsi, par exemple, que les conseils de bande, encore aujourd'hui, demeurent largement influencés et traversés, tant dans leur formation que dans leur fonctionnement, par des formes décisionnelles plus traditionnelles autour des réseaux de parenté et des groupes familiaux, donc des alliances mais aussi des dissidences et des conflits entre ceux-ci. Au niveau des communautés, le conseil de bande leur permet une certaine forme de prise en charge et d'autodétermination, dans les limites toujours de ce que l'État canadien leur permet et leur reconnaît à ce niveau. Les pouvoirs du conseil de bande se limitent en effet au territoire restreint de la « réserve ». Dans le but de compenser cette limitation, les Atikamekws ont établi ces dernières années différentes stratégies et pratiques de revalorisation du rôle, de la place et des savoirs de ceux qu'ils appellent les chefs de territoire (*kanikaniwitc*). Chasseur accompli, un *kanikaniwitc* assume le rôle de gardien et de responsable des territoires familiaux. Concernant ces derniers, les règles du droit coutumier, lequel s'est indubitablement transformé depuis la sédentarisation, continuent néanmoins de prévaloir dans le contexte actuel quant aux modalités de répartition et de transmission de ceux-ci, même si les Atikamekws ont à faire face à des activités et des règlements allochtones sur leurs territoires (Poirier, 2001). Au niveau de la nation atikamekw, ils prévoient ainsi créer un conseil de chefs de territoire qui assumerait le rôle de conseiller et d'interlocuteur auprès des conseils de bande et de l'équipe de négociation. Cette stratégie vise à accroître, vis-à-vis des interlocuteurs et des institutions allochtones, la représentativité des intérêts atikamekws hors de l'enceinte de la communauté et sur l'ensemble des territoires revendiqués.

En Australie, c'est au début des années 1970, dans la mise en œuvre des politiques d'autodétermination, que le gouvernement fédéral instaure les conseils locaux dans les communautés aborigènes. La réponse des Kukatjas – ou du moins de la communauté de Balgo (Wirrimanu) – à cette forme de structure politique a été assez particulière, et en cela elle n'est pas nécessairement représentative de la réponse d'autres communautés aborigènes des régions du centre et du nord. Elle offre néanmoins un bon exemple d'une forme de résistance qui se traduit ici par un refus de s'approprier une structure politique qui se situe à l'encontre des formes locales d'autorité et de pouvoir de ces sociétés dites égalitaires. Le premier conseil a été formé au début des années 1980 et était composé principalement des aînés de la communauté. Son rôle et son pouvoir décisionnel étaient néanmoins minimaux puisque la gestion et les décisions importantes demeuraient entre les mains des représentants de l'Église et du gouvernement. À la fin des années 1980, sous l'insistance des instances gouvernementales, des hommes d'une trentaine d'années vont se succéder à la tête du conseil. Or, le fait que ces jeunes hommes n'avaient pas encore acquis, selon les critères locaux, les savoirs rituels, donc la maturité qui leur aurait permis d'avoir une « parole » d'influence et d'autorité les mettait dans une position intenable face à la communauté ; ils démissionnaient après quelques mois. De plus, la position d'autorité du « chairman » et des conseillers est à plusieurs égards incompatible avec deux types d'exigence : les besoins de la communauté et les attentes du gouvernement à cet effet, et les demandes énoncées par les membres de la parentèle au chairman et aux conseillers qui attendent de ces derniers des gestes de réciprocité compatibles avec leur position. Encore là une situation intenable[21]. Alors que la majorité des communautés aborigènes voisines ont négocié pour elles-mêmes, au fil des ans, des compromis entre ces deux logiques et formes d'autorité, ce ne fut pas le cas à Balgo. Depuis le début des années 1990, la communauté est sans conseil local fort et représentatif[22]. D'une part, ce refus de s'engager dans une forme politique « autre » fait écho aux observations de Clastres sur les « sociétés contre l'État », qui refusent toute forme coercitive de pouvoir susceptible de miner l'autonomie des uns et des autres, ou encore qui ne sauraient admettre qu'une seule personne puisse décider pour une collectivité ou parler en son nom. D'autre part, ce refus de s'approprier une structure politique comme le conseil local diminue, dans le contexte actuel, les possibilités de bénéficier d'une marge de manœuvre et d'un pouvoir décisionnel quant aux affaires et aux orientations de la communauté[23]. Différents facteurs peuvent expliquer cette situation. Parmi ceux-ci, notons l'attitude paternaliste

---

21. Voir à ce propos les analyses de Myers (1986, chapitre 9) pour les Pintupis et de Tonkinson (1991, chapitre 7) pour les Mardus, deux groupes du désert occidental, voisins des Kukatjas.

22. On note d'ailleurs un haut taux de renouvellement des membres du conseil. Voir à ce sujet l'étude récente et très bien documentée de Zolh Dé Ishtar (2005).

23. Ce manque de leadership local quant aux affaires de la communauté laisse une grande latitude à des abus de pouvoir et des manœuvres malhonnêtes de la part d'administrateurs blancs sans scrupule.

de l'Église dans les premières décennies de la vie sédentaire, et la diversité des groupes linguistiques présents à Balgo, donc la difficulté d'atteindre un consensus quant au choix d'un conseil représentatif de la collectivité.

LES PRATIQUES ET LES RASSEMBLEMENTS RITUELS

Une autre expression des pratiques et des stratégies contemporaines d'affirmation et de résistance concerne les réseaux d'échange et de pratiques rituels, comme formes de socialité, d'autonomie et d'*empowerment*, et comme expressions contemporaines de la différence autochtone et de ce que j'ai appelé ailleurs les «cosmopolitiques/poétiques autochtones» (Poirier, 2008), un thème que j'aborderai ici très succinctement, en commençant par les Kukatjas.

Chez les Aborigènes du désert occidental, les rencontres et les rassemblements translocaux et transrégionaux à des fins rituelles sont une partie intégrante des socialités et des politiques identitaires, traditionnelles et contemporaines. Ce sont autant d'expressions des affiliations et des responsabilités territoriales (et rituelles) des groupes locaux concernés et en cela étroitement liés à la reproduction de l'environnement socio-cosmique. Au fil du siècle dernier, de nouvelles routes d'échange et de nouveaux rituels furent créés afin de répondre aux nouvelles conditions de vie dans les communautés sédentaires; ils prirent forme autour d'anciennes et de nouvelles alliances. De nouveaux corpus rituels virent aussi le jour et circulèrent le long de ces nouveaux réseaux et de ces nouvelles routes. Aujourd'hui, ces rencontres à des fins rituelles sont de différents types: rituels initiatiques, rites funéraires, échanges de rituels, et, plus récemment, ce que l'on appelle les Law and Culture meetings. Ces réseaux et rassemblements rituels permettent, entre autres, la circulation et le renouvellement des savoirs, des substances et des pouvoirs liés à l'ordre cosmique et à la Loi ancestrale (mieux connue sous le nom de Dreaming), en même temps qu'ils contribuent au renforcement d'une identité panaborigène (Dussart, 2004).

Quant aux Atikamekws, à partir du moment où ils se convertirent au catholicisme à la fin du XIXe siècle, leurs rituels traditionnels (rituels de chasse et rituels shamaniques) furent graduellement délaissés ou alors pratiqués à petite échelle dans l'intimité de l'univers forestier, loin du regard du missionnaire. Or, depuis une vingtaine d'années, et à l'instar d'autres groupes autochtones en Amérique du Nord, les Atikamekws sont engagés dans

des pratiques importantes de renouveau rituel aux niveaux local et translo-
cal, soit dans les trois communautés atikamekws et impliquant aussi à
l'occasion des participants de Nations voisines (Ojibwas, Cris, Innus,
Algonquins, etc.). Un tel renouveau est particulièrement significatif puisqu'il représente une initiative locale afin de créer des espaces d'autonomie,
d'identité, de résistance et d'autodétermination et de participer dès lors à la
guérison sociale. À un niveau transrégional, plusieurs Atikamekws participent aussi à des réseaux de rassemblements rituels. Prenant différentes formes (pow-wow ou rassemblements spirituels), ces rassemblements sont
aussi parmi les expressions contemporaines des politiques de l'identité
autochtone. Ces rencontres intertribales et intergroupes stimulent le réseau-
tage, les échanges et le partage d'affinités expérientielles et rituelles intimes
et contribuent à forger des relations de réciprocité. Elles participent au renforcement d'une identité et d'une solidarité panamérindienne, dans le respect des affiliations et des différences locales (Buddle, 2004 ; voir aussi
Adelson, 2001 et Tanner, 2004).

Quelques parallèles intéressants se dégagent de ces réseaux de pratiques et de rassemblements rituels, tels qu'ils ont cours parmi les autochtones du Canada et de l'Australie. Dans le contexte « postcolonial » actuel, ils
sont des expressions vivantes et dynamiques de l'imaginaire politique et
rituel des autochtones. Aux côtés des souffrances, des pertes et de la dépossession héritées de l'ère coloniale et des politiques d'assimilation, ils représentent des pratiques signifiantes, locales, translocales et transrégionales,
d'*empowerment*, ainsi que des espaces stratégiques pour renforcer et exprimer les différences autochtones. Un autre parallèle, et non le moindre, veut
que ces pratiques et réseaux soient le produit d'initiatives autochtones ; ils
sont créés, mis en œuvre et déployés en dehors du contrôle de l'État[24], ce
qui renforce leur potentiel d'affirmation et d'autodétermination.

J'ajouterai en terminant quelques réflexions sur les rites funéraires
(et rites de lamentation) et l'importance qu'ils revêtent encore aujourd'hui
chez ces deux groupes. Est-il nécessaire de rappeler que les rites funéraires,
la mémoire et le traitement symbolique des morts sont des éléments essentiels au fondement de l'identité et de la pérennité d'une société. Or, les
Atikamekws et les Kukatjas maintiennent, dans le contexte des communautés sédentaires, des pratiques rituelles funéraires traditionnelles et
accordent une valeur et une attention particulières à la mémoire et au trai-

---

24. Bien que certains de ces événements, comme les Law and Culture Meetings en
    Australie, bénéficient parfois de fonds gouvernementaux.

tement symbolique des morts. Leur engagement à cet égard est sans équivoque, cela alors qu'ils sont aux prises avec un taux de mortalité élevé lié à des morts violentes (suicides, accidents de la route, consommation abusive d'alcool, etc.). Dans les deux cas, les rites funéraires sont une occasion de rassemblements importants, de partage et de solidarité face à une souffrance qui s'inscrit maintenant à la fois dans les mémoires et dans les éthos autochtones.

QUELQUES RÉFLEXIONS COMPLÉMENTAIRES

Le champ des études autochtones demeure pour l'anthropologie plein de possibilités et de défis, en autant qu'il s'appuie sur une collaboration et un dialogue avec les autochtones, et sur un engagement politique clair de la part des anthropologues (Poirier, 2000). Sur le plan tant théorique que pratique, l'anthropologie a un rôle fondamental à jouer. Nous devons chercher, comme le propose Peterson (1998), à mieux comprendre comment les autochtones organisent et comprennent leur vie quotidienne ; comment les contemporanéités autochtones se construisent à travers leur engagement avec les structures étatiques et bureaucratiques et l'économie globale mais aussi le système scolaire, le système judiciaire ou la médecine occidentale. Il ajoute que le défi pour les anthropologues travaillant auprès des autochtones est « d'explorer et de théoriser la complexité et la diversité de ces cultures contemporaines d'engagement » (et que j'ai appelées plus haut des « cultures de résistance »). En d'autres termes, il nous faut mieux comprendre cette négociation de sens orchestrée par les autochtones entre leurs valeurs, leurs ordres sociaux et culturels et leurs agendas et ceux de l'État et de la société dominante.

Je cite en terminant des propos que j'ai déjà publiés :

> Dans le but de mieux articuler la théorie et la pratique, Escobar (1997 : 553) propose des avenues dans le domaine de l'anthropologie du développement qui m'apparaissent tout à fait appropriées pour des recherches auprès des autochtones. Soit, dans un premier temps, « un cadre théorique et épistémologique complexe qui tienne compte de tous les acteurs et institutions », autochtones, non autochtones et étatiques, donc de l'hétérogénéité et de la multiplicité des voies. Ensuite, la nécessité d'ethnographies approfondies, tant au niveau local que régional, et dont on ne soulignera jamais assez l'importance ; mais le fait aussi que les recherches en milieu autochtone relèvent maintenant d'une ethnographie multi-située, soit les différents espaces (communautaires, urbains, mais aussi politiques, culturels, etc.) investis par les autochtones. Et enfin « un engagement affectif et

politique parfaitement clair à l'égard des cultures locales». Ceci si les anthropologues entendent jouer le rôle de médiateurs entre les mondes, mais aussi s'ils entendent participer à accroître le pouvoir (*empowerment*) des autochtones, contribuer à étayer leurs actions culturelles et politiques, et à favoriser la reconnaissance et l'expression d'autres modes d'être-au-monde, d'autres choix de sociétés (Poirier, 2000 : 151).

BIBLIOGRAPHIE

ADELSON, Naomi (2001), «Gathering Knowledge: Reflections on the Anthropology of Identity, Aboriginality, and the Annual Gathering in Whapmagoostui, Quebec», dans Colin H. Scott (dir.), *Aboriginal Autonomy and Development in Northern Quebec and Labrador*, Vancouver, UBC Press, p. 289-303.

BUDDLE, K. (2004), «Media, Markets and Powwows», *Cultural Dynamics*, vol. 16, n° 1, p. 29-69.

CLAMMER, J., S. POIRIER et E. SCHWIMMER (dir.) (2004), *Figured worlds. Ontological Obstacles in intercultural relations*, Toronto, Toronto University Press.

DÉ ISHTAR, Zohl (2005), *Holding Yawulyu. White Culture and Black Women's Law*, Melbourne, Spinifex Press.

DUSSART, F. (2004), «Montrer sans partager, présenter sans proférer. Redéfinition de l'identité rituelle chez les interprètes rituelles warlpiri», *Anthropologie et Sociétés*, vol. 28, n° 1, p. 67-88.

ESCOBAR, A. (1997), «Anthropologie et développement», *Revue internationale des sciences sociales*, n° 154, p. 539-559.

INGOLD, T. (2000), *The Perception of the Environment*, Londres, Routledge.

MANTZIARIS, C. et D. MARTIN (2000), *Native Title corporations: A legal and anthropological analysis*, Sydney, The Federation Press.

MERLAN, F. (2005), «Indigenous Movements in Australia», *Annual Review of Anthropology*, n° 34, p. 473-94.

MYERS, F. (1986), *Pintupi Country, Pintupi Self*, Smithsonian Institution Press & AIAS.

NIEZEN, R. (2003), *The Origins of Indigenism. Human Rights and the Politics of Identity*, Berkeley, University of California Press.

PETERSON, N. (1998), «Hunter-Gatherers in First World Nation States. Bringing Anthropology Home», allocution prononcée à la 8e Conférence internationale sur les chasseurs-cueilleurs, National Museum of Ethnology, Osaka, Japon.

POIRIER, S. (2005), *A World of relationships. Itineraries, Dreams and events in the Australian Western Desert*, Toronto, University of Toronto Press.

POIRIER, S. (2001), « Territories, Identity and Modernity among the Atikamekw », dans C. Scott (dir.), *Aboriginal Autonomy and development in Northern Quebec and Labrador*, Vancouver, UBC Press, p. 98-116.

POIRIER, S. (2000), « Contemporanéités autochtones, territoires et (post)colonialisme », *Anthropologie et Sociétés*, vol. 24, n° 1, p. 137-153.

POIRIER, S. (1996), *Les jardins du nomade. Cosmologie, territoire et personne dans le désert occidental australien*, Munster, Lit.

POIRIER, S. (2008), « Reflections on Indigenous Cosmopolitics/poetics », *Anthropologica*, vol. 50, n° 1, p. 75-85.

RUSSELL, Peter H. (2005), *Recognizing Aboriginal Title. The Mabo case and Indigenous Resistance to English-Settler Colonialism*, Toronto, University of Toronto Press.

SCHULTE-TENCKHOFF, I. (1997), *La question des peuples autochtones*, Bruxelles, Bruylant, Axes.

SMITH, L. T. (1999), *Decolonizing Methodologies. Research and Indigenous People*, Londres et New York, Zed Books.

TANNER, Adrian (2004), « The Cosmology of Nature, Cultural Divergence, and the Metaphysics of Community Healing », dans J. Clammer, S. Poirier et E. Schwimmer (dir.), *Figured Worlds. Ontological Obstacles in Intercultural Relations*, Toronto, University of Toronto Press, p. 189-222.

TONKINSON, R. (1991), *The Mardu Aborigines*, Holt, Rinehart & Winston.

Entre mots et maux : pour une revalorisation culturelle au profit de l'affirmation d'une idéologie politique dominante d'inspiration autochtone

VAHI SYLVIA TUHEIAVA-RICHAUD

INTRODUCTION

Le *reo tahiti*, dont les mots que nous proposons d'examiner sont tirés, est la langue tahitienne ancestrale parlée puis ensuite écrite tardivement dans les années 1820[1], par les habitants de l'archipel de la Société dont Tahiti, l'île principale, qui compte à elle seule un peu plus des deux tiers de la population de la Polynésie française évaluée à 252 900 âmes au 1er janvier 2005 (ISPF, 2005). Langue d'une culture de l'oralité devenue langue de communication diffusée et comprise par l'ensemble des îliens des cinq archipels constituant le « pays[2] », le *reo tahiti* qui fait partie du *reo*

---

1. On peut considérer que la maîtrise de la langue tahitienne par les missionnaires protestants de la London Missionary Society, arrivés à Tahiti en 1797, et sa fixation à l'écrit sont achevées entre 1818 et 1820, période durant laquelle les premières impressions locales de textes bibliques, catéchétiques et à visée juridique en tahitien furent faites sur place, à partir de presses à imprimer installées à Mo'orea, Tahiti et Huahine, dans l'archipel des îles de la Société.

2. Établissement français d'Océanie (E.F.O.) avant d'être en 1946 territoire d'outre-mer (T.O.M.) au sein de l'Union française, la Polynésie française jouit depuis 1957 d'un statut d'autonomie interne qui va être modifié et rénové dans le sens d'une plus large autonomie (1977, 1984 [qui reconnaît pour la première fois l'identité polynésienne], 1990, 1996) jusqu'à devenir un pays d'outre-mer (P.O.M.) au sein de la République par la loi organique du 27 février 2004.

mä'ohi (terme générique désignant les parlers locaux propres à chaque archipel de la Polynésie française : le *pa'umotu* comprenant sept parlers distincts, le mangarévien, le marquisien, les langues des Australes) fait l'objet depuis quelques décennies d'un regain d'intérêt prononcé pour ce qu'il peut apporter à la défense et à la promotion des idées et des concepts à visée politique. Après plus d'un siècle et demi de destin commun «forcé» et mouvementé avec la France, le recours naturel et systématique à l'usage du tahitien dans les sphères du pouvoir religieux et politique n'est pas tant ce qui frappe les esprits que l'appropriation et l'exploitation volontaire de termes d'origine soit archaïques, soit d'usage commun. Cette propension à puiser des signifiants dans le fonds lexical polynésien d'origine pour ne leur faire porter qu'une partie de leurs divers signifiés ou pour leur faire endosser des significations qui collent à la réalité du vécu d'aujourd'hui se pérennise et se généralise parmi les acteurs et les décideurs actifs de la société polynésienne actuelle. Cette manière de procéder, qui résulte d'une forte prise de conscience, est pour nous l'expression d'un bouleversement de type sociétal autour d'une dynamique de mutation interne de la société polynésienne actuelle, en prise avec la mise en valeur de ses caractéristiques culturelles fortes confrontées aux enjeux nés de la modernité.

L'usage des mots tahitiens dépouillés de leurs signifiés traditionnels anciens mais réactualisés et réadaptés aux besoins du «politiquement correct» éclaire un aspect capital du fonctionnement des rouages du mécanisme complexe sur lequel prend appui toute société humaine, en évolution et toujours en quête d'équilibre. En cela, il nous permet de sonder et d'évaluer l'importance de cette pratique généralisée au regard des défis à venir. C'est dans cette perspective d'analyse que nous nous inscrivons pour mener notre étude des signifiés de quelques mots tahitiens choisis pour leur pertinence d'emploi et leur caractère tendancieux.

MÄ'OHI, RAUTÏ, MATAHIAPO, MANAHUNE, RAHINE

La présentation et le regroupement des termes tahitiens retenus obéissent à deux critères. Le premier est celui de leur ordre chronologique d'apparition et d'utilisation intensive dans la société civile polynésienne, pour autant que le repérage de ce qui nous intéresse dans le discours des milieux autorisés (issus de l'Église protestante mä'ohi – la première implantée en terre polynésienne et majoritaire dans le pays, des partis politiques à la fois pro-français et souverainistes, des associations culturelles notamment celles des femmes proches du pouvoir) soit conforme à la réalité des faits

dans leur succession temporelle. Le deuxième tient compte de leur répartition par champ notionnel et par catégorie de discours.

Mis à part *rahine* qui est un néologisme récemment créé à partir de
la racine *hine* faisant référence à l'être féminin et à l'essence féminine, les
autres termes, *mä'ohi, rautï, matahiapo, manahune* sont des lexèmes du *reo
tahiti* communs aux locuteurs polynésiens orientaux, issus du stock polynésien originel. Ils désignent une personne, un individu, doté pour *rautï,
matahiapo* et *manahune* d'un statut, rôle et fonction très particuliers à forte
prédominance masculine.

1.   *MÄ'OHI*

Mä'ohi, dont l'existence est attestée par écrit dès 1810 (Davies,
1810 : 6) signifie « commun ou ordinaire, natif ou indigène, non étranger »
(Davies, 1851 : 132). Le mot *mä'ohi* dans son acception courante sert à
indiquer ce qui est au pays, originaire du pays, donc autochtone, en opposition à ce qui vient de l'extérieur et qui n'est pas au et du pays, notamment
les Occidentaux ou ce qui vient de l'Occident, qualifiés de *papa'ä* ou *popa'ä*[3]
selon l'usage actuel de ce mot.

Dès les années 1960, le terme sort de son cadre d'emploi habituel
pour être utilisé dans le champ politique pour la première fois comme sigle
officiel d'un parti politique, *Te Pupu Ti'ama Maohi*[4], littéralement le
groupe – debout, propre et libre – maohi. Il faut attendre les années 1970-
1975 pour que le terme *mä'ohi* décolle véritablement et prenne plus de
consistance et de densité. En effet, c'est autour de ce mot que se cristallisent la réflexion et la vision d'avenir d'un groupe de jeunes intellectuels
polynésiens, diplômés des universités françaises pour la plupart, épris de
liberté et de démocratie, mais surtout déterminés à travailler pour revitali-
ser une culture ancestrale authentique en pleine acculturation, dont le
processus a démarré dès l'ère du contact, et déculturation dans une perte de
l'identité *mä'ohi* au profit d'une nouvelle, plus fédératrice, qui englobe les

---

3. *Papaa* apparaît pour la première fois dans le *Journal* de James Morrison rédigé en
    1792, à la suite de son séjour tahitien de 1788 à 1791. Il est question de *uru papaa*
    pour le pomelo que le capitaine Cook planta à Tahiti.

4. Fondé par J.-B. Céran-Jérusalemy, un proche de Pouvanaa a OOPA, le père de
    l'autonomie polynésienne, ce parti politique eut une brève existence puisqu'il fut
    dissout et reconstitué sous le sigle *Pupu Tahoeraa Maohi* (groupe-union-maohi).

nouveaux venus d'implantation récente (les Chinois, les *Papa'ā*, tout autre groupe ethnique venu des pays riverains et entités insulaires du Pacifique ayant fait souche en Polynésie française), l'identité « polynésienne ». Le discours ambiant laisse apparaître des expressions comme « polynésien de cœur », « polynésien d'adoption », employées par ceux-là mêmes qui se qualifient en tant que tels, distinctes du « polynésien de souche » utilisé par les non-autochtones pour désigner les autochtones du pays. Une conscience à fleur de peau de ne plus grandir « dans la pourriture et la corruption », de « créer un nouveau monde à notre image et à notre dimension » est née (Raapoto, 1978 : 111-115). Être *mä'ohi* à part entière, c'est ne pas être un *hutu painu*, le fruit de l'arbre *Barringtonia* poussant au bord des rivages, qui, lorsqu'il tombe à l'eau, est poussé à la dérive au gré du vent et des vagues de l'océan, éternel déraciné voué à l'errance. Quelle autre appellation que *mä'ohi* peut coller le mieux à la notion d'autochtone, enraciné dans sa terre par l'enfouissement de son placenta (*püfenua*) dans le sol natal (*'äi'a*), et dans sa communauté de base (*mata'eina'a*) de par ses ancêtres, tous reliés à un *marae*[5] d'origine, ayant une « culture, une langue, une vision du monde et de la société, une conception des relations entre les hommes qui [lui est] propre » (Raapoto, 1978 : 115).

Un représentant à l'assemblée de la Polynésie française, membre du groupe majoritaire U.P.L.D.[6], nous a confié en privé que le groupe dans lequel il se trouvait devait opter entre deux mots mis en concurrence : *mä'ohi* d'une part et *kainga* de l'autre (*'äi'a* en tahitien signifiant : terre

---

5. *Marae* : espace culturel sacré, vénéré et craint, dédié aux cultes des divinités anciennes mais aussi siège du pouvoir des *ari'i* qui héritaient rangs, titres de noblesse et privilèges auxquels le *marae* leur donnait droit, faisant d'eux des détenteurs du mana divin pour régner sur leurs *mata'eina'a* (gens vivant dans des divisions territoriales plus ou moins étendues placées sous l'autorité de leurs *ari'i* titulaires). C'était également un lieu de justification et de légitimation des généalogies et des titres de propriété afférants.

6. Union pour la démocratie regroupant les partis souverainistes *Tävini Hui Ra'atira no te Ao Maohi*, dont le leader charismatique est Oscar Temaru, l'actuel président du pays, *Ia Mana Te Nüna'a* (parti socialiste démocratique et autogestionnaire) avec à sa tête Jackie Drollet, l'actuel vice-président du pays, *Hei 'Ura les Verts* (seul parti écologique de la Polynésie française) mené par Jackie Bryant, et les partis autonomistes : le *Here 'Äi'a*, le plus vieux parti de la Polynésie française, issu du Rassemblement démocratique des populations tahitiennes de Pouvana'a a 'O'OPA dit le Metua (père et maître spirituel du RDPT), et le *'Äi'a 'äpï* dirigé par Émile Vernaudon (sorti de l'UPLD depuis quelques mois, pour cause de désaccord).

natale, terre des ancêtres), ce dernier présentant un double inconvénient : d'abord le fait d'être plus marqué *pa'umotu* avec la consonne initiale /k/, inexistante en tahitien et ensuite le fait que les Marquisiens se reconnaissent encore moins dans ce dernier mot. C'est le terme *mä'ohi* plus englobant, plus fédérateur, qui l'a emporté pour endosser une signification délibérément politique et sociologique. Cette dynamique de réflexion de groupe lancée, il devenait ensuite plus aisé d'envisager de promouvoir d'autres mots-concepts.

C'est vers cette même époque que l'on peut situer l'apparition remarquée du terme *nüna'a*, signifiant le peuple en tant que nation, communauté de gens vivant ensemble. Le 15 novembre 1975, un nouveau parti politique du nom de *Ia Mana te nunaa* voit le jour. Depuis lors, d'autres partis politiques à tendance autonomiste emploient le terme dans leurs sigles de parti, parmi lesquels *No'oe e te nüna'a*[7] dirigé pour la première fois par une jeune Polynésienne demie[8], Nicole Bouteau.

En réaction, dirions-nous, à cette volonté de récupération de certains mots, *mä'ohi* en particulier, pour des visées politiques de quelque bord que ce soit, la société civile ne reste pas sans voix. Des personnes du troisième et du quatrième âge ne se retiennent pas pour affirmer avec force et conviction, sur la base de leurs expériences et vécus personnels (Saura, 2004 : 119-153), que l'emploi du mot *mä'ohi* est exclusivement réservé au monde non humain (animaux, denrées et objets confectionnés, végétaux). Or, la lecture détaillée des premiers recueils de lois écrits en *reo tahiti* et imprimés sur place, de Huahine en 1822 et en 1835 sous le règne de Teri'itaria, de Tahiti sous le protectorat en 1845, de Rimatara sous le règne de Temaeva IV en 1877, laisse apparaître que *mä'ohi* était utilisé pour tout ce qui est de souche polynésienne, fait et produit localement, que cela soit pour des animaux, des objets fabriqués, des productions vivrières, etc., ayant une valeur utilitaire reconnue par les habitants des îles, mais aussi pour des personnes. Il est question de *pua'a mä'ohi, 'ava mä'ohi, 'ahu mä'ohi, va'a mä'ohi* (race de porc autochtone, alcool fabriqué localement, vêtements

---

7. *No 'oe e te nüna'a*, qui se situe au centre de l'échiquier politique actuel, vient de fêter ses deux ans d'existence.

8. « Demi » qui se dit *'äfa* en tahitien, est de mise en Polynésie française pour désigner les métis issus des unions mixtes *mä'ohi* et autres. Pour plus de précision, on dit de la personne demie qu'elle a du sang ou *papa'ä*, donc qu'elle est demi-papa'ä (*'äfa papa'ä*), ou chinois donc demi-chinoise (*'äfa tinitö*), ou américain donc demi-américaine, ou espagnol donc demi-espagnole (*'äfa paniora*), etc.

confectionnés avec de la fibre végétale, pirogue de fabrication autochtone avec des outils et des matériaux locaux) et de *ta'ata mä'ohi* (personne autochtone), *vahine mä'ohi* (femme autochtone), *tane taata maohi* (homme ou époux autochtone) à différencier du *papa'ä*.

Il semble que le terme *mä'ohi* était bien employé pour désigner une personne originaire du pays, mais avec les restrictions d'emploi suivantes : *mä'ohi* n'est jamais utilisé seul en tant que tel, il est toujours précédé d'un lexème qu'il qualifie. Il fonctionne en tant que qualifiant. Deuxièmement, le recours au qualifiant *mä'ohi* pour un résident des îles est rendu indispensable par nécessité de clarification et de différenciation de son origine ethnique face à un *papa'ä* et à un *Farani*, (écrit avec un F majuscule) employés seuls, à part entière, pour signifier le Blanc, l'Occidental et le Français[9].

Il est une appellation que tout le monde s'accorde à dire de nos jours plus appropriée et moins sujette à polémique pour désigner l'autochtone du pays : celle de *ta'ata tahiti* (personne tahitienne). On dit de quelqu'un du pays que l'on ne connaît pas, qu'il soit blanc de peau ou foncé, que c'est un *ta'ata tahiti* et non un *popa'ä*. Ici encore, l'examen des textes de lois tahitiens s'avère intéressant dans la mesure où l'expression consacrée existe bel et bien, mais avec cette distinction significative qui est que le /t/ de Tahiti est toujours majuscule, pour bien indiquer le nom de la terre Tahiti, d'où l'expression *taata Tahiti* qui signifie «personne de Tahiti», plus marquée que le simple *ta'ata i ni'a i te fenua nei*[10], personne vivant sur la présente terre, dont le nom reste à préciser. Il est courant d'entendre les expressions *ta'ata Rurutu*, *ta'ata Ra'ivavae*, *ta'ata Maupiti*, *ta'ata Huahine*, etc., attribuées aux originaires des îles de Rurutu, Ra'ivavae, Maupiti, Huahine. De plus, dans la limite des textes de lois indigènes que nous avons pu consulter, l'expression *taata Tahiti* est une création résolument tahitienne, puisqu'elle apparaît pour la première fois dans le dernier code de lois dit «indigène de Tahiti» (Pomare Vahine Tahi, 1842), reprise ensuite dans les autres codes tahitiens dont celui de 1845, premier recueil de lois fait sous le régime du protectorat français.

Outre les partis politiques indépendantistes et pro-indépendantistes qui parlent de *Te ao mä'ohi* (le monde, l'univers *mä'ohi*) et de *Mä'ohinui* (pays des *mä'ohi*-grand) en lieu et place du nom Polynésie française pour

9. Code des lois des îles de la Société de 1845, Papeete, *Irava* 5, p. 6.
10. Expression utilisée dans le code de lois de Rimatara E Ture No rimatara, du 12 mars 1877, 1881, article IV.

signifier le pays du peuple *mä'ohi*, le mot *mä'ohi* est devenu incontournable et curieusement bien assimilé par les Français résidant ou arrivant dans le pays qui ne se posent pas les questions que nous nous posons. Pour ces derniers qui côtoient les gens du pays vivant une culture différente de la leur et parlant une langue qu'ils ignorent, le terme *mä'ohi* est ce qui représente et exprime le mieux cette différence. L'histoire des Polynésiens des temps passés, leurs coutumes et traditions ainsi que les frustrations, vexations et incompréhensions engendrées par la colonisation française leur sont pour la plupart étrangers. Tout ce qui caractérise le Polynésien de par sa langue, sa culture, son identité... est *mä'ohi*, tout comme ce qui caractérise le Breton, l'Alsacien, le Basque, le Corse... qui sont reconnus comme des spécificités régionales en France métropolitaine.

Selon qui l'emploie, à qui on l'attribue, le lieu où l'on est et la manière dont on le dit, *mä'ohi* intègre dans son champ sémantique toutes sortes de significations à la fois positives et négatives, valorisantes et dévalorisantes, contradictoires. Les nouvelles générations de Polynésiens ont une idée du *Mä'ohi* à la hauteur de leur ignorance de leur propre histoire. À la question de savoir ce qu'est un *mä'ohi* posée aux élèves polynésiens urbains d'une classe de seconde il y a quelques années de cela, il nous a été répondu sans hésitation que « c'est un habitant du fin fond des îles Tuamotu, vivant du produit de sa pêche et de ses cultures, sans instruction, illettré, vivant simplement loin du modernisme ». Le directeur du Fare Väna'a, l'Académie tahitienne, se désolait dans une interview en tahitien donnée à la Radio française d'outre-mer (RFO), le 4 octobre 1995, que les jeunes d'aujourd'hui ne savent rien de leur propre histoire, à commencer par celle de leurs illustres ancêtres dont le grand chef Opuhara, défenseur des croyances et des valeurs anciennes, tombé sous les balles ennemies lors de la fameuse bataille de Fë'ï Pï en 1815 qui allait précipiter la fin de l'ordre ancien.

Pour les Polynésiens qui ont réussi socialement, sont *mä'ohi* ceux qui n'ont pas évolué ou su évoluer, qui ne se sont pas adaptés ou qui n'ont pas su s'adapter à la modernité, qui vivent dans la précarité et son corollaire, la saleté. Le rejet de ce qu'on croit être le *mä'ohi* s'exprime par des expressions de jugement dépréciatif et péjoratif telles que *e mau ta'ata pöiri* (ce sont des gens ignorants, sans intelligence), *e mau ta'ata 'ite 'ore i te peu*, (ce sont des gens qui n'ont pas de savoir-vivre), *e mau ta'ata reporepo*, ce sont des gens sales, qui ne se lavent pas, ce qui est le comble de l'inacceptable en Polynésie. L'ignorance et l'inintelligence, le manque de savoir-vivre qui ne sont pas propres aux Mä'ohi, sont les critères de rejet actuel des

Polynésiens vis-à-vis de leurs compatriotes affublés de l'étiquette *mä'ohi*, synonyme d'homme nature vivant en autosubsistance, au fin fond des îles. On se détermine par rapport à cette image repoussante du *mä'ohi* pour se défendre d'en faire partie.

Pour l'aspect positif et valorisant, faire *mä'ohi*, à défaut d'être un *mä'ohi* de souche, est devenu un art de vivre, une manière d'affirmer son appartenance à un pays, à une culture où la joie de vivre, la beauté du corps, le sens de l'hospitalité, l'esprit de partage et de tolérance, l'importance de la famille et des relations humaines, les savoir-faire techniques et manuels, etc., représentent des valeurs fortes auxquelles toutes les composantes ethniques du pays peuvent adhérer. Les slogans publicitaires et les tubes musicaux locaux à thème vantant et chantant le *mä'ohi dream*, *mä'ohi spirit*, *mä'ohi phone*, *mä'ohi wear*, *mä'ohi tumu* (*mä'ohi* de souche), reflètent une appropriation et une vision idéalisée de la culture et de l'essence *mä'ohi* que les prises de position idéologique antérieures ont lancées.

2.   *RAUTÏ*

Rautï est utilisé de nos jours pour dire l'animateur, le modérateur, celui dont la présence participative sert à animer, à raviver les esprits dans les débats et les échanges, celui qui par l'usage dynamique et vivant de la parole utilisée à bon escient favorise et permet le fonctionnement efficace d'un groupe ou d'une assemblée en vue d'un travail ou d'un projet à réaliser. Ce mot, présent dans le discours d'aujourd'hui, aurait fait partie de la longue liste des termes obsolètes et inusités du *reo tahiti* s'il n'avait pas été délibérément remis dans le vocabulaire actif par le même groupe d'intellectuels polynésiens de retour au *fenua* (pays) dans les années 1970 (Regnault, 1995 : 58). Personne ne conteste de nos jours l'emploi de *rautï* au sens où nous l'entendons, alors qu'il avait autrefois une signification autrement plus riche et plus en adéquation avec la force guerrière virile si indispensable à l'époque.

Ainsi, *rautï* dispose de deux entrées dans le dictionnaire de Davies. Il signifie, dans la première, la feuille de la plante appelée *tï* [cordyline] ; un chant de guerre. Dans la deuxième, il veut dire stimuler dans le but d'avoir du courage et de la vaillance, comme en temps de guerre ; provoquer le retrait d'une troupe[11].

---

11. Rauti : the leaf of the ti plant ; a war song.

Rautï : to excite tro courage and bravery, as in time of war ; to cause a party to retire.

On retient de Teuira Henry qui a compilé les notes de son grand-père missionnaire britannique protestant Orsmond, arrivé à Mo'orea en 1817, que « Rauti était l'artisan de Ta'aroa de l'océan » (Henry, 1962 : 365)[12] et que :

> Les *rauti* (stimulateurs) se tenaient, infatigables, dans les rangs des guerriers ; ils étaient habillés de vêtements de ti et agitaient d'une main un bouquet de ti, à l'intérieur duquel se trouvait la redoutable épine dorsale de la raie. Ces hommes que l'on croyait être doués d'un pouvoir surnaturel avaient un aspect redoutable et intrépide. Ils excitaient le courage et l'énergie des guerriers par des chants de guerre [...] (Henry, 1962 : 312).

Ce témoignage est corroboré par celui du missionnaire-historien officiel de la London Missionary Society, William Ellis, arrivé à Mo'orea en 1817, lorsqu'il rapporte que les *rautï* :

> avaient pour tâche essentielle de stimuler les troupes en leur contant les hauts faits de leurs ancêtres, la gloire de leur tribu ou de leur île, la puissance militaire de leurs dieux favoris et les intérêts mis en jeu par le conflit. Ils étaient infatigables dans l'exercice de leurs fonctions et parcouraient de nuit et de jour le camp, excitant l'ardeur des combattants. Le jour de la bataille, ils marchaient à l'attaque avec l'armée, se mêlaient au combat et couraient d'un guerrier à l'autre, les encourageant par les récits de faits héroïques ou les poussant à accomplir des exploits téméraires et efficaces. (Ellis, 1972 : 186-187)

Du *rautï* gesticulant parmi les guerriers prêts à livrer bataille, tenant dans ses mains des feuilles de cordyline sacré, les haranguant pour les rendre féroces et intrépides, au *rautï* moderne dont la présence physique et la parole facile concourent à l'éveil énergique de la conscience des troupes dans le combat politique à mener, le parallèle a été établi.

3.   MATAHIAPO, MANAHUNE

D'extraction ancienne, *matahiapo* a été volontairement utilisé depuis plus de dix ans, sous le gouvernement Flosse, pour désigner une classe d'âge, le troisième âge, jusque-là négligée, voire oubliée du système de fonctionnement de la société polynésienne moderne, actrice de son propre développement. De nouveaux ministères axés sur le social, les droits des femmes et des handicapés, ainsi que les personnes âgées ont ainsi vu le jour. Si la Journée de la femme, le 8 mars, est célébrée en Polynésie chaque

---

12. O Rauti te tahu'a a Ta'aroa i te moana.

année, il n'en est pas de même pour celle des personnes âgées, rebaptisées dès lors *matahiapo*, c'est-à-dire *aînés*, fêtée irrégulièrement selon le bon vouloir des maires à la tête de leurs conseils municipaux, et surtout selon le budget dont ils disposent. Les retrouvailles des gens âgés autour d'un bon repas festif servi pour la circonstance sont fonction, personne n'en est dupe, de l'étiquette politique des communes en phase avec celle du gouvernement en place qui attribue généreusement les fonds nécessaires à celles qui, non seulement, leur font acte d'allégeance, mais lui rapportent des voix supplémentaires pour des échéances électorales à venir. Cette stratégie de valorisation et de reconnaissance intéressées des personnes âgées appelées «anciens et, de plus en plus, aînés» à des fins électoralistes n'est pas moins instrumentalisante que celle qui consiste, pour le gouvernement souverainiste au pouvoir, à qualifier de *manahune* la conduite démocratique des affaires du pays, *fa'aterera'a*, par le peuple et pour le peuple. C'est la raison pour laquelle nous les avons mis sur le même pied. Autant *matahiapo* que *manahune* découlent de la même logique de séduction des électeurs pour promouvoir et asseoir des idées-forces dont la source d'inspiration est tout sauf d'origine polynésienne. Elle est certainement à chercher du côté métropolitain et occidental de manière générale.

L'accès aux informations nationales et internationales par le développement rapide des médias tels la presse, la radio, la télévision et le réseau Internet, ainsi que les possibilités de voyage par les transports aériens usuels obligent tout un chacun à être à l'écoute critique de ce qui se passe ailleurs dans le monde. Le fait que les personnes du troisième âge, comme on a pris le pli de les nommer en métropole notamment, soient prises en considération pour des raisons diverses (médicales, commerciales, économiques, politiques...) n'a pas manqué de susciter le même intérêt et calcul parmi les dirigeants politiques locaux en place qui y ont vu une occasion pour faire à la fois du social, du familial et du culturel.

Depuis l'avènement du *Taui* (changer – changement) qui a fait parler de lui dès le 22 mai 2004, la veille du jour des élections territoriales partielles qui a vu la victoire inattendue de l'UPLD menée par Oscar Temaru sur le parti du *Tahoeraa Hui Raatira* de Gaston Flosse, il y a un mot que l'on entend de la bouche des vainqueurs, celui de *fa'aterera'a manahune*, pour signifier gouvernement démocratique ou démocratie.

Or *matahiapo* et *manahune* sont des termes issus des temps anciens, culturellement très chargés.

3.1. Matahiapo

Selon le dictionnaire de Davies, *matahiapo* signifie le premier-né (*the first-born*). Il est composé de *mata* et de *hiapo*. *Mata* veut dire le tout début ou le commencement de quelque chose ; commencer. C'est aussi l'œil. *Hiapo* en marquisien ou en mangarévien, ou *siapo* en samoan, est le nom du mûrier *Broussonetia papyrifera* dont l'écorce sert à la fabrication de l'étoffe végétale appelée *tapa* ou encore l'étoffe indigène de fibres végétales obtenue à partir du même *Broussonetia papyrifera*. En mangaien, le *mataiapo* est un chef (Tregear, 1891). Marau Taaroa, dernière reine de Tahiti, donne du *matahiapo* l'explication la plus claire :

> le *matahiapo*, ou premier-né venait toujours en premier dans les affaires de terre, comme en toutes autres matières, et les noms de ceux de la branche aînée ne pouvaient jamais être pris par les cadets. Le premier-né avait le droit de retirer un nom à celui qui n'y avait pas droit, et lorsqu'il y avait une décision à prendre, la question était soumise à la tête de la famille, et si le membre d'une plus jeune branche se trouvait dans l'erreur, il était humilié en présence de toute la famille et appelé à se justifier.
>
> La position de chacun, avec ses devoirs et ses prérogatives, était toujours respectée. Un *arii* était toujours un *arii paarae* – littéralement cela signifiait : la peau du front – c'est-à-dire le chef, *matahiapo*, ou premier-né.
>
> Un *matahiapo*, ou premier-né, était toujours un *matahiapo* avec tous les droits appartenant à sa position.
>
> Un *opu taina*, ou branche cadette, restait cela et n'aspirait jamais à autre chose. (Pomare, 1971 : 87)

En résumé, est *matahiapo* l'aîné ou le premier-né mâle de la branche issue d'une lignée des premiers-nés à partir d'un ancêtre éponyme. C'est à ce titre qu'il a droit au port de la ceinture *maro*, signe distinctif de haute naissance et de haut rang. Le chef transmet à son *matahiapo* le pouvoir politique de commander et de régner sur son ou ses *mata'eina'a*, habitants résidant dans la ou les divisions territoriales placées sous son autorité alors que le *teina*, la branche cadette, hérite du pouvoir sacerdotal. Les *matahiapo* sont par essence des chefs. Matahiapo était le grand chef de Matahihae, aujourd'hui Teahupo'o, dans l'histoire connue jadis sous le nom de la vengeance de Maraa. (Henry, 1962 : 51)

3.2. Manahune

Manahune en tahitien, *menehune* en hawai'ien, représente le dernier ordre de la hiérarchie sociale de type pyramidal, en vigueur dans l'ancienne structure sociétale des îles de la Société en particulier. De loin les plus nombreux, les membres de ce groupe n'avaient aucun titre. Ils ne possédaient rien. «Ils travaillaient comme serviteurs ou employés des classes supérieures, mais jouissaient également de biens héréditaires» (Henry, 1962: 237). Ils habitaient les terres du *ari'i* ou du *ra'atira*, propriétaire terrien, et construisaient leurs maisons dans les lieux qui leur étaient assignés. Ils jouissaient des produits de leurs plantations sur des terres dont ils n'étaient que de simples usufruitiers. Ils ne pouvaient sortir de leur ordre social, sauf par mésalliance ou pour devenir *'arioi* (membre de la société des *'arioi*, aux mœurs libres, qui se faisaient tatouer le corps, s'adonnaient à la danse, à la consommation du *kava* aux effets euphorisants[13] et aux divertissements prisés par la population, offrant leurs services aux *ari'i* demandeurs), *tahu'a*, prêtre, ou *teuteu ari'i*, serviteur d'un *ari'i* où ils n'étaient jamais qu'un rayonnement de la puissance qu'ils servaient (De Bovis, 1978: 34). Marau Taaroa les met sur le même pied que les *titi*, qui étaient les habitants des montagnes appelés *vao* et qui formaient la classe la plus basse de la société. Ils étaient les esclaves de *ari'i*.

4. *RAHINE*

Néologisme créé par effet de ricochet, sous le gouvernement Flosse, en prolongement de la mise en place en 1991 du Centre territorial d'information des droits de la femme et de la famille (CTIDFF) et d'un ministère de la Famille et de la Condition féminine, *rāhine* a été une invention des femmes des milieux associatifs proches du pouvoir. Bien que n'ayant aucune assise linguistique historique en dehors des cercles qui l'ont créé, *rahine* a le mérite d'exister à travers le nom que s'est donné une association de femmes laïques, *Rahine a Hine*, laquelle a probablement contribué à ce que ce mot serve officiellement à désigner la maison où les services du CTIDFF sont implantés, *Te Fare Rahine*.

Ce mot, associé au genre féminin par sa racine *hine*, contribue de manière symbolique à valoriser et à faire progresser la cause des femmes polynésiennes, autant pour aider celles qui sont en situation de détresse

---

13. Extrait du jus des racines du *kava*, *Piper methysticum*, mâchées pour être diluées dans de l'eau, avant sa consommation très ritualisée.

sociale, économique, psychologique, familiale et conjugale à s'en sortir, que pour attirer les femmes en général vers le bon choix, en matière d'engagement politique. Si l'ouverture des structures administratives adaptées aux problèmes des femmes et des familles est une initiative heureuse, on ne peut pas en dire autant des intentions du politique en place qui se sert de ce canal pour exercer habilement son influence et y asseoir un levier de contrôle. La règle du donnant-donnant fonctionne bien en Polynésie, dans toutes les sphères d'activité : ce qui est donné appelle un retour, peu importe le temps que cela prendra. Lorsqu'on sait que les femmes représentent 48 % de la population de la Polynésie française, qu'elles sont très actives dans certains secteurs professionnels, qu'elles gèrent leurs foyers et l'éducation de leurs enfants, qu'elles ont des responsabilités paroissiales et qu'elles secondent leurs époux, on ne peut s'empêcher de penser que leur rôle dans la société polynésienne d'aujourd'hui ira grandissant. Les intitulés des thèmes de réflexion proposés par les services administratifs territoriaux, lors de la célébration annuelle de la Journée de la femme, livrés pêle-mêle, en disent long sur le dynamisme communicatif des femmes de Polynésie : en 1995, Entreprendre au féminin ; en 1997, Femmes d'hier, d'aujourd'hui et de demain ; en 1998, Citoyenneté ; en 2002, Femmes du troisième millénaire ; en 2003, La femme et l'environnement ; en 2004, La femme et le développement économique ; et, en 2006, La jeune fille : femme en devenir. La Journée de la femme célébrée chaque 8 mars, les élections de beauté dites élections de Miss (le titre est toujours précisé par le nom de l'île ou le nom de la commune : Miss Tahiti, le titre suprême, Miss Arue, Miss Ra'iatea...), la fête des Mères, les expositions horticoles et artisanales, les célébrations religieuses et paroissiales, etc., tout au long de l'année, sans compter les tâches familiales et professionnelles, marquent la place, l'engagement et l'image de la femme dans la société polynésienne moderne. Des plus jeunes aux plus âgées, les femmes sont contraintes de s'investir de plus en plus dans le travail salarial pour satisfaire leurs besoins personnels et ceux de leurs familles, et espérer une vie meilleure. C'est la raison pour laquelle leur participation et leur inscription à des programmes gouvernementaux importants intéressent le politique, obligé de compter sur et avec elles, de composer avec elles, d'autant plus que la Loi sur la parité des hommes et des femmes en politique, votée en France métropolitaine en 2000, est rendue applicable en Polynésie[14].

---

14. Loi n° 2000-493 du 6 juin 2000 qui promeut l'égal accès des hommes et des femmes aux fonctions et mandats électifs.

CONCLUSION

Cette liste de termes en *reo tahiti* – *mä'ohi, rautï, matahiapo, mana-hune, rähine* – n'est pas exhaustive, mais révèle les aspirations, les frustrations et les revendications portées par les partis politiques et leurs militants, issus d'une culture ancienne, repensée et réappropriée. Ces termes correspondent et collent avec plus ou moins de décalage aux réalités de terrain d'une société autochtone acculturée, en quête de valeurs fortes et de repères plus adaptés aux modes de vie et de pensée actuels. Dans un pays où les *ta'ata mä'ohi* ou *ta'ata no te fenua* (gens du pays) sont majoritairement plus nombreux, force est de constater que la langue a été et est toujours un puissant moyen et vecteur de combat et de promotion des idées. La question qui nous vient à l'esprit, au travers de ce travail à poursuivre, par l'examen d'autres mots tout aussi porteurs que *ti'amä, 'utuafare, taui, nui* (se tenir debout-propre, maisonnée, changer, grand) est la suivante : l'affirmation ou la valorisation culturelle d'un peuple autochtone, sous domination d'une puissance étrangère à sa culture, doit-elle inéluctablement passer par une détermination politique souverainiste ? Comment et sur quelles bases peut-on concilier des visions d'avenir différentes et divergentes ?

BIBLIOGRAPHIE

BOVIS, Edmond de (1978), *État de la société tahitienne à l'arrivée des Européens*, Pape'ete, Société des études océaniennes.

[Code des lois des îles de la Société] (1845), *E MAU TURE Iriti Hia I Roto I Te Apoo Raa A Te Mau Iriti Ture i Te Avae Ra Ia Me Te Matahiti Hoe Tauatini E Vau Hanere E Maha Ahuru Ma Pae NO TE HAAPAO RAA o te HAU TAMARU i Teienei Mau Fenua TOTAIETE*, PAPEETE (document d'archives).

[Code de Rimatara] (1881), *E Ture No RIMATARA, sous le règne du Arii o TEMAEVA IV* daté du 12 mars 1877, Ra'iatea, 1881 (document d'archives).

DAVIES, John (1810), Te Aebi No Taheiti e te Parou Mata Mua I parou Hapi Iaitea Te Perini E Te Ridini Te Parou No Taheiti (premier abécédaire tahitien), Londres.

DAVIES, John (1851), *A Tahitian and English Dictionary*, Londres, London Missionary Society's Press.

ELLIS, William (1972), *À la recherche de la Polynésie d'autrefois*, Paris, Publications de la Société des océanistes 25.

HENRY, Teuira (1962), *Tahiti aux temps anciens*, Paris, Publications de la Société des océanistes 1.

INSTITUT DE LA STATISTIQUE DE LA POLYNÉSIE FRANÇAISE (ISPF) (2005), *Polynésie en bref 2005*, brochure, ISPF.

MORRISON, James (1966), *Journal de...*, second maître à bord de la « Bounty », Paris, Publications de la Société des océanistes 16.

O'REILLY, Patrick (1975), *Tahiti au temps de la reine Pomaré*, Paris, Société des océanistes – Les Éditions du Pacifique, 37.

POMARE Vahine Tahi (1842), BUKA TURE NO TE HAAPAO RAA O TE HAU O POMARE VAHINE TAHI i TAHITI, e i MOOREA, e te mau fenua toa, i roto i tona ra basileia, TAHITI i te nenei raa hia, [code de lois], Fond Bjarne KROEPELIEN, Oslo.

POMARE, Takau (1971), *Mémoires de Marau Taaroa, dernière reine de Tahiti*, Paris, Publications de la Société des océanistes 27.

RAAPOTO, Duro (1978), « Maohi : Être tahitien », Paris, *Journal des Missions évangéliques*, p. 111-115.

REGNAULT, Jean-Marc (1995), *Des partis et des hommes*, Tahiti, Haere Po no Tahiti.

SAURA, Bruno (2004), « Dire l'autochtonie à Tahiti. Le terme mä'ohi : représentations, controverse et données linguistiques », *Journal de la Société des océanistes*, 119, Paris, p. 119-153.

TREGEAR, Edward (1891), *The Maori-Polynesian Comparative Dictionary*, sans lieu, New Zealand.

Youth With A Mission (YWAM)
et les cultures polynésiennes
Définition et mise en scène des identités autochtones
en protestantisme évangélique

YANNICK FER

En Océanie, les missions protestantes ou, dans certaines îles, catholiques – relayées dès le XIXᵉ siècle par des évangélistes locaux – ont conduit à l'élaboration progressive d'une « tradition chrétienne » qui est aujourd'hui considérée comme une composante centrale des identités nationales de l'Océanie contemporaine. Il s'agit dans les deux cas de la traduction régionale d'un mouvement plus global. Pour les catholiques, l'impulsion du concile de Vatican II (1962-1965) qui prônait le respect des cultures et des langues locales, associée au renversement démographique au profit du catholicisme non occidental, incite à promouvoir le concept théologique d'inculturation, transposition de la thématique de l'incarnation sur le plan culturel. Pour les protestants, le mouvement de décolonisation et d'indépendance des Églises locales vis-à-vis des missions européennes doit s'accompagner d'un effort de contextualisation théologique dont témoigne, à partir des années 1960-1970, l'émergence de théologies protestantes océaniennes – théologies du coco, de la terre, de la culture – principalement autour du Pacific Theological College de Suva (Fidji) et du théologien méthodiste de Tonga Sione 'Amanaki Havea.

Alors même qu'elles s'affirmaient ainsi comme les porte-parole légitimes des identités culturelles locales, ces Églises historiques ou « traditionnelles » – surtout protestantes – entamaient un déclin qui se poursuit jusqu'à aujourd'hui, sous le coup de la concurrence de plusieurs vagues d'Églises chrétiennes. D'abord contestées par les Églises adventistes et mormones, elles le sont encore plus fortement depuis les années 1980 par l'expansion rapide du protestantisme évangélique (notamment pentecô-tiste). Cette expansion revêt essentiellement trois formes : l'implantation de nouvelles Églises, l'affirmation de tendances évangéliques au sein des Églises protestantes historiques et le développement d'organisations mis-sionnaires d'envergure régionale ou mondiale.

Youth with a Mission (en français, Jeunesse en mission) est l'une de celles-ci. Fondée en 1960 par Loren Cunningham, un pasteur des assem-blées de Dieu californiennes, elle est aujourd'hui l'une des quatre plus importantes organisations missionnaires mondiales et a été parmi les pre-mières à s'implanter dans le Pacifique, en recrutant dès la fin des années 1960 des missionnaires parmi la jeune génération issue de l'immigration polynésienne en Nouvelle-Zélande, qui ont ensuite porté son message dans leurs pays d'origine. Son approche des cultures océaniennes s'articule autour de trois thèmes dont je présenterai ici la généalogie et les contours, dans la perspective d'une analyse des reformulations contemporaines de l'appartenance – culturelle et religieuse – en Polynésie.

Le premier thème, celui de la « rédemption des cultures », s'est affirmé à la fin des années 1970 dans le sillage des renouveaux culturels, de la mise en spectacle touristique des cultures autochtones et de la volonté des jeunes générations protestantes de se réapproprier des expressions cul-turelles comme la danse, les tambours ou les *'ukulele,* auxquelles leurs Églises interdisaient d'entrer dans le temple.

Le second thème est issu de l'engouement évangélique pour le *spiri-tual mapping* ou identification des esprits territoriaux, une méthode élabo-rée dans le « combat spirituel de libération » des espaces urbains puis éten-due à d'autres territoires, qui aboutit à une reconnaissance des peuples autochtones comme « gardiens spirituels » des lieux (*Gate Keepers*).

Le troisième thème est celui d'une revendication culturelle autoch-tone, qui s'inscrit symboliquement dans le contexte d'une fraternité mon-diale entre « peuples autochtones chrétiens » et participe à la redéfinition de l'articulation entre droits individuels et appartenance culturelle.

1. *ISLAND BREEZE* ET LA «RÉDEMPTION DES CULTURES»: LES CULTURES AUTOCHTONES AU CŒUR DE L'ENTREPRISE MISSIONNAIRE

YWAM a proclamé dès ses premières années d'existence que «les diversités culturelle, raciale et théologique sont des facteurs positifs contribuant à la santé et à la croissance de la mission[1]». Mais c'est au cours des années 1980 que ce discours a produit des changements significatifs au sein du protestantisme polynésien, à travers la montée en puissance du «ministère» d'*Island Breeze*, fondé en 1979 par le Samoan Sosene Le'au. Son principe consiste en une réhabilitation des expressions culturelles polynésiennes (chants, danses, gestuelles) comme moyen de louer le Dieu chrétien et outil d'évangélisation, *Island Breeze* organisant à cette fin des sessions de formation et des spectacles. En fait, ce ministère est né de la jonction entre plusieurs compréhensions des identités autochtones, qui sans être tout à fait contradictoires révèlent néanmoins des écarts suffisants pour que l'on puisse parler d'une forme de «malentendu productif».

La liberté donnée à des étudiants polynésiens «nés de nouveau» de s'exprimer «dans leur culture» témoigne en premier lieu d'un pragmatisme missionnaire et d'une acceptation bienveillante de la diversité culturelle issue du modèle multiculturel californien. De ce point de vue, il est naturel que chacun exprime «ce qu'il est» et utile que par ce biais le message évangélique puisse pénétrer toutes les cultures.

Cette compréhension de la culture sur le mode des identités «naturelles» dont l'origine serait la Genèse marque une rupture avec les courants protestants ne voyant dans la culture qu'une fabrication humaine (donc imparfaite, empreinte de péché, selon la théologie de Luther) ou proclamant le dépassement de toute distinction culturelle (en s'appuyant sur le célèbre verset de Paul, Galates 3, 28: en Christ, «il n'y a plus ni Juif ni Grec...»). Elle témoigne en outre d'une tentative de re-légitimation de la mission dans un monde où le respect de la diversité culturelle fait désormais consensus. En effet, cette nouvelle orientation s'est appuyée sur une argumentation à prétention scientifique, élaborée par Don Richardson (ancien missionnaire chez les Sawis de Papouasie Nouvelle-Guinée), dont YWAM a publié en 1981 le livre intitulé *Eternity in their Hearts*, sous-titré en version française «L'histoire ignorée du christianisme dans les religions locales des peuplades anciennes». Devenu depuis une référence

---

[1]. Point 5 des «valeurs fondamentales» de YWAM.

incontournable pour tout missionnaire de YWAM, ce livre entendait démontrer que les peuples autochtones prétendument étrangers au christianisme jusqu'à l'arrivée des missions gardaient en fait enfouis dans leur histoire les signes de la présence du Dieu chrétien depuis l'origine[2]. Encourager l'expression d'une authenticité culturelle autochtone, c'est donc aussi promouvoir un «retour» au christianisme et opérer par là, sous les dehors d'une «révélation», une véritable reconfiguration de ces cultures.

Le point de vue des Polynésiens (Samoans et Hawaiiens) qui ont participé avec S. Le'au à la création d'*Island Breeze* est différent: il s'agit avant tout de s'émanciper du rigorisme hérité des missions européennes, qui visait à contenir tout débordement de la «nature» polynésienne, mais qui s'est maintenu jusqu'à aujourd'hui comme l'expression consacrée du respect dû à Dieu: pas de danse, pas de mouvements exubérants ni d'instruments de musique locaux dans le temple. Par cette contestation de l'institution religieuse, ils revendiquent une «nouvelle naissance» valant à la fois réappropriation militante de leur culture, libération de l'expression individuelle et prise en main de l'initiative missionnaire: «Many countries regarded as missionary-receiving nations have become missionary sending» (Le'au, 1997: 189), une ambition aujourd'hui partagée par plusieurs réseaux évangéliques océaniens.

Loin d'une stricte assignation identitaire, leur perspective est aussi influencée par la mise en spectacle des cultures liées à l'industrie touristique et aux renouveaux culturels (si ces spectacles attirent autant de monde, pourquoi ne pourraient-ils pas être transformés en instrument d'évangélisation?), les échanges interculturels nés des migrations régionales et l'ouverture sur un monde globalisé où la culture devient un moyen de communication vers les autres. Le fondateur de la branche néo-zélandaise d'*Island Breeze*, par exemple, est un Samoan né en Nouvelle-Zélande, mais qui s'est toujours considéré lui-même comme un Maori[3]. Et comme l'explique Ray Totorewa, actuel directeur (maori) d'*Island Breeze* Nouvelle-Zélande, lors des spectacles:

> We come on stage and we will be Maori, we get off stage and we have to change: now I have to put away my Maori way of doing things and now

---

2. Il a inspiré d'autres publications similaires, notamment à Hawaï Daniel I. Kikawa, *Perpetuated in Righteousness* [...].

3. Entretien du 19 septembre 2005 avec Ray Totorewa, directeur d'*Island Breeze* Nouvelle-Zélande, Tauranga.

be an Hawaiian, come up and now be a Samoan. We dance all the dances, which is good, you know, one of our values is that we are called to embrace all the other peoples[4].

Autrement dit, cette affirmation des identités autochtones « rachetées » (*redeemed*), qui s'accompagne d'un rejet des structures traditionnelles d'encadrement religieux, joue moins sur le registre des appartenances culturelles objectives (et obligées) que sur celui – inspiré du paradigme évangélique de la conversion personnelle – des appartenances supposées authentiques parce qu'elles sont subjectivement choisies. Et c'est le sentiment de vivre ainsi une double libération, individuelle et culturelle, qui explique très largement le succès obtenu par l'*Island Breeze* auprès des jeunes générations polynésiennes, notamment en situation de migration (Nouvelle-Zélande, Australie).

2.   « ESPRITS TERRITORIAUX » ET GARDIENS DES LIEUX : LES PEUPLES AUTOCHTONES CLÉS DU COMBAT SPIRITUEL

« Evangelical Protestantism – écrit le sociologue anglais David Martin – is a faith chosen rather than received, by people on the move, conceptually and physically, and in terms of rewriting their autobiography » (Martin, 2002 : 130). En affinité avec les dynamiques contemporaines de mobilité (sociale ou géographique), il concourt selon Sébastien Fath (Fath, 2002 : 154-155) à une déterritorialisation des appartenances religieuses en rompant avec le modèle paroissial pour privilégier des réseaux de communautés affinitaires, notamment en milieu urbain[5]. Le thème de la ville comme lieu par excellence de l'épanouissement d'un individu libéré des identités obligées est d'ailleurs repris par plusieurs auteurs évangéliques, dont John Dawson – actuel président de YWAM –, pour qui « l'intention de Dieu est que la ville soit un lieu de refuge, un lieu de communion et un lieu de libération personnelle, dans la mesure où ses citoyens pratiquent une division du travail correspondant à leurs propres dons » (Dawson, 1991 : 25).

---

4. *Ibidem*.

5. Y compris sous la forme de ce que plusieurs observateurs du pentecôtisme ont décrit comme une « re-villagisation » (Laurent, 1999 ; Allen, 2001). *Cf.* aussi Fer (2007).

Mais cette mobilité individuelle qui facilite les changements d'affiliation religieuse s'oppose dans le même temps à la concentration de l'entreprise missionnaire, qui requiert (au moins dans sa version classique) une dramatisation fondée sur l'unité de lieu, de temps et d'action. La ville est donc un espace aussi propice qu'insaisissable. Et cette ambivalence a nourri, il y a une quinzaine d'années, la naissance d'un courant évangélique désormais très influent, dont le principal théoricien est C. Peter Wagner, président de Global Harvest Ministries et ancien enseignant au Fuller Theological Seminar de Pasadena. En établissant pour chaque territoire un *spiritual mapping*, cartographie des esprits tutélaires basée principalement sur l'histoire des lieux (fondation, toponymie, lieux de violences, de pouvoir, etc.), il s'agit d'engager un combat spirituel de libération des villes sous emprise démoniaque, en empruntant pour ce faire des « portes » – réelles ou symboliques.

Transposé aux territoires où la christianisation est relativement récente, comme en Océanie, ce thème entre en résonance avec un ensemble de croyances et de circonstances favorables. En premier lieu, il accorde une légitimation chrétienne à la croyance ancienne en l'influence des esprits sur les vivants et en un lien indéfectible entre la terre natale et la personne autochtone. Ensuite, il propose à des populations christianisées une méthode concrète permettant – notamment au moyen de marches, de prières publiques – de « dénouer les liens du passé », en se désolidarisant des « démons » préchrétiens mais aussi bien souvent des obligations et des conflits hérités qui y sont associés. Enfin, il offre aux populations urbaines une voie de réappropriation symbolique du territoire, en situation de mobilité individuelle.

Au-delà des seuls espaces urbains, ce thème est aujourd'hui présent dans la grande majorité des groupes ou des Églises évangéliques de Polynésie et des sessions de formation au *spiritual mapping* se tiennent régulièrement dans les centres YWAM de la région, en particulier aux îles Tonga ou Samoa. En 1990, J. Dawson (d'origine néo-zélandaise) a participé en Nouvelle-Zélande à une série de réunions publiques à l'occasion de la célébration des 150 ans du traité de Waitangi (conclu en 1840 entre la couronne britannique et des chefs maoris). Notamment parce qu'il a été conclu en présence de missionnaires protestants, le respect effectif des droits maoris inscrits dans ce traité fait l'objet d'un large consensus parmi les évangéliques néo-zélandais[6]. Poussant plus loin la réflexion sur le traité et la

---

6. *Cf.* par exemple Glover (1997).

question maorie, J. Dawson a animé au cours des années 1990 des réunions plus restreintes visant à établir un *spiritual mapping* de la Nouvelle-Zélande. Au terme de cette exploration, le peuple maori a été désigné comme le gardien et la clé (*Gate Keeper*) d'Aotearoa-Nouvelle-Zélande, ce qui a entraîné une réorientation des activités de YWAM dans ce pays dont on peut encore aujourd'hui mesurer les effets.

Le premier effet a été une intensification des actions d'évangélisation envers les Maoris, qui entretiennent de longue date des relations plutôt méfiantes avec les Églises protestantes, soupçonnées de paternalisme *pakeha* (blanc, européen). Que les Maoris soient « la clé » du territoire signifie en effet que la régénération spirituelle du pays doit passer par eux, à travers leur conversion au protestantisme évangélique et une acceptation des valeurs culturelles maories par le protestantisme néo-zélandais. Les équipes de YWAM ont donc noué des relations au niveau local avec les communautés maories ainsi qu'avec les Églises maories prophétiques (d'inspiration protestante) Ratana et Ringatu (de Bres, 1985)[7] et ont pu organiser des sessions de formation (*Discipleship Training School*) dans des *marae*, les lieux communautaires maoris. En empruntant ainsi les voies consacrées de la sociabilité maorie, YWAM n'apparaît pas comme « une Église de plus » et s'épargne les tensions liées à l'articulation entre communautés d'Église et communautés généalogiques (*whakapapa*). Le protestantisme évangélique tend en effet à concevoir l'Église davantage comme une « nouvelle famille », une communauté affinitaire que l'on rejoint par un choix personnel d'adhésion, que comme le prolongement de communautés « naturelles ». L'appartenance à l'une de ces Églises induit donc – au moins symboliquement – une rupture avec la sociabilité maorie traditionnelle, en particulier celle qui s'organise autour des maisons communautaires ou *marae*.

Il faut sans doute y voir l'une des raisons qui ont permis à YWAM de faire émerger, au cours des années 1990, plusieurs responsables maoris de premier plan et un ministère, *Whaia te Matauranga*, spécifiquement tourné vers l'apprentissage de la culture maorie. En 2000, la nomination d'un Maori – Frank Naea, ancien directeur de YWAM Nouvelle-Zélande et YWAM Pacifique – au poste de président international de l'organisation a consacré officiellement le rôle central désormais dévolu aux peuples autochtones dans l'action missionnaire.

---

7. Au recensement de 2001, le nombre de membres des Églises Ratana et Ringatu était estimé à respectivement 49 000 et 15 300.

Enfin, cette revalorisation des territoires et des peuples autochtones a nourri un engagement en faveur de la « réconciliation », une notion polysémique dont les dimensions ont été clairement déclinées, en Nouvelle-Zélande par Monte Ohia, ancien directeur de YWAM à Auckland, personnalité éminente du monde culturel et des institutions éducatives maories (telles que *Te Wananga o te Aotearoa*[8]). Réconciliation avec soi-même, avec un passé non chrétien dont il faut « racheter » les péchés (violence, cannibalisme, inceste) (Patrick, 1997 : 130-145) et réconciliation entre Maoris et Pakehas de Nouvelle-Zélande, sur le modèle d'autres programmes évangéliques consacrés au pardon entre descendants d'esclaves et d'esclavagistes ou peuples amérindiens et colonisateurs[9]. En ce qui concerne Monte Ohia, ce deuxième axe a débouché très concrètement sur une action revendicative en faveur des droits maoris en Nouvelle-Zélande (au sein du Maori Party, Monte Ohia fut en 2005 candidat aux élections législatives) et, sur le plan international, sur la mise en place d'un rassemblement des peuples autochtones chrétiens.

3. UNE IDENTITÉ AUTOCHTONE GLOBALE, ENTRE DROITS DE L'INDIVIDU ET RECONNAISSANCE DES APPARTENANCES CULTURELLES

L'organisation par l'ONU d'une International Decade of the World's Indigenous People (1995-2004), prolongée par la mise en place d'un groupe de travail sur les peuples autochtones (Working Group on Indigenous People, WGIP), a amplifié une dynamique internationale de mise en réseaux des revendications autochtones. Née d'expériences communes (dépossession des terres, exploitation du travail, répression culturelle, etc.), cette solidarité concourt aussi à la cristallisation d'une sorte de méta-identité ou fraternité autochtone, que les intéressés tendent à définir souvent comme un rapport commun à la terre et aux ancêtres.

Comme l'a montré notamment Philippe Macaire à propos d'un conflit survenu entre catholiques et évangéliques dans un village indien mixte au sud du Mexique (Macaire, 2004), les compréhensions religieuses de l'appartenance culturelle sont en bien des endroits partie prenante de ce processus visant à définir l'articulation légitime entre les droits de l'indi-

---

8. Voir son site Internet http://www.twoa.ac.nz.

9. Notamment par l'entremise de l'International Reconciliation Coalition fondée par J. Dawson (voir http://www.reconcile.org).

vidu et des droits culturels dont une partie au moins comprennent la préservation de structures d'autorité communautaires contraignant la liberté
individuelle. Dans ce jeu complexe, le protestantisme évangélique se trouve
assez inévitablement en opposition vis-à-vis de tout ce qui interdit à l'individu de se désengager, par la conversion, des obligations et des appartenances obligées, défendues quant à elles par les Églises catholique ou protestantes dites «historiques» ou «traditionnelles». Dénoncé comme
«individualiste», il se voit refuser le droit de se dire autochtone. Un responsable d'une des Églises protestantes historiques de Samoa, la
Congregational Church in Samoa (CCCS), écrit par exemple à propos des
«nouveaux mouvements religieux»:

> The concept of «individualism» is foreign to Samoans. «Individualism» (a
> central mentality within many NRGs [New Religious Groups], is selfish-
> ness in the Samoan mentality. [...] The CCCS deals with the individuals'
> needs, through the community to which they belong. (Liua'ana, 1994:
> 79)

La création du rassemblement mondial des peuples autochtones
chrétiens (World Christian Gathering of Indigenous People, WCGIP),
réuni pour la première fois en 1997 à Auckland, cherche donc à opérer un
renversement de perspective, qui ne peut être réduit à un simple mouvement tactique et exprime plusieurs réalités contemporaines que l'analyse
des identités autochtones ne peut sous-estimer. Le déroulement de ces réunions témoigne en premier lieu d'une mise en scène évangélique des identités autochtones qui peut sembler superficielle, n'en donnant à voir que les
lieux communs d'un univers multiculturel façonné par le tourisme. Ainsi,
Mario, un participant tahitien au rassemblement de 1997 se souvient:

> J'ai fait une danse tahitienne, j'ai démontré la culture tahitienne. Chacun
> devait montrer quelle était sa culture, à tour de rôle. Et puis, à la fin, on
> faisait des échanges. [...] Et moi, ce que je voulais, c'était une plume d'aigle
> [...]. Alors je suis allé voir un chef indien, je lui ai dit: j'aime bien ta
> plume! Mais c'était sacré[10].

Pour autant, ce credo de la diversité et des échanges interculturels n'est pas
sans effet sur les mobilisations locales, comme le montre l'histoire du
ministère *Island Breeze*, et il contribue effectivement à la formulation contemporaine des appartenances culturelles, y compris contre la domination
occidentale.

---

10. Entretien du 24 avril 2002 avec Mario, à Tahiti.

Le second point significatif, c'est que l'efficacité de tels mouvements tient pour beaucoup, en Polynésie en tout cas, à un contexte de transformations socioéconomiques et de fortes migrations régionales – 266 000 *Pacific People* vivent en Nouvelle-Zélande, 165 000 en Australie. Pour les populations en situation de mobilité, en particulier la jeune génération née hors des îles d'origine, les appartenances culturelle et religieuse peuvent désormais s'exprimer en dehors d'une soumission aux structures d'autorité qui en étaient traditionnellement les garantes. Un glissement s'opère de l'appartenance – au sens fort – vers l'affiliation ou l'identification : on peut être chrétien sans être membre régulier d'une Église, Polynésien tout en s'émancipant de la tutelle familiale. Le « retour à soi » qu'exprime la réappropriation volontaire d'une identité culturelle peut d'autant mieux se conjuguer avec l'ouverture sur une fraternité autochtone globale, au sein de laquelle chacun construit des réseaux de relations affinitaires entretenus par des rencontres, des échanges ou des chaînes de prières coordonnées par Internet.

Si un militantisme évangélique en faveur des identités culturelles autochtones peut sembler de prime abord contradictoire, il incite en fait à dépasser une opposition trop simpliste entre l'individu « moderne » et la communauté « traditionnelle » pour mesurer tous les enjeux d'une réaffirmation identitaire qui se vit sur le mode d'une liberté individuelle. Des organisations évangéliques comme YWAM témoignent de la progression d'un libéralisme religieux qui se déploie sur deux versants : d'une part, il légitime la libre concurrence entre églises, une dérégulation productrice de diversité car « Dieu est un Dieu qui aime la diversité et qui ne préconise pas l'unité dans la conformité mais dans la diversité[11] ». Si cette valorisation de la diversité inclut la libre expression des cultures autochtones dans le contexte chrétien, la dérégulation et le prosélytisme exacerbé qu'elle engendre déstabilisent les structures de sociabilité et d'autorité issues des cultures autochtones. D'autre part, ce libéralisme religieux, en autorisant chacun à être « ce qu'il est », offre la possibilité d'une « nouvelle naissance » culturelle qui peut déboucher aussi bien sur des mobilisations autochtones efficaces que sur un évidement des expressions culturelles dont on ne maîtrise plus que les formes les plus évidentes (ou spectaculaires), faute d'une réelle transmission de la mémoire collective.

---

11. Entretien du 17 novembre 2001 à Tahiti avec Edualdo Cicéro, un des animateurs de la tendance pentecôtiste libérale en Polynésie française.

BIBLIOGRAPHIE

ALLEN, Linda (2001), «Participation as Resistance: The Role of Pentecostal Christianity in Maintaining Identity for Marshallese Migrants Living in the Midwestern United States», *Journal of Ritual Studies*, vol. 15, n° 2, p. 55-61.

BRES, Pieter H. de (1985), «The Maori Contribution. Maori Religious Movements in Aotearoa», dans Brian Coless et Peter Donovan (dir.), *Religion in New Zealand Society*, Palmersthon North, Dunmore Press, p. 30-55.

DAWSON, John (1991), *Conquérir nos villes pour Dieu*, Burtigny (Suisse), Jeunesse en mission.

FATH, Sébastien (2002), *Billy Graham, pape protestant?*, Paris, Albin Michel.

FER, Yannick (2007), «Pentecôtisme et modernité urbaine: entre déterritorialisation des identités et réinvestissement symbolique de l'espace urbain», *Social Compass*, vol. 54, n° 2, p. 201-210.

GLOVER, Gary A. M. (1997), «Honour the Treaty», dans Patrick Bruce (dir.), *The Vision New Zealand Congress 1997*, Auckland, Vision New Zealand, chapitre 20, p. 322-349.

KIKAWA, Daniel I. (1994), *Perpetuated in Righteousness. The Journey of the Hawaiian People from Eden (Kalana i Hauola) to the Present Time*, Hawaii, Aloha Ke Akua Publishing.

LAURENT, Pierre-Joseph (1999), «L'Église des assemblées de Dieu du Burkina Faso. Histoire, transitions et recompositions identitaires», *Archives des sciences sociales des religions*, n° 105, p. 71-97.

LE'AU, Sosene (1997), *Called to Honor Him. How men & women are redeeming the cultures*, Tampa, CultureCom Press.

LIUA'ANA, Featuna'i (1994), «The Wind Blows Where it Wills», *The Pacific Journal of Theology*, series II, n° 12, p. 75-83.

MACAIRE, Philippe (2004), «Communauté locale et géopolitique religieuse. Les Indiens mixe, à l'heure de la globalisation, entre coutume et droits de l'homme», *Journal des anthropologues*, n°ˢ 98-99, p. 77-106.

MARTIN, David (2002), *Pentecostalism: The World their Parish*, Oxford, Blackwell.

PATRICK, Bruce (dir.) (1997), «A Day of Reconciliation», dans *The Vision New Zealand Congress 1997*, p. 130-145.

Mobilité, autochtonie et citoyenneté

Terrains africains et propositions océanistes

PIERRE-YVES LE MEUR

> L'humanité existe parce qu'il y a eu des « premiers hommes », et cependant le plus difficile n'est pas de leur assigner une naissance, mais bel et bien de leur donner une postérité.
>
> Nicole Loraux

POSITIONNEMENT

L'autochtonie n'est pas une catégorie ontologique, mais relationnelle, liée à des contextes historiques précis. Vouloir dresser une statistique des peuples autochtones n'a pas grand sens de ce point de vue. Chaque groupe autochtone l'est par rapport à l'histoire dans laquelle il s'insère, il n'y a pas d'essence de l'autochtonie. On peut ramener dans un premier temps la question de l'autochtonie à celle de l'antériorité. Le discours du premier arrivant est un discours répandu, justifiant des revendications qui renvoient dans des proportions diverses au contrôle des hommes et des ressources naturelles. Le premier arrivant est au fond celui qui a « originellement » noué un pacte avec des non-humains (génies de la terre, de la brousse) lui permettant de vivre et de se reproduire dans un lieu donné. Ce pacte implique d'emblée deux thématiques centrales qui fondent le discours de l'antériorité. Car il ne suffit pas d'être arrivé le premier. On trouve dans les récits d'installation en Afrique de l'Ouest la figure narrative récurrente de la découverte par un chasseur d'une terre neuve et riche au cours de ses pérégrinations. Cette primauté ne suffit pas à faire de lui le fondateur de la localité qui va naître de cette découverte. Premier thème, le pacte implique un travail, qu'il soit rituel ou agraire, et c'est ce travail qui est

créateur de droit (au double sens du terme : du droit et de droits) et non la
seule position de *primo* arrivant. Second thème, de par l'intercession du
tiers que sont la terre ou les génies, le pacte institue d'emblée une relation
triadique fondatrice d'un projet sociétal qui servira de matrice à la croissance ultérieure du groupe et à sa relation à « l'autre ». Se met d'emblée en
place une dialectique d'inclusion et d'exclusion. Les normes d'inclusion
ultérieure de personnes extérieures, relevant d'un principe de « commune
humanité[1] », seront modelées par ce pacte initial, à moins que des situations de conquête ne fassent des normes de l'*outsider* les normes déterminantes. La conquête ne fait toutefois jamais table rase, et les conquérants
éprouvent souvent le besoin ou la nécessité de conclure un accord avec des
« autochtones » vus comme garants du pacte initial.

La chronologie ne suffit pas, même complétée des deux dimensions
de l'investissement en travail et du projet sociétal qui donnent un contenu
moral à la notion d'antériorité. C'est ce que montre Igor Kopytoff, lorsqu'il
élabore la thèse de la frontière interne comme modèle interprétatif général
de l'histoire précoloniale africaine. « The African frontier we focus on con-
sists of politically open areas nestling between organized societies but
"internal" to the larger regions in which they are found – what might be
called an "internal" or "interstitial frontier" » (1987 : 9)[2]. Cette approche
génétique de la frontière est basée sur une séquence à caractère cyclique de
fragmentation (production d'entrepreneurs de frontières éjectés de leur
société originelle) et d'agrégation (formation d'une suite de parents puis de
sujets) (*ibid.* : 16-17). Un point important réside dans la construction d'un
« vide institutionnel » nécessaire à la genèse idéologique de la société de
frontière : « [T]he frontier also arises out of subjective definitions of reality :
societies often define neighboring areas as lacking any legitimate political
institutions and as being open to legitimate intrusion and settlement – this
even if the areas are in fact occupied by organized polities. In brief, the
frontier is above all a political fact, a matter of a political definition of geo-
graphical space » (*ibid.* : 11)[3].

---

1. L'esclave – l'esclave marchandisé – constituant en quelque sorte l'extérieur de ce
   principe (Kopytoff et Miers, 1977 ; Meillassoux, 1986).
2. Ma traduction : « La frontière africaine sur laquelle nous nous concentrons est
   constituée d'espaces politiquement ouverts, nichés entre des sociétés organisées
   mais "internes" aux régions plus larges qui les englobent – d'où le nom de "frontière interne" ou "interstitielle". »
3. Ma traduction : « La frontière émerge également de définitions subjectives de la
   réalité : les sociétés définissent souvent les espaces qui leur sont limitrophes comme
   privés d'institutions politiques légitimes et donc ouverts à des intrusions et

L'antériorité, plus exactement la caractérisation d'un groupe comme premier arrivant dans un espace donné, résulte donc d'une entreprise politique ; on ne peut pas la réduire à une donnée objectivable d'un point de vue purement chronologique. Trois points sont ici à relever pour la réflexion qui suit. Tout d'abord, la déclinaison de l'investissement initial créateur de droit s'est enrichie d'un cas supplémentaire : au travail rituel et agraire s'ajoute le travail politique, au sens où il est constitutif de logiques d'inclusion et d'exclusion. On peut ainsi croiser des récits concurrents d'antériorité dans une même localité, chacun se référant à un travail, à une innovation fondatrice précise (Kopytoff, 1987 ; Jacob, 2007). « Ici comme ailleurs, les commencements pullulent » (Detienne, 2003 : 25), l'Athènes antique constituant en l'occurrence le « ici » de Marcel Detienne. Second point, le statut de premier arrivant – pris en première approximation comme synonyme d'autochtone – est relationnel et historique, il s'inscrit dans un processus toujours recommencé de production sociétale, en référence à un environnement particulier, par exemple les « chaînes de sociétés » (Amselle et Mbokolo, 1985) qui caractérisaient l'Afrique subsaharienne précoloniale. Ce contexte, ce peut aussi être celui de la colonisation dont le projet de conquête militaire et territoriale s'ancrait dans un déni de légitimité des institutions et des savoirs des colonisés, en quelque sorte une politique de la « non-reconnaissance » pour paraphraser Charles Taylor (1994). L'autochtonie resurgira alors en tant qu'argumentaire politique de la reconnaissance, ancré dans une légitimité alternative dont la coutume peut constituer un opérateur central[4]. Enfin, la constitution d'un groupe comme

---

installations légitimes – et ce même si ces espaces sont occupés par des sociétés organisées. En bref, la frontière est avant tout un phénomène politique, une question de définition politique d'un espace géographique. »

4. Autre contexte, celui du dispositif du développement. La métaphore de la frontière est ici aussi productive, « en particulier si l'on s'attache aux pratiques discursives constitutives de la logique du développement comme intervention exogène et ensemble d'institutions. On retrouve la logique de conquête d'espaces imaginés comme des "vides institutionnels" comblés par des institutions exportées en l'état, la tendance à la segmentation et à la reproduction à l'identique par prolifération de projets de développement local et de comités *ad hoc* – on retrouve ici la thèse du conservatisme culturel de la frontière avancée par Kopytoff [...] –, la coexistence, provisoire et souvent méconnue ou niée [...], de récits concurrents, ceux des développeurs et ceux des développés [...], porteurs de visions divergentes des origines, et enfin des entrepreneurs de frontière, incarnés par une multitude de courtiers, ONG et bureaux d'études » (Chauveau, Jacob et Le Meur, 2004 : 17). La question de l'autochtonie émerge ici sous la forme particulière des « savoirs locaux » ou « savoirs indigènes » que la justification modernisatrice du développement a rendus « invisibles ».

autochtone s'inscrit dans un processus généralisé de mobilité vu comme
«fait social normal», constitutif de l'ordre social et politique, contre une
lecture symptomale de la migration comme l'expression d'une crise, du
moins d'un dysfonctionnement de la société émettrice de migrants – on
migre pour des raisons économiques, politiques, religieuses... – ou d'un
mode de vie jugé très particulier, le nomadisme pastoral par exemple.
«Many forms of mobility are part of life and of making a livelihood. In
some societies, not being mobile may be the anomaly[5]» (de Bruijn et
autres, 2001 : 2)[6].

Si l'autochtonie est une catégorie relationnelle, et non une essence
de la personne ou du groupe, c'est entre autres parce que les personnes et
les groupes ne sont pas immobiles. La mobilité est fondatrice d'autochtonie, au sens de l'antériorité dont j'ai esquissé les contours, elle est aussi à
l'origine de la notion d'étranger. Les figures de l'autochtone et de l'étranger
peuvent donc être intégrées dans le cadre commun de l'organisation sociale
de la mobilité. Ces figures sont elles-mêmes plurielles, tous les autochtones
ne le sont pas au même degré[7], tous les étrangers ne se valent pas, du point
de vue des principes de justification et des normes morales qui fondent les
communautés d'appartenance des individus. «L'utilité» de l'étranger est
construite socialement et politiquement (*cf.* Arnaldi di Balme, 2006 ;
Hochet, 2006). Dans les réflexions qui suivent, j'explorerai le thème de
l'autochtonie en quelque sorte par son envers, celui du positionnement
social de l'étranger par rapport aux interactions qui se jouent entre politique des appartenances et organisation de la mobilité. Les exemples issus
d'Afrique de l'Ouest que j'utiliserai permettront d'illustrer les mécanismes
par lesquels des individus extérieurs à un groupe sont intégrés selon des
modalités précises qui les constituent en tant qu'étrangers insérés dans des

---

5. Ma traduction : « Les formes de la mobilité font pour nombre d'entre elles partie
   intégrante du mode de vie et de subsistance. Dans certaines sociétés, c'est *ne pas*
   être mobile qui peut constituer une anomalie. »

6. Ce point de vue n'est pas limité au continent africain (voir Kearney, 1996 ;
   Appadurai, 1996 ; Tsing, 2000). Saskia Sassen (1996) revisite l'histoire européenne
   en plaçant les phénomènes de mobilité au centre de sa réflexion.

7. En Nouvelle-Calédonie, le discours sur l'autochtonie a connu des remaniements
   sémantiques : les droits autochtones sont préférés aux droits indigènes, car ils renvoient à une antériorité historique supérieure. En d'autres termes, des Européens
   peuvent revendiquer une forme d'« indigénéité » – ils sont nés en Nouvelle-
   Calédonie –, mais pas d'autochtonie – ce sont des *latecomers* (sans parler des
   Javanais ou Wallisiens : la logique du premier arrivant/arrivant tardif peut se répé-
   ter à l'infini).

chaînes d'attentes et d'obligations, de droits et de devoirs à la base d'une citoyenneté localisée. On verra que les définitions locales de la citoyenneté, en d'autres termes les formes de l'inclusion et de l'exclusion, peuvent entrer en contradiction avec la citoyenneté nationale[8]. Ces différends surgissent de la confrontation et de l'absence de compromis entre mondes ou cités différentes, pour reprendre la dénomination de Boltanski et Thévenot (1991). À l'idée d'une citoyenneté nationale correspond la cité civique de l'égalité des droits et, du point de vue foncier, de l'accès à la terre comme bien commun, ouvert à tout ressortissant national. Les légitimations de la cité civique entrent en contradiction avec des principes de justification et des formes de grandeur – de bien commun légitime – relevant d'autres cités, la cité domestique en particulier, qui valorise des normes et des hiérarchies fondées sur la séniorité et l'antériorité, réelle ou reconstruite (voir par exemple Lentz, 2006)[9].

Il ne s'agit pas de réduire le débat à une rencontre entre des normes locales et des formes d'instrumentalisation politique de l'autochtonie[10]. La pluralité des citoyennetés résulte de l'action de mécanismes d'inclusion et d'exclusion qui mobilisent des normes et des principes également pluriels. Les «communautés d'appartenance» sont diverses et ne s'organisent pas selon un schéma simple d'enchâssements successifs, telles des poupées russes. L'appartenance en Afrique ne se réduit ni au village ni à l'ethnie, elle inclut d'autres regroupements, religieux, générationnels, socioéconomiques – et aussi, contrairement aux clichés, un sentiment national –, qui s'imbriquent selon des modalités diverses. La prise en compte de la pluralité et des reconfigurations culturelles et normatives générées par les interactions

---

8. On peut analyser la crise ivoirienne (au moins partiellement) selon ce point de vue (Chauveau, 2000, 2006a) ; *cf.* aussi Bayart et autres (2001), Geschiere (2004) sur la relation entre politique de l'autochtonie, citoyenneté et démocratie en Afrique sub-saharienne.

9. Elle rencontre la cité de l'opinion, dont la grandeur s'ancre dans la reconnaissance de la réputation, de l'honneur et des dépendances personnelles, d'une certaine manière dans une économie morale de la juste redistribution/réciprocité. Paul Ricœur, dans son analyse du travail de Boltanski et Thévenot, soutient que « la coupure décisive est entre la cité civique et la triade de la grandeur inspirée, de la grandeur domestique et de la grandeur de renommée » (2004 : 324). C'est surtout la pluralité des cités, donc des modes d'évaluation et de justification du bien commun légitime qu'il faut retenir ici.

10. C'est un peu ce que fait l'historien John Lonsdale (1994) en opposant de manière trop rigide ethnicité morale et tribalisme politique ; voir Werbner (2004 : 263 et suiv.) pour une critique de ses thèses.

entre appartenance et mobilité permet d'enrichir le débat lancé il y a plus d'une décennie par Charles Taylor sur la « politique de la reconnaissance » et de le sortir d'un certain culturalisme, fût-il multiculturel (voir Lonsdale, 1994 ; Englund et Nyamnjoh, 2004 pour l'introduction de ses thèses dans le débat africaniste)[11].

MOBILITÉ ET CITOYENNETÉ : INTÉGRATION ET PRODUCTION SOCIALE DES ÉTRANGERS EN AFRIQUE DE L'OUEST

L'organisation sociale de la mobilité est consubstantielle de l'histoire africaine envisagée dans la longue durée. Contre le cliché de sociétés villageoises closes, c'est l'image de sociétés et de groupes humains en mouvement, engagés dans des relations parfois de longue distance, qui se dégage des recherches historiques et anthropologiques contemporaines (Shack et Skinner, 1979 ; Amselle et Mbokolo, 1985 ; Kopytoff, 1987). La question de la relation à l'autre, et plus précisément de son éventuelle intégration dans une nouvelle communauté, a été traitée de différentes manières, mais dans un contexte précolonial marqué par un déséquilibre relatif entre l'abondance des ressources foncières et la rareté des ressources humaines. Il ne faut bien sûr pas surévaluer ce déséquilibre, l'un des effets du « mode de production esclavagiste », répandu du XVIe au XIXe siècle, ayant été la concentration des populations dans des zones refuges difficilement accessibles et facilement défendables, plateau Dogon au Mali, collines de l'Atacora au Bénin, Adamaoua au Cameroun... Malgré tout, le contrôle des hommes constituait un enjeu central. Les réponses étaient diverses : polygynie, alliances politiques, contrôle des cadets, adoptions et pseudo-parenté, esclavage domestique, dépendance pour dette, « castes[12] », etc. Les modalités précoloniales d'incorporation des étrangers à un groupe étaient plutôt inclusives et les frontières ethniques relativement fluides et négociables.

L'ethnicité en Afrique n'est donc certainement pas une invention coloniale mais ses formes précoloniales invitent à en reconsidérer la nature et le fonctionnement. Sandra Greene, dans son étude historique des Anlo

---

11. Il est à noter que le discours sur les peuples autochtones et les *first nations*, très présent en Océanie, a aussi fait son entrée en Afrique orientale et australe ; voir entre autres, Hitchock (2002), pour le Botswana.

12. Alula Pankhurst (1999 : 493-495), dans une discussion sur la pertinence du concept de caste appliqué à l'Éthiopie, note l'importance de la mobilité dans la genèse de groupes sociaux définis par leur activité non agricole.

Ewe du sud Ghana, fait de la parenté, du moment d'arrivée et de la zone de départ, des caractéristiques structurant l'appartenance ethnique tout autant que l'idée d'une identité basée sur une communauté culturelle, linguistique ou politique imaginée (Greene, 1996 : 14). Cette vision plus « intérieure » (Lonsdale, 1996 ; Lindgren, 2004) de l'ethnicité correspond bien aux récits de déplacement et d'installation que j'ai pu recueillir au centre du Bénin (Le Meur, 2006b). Elle fait de la mobilité un élément central dans la production et les reconfigurations de l'appartenance. La prise en compte de l'histoire du peuplement doit être complétée par une réflexion sur la manière dont cette histoire est elle-même utilisée – manipulée, racontée, mise en scène – sous la forme de récits dont une des fonctions est légitimatrice. La mobilité s'exprime dans une histoire orale en quelque sorte segmentaire, ponctuée d'événements pivots, considérés comme fondateurs et tendant à effacer les événements antérieurs[13]. La notion est empruntée à William Murphy et Caroline Bledsoe, qui suggèrent que « certains événements [sont] sélectionnés de manière stratégique parmi d'autres dans le flux des événements et définis comme pivots [*made pivotal*] » (Murphy et Bledsoe, 1987 : 125) ; voir aussi Kopytoff (1987 : 58) qui souligne la coexistence dans une communauté de plusieurs histoires qui prennent chacune un moment précis comme « événement pivot » de leur naissance politique. Cette segmentation de l'histoire orale correspond aux remarques de l'historien Jan Vansina selon lequel les sociétés de tradition orale conçoivent le changement sous la forme de ruptures successives et d'empilements d'« états politiques statiques » (Vansina, 1985 : 130 ; cité dans Jacob, 2007).

La mobilité des hommes s'accompagne de la mobilité des cultes. Au centre du Bénin, les médiations religieuses jouent un rôle clef dans les processus de décision concernant les déplacements d'un groupe et les usages des ressources naturelles, en particulier l'ouverture et l'exploitation de nouvelles terres. Le lieu d'installation était choisi après consultation du Fa, divinité de la divination, et le *vodun* lignager ou *hennu vodun*, garantissant la richesse et la croissance du groupe, était transporté de place en place. À un échelon plus localisé et individuel, le défrichement d'un nouveau champ était précédé d'une consultation du Fa pour mieux connaître les préférences et les tabous du *vodun* local (*glevodun* or *danvodun*) dans le but

---

13. Au centre du Bénin, en pays mahi, ces tournants se retrouvent dans les dénominations claniques, les clans mahis ayant souvent aussi une dénomination géographique renvoyant à une station clef dans leur trajectoire (voir Le Meur, 2006b pour un récit plus détaillé).

de s'assurer de bonnes récoltes. On peut voir dans le binôme constitué par *Sakpata* et les *danvodun* l'expression de la tension entre intérêt collectif et incitation privée dont la gestion est constitutive de la production d'un ordre social (*cf.* Jacob, 2004). On peut aussi reprendre l'hypothèse (peut-être un peu fonctionnaliste) de Lentz et Kuba (2002) au sujet des Dagaras du sud-ouest du Burkina Faso sur le lien entre la propension à la mobilité et le type de culte de la terre (le *vodun Sakpata* n'est pas exactement la divi-nité de la terre ou plutôt elle est plus que ça et, en même temps, elle est en quelque sorte facilement « transportable », moyennant certaines précautions rituelles[14]). Au-delà, la circulation trans-locale et trans-ethnique des cultes *vodun* constitue un élément générateur d'une certaine continuité culturelle entre entités politiques de cette zone de frontière. Les localités constitutives de cet ensemble constituent autant de « communautés morales » reliées par des réseaux complexes de trajets, de stations, d'alliances et de cultes com-muns.

La colonisation va créer une rupture ambiguë par rapport à ces modalités de construction des appartenances, les relations entre mobilité et localité et les formes d'accumulation des hommes ou *wealth in people* (Guyer, 1993). On peut la voir comme une entreprise de territorialisation de la puissance de l'État, de maillage de l'espace par la constitution et la stabilisation d'un réseau de villages administratifs. Elle a aussi tenté de contrôler les déplacements des personnes tout en cherchant à mobiliser et à « domestiquer » la force de travail locale à des fins d'exploitation capitaliste. Geschiere et Nyamnjoh (2000) situent là les origines de la politique contemporaine de l'autochtonie. La mise en place de chefferies administra-tives supposées correspondre d'un point de vue ethnique à la fois à un groupe de population et à son inscription territoriale a aussi contribué à durcir les frontières ethniques. En même temps, la « pacification » coloniale a autorisé un fort mouvement de déconcentration de l'habitat et une colo-nisation agraire à la base d'une redéfinition des positions de ces groupes les uns par rapport aux autres, et ce, en relation avec des territoires jusque-là non définis par des frontières linéaires. Les thèmes de l'antériorité, de la souveraineté territoriale et des droits fonciers se sont ainsi entremêlés. La fin de la colonisation en Afrique, marquée par une période de relative libé-ralisation politique (fin de l'indigénat, du travail forcé, autorisation des partis politiques) et les indépendances vont démultiplier les possibilités de mobilité, alors même que les formes précoloniales de contrôle des hommes

---

14. Je remercie Jean-Pierre Jacob pour avoir attiré mon attention sur cette hypothèse qui doit être testée plus systématiquement.

sont affaiblies. C'est dans ce contexte que s'affirme la relation de tutorat comme une des modalités centrales d'incorporation des étrangers dans une communauté locale.

> Le terme du « tutorat » désigne les relations sociales réciproques qui naissent de l'accueil d'un étranger (ou d'un groupe étranger) et de sa famille dans une communauté villageoise locale pour une durée indéterminée, incluant une dimension transgénérationnelle (la relation de tutorat se transmet d'une génération à une autre). Le transfert se manifeste par la délégation de droits fonciers entre un « propriétaire coutumier » (désigné par la suite par le terme de « tuteur »), qui agit en tant qu'autochtone ou détenteur d'une maîtrise territoriale antérieure, et son « hôte » étranger (désigné par la suite par « étranger », dans ce sens spécifique, et non dans le sens général d'étranger, puisqu'il acquiert du coup un statut durable au sein de celle-ci) (Chauveau, 2006b : 16).

Examinée du point de vue de l'accès aux ressources, la relation de tutorat apparaît comme de type clientéliste, souvent exprimée dans le langage de la parenté, fondée sur un échange de biens et de services entre deux acteurs inégalement dotés en ressources et vivant la relation comme volontaire et réciproque et les échanges comme « spontanés » (du point de vue du tuteur, le « bon migrant » est celui qui « donne sans ou avant qu'on lui demande ») (*cf.* Spittler, 1977). Le migrant est essentiellement fournisseur de force de travail et de biens associés. Le statut des ressources contrôlées par le tuteur est moins net dans un contexte où les maîtrises foncières sont très mouvantes et incertaines. L'installation du migrant ne découle pas d'une propriété préexistante du tuteur, et elle peut au contraire participer d'une stratégie active d'appropriation de la part de ce dernier. La relation de tutorat s'inscrit sur un mode ambigu dans deux principes de l'économie morale paysanne : le principe de commune humanité à la base de l'accueil de l'étranger est associé au principe du travail créateur de droit. Or ici, c'est d'une certaine manière le travail du migrant qui crée le droit du tuteur, qui le constitue en propriétaire foncier, ce qui ne va pas de soi et génère des conflits entre autochtones (on retrouve ce cas de figure par exemple au centre du Bénin et au centre ouest de la Côte d'Ivoire ; *cf.* Le Meur, 2006b ; Chauveau, 2006b ; Hosteint, 2006)[15]. On peut aussi considérer le travail

---

15. On peut distinguer une troisième forme de tutorat, qui se situerait entre celle qui repose sur une propriété foncière préexistante du tuteur et celle qui fait de l'installation du migrant un vecteur d'appropriation foncière. C'est celle qu'analyse Jean-Philippe Colin dans le sud de la Côte d'Ivoire (Colin et Ayouz, 2006 : 406-410 ; voir aussi Jacob, 2005 : 7-8) où les autochtones se sont arrogés, en les démembrant,

effectué par le tuteur, qui est un travail d'installation foncière et aussi d'insertion du migrant au sein d'une communauté morale. On glisse ici vers la seconde fonction du tutorat, qui n'est pas simple relation dyadique liée à l'accès à des ressources particulières, mais aussi institution renvoyant au tiers que constitue la communauté d'accueil. Le migrant fournisseur de force de travail est transformé en étranger doté d'un statut particulier et inséré dans une chaîne de droits et de devoirs, d'attentes et d'obligations (Simmel, 1950; Shack et Skinner, 1979; Chauveau et autres, 2004: 8-11). Cette insertion est particulière au sens où elle se fonde sur une tension entre intégration sociale (qui passe par une adhésion aux codes locaux[16]) et distance (l'étranger ne devient jamais autochtone, sauf dans certains cas limites où la proximité culturelle joue sans doute un rôle important à côté des jeux de l'alliance)[17]. Les deux traits qui caractérisent le tuteur comme propriétaire coutumier – être autochtone et détenteur d'une maîtrise territoriale – sont en fait indissociables: le gouvernement des hommes et le gouvernement des ressources sont intrinsèquement liés. Leurs poids respectifs peuvent varier, mais c'est au fond la pleine citoyenneté locale du propriétaire qui lui permet d'intégrer le migrant comme citoyen local particulier.

Selon les cas, cette production des étrangers en tant que membres particuliers de la localité peut être individuelle ou collective (avec constitution de hameaux de migrants dotés d'un porte-parole ou représentant, en particulier dans le cas des migrants fons de la région d'Abomey). On peut faire l'hypothèse d'une relation entre ces différences dans la société d'ac-

---

les réserves foncières villageoises ou lignagères par l'installation de migrants. Il ne s'agit donc pas d'une appropriation *ex nihilo* par l'installation des migrants mais d'une décentralisation du droit de garde de domaines villageois ou lignagers. Le détournement des contributions des migrants au profit des installateurs autochtones est justifié par un travail de défense du patrimoine autochtone dans le contexte, insécurisant de ce point de vue, de la politique ivoirienne menée par Houphouët Boigny dans les années 1960 et 1970 de développement de l'économie de plantation et d'intégration des migrants du nord du pays et du Burkina Faso et du Mali (*cf. infra*).

16. Incluant, au centre du Bénin, dans le cas de migrants d'origine fon et adja et de religion *vodun*, l'adhésion aux cultes locaux (Le Meur, 2006b).

17. Voir Peters (2002) pour une étude mettant en lumière au sud du Malawi le processus inverse de transformation de « parents en étrangers » lors de conflits fonciers dans lesquels les pratiques sorcellaires occupent une place de choix, et dont elle décrit les effets en termes de différenciation sociale et économique et de « formation de classes ».

cueil et, d'une part, l'organisation sociale et politique dans la société d'origine et, d'autre part, le type de « projet de migration » (voir Jacob, 2003 ; Chauveau, 2006a). Les modalités de l'accueil varient également. Jean-Pierre Chauveau dans sa synthèse sur le tutorat en Afrique de l'Ouest distingue trois grandes formes (2006b : 18) : (i) un tutorat collectif de niveau villageois où les relations bilatérales entre tuteurs et étrangers sont entièrement médiatisées par l'organisation sociale et politique de la société locale ; (ii) un tutorat collectif inter-villageois où les règles coutumières qui déterminent les relations des communautés installées sur les terres d'un village plus ancien sont les mêmes que celles qui définissent les rapports entre un nouveau venu et son tuteur au niveau villageois ; (iii) un tutorat individualisé où les relations bilatérales entre tuteur et étranger sont très fortes (même si elles restent enchâssées dans des relations lignagères ou familiales) et apparaissent relativement autonomes par rapport à l'organisation sociale et politique de la société locale.

Ces types ne sont pas exclusifs l'un de l'autre, et ils se combinent dans des formes variables (par exemple les types 1 et 2 au centre-ouest du Burkina Faso, Jacob, 2003). Leur coexistence peut aussi être conflictuelle, comme au centre du Bénin où prévalait un tutorat de type plutôt individualisé dans les villages mahis. Or on assiste à une tentative de la part de chefferies coutumières (ou plutôt néo-coutumières, dont la résurgence date des années 1990 ; Bako-Arifari et Le Meur, 2003) de se positionner comme institution tutrice des étrangers et par conséquent destinatrice de la rente qu'on leur prélève. Il ne s'agit pas ici simplement de contrôle des ressources mais aussi de légitimation d'une instance comme autorité publique, le tutorat étant utilisé comme ressource argumentative. L'institution du tutorat peut être pensée en termes à la fois de gouvernance – comme élément contribuant à la régulation foncière et sociopolitique, à côté, et en interaction avec d'autres institutions – et de gouvernementalité, comme manière de problématiser l'intégration des étrangers dans une communauté morale et politique à des niveaux plus larges (Chauveau, 2006b ; Le Meur, 2006a), le niveau national dans le cas ivoirien (Chauveau, 2000). Avec les indépendances et l'émergence d'un nationalisme propre à cette période, on a assisté à un nouveau durcissement, cette fois dans le sens de la prévalence de la citoyenneté nationale dans le contrôle et l'accès à des ressources économiques et politiques stratégiques, glissement que Shack et Skinner qualifient du passage du couple *host/stranger* au couple *citizen/alien* (Shack et Skinner, 1979). On observe aussi des formes de « politisation du tutorat » (Chauveau, 2006b : 24-25) dans le cadre d'un durcissement et parfois d'une « nationalisation de l'autochtonie». Ce tournant, qui s'est traduit par des expulsions massives d'étrangers non nationaux, a fortement réorienté les flux migratoires à certains moments (Alien Act en 1968 pour le Ghana, 1983 pour le Nigeria). C'est la même idéologie qui a favorisé des migrations intra-nationales, en général intra-rurales (mais incluant aussi des détours urbains), sous le slogan «la terre appartient à celui qui la travaille» (*cf.* Lund, 1998 pour le Niger, Breusers, 1999 pour le Burkina Faso, Le Meur, 2005 pour le Bénin). La rencontre parfois conflictuelle entre les conceptions locales et nationales de la citoyenneté résulte du croisement de mouvements migratoires adossés à des principes de justification, des modèles de cité et des normes morales contradictoires.

PROPOSITIONS OCÉANISTES : ACCUEIL DES ÉTRANGERS, POLITIQUE DE LA COUTUME ET LIEN À LA TERRE

Les éléments empiriques et les hypothèses interprétatives des paragraphes qui précèdent sont ancrés dans des terrains précis, dans des configurations historiques particulières, et il est risqué de chercher à les transposer vers d'autres lieux. Pourtant des similitudes fortes peuvent inviter à tenter des comparaisons, ou du moins à faire de résultats issus des études africaines des hypothèses à tester dans des contextes océaniens. Je pense en particulier au modèle du tutorat en relation avec l'organisation sociale de la mobilité, dans un contexte où le lien à la terre est fortement valorisé. Ce lien renvoie à des usages particuliers du passé, et là encore il serait utile de faire le pont avec les études africaines. Enfin, la question de la coutume semble posée de manière différente dans les contextes africains et océaniens, invitant à un regard comparatiste. Je vais brièvement passer en revue ces thématiques.

«Le Pacifique océanien se distingue en ceci que les groupes familiaux, certains groupes sociaux et donc des personnes elles-mêmes sont imperceptibles, inconnaissables, sans prendre en compte la relation fondatrice qui les lie à l'espace socialisé dans les sémantiques locales» (Baré, 1992 : 10). En Nouvelle-Calédonie par exemple, les débats politiques actuels comme les études historiques mettent en avant des enjeux dont les relations mutuelles sont loin d'être aussi évidentes qu'on pourrait le penser *a priori*. D'un côté, il est fait état – avec depuis 1998 une reconnaissance officielle – du caractère constitutif du lien à la terre dans la construction de l'identité kanak. En fait, l'idée de «construction» reste le plus souvent implicite tant l'identité et le lien à la terre qui lui serait consubstantiel semblent aller de soi. De l'autre, l'accueil (accueil d'étrangers, de nouveaux arrivants, d'alliés potentiels, de futurs chefs, et aussi – accueil « dévoyé » – des colonisateurs; (Monnerie, 2003 : 217)) est au centre du discours, là encore avec des échos parfois distordus dans les discussions politiques[18]. Le lien entre ces deux concepts est celui de la mobilité : « Dans le cas du Pacifique, la territorialisation des individus semble inséparable d'une mobilité historiquement récurrente » (Baré, 1992 : 12). Cette mobilité, ici comme en Afrique et ailleurs, constitue un fait social normal (aux deux sens du terme, statistique et normatif, cf. Chauveau et autres, 2004). Elle a toutefois des ressorts divers qui ont en outre varié au cours de l'histoire, et l'on peut suivre J.-F. Baré lorsqu'il préfère au terme de migration l'expression de « circulation entre des lieux » (1992 : 12) qui lui permet d'intégrer à cette normalité de la mobilité les formes contemporaines des liens à la ville. La thématique de l'accueil doit donc être comprise dans un contexte de mobilité. Elle doit aussi intégrer son contraire, à savoir le départ : « Pour que des gens s'identifient à des lieux, il faut en effet que d'autres en partent » (Baré, 1992 : 12), processus renvoyant à ce que M. Naepels appelle « l'envers dénié de l'idéologie consensuelle du lieu, de l'accueil, de l'interdépendance et de la fonctionnalité » (Naepels, 1998 : 181). Or les relations sociales qui se créent entre « accueillants » et « accueillis », qui sont *a priori* du même ordre que celles qui définissent la relation de tutorat mise à jour en Afrique de l'Ouest, ont sans doute été insuffisamment étudiées. Quels sont les principes moraux et les registres de justification dans lesquels elles s'ancrent et les modèles sur lesquels elles fonctionnent ? J. Carrier (1998) a bien montré la logique clientéliste prévalant dans le cas néo-guinéen. D. Monnerie évoque « les deux facettes » de l'antériorité, « celle de l'accueil et celle de l'affinité », sans pour autant remonter à la matrice morale qui les fonde (Monnerie, 2001 : 75). Pourtant, si, comme il le montre bien, l'antériorité est relative et doit être réactivée avec le renouvellement des générations et les nouvelles arrivées, c'est qu'elle ne va pas de soi et requiert une justification. La discussion africaniste sur l'antériorité, l'autochtonie et la citoyenneté locale pourrait enrichir ce débat (je pense ici aussi au modèle de la frontière interne de Kopytoff).

On l'a vu, la terre joue aussi un rôle structurel dans la politique des appartenances (Kuba et Lentz, 2006) et le lien à la terre est conceptualisé

---

18. « Distordus » lorsque par exemple la logique sociopolitique de l'accueil de l'étranger glisse vers la logique rentière de la relation entre propriétaire foncier « accueillant » et locataire « accueilli » (Le Meur, à paraître).

comme consubstantiel d'identités spécifiques. Cette charge identitaire du lien à la terre est particulièrement marquée en Océanie, où il est souvent dit que c'est la terre qui possède les hommes et non l'inverse (par exemple Tcherkézoff, 1992 : 16 au sujet de Samoa ; voir aussi Abramson, 2000 : 195 pour les îles Fidji). Ce lien à la terre renvoie à l'histoire dont les manifestations sont diverses (Ricœur, 2000) : histoire incorporée dans des institutions d'époques différentes dont on observe souvent une tendance à l'empilement plus qu'à la substitution, histoire inscrite dans des lieux singuliers et des objets de culte, histoire continuée et intériorisée sous forme de mémoire individuelle et collective, et exprimée dans des registres variés (mythe, généalogie, récits familiaux et cheminements divers). Ce passé enchâssé dans le présent est bien sûr un passé remanié, réinterprété, réaménagé. Pour reprendre les termes de Sara Berry concernant les disputes foncières et territoriales chez les Ashanti, les « représentations du passé sont plutôt jouées (*performed*) que simplement reproduites, et ce, dans des arènes sociales diverses » (Berry, 2001 : xxviii). Ces manipulations parfois contradictoires de référents ne sont toutefois pas illimitées, et il faut voir à la suite d'Arjun Appadurai (1981) le passé comme une « ressource rare », contrainte par un certain nombre de normes et de principes moraux qui organisent culturellement le débat et structurent la gestion du sens du passé. Dans le cas océanien, on met souvent en avant, on l'a dit, la force du lien à la terre en Océanie, « l'obsession collective du fait territorial » pour reprendre les termes de J.-F. Baré (1992 : 9). Cette force du lien à la terre, qui en fait une composante structurante de la construction identitaire des populations et des nations océaniennes, est affaire de savoir et d'histoire. Elle suppose une connaissance en action (donc toujours susceptible de réaménagements) caractérisée par le fait d'être située et non pas abstraite. Cette « localisation » du savoir foncier et territorial (dont les « topo-patronymes » constituent une inscription particulière, Bensa, 1992) n'est toutefois pas synonyme d'immuabilité et d'immobilité. Elle est au contraire faite de cheminements et de rencontres, d'alliances et de ruptures, d'installations et de départs. Ce savoir est en même temps enchâssé dans les formes narratives qui l'expriment et sont elles-mêmes le fruit d'une rencontre entre une histoire et un contexte d'énonciation (*cf.* les « généalogies » calédoniennes par exemple ; voir Naepels, 1998 ; Monnerie, 2001). Les manifestations du lien à la terre sont donc socialement et historiquement situées, et elles continuent de jouer un rôle primordial dans les relations foncières contemporaines. Comme l'écrit J.-F. Baré, « cette silencieuse ténacité concernant la territorialisation des choses et des gens semble [...] avoir atteint les organisations modernes » (1992 : 9), dépassant la seule question de l'accès à la terre et aux ressources naturelles associées pour occuper une place centrale dans l'histoire coloniale et postcoloniale, la politique de la coutume et des appartenances et les formes de la construction nationale en Océanie (Keesing et Tonkinson, 1982; Foster, 1995; Ward et Kingdon, 1995). On a sans doute là une différence avec l'Afrique, même s'il ne faut pas la surestimer. La «coutume» occupe une position structurante dans la politique des appartenances en Océanie, par la mise en avant d'un «contenu», de «traditions», alors que nos observations et lectures africanistes donnent plutôt à voir le fonctionnement d'une «logique coutumière», présente aussi en Océanie, comme manière de raisonner sur un mode plus sociopolitique que juridique, qui imprègne les discours et les comportements d'acteurs «non coutumiers» autant que «coutumiers». Comme le remarque Assier-Andrieu dans le cas néo-calédonien, «l'emblématisation de la Coutume comme figure de la légalité autochtone sera l'effet de la détermination kanak à assumer la charge de remplir le fossé ménagé par la colonisation entre l'ordre français et l'organisation sociale indigène. [...] Autrement dit, la coutume est l'un de ces concepts généraux par lesquels une société autochtone signifie à l'Occident sa différence» (Assier-Andrieu, 1996: 95). La coutume constitue un opérateur central de la gouvernementalité des hommes et des ressources[19] dont il faut, au-delà du constat général établi par Assier-Andrieu, analyser les modalités concrètes et les liens avec, d'une part, les appareils institutionnels «coutumiers» ou «néo-coutumiers» qui se sont construits dans les contextes coloniaux et post-coloniaux en Océanie et, d'autre part, la pluralité des communautés et des discours d'appartenance qui définissent l'accès aux ressources (en particulier foncières) des individus et des groupes (*cf.* Hochet, 2006; Jacob, 2007; Le Meur, 2006b, c pour des cas ouest-africains).

L'étude des formes de mobilité dans la constitution de la société implique d'étendre l'hypothèse de M. Foucault sur le bio-pouvoir et la

---

19. Je reprends ici la distinction proposée par Nikolas Rose (1999 : 20-21) entre l'analyse de la gouvernance comme exploration des formes de régulation et d'ordre social qui émergent de la somme des interactions et des négociations entre acteurs et institutions étatiques et non étatiques, et l'étude de la gouvernementalité (il emploie aussi l'expression *analytics of governement*) qui s'intéresse à la manière dont les conduites individuelles ou collectives des personnes, dans un domaine précis de la vie sociale, deviennent, dans un contexte historique donné, une préoccupation pour les autorités et sont problématisées comme enjeu de gouvernement. On est ici du côté d'une définition exploratoire, non substantielle, de la gouvernementalité comme « la rencontre entre les techniques de domination exercées sur les autres et les techniques de soi » (Foucault, 2001 : 1604).

gouvernementalité au-delà des sociétés nées en Europe au XVIIIe siècle, comme le propose J.-P. Jacob : « [...] nous admettons que toutes les sociétés se sont posé les mêmes questions, celle du rapport qu'il convenait d'établir entre l'individu et le collectif et ont trouvé des réponses comparables, puisqu'elles ont toutes fait du corps biologique, de son souci et de sa préservation, la raison et le moyen du pouvoir » (Jacob, 2005 : 18). La gouvernementalisation comme mouvement d'émergence de « la population comme une donnée, comme un champ d'intervention, comme la fin des techniques de gouvernement » (Foucault, 2004 : 111)[20] est une caractéristique inhérente à toute société. On a vu l'importance du contrôle des hommes dans les problématiques de gouvernement des sociétés africaines et océaniennes non seulement précoloniales, mais aussi coloniales et post-coloniales. La mobilité est déterminante dans ces contextes, et elle occupe une position clef dans la relation mutuellement constitutive entre gouvernement des hommes et gouvernement des ressources[21]. La question de l'intégration d'individus extérieurs à une communauté, de migrants transformés par différentes procédures en étrangers ou « accueillis », pris dans un jeu d'attentes réciproques, d'alliances et de hiérarchies, de droits et d'obligations, est affaire de gouvernement, de construction de la grandeur de communautés morales, de production de formes plurielles de citoyenneté générées par les matrices de l'antériorité et de l'autochtonie. Les différences et les similarités qui marquent les traditions anthropologiques océanistes et africanistes constituent autant de points de passage vers une exploration renouvelée de ces enjeux contemporains, de ces « parcours de la reconnaissance » (Ricœur, 2004) qui combinent et reconstruisent identité et altérité, connaissance (de soi, de son histoire, de son environnement) et reconnaissance (ou non-reconnaissance) mutuelle, et qui redessinent les frontières politiques, les hiérarchies et les appartenances.

---

20. Le bio-pouvoir, consubstantiel à la notion de gouvernementalité, est défini comme « l'ensemble des mécanismes par lesquels ce qui, dans l'espèce humaine, constitue ses traits biologiques fondamentaux va pouvoir entrer à l'intérieur d'une politique, d'une stratégie politique, d'une stratégie générale de pouvoir » (Foucault, 2004 : 3).

21. Pour le dire autrement, « pas de justice sans justification ; pas de justification sans ajustement entre état des personnes et état des choses » (Ricœur, 2004 : 325).

BIBLIOGRAPHIE

ABRAMSON, A. (2000), « Bounding the Unbounded : Ancestral Land and Jural Relations in the Interior of Eastern Fiji », dans A. Abramson et D. Theodossopoulos (dir.), *Land, Law and Environment. Mythical Land, Legal Boundaries*, Londres, Pluto Press, p. 191-210.

AMSELLE, J.-L. et E. MBOKOLO (dir.) (1985), *Au cœur de l'ethnie : ethnies, tribalisme et État en Afrique*, Paris, La Découverte.

APPADURAI, Arjun (1981), « The past is a scarce resource », *Man* (N.S.), vol. 16, p. 201-219.

APPADURAI, Arjun (1996), *Modernity at Large. Cultural Dimensions of Globalization*, Minneapolis, University of Minnesota Press.

ARNALDI DI BALME, L. (2006), *La grandeur de la cité. Migrations et reproduction politique dans trois villages moose de la vallée du Mouhoun (Burkina Faso)*, étude RÉCIT n° 9, Ouagadougou, Laboratoire citoyennetés.

ASSIER-ANDRIEU, Louis (1996), *Le droit dans les sociétés humaines*, Paris, Nathan.

BAKO-ARIFARI, N. et P.-Y. LE MEUR (2003), « La chefferie au Bénin : une résurgence ambiguë », dans C.-H. Perrot et F.-X. Fauvelle-Aymar (dir.), *Le retour des rois. Les autorités traditionnelles et l'État en Afrique contemporaine*, Paris, Karthala, p. 125-143.

BARÉ, J.-F. (1992), « La terre, le Pacifique : introduction », *Études rurales*, n°s 127-128, p. 9-14.

BAYART, J.-F., P. GESCHIERE et F. NYAMNJOH (2001), « Autochtonie, démocratie et citoyenneté en Afrique », *Critique internationale*, vol. 10, p. 177-194.

BENSA, Alban (1992), « Terre kanak : enjeu politique d'hier et d'aujourd'hui. Esquisse d'un modèle comparatif », *Études rurales*, n°s 127-128, p. 107-131.

BERRY, Sara (2001), *Chiefs Know their Boundaries. Essays on Property, Power, and the Past in Asante, 1896-1996*, Portsmouth et Oxford, Heinemann et James Currey.

BOLTANSKI, L. et L. THÉVENOT (1991), *De la justification. Les économies de la grandeur*, Paris, Gallimard.

BREUSERS, M. (1999), *On the Move. Mobility, Land Use and Livelihood Practices on the Central Plateau in Burkina Faso*, Hamburg, APAD-Lit Verlag.

CARRIER, J. G. (1998). « Property and social relations in Melanesian anthropology », dans C. Hann (dir.), *Property Relations. Renewing the Anthropological Tradition*, Cambridge, Cambridge University Press, p. 85-103.

CHAUVEAU, J.-P. (2000), « Question foncière et construction nationale en Côte d'Ivoire », *Politique africaine*, vol. 78, p. 94-125.

CHAUVEAU, J.-P. (2006a), « How does an institution evolve? Land, politics, intra-household relations and the institution of the "tutorat" amongst autochthons and migrant farmers in the Gban region of Côte d'Ivoire », dans R. Kuba et C. Lentz (dir.), *Land and the Politics of Belonging in West Africa*, Leiden, Brill, p. 213-240.

CHAUVEAU, J.-P. (2006b), « Les transferts coutumiers de droits entre autochtones et "étrangers". Évolutions et enjeux actuels de la relation de "tutorat" », dans J.-P. Chauveau, J.-P. Colin, J.-P. Jacob, P. Lavigne Delville et P.-Y. Le Meur, *Modes d'accès à la terre, marchés, gouvernance et politiques foncières en Afrique de l'Ouest*, Résultats du projet de recherche CLAIMS, Londres, IIED, p. 16-29.

CHAUVEAU, J.-P., J.-P. JACOB et P.-Y. LE MEUR (2004), « L'organisation de la mobilité dans les sociétés rurales du Sud », *Autrepart*, n° 30, p. 3-23.

COLIN, J.-P. et M. AYOUZ (2006), « The Development of a Land Market? Insights from Côte d'Ivoire », *Land Economics*, vol. 82, n° 3, p. 404-423.

DE BRUIJN, M., R. VAN DIJK et D. FOEKEN (dir.) (2001), *Mobile Africa. Changing Patterns of Movement in Africa and Beyond*, Leiden, Brill.

DETIENNE, M. (2003), *Comment être autochtone. Du pur Athénien au Français raciné*, Paris, Seuil.

ENGLUND, H. (2004), « Introduction : recognizing identities, imagining alternatives », dans H. Englund et F. Nyamnjoh (dir.), *Rights and the politics of recognition in Africa*, Londres, Zed Books, p. 1-27.

ENGLUND, H. et F. NYAMNJOH (dir.) (2004), *Rights and the politics of recognition in Africa*, Londres, Zed Books.

FOSTER, R. J. (dir.) (1995), *Nation Making. Emergent Identities in Postcolonial Melanesia*, Ann Arbor, The University of Michigan Press.

FOUCAULT, Michel (2001 [1978]), « La gouvernementalité », dans M. Foucault, *Dits et écrits II, 1976-1988*, Paris, Gallimard, p. 635-657.

FOUCAULT, Michel (2004), *Sécurité, territoire, population*, Cours au collège de France, 1977-1978, Paris, Seuil-Gallimard.

GESCHIERE, Peter (2004), « Ecology, Belonging and Xenophobia : The 1994 Forest Law in Cameroon and the Issue of "Community" », dans H. Englund et F. Nyamnjoh (dir.), *Rights and the Politics of Recognition in Africa*, Londres, Zed Books, p. 237-259.

GESCHIERE, Peter et Francis NYAMNJOH (2000), « Capitalism and autochthony : the seesaw of mobility and belonging », *Public Culture*, vol. 12, p. 423-452.

GREENE, Sandra (1996), *Gender, Ethnicity, and Social Change on the Upper Slave Coast. A History of the Anlo-Ewe*, London-Portsmouth, James Currey-Heinemann.

GUYER, Jane (1993), « Wealth in people and self-realization in equatorial Africa », *Man* (N.S.), vol. 28, p. 243-265.

HITCHCOCK, Robert K. (2002), « "We are the First People" : Land, Natural Resources and Identity in the Central Kalahari, Botswana », *Journal of Southern African Studies*, vol. 28, n° 4, p. 797-824.

HOCHET, Peter (2006), « Migrations, agro-élevage et développement parmi les Minyanka du sud-est du Mali. La construction de l'étranger utile », *Cahiers d'études africaines*, n° 183, p. 615-631.

HOSTEINT, Laura (2006), *Enjeux locaux du tutorat foncier : contrôle des hommes et des ressources à Gbanlin, Vossa, Tosso et Idadjo (centre Bénin)*, Mémoire de master, Département d'anthropologie, Université d'Aix-Marseille 1.

JACOB, J.-P. (2003), « Imposer son tutorat foncier. Usages autochtones de l'immigration et tradition pluraliste dans le Gwendégué (centre-ouest Burkina) », dans R. Kuba, C. Lentz et C. N. Somda (dir.), *Histoire du peuplement et relations interethniques au Burkina Faso*, Paris, Karthala, p. 75-96.

JACOB, J.-P. (2004), « Gouvernement de la nature et gouvernement des hommes dans le Gwendégué (centre-ouest du Burkina Faso) », *Autrepart*, n° 30, p. 15-43.

JACOB, J.-P. (2005), *Sécurité foncière, bien commun, citoyenneté. Quelques réflexions à partir du cas burkinabè*, étude RÉCIT n° 6, Ouagadougou, Laboratoire citoyennetés.

JACOB, J.-P. (2007), *Terres privées, terres communes. Gouvernement de la nature et des hommes en pays winye, Burkina Faso*, Paris, IRD.

KEARNEY, M. (1996), *Reconceptualizing the Peasantry. Anthropology in Global Perspective*, Boulder, Westview Press.

KEESING, R. et R. TONKINSON (dir.) (1982), *Reinventing Traditional Culture : The Politics of Kastom in Island Melanesia*, Cahier thématique *Mankind*, 13, p. 297-399.

KOPYTOFF, Igor (dir.) (1987), « The Internal African Frontier : The Making of African Political Culture », *The African Frontier. The Reproduction of Traditional African Societies*, Bloomington et Indianapolis, Indiana University Press, p. 3-84.

KOPYTOFF, I. et S. MIERS (dir.) (1977), « Introduction : African "Slavery" as an Institution of Marginality », *Slavery in Africa. Historical and Anthropological Perspectives*, Madison, The University of Wisconsin Press, p. 3-81.

KUBA, R. et C. LENTZ (dir.) (2006), *Land and the Politics of Belonging in West Africa*, Leiden, Brill.

LE MEUR, P.-Y. (2005), « L'émergence des "jeunes" comme groupe stratégique et catégorie politique dans la commune de Ouessè (Bénin) », *Afrique contemporaine*, vol. 214, n° 2, p. 103-122.

LE MEUR, P.-Y. (2006a), « Gouvernance foncière : acteurs, arènes, gouvernementalité », dans J.-P. Chauveau, J.-P. Colin, J.-P. Jacob, P. Lavigne Delville et P.-Y. Le Meur, *Modes d'accès à la terre, marchés, gouvernance et politiques foncières en Afrique de l'Ouest*, Résultats du projet de recherche CLAIMS, Londres, IIED, p. 42-53.

LE MEUR, P.-Y. (2006b), « State Making and the Politics of the Frontier in Central Benin », *Development and Change*, vol. 37, n° 4, p. 871-900.

LE MEUR, P.-Y. (2006c), *Gouvernementalité de la frontière. Mobilité, contrôle des ressources et citoyenneté locale au centre du Bénin*, Colloque international « Les pouvoirs locaux au Niger et en Afrique de l'Ouest », LASDEL, Niamey, 29-31 octobre 2006.

LE MEUR, P.-Y. (à paraître), « Réflexions sur un oxymore. Le débat du "cadastre coutumier" en Nouvelle-Calédonie », dans E. Faugère et I. Merle (dir.), *La Nouvelle-Calédonie à l'épreuve des accords de Nouméa*.

LENTZ, C. et R. KUBA (2002), « Arrows and Earth Shrines : Towards a History of Dagara Expansion in Southern Burkina Faso », *Journal of African History*, vol. 43, p. 377-406.

LENTZ, Carola (2006), « First-comers and late-comers : indigenous theories of landownership in West Africa », dans R. Kuba et C. Lentz (dir.), *Land and the Politics of Belonging in West Africa*, Leiden, Brill, p. 35-56.

LINDGREN, B. (2004), « The internal dynamics of ethnicity : Clan names, origins and castes in southern Zimbabwe », *Africa*, vol. 74, n° 2, p. 173-193.

LONSDALE, J. (1994), « Moral etthnicity and political tribalism », dans P. Kaarsholm et J. Hultin (dir.), *Inventions and Boundaries : Historical and Anthropological Approaches to the Study of Ethnicity and Nationalism*, Occasional paper 1 et International Development Studies, Roskilde University, p. 131-150.

LONSDALE, J. (1996), « Ethnicité morale et tribalisme politique », *Politique africaine*, 61, p. 98-115.

LORAUX, Nicole (1996), *Né de la terre. Mythe et politique à Athènes*, Paris, Seuil.

LUND, Christian (1998), *Land, Power and Politics. Land Struggles and the Rural Code in Niger*, Hamburg, APAD-Lit Verlag.

MEILLASSOUX, C. (1986), *Anthropologie de l'esclavage. Le ventre de fer et d'argent*, Paris, PUF.

MONNERIE, D. (2001), « Représentations de la société, statuts et temporalités à Arama (Nouvelle-Calédonie) », *L'Homme*, n° 157, p. 59-86.

MONNERIE, D. (2003), « Résistance au colonialisme, culture, coutume et politique (Arama et région Hoot ma Whaap). Pratiques et représentations historiques et contemporaines », *Journal de la Société des océanistes*, vol. 117, n° 2, p. 213-231.

MURPHY, W. et C. BLEDSOE (1987), « Kinship and Territory in the History of a Kpelle Chiefdom (Liberia) », dans I. Kopytoff (dir.), *The African Frontier. The Reproduction of Traditional African Societies*, Bloomington et Indianapolis, Indiana University Press, p. 123-147.

NAEPELS, M. (1998), *Histoires de terres kanakes. Conflits fonciers et rapports sociaux dans la région de Houaïlou (Nouvelle-Calédonie)*, Paris, Belin.

PANKHURST, A. (1999), « "Caste" in Africa : the evidence from south-western Ethiopia reconsidered », *Africa*, vol. 69, n° 4, p. 485-509.

PETERS, Pauline (2002), « Bewitching Land : the Role of Land Disputes in Converting Kin to Strangers and in Class Formation in Malawi », *Journal of Southern African Studies*, vol. 28, n° 1, p. 155-178.

RICŒUR, Paul (2000), *La mémoire, l'histoire, l'oubli*, Paris, Seuil.

RICŒUR, Paul (2004), *Parcours de la reconnaissance. Trois études*, Paris, Gallimard.

ROSE, Nikolas (1999), *Powers of Freedom. Reframing Political Thought*, Cambridge, Cambridge University Press.

SASSEN, Saskia (1996), *Migranten, Siedler, Flüchtlinge. Von der Massenauswanderung zur Festung Europa*, Frankfurt, Fischer.

SHACK, W. A. et E. P. SKINNER (dir.) (1979), *Strangers in African Societies*, Berkeley et Los Angeles, University of California Press.

SIMMEL, G. (1950 [1908]), « The Strangers », dans K. H. Wolff (traduction et édition), *The Sociology of Georg Simmel*, New York, Free Press, p. 402-408.

TAYLOR, C. (1994), « La politique de reconnaissance », dans C. Taylor (dir.), *Multiculturalisme, différence et démocratie*, Paris, Flammarion [1992], p. 41-99.

TCHERKÉZOFF, S. (1992), « Les enfants de la terre aux îles Samoa : tradition locale et "développement" importé », *Études rurales*, vol. 127-128, p. 15-40.

TSING, Anna (2000), « The Global Situation », *Cultural Anthropology*, vol. 15, n° 3, p. 327-360.

VANSINA, Jan (1985), *Oral Tradition as History*, London, James Currey.

WARD, R. G. et E. KINGDON (dir.) (1995), *Land, Custom and Practice in South Pacific*, Cambridge, Cambridge University Press.

WERBNER, Richard (2004), « Epilogue : the new dialogue with post-liberalism », dans H. Englund et F. Nyamnjoh (dir.), *Rights and the politics of recognition in Africa*, London, Zed Books, p. 261-274.

L'ambivalente figure
de l'indigène universel
dans les discours sur la nation fidjienne

VIVIANE CRETTON

À Fidji, les coups d'État se suivent mais ne se ressemblent pas.

Le 5 décembre 2006, le commandant des forces militaires fidjiennes, Frank Bainimarama, a renversé le gouvernement élu de Qarase, «au nom de la démocratie». Ce jour-là, Fidji vécut son quatrième coup d'État, en moins de vingt ans. Cet événement s'inscrit dans la continuité des rebondissements politiques qui ont suivi le coup d'État de 2000 – un coup d'État qui avait été proclamé par George Speight «au nom des Fidjiens indigènes de ce pays».

Pour l'analyste ayant vécu le coup d'État de 2000 (Cretton, 2007, 2005, 2002a, 2002b), celui de décembre 2006 n'est guère surprenant. Il serait plutôt «ironique». Est-ce à dire qu'une culture du coup d'État est en voie d'institutionnalisation à Fidji? Ou serait-ce plutôt, à rebrousse-poil du sens commun, que les coups d'État fidjiens sont des actes démocratiques? Sans répondre à ces questions, ni offrir une analyse du dernier coup d'État fidjien[1], je propose toutefois dans cet article quelques clés de lecture pour comprendre la situation fidjienne actuelle, dans ses continuités et ses ruptures, au-delà du sens commun simplificateur.

En 2000, le coup d'État visait à déposer le premier ministre indo-fidjien Mahendra Chaudhry, par l'intermédiaire d'un homme d'affaires

---

1. Que je n'ai pas vécu de l'intérieur, à la différence du troisième.

métis alors inconnu de la scène politique fidjienne, George Speight. Objectif énoncé et atteint : instaurer un gouvernement pro-indigène. En 2006, la prise de pouvoir destitue le premier ministre fidjien Laisenia Qarase, sur l'initiative du commandant des forces militaires fidjiennes, Frank Bainimarama. Raison proférée : cesser la politique discriminatoire de Qarase pour instaurer un gouvernement multiethnique. Ce même commandant militaire avait déjà lutté « pour la démocratie » en 2000, en contrant les rebelles armés de George Speight dans le but de ramener Fidji sur la voie constitutionnelle. En 2006, Bainimarama se positionne en défenseur des minorités « ethniques » de l'archipel. Il affirme qu'il est temps de mettre fin à la politique ethno-nationaliste de Qarase – premier ministre élu à la suite du coup d'État de 2000. Lorsqu'il était encore premier ministre intérimaire, en juillet 2000, Qarase avait publié un *Blueprint* chargé de renforcer les « droits indigènes » (*indigenous rights*). Il s'agit d'une charte édictant des mesures d'*affirmative action* pour favoriser l'accès des Fidjiens à l'éducation, l'économie et la politique, au détriment des Indo-Fidjiens, des Asiatiques, des métis et des autres[2]. Plus tard, en août 2001, Qarase (cette fois premier ministre élu et représentant du parti *Soqosoqo Duavata ni Lewenivanua*, SDL[3], ou Parti fidjien unifié) a créé un ministère de la réconciliation et lancé le Conseil national pour la réconciliation et l'unité (*National Council of Reconciliation and Unity*) (Robertson et Sutherland, 2001 : 43). Ce ministère dirige un programme soutenu par diverses organisations de la société civile qui inclut des projets, en différentes parties du pays, dans le but de réunir les acteurs sociaux dans un esprit d'unité (Ratuva, 2003 : 150). En avril 2005, le premier ministre Qarase a promulgué un projet de loi, *The Reconciliation, Tolerance and Unity Bill*, abondamment disputé dans l'espace public.

Ces mesures (renforcement des droits autochtones et institutionnalisation de la réconciliation) incarnent sans doute la singularité de la politi-

---

2. Les Fidjiens représentent environ 51 % de la population totale estimée à moins de 800 000 habitants d'origines différentes (selon le dernier recensement de 1996) : des Indiens arrivés d'Inde pendant la colonisation britannique (de 1874 à 1970). Ils sont aujourd'hui dénommés Indo-Fidjiens (44 %), des Européens et des métis européens (1,9 %), des Chinois et des métis chinois (moins de 0,6 %), des Rotumans habitant l'île de Rotuma au nord de l'archipel (1,3 %) et d'autres insulaires du Pacifique (1,7 %).

3. Ce parti (*United Fijian Party*) a été formé après le coup d'État – avec une vingtaine d'autres partis. Sous la direction de Qarase, il remporta les élections en août 2001.

que fidjienne contemporaine : un renforcement de la position ethno-nationaliste (Fidji aux Fidjiens, l'éducation et l'économie favorisée pour les
Fidjiens) ET une conciliation des relations conflictuelles interethniques.
Robert Norton (2000a, 2000b) a largement analysé la spécificité de la politique des chefs coutumiers à Fidji, incarnée dans la politique du Grand
Conseil des chefs[4]. Elle s'exprime selon lui en termes de paradoxe. Plus
précisément, il s'agit pour le Grand Conseil des chefs de réconcilier les
identités ethniques en agissant comme une médiation entre les groupes de
l'archipel : Indo-Fidjiens, Fidjiens, Chinois, Asiatiques, Insulaires du
Pacifique, Européens, « Métis » et autres minorités. Simultanément, en
agissant tel le garant « des traditions et coutumes fidjiennes » et des « droits
indigènes », le Grand Conseil des chefs participe à la consolidation d'une
identité ethnique « fidjienne ».

À mon sens, ce processus de compromis est à mettre en relation
avec la stratégie politique des Nations unies lorsqu'elle reconnaît l'universalité des droits des peuples autochtones, tout en condamnant simultanément chaque particularisme politique qui pourrait enfreindre la « démocratie » dans un sens large.

Afin de développer l'argument ci-dessus, je vais restituer la façon
dont l'idée de réconciliation nationale a été utilisée en politique depuis
1987 et plus spécialement en 2000, pour finalement conduire aux événements de 2005-2006. Il s'agira de considérer différents niveaux de compréhension, en focalisant sur les interactions entre les niveaux (de lecture)
coutumiers et constitutionnels. Enfin, il s'agira de mettre en relation les
ambiguïtés que soulève la réconciliation nationale avec l'imposition d'une
identité indigène au niveau international.

MISE EN CONTEXTE

Le 19 mai 2000, Fidji a vécu son troisième coup d'État en 13 ans.
Vers 11 heures du matin, six hommes armés sont entrés dans le parlement
fidjien à Suva, prenant en otages plus de trente parlementaires fidjiens et
indo-fidjiens. L'action a été revendiquée par George Speight – un homme
d'affaires alors inconnu sur la scène politique fidjienne, rapidement devenu
le leader visible du coup d'État.

---

4. Conseil mis sur pied dès 1875 par Sir Arthur Hamilton Gordon, premier adminis-
   trateur britannique à Fidji. Aujourd'hui considéré comme le garant des coutumes
   et traditions fidjiennes, le GCC est une construction coloniale.

Parmi les otages se trouvait Mahendra Chaudhry, premier Indo-Fidjien de l'histoire de Fidji à avoir été élu au poste de premier ministre en 1999. L'armée fidjienne est intervenue une dizaine de jours après la prise d'otages. Sous prétexte « de ramener le pays sur la voie de la "normalité" », elle a aboli la constitution démocratique de 1997. Le 29 mai suivant, l'Armée a imposé la loi martiale à tout le pays. S'ensuivit une longue période de violences sociales et politiques entre les « rebelles » et l'Armée principalement à Suva. De nombreuses violences civiles se sont exercées contre la population indo-fidjienne, rapidement devenue le bouc émissaire du conflit. Le couvre-feu a été levé à Noël 2000 et le coup d'État a finalement été jugé « illégal » par la cour d'appel de Fidji, dix mois après le 19 mai, en mars 2001. Ses auteurs ont été condamnés à la prison et de nouvelles élections nationales ont eu lieu la même année. Ces élections ont mis sur pied un nouveau cabinet ministériel, composé essentiellement par des Fidjiens, et majoritairement par des hommes.

La question autochtone s'avère cruciale dans la situation fidjienne, au niveau discursif en tout cas. En effet, lorsque George Speight et son groupe ont décidé de renverser le gouvernement de Chaudhry démocratiquement élu, en mai 2000, ils ont exigé l'abolition de la constitution de 1997, sous prétexte qu'elle ne sauvegardait pas la défense des droits et des intérêts des Fidjiens autochtones. Pourtant, la clause 186 de la constitution (1997) dit que :

(1) Le Parlement doit faire des provisions pour l'application de lois coutumières et pour la résolution de disputes, en accord avec les processus fidjiens traditionnels.

(2) En agissant ainsi, le Parlement doit tenir compte des coutumes, traditions, usages, valeurs et aspirations des Fidjiens et Rotumans.

(Constitution de la République des îles Fidji, 27 juillet 1998 : 98 ; ma traduction).

Précisons que cette constitution est la première constitution de Fidji à accorder une égalité de droits à tous les citoyens, indépendamment de leur origine ethnique. C'est dire qu'à la différence des deux constitutions précédentes (1970 et 1990), celle de 1997 autorise les Indo-Fidjiens à accéder à des hautes positions, en matière politique notamment. C'est également la première constitution qui institutionnalise une dénomination commune pour tous les habitants de Fidji, au-delà de leur appartenance « ethnique » : le terme commun choisi est celui de *Fiji islander*. À la suite de la libération des otages, en juillet 2000, le premier ministre intérimaire Qarase s'est aussitôt appliqué à publier un *Blueprint* édictant des mesures de discrimination positive à l'égard des Fidjiens dits indigènes. Plus tard, le même premier ministre a créé un ministère de la Réconciliation et lancé le Conseil national pour la réconciliation et l'unité (*National Council of Reconciliation and Unity*).

Ces mesures incarnent le processus récurrent de crises et de conciliations, lequel a sans doute été renforcé en avril 2005, avec la promulgation du projet de loi sur la réconciliation, la tolérance et l'unité nationale, par le même premier ministre, Laisenia Qarase.

> Le projet de loi cherche à promouvoir l'unité par l'application de la doctrine de la justice réparatrice (*restorative justice*), en opposition à la justice punitive (*retributive justice*). Le projet de loi cherche à établir une commission de réconciliation et d'unité pour entreprendre une enquête sur les motifs politiques derrière les violations des droits de l'homme commises entre le 19 mai 2000 et le 15 mars 2001, ainsi que pour garantir ou recommander toute tentative de promouvoir l'unité et de maintenir la paix et la stabilité à Fidji. Le projet de loi cherche également à établir un conseil national de réconciliation, de tolérance et d'unité, pour promouvoir l'unité, sur la base d'un processus de réconciliation, de compréhension et de tolérance.
>
> (The Reconciliation, Tolerance and Unity Bill, introduction, by the Attorney General, Bale : 29 ; ma traduction).

Ce projet de loi a été particulièrement contesté par l'Armée, le Fiji Women Rights Movement qui a fait campagne pour s'opposer au projet, et la société des juristes. Il a dû être soumis à un comité chargé de l'étudier, le Sector Standing Commiteee on Law and Order, après que plus d'une centaine d'ONG et manifestants se furent mobilisés pour dire « STOP au projet » (Fijivillage.com, 2 juin 2005, 18 : 45). Un point particulièrement disputé concerne l'application d'une amnistie qui pourrait être revendiquée par la Commission pour ajourner les procédures criminelles. Mais, d'après le premier ministre Qarase, « le gouvernement pense que l'octroi de l'amnistie est une façon de réconcilier les différences entre les victimes et les auteurs du coup d'État » (Fijivillage.com, 1er juin 2005, 16 : 31).

Afin d'articuler ce qui précède avec la question de l'indigénéité à Fidji, il s'agit ici de mettre en évidence deux niveaux de compréhension de la réconciliation : politique et culturel.

LES RÉCONCILIATIONS CONSTITUTIONNELLES ET COUTUMIÈRES

À Fidji, l'idée de réconciliation actuelle s'inscrit dans la continuité de mesures prises à la suite des coups d'État de 1987, sans succès. En 1987, deux coups d'État militaires ont eu lieu, également après des élections nationales. Rabuka a renversé le premier ministre Bavadra nouvellement élu.

À partir de 1987, l'idée de « nation » – comprise comme communauté politique imaginée, dans le sens d'Anderson (1996) – s'est construite à partir de deux visions polarisées : l'une affirme l'égalité de tous les citoyens, l'autre insiste sur la préservation de la suprématie politique des Fidjiens sur les autres groupes ethniques et d'une identité fidjienne pour la nation (au détriment des identités indo-fidjiennes, chinoises et « autres »). À la suite de 1987, la dimension politique de la réconciliation s'est consolidée, en étroite imbrication avec le concept de multiculturalisme (*cf.* Robertson, 1998). Dans un premier temps, la responsabilité du nouveau gouvernement était de prendre en considération les aspirations des Fidjiens autochtones, en fournissant un modèle de société multiethnique dans laquelle les droits et les intérêts de toutes les communautés seraient sauvegardées (Lal, 1998 : 8). En d'autres termes, le gouvernement devait résoudre ce paradoxe : comment concilier la suprématie des intérêts des Fidjiens autochtones et un modèle de société multiethnique ?

Les trois coups d'État fidjiens (et les violences sociales et politiques qui s'ensuivirent) ont successivement suscité puis renforcé les discussions politiques autour de la réconciliation nationale.

Simultanément, il faut savoir que, pour les Fidjiens, la notion de réconciliation est très ancienne. Des pratiques particulières de réconciliation (*i soro*) peuvent se dérouler en cas de litige dans le but de réconcilier les parties en présence, de ramener la paix au sein du *vanua* (groupe de parenté élargi) et d'effacer la querelle entre les groupes concernés. Elles impliquent un rituel d'échange particulier de dents de cachalot (*tabua*[5]) entre le groupe de l'offenseur et celui de sa victime. Aujourd'hui comme autrefois, la réconciliation (que l'on peut aussi comprendre dans le sens de réparation, de demande de reddition) se manifeste en général par un rituel de demande de pardon. Ces cérémonies impliquent des échanges de dents

---

5. La dent de cachalot est considérée comme l'objet traditionnel suprême à Fidji.

de cachalot entre le groupe de l'offenseur et celui de l'offensé(e). Pour le dire très rapidement, elles ont été reconnues par les premiers missionnaires comme étant chrétiennes. Elles ont ensuite été codifiées par les administrateurs coloniaux comme étant des «coutumes» fidjiennes (Kaplan, 1989; Cretton, 2007).

En 2000, diverses pratiques coutumières de demande de pardon se sont déroulées pendant et après la prise d'otages. Par exemple, lorsque les otages ont été relâchés, un groupe d'hommes proches de Speight a présenté aux chefs de Fidji une cérémonie traditionnelle de pardon. En offrant une *tabua*, ils ont demandé aux chefs coutumiers de pardonner les violences et les dommages faits au pays. Pendant cette période, divers *i soro* (cérémonies de réconciliation) se sont déroulées entre différents groupes d'acteurs sociaux, principalement des délégations de chefs, de militaires et de rebelles.

Plusieurs de ces cérémonies font face aujourd'hui à la justice. Différents groupes et individus revendiquent le fait d'avoir présenté un pardon traditionnel, de façon à pouvoir éviter une sanction judiciaire telle que la peine d'emprisonnement. Cela peut s'illustrer par une cérémonie qui s'est déroulée en 2004 et qui incarne en quelque sorte cette stratégie de demande de pardon à la nation.

Le 4 octobre 2004, (jour de l'Indépendance), un *matanigasau* (rituel de demande de pardon) a été présenté publiquement au président de Fidji, Ratu Josefa Iloilo, par deux chefs de rang élevé qui étaient impliqués dans les événements liés au coup d'État en 2000: *Tui* Cakau, ministre de la Terre, Ratu Naiqama Lalabalavu ainsi que le chef de guerre (*Qaranivalu*), *Ratu* Inoke Takiveikata. Ensemble, ils ont demandé au père de la nation de pardonner les dommages faits à Fidji, compris comme un *vanua*. Le président a accepté la présentation traditionnelle de la part du *vanua*, en déclarant:

> «Pardonnons à ceux qui ont fait le mal et avançons». Il a ensuite demandé aux victimes du coup d'État du 19 mai et de la mutinerie de novembre 2000 de pardonner à ceux qui avaient participé au soulèvement (Fijivillage. com, 4 octobre 2004; ma traduction).

À la suite de cette demande de pardon, l'officier en charge au ministère de la Réconciliation a déclaré que le *matanigasau* présenté au président par les deux chefs de haut rang n'assurerait aucunement un pardon (Fijivillage.com, 6 octobre 2004). Le commandant de l'Armée, Frank Bainimarama, a quant à lui avancé que la véritable réconciliation ne pouvait s'obtenir que sous le règne de la loi et que ceux qui avaient enfreint la loi en 2000 devaient être poursuivis en justice. Il a également déclaré que la présentation cérémonielle aurait été appropriée si les personnes prises en otage en 2000 ainsi que les personnes impliquées dans le coup d'État avaient été présentes lors de la cérémonie (Fijivillage.com, 5 octobre 2004). L'ancien premier ministre Mahendra Chaudhry (pris en otage en 2000) et le Parti travailliste, eux, n'ont pas accepté le pardon en refusant de prendre part à la célébration des festivités liées à la fête de l'Indépendance. Le président du parti, Koroi, a déclaré de son côté que le *matanigasau* avait été présenté au président et non pas au Parti travailliste.

La réconciliation au niveau national implique de concilier divers sens de réconciliation, coutumier et constitutionnel. J'ai montré ailleurs (Cretton, 2007) que l'un des enjeux relié à la réconciliation coutumière peut être la personne ou le groupe d'individus à qui le pardon est demandé. Par exemple, demander pardon à un groupe particulier de chefs (de telle ou telle province, de tel village, de tel district) en considérant qu'ils sont représentatifs de l'ensemble des groupes de parenté de cette province, ce village ou ce district, peut ne pas être accepté par tous les individus ni par tous les groupes d'ailleurs. En d'autres termes, la façon traditionnelle de demander réconciliation en politique peut se présenter comme une source de conflit, spécialement lorsque l'individu ou le groupe social qui accepte le pardon traditionnel n'est pas considéré comme représentatif de la personne ou du groupe directement offensé. Mais, ici, on peut se demander si Mahendra Chaudhry, le Parti travailliste et les otages auraient accepté la présentation de pardon, si elle leur avait été adressée directement?

D'un point de vue constitutionnel, à un autre niveau de compréhension, en regard des disputes récentes à propos de la réconciliation et du projet de loi à son sujet, le procureur général, Qoroniasi Bale, a déclaré que le concept de justice réparatrice (*restorative justice*) fait déjà partie de la culture fidjienne. Il a déclaré publiquement : « [L]e pardon et la réconciliation font traditionnellement partie de la communauté fidjienne et il s'agit maintenant de les conduire plus loin, en les légiférant » (Fijivillage.com, 14 juin 2005, 07 : 17). Opposé au projet de loi, le président d'Arya Prathinidhi Sabha of Fiji, Kamlesh Arya, a déclaré que « la justice réparatrice devrait être valable uniquement pour les victimes du coup d'État de 2000 et non pas pour ses auteurs » (Fijivillage.com, 12 juin 2005, 17 : 49). En évoquant la notion de culture, le premier ministre Qarase a également avancé qu'il ne savait pas encore si les personnes qui demanderont l'amnistie sous le nouveau projet de loi auront à faire face à leurs victimes pour leur demander pardon (Fijivillage.com, 17 juin, 2005, 09 : 14).

Ces idées à propos de la réconciliation nationale reposent sur différentes conceptions de la « nation ».

En effet, à Fidji, il n'y a pas « un » discours sur la nation (imaginée comme une communauté politique particulière), mais « des » narrations diverses issues de groupes précis (Rutz, 1995 : 97). Ailleurs dans le Pacifique, les discours politiques à propos de la nation focalisent plutôt sur l'idée d'homogénéité identitaire. À Samoa, par exemple, l'idée d'une uniformité culturelle est fortement enracinée dans le tissu social et s'incarne dans les discours politiques (Norton, 2000a : 86). Les conceptions de la nation reposent notamment sur des conceptions controversées du principe de citoyenneté, profondément lié au statut de l'autochtone versus les non-indigènes, du *taukei*[6] (l'habitant originel, possesseur de la terre de ses ancêtres) versus le *vulagi* (l'invité, qui peut bénéficier de l'hospitalité du *taukei*, lors de relations d'obligations réciproques).

TAUKEI VERSUS VULAGI

Les gens de la terre sont appelés *lewe ni vanua* (la chair ou les membres de la terre). Ils sont considérés comme les identités sociales de la terre. Pour qu'un *vanua* soit reconnu, il est nécessaire que des personnes vivent en son espace, en défendant ses droits et ses intérêts. Une terre sans habitant est souvent comparée à une personne sans âme (Ravuvu, entretiens 2000). La terre est également une ressource vitale essentielle qui est protégée et exploitée dans l'intérêt du *vanua*, de façon collective, comme je le préciserai plus loin. Le *vanua* est souvent présenté à Fidji comme une extension du soi (*self*) (Ravuvu, 1983 : 70). Simultanément, les gens de la terre sont désignés comme une extension de leur terre d'origine (*taukei ni vanua*). Terre et humains sont indissociablement liés dans le concept de *vanua*.

Il faut savoir qu'à Fidji, en tout lieu, une personne est soit *taukei* (indigène, propriétaire), soit *vulagi* (visiteur ou étranger) (Ravuvu, 1991 : 58). En suivant Ravuvu (1991), la meilleure analogie pour illustrer la relation existante entre *taukei* et *vulagi* est celle de l'hôte et de l'invité, une

---

6. Avec majuscule, le *Taukei* réfère au mouvement fidjien de droits et de défense des droits autochtones.

relation qui implique des obligations mutuelles. L'invité est généralement bienvenu, accueilli avec soin et attention par le *taukei*. Il est protégé et autorisé à accéder à certaines ressources de ce dernier. En retour, le protocole traditionnel, du moins selon Ravuvu (1991 : 58-59), requiert du *vulagi* de témoigner une certaine humilité et du respect à l'égard de l'habitant originel. C'est dire que la relation qui s'établit entre *taukei* et *vulagi* se définit idéalement telle une relation d'obligations réciproques et de respect mutuel entre hôte et invité. Le problème, c'est qu'aujourd'hui les Indo-Fidjiens, arrivés à Fidji dès 1879 pour travailler dans les champs de canne à sucre, sont toujours considérés comme des *guests*, des *vulagi*, des « invités » (Ravuvu, 1991 : 58 ; Ratuva, 2005).

MAIS COMMENT DEVIENT-ON *TAUKEI*? OU COMMENT DEVIENT-ON INDIGÈNE?

Tout Fidjien est inscrit à la naissance dans le *Vola ni Kawa ni Bula* (VKB ou registre des naissances fidjien), également créé par le gouvernement colonial pour faciliter la détermination de la propriété foncière.

La construction de l'indigénéité fidjienne est étroitement associée à la possession de la terre qui détermine, en quelque sorte – en deçà des enjeux politiques et économiques –, *qui* est fidjien « indigène[7] ». Cette détermination passe par l'inscription dans le *Vola ni Kawa ni Bula*, ce qui ne va pas de soi pour les personnes d'ascendance mixte. Les individus d'ascendance partiellement fidjienne peuvent être inscrits dans le registre des naissances fidjiennes, s'ils sont acceptés par le *mataqali* auquel ils appartiennent (Robertson et Sutherland, 2001 : 59). Tout Fidjien de sexe masculin appartient à sa naissance au *mataqali* de son père et devient, de fait, propriétaire terrien. Tout *mataqali* est répertorié auprès du registre foncier établi en 1940 par Ratu Lala Sukuna : Le *Native Land Trust Board*. C'est là que les parcelles de terre fidjienne ont été enregistrées sous la colonisation.

En pratique, le choix est normalement effectué par la famille concernée (*i tokatoka*). Néanmoins, en dehors de la famille proche, l'acceptation au sein du *mataqali* d'un être dont l'un des deux parents n'est pas fidjien peut être sujette à discrimination (Robertson et Sutherland, 2001 : 59). Au

---

7. Dans les pays océaniens indépendants et en libre-association, les propriétaires coutumiers (c'est-à-dire les autochtones) détiennent la majorité des terres qui sont, en général, inaliénables, mais peuvent être louées.

cours des années 1990, certains partis nationalistes ont perçu le registre des naissances fidjiennes comme un moyen d'imposer l'exclusivité de la «fidjianité», en tentant, sans succès, d'exclure les métis fidjiens du VKB (Robertson et Sutherland, 2001 : 59).

L'enjeu identitaire lié à l'inscription dans le VKB a été réactivé en 2000, sous la forme d'une proclamation officieuse mise en circulation par le NLTB quelques semaines après le coup d'État : «la déclaration des principes des droits du *Taukei*». Ce manifeste affirme que «le peuple de Fidji» (*Taukei of Fiji*) signifie «tous les Fidjiens enregistrés dans le *Vola ni Kawa Bula* (VKB) et toutes leurs générations futures[8]». Il se calque sur le projet à prétention universelle, élaboré dès 1985 sous l'égide des Nations unies, d'une *Déclaration des droits des peuples autochtones*[9]. En d'autres termes, les références à l'universalité, telles qu'elles sont définies par les Nations unies, ont été utilisées en 2000 pour légitimer un renforcement des droits autochtones à Fidji. Elles l'avaient déjà été en 1987, avec les exemples des minorités maories et aborigènes invoqués par le *Taukei* pour justifier un renforcement de gouvernement indigène. L'inscription dans le VKB comme moyen de posséder de la terre et d'appartenir au *vanua* s'est assurément consolidée en 2000, telle une tactique de revendication identitaire.

LES DISCOURS SUR LA NATION OU L'INDIGÈNE UNIVERSEL

Pour conclure, les désaccords continus à propos de la réconciliation exacerbent la complexité équivoque de l'idée même de démocratie, à l'échelle fidjienne comme à l'échelle internationale. À la suite de 2000, les groupements ethnonationalistes légitimaient le gouvernement pro-fidjien autoproclamé en avançant que la démocratie, c'est aussi le droit de choisir son propre gouvernement. À une autre échelle, en 2000 et en 2006 (comme en 1987 d'ailleurs), les institutions internationales de l'ONU et du Commonwealth sanctionnaient Fidji pour avoir enfreint les règles démocratiques. Elles sommaient l'archipel de «retourner» impérativement sur les rails de la démocratie. Du côté des détracteurs comme du côté de ceux qui entendent imposer la démocratie internationale, tout le monde semble se battre «pour» la démocratie. Et c'est peut-être là qu'il faut localiser le problème. Quelle démocratie?

---

8. Declaration of principles of Taukei rights (copie personnelle).
9. Finalement ratifiée par l'assemblée générale de l'ONU en septembre 2007.

Le statut de l'autochtone et les revendications d'une suprématie politique autochtone par le *Taukei* s'appuient sur la *Déclaration des droits des peuples autochtones*. La participation de Fidji à la communauté internationale elle-même contribue aux discours sur la nation, en fournissant certaines de ses valeurs, idiomes et icônes (Foster cité dans Norton, 2000a: 88). Pour illustrer ceci, à la suite du coup d'État, ce sont divers organismes internationaux qui ont sanctionné l'action politique menée par Speight, en suspendant les transactions politiques et économiques avec le pays. En se déplaçant personnellement, Sergio de Mello pour les Nations unies et John McKinnon pour le Commonwealth sont venus rappeler aux dirigeants de Fidji les règles de l'appartenance à la communauté internationale, en imposant un retour à «la démocratie» sans précédent. Paradoxalement, ici, la défense des «droits autochtones» revendiquée par Speight et son groupe, a été sanctionnée par le même organisme, l'ONU, qui tente d'institutionnaliser *les droits des peuples autochtones* en tant que «valeur universelle» depuis 1985. Le représentant des Nations unies a publiquement exigé la libération des otages, ainsi qu'un retour du gouvernement démocratiquement élu sous la constitution de 1997, sous peine de maintien des sanctions. Les pays économiquement alliés (Australie, Nouvelle-Zélande, États-Unis, Japon, entre autres) ont ensuite successivement condamné le coup d'État en imposant un retour immédiat aux règles constitutionnelles. L'ironie sur le plan international est que le groupe de Speight s'est appuyé sur un projet de l'ONU pour revendiquer son action – en utilisant «la déclaration des principes des droits du *Taukei*», manifeste mis en circulation par le NLTB pendant la prise d'otages en 2000 et cité plus haut. C'est-à-dire que l'idée d'un gouvernement «autochtone» s'oppose à l'idée d'un gouvernement «démocratique», sous l'égide d'un même garant international. Plus complexe encore, en 2006, c'est l'idée d'un gouvernement «démocratique» et militaire qui s'oppose à l'idée d'un gouvernement «démocratique» selon les normes internationales. Le paradoxe ici est qu'un organisme, telle l'ONU, à la fois reconnaît et sanctionne le combat dit pour les «droits des populations autochtones», tout en imposant des règles et des valeurs constitutives de l'idée de nation, lesquelles sont controversées sur le plan intérieur fidjien.

À Fidji, les expressions internationales des mouvements de «droits autochtones» ont encouragé à la fois le patriotisme fidjien et les discours internationaux à propos de l'égalité des partis politiques, indépendamment de leur représentation ethnique (Norton, 2000a: 88).

Le compromis «national» entre les conceptions «ethniques» et les conceptions «civiques» de la nation, atteint en 1997, a été en quelque sorte dissous par le coup d'État de mai 2000, pour laisser place au conflit. En 2001, sous la pression internationale, la mise en œuvre d'une politique de réconciliation nationale a voulu redonner sa place au «compromis». Les événements politiques survenus depuis l'année 2000 ont, dans ce sens, consolidé la singularité de la politique fidjienne: celui de réconcilier les ethnicités tout en les renforçant de façon distinctive. Le coup d'État de décembre 2006 incarne quant à lui l'ironique ambiguïté du processus de réconciliation nationale: celle de créer du conflit, de la discorde et de la répression, «au nom» de la démocratie, comprise comme garante d'une égalité de droits entre tous les citoyens.

Cette singularité incarne ainsi l'ambivalence de l'appartenance de la nation à la communauté internationale laquelle, sous l'égide des Nations unies, reconnaît «l'universalité» des «droits des populations autochtones» en sanctionnant simultanément toute spécificité supposée enfreindre «la démocratie» sur le plan local. Alors c'est peut-être au croisement de l'international et du local que se construit l'«ironie» de la situation fidjienne, lorsque les dirigeants successifs de l'archipel articulent leurs propres idées sur la démocratie entre particularismes et hégémonismes.

BIBLIOGRAPHIE

ANDERSON, B. (1996), *L'imaginaire social. Réflexions sur l'origine et l'essor du nationalisme*, Paris, La Découverte, coll. «Poche», Sciences humaines et sociales.

CRETTON, V. (2007), *Négocier le conflit à Fidji. «Cérémonies du pardon» et enjeux du coup d'État de 2000*, Paris, L'Harmattan, coll. «Mondes océaniens».

CRETTON, V. (2005), «Traditional Fijian apology as a political strategy», dans E. Hermann et W. Kempf (dir.), *Relations in multicultural Fiji: transformations, positionings and articulations*, Australia, Special Volume Oceania, vol. 75, n° 4, p. 403-417.

CRETTON, V. (2002a), «Chronique d'une ethnographie dans un parlement assiégé par des rebelles. Le dilemme de l'anthropologue en situation de conflit: participer, mais à quoi?», *Carnets-de-Bord. Revue de Jeunes chercheurs en sciences sociales*, n° 3, juin, p. 78-88.

CRETTON, V. (2002b), « Un coup d'État à Fidji, ou les enjeux d'un terrain bouleversé par l'événement », *ethnographiques.org*, numéro 2, novembre, [en ligne] http://www.ethnographiques.org/2002/Cretton.html?var_recherche=cretton.

FIDJIVILLAGE (2004), « Matanigasau won't secure pardon : CEO » 6 octobre ; « Forgiveness may have legal implications : Commodore » 5 octobre ; « Forgive, move on urges President », 4 octobre, [en ligne] http://www.fidjivillage.com.

FIDJIVILLAGE (2005), « Opposers don't understand the Bill – Qarase » 1ᵉʳ juin ; « Bill cannot hinder court process » 2 juin ; « Bill Hinders Reconciliation : Arya » 12 juin ; « "The Bill is in the best interest of the Country" – QB » 14 juin ; « PM unsure of Reconciliation procedures under Unity Bill » 17 juin, [en ligne] http://www.fidjivillage.com.

KAPLAN, M. (1989), « *Luve ni wai* as the British Saw it : Constructions of Custom and Disorder in Colonial Fiji », *Ethnohistory*, vol. 36, n° 4, p. 349-371.

LAL, B. V. (1998), *Another way. The politics of constitutional reform in post-coup Fiji*, Australian National University, Asia Pacific Press.

NORTON, R. (2000a), « Reconciling ethnicity and nation : contending discourses in Fiji's constitutional reform », *The Contemporary Pacific*, n° 12, p. 83-122.

NORTON, R. (2000b), « A paradox of tradition in a modernising society : chiefs and political development in Fiji », dans A. Hooper (dir.), *Culture and sustainable development in the Pacific*, Canberra, Asia Pacific Press, p. 142-158.

RATUVA, S. (2005), « Political and ethnic identity in a post-colonial communal democracy : the case of Fiji », dans Anton Allahar (dir.), *Ethnicity, class and nationalism : Caribbean and extra-Caribbean dimensions*, Oxford, Lexington Books.

RATUVA, S. (2003), « Re-inventing the cultural wheel : re-conceptualizing restorative justice and peace building in ethnically divided Fiji », dans S. Dinnen (dir.), *A kind of mending. Restorative justice in the Pacific Islands*, Canberra, RSPAS, Australian National University, Pandanus Book, p. 149-176.

RAVUVU, A. (1991), *The facade of democracy. Fijian struggle for political control. 1830-1987*, Suva, Reader Publishing House, Procera House.

RAVUVU, A. (1983), *Vaka : Taukei : The Fijian Way of Life*, Suva, University of the South Pacific, Institute of Pacific Studies.

ROBERTSON, R. T. (1998), *Multiculturalism and Reconciliation in an indulgent Republic. Fiji after the coups : 1987-1998*, Suva, Fiji Institute of Applied Studies.

ROBERTSON, R. et W. SUTHERLAND (2001), *Government by the gun. The Unfinished business of Fiji's Coup*, Australia, Pluto Press.

RUTZ, H. J. (1995), « Occupying the Headwaters of tradition : Rhetorical strategies of nation making in Fiji », dans J. Foster (dir.), *Nation making. Emergent identities in postcolonial Melanesia*, Ann Arbor, University of Michigan Press, p. 71-93.

Le point sur la recherche sur les questions relatives aux autochtones

Et si les autochtones n'existaient pas ?

LOUIS-JACQUES DORAIS

Et si tu n'existais pas

Dis-moi pourquoi j'existerais ?

(Un anthropologue – inspiré par Joe Dassin – s'adressant à un autochtone)

La grande majorité des universitaires intéressés aux études autochtones semblent tenir pour acquis, c'est presque un truisme que de le mentionner, qu'il existe dans le monde des peuples qu'on peut à bon droit appeler « autochtones », « indigènes », « aborigènes », « premiers », « naturels », et *tutti quanti*. Parce qu'ils occupent depuis des temps parfois qualifiés d'« immémoriaux » un territoire avec lequel ils ont le plus souvent su maintenir des liens très étroits, ces peuples posséderaient des droits que devraient respecter les populations « exogènes » ou « allochtones » ayant envahi ce territoire au cours des siècles. Généralement relégués à un statut minoritaire – démographiquement, socialement, politiquement et culturellement parlant – par leurs envahisseurs, les « autochtones » mèneraient une lutte moralement – sinon légalement – justifiée pour faire reconnaître leur qualité de nations autonomes.

Depuis quelques années, cette vision des choses est toutefois remise en question, non seulement par des membres du public qui se croient menacés par cette lutte et les revendications qu'elle entraîne, mais par d'autres universitaires aussi, qui estiment que le concept d'« autochtonie » n'a aucune valeur scientifique et ne devrait pas faire partie des outils heuristiques des spécialistes en sciences sociales si ceux-ci veulent pouvoir expliquer le monde de façon objective. Les « autochtones » n'existeraient donc pas réellement. Le mot recouvrirait plutôt une catégorie idéologique créée et entretenue par ceux qui profiteraient le plus de l'usage de ce faux concept : des leaders locaux ou régionaux s'autoproclamant «autochtones» pour bénéficier – ou soutirer une part indue – de la richesse collective ; les bureaucraties mises sur pied par certains États pour administrer ces pseudos autochtones ; des spécialistes, surtout anthropologues, tirant leur revenu et leur renommée académique de l'étude de populations auxquelles ils attribueraient une fausse spécificité afin de justifier leur spécialité universitaire.

Il ne faut pas rejeter du revers de la main les allégations de ces critiques. Elles émanent dans plusieurs cas d'intellectuels sérieux – politologues (comme Tom Flanagan et Frances Widdowson), sociologues (tel Jean-Jacques Simard) ou même anthropologues (Adam Kuper) – et s'appuient sur des raisonnements solides et bien documentés. Il y a plutôt lieu, me semble-t-il, de se questionner sérieusement sur les fondements épistémologiques du concept d'«autochtonie», afin de voir si celui-ci est autre chose qu'une catégorie idéologico-politique sans valeur scientifique réelle. C'est une telle réflexion que je tente d'amorcer dans les pages qui suivent[1].

PREMIÈRES NATIONS ? SECONDS REGARDS

Dans un ouvrage publié en anglais en l'an 2000, *First Nations? Second Thoughts*, et en français deux ans plus tard (2002), le politologue albertain Tom Flanagan, fondateur de «l'école de Calgary» (un groupe néo-conservateur de réflexion politique et sociale) et maître à penser de Stephen Harper (le premier ministre fédéral canadien élu) se propose de démontrer que les politiques autochtones établies par le Canada au cours des dernières décennies n'ont aucun fondement valable et risquent même de nuire au développement du pays. Ces politiques découleraient en effet de la suprématie de «l'orthodoxie autochtone», une vision hautement idéologique de la société, vision cherchant à justifier les privilèges que tentent de s'arroger certaines élites régionales ou gouvernementales.

Flanagan ne nie pas l'existence de collectivités dont la date d'arrivée en Amérique précède de beaucoup celle des Européens et des Africains, et qu'on peut qualifier d'«autochtones». Il estime cependant que les argu-

---

1. On trouvera une première ébauche de réflexion à ce sujet dans Dorais (2005).

ments utilisés pour attribuer des droits spéciaux à ces collectivités sont fallacieux, et ce, pour huit raisons :

1. Nous sommes tous – tant les autochtones que les Euro ou Afro-Américains – immigrants en terre d'Amérique. Distinguer entre les droits des premiers et des derniers arrivés frise donc le racisme.

2. La civilisation européenne est en avance de plusieurs millénaires sur les cultures autochtones[2]. La colonisation européenne de l'Amérique du Nord était donc inévitable et justifiable, car elle faisait œuvre civilisatrice.

3. La souveraineté est un attribut relevant des États. Or les autochtones n'avaient et n'ont toujours pas d'États. Ils n'ont donc pas droit à la souveraineté.

4. Il ne saurait exister au Canada qu'une seule communauté politique suprême, une seule nation canadienne. Les autochtones ne peuvent donc pas constituer des nations, même au sens culturel ou sociologique.

5. L'exercice d'une gouvernance autochtone sur des territoires restreints engendre presque toujours des querelles destructrices. Le droit à l'autonomie gouvernementale ne peut donc s'exercer de façon constructive sur le territoire des réserves.

6. L'exercice des droits de propriété autochtones tels qu'ils sont définis par les tribunaux est impossible dans les économies modernes. Ces droits n'ont donc pas à être constitutionnellement reconnus.

7. Les traités signés avec les autochtones avant l'époque contemporaine signifient bien ce qu'ils disent. Leur redéfinition serait préjudiciable au développement économique des provinces canadiennes. Il n'y a donc pas lieu de les renégocier.

8. On ne peut aspirer à la prospérité si on ne s'intègre pas à l'économie générale, qui suppose la mobilité de la main-d'œuvre. Il est donc faux de prétendre que les autochtones deviendront riches et prospères en vivant et travaillant sur leurs territoires.

L'ouvrage de Flanagan est extrêmement bien documenté et les raisonnements qu'il développe sont fondés sur des prémisses rigoureuses. Chacun des arguments mis de l'avant par l'auteur pour démontrer la fausseté de « l'orthodoxie autochtone » est plausible et basé sur des faits bien

---

2. Flanagan définit la « civilisation » comme la présence simultanée chez un peuple donné de l'agriculture, de l'urbanisation, de la division du travail, du progrès intellectuel, d'une technologie avancée et d'un appareil d'État.

démontrés, à l'exception peut-être de quelques légères erreurs d'interprétation. On peut, bien sûr, ne pas apprécier sa perception de la conquête européenne de l'Amérique comme étant l'immigration d'une quatrième « tribu » qui, à l'instar des trois « tribus » précédentes – le gros des Amérindiens, les Dènès, puis les Inuits – a bousculé à son arrivée les populations déjà en place. Ou encore le fait que pour Flanagan, puisque la civilisation européenne était supérieure aux cultures locales, il était normal et sain qu'elle remplace peu à peu celles-ci. Il faut cependant reconnaître que, dans une certaine perspective, le développement technologique, économique et politique incontestable qui a suivi la migration de la « quatrième tribu » est gage de progrès, et qu'il n'est pas souhaitable de vouloir enfermer les premières « tribus », les autochtones, dans de pseudo droits qui les mettraient à l'écart de ce progrès. Le livre de Flanagan donne donc à réfléchir.

Il en est de même des travaux de Frances Widdowson, politologue elle aussi, qui, dans une série d'articles et de communications très fouillés (Widdowson, 2004 par exemple), veut démontrer que les autochtones ne sauraient être considérés comme constituant des « nations » au sens objectif du terme. Ils appartiennent en effet à de petites enclaves dépendantes, organisées selon des principes parentaux et incapables d'exercer une souveraineté quelconque sur un territoire déterminé. Dans l'histoire du monde, l'émergence des nations résulte du jeu des contraintes économiques et politiques liées à l'apparition du capitalisme. Or, comme les peuples autochtones du Canada ont toujours été tenus à l'écart du processus d'industrialisation, ils n'ont jamais pu développer de conscience politique moderne, ni de capital économique suffisant pour en faire des nations au sens propre. Le nom de « Premières Nations » qu'on leur attribue maintenant serait, selon Widdowson, une pure création idéologico-politique, apparue au cours des années 1980 pour contrer le nationalisme québécois.

Sans nier l'existence de populations arrivées antérieurement aux Européens et se qualifiant d'autochtones, Flanagan et Widdowson cherchent à montrer que ces peuples ne possèdent pas de droits particuliers et, donc, que le concept d'« autochtonie » n'est pas intellectuellement fécond, puisqu'il s'applique à des groupes humains aux limites floues et qui sont voués à une disparition plus ou moins rapide. Leur raisonnement se fonde sur une logique néo-libérale et néo-évolutionniste, qui estime inéluctable que le plus fort élimine le plus faible et que le civilisé prenne la place du sauvage. L'acceptation ou le rejet d'un tel raisonnement dépend donc du paradigme éthique et philosophique à l'intérieur duquel on se situe, beaucoup plus que d'un choix entre deux formes de définitions des autochtones, l'une « scientifique » et l'autre pas.

Flanagan admet d'ailleurs lui-même l'existence de cette confrontation entre paradigmes opposés lorsqu'il affirme, en conclusion à son ouvrage, que l'« orthodoxie autochtone » est cohérente, mais que sa logique interne n'a pas d'utilité politique et économique concrète. Il faut donc mettre cette logique de côté pour « civiliser » les « Premières Nations », en créant chez elles les conditions d'émergence d'une société civile à l'image de la modernité occidentale. En d'autres mots, si l'on estime que la croissance économique à tout prix et la liberté individuelle absolue constituent des étapes incontournables du développement humain, Flanagan et ses émules ont raison. Par contre, si l'on croit qu'il existe d'autres valeurs et d'autres modes de développement que ceux qui sont induits par la seule rationalité économique, on est peut-être en droit de rejeter les arguments – tout logiques soient-ils – de « Premières Nations ? Seconds regards ».

DE L'INEXISTENCE DES AUTOCHTONES

Les idéologues de l'école de Calgary et ceux de leur mouvance ne reconnaissent pas de droits particuliers aux premiers peuples, mais ils admettent tout de même leur existence. Il n'en est pas de même d'autres penseurs, qui vont plus loin en niant la réalité objective du concept d'« autochtone ». L'un des esprits les plus subtils parmi ceux-ci est le sociologue Jean-Jacques Simard qui, dans un ouvrage remarquable auquel on a attribué un prestigieux prix littéraire, *La Réduction* (Simard, 2003), déconstruit ce concept de manière fort convaincante[3].

Pour Simard, la notion d'« autochtone » n'est significative que dans le miroir de ce qu'il appelle les « envahisseurs venus d'ailleurs », c'est-à-dire les Européens qui ont peuplé le Nouveau-Monde depuis le XVIe siècle. L'autochtone n'existe pas par lui-même. Il a été inventé par les anthropologues et autres idéologues de l'ethnicité, qui ont dû créer un « Autre » imaginaire, le « Sauvage », conçu comme l'envers du « Soi » civilisé pour, à la fois, démontrer leur différence – donc, leur supériorité – et maintenir une distance entre les « Blancs » et les populations locales. Cette différence supposée et la distance qu'elle engendrait ont d'abord servi à justifier la prise de

---

3. Voir la recension incisive de cet ouvrage publiée par Yohann Cesa dans *Études/Inuit/Studies* (vol. 30 n° 1, 2006).

possession des territoires amérindiens par les Européens puis, beaucoup plus récemment, à la suite d'un retour de balancier, à défendre les pseudo droits de ces autochtones imaginés.

L'ouvrage comprend 23 chapitres, provenant d'autant d'articles publiés par Simard entre 1972 et 2002. L'auteur y analyse sous divers angles la situation des Amérindiens et des Inuits par rapport à l'environnement social où ils s'inscrivent depuis 1492, ainsi que l'évolution récente et les effets contemporains de l'interaction inégale entre populations locales et migrants d'origine européenne. Pour les locaux, cette interaction a principalement résulté en un exil physique de l'espace (l'enfermement dans des réserves et autres communautés sédentaires) et un exil mental du temps (la négation d'une possible modernité), donc en une réduction, pour reprendre un terme créé par les jésuites du XVIIe siècle. Cette réduction a entraîné une dépendance généralisée des «autochtones», auxquels on a à peu près totalement enlevé toute possibilité de se prendre en main. «Autochtones» et «Blancs» doivent donc sortir ensemble de la réduction en reconnaissant la modernité des premiers et leur droit de ne pas être différents des seconds.

Dans l'ensemble, les propos de Simard sont justes et remettent certaines pendules à l'heure. Il a raison d'affirmer, par exemple, qu'il est inexact et non constructif de considérer les «autochtones» comme enfermés dans une «culture traditionnelle» figée dans le temps, qui en ferait des êtres à part possédant une nature différente de celle du reste de la population nord-américaine. Par contre, les idées de l'auteur ont aussi leurs faiblesses. C'est ainsi que son analyse de la réduction, tout intéressante qu'elle soit, l'empêche peut-être de voir que la dépendance des premiers peuples est loin d'être absolue, les populations locales ayant depuis toujours su manipuler et manœuvrer à leur insu les commerçants, missionnaires, administrateurs et chercheurs installés chez elles[4]. Qui plus est, Simard semble envisager de façon parfois trop univoque la nature et l'importance de l'identité. Celle-ci repose en effet souvent sur des éléments subtils, difficiles à repérer, qui peuvent donner l'impression que les «autres» sont semblables à nous, mais qui font que ces autres, eux, se croient différents.

Dans une telle perspective, il est donc possible que les modernités amérindiennes et inuites ne soient pas vécues de la même façon que celles

---

4. Pour des exemples de telles manipulations dans le domaine de la conversion religieuse, voir Laugrand (2002) et Guédon (2005).

des populations majoritaires du Québec, du Canada ou d'ailleurs. «Autochtones» et Euro-Américains ne sont peut-être pas «emportés par les mêmes tendances, modes, institutions, aspirations, etc.» (Simard, 2003 : 394), de la même façon les uns que les autres. C'est sur de telles différences que se fondent les identités. S'il existe des individus ou des groupes qui se croient «autochtones», est-ce simplement parce que des anthropologues, des bureaucrates ou des leaders amérindiens avides de pouvoir les en ont persuadés? Ces soi-disant «autochtones» sont-ils des imbéciles ou des ignorants qui ne savent pas analyser leur situation et définir leur bien commun aussi habilement que ne le font les sociologues? Les droits qu'ils réclament ne serviront-ils qu'à perpétuer leur dépendance et une forme proprement nord-américaine d'apartheid, ou leur permettront-ils au contraire de proclamer et de vivre une modernité autre?

Les réponses à ces questions ne sont pas évidentes. On peut admettre, avec des anthropologues comme Adam Kuper (2003), que le mouvement actuel en faveur des droits «autochtones» repose sur des notions dépassées. Pour ce spécialiste, il est difficile, voire impossible, de définir et d'identifier des peuples pouvant être qualifiés d'«indigènes». En effet, les activités de subsistance grâce auxquelles ces populations se définissent jouent aujourd'hui un rôle économique très négligeable, quand elles n'ont pas totalement disparu. Qui plus est, les savoirs locaux sous-tendant ces activités, dans la mesure où ils existent encore, relèvent du mythe et de la superstition plutôt que de la réalité scientifique. On ne peut donc prétendre que des gens sont «autochtones» en se basant sur leur identité culturelle. Il faut plutôt faire appel à des critères généalogiques qui, selon Kuper, ont des connotations racistes. En fait, le mouvement actuel de revendication de droits «autochtones» constitue surtout un sous-produit des revendications écologistes et altermondialistes. Les identités qu'il génère sont donc artificielles.

INDIGÉNISME ET PRISE EN COMPTE DE L'«AUTRE»

Anthropologue lui aussi, Jonathan Friedman (1999) admet comme Simard et Kuper que le mouvement indigéniste contemporain se fonde en bonne partie sur une perception idéologique de l'«Autre», qui n'est plus vu comme point de départ de l'évolution (le «Sauvage», le «Primitif»), mais comme un exemple de sagesse et d'harmonie (le «Bon Sauvage» version *New Age*). Contrairement à Kuper, toutefois, Friedman juge essentiel de tenir compte du fait que ces «Autres» sont des personnes réelles qui luttent pour contrôler leurs conditions d'existence. Il s'agit là d'un combat pour l'identité sociale qui, parce qu'il se constitue autour de continuités de culture et d'expérience – même très partielles – que reflètent mal nos catégories habituelles d'analyse, possède une spécificité – qualifiée d'« indigène » ou « autochtone » – qui lui est propre.

Quel est le sens de ces luttes « indigènes » ? Elles font partie d'un système global de transformation du local. La mondialisation à laquelle participent les « autochtones » ne consiste pas à délocaliser le local, mais à changer son contenu, en termes identitaires en particulier. Comme les identités locales – indigènes parce qu'elles sont liées à l'enracinement en un lieu précis – sont insérées dans des États-nations qui tentent de développer une identité nationale qui les englobe, elles doivent se définir des objectifs économiques, politiques et culturels leur permettant de préserver leur spécificité face aux États nationaux et aux instances internationales. L'identité indigène génère ainsi une structure dont la logique est organisée autour de l'idée de nation (les « Nations autochtones ») et qui est fondée sur la relation entre identité culturelle et territoire.

Cette structure, née dans l'opposition à un État national vu comme usurpateur, constitue une manifestation de modernité puisqu'elle prend des formes intimement liées au continuum global/local qui caractérise le monde d'aujourd'hui : Friedman parle ainsi de l'apparition d'un « mode de production capitaliste tribal » où la classe dominante est en lien avec l'appareil d'État national et certains mouvements transnationaux. Mais il s'agit d'un type de modernité proprement « autochtone ». On est donc loin des positions de Simard et de Kuper, dont la vision de la modernité paraît beaucoup plus univoque.

UN RAPPORT DIFFÉRENT AU MONDE CONTEMPORAIN

C'est dans la perception de la modernité que réside le nœud du problème. Il me semble en effet qu'en dépit des affirmations de Flanagan, Simard et autres Adam Kuper, les peuples déjà présents en Amérique – ou ailleurs – avant l'arrivée des Européens ne rejettent pas le monde contemporain. Au contraire, la grande majorité d'entre eux souhaitent participer pleinement à la vie d'aujourd'hui, et les personnes – anthropologues ou autres – qui s'intéressent à eux ne cherchent pas, sauf exception, à leur nier le droit à la modernité. Ce qui paraît toutefois les distinguer de leurs concitoyens d'origine européenne, c'est la présence chez plusieurs d'un rapport à la contemporanéité qui diffère de celui de la majorité. Fondé sur des conti-nuités multiples où la mémoire culturelle, le lien à un territoire duquel on se sent aliéné et la conscience d'une primauté historique jouent un rôle primordial, ce rapport s'exprime dans des pratiques et des représentations qui induisent des identités propres qu'on peut qualifier d'autochtones.

Des recherches récentes décrivent de façon convaincante certains aspects de ces identités autochtones contemporaines dénotant des formes particulières de modernité. En voici quatre exemples.

Dans un ouvrage intitulé *Les Innus et le territoire*, le juriste Jean-Paul Lacasse (2004) montre de façon extrêmement bien documentée que, mal-gré l'absence d'État et de notion de propriété privée, les Innus (Montagnais) du nord-est du Québec ont toujours possédé un ordre légal et un système de gouvernance – fondés sur des pratiques coutumières plutôt que sur des institutions formelles – de nature proprement politique, qui subsiste encore aujourd'hui. Le droit autochtone fondamental au Nitassinan (territoire où vivent les Innus) reposerait donc sur une identité culturelle faite de repré-sentations mentales et de relations sociétales différentes de celles qui fon-dent le droit euro-américain, et non sur un mode de vie qui, à toutes fins utiles, ressemble maintenant beaucoup à celui de la majorité puisque les Innus font pleinement partie du Québec et du Canada d'aujourd'hui.

L'étude de Lacasse me semble démontrer qu'au-delà des grandes oppositions universel/local ou modernité/tradition il existe des pratiques, des modes d'interaction et des représentations qui, tout en se démarquant de ceux de la majorité euro-américaine, n'en jouent pas moins un rôle éco-nomique, politique et identitaire équivalent. La non-reconnaissance par la société majoritaire et l'État de ces pratiques, interrelations et représenta-tions – souvent masquées sous une apparence de conformité quasi totale au mode de vie nord-américain – n'entraîne-t-elle pas, pour paraphraser Friedman, un type particulier de combat pour l'identité sociale ? Et la revendication par ces combattants s'identifiant comme autochtones du droit à une modernité différente ne justifie-t-elle pas l'existence de catégo-ries sociopolitiques et la légitimité d'institutions propres protégeant cette façon différente d'être moderne ?

Dans son ouvrage sur le chamanisme des Dènès nabesnas d'Alaska oriental, l'anthropologue Marie-Françoise Guédon (2005) donne elle aussi un exemple de rapport différent à la contemporanéité. Pour les Nabesnas, les représentations, le symbolisme et les pratiques chamaniques sont indis-sociables de la culture au sens large. La relation qu'on entretient avec le monde – celui d'autrefois comme celui d'aujourd'hui – et la compréhension qu'on en a passent par une vision chamanique des choses, où chaque être – animal, humain ou spirituel – est lié à tous les autres. La conséquence en est, pour beaucoup de Nabesnas, que les institutions contemporaines auxquelles ils participent pleinement, qu'elles soient économiques (travail salarié et échanges monétaires), politiques (organismes «autochtones»), religieuses (Églises chrétiennes) ou autres, sont comprises, interprétées et utilisées à la lumière du chamanisme.

On doit donc admettre que ces gens vivent une forme de modernité différente de celle de la majorité de leurs concitoyens. Cette modernité, qui a permis aux Dènès de s'intégrer au monde contemporain, commence à poser problème quand on ne la reconnaît plus pour ce qu'elle est, quand on la considère comme une tradition désuète qui bloque tout progrès. C'est ce qu'enseigne l'école par exemple, de manière plus ou moins explicite. C'est ce que prêchent aussi certains chrétiens fondamentalistes, pour qui la vision chamanique de l'existence est d'origine diabolique. Les aînés hésitent alors souvent à transmettre cette vision aux jeunes, lorsqu'on les a faussement convaincus de son incompatibilité avec la vie moderne.

Autre exemple encore de contemporanéité différente, vue ici dans une perspective historique, l'étude anthropologique de Frédéric Laugrand (2002) sur la conversion au christianisme dans l'Arctique canadien de l'Est. Cet ouvrage montre que les Inuits ont interprété la morale et les dogmes chrétiens selon les paramètres de leur propre culture, et que même les chamans trouvaient du sens dans la nouvelle religion, parce qu'elle ne remettait pas en cause leur responsabilité d'innover constamment en expliquant les changements sociaux et culturels vécus dans le Nord. L'institution chamanique, axée sur l'innovation, a ainsi survécu à la disparition des chamans.

Comme chez les Nabesnas, cette institution chamanique perdure encore aujourd'hui à bien des égards. Les Inuits se sont donc approprié le christianisme; il ne leur a pas été imposé. L'anglicanisme, le catholicisme et le pentecôtisme pratiqués dans l'Arctique canadien se démarquent clairement de leurs modèles d'origine même si, en surface, les différences ne sont pas toujours perceptibles. L'étude de Laugrand montre ainsi que, dans le domaine religieux, l'expérience cognitive des Inuits contemporains diverge sensiblement de celle des Euro-Canadiens.

Il en est de même de l'ouvrage de Bernard Saladin d'Anglure (2006), *Être et renaître inuit*. L'auteur y décrit de façon détaillée un univers mythologique et symbolique dont les fondements inspirent encore largement la pensée des habitants de l'Arctique. Certains mythes et certaines pratiques rituelles d'autrefois ne sont peut-être plus connus que de quelques aînés, mais Saladin d'Anglure démontre de façon convaincante que les grands principes sur lesquels ils reposent – nécessité du partage, importance de la soumission à l'intérêt collectif, rôle central de la reproduction, etc. – informent toujours l'imaginaire inuit. D'où, d'ailleurs, la résurgence contemporaine d'attitudes et même de genres narratifs (les récits de souvenirs intra-utérins par exemple) qui émergent en droite ligne d'une vision du monde se démarquant nettement de celle de la majorité d'origine européenne au milieu de laquelle vivent les Inuits d'aujourd'hui.

On peut se demander encore une fois si de telles divergences dans le rapport à l'univers ne fondent pas des identités autochtones profondément différentes des nôtres et, en poussant un peu la réflexion, si le désir d'affirmation d'identités amérindiennes et inuites modernes, mais distinctes (sans toutefois que nous les mythifiions) de celles de la population majoritaire, ne justifie pas l'exercice de droits particuliers.

Je l'ai mentionné plus haut, la réponse à ces questions ne relève pas de la science mais de l'éthique et de la philosophie. On est en droit de penser, avec Flanagan, Widdowson, Simard et Kuper, qu'il n'existe qu'une forme valable de modernité, celle de l'Occident contemporain, et que tout ce qui en diverge, qu'on le qualifie d'« autochtone » ou non, va à contresens de l'histoire. Mais on peut aussi estimer que la contemporanéité se vit de façon plurale et que ce pluralisme doit être respecté puisqu'il contribue à enrichir notre monde. Dans cette seconde optique, si les autochtones n'existaient pas, il faudrait peut-être les inventer.

BIBLIOGRAPHIE

DORAIS, Louis-Jacques (2005), « Note critique. Identité et droits indigènes : six ouvrages récents sur les Autochtones », *Globe. Revue internationale d'études québécoises*, vol. 8, n° 1, p. 221-236.

FLANAGAN, Tom (2002), *Premières Nations ? Seconds regards*, Québec, Septentrion.

FRIEDMAN, Jonathan (1999), « Indigenous struggles and the discreet charm of the bourgeoisie », *The Australian Journal of Anthropology*, vol. 10, n° 1, p. 1-14.

GUÉDON, Marie-Françoise (2005), *Le rêve et la forêt. Histoires de chamanes nabesna*, Québec, Les Presses de l'Université Laval.

KUPER, Adam (2003), «The Return of the Native», *Current Anthropology*, vol. 44, n° 3, p. 389-402.

LACASSE, Jean-Paul (2004), *Les Innus et le territoire. Innu tipenitamun*, Québec, Septentrion.

LAUGRAND, Frédéric (2002), *Mourir et renaître. La réception du christianisme par les Inuit de l'Arctique de l'Est canadien (1890-1940)*, Québec, Les Presses de l'Université Laval.

SALADIN D'ANGLURE, Bernard (2006), *Être et renaître inuit, homme, femme ou chamane*, Paris, Gallimard.

SIMARD, Jean-Jacques (2003), *La réduction. L'Autochtone inventé et les Amérindiens d'aujourd'hui*, Québec, Septentrion.

WIDDOWSON, Frances (2004), «Inventing Nationhood: The Political Economy of Aboriginal Claims to Self-Determination in the Context of Québec Sovereignty», conférence prononcée lors de l'Annual Conference of the Canadian Political Science Association, Winnipeg, 5 juin.

Pour une sociologie de l'autochtonisme[1]

THIBAULT MARTIN

Le concept d'autochtone, en tant que faisant référence aux peuples dits premiers, n'est entré dans le vocabulaire des sociologues de langue française que depuis peu, alors qu'il est maintenant institutionnalisé dans le monde anglo-saxon. Les anthropologues de cet espace linguistico-culturel, lorsqu'ils parlent des autochtones (*Aboriginal Peoples*) désignent ceux que l'anthropologie classique qualifiait auparavant d'«indigènes». Néanmoins, d'un point de vue sociologique, le terme est bien plus qu'un concept que l'on pourrait croire requalifié pour des raisons tributaires du contexte politiquement correct nord-américain, mais renvoie plutôt à une réalité sociale contemporaine. En effet, le changement de nom va bien au-delà de l'effet de mode, car, si l'indigène n'était qu'une version améliorée du «primitif» ou du «sauvage», objets de l'analyse privilégiée des ethnographes, la dénomination d'«autochtone» renvoie à un niveau de conceptualisation différent et correspond à un autre registre de questionnement. Ainsi, lorsque l'anthropologie classique s'intéressait à l'indigène, c'était pour en interpréter ou encore en comprendre le mode de vie en soi. D'ailleurs, l'anthropologie culturaliste, telle qu'elle a été conçue par Franz Boas puis développée par Margaret Mead, Ruth Benedict et Robert Lewis, partait du principe que dans toute étude de l'«autre» le chercheur doit résister à la tentation de comparer les sociétés indigènes à celles du monde occidental (Boas, 1934: 4), alors qu'aujourd'hui les études sur les indigènes se déroulent dans le cadre de la modernité. Ainsi, l'anthropologue qui s'intéresse aux Amérindiens, aux Maoris, aux Inuits ou bien aux Kayapos n'étudie plus leur mode de vie en soi mais leur mode de vie en relation avec la modernité.

---

1. Je tiens à remercier mes étudiants, notamment Brieg Capitaine, Stefan Wodicka, Christiane Guay, Amélie Girard et Suzy Basile, qui ont bien voulu commenter moult versions préliminaires de ce texte. Merci aussi à Sébastien Grammond.

Qu'il s'inquiète de l'acculturation qui érode l'authenticité de ces cultures millénaires, qu'il déplore les ravages de la société de consommation ou bien encore qu'il s'intéresse aux stratégies de résistance, dans tous les cas l'anthropologue construit son objet d'étude dans l'opposition au moderne. La modernité étant considérée comme occidentale et exogène, l'indigène devient donc l'antithèse de l'allochtone moderne (Fabian, 1983), il devient donc son contraire : l'autochtone ou, selon la formule de Simard (2003), « l'envers du Blanc ». Ainsi, autant l'indigène n'avait pas, dans la perspective anthropographique classique, d'histoire (puisque ce qui intéressait dans son étude c'était surtout la reproduction de la tradition), autant la perspective contemporaine fait baigner l'autochtone dans un processus historique à l'intérieur duquel la modernité occupe une place centrale.

Ce déplacement de l'objet d'étude qui a transformé l'indigène en autochtone, sans pour autant en libérer l'étude du cadre ethnocentrique (Poirier, dans cet ouvrage), a fait en sorte qu'il a cessé d'être le membre d'une société au mode de vie particulier, différent de celui de son voisin pour devenir l'unité de référence d'un paradigme sociétal : l'« autochtonie », définie comme l'envers de la modernité occidentale. Cette universalisation de la catégorie autochtone qui fait du Kanak le concitoyen de l'Inuk ou du Cherokee va de pair avec une dichotomisation du monde, qui dans sa version la plus radicale fait du mode de vie des autochtones un modèle dont l'Occident devrait s'inspirer, car il possède des vertus telles qu'elles pourraient contribuer à réparer les dommages causés par la modernité à l'humanité, ainsi qu'à l'environnement. La déclinaison politique et normative de cette division du monde entre autochtonie et modernité a conduit à la production d'une déclaration onusienne des droits des autochtones, qui donne à penser que les intellectuels, soucieux de la défense de la diversité culturelle, ont suffisamment opposé l'autochtone à l'occidental pour pouvoir penser qu'il fallait lui définir des droits fondamentaux distincts de ceux des autres humains. Bien que cette déclaration des droits des peuples autochtones puisse sembler anathème à certains héritiers des encyclopédistes, elle pourrait être vue par d'autres comme une nouvelle étape, après le mouvement des droits civiques (Civil Rights Movment) ou la révolution féministe, dans le projet des Lumières d'atteindre l'égalité. Elle est, par ailleurs, sociologiquement intéressante puisqu'elle institutionnalise la rupture entre le monde des modernes que l'on appelle les Occidentaux, et celui des autochtones aussi appelés Premiers Peuples ou Premières Nations. Les uns étant Lynx, les autres Coyotes, l'un le cuit, l'autre le cru ; si l'on veut bien me permettre de mêler à tout cela Lévi-Strauss, le maître lui-même de la dichotomie. En somme, autant l'indigène était-il construit comme un « autre » différent et fascinant de par cette différence même, autant l'autochtone est dépendant du moderne et n'est intéressant que dans ce qui l'oppose à celui-ci.

Cette découverte de l'autochtone est à l'origine d'un questionnement épistémologique qui a traversé plusieurs disciplines des sciences humaines. Ainsi, c'est en partie grâce à son étude que l'anthropologie a cessé de regarder les membres des sociétés non occidentales comme des objets de recherche mais a vu en eux des partenaires pouvant les aider à redéfinir la production du savoir. À cet égard, la montée en puissance dans les années 1990 des études sur le savoir traditionnel (aujourd'hui savoir autochtone) érigé en savoir complémentaire à la science, voire en contre-savoir, a grandement changé la perspective analytique anthropologique, contribuant à institutionnaliser une compréhension de l'autre, non seulement du propre point de vue de celui-ci, mais aussi en fonction de ses propres catégories conceptuelles, notamment subjectives, telle la spiritualité. Ce renversement de l'approche a conduit à faire passer l'autochtone, mais aussi toute collectivité ou tout autre individu étudiés, de l'état d'objet de connaissance à celui de sujet connaissant, entraînant du même coup un basculement épistémologique crucial. Ce qui permet à l'anthropologue, mais aussi à l'autochtone de se libérer du « diktat scientiste », selon la formule de Lyotard (2001). Si bien qu'aujourd'hui l'analyse que l'autochtone porte sur lui-même est devenue aux yeux de certains aussi valide et aussi légitime, si ce n'est plus, que celle du scientifique. Alors que pendant longtemps le scientifique avait eu le monopole de l'interprétation et pouvait aller jusqu'à révéler à l'autochtone la véritable nature de ses propres expériences sociales, aujourd'hui celui-ci, enfin libéré de la raison, peut exprimer son point de vue, non seulement sur ce qui le concerne mais aussi sur le reste du monde. Ainsi, de nombreux intellectuels autochtones ont acquis – les universités, les colloques ou les ouvrages collectifs se les arrachant – une notoriété importante du fait de leur statut d'autochtone, ce qui d'ailleurs – et cela est à mon avis dommage – fait passer au second plan l'originalité de leurs contributions. Concrètement, cette nouvelle perspective transforme le fondement méthodologique, éthique et ontologique des sciences sociales (Poirier, 2000) et peut aller dans certains cas jusqu'à imposer aux chercheurs de travailler non seulement en partenariat avec les autochtones, mais aussi d'obtenir leur approbation, ce qui implique que ceux-ci peuvent, diront les critiques de ce nouveau paradigme méthodologique, « dicter » aux scientifiques leur mode cognitif et leur propre rationa-

lité. On en conviendra, une telle position est bien loin de la rupture épisté-
mique imposée au savant en vertu des règles de la méthode sociologique
traditionnelle. Bien que le projet parte du principe positif que les sociétés
eurocanadienne et autochtone doivent apprendre à partager leurs connaissances sur un pied d'égalité, cette nouvelle pratique risque, toutefois, de
contribuer à institutionnaliser la dichotomie entre science occidentale et
savoir autochtone[2] et, dans cette circonstance, crée un espace d'interactions
artificielles dans lequel l'autochtone est plus ou moins contraint de jouer à
l'Amérindien ou à l'Inuk, tel qu'il est imaginé par son vis-à-vis.
L'anthropologie, consciente de ce risque, développe, en partenariat avec les
autochtones, une nouvelle approche collaborative (Lévesque, 1996, dans
cet ouvrage, et bien d'autres) dans lequel l'anthropologue cesse d'être l'interprète pour devenir le médiateur entre deux paradigmes de connaissance
(Poirier, 2000). On en conviendra, ces ruptures dont les autochtones sont à
la fois les acteurs et les objets, dessinent une histoire de la science qui semble s'être émancipée du désir de progrès pour favoriser les contrechamps,
les analyses indociles ou subversives. En somme, l'autochtone, de par son
inscription dans un processus de connaissance bicéphale – en ceci qu'il fait
côtoyer savoir positif et savoir culturellement ancré –, fait perdre la raison à
la Raison. Ce renversement épistémologique est unique et s'apparente de
par sa magnitude à celui de la révolution copernicienne, dont il est, en
quelque sorte, le contrechamp.

Directement influencées par cette révolution épistémologique
amorcée en anthropologie, plusieurs disciplines, notamment le travail
social, ont renouvelé leur conception de leur propre discipline et acceptent
désormais que des pratiques autochtones, notamment les cercles de guérison et les adoptions coutumières, jouent un rôle dans la production de la
cohésion communautaire et la résolution des problèmes sociaux, dont ils
avaient obtenu – à coup de pensionnat et autres pratiques assimilationnistes – le monopole. Certains considèrent même que les deux modes de gestion du social devraient collaborer et être mis sur un pied d'égalité. D'autres
vont jusqu'à penser que l'intégration dans leur discipline de certaines pratiques autochtones serait un moyen de renouveler le travail social lui-même,
ce qui bénéficierait non seulement aux autochtones mais aussi à l'ensemble
de la population (Hart, 2001, 2002 et Morissette et autres, 1993 ; Zapf,
1999, 2005). Certes, cette position est critiquée, notamment par ceux qui

---

2. À cet égard les programmes «Réalités autochtone» du Conseil de recherche en
   sciences humaines du Canada contribue à institutionnaliser cette nouvelle épisté-
   mologie.

pensent que les pratiques institutionnelles ne sont pas compatibles avec les sociétés autochtones et que seul un retour complet aux pratiques autochtones serait efficace ; d'autres pensent plutôt que celles-ci ne devraient jouer qu'un rôle de soutien. Cela dit, quelle que soit notre appréciation de ces différentes positions, l'existence de ce débat au sein de la discipline révèle que le savoir autochtone contribue à la production d'un discours de remise en cause des principes universalistes fondant la discipline et les pratiques de travail social elles-mêmes.

Ce basculement épistémologique ne s'est pas limité à l'anthropologie ou au travail social, il a aussi rejoint plusieurs autres sciences de l'homme, notamment l'histoire, où les « narrations » autochtones ont obtenu une certaine légitimité. Ainsi, les récits du passé, combinant discours créationniste où « Mère Nature » est à l'origine de la présence autochtone en Amérique (Sioui, 1989), et les récits des aînés, capables de témoigner de faits pouvant aller jusqu'à prédater le contact avec les Européens, sont devenus autant de matériaux contribuant à structurer la compréhension du passé (Smandych et Lee, 1995). Cela dit, il ne faudrait pas croire que ce savoir autochtone est anarchique et que tout a la même validité. Au contraire, ce savoir est le produit d'un processus réflexif de construction d'un capital collectif de connaissances, émergeant d'une expérience commune et reconnue comme telle de façon consensuelle (*idem*). Plusieurs historiens tiennent désormais compte de ces données collectées en dehors des règles méthodologiques qu'ils se sont données pour eux-mêmes. On s'en doutera, d'autres considèrent ces narrations autochtones comme des théories avec lesquelles ils ne peuvent être en accord mais doivent admettre qu'elles contribuent, en y injectant une dose massive de relativisme, à la production de la connaissance.

Par ailleurs, les changements de paradigmes analytiques proposés par les historiens autochtones ont maintenant pignon sur science, même si plusieurs continuent à douter de leur validité. Ainsi, la thèse des historiens autochtones tels Churchill (1993, 1997) et Alfred (1999) qui remettent en cause l'interprétation classique de la conquête et estiment que la destruction massive des populations et des cultures autochtones n'est pas le fait d'accidents de l'histoire, mais plutôt du projet génocidaire qui habitait les conquérants, a été reprise par plusieurs auteurs, notamment Nelson (1997), Neu et Therrien (2003). Cette théorie du génocide a même fait suffisamment de chemin pour être vulgarisée par nul autre que Chomsky (1993) dans son ouvrage *Year 501. The Conquest Continues*.

Sur le plan juridique, on assiste aussi à un renversement de perspective. Depuis une dizaine d'années, les données de première main, même non validées par l'analyse historique classique, ont acquis, lorsque ce sont les autochtones qui les présentent aux tribunaux, une validité extrinsèque telle qu'elles font maintenant partie de la preuve que les avocats des autochtones soumettent dans les causes qui les opposent à l'État. Ce fut le cas dans la cause Badger (1996) où la Cour fonda en partie sa décision sur le témoignage d'un aîné qui relata les promesses orales, mais non consignées dans le texte du traité, faites par les représentants du gouvernement canadien lors de la signature du traité 8. Mais, plus que tout, c'est encore la déclaration du juge en chef Lamer dans l'affaire *Delgamuukw* qui ouvre la porte à une redéfinition de la pratique du droit lorsqu'il s'agit de régler des différends politico-territoriaux :

> Malgré les problèmes que crée l'utilisation des récits oraux comme preuve de faits historiques, le droit de la preuve doit être adapté afin que ce type de preuve puisse être placé sur un pied d'égalité avec les différents types d'éléments de preuve historique familiers aux tribunaux, le plus souvent des documents historiques. *Delgamuukw* c. *Colombie-Britannique*, [1997] 3 R.C.S. 1010.

Bien que ce basculement puisse paraître important[3], il est pourtant loin d'être unique. En effet, le système juridique est actuellement traversé par un questionnement concernant la place que l'on pourrait donner aux pratiques juridiques autochtones. Alors que jusqu'à présent les tribunaux, qui estimaient avoir le monopole de la justice pénale, jugeaient les autochtones selon les mêmes critères que tous les autres citoyens et considéraient que ceux-ci devaient répondre de leurs actes devant les mêmes instances que les autres Canadiens[4], aujourd'hui plusieurs juristes, notamment James Dumont ou le juge Murray Sinclair qui ont contribué à la Commission royale d'enquête sur les peuples autochtones, estiment que le système de justice euro-canadien ne peut traiter équitablement les autochtones, puisque les notions de culpabilité et d'innocence n'ont pas la même signification dans les deux cultures. Alors que l'on a longtemps cru que des collecti-

---

3. Cela dit, cette décision n'est pas sans poser problème car elle est fondée sur le postulat que seules les pratiques traditionnelles, c'est-à-dire celles qui, au bout du compte, correspondent aux stéréotypes de la majorité sur les autochtones, donnent des droits. Dans cette perspective la chasse et la pêche à but commercial sont considérées comme illégitimes car elles sont étrangères à la « tradition ».

4. Quitte à ce que le tribunal se rende à eux lorsqu'ils habitent dans le Grand Nord.

vités de quelques milliers d'habitants que l'on qualifiait, il n'y a pas si longtemps, encore de bandes ou de tribus n'avaient pas de système judiciaire, plusieurs juristes tels Borrows (1996, 2005), Lacasse (2004), Cummins et Steckley (2003) estiment maintenant que les groupes autochtones, malgré l'absence d'État et de structures juridiques institutionnelles, ont toujours eu un système d'ordre légal. Cette reconnaissance est à la base de différentes expériences judiciaires[5] qui permettent aux autochtones d'«échapper» au système juridique euro-canadien pour être pris en charge par des instances autochtones qui vont les «juger» ou leur «attribuer» des sentences selon des pratiques coutumières, notamment les cercles de justice où victimes et coupables accompagnés de leur famille se réunissent afin de «travailler ensemble» dans le but de rétablir l'harmonie (Jaccoud, 2002; Grammond, 2003). Ces expériences contribuent d'ailleurs à hybrider les pratiques judiciaires, ainsi certains tribunaux continuent à juger les autochtones mais, au lieu de déterminer eux-mêmes une sentence, ils confient le soin à la communauté de mettre en œuvre les moyens nécessaires pour ramener le coupable dans le droit chemin[6].

Cet intérêt que les sciences de l'homme, au sens large, portent aux savoirs autochtones s'est même étendu aux sciences de la nature qui maintenant n'hésitent pas à y avoir recours afin de compléter leurs données, notamment dans la quête actuelle d'information sur le changement climatique (Alangotok, 2000; McGregor, 1999). Même la NASA a fait appel à des experts autochtones pour participer à l'élaboration de stratégies destinées à lutter contre les changements anticipés (Martin, 2004). De même, la direction du Programme des Nations unies pour l'environnement estime que les peuples autochtones sont des partenaires de recherche importants et considère que le savoir traditionnel peut être un atout pour limiter les effets des désastres naturels (Centre de nouvelles ONU, 2007). Certes,

---

5. Celles-ci ont été rendu possibles par l'adoption par le gouvernement fédéral, en 1991, de deux politiques, la Politique sur la police des Premières Nations, qui a permis la création des services de police autochtones, et la Stratégie relative à la justice applicable aux Autochtones, qui a contribué à la mise en place de nouvelles pratiques de détermination de la peine ainsi qu'à la déjudiciarisation du règlement des différends. De 1991 à 1996, le gouvernement a, en vertu de cette politique, financé plus de 600 projets destinés à trouver des solutions de rechange plus équitables pour les autochtones.

6. Certes, ces pratiques sont parfois contestées, notamment par certaines femmes autochtones qui considèrent que les peines alternatives ne sont pas la meilleure façon de contrôler les problèmes endémiques de violence car elles n'envoient pas au coupable un message assez clair.

l'intérêt porté aux savoirs structurant l'autochtonie n'entraîne pas dans le champ des sciences naturelles le même renouvellement paradigmatique qu'ailleurs. Certains, notamment Simpson (2001), considèrent que perdure chez les scientifiques une attitude condescendante vis-à-vis de ce savoir et de ses détenteurs.

Par contre, la sociologie, quant à elle, ne semble pas avoir été rejointe par ce basculement paradigmatique que la découverte de l'autochtone entraîne ailleurs. Cela est surprenant, car, chaque fois que la société a fait face à de grands bouleversements, la sociologie s'est réinventée. D'ailleurs, comment pourrait-il en être autrement puisque la sociologie est née de l'étude de la « grande transformation » engendrée par les révolutions démocratiques et industrielles et s'est donné pour projet de comprendre le changement social ? Ainsi, il n'est pas un changement social notable qui n'ait stimulé l'imagination sociologique et conduit à l'émergence de nouveaux champs de recherche et paradigme analytiques. Rappelons-nous comment la montée des mouvements émancipateurs dans les pays colonisés stimula des discours critiques, tel l'orientalisme, qui remirent en cause la portée universelle des théories sociologiques. Et que dire de la montée des revendications féministes qui ouvrit une brèche dans le fondement « patriarcal » de la sociologie pour engendrer une nouvelle tradition qui se distingue à la fois parce qu'elle s'intéresse à la moitié de l'humanité qui jusqu'alors n'avait pas stimulé l'imagination sociologique et parce qu'elle érige l'interdisciplinarité en méthodologie exemplaire ? Comment ne pas établir un parallèle entre les demandes politiques et le changement social que les sujets coloniaux, puis les femmes, ont imposé aux sociétés occidentales et, par ricochet, aux sciences sociales avec celles des autochtones qui réclament aujourd'hui des droits particuliers et contraignent la science à adopter une nouvelle épistémè et à se doter de nouvelles méthodologies ?

Pourquoi la sociologie ne réagit-elle pas à cet appel du social ? Sans doute parce que l'autochtone a longtemps été considéré comme un indigène dont l'étude relevait de la discipline sœur, l'anthropologie. Pourtant, les sociologues auraient pu suivre la voie ouverte par Tocqueville qui s'était penché sur la question des « Indiens du Nouveau Monde » et avait, avant tout le monde, anticipé l'incapacité de la modernité de faire une place aux premiers habitants. Les sociologues qui lui succédèrent préférèrent porter leur attention vers d'autres sujets, notamment les transformations du monde urbain, ce qui laissa un vide que l'anthropologie allait combler. Par contre, lorsque les anthropologues annoncèrent la tentative d'assassinat de l'indigène par la modernité, quelques sociologues, attirés par la perspective de recueillir, en direct et en temps réel, le dernier souffle du dernier représentant d'un paradigme sociétal qui leur avait servi de référence pour construire leur définition de la modernité, se sont sentis interpellés. Une fois au chevet du mourant, ils ont tout de suite cru reconnaître dans les tourments qui le torturaient les affres du changement social. Le constat d'agonie une fois établi, l'autochtone est devenu un simple objet d'étude sur lequel les théories en compétition appliquent désormais leurs recettes analytiques et nul n'a considéré que celui-ci puisse inspirer un nouveau champ de recherche susceptible de stimuler la construction de nouveaux cadres conceptuels, tel que l'avait permis l'émergence du féminisme ou celle de l'orientalisme.

Cette attitude s'explique par le fait que la sociologie est née de l'étude de la modernisation de l'Occident et que les théories qui en ont émergé ont été et sont encore exportées, au nom de leur universalisme et de celui de la modernité elle-même, hors de leur contexte d'origine pour expliquer les transformations sociales à l'œuvre dans les autres sociétés. Si les théories sociologiques ont pu et prétendent encore expliquer l'Afrique, pourquoi ne pourraient-elles pas éclairer le Nunavik ou bien l'expérience des Kayapos? De plus, les débats paradigmatiques entre théories occupent l'espace intellectuel, ce qui ne laisse que peu de place à l'émergence de champs d'étude subversifs; à cet égard la difficile institutionnalisation des études féministes laisse présager qu'une sociologie des autochtones ne s'imposera pas sans difficulté. Il suffit de regarder les programmes des colloques de sociologie pour constater l'inexistence de ce champ. Certes quelques auteurs s'y égarent mais ce n'est que pour se contenter de « documenter » l'état de modernisation, ou d'acculturation, des groupes autochtones; aucun ne pense que l'étude des autochtones pourrait contribuer au renouvellement de la pensée sociologique elle-même; et si jamais ils le faisaient, quel serait leur crédibilité? Bien sûr, l'exotisme[7] du sujet fait dresser l'oreille du sociologue averti, mais très vite son regard se tourne vers des thèmes plus « légitimes » qui permettent d'élaborer des discours à portée théorique ou critique susceptibles de faire avancer de façon honorable la discipline.

---

7. Une anecdote illustrera ce propos. Lorsque j'ai reçu *ex æquo* le Prix du jeune sociologue décerné par l'Association internationale des sociologues de langue française récompensant mon ouvrage sur la modernité inuite, plusieurs de mes collègues et amis m'ont gentiment fait remarquer que le « sujet » avait sans doute joué en ma faveur.

Cela dit, bien qu'elles soient peu nombreuses, les analyses que les sociologues font de la problématique autochtone s'articulent autour de deux approches théoriques : la théorie de la modernisation et la théorie du colonialisme/post-colonialisme, cette dernière s'imposant au sein du monde anglo-saxon. Le paradigme de la modernisation se fonde, comme on le sait, sur la prémisse que la modernité est l'horizon collectif, et le sociologue qui s'en inspire pour étudier les sociétés autochtones postulera que celles-ci sont engagées dans un processus de transformation sociale qui fait en sorte que la montée de la rationalité et de l'individualisme va progressivement redéfinir les fondements du vivre-ensemble. Ainsi, Duhaime considère que « la généralisation de la rationalité économique capitaliste [...] est aujourd'hui telle qu'elle constitue une norme de l'action sociale [des autochtones] » (1991 : 22). Cette transformation irait de pair, comme le martèle Simard dans ses publications les plus récentes (voir Simard, 2003), avec un effondrement des institutions de type communal (famille, chamanisme, don) qui seraient, selon lui, progressivement supplantées par de nouvelles institutions de type contractuel qualifiées de modernes (État, marché, argent, justice formelle, salariat). Les problèmes sociaux qui accablent aujourd'hui les collectivités autochtones sont, dans cette perspective, considérés comme autant d'indicateurs de l'effondrement de l'ordre social traditionnel et de l'anomie qui s'installe en attendant que la transition au nouvel ordre ne soit complétée. La multiplication des bases de données quantitatives de Simard et de Duhaime, hébergées par la Chaire de recherche du Canada sur la condition autochtone comparée[8], illustre la préoccupation de ces derniers. Face à ce constat, Simard (2003), Flanagan (2002), Kaalaugue (2001) et quelques-uns de leurs étudiants considèrent même, de façon normative, qu'il est justement temps que les autochtones rejoignent le plus rapidement possible les rangs de cette modernité inévitable et salvatrice afin d'abréger les souffrances liées à une transition douloureuse. On en conviendra tout de suite, cette perspective peut ne pas faire l'unanimité car elle s'inscrit dans une sociologie qui part du principe que le changement social tend à :

---

8. Accessible sur le site Web de l'Université Laval à l'adresse suivante : http://www.ch aireconditionautochtone.7ss.ulaval.ca/.

> La fusion d'un type de société et du «sens de l'histoire» dans la société
> moderne; [et au] remplacement des acteurs sociaux par des ensembles sta-
> tistiques, définis par un niveau ou une forme de participation sociale et par
> les signes de la logique interne de fonctionnement du système social.
> (Touraine, 1984 : 24)

Ceux qui adoptent ce positionnement théorique étudient les conséquences du processus de modernisation sous deux angles. Tout d'abord,
certains s'intéressent avant tout à la montée de la rationalité économique,
considérée comme le moteur principal de la modernisation des sociétés
autochtones. Ainsi, Duhaime propose que «les Inuit sont désormais bien
ancrés dans le monde moderne : les institutions traditionnelles semblent
avoir perdu le monopole de fixer les règles de l'action sociale au profit des
institutions du capitalisme comme la monnaie, le marché et le salariat»
(Duhaime et autres, 2003 : 11). Chabot s'inscrivant dans la même logique
ajoute que «[...] the market economy is transforming the social organization of the Inuit. [...] This phenomenon is the direct result of the generali-
zed application of economic rationality [...]» (Chabot, 2003 : 32) D'autres,
tel Simard, s'intéressent plutôt à la transformation des comportements
individuels et identitaires résultant eux aussi de la montée en puissance de
la rationalité :

> La modernité tend à subvertir le principe même qui assure la reproduction
> de l'ordre traditionnel des choses : la fidélité aux normes de conduites
> ancestrales. Car elle ouvre fatalement l'horizon des possibles, un univers
> sans précédent de choix entre des sollicitations alternatives, plus ou moins
> compatibles où les éléments de tradition ne comptent que pour des
> options parmi d'autres. (Simard et al., 1996 : 113)

En somme, l'autochtone cesserait progressivement d'être le membre d'une
communauté pour s'auto-ériger en «sujet» qui s'autonomise de plus en
plus, au point de devenir un atome au sein d'une société éclatée. Ainsi, les
revendications ou les actions posées par les autochtones, qu'elles soient
politiques, économiques ou identitaires, sont comprises comme étant le
résultat de choix rationnels destinés à satisfaire des aspirations individuelles.

Cette conception de la modernité autochtone produit un constat
fascinant puisqu'il fait passer l'autochtone, en deux ou trois générations,
d'un état traditionnel archétypal à un état moderne avancé. Certes, la plupart de ces auteurs constatent que les institutions traditionnelles n'ont pas

encore complètement disparu mais ils ne leur attribuent plus qu'un rôle secondaire et provisoire dans la production des normes du vivre-ensemble:

> L'héritage d'hier pèse encore sur le destin collectif des Inuit, mais il ne suf-fit plus à orienter leurs conduites et leurs pratiques. Le don, bien qu'il soit encore effectif, tend maintenant à répondre à des impératifs d'ordre écono-mique plutôt que d'ordre traditionnel. [...] les institutions traditionnelles semblent avoir perdu le monopole de fixer les règles de l'action sociale au profit des institutions du capitalisme comme la monnaie, le marché et le salariat (Duhaime et autres, 2003: 10 et 11).

Le maintien du don ne serait finalement que le produit de la nécessité (suppléer au marché lorsque celui-ci s'avère déficient) et non pas le résultat de l'action des Inuits qui orienteraient par leurs choix les modalités de pro-duction de leur société.

La limite de cette approche est, à mon sens, son ancrage dans une approche évolutionniste. En effet, les changements que l'on observe au sein des collectivités autochtones ne sont pas nécessairement de simples indica-teurs d'une transformation sociétale s'inscrivant dans un processus global, la modernisation, sur lequel ceux-ci n'auraient aucune prise mais devraient, au contraire, être vus comme autant de manifestations des gestes faits par ceux-ci pour définir leur propre histoire. J'ai développé, notamment à par-tir de l'étude de la transformation des modes de solidarité en milieu autochtone, une critique de l'approche évolutionniste. Celle-ci repose sur le constat qu'au lieu de disparaître sous l'effet de la montée des institutions de type associatif et contractuel (marché, État, salariat) les institutions de formes communales (don, réciprocité) continuent à jouer un rôle dans la fabrique du social. Ce maintien peut avoir lieu parce qu'il s'opère une imbrication entre nouvelles et anciennes institutions (Martin, 2001, 2003, 2005; Martin et Capitaine, 2006). Certes, celle-ci n'est pas automatique ni homogène mais résulte de choix collectifs et individuels. Des choix qui sont le fruit d'une volonté consciente et réflexive d'imprimer au mode de vie une orientation déterminée en fonction du désir d'inscrire le futur dans la continuité du passé, ce qui fait ainsi du présent le pivot de la construc-tion de l'histoire, puisque c'est l'instant «T» où est assigné un sens (sans cesse renouvelé) au passé et à l'avenir. Les recherches que j'ai faites sur les activités de chasse, sur le recours aux solidarités, sur le don et les adoptions indiquent que la montée des institutions modernes et le changement social ne se font pas de façon homogène mais, au contraire, que la différence entre les présents variés et multiples des collectivités autochtones se décline en fonction de l'action réflexive collective et individuelle qui structure chaque collectivité autochtone. Certes, cette action ne donne pas nécessairement les résultats escomptés mais elle est néanmoins à l'origine de la production de la société telle qu'on l'observe. En somme, il est moins important de constater que certaines activités qualifiées de traditionnelles déclinent, que de comprendre que la transformation de ces activités est aussi le produit de l'action des autochtones et non pas uniquement le résultat d'un déterminisme historique. Il est tout aussi important d'admettre que ce qui se donne à voir aujourd'hui n'est pas non plus le gage de ce qui sera la norme de demain mais n'en sera pas moins le produit de l'action d'aujourd'hui.

Le second paradigme structurant l'étude des questions autochtones est la théorie du colonialisme/postcolonialisme. Celle-ci place la question de l'étude des autochtones dans une « historical structural perspective » (Frideres, 1998 : 9), une approche héritière des théories du conflit. À cet égard, le titre du célèbre ouvrage de Frideres est éloquent : *Aboriginal Peoples in Canada. Contemporary Conflicts*. Le postulat de départ de cette approche est que le cadre structurel déterminant la condition des autochtones fut d'abord la relation coloniale à laquelle a succédé, au cours des années 1980, la relation postcoloniale, comme Long l'exprime ici : « relations between Aboriginal and non-Aboriginal peoples in Canada testify to the complex, [...] character of postcolonial processes, circumstances and structures » (Long, 2000 : iii).

Cette perspective sert ainsi à analyser chacune des problématiques propres aux autochtones, en commençant par celle de la production des catégories normatives qui définissent l'autochtone et attribuent à chacun un statut légal spécifique (voir Grammond, 2008). Les auteurs qui s'inscrivent dans ce paradigme estiment que c'est seulement grâce au conflit, qu'il se déroule dans l'arène des tribunaux, dans la rue ou dans le maquis du Chiapas, que les autochtones réussissent à s'émanciper des catégories ayant servi à les minoriser, c'est-à-dire à les réduire à l'état de mineurs et de minorités. À cet égard l'ouvrage de Taiaiake Alfred[9] (1999), intitulé *Peace, Power, Righteousness : an Indigenous Manifesto*, est révélateur de la position théorique qui oriente cette perspective. Les projets de développement économique sur les territoires autochtones sont eux aussi examinés par les sociologues de ce paradigme sous l'angle de la relation postcoloniale (Hoffman,

---

9. Lui-même autochtone.

2002). La faillite de l'éducation en milieu autochtone est, quant à elle, attribuée à une relation de pouvoir inégale (Bishop et Glynn, 1999). L'actuel processus de négociations entre les États occidentaux et les autochtones de traités dits modernes ou d'ententes qualifiées d'avant-gardistes destinés à permettre aux autochtones de s'autogouverner n'est, pour certains, que le signe de l'institutionnalisation du passage d'une relation coloniale à une de type postcolonial (Neu et Therrien, 2003).

Cette grille d'analyse est loin d'être inintéressante car elle jette un regard éclairant sur les racines historiques et les phénomènes à l'origine des conditions morales et matérielles des autochtones contemporains ainsi que sur les processus qui tendent actuellement à redéfinir les relations politiques entre ceux-ci et les États occidentaux. Toutefois, cette approche a tendance à ne voir dans l'État qu'un opposant ou un adversaire perpétuel que l'on va jusqu'à accuser d'être au seul service de la majorité ou des multinationales qui veulent s'approprier les richesses des territoires autochtones (Hoffman, 2002). On le comprendra, une telle analyse est réductrice car l'histoire révèle que l'État n'a pas uniquement eu pour projet de minoriser les autochtones et de les spolier de leurs ressources, mais a aussi cherché à les inclure dans la société. Certes, ce projet a longtemps conduit le ministère des Affaires indiennes et du Nord ainsi que les autres organismes publics à produire des politiques assimilationnistes, mais lorsqu'Ottawa accorda un soutien financier aux Cris de la Baie-James qui s'opposaient aux projets hydroélectriques, il n'agissait pas en suppôt du capital. De même, lorsque Québec signait la Convention de la Baie-James, puis la Paix des Braves, ou que le gouvernement de la Colombie-Britannique et le gouvernement du Canada signaient un traité donnant l'autonomie aux Nisga'a, même si l'on peut taxer ces ententes de postcoloniales (et j'ai d'ailleurs dû le faire à plusieurs occasions), cela ne veut pas dire que l'État agissait seulement dans l'intérêt de la majorité ou cherchait uniquement à contenir les mouvements émancipateurs des autochtones. En fait, l'État a, à la fois, rendu possible la spoliation des autochtones et mis en place différentes législations destinées à protéger leurs territoires et leurs droits.

La limite de ces travaux est donc qu'ils ne s'intéressent pas suffisamment au rôle que les autochtones jouent dans la production de leur propre société. Au contraire, ils ont tendance à présumer que ceux-ci sont submergés par un processus exogène qui conduit à leur acculturation et à leur aliénation tel que l'exprime ici Jaccoud :

L'exclusion des peuples autochtones implique une mise à distance non par rapport à un centre, mais plutôt par rapport à leur historicité et à leur processus de production et de reproduction sociales. La rupture de cette historicité s'inscrit dans un contexte de colonisation et de domination. (Jaccoud, 1995 : 98)

En somme, cette théorie considère que la domination et la colonisation créent les conditions déterminantes de l'action collective et individuelle des autochtones (Wotherspoon et Satzewich, 1993). Sans vouloir minimiser l'importance du processus de minorisation des autochtones, il ne faut pas non plus oublier que ceux-ci agissent aussi au sein de la relation coloniale. En effet, ils s'adaptent, s'approprient, hybrident, utilisent, résistent, instrumentalisent, contribuant ainsi à façonner la relation elle-même.

Les deux paradigmes analytiques dominants – modernisation et perspective postcoloniale – ont ainsi en commun de définir les sociétés autochtones par rapport à la modernité. Certes, pendant que les uns pensent que les conditions de la modernité sont imposées de l'extérieur (notamment par le truchement du contrat colonial), d'autres estiment que c'est librement qu'ils choisissent d'embrasser celle-ci, renonçant du même coup à produire leur propre mode de vie, leur propre histoire. En quelque sorte, ces deux approches sous-estiment le fait que les sociétés autochtones exercent sur elles-mêmes à travers leurs pratiques sociales, notamment collectives, une action réflexive par laquelle elles écrivent leur présent et deviennent donc les auteurs de leur propre histoire.

La difficulté de voir le processus de production de la société autochtone par elle-même vient du fait que les sociologues ne voient la société que comme le seul produit de l'agrégation d'actions et d'interactions individuelles sans objectif collectif ou bien comme un système structural indépendant des acteurs. Cette dichotomie entre sujet et structure va de pair avec une dichotomie de l'étude des autochtones qui se développe soit dans une perspective diachronique (processus de modernisation ou de colonisation), soit synchronique (étude de la relation entre l'État et les autochtones). Or, comme le suggérait déjà Auguste Comte, toute sociologie devrait étudier la société comme étant la conjugaison des deux phénomènes qu'il appelait, selon le vocabulaire de l'époque, «ordre» et «progrès» (Comte, 1987 : 31).

L'étude de ce que j'appelle l'«action historique», c'est-à-dire de l'action porteuse de sens et posée afin d'orienter réflexivement le présent de manière à ce que le passé s'inscrive dans le futur, est en fait le moyen d'accomplir ce projet puisqu'elle situe l'agir au cœur du processus permanent de production du social. Je construis ce concept que je pense nécessaire afin de structurer l'étude des questions autochtones à la fois au concept d'«historicité» de Salhins et de Touraine. Le premier la définit comme étant une manière de concevoir et de structurer l'histoire, d'élaborer un rapport au temps et à l'événement, de représenter et de produire un ordre social (repris par Laugrand, 2002: 91). D'un autre côté, pour Touraine, l'historicité est un «modèle culturel [...] de nature historique et économique» (1978: 152) qui oriente les conduites sociales. Toutefois, autant Touraine élabore longuement autour de la définition du champ économique (rapport de production) et de la contribution de l'économie à l'historicité, autant la contribution de l'histoire à celle-ci n'est pas explicitée et il semble voir en elle une donnée objective: la somme des conditions matérielles et supra-matérielles héritées du passé. Le concept d'action historique, tel que je le conçois, emprunte à l'historicité de Touraine puisqu'il part du principe que c'est un modèle culturel, dont la composante économique est primordiale; par contre il s'en éloigne aussi car il part du postulat emprunté à Salhins que l'histoire n'est pas une donnée objective mais plutôt un construit orienté culturellement dans un but téléologique: produire le futur. En somme, l'historicité pour Touraine est ancrée dans l'action présente et pour Shalins elle n'est que construite; l'action historique est une action, mais une action qui ne trouve pas sa finalité dans le présent car son objet n'est pas tant de modeler le présent (comme l'historicité de Touraine) mais de construire (au sens de Shalins) le futur. En somme l'action historique est un pont jeté, aujourd'hui, entre deux pôles immatériels et en construction permanente: le passé et le futur.

Cette action historique est à la fois collective et individuelle et l'étude des questions autochtones donne de multiples exemples de cette double action de la société sur elle-même. Par exemple, plusieurs groupes autochtones ont décidé que, durant les premières années de scolarisation des enfants, l'enseignement se ferait uniquement dans leur langue autochtone afin d'assurer la survie de celle-ci[10]. Ce choix collectif s'accompagne d'une variété d'actions individuelles, posées pour les mêmes raisons identi-

---

10. Les communautés qui ont fait ce choix ont été le théâtre de débats concernant les répercussions de cette décision sur la capacité des jeunes autochtones à bien maîtriser l'anglais et le français qui ouvrent les portes du marché de l'emploi.

taires, qui contribuent à la survie de la langue. Ainsi, certains autochtones ayant perdu leur langue la réapprennent, d'autres créent des radios communautaires, des programmes télévisés, organisent des spectacles dans leur langue (Scheyer et Gordon, 2007). Bref, ils agissent sur leur présent de manière à dessiner un avenir qui corresponde à un projet de société. Le résultat net est que chez certains groupes (notamment les Cris, les Inuits et les Ojibwas) la langue se transmet toujours, si bien que la survie à long terme de plusieurs langues autochtones est tout à fait envisageable, ce qui ne semblait pas être le cas il y a une vingtaine d'année.

L'étude de l'action historique va nous permettre d'éviter l'écueil analytique qui résulte de la dichotomie créée par la sociologie entre modernité et tradition, entre Occident et autochtonie et qui instaure une rupture entre passé, présent et futur. Cette conception du changement social qui fonda une certaine sociologie fait tellement partie de la culture disciplinaire que ceux qui se penchent sur la problématique autochtone semblent pris de vertige théorique en observant les changements importants, voire brutaux, qui traversent les collectivités autochtones. Si bien qu'ils ont peine à ne pas se laisser entraîner dans une analyse aussi facile que fascinante qui leur fait prendre les transformations du mode de vie qui se donnent à voir : passage de l'igloo au HLM, de la banquise au congélateur, du campement à la ville, du caribou à la pizza, du conte au satellite, ou du kayak au courriel[11] pour autant d'étapes dans le processus qui conduira les autochtones à ne plus écrire leur propre histoire mais à se contenter de conjuguer le crédo d'une modernité sur laquelle ils n'auraient aucune prise.

Ainsi, l'adoption de nouvelles institutions (la conversion au christianisme, le recours au travail salarié, au commerce, au capitalisme) est considérée comme inéluctable, au point où les groupes autochtones qui auraient été épargnés jusque-là par la modernité devraient finir par être rattrapés par « l'accélération de l'histoire » tel que le prédit Simard (Simard et al., 1996 : 14). Pourtant, les choses ne sont pas aussi simples car chacune de ces adoptions est le résultat d'un important travail des sociétés autochtones sur elles-mêmes. Ainsi, la transformation des formes de la chasse, notamment sa mécanisation, n'est pas le résultat d'une simple mutation apportée de l'extérieur qui s'inscrirait dans une logique naturelle. D'ailleurs, si tel était le cas, celle-ci se serait transformée partout de la même manière. Pourtant, alors que par endroits elle ne joue plus un rôle significatif, ni

---

11. Autant d'idées qui font référence à des titres de travaux scientifiques.

dans l'économie ni dans la production des relations sociales, ailleurs elle a été institutionnalisée au sein de la modernité, grâce à différents programmes que les autochtones ont mis en place (Martin, 2005). En somme, que font les autochtones quand ils parlent de défendre leur mode de vie, si ce n'est exprimer la finalité historique de leurs actions ? La chasse, telle qu'elle est pratiquée aujourd'hui, n'est pas en rupture avec le passé, n'est pas non plus une étape dans un processus d'évolution. Elle est l'expression de l'action historique, elle est hier et demain. Il en va de même de l'ensemble des pratiques sociales dites traditionnelles, adoptions coutumières, cercles de guérison, spiritualité qui occupent aujourd'hui encore un rôle important dans la fabrique du social non pas parce qu'elles ont survécu en attendant mieux, mais du fait de l'action historique qui conduit les autochtones à intégrer de façon réflexive – c'est-à-dire en faisant des choix politiques et pragmatiques – les pratiques et les institutions contractuelles adoptées à la modernité et celles d'origine ou considérées comme d'origine traditionnelle dans le but de produire un modèle de développement social qui s'inscrive dans leur vision du monde (Martin, 2003). La création de gouvernements autochtones, (Nisgha'a, Nunavut, Nunavik, Inuvialuit, etc.) est l'occasion pour les collectivités qui entrent dans le processus de négociation de leur autonomie de se projeter dans leur futur proche et lointain en fonction de la lecture qu'ils font de leur passé immédiat et éloigné. À cette occasion ils fixent le rôle particulier qu'ils veulent que chacune des institutions joue (aînés, langue traditionnelle, langue moderne, savoir traditionnelle, éducation formelle, etc.) dans la fabrique du social.

Chaque collectivité autochtone agissant sur elle-même en fonction de sa propre lecture du monde et en fonction des circonstances extérieures, il est donc impossible de tracer une histoire naturelle du changement social en milieu autochtone. Ainsi, ceux qui croient que les communautés autochtones ayant abandonné un grand nombre d'institutions traditionnelles préfigurent ce qui va arriver aux autres font une généralisation qui ne résiste pas à l'épreuve des faits. En effet, si l'on compare attentivement des communautés ayant eu le même type de relation avec les institutions de la modernité, on s'aperçoit qu'elles n'ont pas toutes le même présent car elles ne sont pas le produit la même action historique. L'étude comparative que j'ai faite des solidarités à Kuujjuarapik et Umiujaq (Martin, 2001), deux communautés voisines et historiquement liées, révèle une différence marquée dans la structure des rapports de solidarité, ce qui entraîne d'ailleurs de nombreux problèmes sociaux et un niveau d'intégration communautaire très faible dans l'une d'entre elles (celle qui d'ailleurs se définit comme plus traditionnelle), alors que l'autre « s'en sort mieux » à la fois sur le plan des statistiques mais aussi dans les perceptions des membres des deux communautés. Cela révèle que le changement social ne se produit pas de façon systématique et homogène mais, au contraire, que la différence entre les présents variés et multiples des collectivités autochtones se décline en fonction de l'action historique de chacune. Certes, cette action ne donne pas nécessairement les résultats escomptés mais elle est néanmoins à l'origine de la production de la société telle qu'elle se donne à voir. En somme, il est moins important de constater que les sociétés autochtones se transforment que de comprendre que le changement social qui se donne à voir est aussi le produit de l'action des autochtones et non pas seulement le résultat d'un déterminisme.

En guise de conclusion, je dirais que cette théorie de l'action historique que je propose pour éclairer la problématique autochtone a l'avantage de rendre inutile le débat sociologique actuel destiné à déterminer qui de l'action rationnelle ou des structures déterminerait le changement social dans les collectivités autochtones. Non pas que cette perspective de l'action historique soit théoriquement supérieure à une analyse mettant en relief l'existence de conflits ou l'émergence de la modernité, mais parce qu'elle permet de rendre compte de l'ensemble des dynamiques à l'œuvre en plaçant cette étude à l'intersection entre l'action et les structures, entre le diachronique et le synchronique.

Toutefois, quelle que soit la « performance » heuristique de cette théorie, la manière dont nous l'avons présenté dans ce texte ne rend, pour l'instant, que partiellement compte de l'ensemble des dynamiques à l'œuvre. En effet, l'étude des autochtones nous renvoie, autant que les autres études sociologiques d'ailleurs, à une réalité de la modernité avancée : la déterritorialisation de la société qui a cessé d'être une « collectivité concrète, par exemple [...] une société nationale, régionale ou locale, donc une unité territoriale » (Touraine, 1978 : 165). En somme, la société n'est plus, comme l'étude des autochtones nous l'indique, qu'action historique. Cette action historique des autochtones non seulement se manifeste au niveau local, puisqu'elle façonne de multiples histoires singulières, mais elle agit aussi à un niveau global où elle engendre un ensemble de discours structurés qui définissent le mode de vie autochtone comme un concept civilisationnel universel (donc déterritorialisé). Les autochtones de tous les pays du monde partageraient, en somme, une communauté de destin qui ferait que leurs pratiques, quels que soient leur ancrage et leur mode de production local et circonstanciel, participeraient toutes d'un même paradigme sociétal que nous avons appelé l'«autochtonie», c'est-à-dire le contrechamp de la modernité. Cette inscription des autochtones dans le global est d'une telle ampleur, comme plusieurs textes dans cet ouvrage de même que les travaux de Le Bot (2003) l'indiquent, qu'elle porte en germe l'émergence d'un mouvement social global que j'appellerais l'«autochtonisme». Puisque les sociétés autochtones se construisent en agissant autant sur elles-mêmes que sur ce que l'on a défini comme leur antithèse – la modernité globale –, l'étude de l'action historique doit donc tenir compte des niveaux sur lesquels acteurs collectifs et individuels agissent. En somme, on ne peut comprendre la production des sociétés autochtones si l'on ne s'intéresse qu'au niveau communautaire et l'on ne peut pas davantage saisir l'essence même de l'autochtonisme si on n'en étudie que les manifestations au niveau global.

L'autochtonie en tant que concept et les autochtones en tant que manifestation matérielle et phénoménale de cette subjectivité ont émergé du regard inversé d'un autre, le moderne. Tout comme Pinocchio, l'autochtonie a fini par prendre vie et cherche maintenant à s'émanciper de son créateur pour devenir elle-même société et non plus abstraction. L'autochtonisme est donc ce mouvement social par lequel les autochtones demandent le droit à l'existence dans la «distinction», c'est-à-dire le droit à l'égalité dans la différence (Martin, à paraître). Il me semble que cette nouvelle dynamique constitue une révolution qui, au même titre que les révolutions industrielle, démocratique et féministe, justifie que l'on revisite les cadres analytiques traditionnels. L'étude de l'action historique que je propose est une des manières de relever ce défi que le social adresse au sociologue.

BIBLIOGRAPHIE

ALANGOTOCK, Sila (2000), *Inuvialuit Observations of Climate Change in Sachs Harbour, Northwest Territories (Canada), Proceedings from 2001 Snowchange Projet Conference* [consulté en ligne en novembre 2005] www.snowchange.org.

ALFRED, Taiaiake (1999), *Peace, Power Righteousness: an indigenous manifesto*, Toronto, Oxford University Press.

BISHOP, Russell (1996), *Collaborative Research Stories*, Palmerston North, Dunmore Press Ltd.

BISHOP, Russel et Ted GLYNN (1999), *Culture Counts: Changing Power Relations in Education*, Palmerston North (New Zealand), The Dunmore Press.

BOAS, Franz (1934), «Introduction», dans Ruth Benedict (dir.), *Patterns of Culture*, Boston, Houghton Mifflin, p. 3-4.

BORROWS, John (1996), «With or Without You: First Nations Law (in Canada)», *McGill Law Journal/Revue de droit de McGill*, vol. 41, p. 629-665.

BORROWS, John (2005), «Indigenous Legal Traditions in Canada», *Washington University Journal of Law and Policy*, vol. 19, p. 167-223.

CHABOT, Marcelle (2003), *Economic changes, household strategies, and social relations of contemporay Nunavik Inuit, Polar Record*, vol. 39, n° 208, p. 19-34.

CHOMSKY, Noam (1993), *Year 501: The Conquest Continues*, Boston, South End Press.

CHURCHILL, Ward (1993), *Struggle for the Land: Indigenous Resistance to Genocide, Ecocide, and Expropriation in Contemporary North America*, ME, Common Courage Press.

CHURCHILL, Ward (1997), *A Little Matter of Genocide: Holocaust and Denial in the Americas, 1942 to Present*, San Francisco, City Lights Books.

COMTE, Auguste (1987), *Discours sur l'esprit positif. Ordre et progrès*, 1re édition (1844), Paris, Librairie philosophique J. Vrin.

CUMMINS, Bryan D. et John L. STECKLEY (2003), *Aboriginal Policing: A Canadian Perspective*, Toronto, Prentice Hall.

DUHAIME, Gérard (1991), «Revenu personnel, destin collectif: la structure du revenu des Inuit de l'Arctique du Québec, 1953-1983», *Canadian Ethnic Studies*, vol. 32, n° 1, p. 21-39.

DUHAIME, Gérard, Rémy AUCLAIR, Nick BERNARD, Dominic ST-PIERRE, Heather MYERS et Klaus Georg HANSEN (2003), *Les réseaux d'approvisionnement alimentaire des ménages de l'Arctique nord-américain*, Chaire de recherche du Canada sur la condition autochtone comparée, coll. «Recherche en ligne», [consulté en ligne en janvier 2008], http://www.vrr.ulaval.ca/index.html.

FABIAN, Johannes (1983), *Time and the Other: How Anthropology Makes its Object*, New York, New York Columbia Press.

FLANAGAN, Tom (2002), *Premières Nations? Seconds regards*, Sillery (Québec), Les éditions du Septentrion.

FRIDERES, James S. (1998), *Aboriginal Peoples in Canada: Contemporary Conflicts*, Scarborough, Prince Hall Allyn and Bacon (5e éd.).

GRAMMOND, Sébastien (2003), *Aménager la coexistence: les peuples autochtones et le droit canadien*, Bruxelles et Montréal, Bruylant et Éditions Yvon Blais.

GRAMMOND, Sébastien (2008), «L'identité autochtone saisie par le droit», dans Pierre Noreau et Louise Rolland (dir.), *Mélanges Andrée Lajoie*, à paraître aux Éditions Thémis.

HART, M. A. (2001), «An Aboriginal Approach to Social Work Practice», dans T. Heinonen et L. Spearman (dir.), *Problem Solving and Beyond: An Introduction to Social Work Practice*, Toronto, Irwin Press, p. 231-256.

HART, M. A. (2002), *Seeking Mino-Pimatsiwin: An Aboriginal Approach to Helping*, Halifax, Fernwood Publishing.

HOFFMAN, Steven M. (2002), «Powering Injustice: Hydroelectric Development in Northern Manitoba», dans John Byrne, Leigh Glover et Cecilia Martinez (dir.), *Environmental Justice: International Discourses in Political Economy, Energy and the Environment*, Somerset (NJ), Transaction Books, p. 147-170.

JACCOUD, Mylène (1995), «L'exclusion sociale et les autochtones», *Lien social et Politiques – RIAC*, vol. 34 (automne), p. 93-100.

JACCOUD, Mylène (2002), «La justice pénale et les Autochtones: d'une justice imposée au transfert de pouvoirs», *Revue canadienne droit et société*, vol. 17, n° 2, p. 107-121.

KAALAUGUE, Nielsen (2001), «A Coping Strategy for Greenland», dans Nils Aarsaether et Jorgen Ole Baerenholdt (dir.), *The Reflexive North*, Copenhagen, Nordic Council of Ministers.

LACASSE, Jean-Paul (2004), *Les Innus et le territoire. Innu tipenitamun*, Québec, Septentrion.

LAUGRAND, Frédéric (2002), «Écrire pour prendre la parole, conscience historique, mémoires d'aînés et régimes d'historicité au Nunavut», *Anthropologie et Sociétés*, vol. 26, n°s 2-3, p. 91-116.

LE BOT, Yvon (2003), «Le zapatisme, première insurrection contre la mondialisation néolibérale», dans Michel Wieviorka (dir.), *Un autre monde. Contestations, dérives et surprises dans l'antimondialisation*, Paris, Éditions Balland.

LONG, David (2000), «Préface», dans David Long et Patricia Olive Dickason (dir.), *Visions of the Heart: Canadian Aboriginal Issues*, Toronto, Harcourt Canada, p. iii-vi..

LYOTARD, Philippe (2001), «Le hibou et l'alouette», dans Cécile Collinet (dir.), *Éducation physique et sciences*, Paris, PUF, p. 191-217.

MARTIN, Thibault (2001), *Solidarités et intégration communautaire. Le projet Grande-Baleine et le relogement des Inuit de Kujjuarapik à Umiujaq*, thèse de doctorat, Département de sociologie, Université Laval.

MARTIN, Thibault (2003), *De la banquise au congélateur. Mondialisation et culture au Nunavik*, Paris et Québec, UNESCO et Presses de l'Université de Laval.

MARTIN, Thibault (2004), « Le changement climatique, un problème global », *Accès international*, vol. 2, n° 1, p. 23-35.

MARTIN, Thibault (2005), « Modernité réflexive au Nunavik », *Globe : revue internationale d'études québécoises*, vol. 8, n° 1, p. 175-206.

MARTIN, Thibault (à paraître), « Une guerre peut en cacher une autre », dans Alain Beaulieu et Stéphanie Chaffray (dir.), *Représentation, métissage et pouvoir. La dynamique coloniale des échanges entre autochtones, Européens et Canadiens (XVIᵉ-XXᵉ siècles) : Hommage à Denys Delâge et Réal Ouellet*, Québec, Presses de l'Université Laval.

MARTIN Thibault et Brieg CAPITAINE (2006), « Comment flirter avec la modernité pour conforter son identité ? Projet éducatif d'une communauté métisse », *Recherches amérindiennes*, vol. 35, n° 3, p. 49-58.

McGREGOR, Deborah (1999), « Indigenous Knowledge in Canada : Shifting Paradigms and the Influence of First Nation Advocates », *Conference Proceedings of Science and Practice : Sustaining the Boreal Forest. Sustainable Forest Management Network*, February 14-17, Edmonton, p. 161-170.

MORISSETTE, V., B. MCKENZIE et L. MORISSETTE (1993), « Toward an Aboriginal Model of Social Work Practice : Cultural Knowledge and Traditional Practices », *Revue canadienne de service social*, vol. 10, n° 1, p. 91-108.

NELSON, Robert E. (1997), *Genocide in Canada*, Roseau River, Anishinabe First Nation.

NEU, Dean et Richard THERRIEN (2003), *Accounting for Genocide : Canada's Bureaucratic Assault on Aboriginal People*, Black Point (Nova Scotia), Fernwood Publishing.

ONU (2007), *Communiqué de presse du Centre de nouvelles de l'ONU*, 15 septembre 2007 [consulté en ligne le 15 septembre 2007] http://www.un.org/french/newscentre.

POIRIER, Sylvie (2000), « Contemporanéités autochtones, territoires et (post)colonialisme », *Anthropologie et Sociétés*, vol. 24, n° 1, p. 137-153.

SCHREYER, Christine et Louise GORDON (2007), « Parcourir les sentiers de nos ancêtres : un projet de revitalisation linguistique par le jeu », *Anthropologie et Sociétés*, vol. 31, n° 1, p. 143-162.

SIMARD, Jean-Jacques (2003), *La réduction : l'autochtone inventé et les Amérindiens d'aujourd'hui*, Québec, Septentrion.

SIMARD, Jean-Jacques et autres (1996), *Tendances nordiques: les changements sociaux 1970-1990 chez les Cris et les Inuits du Québec. Une enquête statistique exploratoire. Québec*, Québec, GÉTIC, Université Laval.

SIMPSON, Leanne (2001), « Traditional Ecological Knowledge: Marginalization, Appropriation and Continued Disillusion », *Proceedings from 2001 Snowchange Projet Conference* [consulté en ligne en novembre 2005] www. snowchange.org.

SIOUI, Georges E. (1989), *Pour une autohistoire amérindienne*, Québec, Presses de l'Université de Laval.

SMANDYCH, Russel et Gloria LEE (1995), « Une approche de l'étude du droit et du colonialisme: vers une perspective autohistorique amérindienne sur le changement juridique, la colonisation, les sexes et la résistance à la colonisation », *Criminologie*, vol. 228, n° 1, p. 55-79.

TOURAINE, Alain (1978), « Théorie et pratique d'une sociologie de l'action », *Sociologie et Sociétés*, vol. 10, n° 2, p. 149-188.

TOURAINE, Alain (1984), *Le retour de l'acteur. Essai de sociologie*, Paris, Fayard.

WOTHERSPOON, Terry et Victor SATZEWICH (1993), *First Nations: Race, Class, and Gender Relations*, Scarborough (Ontario), Nelson Canada.

ZAPF, Michael K. (1999), « Location and Knowledge-Building: Exploring the Fit of Western Social Work with Traditional Knowledge », *Native Social Work Journal*, vol. 2, n° 1, p. 138-152.

ZAPF, Michael K. (2005), « The Spiritual Dimension of Person and Environment: Perspectives from Social Work and Traditional Knowledge », *International Social Work*, vol. 48, n° 5, p. 633-642.

La recherche québécoise relative aux peuples autochtones à l'heure de la société du savoir et de la mobilisation des connaissances[1]

CAROLE LÉVESQUE

INTRODUCTION

Le monde du savoir est en pleine effervescence. D'une science citoyenne aux savoirs stratégiques, de la démocratisation des connaissances à leur coproduction dans les sciences de la nature comme dans les sciences de la société, d'un questionnement sur le rôle social et éthique des institutions du savoir à la création de nouveaux espaces d'échange, on ne compte plus les initiatives destinées à traverser les frontières disciplinaires, à revoir les modalités de création des connaissances et à s'interroger sur leur circulation, leurs finalités et leurs usages sociaux. Les gouvernements, les grandes institutions internationales, les entreprises, les universités s'engagent de plus en plus dans cette mouvance du savoir où les règles mêmes de la production scientifique sont revisitées et où les projets collectifs, interinstitu-

1. Une première version de ce texte a été produite pour le Conseil de recherches en sciences humaines du Canada (CRSH), Programme des réseaux stratégiques de recherche, en 2005. J'aimerais remercier les collègues qui ont participé aux discussions entourant la production de ce texte, notamment Daniel Salée (Université Concordia), Marie France Labrecque (Université Laval), Carmen Lambert (Université McGill), Danielle E. Cyr (York University) et Joyce Green (University of Regina).

tionnels et interdisciplinaires tendent à remplacer de plus en plus la recherche individualisée, isolée et sectorielle (AUCC, 2002, 2005 ; CSTQ, 2003 ; Gouvernement du Québec, 2001 ; OCDE, 2000 ; OECD, 2000, 2001 ; Unesco, 2005).

Certains programmes des organismes subventionnaires québécois et canadiens offrent déjà du financement aux chercheurs et aux universités afin de favoriser la convergence des questionnements de recherche entre les disciplines et de promouvoir les collaborations entre les universités, d'une part, et les instances gouvernementales, syndicales ou communautaires d'autre part (CMEC, 2005 ; CRSH, 2005). Plus encore, dans le cas du Conseil de recherches en sciences humaines du Canada (CRSH), un des trois grands organismes subventionnaires canadiens, des programmes de création et de mise en œuvre d'importants réseaux stratégiques de connaissances sont déjà bien implantés. Ces organismes, au moyen de tels programmes, contribuent aux débats internationaux qui animent autant l'université que la société et souscrivent, ce faisant, à la nouvelle société du savoir.

Dans le monde des affaires, dans le domaine de la santé ou de l'éducation, dans le champ des politiques publiques, les nouvelles formules de production, de coproduction et de partage des connaissances renvoient désormais à de complexes systèmes d'échange (*knowledge exchange*), de traduction (*knowledge translation*), de transfert (*knowledge transfer*) ou encore de gestion des savoirs (*knowledge management*). Une littérature scientifique de plus en plus diversifiée examine, analyse et évalue ces transformations, voire les devance en mettant en cause le rôle des chercheurs et de la recherche en sciences sociales, en remettant en question la notion même de connaissance, en s'intéressant aux effets du savoir sur la société ou en favorisant des pratiques de recherche davantage collaboratives et participatives (voir entre autres Callon, Lascoumes et Barthe, 2001 ; Nowotny, Scott et Gibbons, 2004 ; Lesemann, Boisvert et Saint-Pierre, 2001 ; Ouellet, 2004).

Les changements qui marquent le domaine de la recherche relative aux peuples autochtones depuis le début des années 1990 s'inscrivent aussi dans ces nouveaux courants de pensée, d'action et de remise en question. Des pistes nouvelles s'ouvrent donc pour les chercheurs désireux de participer autant à l'approfondissement et au renouvellement du savoir qu'à la transformation des liens entre le monde universitaire et le monde autochtone et, ce faisant, entre autochtones et non-autochtones. Dans les prochaines pages, l'identification de quelques jalons de l'histoire de ce domaine de recherche, au Québec et au Canada, va permettre de mieux circonscrire sa spécificité au sein des sciences sociales, de prendre la mesure des changements qui le caractérisent, d'identifier les défis qui se posent aujourd'hui à la communauté des chercheurs et d'explorer les avenues susceptibles de transformer à la fois le monde de la recherche, les pratiques de recherche, de même que les relations des chercheurs et des autochtones en matière de recherche.

Plus particulièrement, cette mise en contexte permettra d'introduire le cas de DIALOG, le Réseau de recherche et de connaissances relatives aux peuples autochtones, créé en 2001 au Québec, à l'Institut national de la recherche scientifique (INRS), et financé à la fois par le Fonds québécois de recherche sur la société et la culture et par le Conseil de recherches en sciences humaines du Canada. DIALOG offre aux chercheurs et aux étudiants qui y sont associés, de même qu'à leurs partenaires des instances et des communautés autochtones, de nouveaux outils de recherche et de synthèse des connaissances et favorise un renouvellement des pratiques et des modes de production de connaissances en regard des questions autochtones.

JALONS HISTORIQUES

Le domaine de la recherche relative aux peuples autochtones est loin d'être nouveau ; sa longue tradition remonte en effet à la fin du XIXe siècle et s'est développée dans le creuset de l'ethnologie et de l'anthropologie. C'est cependant à la faveur du mouvement naissant d'affirmation identitaire et politique des peuples autochtones, dans les années 1960, qu'il se consolide et s'institutionnalise. Plusieurs universités intègrent alors à leur programme des cours sur la culture, l'histoire, la religion, les systèmes de parenté, la langue des premiers peuples (le premier programme d'enseignement consacré entièrement aux études autochtones a d'ailleurs vu le jour à la Trent University, en Ontario, en 1969). Des équipes se constituent autour de thématiques particulières ou de groupes particuliers ; le programme de recherche en anthropologie du développement de l'Université McGill, qui développa un axe de recherche sur les Cris de la Baie-James dès 1966, en constitue un très bon exemple (Lévesque, 2002a). À l'époque, ce sont évidemment les travaux des anthropologues qui balisent presque exclusivement l'univers de la recherche académique relative aux peuples autochtones. Appelés de par leur formation à séjourner auprès des populations qu'ils étudient, ils produisent notamment des monographies étayées sur les différentes facettes du mode de vie passé et présent des groupes amérindiens et inuits ou s'intéressent, dans une perspective de changement social et culturel, aux nouvelles conditions d'existence de groupes récemment sédentarisés, à l'avènement du travail salarié chez des populations de chasseurs-cueilleurs, à l'industrialisation, aux relations interethniques, à l'acculturation (pour reprendre le vocabulaire de l'époque).

À partir des années 1970, les efforts de recherche et d'enseignement s'accélèrent dans de nombreuses universités canadiennes et québécoises où se manifestent des intérêts grandissants pour les revendications et les droits de ces nouveaux acteurs des arènes politiques québécoise et canadienne. C'est l'époque des grands projets de développement qui mobilisent eux aussi de nombreux anthropologues à travers le pays. Rappelons, à cet égard, le projet hydroélectrique de la Baie-James qui fut à l'origine de la Convention de la Baie-James et du Nord québécois, premier traité de l'ère moderne signé en 1975 par les Cris de la Baie-James et les Inuits du Nord québécois ; rappelons aussi le projet de construction du gazoduc de la vallée du MacKenzie qui mena, également dans les années 1970, au premier exercice public d'évaluation de ses conséquences et de ses répercussions sur l'environnement et sur les populations locales, et qui donna lieu à une commission d'enquête où, pour la première fois, les Inuits et les Dènès témoignèrent en personne de leurs liens étroits avec le territoire et de l'importance d'assurer la pérennité de leurs modes de vie, ce qui entraîna, comme on le sait, le report du projet. Cette époque se caractérise aussi par l'arrivée de nouveaux acteurs dans l'univers de la recherche relative aux peuples autochtones, parmi lesquels des géographes, des linguistes, des sociologues mais aussi, et surtout, des juristes, de plus en plus sollicités à la fois par les associations autochtones et les gouvernements dans les causes de revendications territoriales, et des historiens appelés en renfort dans plusieurs causes judiciaires afin de démontrer notamment l'antériorité de l'occupation du territoire.

Dans les années 1980, époque du rapatriement de la constitution canadienne et des conférences constitutionnelles qui s'ensuivirent, les relations entre l'État et les groupes autochtones s'exacerbent et se traduisent par un plus grand nombre de litiges devant les tribunaux. Une première génération d'universitaires autochtones (avocats pour la plupart) prend désormais une part active dans les grands débats de l'heure, en plus de joindre les rangs des professeurs et de former à leur tour des clientèles étudiantes. Les études à caractère juridique, politique et historique se multiplient à la fois en matière constitutionnelle, dans le dossier des revendications territoriales et dans celui de l'autodétermination. Des voix nouvelles se font entendre, notamment celle des femmes autochtones qui luttent pour l'abolition des clauses discriminatoires de la Loi sur les Indiens, à l'encontre des leaders autochtones masculins et celle des autochtones vivant en milieu urbain que les politiques gouvernementales ignorent et dont la population connaît déjà à l'époque une importante croissance. Ces situations sont encore trop peu prises en compte aujourd'hui par les chercheurs, malgré le fait qu'elles illustrent la complexité des enjeux qui caractérisent le monde autochtone et qu'elles font apparaître au grand jour d'autres versants de la réalité autochtone.

L'EFFET CATALYSEUR DE LA COMMISSION ROYALE SUR LES PEUPLES AUTOCHTONES

Au début des années 1990, les études relatives aux peuples autochtones sont désormais bien implantées dans plusieurs universités canadiennes et québécoises et la recherche couvre une gamme très vaste de préoccupations qui vont des relations des autochtones avec l'État-nation aux études féministes, en passant par l'éducation, les langues, les services de santé et les politiques sociales, pour ne citer que quelques grands secteurs. Cependant, la mise sur pied de la Commission royale sur les peuples autochtones en 1991 leur insufflera une nouvelle impulsion dont les conséquences seront de divers ordres et seront clairement à l'origine d'un virage marqué au sein du monde universitaire (CRPA, 1996).

Trente ans après l'« Étude sur les Indiens contemporains » de Harry Hawthorn et de Marc-Adélard Tremblay[2], cette commission innovera d'abord en faisant une grande place aux chercheurs autochtones et à la parole des autochtones eux-mêmes dans les études alors mises en œuvre. Ensuite, elle convoquera des spécialistes de tous les domaines et de toutes les disciplines des sciences sociales et des sciences humaines. Enfin, elle

---

2. Ce rapport rendait compte des travaux de la commission Hawthorn-Tremblay, première commission d'enquête fédérale sur les populations indiennes du Canada. L'initiative revient au ministère de la Citoyenneté et de l'Immigration (alors chargé des affaires indiennes) qui demanda en 1964 à l'Université de la Colombie-Britannique « d'entreprendre, de concert avec des savants d'autres universités, une étude sur la situation sociale, éducative et économique des Indiens du Canada et de faire des recommandations utiles ». Cette étude avait été coprésidée par le professeur Harry Hawthorne de l'University of British Columbia et par le professeur Marc-Adélard Tremblay de l'Université Laval au Québec.

favorisera la réalisation d'une multitude de travaux de nature théorique, archivistique, statistique, analytique et empirique à travers le Canada, permettant ainsi de produire un bilan inédit des connaissances sur les premiers peuples (leurs histoires, leurs cultures, leurs savoirs, leurs sociétés, leurs économies, leurs luttes, leurs quêtes autonomistes, leurs aspirations), bilan qui demeure à ce jour une source unique de référence autant pour les chercheurs que pour les étudiants, les instances autochtones et les gouvernements des provinces, des territoires et du pays tout entier.

Bien que le rapport de la commission rendu public en 1996 n'ait pas connu, sur le plan politique, les répercussions et le rayonnement auxquels on se serait attendu étant donné l'envergure des ressources mobilisées pour la circonstance et que la majorité de ses recommandations soient demeurées lettre morte, cette initiative témoigne des avancées du Canada en matière de recherche relative aux premiers peuples. En effet, aucun autre pays des Amériques n'a encore fait une aussi grande place à la connaissance en ce domaine et les retombées à ce chapitre ont été considérables : qu'il suffise de penser aux instituts de recherche en santé autochtone ou aux nouveaux programmes de subvention visant directement les réalités autochtones qui ont vu le jour dans la foulée de la commission ; qu'il suffise d'évoquer depuis lors la hausse des intérêts de recherche en ce domaine de la part des chercheurs et des étudiants, non seulement à l'intérieur du pays, mais aussi aux États-Unis, en Europe ou en Asie, qui sont de plus en plus nombreux à se pencher sur la situation des autochtones établis au Québec ou au Canada ; qu'il suffise de penser, à une tout autre échelle, aux répercussions dans l'enseignement et la formation lorsque les professeurs mettent à profit les archives de la commission.

CHANGEMENTS ET DÉFIS

Ce sont ces situations, ces événements, cette histoire qui ont contribué à transformer radicalement le paysage de la recherche relative aux peuples autochtones depuis la dernière décennie. En effet, ce domaine de recherche se déploie aujourd'hui dans toutes les sciences sociales et les sciences humaines ; tout en demeurant fortement marquée par l'anthropologie, la recherche relative aux peuples autochtones est désormais présente autant en linguistique, en droit, en histoire et en science politique qu'en géographie, sociologie, éducation, criminologie, sciences environnementales, administration, littérature ou communications. Mais, plus encore, ce domaine de recherche s'inscrit de plain-pied dans l'histoire et le devenir de l'humanité tout entière. À une époque de changement accéléré et de mondialisation plurielle, il est un lieu où se formule notamment la question des rapports entre les peuples et les États, celle de la diversité culturelle, celle de l'affirmation identitaire et celle de la coexistence des savoirs (savoirs autochtones et savoirs scientifiques ; savoirs d'expériences et savoirs disciplinaires) et des compétences (Lévesque, 2002b).

Par ailleurs, depuis la commission royale : 1) les politiques autochtones sont au cœur des préoccupations gouvernementales ; 2) de nouveaux thèmes de recherche retiennent l'attention des chercheurs à l'instar des gouvernements et des instances autochtones : mondialisation, intégration continentale, transculturalité, éducation interculturelle, développement communautaire, cohésion sociale, tourisme social, gouvernance, mouvements transnationaux, développement durable, économie sociale ; 3) des thèmes de recherche moins nouveaux sont revisités à la lumière des enjeux et des défis qui se posent aux populations autochtones des Amériques et de la planète : racisme, discrimination, métissage, relations interculturelles, citoyenneté ; 4) les mouvements d'affirmation identitaire et politique des autochtones s'affirment de plus en plus ; 5) les enjeux de l'autonomie des peuples autochtones s'expriment tout autant à l'échelle locale qu'à l'échelle internationale ; 6) les projets d'ententes, de partenariats, de partage des ressources, voire de coexistence et de cogestion sont tout aussi nombreux que variés ; 7) les Premières Nations, les Inuits, les femmes autochtones, les Métis, les populations urbaines sont tous engagés dans des processus actifs d'affirmation et d'appropriation, y compris en regard du monde universitaire.

Dans une société du savoir qui mise sur une plus grande accessibilité à la connaissance, un renouvellement des modes de production des connaissances et un partage de l'information, cette spécificité du domaine de la recherche relative aux peuples autochtones pose d'abord quatre défis de taille à la communauté scientifique : 1) **bâtir des ponts entre des disciplines diverses** dont les traditions de recherche (à l'exception de l'anthropologie) sont relativement récentes et participer, ce faisant, à l'élaboration d'un réel projet transdisciplinaire ; 2) **regrouper les connaissances déjà accumulées** mais encore trop souvent produites dans l'isolement et circulant fort peu en dehors des cercles étroits de spécialistes ; 3) **diffuser plus largement la production scientifique** auprès des communautés et des instances autochtones ; 4) **consolider les enseignements universitaires** et revoir les assises de la formation afin de faire une plus large place à des formes plurielles et collectives d'enseignement et d'apprentissage.

Mais la spécificité de ce domaine de recherche tient aussi à quelque chose de plus fondamental. D'objet d'étude lointain et extérieur, les autochtones se sont imposés peu à peu comme sujets connaissants et réflexifs, véritables sujets anthropologiques. Ce faisant, leurs demandes pour une participation directe aux recherches qui les concernent s'expriment haut et fort depuis les années 1990. Ils font de plus en plus connaître leurs propres besoins en matière de recherche, contribuant ainsi au renouvellement et au déploiement des questionnements. Ils ont eux-mêmes élaboré de nouveaux protocoles de recherche et d'éthique afin de baliser la réalisation des enquêtes dans les communautés. Sous un autre angle, la recherche entourant les savoirs autochtones connaît une popularité grandissante autant en milieu autochtone qu'en milieu universitaire mais aussi au sein des gouvernements (notamment en regard de la protection des ressources renouvelables et de la biodiversité) et auprès des instances internationales.

Ce contexte particulier soulève de plus grands défis encore pour les chercheurs et la recherche, des défis qui commandent : 1) une **révision des modalités d'interaction** entre les chercheurs et les peuples autochtones de même qu'un questionnement sur les types de participation et de collaboration possibles ; 2) une **refondation des cadres conceptuels** à la lumière de la problématique de la transculturalité (c'est-à-dire en prenant en compte la différence dans les types de savoirs – scientifiques et autochtones – et dans les formes multiples de création de la connaissance) ; 3) une **restructuration des champs d'application et des pratiques** afin de promouvoir des démarches de recherche éthiques, réflexives et contextualisées (c'est-à-dire des pratiques ancrées dans la réalité sociale et politique des autochtones) ; 4) une **production de nouvelles connaissances** susceptibles de soutenir les initiatives de reconstruction sociale mises de l'avant par les autochtones eux-mêmes et reflétant les problèmes émergents auxquels ils doivent faire face.

LE RÉSEAU DE RECHERCHE COMME RÉPONSE SCIENTIFIQUE ET SOCIALE : LE CAS DE DIALOG

Ces défis obligent un repositionnement de la recherche au sein même du monde universitaire et décuplent nécessairement le besoin de se doter de nouveaux outils de recherche et de diffusion, notamment à destination des organismes et des collectivités autochtones, le besoin d'accroître les liens entre les acteurs de la recherche (chercheurs, étudiants, collaborateurs des instances autochtones), de même que celui de mettre sur pied de nouveaux espaces de discussion, d'échange et de collaboration. En d'autres mots, il importe désormais de se donner les moyens de réfléchir collectivement aux enjeux théoriques, épistémologiques, méthodologiques et éthiques que recèle ce domaine.

Un réseau de recherche, dont la caractéristique première est de créer une interface entre l'université et la société, peut constituer cet espace essentiel à une démarche de type collectif et offrir ces nouveaux moyens. Il y a, dans la structure même d'un réseau, une impulsion créatrice, dynamique et stimulante sur le plan de la connaissance, des relations professionnelles et des relations interpersonnelles puisque le réseau est ouvert à la pluralité des besoins. Le réseau est à la fois un point de rencontre pour les individus provenant d'horizons variés et un tremplin pour l'avenir de la recherche. Ce qui fait sa richesse et sa force, contrairement aux formules de regroupement strictement académiques, ce sont justement les personnes qui le composent et les connaissances, compétences et savoirs que chacune apporte au réseau. Le réseau propose un mode transversal de fonctionnement, il incite au déploiement, il prend appui sur un noyau d'expertises multisectorielles pour multiplier ses actions vers l'extérieur (Castells, 1998 ; Musso, 2003b). Le réseau en tant que formule de regroupement fait appel à des capacités personnelles qui se trouvent décuplées du seul fait de leur inscription dans un projet collectif ; en ce sens, la structure d'un réseau est plus proche de la réalité qu'étudient les chercheurs des sciences sociales. D'ailleurs, l'innovation sociale « [...] n'est jamais le fruit des actions menées par une seule personne ou même une seule organisation, mais une affaire de réseau » (Gouvernement du Québec, 2001 : 12).

Ainsi, un réseau de recherche agit simultanément sur le plan scientifique et sur le plan social. Dans cette optique, la mise en réseau n'est pas qu'affaire d'infrastructure, de diffusion ou de transfert de connaissances ; elle est aussi et surtout affaire de positions épistémologiques à revoir, de paradigmes scientifiques à repenser et de rapports diversifiés à l'univers de la connaissance à reconnaître. La mise en réseau est « un procédé de raisonnement pour penser le monde » (Musso, 2003a : 7). Un procédé qui trouve son ancrage dans le lien social, dans l'égalité de ses membres quels qu'ils soient, dans l'appartenance à un projet collectif de mobilisation des connaissances et dans l'interfécondation de la recherche, contrairement à d'autres formules de regroupement plus classiques axées sur le statut institutionnel, la supériorité du savoir académique sur d'autres formes de savoir, les relations hiérarchiques et la collection de travaux de recherche individuels.

Le réseau de recherche se conçoit en réalité comme un dispositif de synthèse, de rencontre et d'agencement. Il favorise d'abord la synthèse des savoirs, des expériences, des expertises, des compétences, des pratiques, des liens. Il facilite et soutient la rencontre des acteurs associés aux étapes du processus de la connaissance : production, utilisation, circulation, diffusion, transmission, partage. Il permet aussi des agencements novateurs (banques de données relationnelles, outils de recherche collectifs, synthèses de connaissances) destinés à favoriser la circulation, le partage et l'insertion sociale de ces savoirs au bénéfice de tous les acteurs concernés, qu'ils proviennent de la communauté scientifique, des instances gouvernementales ou des instances autochtones. La recherche peut ainsi contribuer à transformer le monde dans lequel nous vivons et, dans le cas particulier de la recherche relative aux peuples autochtones, contribuer à améliorer les relations entre les autochtones et les autres citoyens du Canada et du Québec, tout en constituant un vecteur de reconnaissance sociale à part entière pour des groupes historiquement exclus de la scène publique et fermement engagés sur le chemin de l'autonomie.

Cette vision de la recherche en mode réseau sous-tend les activités, les actions et les réalisations de DIALOG depuis ses débuts en 2001. En effet, DIALOG contribue à la mise en place d'un dialogue constructif, novateur et durable entre l'université et les instances et communautés autochtones 1) par l'organisation d'événements publics, tables rondes, journées d'étude, forums de la recherche avec le concours des partenaires autochtones et universitaires ; 2) par une participation régulière au Congrès annuel de l'Association francophone pour le savoir (ACFAS) ; 3) par de nouvelles collaborations entre les chercheurs et les représentants des instances et des communautés autochtones pour des projets qui intègrent notamment des pratiques de recherche contextualisées ; 4) par des échanges d'expertises et de savoirs pour des enseignements universitaires ; 5) par un soutien financier d'appoint aux activités des membres et des partenaires dont la portée rejoint sa mission ; 6) par l'attribution d'allocations de voyage aux étudiants et aux chercheurs désireux de présenter les résultats de leurs travaux dans des communautés autochtones ou auprès d'instances autochtones.

Sous un autre angle, DIALOG fait connaître et valorise la production scientifique relative aux peuples autochtones : 1) en concevant et expérimentant des banques de données bibliographiques ; 2) en créant des atlas interactifs sur Internet ; 3) en offrant une vitrine documentaire à la communauté scientifique québécoise, canadienne et internationale ; 4) en mettant à la disposition des chercheurs, des étudiants des communautés et instances autochtones des recueils de données et de résultats de recherche. Enfin, DIALOG participe au positionnement de ses membres à l'échelle nationale, intercontinentale et internationale : 1) en contribuant au rayonnement de leurs travaux et expertises ; 2) en soutenant les activités d'échanges et les rencontres scientifiques nationales et internationales ; 3) en soutenant la participation des chercheurs, des étudiants et des partenaires autochtones à des forums nationaux et internationaux sur les questions autochtones ; 4) en accueillant des chercheurs et des étudiants de l'extérieur du Québec ; 5) en favorisant la collaboration des chercheurs québécois à des équipes de recherche nationales, intercontinentales et internationales.

UNE NOUVELLE CULTURE DE LA RECHERCHE

Le centre de recherche classique, structure de regroupement caractéristique du monde universitaire, n'intervient pas à la manière d'un réseau puisque son objectif premier est l'avancement des connaissances au bénéfice des chercheurs et de leur domaine ou discipline d'appartenance ; généralement, le centre compose avec la réalité universitaire, même lorsqu'il intègre des acteurs provenant de l'extérieur de l'université. DIALOG, un regroupement novateur, compose plutôt avec une multitude de réalités en plus de la réalité du monde universitaire, ce qui peut parfois complexifier sa mise en œuvre mais qui lui procure à l'inverse une identité exclusive, l'assure d'un rayonnement beaucoup plus vaste et l'oblige à proposer des formules originales d'interaction. De ce fait, DIALOG soutient et promeut le développement et la construction d'un autre type de culture organisationnelle et institutionnelle autour et à partir de la recherche. En conséquence, DIALOG contribue à l'élaboration d'une nouvelle grammaire de la recherche afin que tous ses membres, quels qu'ils soient, puissent parler un langage commun. Cette grammaire s'élabore, entre autres, sur la base des principes collectifs suivants : partage, engagement, convergence, réflexivité.

Le **partage** a d'emblée deux sens en langue française. Un premier sens suggère une division (le partage entre plusieurs d'un bien donné). Un second suggère le rapprochement autour d'un bien dont le statut est collectif. Ainsi un budget, destiné à un groupe de chercheurs, peut être partagé (divisé) entre plusieurs personnes ; dans ce contexte, le budget est considéré commun, mais il sert à la réalisation de travaux individuels. Mais, dans une autre perspective, un budget peut aussi servir à la collectivité formée de ces personnes afin qu'elles se dotent de biens, de produits ou de moyens auxquels toutes auront accès selon les circonstances, alors qu'individuellement elles n'auraient pu se les offrir. La valeur ajoutée d'un réseau de recherche est de cette nature : elle permet de se donner des moyens, de créer de nouveaux produits, que les chercheurs ou les acteurs de la recherche ne pourraient pas, individuellement, se donner. Le produit est par conséquent collectif et accessible à tous mais, de surcroît, chacun peut se l'approprier selon ses propres besoins. En d'autres mots, la portée du partage, lorsqu'il est appréhendé comme principe collectif, décuple réellement les capacités des individus.

L'**engagement** comme principe collectif est lié, dans une première forme, aux modalités de l'interaction entre les acteurs de la recherche. En ce sens, il est réellement associé à la fonction première du réseau qui est de mettre en relation ses multiples acteurs. Les activités mises de l'avant par le réseau de même que les services qu'il offre sont autant d'occasions de réaffirmer l'engagement du réseau envers tous ses membres quels qu'ils soient, sans faire de distinction de statut entre ceux qui sont issus du milieu universitaire et ceux provenant d'autres milieux. Dans une seconde forme, il revient au réseau en tant qu'entité autonome de créer les conditions et les circonstances favorables à la rencontre de ces acteurs diversifiés dans des lieux variés. Dans une troisième forme, l'engagement renvoie aux efforts investis pour que les liens créés entre les membres puissent se poursuivre et se maintenir au-delà d'activités ou de rencontres ponctuelles.

Le troisième principe, celui de la **convergence**, caractérise la mise en action du réseau, c'est-à-dire son mouvement et ses activités. Dans un mode d'organisation de type réseau, on ne saurait distinguer les activités de recherche qui créent de la connaissance de celles qui favorisent leur diffusion. Actuellement, au sein de l'université, il est courant de gérer la diffusion ou la circulation de la recherche comme étant des activités autonomes et décalées dans le temps, voire une obligation plutôt embêtante des organismes subventionnaires. Qui plus est, la diffusion, dans cet esprit, se limite souvent à l'expédition de textes aux revues scientifiques. À l'intérieur de la formule réseau, la diffusion est investie d'une autre finalité et d'un autre rôle. D'abord, elle intervient dès le début de la démarche scientifique et elle accompagne tout aussi bien la problématisation du thème de recherche que la collecte des données et leur analyse. Cette approche a l'avantage de ne pas cantonner la diffusion aux seuls résultats de recherche. En fait, dans une perspective de dialogue avec les partenaires autochtones, la diffusion s'inscrit dans une relation continue et elle donne lieu à la préparation de produits diversifiés et non plus seulement à des articles scientifiques conçus pour la communauté scientifique exclusivement. Enfin, en intégrant dans un même processus toutes les étapes de la recherche, les chercheurs contribuent à favoriser l'appropriation de la connaissance dans d'autres milieux que le milieu universitaire, notamment dans les communautés autochtones mêmes qui auront fait l'objet de recherches précises.

La **réflexivité**, comme quatrième principe, renvoie à l'appartenance citoyenne et historique du chercheur. Elle favorise un repositionnement à la fois scientifique, social et politique de la recherche qui n'est plus dès lors la chasse gardée des seuls chercheurs, mais un possible espace de réconciliation entre autochtones et non-autochtones et, par extension, un outil de changement social et un dispositif d'intercompréhension (Lafrenière, Diallo, Dubie et Henry, 2005). En retour, elle oblige une vigilance et une responsabilité de la part du chercheur quant au rôle de la recherche et à la portée de ses résultats à la fois au sein de la communauté scientifique et dans la société. La réflexivité est un principe actif de la société du savoir, une société qui mise sur les porteurs de savoirs.

LES RÉPERCUSSIONS SUR LA CONNAISSANCE ET SUR LA SOCIÉTÉ

En créant les conditions propices à des échanges constructifs entre chercheurs de différentes appartenances disciplinaires et entre chercheurs et collaborateurs des instances et communautés autochtones, en instaurant une relation dialogique entre le monde universitaire et le monde autochtone, DIALOG incite ses membres à remettre en question leurs approches, leurs pratiques et leurs modes d'interaction avec les communautés autochtones et à envisager une production de savoirs en prise sur la réalité : « La thématique de la « société des savoirs » s'appuie plus ou moins explicitement sur l'hypothèse d'une diffusion de savoirs pertinents pour la gouvernance des sociétés, réalisant le rêve maintes fois formulé d'une science utile pour la régulation politique et non plus d'une science autocentrée sur son propre développement, discipline par discipline » (Martin, 2000 : 57). DIALOG s'inscrit, ce faisant, dans les grands questionnements contemporains sur le rôle des chercheurs, sur le statut de la science et de la connaissance et sur les relations entre la théorie et l'action.

Mais, de manière parallèle, les autochtones, en s'imposant à la fois comme acteurs politiques, sujets connaissants et réflexifs, détenteurs de savoirs particuliers et porteurs d'une approche intégrée de la réalité, contribuent aussi à transformer le monde universitaire. Ils ont forcé les questionnements sur les limites des approches positivistes, sur la prétention à la constitution d'une science universelle et objective, sur la place de l'université comme lieu unique de production et de transmission du savoir, sur l'éthique de la connaissance et de la recherche. On ne compte plus d'ailleurs les travaux des intellectuels autochtones qui contribuent depuis une dizaine d'années à « relire » et à « refaire » la science et qui explorent de nouvelles méthodologies et approches (parmi lesquels Battiste et Henderson, 2000 ; Mihesuah, 1998 ; Mihesuah et Wilson, 2004 ; Smith, 1999). À bien des égards, les conclusions de ces travaux rejoignent celles qui ont été élaborées dans d'autres contextes par des auteurs comme Delanty (2001), Touraine (2005b) et Latour (2005), qui tentent de mieux cerner les liens entre la science et la société, qui prônent une démocratisation et un partage de la connaissance et qui insistent sur *le retour de l'humain dans les sciences sociales* (Touraine, 2005a).

BIBLIOGRAPHIE

ASSOCIATION DES UNIVERSITÉS ET DES COLLÈGES DU CANADA (AUCC) (2002), *Orientations : le milieu universitaire*, Ottawa.

ASSOCIATION DES UNIVERSITÉS ET DES COLLÈGES DU CANADA (AUCC) (2005), *Rapport sur la recherche universitaire et la transmission du savoir*, Ottawa.

BATTISTE, Marie et James Y. HENDERSON (2000), *Protecting Indigenous Knowledge and Heritage*, Saskatoon, Purich Publishing Ltd.

CALLON, Michel, Pierre LASCOUMES et Yannick BARTHE (2001), *Agir dans un monde incertain. Essai sur la démocratie technique*, Paris, Seuil.

CASTELLS, Manuel (1998), *L'ère de l'information. Tome 1 : La société en réseaux*, Paris, Fayard.

COMMISSION ROYALE SUR LES PEUPLES AUTOCHTONES (CRPA) (1996), *Rapport de la Commission royale sur les peuples autochtones*, 5 vol., Ottawa, ministère des Approvisionnements et Services.

CONSEIL DE LA SCIENCE ET DE LA TECHNOLOGIE DU QUÉBEC (CSTQ) (2003), *La prochaine génération de chercheurs québécois : un aperçu de ses conditions de pratique, de son objet de recherche et de ses défis*, Forum des cycles supérieurs, Montréal, UQAM, 25 mars, CST, 70 p.

CONSEIL DE RECHERCHES EN SCIENCES HUMAINES DU CANADA (CRSH). (2005), *D'un conseil subventionnaire à un conseil du savoir. Le renouvellement des sciences humaines au Canada*, Rapport de la consultation, Ottawa, Conseil de recherches en sciences humaines du Canada.

CONSEIL DES MINISTRES DE L'ÉDUCATION DU CANADA, CONSEIL DE RECHERCHES EN SCIENCES HUMAINES DU CANADA ET STATISTIQUE CANADA (CMEC) (2005), *Mobilisation du savoir : de la recherche aux politiques et à la pratique*, Rapport du colloque, Ottawa.

DELANTY, Gerard (2001), *Challenging Knowledge : The University in the Knowledge Society*, Buckingham, Open University Press.

GOUVERNEMENT DU QUÉBEC (2001), *Politique québécoise de la science et de la technologie*, Québec, Bibliothèque nationale du Québec.

HAWTHORN, Harry et Marc-Adélard TREMBLAY (1967), *Étude sur les Indiens contemporains*, 2 vol., Ottawa, Gouvernement du Canada.

LAFRENIÈRE, Ginette, Papa Lamine DIALLO, Donna DUBIE et Lou HENRY (2005), « Can University/Community Collaboration Create Spaces for Aboriginal Reconciliation », *The First Peoples Child & Family Review*, vol. 2, n° 1, p. 53-66.

LATOUR, Bruno (2005), *An introduction to Action-Network-Theory*, Oxford, Oxford University Press.

LESEMANN, Frédéric, Yves BOISVERT et Diane SAINT-PIERRE (dir.) (2001), *Participer à l'évolution des sciences sociales. Un défi pour les partenaires de la recherche*, Québec, Les Éditions de l'IQRC.

LÉVESQUE, Carole (2002a), « La culture entre mémoire et sens. Parcours de l'anthropologie amérindianiste québécoise », dans D. Lemieux et autres (dir.), *Traité de la culture*, Québec, Presses de l'IQRC et PUL, p. 97-119.

LÉVESQUE, Carole (2002b), « Les savoirs des Autochtones, questions, enjeux, défis », dans J.-P. Baillargeon (dir.), *Transmission de la culture. Petites sociétés. Mondialisation*, Montréal, Presses de l'IQRC et PUL, p. 201-212.

MARTIN, Claude (2000), « Les savoirs aux prises avec l'opinion : l'exemple des effets du divorce », *RIAC-Lien social et politiques*, n° 50, p. 57-71.

MIHESUAH, Devon A. (dir.) (1998), *Natives and Academics. Researching and Writing about American Indians*, University of Nebraska Press.

MIHESUAH, Devon A. et Angela CAVENDER WILSON (dir.) (2004), *Indigenizing the Academy. Transforming Scholarship and Empowering Communities*, Lincoln, University of Nebraska Press.

MUSSO, Pierre (2003a), *Critique des réseaux*, Paris, Presses universitaires de France.

MUSSO, Pierre (dir.) (2003b), *Réseaux et sociétés*, Paris, Presses universitaires de France, coll. « La politique éclatée ».

NOWOTNY, Helga, Peter SCOTT et Michael GIBBONS (2004), *Re-Thinking Science. Knowledge and the Public in an Age of Uncertainty*, Cambridge, Polity.

ORGANISATION DE COOPÉRATION ET DE DÉVELOPPEMENT ÉCONOMIQUES (OCDE) (2000), *Société du savoir et gestion des connaissances*, Paris, Éditions OCDE.

ORGANIZATION FOR ECONOMIC CO-OPERATION AND DEVELOPMENT (OECD) (2000), *Social Sciences for Knowledge and Decision Making*, OECD Proceedings, 212 p.

ORGANIZATION FOR ECONOMIC CO-OPERATION AND DEVELOPMENT (OECD) (2001), *Social sciences and Innovation*, OECD Publishing.

OUELLET, Patrice (2004), « Les nouveaux modes de production de connaissances, la recherche en PME et le développement économique : l'inévitable tension entre "pertinence sociale" et "scientificité" », *Revue internationale P.M.E.*, vol. 17, nᵒˢ 3-4, p. 95-120.

SMITH, Linda Tuhiwai (1999), *Decolonizing Methodologies. Research and Indigenous Peoples*, Dunedin, University of Otago Press.

TOURAINE, Alain (2005a), « Adieu au discours social sur la réalité sociale », dans D. Mercure (dir.), *L'analyse du social. Les modes d'explication*, Québec, Les Presses de l'Université Laval, p. 301-313.

TOURAINE, Alain (2005b), *Un nouveau paradigme pour comprendre le monde d'aujourd'hui*, Paris, Fayard.

UNESCO (2005), *Vers les sociétés du savoir*, Rapport mondial de l'Unesco, Paris, Éditions Unesco, 237 p.

Pour quelle participation ?
Éthique, protocoles et nouveaux cadres de la recherche avec les Premières nations du Québec

LAURENT JÉRÔME

Dans ce texte[1], je tenterai, à la lumière de mon expérience de terrain chez les Atikamekws[2] de Wemotaci (Centre-du-Québec), d'interroger à la fois l'avenir de la recherche en milieux autochtones et la place du chercheur dans un contexte de décolonisation de la recherche.

La notion de «participation» est au cœur de l'interrogation, puisqu'elle est aussi au cœur des nouvelles orientations éthiques, politiques et déontologiques des organismes subventionnaires, des programmes d'études et de recherche mais aussi des institutions, organismes et communautés autochtones au Québec. Cette notion de «participation» semble être devenue aujourd'hui un *leitmotiv*, qu'il est possible de décliner sous diverses formes : engagement, partenariat, collaborations, échanges, transparence, etc. Je regarderai en outre comment cette notion de participation des autochtones aux processus de recherches est actuellement diversement exprimée et interprétée.

---

1. Je tiens à remercier Natacha Gagné et Marie Salaün pour leurs commentaires très précieux. Une version développée de ce texte paraîtra dans la revue *Anthropologie et Sociétés* (2008, vol. 32, n° 3).

2. Le territoire ancestral atikamekw (*Nitaskinan*) baigne le territoire de la Haute-Mauricie au centre du Québec. Les Atikamekws, au nombre de 6 000 environ, habitent trois communautés : Wemotaci, Manawan et Opitciwan. Ils font partie de la grande famille linguistique algonquienne semi-nomade et sont depuis vingt-cinq ans engagés dans un processus de revendication politique et territoriale avec les gouvernements du Québec et du Canada.

Plus largement, je tenterai de soulever différentes questions : 1. Devant la diversité des terrains anthropologiques, le développement de la pratique ethnographique hors des lieux traditionnels (hors du village, de la réserve, etc.) et la montée des nouveaux terrains (voir Ghasarian, 2002), qu'est-ce qu'un terrain anthropologique aujourd'hui ? 2. Si tant est que l'on considère la pratique ethnographique comme une source indispensable à la production du savoir anthropologique, en quoi serait-elle aujourd'hui devenue une tâche délicate dans les contextes (post)coloniaux (Comaroff et Comaroff, 2003) ? Dans quelle mesure la pratique ethnographique dans le champ des études autochtones, au Québec ou ailleurs, serait-elle devenue impossible ? Touche-t-elle finalement à sa fin ?

Je présenterai dans un premier temps ma perception du travail de terrain, en faisant valoir les concepts d'implication et de réflexivité, centraux dans l'élaboration du processus ethnographique. Dans un second temps, il sera question de montrer comment une réflexion détachée, entendue comme un retour sur les conditions et le contexte de l'ethnographie, a permis d'éclairer des situations de contestation qui ont marqué cette recherche. Malgré leurs multiples enjeux, ces contestations ont un objectif commun : une protection accrue des droits et des intérêts des populations autochtones et une participation aux processus de recherche. Il sera ainsi question, dans un troisième temps, de montrer comment l'institution, qu'elle soit académique ou autochtone, a pris une place centrale dans le débat sur la décolonisation des recherches à travers la multiplication de codes éthiques et de protocoles. Ce texte ne prétend donc pas remettre en question, sur le fond, ces cadres éthiques devenus indispensables dans le développement de recherches plus « utiles » et plus respectueuses des intérêts et des savoirs autochtones. Il suggère plutôt de reformuler le débat à la lumière de cette réalité administrative, et d'analyser les conséquences de cette formalisation institutionnelle des recherches et du terrain dans la production du savoir anthropologique.

1. LIEUX D'UNE RECHERCHE ITINÉRANTE

Établie sur la rive nord de la rivière Saint-Maurice, à cent quinze kilomètres au nord-ouest de La Tuque, Wemotaci est l'une des trois communautés atikamekws (avec Manawan et Opitciwan). Le chemin de fer (depuis 1910) et une route forestière constituent les deux réseaux d'accès à la communauté. Par des retours réguliers depuis juin 2001, et pendant près de 10 mois en 2003-2004, j'ai suivi un groupe de jeunes joueurs de tambour de la communauté de Wemotaci afin de mener l'ethnographie d'une pratique qui dépasse largement les frontières spatiales, sociales et culturelles de cette communauté. L'objectif de cette recherche est en outre de comprendre comment les membres d'une génération particulière (jeunes de moins de trente ans) convoquent et reformulent une pratique dite « traditionnelle » à partir de savoirs locaux persistants dans le temps tout en l'enrichissant de leurs expériences dans le contexte contemporain (voir Jérôme, 2005a).

Si la communauté de Wemotaci a constitué le terrain privilégié, elle n'a été qu'un point de départ vers d'autres sites, vers d'autres lieux que les Atikamekws investissent de leur expérience au monde. C'est donc à partir de cette communauté que s'est imposé le choix méthodologique de procéder à une ethnographie itinérante dans une époque où les anthropologues sont appelés à ne plus se limiter à l'étude des lieux anthropologiques, constructions concrètes et symboliques de l'espace dans un territoire donné, mais à étudier aussi la production de ces lieux anthropologiques en dehors de tout ancrage territorial délimité (Comaroff et Comaroff, 2003 : 151).

Suivant cette perspective, le caractère itinérant de cette ethnographie peut être compris au regard de trois points :

1. Par la documentation des parcours de vie de certains membres de ce groupe de jeunes joueurs de tambour.

2. En considérant les trois environnements des jeunes générations : le bois, la communauté et la ville, réclamant chacun la convocation de savoirs particuliers, renvoyant chacun à des pratiques, des discours et des représentations précises (voir Poirier, 2001a : 113 ; Bousquet, 2002 ; Jérôme, 2005b).

3. Enfin, par des allers-retours constants entre mes propres interprétations et la confrontation de ces interprétations par mes interlocuteurs pour, en ligne de mire, parvenir à approcher et à reconstruire au mieux un modèle de la réalité qui soit un modèle atikamekw. Les concepts d'implication et de réflexivité dans la pratique ethnographique sont indissociables de ces allers-retours.

Le concept d'implication, entendu comme le « recours conscient et consenti à la participation radicale dans le monde autrui » (Goulet, 2004 : 122), a pris ici tout son sens. Que je le veuille ou non, j'étais contraint de prendre ma place dans un jeu local et d'y participer. Je fus donc projeté dès mon arrivée dans un univers de réseaux sociaux et familiaux, avec des codes de réciprocité, des jeux de pouvoir et de savoir dont j'ignorais les règles.

Comme le soulignent Althabe et Hernandez à propos de la place de l'anthropologue sur le terrain, je fus propulsé en acteur d'une scène dont je méconnaissais le sens (2004 : 19). J'ai donc repéré progressivement des réseaux dans lesquels j'ai pu m'insérer, dans lesquels je me suis impliqué avec plus ou moins de profondeur, avec plus ou moins de réussite. Cette question de l'implication est intrinsèquement liée à l'œuvre de séduction que tout anthropologue doit entreprendre sur son terrain pour convaincre les acteurs de la pertinence de son projet et, *de facto*, de sa présence. Cette œuvre de séduction est étroitement liée à la personnalité du chercheur, à sa capacité de répondre aux multiples tests des interlocuteurs qui ne manquent pas de mettre à l'épreuve sa naïveté, son humour, sa susceptibilité dans une situation que ceux-ci savent pertinemment, pour avoir fréquenté de nombreux chercheurs[3], être nouvelle et souvent inconfortable.

Hastrup rappelle que l'œuvre ethnographique, dans une perspective « expérientielle », doit se donner la tâche de représenter et de recréer cette zone de contact qui lie (ou divise) observateur et observé. Cette zone de contact implique une présence interactive des sujets, répondant à la rencontre, et l'improvisant (Hastrup, 1995 : 4) dans laquelle se fondera l'opposition sujet-objet. Car, même si s'imprégner du terrain signifie entrer dans un monde de sa propre création, l'anthropologue est identifié et nommé sujet. Il intervient de ce fait sur la réalité ethnographique à laquelle il est participant actif. Vivre le terrain apparaît dès lors comme une création intersubjective ou comme « un mode intersubjectif d'objectivation » (*ibid.* : 119).

Malgré cette volonté de m'imprégner de catégories locales, de laisser une grande place aux savoirs atikamekws et à la construction atikamekw de ces savoirs, je restais pour certains le Blanc colonisateur, l'anthropologue « voleur de culture » Je présenterai, dans la section suivante, les points qui ont pu favoriser le développement de situations de méfiance, d'opposition et de contestations.

---

3. Je n'ai pas la place ici pour reprendre toute l'histoire des projets de recherche réalisés à Wemotaci ou dans les deux autres communautés atikamekws de Manawan et d'Opitciwan. Même si ces projets peuvent paraître moins nombreux qu'en milieux inuit, innu ou cri, du point de vue de certains Atikamekws, ils ont été assez nombreux! Certains Atikamekws expriment leur saturation des recherches en rejetant la figure du chercheur. D'autres préfèrent utiliser l'humour pour désamorcer les tensions et les conflits nés de cette saturation : on imite un anthropologue prenant des notes sur « son journal », on partage des récits sur « l'observation participante » réalisée par le passé et on rit de « phases d'intégrations » moins réussies que d'autres.

2.   CONTESTATIONS ET INTIMITÉ: DES LIMITES À L'IMPLICATION?

L'intimité culturelle

J'effectuerai ici un retour réflexif sur des situations de contestation qui ont marqué cette recherche. À travers celles-ci, c'est l'ensemble de la pratique ethnographique qui a été analysée, influencée et parfois limitée. Je baserai ce retour réflexif autour du concept d'intimité culturelle avancé, dans un autre contexte, par Michael Herzfeld.

Élaboré à partir de son expérience ethnographique en Grèce, Herzfeld propose ce concept d'intimité culturelle pour montrer comment les populations créent, transforment et entretiennent des traits communs en marge des représentations identitaires et des discours construits et véhiculés par l'État. L'intimité culturelle réfère à des traits reconnus et à des savoirs partagés dans lesquels se reconnaissent les gens de l'intérieur et qui, dans le même temps, ne sont pas reconnus par le pouvoir extérieur. L'intimité culturelle correspond ainsi à «ces aspects de l'identité culturelle qui gênent ou embarrassent quelque peu vis-à-vis de l'extérieur, mais qui n'en confèrent pas moins, à ceux de l'intérieur, l'assurance d'une socialité commune» (Herzfeld, 2007: 4).

Dans leurs tentatives actuelles d'élaborer une relation de nation à nation, le Québec et les Atikamekws, comme d'autres Premières nations, doivent affronter un obstacle de taille: le règlement de la question territoriale. Or, sur cette question, les chercheurs extérieurs, et notamment les anthropologues et les historiens, ont joué et continuent de jouer les premiers rôles: consultants, ils sont chargés de démontrer, par la preuve anthropologique, la continuité dans les modalités d'occupation, d'utilisation et de gestion du territoire[4]. Mais ils peuvent être également liés à des projets gouvernementaux de contre-expertise ou embauchés par la société d'État Hydro-Québec pour réaliser des études qui évalueront les répercussions de la construction d'un barrage hydroélectrique sur les populations locales et leur territoire et serviront à déterminer l'importance de la com-

---

4. Le bien-fondé des revendications contemporaines repose sur la démonstration d'une occupation et d'une utilisation du territoire revendiqué qui soit antérieure à la période du contact.

pensation financière. L'ouvrage de l'historien Dawson (2003), publié alors que je me trouvais depuis quelques semaines sur le terrain, répond à une commande d'Hydro-Québec. Comme d'autres recherches[5], celle-ci postule la disparition des Atikamekws et pourrait être reprise par le gouvernement du Québec dans le processus de revendication afin de contrecarrer les prétentions atikamekws. Le sentiment de méfiance semble ainsi provenir de l'amalgame réalisé par certains Atikamekws entre les méthodes et les conclusions de Dawson, qui utilisent les archives, sans considérer la tradition orale, pour conclure à la disparition des Atikamekws. En tant que chercheur extérieur, j'étais donc susceptible de reproduire certaines thèses et, par conséquent, le bien-fondé des revendications politiques et territoriales actuelles menées avec les gouvernements du Québec et du Canada.

Du point de vue de certains Atikamekws, cette image paradoxale de l'expert extérieur qui peut à la fois servir et desservir les intérêts des Premières nations renforce un sentiment de méfiance déjà exacerbé par le souvenir de trahisons, réelles ou ressenties, laissés par d'autres chercheurs.

> À quoi peuvent bien servir les recherches si ce n'est qu'à servir les carrières de ceux qui les mènent? On voit les chercheurs arriver, on les accepte, dans certains cas ils deviennent des amis, mais ils repartent avec tout ce qu'on leur a dit et on ne les revoit plus. On ne sait pas ce qu'ils font avec nos traditions et les principes qui fondent notre culture (femme atikamekw de Wemotaci, automne 2004).

Je n'étais pas le premier à faire le voyage jusqu'à Wemotaci. Je n'étais pas non plus le premier à me situer dans ce processus de séduction afin de convaincre de la pertinence de mon projet de recherche. Je n'étais pas le premier à partager les expériences du quotidien ni à établir une proximité relationnelle forte avec certaines familles. Dans ce contexte, j'ai très vite compris que je n'étais pas arrivé seul sur le terrain, même si j'étais le seul chercheur sur le territoire de la communauté. Je devais composer avec un contexte politique sensible et le passé anthropologique dans cette région. D'une certaine manière, je violais une première intimité: l'intimité collective d'une communauté et d'une nation qui tentent actuellement de repen-

---

5. À l'origine de ces débats, un changement de nom relevé dans les archives missionnaires entre la fin du XVIIe siècle et le milieu du XIXe siècle: les «Attikamègues» du missionnaire jésuite Jacques Buteux (mission de 1651) étaient devenus, presque deux siècles plus tard, des «têtes-de-boule» sous la plume de l'abbé Dumoulin (mission de 1837). Voir Gélinas (1998) pour une revue de littérature détaillée sur la question de l'identité des premiers habitants du Haut-Saint-Maurice.

ser leur rapport à l'État, à la société non autochtone majoritaire et au monde contemporain en général.

Le thème de l'intimité culturelle est donc étroitement lié, dans sa dimension collective, aux savoirs locaux et à l'utilisation de ces savoirs, souvent marqués par la dimension du sacré-secret, dans un processus d'affirmation identitaire. Si le contexte politique local et la persistance d'une image négative des anthropologues – et de l'expert extérieur en général – est à la base de cette première situation de contestation, le thème même de la recherche a représenté une autre source de préoccupation et de contestation. Selon certaines personnes, j'agissais et intervenais comme acteur dans les dynamiques locales de transmission des savoirs et violais, en cela, une intimité plus personnelle. Pour beaucoup en effet, la spiritualité et les pratiques qui y sont associées (dont certaines pratiques rituelles et la pratique du tambour) relèvent de la sphère du privé.

Interférence dans l'apprentissage

Puisque cette recherche voulait mettre à contribution des concepts tels que ceux de pratiques et d'actions rituelles, il fallait également que je construise une méthodologie qui puisse me permettre de comprendre les politiques locales des savoirs rituels (voir Poirier, 2001b). Depuis les années 1970-1980, elles constituent aujourd'hui des enjeux déterminants dans les processus d'affirmation identitaire et de reconstruction sociale et culturelle. La spiritualité, qui fait référence à un ensemble de savoirs et de pratiques qui puisent énergie et inspiration dans une vision «animiste» du monde, fait l'objet d'une appropriation, donc d'un apprentissage.

Quant à la spiritualité, ça ne fait pas longtemps que je la pratique. Et quand je la pratique je ne ressens rien. J'étais en colère contre mon Créateur car il nous a laissé marcher sur un chemin trop dur, il a laissé les Blancs essayer de nous détruire. C'est pour ça que je ne veux pas que ma culture soit écrite par un Blanc, je ne veux pas qu'un Blanc s'approprie ce que moi-même je tente de m'approprier, ce qui devait me revenir au niveau culturel. Si elle doit être écrite, elle doit être écrite par un atikamekw car lui ne fera pas de mauvaises interprétations (femme atikamekw, Wemotaci, automne 2003).

Moi je suis obligée d'attendre le bon moment pour apprendre. On me transmet quand c'est la place. Toi, les Blancs, les anthropologues, vous posez des questions et on vous apprend tout, tout de suite. Nous on ne pose pas de questions. On doit le vivre et pour le vivre, il faut attendre (jeune femme atikamekw, printemps 2005).

La spiritualité contemporaine et les pratiques qui y sont associées sont considérées à l'intérieur d'un long apprentissage. Par mes relations privilégiées avec des acteurs centraux dans les processus actuels de renouveau rituel, j'ai investi personnellement certaines sphères de ce savoir. Que ce soit par une participation aux loges à sudation, ou en tant que gardien de feu de ces mêmes loges, les responsabilités que l'on a bien voulu me confier transgressaient pour certains les politiques ancestrales de ce savoir.

Face aux experts locaux

Par ailleurs, les interlocuteurs qui ont exprimé certaines réticences face à la recherche jouent dans leur communauté un rôle de premier plan dans la préservation et la mise en valeur des dynamiques culturelles, et plus spécifiquement linguistiques, locales. Dans un contexte général de disparition des langues autochtones, les technolinguistes agissent comme des experts locaux ayant suivi une formation universitaire destinée à leur donner les outils nécessaires à la mise en place de programmes de recherches et de transmission de la langue et de la culture. Si les opinions hostiles aux travaux anthropologiques et de recherche en général n'ont pas été exprimées uniquement par ces experts, je me trouvais dans une seconde situation d'interférence puisque l'un de mes objectifs consistait en l'apprentissage de la langue pour mieux comprendre et interpréter des concepts qui viendraient éclairer la conception atikamekw de certaines dynamiques culturelles, notamment en ce qui a trait à la pratique du tambour. Cette interférence que représentent les recherches a donc été d'autant plus dénoncée que la communauté possède les ressources pour développer et diffuser le savoir sur sa propre société. Les technolinguistes ont reçu une formation qui vise à servir les intérêts et à répondre aux besoins de leur communauté. Comprendre et diffuser certaines dynamiques culturelles relève de la responsabilité et du savoir de ces technolinguistes, et non de la responsabilité et du savoir du chercheur extérieur.

Mais, en plus de se repositionner face à leurs interlocuteurs et de gérer les difficultés inhérentes à tout travail de terrain, les anthropologues doivent aujourd'hui composer avec l'intervention systématique d'un autre type d'interlocuteur dans ce débat : l'institution.

3. LES PERCEPTIONS DE LA « PARTICIPATION »

Afin de donner des cadres de protection accrue à l'intimité des individus et des communautés, les organismes subventionnaires, les universités mais aussi les organismes et les institutions autochtones ont développé des protocoles de recherches visant à définir des orientations éthiques et déontologiques de la recherche avec les autochtones. En 1998, les trois conseils[6] exprimaient leur perception de la « participation » autochtone aux recherches dans l'« Énoncé de politique des trois Conseils : éthique de la recherche avec des êtres humains, 1998 (avec les mises à jour de 2000 et 2002) » et notamment dans le chapitre 6 « La recherche avec des peuples autochtones[7] ». Suivant cette perception de la participation envisagée en termes de partenariat dans la recherche, l'Université Laval se dotait d'un comité d'éthique de la recherche (CÉRUL) chargé d'évaluer les méthodes, la pertinence sociale et scientifique ainsi que les retombées des projets ayant fait l'objet d'une évaluation scientifique préalable[8]. Les formulaires de consentement individuel et d'approbation par la structure politique locale (conseils de bande) sont devenus obligatoires avant de commencer toute recherche sur le terrain.

Ce développement des politiques éthiques de la recherche a transformé le rapport au terrain. Les formulaires de consentement individuel et d'approbation de la recherche par les conseils de bande ont entraîné plus de transparence dans le processus de production des savoirs anthropologiques : alors que les anthropologues passaient des accords tacites et souvent oraux avec leurs interlocuteurs, la problématique et les questions de recherche, la méthodologie, les techniques de collecte de données, le respect de l'anonymat des interlocuteurs doivent aujourd'hui être indiqués par écrit afin de renseigner avec le plus de précisions possibles les intentions du chercheur. Ce point, nécessaire dans une perspective de partage des savoirs et des responsabilités liée à la recherche, entraîne aussi plus de contrôle de la production anthropologique par les acteurs. Considérant que les recherches qualitatives s'inscrivent dans des processus itératifs, il devient dès lors

---

6. Les trois conseils sont l'Institut de recherche en santé du Canada, le Conseil de recherches en sciences humaines du Canada et le Conseil de recherches en sciences naturelles et en génie du Canada.

7. http://www.pre.ethics.gc.ca/francais/policystatement/policystatement.cfm (page consultée le 31 mars 2008).

8. http://www.cerul.ulaval.ca/ (page consultée le 31 mars 2008).

difficile de sortir des objectifs initiaux indiqués sur ces formulaires. Lors d'une réunion communautaire organisée pour évoquer certains objectifs de la recherche, une personne argumenta sur le non-respect du protocole initial de recherche : « Il doit travailler sur le tambour, mais il ne s'arrête pas là, il va plus loin. Jusqu'où va-t-il aller ? » Cette opinion montre comment les anthropologues doivent aujourd'hui rester dans les cadres imposés par les nouvelles exigences éthiques de la recherche, elles-mêmes relayées par des protocoles de recherche de plus en plus précis et exigeants pour le chercheur. Toute « sortie » du thème initial de recherche peut donner lieu à de virulentes oppositions. Je n'avais sans doute pas assez insisté dans les formulaires sur la place que je voulais donner aux jeunes générations ou aux réalités atikamekws dans leur ensemble. Par ailleurs, même si les projets de recherche peuvent très bien faire l'objet d'un accord des institutions représentatives de la communauté (conseils de bande) tel que demandé par les nouvelles exigences éthiques, les réticences peuvent rester très virulentes dans la population. L'expression de ces réticences révèle souvent un écart entre les institutions politiques dites représentatives, l'élite et les gens plus « ordinaires » (Gagné, 2004). Cependant, les interlocuteurs qui ont participé à cette recherche n'ont pas attendu ces nouvelles donnes bureaucratiques pour développer leur connaissance des outils de l'anthropologue de terrain dans sa démarche ethnographique.

À ces obligations qui émanent des milieux académiques, se superposent aujourd'hui des recommandations exprimées par les institutions, les communautés et les organismes autochtones eux-mêmes. La question de la « participation » est moins envisagée en termes de « partenariat en recherche » qu'en termes de « réappropriation de la recherche ». En 2004, l'organisation autochtone de la santé exprimait sa perception de la « participation » autochtone aux recherches au moyen de quatre concepts : propriété, contrôle, accès, possession (PCAP). Ces principes de PCAP sont à la base du protocole de recherche mis en place et adopté en juin 2005 par l'Assemblée des Premières Nations du Québec et du Labrador (APNQL)[9].

Les principes de PCAP vont dans le sens des réflexions actuelles sur la déconstruction du savoir colonial dont seraient encore largement empreintes les recherches en milieux autochtones. Ces principes tendent globalement à remettre en cause la liberté d'expression, de créativité et d'imagination du chercheur sur son terrain. Alors que l'on discute

---

9. http://www.iddpnql.ca/fram/protocole1.html (page consultée le 31 mars 2008).

aujourd'hui encore de ce qui ferait la particularité du terrain dans la production du savoir anthropologique et que des concepts tels qu'observation participante sont déconstruits au profit d'autres concepts tels que ceux d'expérience ou d'implication, il est essentiel de se demander quel avenir on peut envisager pour le terrain en anthropologie dans les études autochtones, et la place de la pratique ethnographique.

Selon l'auteur, ces principes doivent être considérés comme une expression de l'exercice du principe d'autodétermination dans le domaine de la recherche. Ce texte fait suite à «une analyse critique des méthodes de recherche coloniales» (Schnarch, 2004a : 80).

Les principes de PCAP sont une «réponse politique à une tendance coloniale tenace en matière de recherche et de gestion de l'information» (Schnarch, 2004a : 80.). Ils apparaissent comme «un cri de ralliement pour un grand nombre de Premières Nations et devraient être un signal d'avertissement pour les chercheurs» (Schnarch, 2004a : 80.). Ce texte est présenté sous forme de recommandations qui ne visent pas simplement la recherche autochtone au Québec ou au Canada mais qui sont destinées «à d'autres peuples indigènes partout dans le monde» (Schnarch, 2004a : 81).

Je m'attacherai ici à donner les définitions associées à chacun des termes de PCAP.

Propriété : «Ce principe veut qu'une communauté ou un groupe détienne collectivement la propriété de l'information de la même façon qu'une personne détient la propriété de son information personnelle» (Schanrch, 2004a : 81).

Contrôle : «Le principe de contrôle veut que les membres des Premières Nations, leurs communautés et les groupes qui les représentent soient en droit de souhaiter obtenir le contrôle de tous les aspects du processus de gestion de la recherche et de l'information ayant des répercussions sur eux. Ce contrôle peut comprendre toutes les étapes d'un projet de recherche en particulier, de la conception à l'achèvement» (Schnarch, 2004a : 81).

Accès : «Les membres des Premières Nations doivent avoir accès à l'information et aux données qui les concernent et qui concernent leurs communautés, peu importe l'endroit où ces données sont conservées» (Schnarch, 2004a : 81).

Possession : « La possession des données est un mécanisme permettant d'affirmer et de protéger la propriété. Lorsqu'une partie possède des
données appartenant à une autre partie, il y a risque de violation ou d'usage
abusif. Cela est particulièrement important lorsqu'il y a un manque de
confiance entre le propriétaire et le possesseur » (Schnarch, 2004a : 81).

Dans ce texte, le contrat qui lie l'anthropologue aux institutions
autochtones apparaît comme la relation la plus souhaitable. Dans ce contexte contractuel, quelle marge de liberté reste-t-il à l'anthropologue sur
son terrain ? Qu'est-ce qu'un terrain anthropologique dans un contexte où
les qualités d'improvisation, d'intuitions et de réflexivité ne pourront s'exprimer qu'à travers des protocoles contractuels qui viendront en fixer les
limites, de la conception du projet à la publication des résultats ?

Dans les études autochtones, de nombreuses opinions se dressent
aujourd'hui comme obstacles au travail de terrain, donc à cet espace de
liberté nécessaire à la pratique ethnographique dans la production du savoir
anthropologique. Ces obstacles, principalement nés d'une volonté de décoloniser la recherche et le savoir produit sur les sociétés (post) coloniales et
exprimés par les acteurs de ces sociétés qui remettent en cause l'hégémonie
occidentale de cette production, interpellent de plus en plus en souvent les
chercheurs et les confrontent à leurs méthodes de recherche. Mais, malgré
les repositionnements éthiques, l'image que l'anthropologue véhicule dans
les communautés n'a pas changé pour autant. La figure du chercheur continue à être souvent rejetée : celui-ci est souvent inutile (absence de retombées, capacités internes de recherche), quelquefois opportuniste (carriériste)
et, malgré les repositionnements de la discipline, encore empreint d'une
attitude colonialiste. Du point de vue de certains interlocuteurs, les anthropologues jouent un rôle qui ne leur est pas dévolu : ils menacent la responsabilité pleinement assumée et revendiquée des experts locaux formés pour
construire, diffuser et transmettre le savoir au sein de leur propre société.
C'est la pertinence sociale des devis de recherche (point sur lequel l'anthropologue ne doit surtout pas omettre d'insister dans son projet) qui est ici
remise en question : « À quoi cela va-t-il nous servir ? » Une fois l'utilité de
la recherche démontrée (pour peu que l'anthropologue soit assez convain-
cant), un autre questionnement est soulevé : « pourquoi ne pourrions-nous
pas faire la recherche nous-mêmes ? » Au-delà de la critique épistémologique en anthropologie sur des concepts tels que l'observation participante
(Clifford, 1983 ; Clifford et Marcus, 1986 ; Geertz, 1988), ce sont les
méthodes de recherche et le point de vue occidental contenu dans la production du savoir anthropologique qui ont été remis en question par diffé-

rents auteurs autochtones (Battiste, 2000, 2001 ; Smith, 1999) et non autochtones (Harrison, 1997).

Ces situations de contestations ne sont pas nouvelles. Rappelons-nous la critique virulente adressée aux anthropologues par Vine Deloria Junior dans les années 1970. Dans un chapitre de son ouvrage *Custer Died for your sins*, l'auteur dresse un tableau peu flatteur des anthropologues et de la relation de ces derniers avec les autochtones. On reconnaîtra aisément le chemin parcouru par ces critiques émanant des milieux autochtones postcoloniaux qui orientent aujourd'hui (et déjà depuis quelques années) les discours de certains autochtones au Québec. Même si tout terrain suppose un certain nombre de difficultés, lesquelles peuvent apparaître comme un lieu commun de la pratique ethnographique, la nouveauté se situe plus certainement sur le caractère systématique de cette critique dans les études autochtones, entraînant des situations inconfortables autant pour les chercheurs que pour les autochtones.

CONCLUSION : VERS LA CONCILIATION

Lors de présentations scientifiques portant sur les réflexions exprimées dans ce texte, une question m'a souvent été posée : « Comment continuer le terrain dans ce contexte ? » Si la recherche a mis au jour des oppositions virulentes, elle a aussi permis de comprendre le regard que posaient nos interlocuteurs privilégiés sur la recherche que je menais avec leur participation. Le travail de collecte des données a été rendu possible à la fois par le soutien exprimé par mes plus proches interlocuteurs et par les nombreuses critiques de mes plus virulents opposants.

Il ne fait aujourd'hui aucun doute que la confrontation et la prise en compte de l'ensemble de ces points de vue ont représenté les principales sources d'information sur le terrain, que ce soit lors des deux réunions communautaires organisées dans la communauté ou à l'occasion des retours sur le terrain lors des étapes d'écriture. Présenter une communication dans la communauté avant la tenue d'un événement scientifique, expliquer un article avant sa publication et discuter des enjeux qu'il soulève, soumettre les chapitres de la thèse, bref, continuer d'entretenir cette relation de proximité au-delà du terrain tout au long des étapes du travail anthropologique, ont constitué, dans cette expérience, les clés d'une compréhension renouvelée entre chercheur et participants à la recherche. Cette position méthodologique générale a donc adopté une notion de la participation qui a pris en compte un certain nombre de contestations. Évoquant

l'énoncé des politiques des trois conseils qui a servi de base au développement des politiques éthiques académiques, l'anthropologue Florence Piron
remarquait : « Nulle part dans le dispositif n'est prévu de lieu d'interrogation sur les effets politiques des sciences empiriques de l'individu » (Piron,
2005 : 193), rejoignant ainsi certaines préoccupations des opposants sur les
conséquences de certains écrits dans les relations sociales et familiales locales. S'il est indispensable de réfléchir aux conséquences des recherches non
seulement sur les individus mais également sur la société tout entière dans
laquelle ils sont participants actifs, comment anticiper ses conséquences, ce
que demandent d'une certaine façon ces protocoles, sans risquer de carica-
turer la complexité d'une réalité, au demeurant inconnue lorsque l'on se
rend pour la première fois sur un terrain ? Comment connaître à l'avance
les obstacles liés au contexte politique local, à la nature des relations et des
jeux de pouvoir et à tous les débats internes menés actuellement pour définir une participation active à la société contemporaine ? La naïveté du
chercheur et notamment de l'étudiant, son regard extérieur, ses interprétations erronées et tous ces « défauts d'expertise » font partie de la production
des savoirs et ne peuvent être corrigés que par une communication efficace
et une relation de confiance établie sur le long terme.

BIBLIOGRAPHIE

ALTHABE, G. et V. A. HERNANDEZ (2004), « Implication et réflexivité en
anthropologie », *Journal des anthropologues*, nᵒˢ 98-99, p. 15-35.

BATTISTE, M. (2000), *Reclaiming indigenous voice and vision*, Vancouver, UBC
Press.

---------------- (2001), « Decolonizing the University : Ethical Guidelines for
Research Involving Indigenous Populations », dans L. M. Findlay et P. M.
Bidwell (dir.), *Pursuing Academic Freedom : « Free and Fearless » ?*, Saskatoon,
Purich Press, p. 190-203.

BOUSQUET, M.-P. (2002), « "Quand nous vivions dans le bois", le changement
spatial et sa dimension générationnelle : l'exemple des Algonquins du
Canada », Ph.D., Université Laval et Université Parix X Nanterre.

CLIFFORD, J. (1983), « De l'autorité en ethnographie », *L'ethnographie*, vol. 90,
nᵒ 9, p. 87-118.

CLIFFORD, J. et G. MARCUS (1986), *Writing Culture : The Poetics and Politics
of Ethnography*, Berkeley, University of California Press.

COMAROFF, J. et J. COMAROFF (2003), « Ethnography on an Awkward Scale :
Postcolonial Anthropology and the Violence of Abstraction », *Ethnography*,
vol. 4, nᵒ 2, p. 147-179.

DAWSON, N. M. (2003), *Des Attikamègues aux Têtes-de-Boule : mutation ethnique dans les Hauts Mauriciens sous le Régime français*, Sillery, Septentrion.

GAGNÉ, N. (2004), « Anthropologie du quotidien et des mondes "ordinaires" : contestation des résultats de recherche et enjeux politiques », communication présentée lors du colloque Ethnografeast II : la pratique de l'ethnographie, École normale supérieure, Paris, France, 15-18 septembre.

GEERTZ, C. (1988), *Works and Lives. The Anthropologist as Author*, Standford, Standford University Press.

GÉLINAS, C. (1998), « Identité et histoire des autochtones de la Haute-Mauricie aux XVIIe et XVIIIe siècles : un regard sur le débat Attikamègues-Têtes de Boule », dans R. Tremblay (dir.), *L'éveilleur et l'ambassadeur : essais archéologiques et ethnohistoriques en hommage à Charles A. Martijn*, Montréal, Paléo-Québec, p. 199-212.

GHASARIAN, C. (2002), *De l'ethnographie à l'anthropologie réflexive. Nouveaux terrains, nouveaux enjeux*, Paris, A. Colin.

GOULET, J.-G. (2004), « Une question éthique venue de l'autre monde. Au-delà du grand partage entre nous et les autres », *Anthropologie et Sociétés*, vol. 28, n° 1, p. 109-126.

HARRISON, F. V. (dir.) (1997), *Decolonizing Anthropology : Moving Further toward an Anthropology for Liberation*, 2ᵉᶜ édition, Arlington, American Anthropological Association.

HASTRUP, K. (1995), *A Passage to Anthropology : between Experience and Theory*, London et New York, Routledge.

HERZFELD, M. (2007), *L'intimité culturelle. Poétique sociale de l'État-nation*, Québec, Presses de l'Université Laval.

JÉRÔME, L. (2005a), « Musique, tradition et parcours identitaire de jeunes atikamekw : la pratique du *tewehikan* dans un processus de convocation culturelle », *Recherches amérindiennes au Québec*, vol. 35, n° 3, p. 19-30.

JÉRÔME, L. (2005b), « Présentation. Jeunes autochtones. Espaces et expressions d'affirmation. », *Recherches amérindiennes au Québec*, vol. 35, n° 3, p. 3-6.

PIRON, F. (2005), « Savoir, pouvoir et éthique de la recherche », dans A. Beaulieu (dir.), *Michel Foucault et le contrôle social*, Québec, Les Presses de l'Université Laval, p. 175-200.

POIRIER, S. (2001a), « Territories, Identity, and Modernity among the Atikamekw (Haut St-Maurice, Quebec) », dans Colin H. Scott (dir.), *Aboriginal Autonomy and Development in Northern Quebec and Labrador*, Vancouver, University of British Colombia Press, p. 98-116.

POIRIER, S. (2001b), « Les politiques du savoir rituel. Réflexions sur les relations de genre chez les Kukatja (Désert occidental australien) », dans C. Alès et C. Barraud (dir.), *Sexe relatif ou sexe absolu ? De la distinction de sexe dans les sociétés*, Paris, Maison des sciences de l'homme, p. 111-133.

SCHNARCH, B. (2004a), « Propriété, contrôle, accès, possession (PCAP) ou l'autodétermination appliquée à la recherche. Une analyse critique de la recherche contemporaine des Premières Nations et quelques options à l'intention des communautés des Premières Nations », *Journal de la santé autochtone*, vol. 1, n° 1, p. 80-95. Accessible sur Internet à l'adresse suivante : http://www.naho.ca/french/pdf/journal_p80-95_f.pdf.

SCHNARCH, B. (2004b), « PCAP 101. Principes des Premières Nations dans un milieu universitaire », Université d'Ottawa, 15 janvier 2004, consulté à l'adresse suivante : www.naho.ca/firstnations/french/pdf/OCAP_101_UofO_f.ppt.

SMITH, L. T. (1999), *Decolonizing Methodologies : Research and Indigenous Peoples*, Dunedin et Londres, Zed Books et University of Otago Press.

Inventer la culture des autres, sans les autres : le monde indianophile et les cultures autochtones

Décontextualisation et recontextualisation de la culture instituée

OLIVIER MALIGNE

INTRODUCTION

Dans un village de Provence, il y a un homme que tous surnomment l'indien, parce qu'il vit dans un tipi avec femme et enfants, un peu plus loin dans les collines. Dans une forêt d'Allemagne, une fois par an, plus de mille personnes se réunissent en vêtements de peau frangés et décorés de motifs en perles de verre, le visage peint de couleurs vives, coiffés de plumes, pour danser au son des tambours. Dans toute l'Europe – une région du monde où les brassages de population ont été si intenses et si anciens qu'il n'est plus possible aujourd'hui d'y distinguer des populations autochtones –, des dizaines de milliers de personnes se vouent à la recréation de l'environnement culturel des autochtones d'Amérique du Nord, accumulant connaissances, savoir-faire et productions artisanales fabriquées de leurs mains. Ils ne sont pas Amérindiens, ils ne prétendent pas l'être, et ils ne vivent même pas en contact avec des Amérindiens. Ce sont des indianophiles.

Pour qui s'intéresse aux peuples autochtones, un tel phénomène ne devrait pas laisser indifférent ; et je n'entends pas par là qu'il devrait susciter le rire ou l'indignation. L'analyse anthropologique de l'indianophilie a en fait beaucoup à nous apprendre. Ce n'est pas tant que l'indianophilie aurait une grande incidence sur la condition actuelle des Amérindiens (encore que cette incidence ne soit pas, à mon avis, tout à fait nulle), mais parce que l'indianophilie est un phénomène révélateur, pour ne pas dire symptomatique. D'une part, l'étude de l'indianophilie est riche d'enseignements quant aux représentations de l'autochtonie – ou de l'indianité – qui ont cours dans le monde contemporain, si l'on veut bien admettre que les indianophiles n'ont pas créé de toutes pièces un nouvel imaginaire autour des Amérindiens. Ils se sont au contraire nourris de ce que les décennies et les siècles précédents leur ont laissé dans ce domaine. D'autre part – et c'est ce second point qui fera l'objet de mon attention dans la présente communication –, l'indianophilie apparaît avant tout comme une tentative pour recréer en actes des cultures qui sont parfois perçues comme disparues ou déliquescentes. L'analyse des modalités concrètes de cette recréation de l'univers culturel amérindien peut donc s'avérer utile à la compréhension de certains des enjeux contemporains autour de la connaissance, de la préservation et de la revitalisation de ces cultures. Partant, cette réflexion me semble aussi ouvrir à un questionnement fertile sur la notion même de «culture» (autochtone ou non), sur les lieux et les moyens de sa production, et sur les usages qui en sont faits.

Dans les pages qui suivent, la réflexion se concentrera sur deux questions concomitantes. Premièrement, comment les indianophiles peuvent-ils considérer qu'ils mettent en œuvre certains aspects des cultures amérindiennes sans jamais se considérer eux-mêmes comme des Amérindiens? Sauf à supposer que les productions indianophiles relèvent de la pure invention, une telle démarche semble impliquer qu'une «culture» puisse exister plus ou moins indépendamment du groupe social qui s'en revendique le créateur ou l'héritier. Deuxièmement, pourquoi l'indianophilie suscite-t-elle l'ironie, voire l'hostilité, de certains professionnels spécialistes des cultures amérindiennes tandis que, parallèlement, plusieurs des indianophiles que j'ai rencontrés lors de mon enquête cherchaient à me convaincre de la validité et de l'étendue de leurs connaissances de ces mêmes cultures? Pour les uns et les autres, cette connaissance est un enjeu de première importance, à tel point d'ailleurs qu'indianophilie et monde savant sont loin de s'exclure mutuellement.

ASPECTS GÉNÉRAUX DE L'INDIANOPHILIE[1]

Peu de recherches ont été publiées sur le phénomène indianophile. À titre d'information, on peut citer les deux articles parus dans le volume 4 du *Handbook of North-American Indians*. Sous le terme *indian-hoobbyism*, ils traitent de l'indianophilie aux États-Unis (Powers, 1988) et en Europe[2] (Taylor, 1988). Ces travaux apportent quelques précisions quant à l'histoire de l'indianophilie, ses précurseurs et ses liens avec les sociétés savantes et les mouvements de jeunesse de type *boy-scouts*. Par ailleurs, on trouve dans un numéro de l'*European Review of Native American Studies* trois articles traitant de l'indianophilie, respectivement en France (Dubois, 1993), en Hongrie (anonyme, 1993) et en République démocratique d'Allemagne (Turski, 1993). Pourtant, tous ces articles n'apportent que peu de précisions quant à la nature des activités indianophiles, et aucune analyse à proprement parler du phénomène n'est proposée, à l'exception de l'article de Turski qui constitue surtout une réflexion sociologique sur l'organisation des groupes indianophiles d'Allemagne de l'Est et leurs relations problématiques avec le pouvoir central. Tous les autres articles ont, semble-t-il, été écrits par des indianophiles et s'attachent principalement à démontrer l'ancienneté du mouvement indianophile et le prestige savant ou artistique de ses précurseurs.

C'est pourquoi l'essentiel de mon travail de recherche s'est organisé autour d'une série d'entrevues réalisées avec des personnes engagées dans des pratiques indianophiles ou en lien avec celles-ci. Ce sont ces entrevues, complétées par des observations de terrain, qui ont servi de base à l'analyse du phénomène indianophile proprement dit, des intentions qui lui sont sous-jacentes et de sa logique propre.

Qui sont en définitive les indianophiles ? Pour partir d'une définition générale, on peut dire qu'il s'agit de personnes passionnées par l'histoire et les cultures des Indiens d'Amérique du Nord. Au point de vue sociologique, ils ne forment pas une catégorie de population bien définie : jeunes ou vieux, hommes et femmes, ni leur statut socioprofessionnel, ni leur revenu, ni leur niveau de scolarisation ne semblent constituer une quelconque prédisposition. Tout ce qui réunit ces personnes – et en certai-

---

1. Les lecteurs désireux d'en apprendre plus sur l'indianophilie peuvent se reporter à mon livre (Maligne, 2006).
2. En fait, cet article traite surtout du Royaume-Uni.

nes occasions les divise –, c'est en définitive une commune passion, une même admiration pour les Indiens d'Amérique du Nord et un même désir de s'en inspirer pour transformer de quelque manière leur propre vie. Pourtant, les indianophiles vivant en Europe n'ont que peu de contacts avec les Amérindiens contemporains. Quand de tels contacts existent, ils sont la conséquence et le développement logique de la démarche indianophile plutôt que sa cause ou son point de départ.

Sur le plan historique, les indianophiles d'aujourd'hui sont les héritiers d'une longue tradition de collectionneurs et d'amateurs éclairés, de personnes qui, œuvrant parfois en marge des institutions du savoir officiel, ont eu à cœur de rassembler et de conserver les témoignages matériels et immatériels de cultures qu'ils percevaient comme étant sur le point de disparaître définitivement. Écrivains, peintres, aristocrates ou négociants, la connaissance des cultures autochtones de l'Amérique du Nord était déjà pour eux une passion, bien plus qu'un métier. Les noms de George Catlin, William Blackmore, Paul Coze ou Karl May[3] sont encore aujourd'hui auréolés d'un certain prestige dans les milieux indianophiles où ils font figure de pionniers. Ces précurseurs, par leur contribution à l'ethnographie des autochtones d'Amérique du Nord, ont participé à l'élaboration et à la popularisation des savoirs sur ces cultures, à travers une démarche qui mêlait inextricablement connaissance scientifique, propos humaniste et appréciation esthétique.

Toutefois, les indianophiles ont ceci de particulier que la connaissance ou l'admiration des Amérindiens n'est pas pour eux une fin en soi. Leur démarche se fonde en premier lieu sur la mise en pratique de ces savoirs et de ces savoir-faire, acquis à des sources disparates. Autrement dit, à travers, entre autres, les techniques artisanales et les pratiques artistiques ou ludiques, les indianophiles cherchent à créer ou à recréer un univers culturel tangible et vivant : ils « vivent à l'indienne », et ce, souvent quelques jours par an, mais pour certains de façon permanente et durable. Pourtant, en aucun moment les indianophiles ne se considèrent eux-mêmes comme « des vrais Indiens ». Il est très clair pour eux que les Amérindiens authentiques sont les autochtones d'Amérique du Nord, ceux qui vivaient là avant la venue des Européens, et leurs descendants contemporains. Autre fait notable, la majorité des indianophiles n'aspirent pas non plus à vivre parmi des Amérindiens. Si certains voyagent parfois dans les communautés

---

3. On trouvera des informations utiles sur ces précurseurs respectivement dans Mulvey (1999), Taylor (1999), Dubois (1993) et Turski (1993).

autochtones du Canada ou des États-Unis, c'est avant tout pour en apprendre plus sur leur culture et leur condition présente, mais cela ne signifie pas qu'ils tentent de se faire adopter par des communautés autochtones pour y vivre. En fait, tous les indianophiles rencontrés durant l'enquête considèrent que, pour pouvoir se considérer comme un Amérindien, il faut nécessairement descendre de parents (ou d'un parent) amérindiens ou vivre quotidiennement dans une communauté amérindienne. Mais la quasi-totalité des indianophiles vivant en France ne remplissent ni l'une ni l'autre de ces conditions, et semblent donc admettre implicitement qu'il est tout à fait possible de connaître et de mettre en œuvre une culture amérindienne, ou un mode de vie amérindien, sans être un Amérindien. Autrement dit, selon la logique de l'indianophilie, il n'est pas nécessaire d'être un Amérindien pour façonner des objets amérindiens, pratiquer les danses amérindiennes, vivre d'une façon amérindienne...

ÉRUDITION ET MYTHIFICATION : AUX ORIGINES DE LA CULTURE INSTITUÉE

Qu'on puisse vouloir vivre comme un Amérindien (même de façon épisodique) sans être un Amérindien peut sembler paradoxal, voire absurde. Sans doute est-ce pour cette raison que l'indianophilie est souvent regardée avec ironie, voire suspicion, y compris par des anthropologues et des ethnologues spécialistes des cultures amérindiennes. Dans un congrès dévolu aux questions relatives à l'autochtonie, on m'a par exemple demandé quel pouvait être l'intérêt, pour un anthropologue, d'étudier des « gens qui se déguisent en Indiens le week-end ». Ailleurs, un spécialiste des croyances religieuses innues m'a même suggéré de me reconvertir à la psychologie clinique, en étudiant tout le phénomène comme une forme de névrose obsessionnelle. Autour de l'indianophilie, flotte toujours comme un parfum d'imposture ou de simulacre : il semble très difficile d'admettre que les indianophiles puissent faire ce qu'ils font sans « se prendre pour » des Amérindiens (se trompant donc eux-mêmes) ou « faire semblant » d'en être (trompant les autres).

Les indianophiles eux-mêmes, qui ne sont dans l'ensemble ni plus stupides ni plus névrosés que la moyenne de nos contemporains, ont en fait une conscience aiguë du caractère équivoque et paradoxal de leur démarche. Eux aussi s'interrogent sur l'authenticité – l'indianité – des objets qu'ils fabriquent, des modes de vie qu'ils pratiquent. C'est en fait une préoccupation permanente qui s'exprime de façon récurrente dans les entretiens et dans les débats (parfois houleux) entre indianophiles. Les procédures mises en œuvre pour construire cette indianité sont complexes et varient d'une forme d'indianophilie à l'autre. En expliquer ici le fonctionnement et les nuances prendrait trop de place, mais toutes se ramènent à un objectif commun : assurer un lien de référentialité entre pratiques indianophiles et cultures amérindiennes. Pour cela, la démarche indianophile doit se fonder sur une *connaissance*, plus ou moins approfondie, plus ou moins détaillée, de ce que sont ou étaient les cultures amérindiennes. Bien sûr, les indianophiles ne sont pas d'accord entre eux sur la façon dont cette connaissance doit se construire, sur le degré de précision qu'elle doit revêtir et sur les marges qu'elle peut laisser à l'interprétation et à l'innovation. Mais tous partagent au moins l'idée qu'il faut une certaine connaissance des Amérindiens pour être indianophile.

De fait, quand les indianophiles les plus érudits écrivent sur l'indianophilie (comme William Powers, Colin Taylor ou Daniel Dubois), ils ont à cœur de montrer combien les pratiques indianophiles se fondent sur des connaissances ethnographiques poussées, et tendent même à présenter les précurseurs du mouvement (et parfois à se présenter eux-mêmes) comme de véritables ethnologues, connaisseurs et préservateurs des cultures traditionnelles autochtones. À cet égard, le cas de Paul Coze est exemplaire. Souvent cité comme un fondateur de l'indianophilie en France, c'est lui qui introduisit les pratiques indianophiles (danses, costumes et noms «indiens») dans les activités des *Scouts de France*. Parallèlement, il est l'auteur et l'illustrateur de différents ouvrages sur les Amérindiens, et le fondateur d'une société savante dédiée à la connaissance et à la préservation de leurs cultures (le Cercle d'études Wakanda). Au tournant des années 1920-1930, il réalisa des voyages d'étude et de collecte ethnographique dans l'Ouest canadien, et les objets rassemblés lors de ces voyages furent donnés au musée du Trocadéro (Dubois, 1993).

Force est donc de constater que l'indianophilie ne repose pas seulement sur l'imaginaire ou le mythe, mais qu'elle instrumentalise aussi des connaissances positives, bien que celles-ci soient parfois relativement anciennes. En fait, savoir et imaginaire sont ici inextricablement liés. Ils ne doivent pas être opposés comme le réel et le fictif, mais plutôt analysés en parallèle : d'un côté, une information factuelle et, de l'autre, l'usage idéologique ou mythifiant qu'on peut en faire[4]. L'émergence de l'indianophilie

---

4. Sur les rapports complexes de la connaissance et du mythe, les *Mythologies* de Roland Barthes (1957) reste une référence.

tient à ce double phénomène : la diffusion d'une image valorisante de l'Indien (mythique) et la popularisation des savoirs ethnographiques au sujet des Amérindiens (historiques). Autrement dit, l'indianophilie naît de ce qu'existent à la fois une image de l'Indien à laquelle on puisse désirer s'identifier et les moyens de le faire avec quelque plausibilité.

Le travail d'ethnographie des cultures autochtones – y compris celui qui a été accompli par les « amateurs » et les précurseurs de l'indianophilie moderne – a essentiellement consisté à recenser et à décrire de la façon la plus exhaustive possible des répertoires d'objets, de coutumes, de croyances « typiques », distinctives. Sous une forme simplifiée (et même caricaturale), le cirque puis le cinéma ont popularisé non seulement des représentations plus ou moins positives de l'Indien, mais aussi et surtout une image synthétique, largement inspirée de la culture matérielle des Sioux-Lakota[5].

De fait, le produit de ce travail n'est pas sans ressemblance avec celui des folkloristes et des intellectuels européens ayant contribué à la formation des cultures nationales d'Europe de l'Ouest ou des Amériques, ce qu'Ernest Gellner[6] nomme les « hautes cultures universalisées », c'est-à-dire des cultures standardisées à l'échelle d'un pays, conservées et transmises par des instances spécialisées, essentiellement par le moyen de l'écrit. Avec le travail de gens comme Paul Coze ou William Blackmore[7], les cultures autochtones d'Amérique du Nord acquièrent elles aussi leurs « lettres de noblesse », leurs érudits, leurs musées. Mais les nations autochtones ne disposent pas d'un État propre, susceptible d'être à la fois le gardien et le promoteur d'une culture nationale. Ainsi, les instances conservatrices de ces cultures ne sont pratiquement jamais contrôlées par des autochtones, et ces cultures prennent la forme d'un *savoir sur la culture des autres*, savoir rendu accessible à tous (et pas seulement aux Amérindiens) par l'école, l'édition, la vulgarisation...

L'accessibilité des connaissances et la prégnance des représentations mythiques permettent donc aux cultures amérindiennes (telles qu'elles sont

---

5. Sur le rôle des cirques et des spectacles itinérants dans la popularisation des personnages d'Amérindiens en Europe, voir notamment Feest (1999) et Portes (2002) (sur le Buffalo Bill's Wild West Show). Sur le cinéma, voir entre autres Lefebvre (1987) et Morin (1977).

6. Voir Gellner (1989).

7. Au sujet de cet amateur et collectionneur britannique, voir l'article de Colin F. Taylor, 1999.

décrites par les savoirs officiels et moins officiels) de figurer dans une sorte de vaste répertoire des cultures de l'humanité. Il se produit alors comme un décrochage entre ce qui est perçu comme une culture et le groupe humain qui est supposé en être le créateur ou le dépositaire. Conservée dans les musées, les livres et les photographies, organisée en répertoires de coutumes typiques, de techniques traditionnelles, de symboles, etc., la « culture » acquiert une existence autonome qui la rend disponible pour toutes les appropriations. C'est cette culture formalisée, voire standardisée, et surtout décontextualisée que j'appelle « culture instituée ». Parce qu'elle relève des institutions éducatives et des médias, plus que de la vie quotidienne des êtres humains qu'elle est censée représenter, elle est susceptible d'être instrumentalisée et recontextualisée des façons les plus diverses.

Cela répond donc à notre première question : si les indianophiles peuvent façonner des objets ou pratiquer des arts « indiens » sans jamais se considérer comme (ni se faire passer pour) des Amérindiens, c'est que l'indianité de ces objets et de ces pratiques, tient essentiellement à leurs caractéristiques objectives – amplement documentées par la littérature savante et pseudo savante – et aux significations mythiques dont ils sont investis. Ce qui est en jeu ici n'est pas l'identité des personnes ou leur appartenance à telle ou telle entité nationale ou ethnique : l'institutionnalisation de la culture donne à cette dernière une existence quasi indépendante, déconnectée de la vie sociale des groupes qui lui ont donné le jour, donc disponible pour être réactualisée dans d'autre contextes.

LES USAGES DE LA CULTURE INSTITUÉE

Quant à notre seconde question – à savoir comment expliquer l'hostilité des chercheurs « sérieux » face aux indianophiles et à l'aspiration de certains d'entre eux à se faire reconnaître comme « savants » –, elle trouvera sa réponse en conclusion. Auparavant, il nous faut examiner rapidement à quelles fins peut servir cette culture instituée. C'est en effet à travers ses usages et les contextes de son actualisation que la culture instituée se comprend le mieux. Tant qu'ils ne donnent pas lieu à des pratiques concrètes, les répertoires de « traits culturels » dont elle est constituée ne sont qu'une représentation abstraite de la réalité historique et ethnographique à laquelle ils sont censés se rapporter. Le travail de collecte, de sélection et de mise en forme accompli par les ethnographes et les précurseurs de l'indianophilie a abouti à la création de cultures virtuelles, distinctes de l'univers culturel vécu des autochtones, bien qu'elles soient élaborées à partir de celui-ci. Par ces cultures virtuelles, s'instaure un rapport médiatisé entre Européens et autochtones, un rapport qui ne nécessite plus la rencontre effective des personnes. Sur ces cultures virtualisées, se fondent des démarches d'actualisation et de recontextualisation comme l'indianophilie.

L'exemple du tipi permettra de comprendre ce qui est en jeu dans ces démarches. Le tipi est en effet la forme d'habitat autochtone la plus prisée par les indianophiles. À lui seul, il est presque suffisant pour produire ce *topos* particulier qu'est l'univers indien des indianophiles. Le tipi est connu des indianophiles non seulement à travers le cinéma et l'iconographie, mais aussi à travers toute une littérature ethnographique et para-ethnographique consacrée exclusivement à cet objet, à ses formes et ses typologies, à son histoire, à ses correspondances symboliques et cosmologiques. Il existe même des manuels qui illustrent sa fabrication. Les tipis en usage parmi les indianophiles sont divers et leur variété correspond notamment à celle des connaissances à leur sujet. Ainsi, certains indianophiles sont de véritables spécialistes de ce domaine : ils connaissent avec précision les populations qui ont utilisé le tipi comme abri de chasse, puis comme habitat permanent, les circuits de traite de la toile, les caractéristiques formelles qui permettent de distinguer, par exemple, un tipi cheyenne d'un tipi arapaho, les proportions idéales assurant à la fois une bonne isolation thermique et une circulation d'air permettant d'entretenir un feu, etc. Les tipis qu'ils fabriquent et décorent sont l'image la plus exacte possible de ceux qui étaient en usage dans les Plaines au XIXᵉ siècle. Comme les autres objets que fabriquent les indianophiles les plus érudits et les plus férus d'exactitude ethnographique, ils sont un véritable condensé de savoir, le résultat concret d'un long et patient apprentissage.

D'autres ont une perception beaucoup plus synthétique du tipi et de la culture matérielle en général. Du tipi, ils conservent le principe (une armature conique, recouverte d'une toile isolante) et ils laissent de côté l'exactitude ethnographique, en faisant remarquer, avec une certaine pertinence, que les personnes qui fabriquaient originellement ces tipis pour y vivre se souciaient probablement plus de s'abriter du vent et des intempéries que d'illustrer quelque « trait culturel » susceptible de les distinguer de leurs voisins. C'est d'ailleurs la même attitude qui sous-tend chez eux toutes les productions artisanales, artistiques ou rituelles : l'intention qui préside à la fabrication d'un objet ou l'exécution d'une danse a pour eux plus d'importance que le strict respect des formes.

Malgré cette disparité, les uns et les autres utilisent pourtant le tipi dans le même but : créer un monde différent, dans lequel il soit possible de vivre et de s'impliquer personnellement. Pour beaucoup, cette démarche est avant tout un loisir, réservé à quelques moments précieux d'évasion loin des contraintes et des tracas du quotidien. Pour certains, c'est une démarche beaucoup plus durable, fondée sur la volonté de vivre une vie différente, en adéquation avec des valeurs morales et spirituelles plus « authentiques ». Pour d'autres, enfin, l'indianophilie peut devenir une profession. À travers l'artisanat, le spectacle, les conférences ou les « stages de vie à l'indienne », ils offrent au public ce qu'ils estiment être une connaissance plus juste et plus approfondie des cultures autochtones en même temps qu'une expérience attrayante. Mais tous utilisent le tipi : ils ne construisent pas de *longues-maisons*, ni de *hogan*[8]. En fait, même ceux d'entre eux qui savent pertinemment que le tipi n'a jamais été le type d'habitat le plus répandu chez les autochtones d'Amérique du Nord préfèrent celui-ci à tout autre.

On pourra bien sûr se demander pourquoi. D'une part, on peut noter que les caractéristiques techniques d'un tipi en font l'habitat idéal pour l'usage qu'en font les indianophiles : il est transportable, peut être monté et démonté rapidement, et il peut en même temps constituer une habitation permanente. Mais ce n'est là qu'une raison annexe. Si le tipi est si répandu aujourd'hui en Europe, c'est qu'il fait aussi fonction d'emblème. D'une part, il est sans doute la forme d'habitat amérindien la plus documentée et, d'autre part, il est aussi la plus abondamment illustrée, tant dans la littérature et l'iconographie qu'au cinéma. Comme les coiffes en plumes d'aigle et les longues pipes, le tipi fait partie de ces objets qui sont immédiatement reconnus comme amérindiens. La diffusion des savoirs ethnographiques et historiques n'a touché, somme toute, qu'une frange minime du public européen et nord-américain. Par contre, les spectacles et les récits mettant en scène des autochtones, souvent de manière fort stéréotypée, ont touché le public le plus large, et ce, depuis plus d'un siècle. Ces mises en scène et en récit n'ont retenu qu'un très petit nombre d'objets et de traits culturels, donnant des autochtones une image synthétique, simplifiée mais

---

8. La *longue-maison* est une forme d'habitat autochtone rencontrée dans le Nord-est du continent nord-américain, principalement chez les peuples iroquoiens. C'est un habitat collectif, bâti sur un plan rectangulaire et recouvert d'écorces et de branchages. Le *hogan* se rencontre essentiellement en pays Navajo, au sud-ouest des États-Unis. Il est construit en adobe (mélange de paille et de boue séchée), sur un plan circulaire ou octogonal et constitue plutôt un habitat individuel (c'est-à-dire habité par une personne seule ou un groupe familial restreint).

prégnante, et contribuant à la diffusion d'un répertoire de signes traditionnels de l'indianité : peintures faciales, coiffes de plumes, tipis, mocassins perlés, etc. Ces «signes», même s'ils découlent presque toujours d'une réalité culturelle attestée, sont devenus des emblèmes, immédiatement reconnaissables et reconnus comme «indiens», même et surtout par ceux qui n'ont qu'une connaissance très superficielle des cultures autochtones.

De fait, pour la très large majorité du public, les cultures autochtones sont aujourd'hui appréhendées à travers ce répertoire synthétique de signes et de symboles, un répertoire qui doit beaucoup aux cultures des Plaines du XIXᵉ siècle, et plus encore à leur mise en scène à travers une masse considérable de films, de bandes dessinées, de jouets d'enfants, etc. Pour la majorité du public européen, il suffit de savoir que les Amérindiens existent ou ont existé, et qu'existent quelque part, sur les tablettes des musées et dans les livres d'ethnographie, les connaissances sur leurs cultures. Pour quiconque souhaiterait en savoir plus sur ces cultures, voire aurait, comme les indianophiles, le désir de les recréer «grandeur nature», cette connaissance est accessible et utilisable.

Tout comme les cultures nationales des États modernes (et comme les cultures régionales, élaborées selon les mêmes modalités), cette culture instituée, dans son élaboration et dans sa diffusion, mêle inextricablement savoir positif et mythification, réflexion scientifique et répertoires d'emblèmes identitaires. De même, elle permet des usages moins ludiques que l'indianophilie comme loisir, tels que le tourisme culturel. Cette forme de tourisme se fonde avant tout sur la valeur (humaine et marchande) de la différence culturelle. Certes, cette valorisation est sans doute aussi ancienne que les rêves d'exotisme, mais le tourisme culturel est aujourd'hui une entreprise de masse, et ne concerne d'ailleurs pas que les autochtones d'Amérique du Nord. En Afrique, en Océanie et en Asie aussi, ce sont les gens, plus que les paysages ou les monuments, qui font l'objet de l'attention des touristes. De ces gens, on attend qu'ils manifestent quelque comportement typique, qu'ils donnent à voir des coutumes «ancestrales» et des arts «traditionnels» qui, dans bien des cas, ont plus ou moins disparu des pratiques quotidiennes. Dans ces cas-là, le recours aux répertoires de signes traditionnels et aux savoirs de l'ethnographie et de la muséographie s'avère souvent indispensable à la satisfaction du public.

Pour prendre un exemple québécois, j'ai assisté en 1998 aux Fêtes de la Nouvelle-France à Québec. Cette fête ne célèbre pas un événement, mais une époque, celle du Canada français, des coureurs des bois, des jésuites en robes noires, des mousquetaires et, bien sûr, des Indiens. En effet, la présence autochtone est un élément indispensable des Fêtes de la Nouvelle-France et, plus généralement, de l'image touristique du Québec. Un voyage à Québec ne serait pas complet sans la visite aux tipis (encore) du Village huron, sans l'achat d'un capteur de rêves ou d'une paire de raquettes à neige. Dans les Fêtes de la Nouvelle-France, les costumes de peau frangés et perlés et les coiffes de plumes abondent, à côté des étals de mocassins et bourses perlées. Sur scène, chants et danses illustrent la diversité des cultures autochtones de la province.

À propos des danses, et de la culture traditionnelle en général, un danseur autochtone m'a dit: «le monde aime savoir que ça existe». Lui-même avait appris les danses à l'école de la réserve, mais, pour en connaître les implications rituelles et symboliques, il avait eu recours aux services d'une ethnographe. Quant aux tenues qu'il avait fabriqués pour habiller la troupe, il en avait trouvé les modèles auprès des anciens de sa communauté et aussi dans des ouvrages sur les autochtones de l'Ouest du Canada. Cet homme, qui n'est pas un danseur professionnel, a donc accompli tout un travail de recherche pour mettre au point cette représentation publique de la culture dont «le monde aime savoir que ça existe», cette culture-à-montrer qui permet de manifester publiquement la permanence de la présence autochtone au Québec. Le «monde», en effet, aime savoir que ces cultures existent. Même s'il n'en a qu'une connaissance minimale, il aime savoir qu'il pourra trouver ici un spectacle qu'on peut photographier, là un objet qu'on peut acquérir et rapporter chez soi avec le sentiment d'avoir touché du doigt un peu de l'authenticité des peuples autochtones.

Mon propos n'est pas de condamner de telles entreprises ou de les opposer à ce qui serait la «vraie» culture des autochtones, une culture qui serait préservée et transmise ailleurs, loin des regards. La culture instituée consiste surtout en une autre manière de transmettre et de conserver la culture: à travers des instances spécialisées (telles que les institutions d'enseignement ou de conservation) plutôt que seulement de façon interpersonnelle et dans les contextes de la vie quotidienne. La culture instituée est décontextualisée et c'est ce qui la rend si facilement appropriable et manipulable, mais elle n'est pas une autre culture distincte de la culture vécue; elle en constitue plutôt une mise en forme systématisée et normalisée. Réciproquement, les instances de la culture instituée jouent un rôle croissant dans la vie sociale et économique des autochtones, comme elles sont devenues un élément indispensable des sociétés dites «modernes».

En effet, il faut souligner que, pour les autochtones aussi, le recours à la culture instituée, la culture des ethnographes et des musées, est parfois une nécessité quand il s'agit de se réapproprier des arts ou des techniques que les politiques d'assimilation avaient rendu marginaux, voire interdits. Qu'elle réponde à une nécessité économique ou à un désir de reconnaissance, cette culture-à-montrer repose elle aussi sur l'utilisation des savoirs institutionnels et des répertoires de signes d'indianité, sur la culture instituée.

CONCLUSIONS ET QUESTIONS

Mon travail de recherche se voulait avant tout une réflexion anthropologique, l'étude d'un phénomène mal connu et pourtant digne d'intérêt, parce qu'il illustre un effet inattendu de la recherche sur l'autochtonie et de la diffusion de ses résultats : la possibilité d'apprendre quantité de choses sur les cultures autochtones, voire de les recréer, sans jamais rencontrer un seul autochtone vivant. À la lumière de ce qui précède, on comprend l'enjeu que représente pour les indianophiles la connaissance des cultures amérindiennes. Toute leur démarche se fonde en effet sur la culture instituée, qui est un *discours* sur la culture. Si les indianophiles veulent pouvoir se convaincre (et convaincre leur entourage) que l'univers produit par leurs actions est bien un univers *amérindien*, il est indispensable que cette démarche se fonde sur une connaissance valide des cultures amérindiennes. D'où l'empressement des plus érudits d'entre eux à se présenter comme des savants dans ce domaine, et à se distinguer des indianophiles moins « compétents » et moins « sérieux ».

De façon comparable, on comprend aisément la réaction d'irritation de certains professionnels de ce domaine. Opérant dans les cadres institutionnels de la production et de la transmission du savoir, peut-être défendent-ils simplement leur position de personnes « autorisées » (dotées d'autorité) à dire le vrai sur les cultures amérindiennes. Mais ne serait-il pas plus productif de jeter sur le phénomène indianophile un regard réellement scientifique, en se demandant comment un tel phénomène peut se produire et quels sont ses ressorts anthropologiques et sociologiques ? Vouloir démontrer que les indianophiles ne sont pas des autochtones, c'est enfoncer une porte ouverte. Argumenter que, pour cette raison, ils n'ont aucune légitimité à s'approprier des éléments de culture amérindienne (ou de ce qu'ils perçoivent comme tel), ce n'est déjà plus un projet de connaissance, un effort pour produire un *savoir*. Une analyse anthropologique du phénomène indianophile a sans doute bien peu à nous apprendre sur les cultures amérindiennes, mais je pense qu'elle peut nourrir nos interrogations sur la nature et les implications du savoir ethnologique et de sa diffusion.

Le fait est que, pour les indianophiles, la connaissance ethnologique n'est jamais une fin, mais seulement un moyen. Non seulement cette connaissance est investie des valeurs symboliques et de significations du mythe, mais cette connaissance n'est rassemblée qu'en vue d'être mise en *pratiques*, c'est-à-dire de servir un but concret, en l'occurrence la recréation d'un univers culturel amérindien. Partant de ce constat, il est possible de se demander, par contraste, quelles finalités ou quels buts *nous*, anthropologues et ethnologues, poursuivons. On pourrait bien sûr répondre que la connaissance scientifique n'a pas à poursuivre d'autre finalité qu'elle-même, et que c'est cela qui fait sa valeur. Mais ce ne serait pas tout à fait vrai : des spécialistes des cultures amérindiennes sont régulièrement appelés à se prononcer en tant qu'experts devant des cours de justice, voire à intervenir comme consultants dans des programmes de développement culturel ou de mise en valeur patrimoniale. Pour les jeunes diplômés, l'ingénierie culturelle, la mise en valeur patrimoniale et le tourisme culturel sont parmi les principales occasions d'emploi en dehors de la recherche institutionnelle.

De plus, même dans le cas où l'on se refuserait à toute forme de recherche appliquée, on ne pourra jamais empêcher que soit fait un usage non scientifique de nos travaux. Si j'écris et publie une description détaillée du rite de la tente tremblante, avec ses implications cosmologiques et sociales, je fais certes une œuvre ethnographique louable, mais comment puis-je empêcher – le dois-je ? – qu'un pseudo-medecine-man utilise mon travail pour vendre des « stages de spiritualité » ? Dois-je ajouter à mon texte une mise en garde contre ce genre de pratique, ou dois-je laisser tout un chacun libre de ses choix ? Le simple fait de publier cette description ne pourrait-il pas déjà être considéré par les Amérindiens les plus traditionalistes comme un sacrilège et une appropriation indue d'une culture qui n'est pas la mienne ? Mais, dans ces conditions, comment puis-je encore faire profession d'ethnologue ? Toutes ces questions se ramènent en définitive à savoir quels sont les effets de la recherche anthropologique sur les sociétés qu'elle étudie. C'est une question qui est peut-être à la fois naïve et sans fond, mais il me semble que c'est collectivement que nous pourrons y apporter des réponses.

BIBLIOGRAPHIE

[ANONYME] (1993), «Indianism in Hungary», *European Review of Native American Studies*, vol. 7, n° 1, p. 37-42.

BARTHES, Roland (1957), *Mythologies*, Paris, Point-Seuil.

COZE, Paul et René THÉVENIN (1928), *Mœurs et histoire des Indiens Peaux-Rouges*, Paris, Payot.

DUBOIS, Daniel (1993), «Indianism in France», *European Review of Native American Studies*, vol. 7, n° 1, p. 27-36.

FEEST, Christian (dir.) (1999 [1987]), *Indians and Europe. An Interdisciplinary Collection of Essays*, Lincoln et Londres, University of Nebraska Press.

GELLNER, Ernest (1989), *Nations et nationalisme*, Paris, Payot.

LEFEBVRE, Martin (1987), «La représentation de l'Indien dans le cinéma américain», *Recherches amérindiennes au Québec*, vol. 17, n° 3, p. 65-78.

MALIGNE, Olivier (2006), *Les Nouveaux Indiens – Une ethnographie du mouvement indianophile*, Québec, Presses de l'Université Laval (coll. «Intercultures»).

MORIN, Georges-Henri (1977), *Le cercle brisé. L'image de l'Indien dans le western*, Paris, Payot.

MULVEY, Christopher (1999), «Among the Sag-a-noshes: Ojibwa and Iowa Indians with Heorge Catlin in Europe, 1843-1848», dans Christian Feest (dir.), *Indians and Europe: an interdisciplinary collection of essays*, Lincoln (Nebraska), University of Nebraska Press, p. 253-276.

PORTES, Jacques (2002), *Buffalo Bill*, Paris, Fayard.

POWERS, William K. (1988), «The Indian-Hobbyist Movement in North-America», *Handbook of Nort-American Indians* (vol. 4 «Indian-White Relations»), Smithsonian Institute, p. 557-561.

TAYLOR, Colin, F. (1988), «The Indian-Hobbyist Movement in Europe», *Handbook of North-American Indians* (vol. 4 «Indian-White Relations»), Smithsonian Institute, p. 563-569.

TAYLOR, Colin F. (1999), «William Blackmore: a 19th Century Englishman's Contribution to American Indian Ethnology», dans Christian Feest (dir.), *Indians and Europe: an interdisciplinary collection of essays*, Lincoln (Nebraska), University of Nebraska Press, p. 321-336.

TURSKI, Birgit (1993), «The indianist groups in GDR: development, problems, prospects», *European Review of Native American Studies*, vol. 7, n° 1, p. 43-48.

Les arts et les autochtones

Y a-t-il un nouveau monde pour les Amérindiens ?

YVES SIOUI-DURAND

Par où commencer ?

Il y a une souffrance.

Être ou ne pas être ?… c'est là toute la question.

Puis, le passage des générations. Le rêve qui pâlit à la surface de notre conscience. Avons-nous existé ? Étions-nous des hommes libres ? Tous les peuples ont une connaissance propre, non ? Une histoire ?

N'y a-t-il pas un art amérindien aux formes d'expressions multiples qui forme à la fois notre visage archétypal, celui que nous avons hérité de nos ancêtres et celui toujours vivant de la continentalité des Amériques ? Mais oui, bien sûr, vous savez, vous n'avez qu'à entrer dans n'importe laquelle des grandes librairies du centre-ville pour rencontrer mon visage ancien étalé sous l'exotisme de notre noblesse archaïque, de la beauté touristique. Il suffit de regarder ces catalogues milles fois reconstitués par *Time Life* et Cie ou par les grands musées de la ou des civilisations, il suffit de plonger dans le répertoire des photos de Curtis[1] pour contempler les visages des anciens Indiens. Ces lointains authentiques, ces disparus (autrefois cruels ennemis, aujourd'hui objets de compassion de l'écologie sociale). Ces livres qui attestent que nous avons un art, une civilisation, des cultures.

---

1. Edward S. Curtis (1868-1952) est un photographe américain qui a contribué à amplifier malgré lui l'image romantique du bon Indien.

Ces livres remplis des visages de nos morts célèbres sont parmi les livres les plus vendus de toute la littérature depuis près d'un siècle.

Il y a bien une souffrance. Ces livres de visages de nos anciens, ces derniers Indiens «authentiques» masquent notre existence actuelle, notre réalité vivante par le mythe même de l'authenticité. Devant ce mythe, nous sommes les Indiens des autres. Nous sommes vos Indiens. Par ce fait même, nous ne sommes plus que les enfants déchus de nos ancêtres, nous sommes dépossédés de toute «authenticité» surtout lorsque certains d'entre nous cherchent à s'inscrire dans les champs de l'art actuel. Victimes de l'aliénation néocoloniale, des stéréotypes romantiques, nous devons incarner les Indiens que vous voulez que nous soyons, sinon, «nous ne sommes pas». Nous ne pouvons en sortir. Nous devons en quelque sorte demeurer dans nos réserves, dans le sous-développement, dans l'infantilisme souhaité qui doit nous tenir lieu d'identité. Il eut été souhaitable que nous demeurions ces tranquilles fabricants de paniers d'écorce, ces danseurs kitch des pow-wows à numéros.

> La croyance en la supériorité des blancs euro-canadiens a des conséquences énormes non seulement parce qu'elle dévalorise les sociétés amérindiennes en les considérant comme «primitives», mais également en ce qui a trait à leurs droits relativement à leurs territoires et à leur pouvoir relativement à leurs ressources.
>
> Si les blancs d'ascendance européenne représentent les réalisations humaines, morales, sociales et techniques les plus grandes, alors n'est-il pas juste, et dans l'intérêt de tous, que quels que soient les droits que puissent avoir les Amérindiens, ils leur soient enlevés pour nous les donner? Le rapport entre hégémonie morale, politique et économique et domination culturelle n'est pas difficile à voir. Nous invitons le Tribunal à rejeter, dans ses jugements, toute légalisation de la théorie des droits aborigènes qui découlerait de telles assertions qui sentent l'évolutionnisme et la supériorité (Déclaration inaugurale des chefs héréditaires gitksans et wet'suwet'ens à la Cour suprême de la Colombie-Britannique, le 11 mai 1987, citée dans McMaster et Martin, 1992).

ÊTRE OU NE PAS ÊTRE AMÉRINDIEN ?

Cette question est toujours de la dynamite, pour nous les Amérindiens. Comme homme de théâtre amérindien, je n'existe pas dans mon monde. J'ai été dépossédé de mon existence longtemps avant moi. Je suis celui qui incarne cette dépossession, j'incarne la conséquence. Il a fallu, comme pour beaucoup d'autres Indiens, partir en exil pour pouvoir survivre, pour échapper à l'aliénation, pour fuir l'étouffement. Un exil nécessaire pour devenir, pour être artiste. L'exil pour entreprendre la recherche, la quête d'une ouverture sur l'esprit, la quête paradoxale de mes racines hors des miens, la mise au monde d'une vision, celle de ma dramaturgie et de ma théâtralité.

> Leaving the communities and the land to organize and creates in the city is a decision I have struggled with time and time again. I have encountered difficulty in having my work funded and seen, not just in urban centers, but in the communities I cannot forget.

> To truly face the road with perseverance, optimism, and humour, I have to find a way to integrate all parts of myself and maintain relationships with those things that sustain me and nurture my existence, the land, the people, myself. It is a challenge to face our future with resolve and optimism in spite of the negative forces around us. Native people will deal with issues of relocation, identity, status and lack of status, on-reserve and off-reserve, cultural appropriation, contemporary versus traditional art, sovereignty, self-determination, and self-government. Survival is a complex negotiation[2] (Kane cité par La Pena, 1994).

Il semble que d'être un artiste amérindien d'art actuel constitue toujours un paradoxe qui nous renvoie aux stéréotypes de «l'authenticité» et du «primitivisme». Comment, en effet, être à la fois actuel et primitif? Comment être à la fois artiste et amérindien? Il semblerait que, dans l'interprétation des institutions particulièrement québécoises, tel le Conseil des arts et des lettres du Québec, qui s'occupent de la chose culturelle, le fait d'être un artiste suffit et que d'être un artiste constitue une «émancipation suffisante» qui nie la part amérindienne de l'identité.

> Lorsque nous affirmons nos propres significations et philosophies de la représentation, nous enlevons toute pertinence aux divisions, et nous maintenons notre droit indigène de nous nommer. Toutefois, quand nous exprimons clairement cette dichotomie entre traditionnel et contemporain, nous faisons référence au centre, reconnaissant l'autorité de l'ethnographe, de l'anthropologue, de l'historien de l'art, du critique en matière culturelle, du collectionneur d'œuvres d'art. Il nous faut jouer à rattraper le monde intellectuel et les autres institutions artistiques... Nous sommes pris au piège du néo-colonialisme, sous le regard du connaisseur ou du

---

2. Margo Kane est auteure et metteure en scène, et a fondé Full Circle : **First Nation Performance** en 1992 à Vancouver.

consommateur, à jamais piégés dans un processus qui divise et conquiert (Lorette Todd, citée dans McMaster et Martin, 1992).

Le paradoxe semble encore plus insoluble lorsque l'on parle du théâtre «amérindien». Comment le THÉÂTRE peut-il être amérindien? Qu'est-ce que le théâtre peut avoir d'amérindien: l'auteur? les acteurs? le lieu? l'action dramatique?

> Lorsque les idéologies occidentales – mêmes progressistes – parlent de décolonisation, cela demeure problématique pour moi, tant en théorie qu'en pratique. On s'attend encore que je parle de ma culture et que j'explore mon imaginaire au moyen de «leur» langage, sous l'angle de l'opposition traditionnel / contemporain, où l'autochtone figure encore avec les «valeurs déterminées et les pratiques» de ceux de l'extérieur. Pour participer à la production culturelle contemporaine, on s'attend [à ce] que mon langage et mon imagination s'expriment dans le langage du modernisme, ou dans celui du post-modernisme, où l'on exige que j'évite ce qui est «sentimental» ou «naïf». Si je suggère une... esthétique autochtone ou si je m'attaque à la question de l'appropriation, on m'accuse de fermeture, de retour en arrière (Loretta Todd, citée dans McMaster et Martin, 1992).

Il semble à première vue que le THÉÂTRE soit l'objet élitique par excellence de la culture européenne et euro-canadienne, ou du moins à travers certains cycles sociaux, il a cette fâcheuse tendance à le devenir comme un écho de la société, donc de la culture dans laquelle il baigne. Au Québec, disons plutôt que, dans la Nouvelle-France d'alors jusqu'à la société québécoise actuelle, il y a eu des objets théâtraux qui ont servi de support à une décolonisation récente, celle de la fin des années 1960 et celle des années 1970, donnant ainsi naissance à la dramaturgie québécoise contemporaine à travers les grands créateurs que furent Claude Gauvreau puis Michel Tremblay, sans oublier les expériences magnifiques de création collective qui revendiquèrent le droit à la langue «québécoise» et à une théâtralité liée à l'identité québécoise. En ces années charnières, projet politique et projet poétique furent confondus, presque fusionnés à la montée du nationalisme au Québec. C'est dans cette réaction que s'enracine le théâtre proprement québécois avec sa propre voix et son imagerie unique.

ÊTRE OU NE PAS ÊTRE?...
TOUJOURS CETTE QUESTION

· Je pense qu'au sein du Québec, nous, les Amérindiens, nous sommes vraiment des peuples formant toujours des nations dont l'origine provient de vastes ensembles culturels que l'on nomme civilisation. Par exemple, je pense que nous pouvons parler de la civilisation iroquoienne (comme celle qui regroupe les nations du tissu linguistique des langues iroquoiennes) et de la civilisation algonquienne (comme celle qui regroupe les nations issues de la langue algonquienne). Elles ont toutes deux laissé une empreinte archéologique d'une échelle variant entre 5 000 et 12 000 ans avant J.-C. sur cette terre du Québec. Aussi, pour peu que l'on soit sensible, nous devons admettre la possibilité du «THÉÂTRE» dans l'Amérique précolombienne. Plus que probable, il y a des évidences à de très hautes échelles temporelles qui viennent confirmer hors de tout doute la réalité de «l'art amérindien» et, par ce fait, l'existence des arts vivants.

QU'EST-CE QUE LE « THÉÂTRE » ?

C'est en premier lieu un mécanisme qui origine des fondements de la psyché humaine. Sa source est intimement liée aux pratiques chamaniques qui ont engendré les arts de la guérison psychique et physique et toutes les formes d'art par la suite. Dans la représentation chamanique (puisqu'il y a ici une véritable mise en représentation), le chaman manipule langage et symbole, incarne devant tous (le public), dans un lieu précis (la scène), la manifestation de la cosmogonie culturelle ou le voyage à travers les nœuds de l'identité personnelle ou collective.

> The relationship between traditional art and religion has always been personified by the shaman, either a man or a woman, as both priest and artist. Through the role of shaman, sacred activities have always been interwoven with art. Today, many of our traditional sacred activities and symbols are being appropriated by self-made medicine people and New Age advocates (La Pena, 1994).

Le théâtre est donc à la fois lieu et action. Il est le lieu de la parole éclairée par le corps, portée par le corps jusqu'à l'incandescence. Cette personne collective est l'acteur, le chaman ; celui qui se transforme réellement ou symboliquement devant nous en un autre (animal ou humain ou surhumain). Donc, le théâtre est un agir, une volonté, une sémantique, un métalangage, une direction du «sens» et des «sens», des sensations et des émotions. Il est un agir sur les archétypes profonds qui relient instantanément l'individu et la collectivité. Le théâtre, parce qu'on le vit en assemblée, propose l'expérience d'une conscience partagée de ce qui nous fait humain par la célébration de la tentative au-delà de toutes les peurs, de tout infantilisme, de la rencontre de l'homme et de l'univers. Le théâtre est une intrusion, celle d'une surréalité, celle de l'imaginaire au sein du réel, magnifiant le réel par la puissance du jeu devant la mort. Il est l'expression de la survie, d'une vie qui ose rire devant la mort.

La mort au théâtre est toujours très fascinante et, malgré la réalité du déchirement émotif de l'audience et des acteurs, le miracle produit est celui de la résurrection du chaman, cet acteur qui plusieurs fois pour les autres traverse la frontière mortelle du temps.

* * *

> L'Américité comporte ainsi et définit une spiritualité. C'est la conscience d'un pouvoir, et d'un devoir, appartenant à ce continent – le pouvoir et le devoir de définir et d'offrir au reste de la famille humaine une vision de la vie et de l'univers qui puisse transformer notre monde humain en une société vraiment unitaire et universelle... Espérons... que les premiers peuples d'Amérique commenceront à mettre en œuvre sérieusement, dans leur art, leurs paroles et leur enseignement, la vision d'équilibre et de beauté qu'ils ont conservée depuis un demi-millénaire contre toute attente, alors que tout était contre eux, pour ce temps qui en a vraiment besoin et où on la recherche (Georges Sioui dans La Pena, 1994).

De cette vaste diversité culturelle qui origine des grandes civilisations chamaniques précolombiennes, nommons celles qui frappèrent l'imagination des premiers commentateurs européens. Il a y eu les grands espaces cérémoniels des pyramides et des palais de Tenochtitlan-Mexico en 1519 et les cérémonies théâtrales grandioses du calendrier magico-cosmique, puis la splendeur de l'empire inca vu par Pizarro le conquistador, le grand cycle de théâtre sacré des Kachinas des citées perdues aux confins du désert, celles des peuples Hopis, Zunis, Acomas, Navajos, théâtre sacré qui s'est perpétué jusqu'à nous aujourd'hui dans le Sud-Ouest américain. Il y a le théâtre des masques des peuples de la côte Ouest du Canada qui s'exprimaient à travers les cérémonies d'échanges comme le potlach, celui des peuples des Plaines avec la danse du soleil puis, au moment de désespoir, la Ghost Dance. Toutes ces cérémonies ou théâtres sacrés furent totalement interdits au début du siècle tant aux États-Unis qu'au Canada.

Plus près de nous, il nous suffit de lire les relations de Jacques Cartier lors de son voyage de 1535 au moment de sa rencontre avec le roi d'Hochelaga pour voir que les Européens, fondateurs lors de ladite découverte de la Nouvelle-France, reconnaissent un théâtre «amérindien»:

> [...] ils s'assemblèrent de telle façon devant nous que l'on eut dit qu'ils allaient nous JOUER un MYSTÈRE... (Jacques Cartier, 1843).

Comment ne pas reconnaître, à la suite des commentateurs jésuites, témoins entre 1615-1672 du système cérémoniel iroquoien de la longue maison, la mise en scène des confréries, des sociétés secrètes?, donc des ACTEURS, des porteurs de masques qui devenus «AUTRES» venaient conjurer les sorts (ces nœuds personnels ou collectifs, cités plus haut) et les épidémies.

Il y a une souffrance. Celle de l'interdiction des anciennes cérémonies théâtrales et sacrées de nos arrière-grands-parents et de nos grands-parents. L'accès à la modernité passait obligatoirement par la conquête de «l'Indien, du primitif», par le progrès, c'est-à-dire par notre domestication, notre assimilation et notre disparition souhaitée. Nous fûmes alors ces dociles fabricants de paniers d'écorces, ces patients «artisans» pour les touristes.

Au cours des années 1960, il y a une rupture, celle de l'œuvre du peintre Norval Morisseau qui révélera, au prix de l'exil, la mythologie cosmogonique de son peuple ojibwé. Il sera le précurseur d'une vague de fond en art visuel puis, au cours des années 1980, de l'émergence simultanée au Canada et au Québec des créateurs de théâtre amérindien contemporains, actuels, avec leurs propres préoccupations, leur code, leur langage. Ici, ce n'est pas la race qui préside, mais la culture. De ce faisceau d'actions théâtrales, Tomson Highway, un Cri natif du lac Brochet au nord du Manitoba, allait se démarquer. Derrière cet élan, une poignée de créateurs talentueux ont bâti au cours des mêmes années, création après création, le patrimoine dramaturgique qui constitue aujourd'hui le théâtre amérindien actuel.

Ici, au Québec, j'ai été ce pionnier du théâtre amérindien renouant avec la grande continuité millénaire d'un théâtre mythologique. J'ai vraiment le sentiment légitime d'avoir enraciné une œuvre, une dramaturgie unique et une théâtralité qui n'existe nulle part ailleurs en Amérique du Nord. Or, ce travail, cette dramaturgie n'existe pas dans le champ du THÉÂTRE tel qu'il est défini par les institutions de la culture québécoise puisque la «modernité» nie le «primitif», puisque nous sommes restés des «Indiens» vidés de toute «authenticité» (nous ne sommes pas les vrais, ceux des beaux papiers glacés des catalogues). Or, l'Amérindien «actuel», «postmoderne» est un non-sens. Notre «art» est un art inférieur, un artisanat pour touristes. Dans le champ de l'art actuel, il n'y a que des ARTISTES transculturels, aux pratiques métissées que l'on nous refuse parce qu'à ce bout-ci de la lunette tout métissage, même esthétique, souligne notre perte «d'authenticité». Il semble que l'on sache très paternellement, mieux que nous, ce que nous sommes. Et pourtant, au cours des vingt dernières années, les discours répétés des autochtones de toutes provenances ont dénoncé sur toutes les tribunes politiques, au sein des événements de confrontation ou au sein des grands événements artistiques nationaux et internationaux, ce paternalisme néfaste. Les catalogues[3] de grandes expositions d'art contemporain amérindien viennent statuer, au-delà de la dénonciation de l'ethnocentrisme néocolonial, qu'il y a une histoire de l'Art amérindien et, comme nous l'avons vu, que cette «histoire» plonge ses racines dans la continuité millénaire de nos civilisations malgré la rupture de la conquête et la christianisation forcée.

> Art for Indians is perhaps their last hope to retain their individuality in a country that promotes uniformity, Indians create art as an act of defiance to the attempt to subjugate Indians, as a protest to the attempt to assimilate Indians, and as an act of faith that somehow it is okay to be an Indian in the modern world (Jimmy Durham, cité dans *Land, Spirit, Power*, Musée des beaux-arts du Canada, 1992).

Aujourd'hui, je suis fatigué des stéréotypes qui me volent toute existence. Je suis un Amérindien et un artiste dans la filiation directe de ma culture, héritier des visions chamaniques de mon peuple, de ses traditions millénaires, de son destin, en droite ligne au sein de la réalité.

> My work aspires to the spiritual, to the recovery of the main tradition of creativity. The encounter with shamanic ideology and culture compels the modern artist to the binding ties of a common spiritual heritage (Rivet, 1992, cité dans Young Man, 1998).

Toute ma dramaturgie traduit une spiritualité visionnaire, elle est prise de parole, dénonciation des images toutes faites de l'indianité à travers le corps de l'acteur et les objets archétypaux de notre mythologie. Le théâtre est «amérindien» parce qu'il remet en question l'origine de la culture, de l'homme amérindien au sein de ce continent, parce qu'il se fait véhicule d'actions rituelles qui agissent vraiment sur l'audience.

> Artists are agents of change. As the sacred circle taught a united vision to tribal societies, it was the artists who first realized this vision. By showing how to integrate the present with the past, artists are not always understood. But their ability to be flexible and accommodate change makes art

---

3. Les catalogues: *Land Spirit Power*, Musée des beaux-arts du Canada 1992; *Indigéna*, Musée canadien des civilisations 1992; *Nouveaux territoires 350/500 ans*, vision planétaire, Montréal 1992.

relevant, current and vital. Like the work of its artists, a dynamic and living culture is also flexible and aware of choices. This is its key to survival (La Pena, 1994).

Conjurer l'abcès collectif, déjouer l'aliénation qui étouffe tout imaginaire, proposer une éthique, voilà le rôle de l'artiste amérindien d'aujourd'hui, voilà la fonction du théâtre amérindien MANTOKASOWIN, littéralement «FAIRE LE MANITOU...», manifester l'esprit, comme les anciens chamans en interrogeant avec courage le devenir de nos peuples, prendre la parole et dénoncer les lieux communs, les aspects superficiels de notre culture, les images toutes faites de l'indianité.

ÊTRE OU NE PAS ÊTRE? C'EST LA QUESTION!

Serons-nous capable de briser la chape de plomb de nos ghettos? Violence, suicide, désœuvrement, bêtise politique nous maintiennent dans cette «infériorité néocoloniale», celle de l'indigence qui fait que, sous le joug du mépris des autres, nous nous méprisons nous-mêmes.

En 1991, j'écrivais dans la revue *Liberté*:

Nous ne voulons pas être changés. Nous voulons nous changer nous-mêmes; il s'agit d'une révolution nécessaire, qui doit rompre l'isolement et l'enfermement culturel où nous avons été maintenus, et nous ouvrir à toute la réalité amérindienne du continent. La nouvelle génération ne peut être sacrifiée, nous ne pouvons pas accepter le sacrifice inutile de celle-ci.

Nous sommes devant l'urgence.

L'urgence d'un vrai projet de société amérindienne ouvert sur le monde. De plus, le rôle des artistes amérindiens contemporains est de brandir la mémoire, de brandir les racines, de dénoncer l'injustice cachée et d'être capable d'un regard critique sur soi, sans compromission et sans complaisance.

Aujourd'hui, il me faut constater que cette révolution n'a pas eu lieu et qu'elle n'est même pas amorcée et que les communautés autochtones sont totalement repliées sur elles-mêmes, fermées comme des huîtres dans la violence du vide culturel et que le lieu de l'artiste amérindien contemporain est toujours celui de l'exil.

D'OÙ L'ÉNORME FATIGUE

Et pourtant, WABAN... l'aube du XXIe siècle éclaire le seul espoir d'avenir après le christianisme, celui de croire en la force de nos cultures et en son sein à la fonction de l'art comme transmetteur des valeurs éthiques de nos traditions par la puissance de l'imaginaire délivré du tabou et de la superstition qui nous condamnent à la peur de nous-mêmes, à la peur de notre être profond.

C'est là toute la question... celle qu'il nous est désormais impossible d'éviter et celle que les artistes-chamans actuels essaieront de résoudre dans leur tentative de nous inscrire dans le champ de la destinée du monde.

BIBLIOGRAPHIE

CARTIER, Jacques (1843), *Voyages de découverte au Canada entre les années 1534 et 1542 par Jacques Quartier* [sic], *le sieur de Roberval*, [...]. Sous la direction de la Société littéraire et historique de Québec, Québec, William Cowan et fils.

LA PENA, Franck (1994), *This Path We Travel : Celebrations of Contemporary Native American Creativity*, NMAI et Fulcrum Publishing.

MCMASTER, Gerald et Lee-Ann MARTIN (réd.) (1992), *Indigena : Contemporary Native Perspectives*, Hull, Musée canadien des civilisations, catalogue de l'exposition.

MUSÉE DES BEAUX-ARTS DU CANADA (1992), *Land, Spirit, Power : First Nations at the National Gallery of Canada. / Terre, esprit, pouvoir. Les Premières Nations au Musée des beaux-arts du Canada*, catalogue de l'exposition 1828, 25 sept.-22 nov., Ottawa, Musée des beaux-arts du Canada.

MUSÉE CANADIEN DES CIVILISATIONS (1992), *Nouveaux Territoires. 350/500 ans après*. Exposition d'art aborigène contemporain du Québec et du Mexique, catalogue de l'exposition, Vision planétaire, Montréal.

YOUNG MAN, Alfred (1998), *North American Indian Art*, Kamloops, Kamloops Art Gallery.

L'autochtonie et les arts : une approche humaniste

ÉRIC SCHWIMMER

Quand les minorités ethniques rejettent le colonialisme et l'assimilation, elles cherchent aussi une issue de rechange, accentuant leurs valeurs historiques comme groupes ethniques. On aurait tort de visualiser les relations entre les dominants et les dominés comme déterminées entièrement par les droits et les obligations politiques, économiques et territoriales. En effet, aucune civilisation ne se réduit à ce niveau-là : on ne saurait oublier les aspects cognitifs ni l'élément que Talcott Parsons avait déjà reconnu – en anglais – comme *cathectic*, un mot du grec ancien (*katheksis*) qui n'a jamais été accepté par aucun dictionnaire anglais ou français, mais ce mot fait référence à l'action ou au désir de tenir, de serrer une chose soit aimée soit honnie, hors de toute considération d'intérêt ou de cognition mais à cause d'une pulsion, d'une émotion, d'une affection, dont l'esthétique est l'une des principales motivations.

Dans les relations entre les civilisations disparates, le cathectique se manifeste aussi comme un jeu de séduction, dont les Maoris, et leurs cousins les Tahitiens, donnent des performances redoutables, toujours chaleureuses, mais la chaleur peut venir de l'amour ou de la haine. Yves Sioui-Durand et Titaua Peu jouent, tous les deux, ces jeux de l'amour et de la haine, ce qui semble exprimer une certaine ambiguïté, mais on aurait tort d'y voir une irrésolution véritable, donc une faiblesse, car, comme Parsons l'a bien compris, ces jeux cathétiques font partie intégrante de l'action humaine, de l'action politique aussi. Quand la relation entre deux civilisations disparates détend sa turbulence, elle commence à fructifier, une certaine compréhension s'installe, ce qui ne veut pas dire que la lutte soit terminée, car la lutte est interminable. Or, une certaine connaissance de l'état cathétique des partenaires, donc aussi de leurs arts et de leur littérature, peut réduire la turbulence, au-delà de la cognition ou des intérêts, sans que ces éléments ne puissent jamais disparaître.

Parmi toutes les approches humanistes disponibles aujourd'hui, j'en propose deux qui pourraient fournir des pistes aux débats sur les arts autochtones. La première, proposée par Claude Lévi-Strauss (1956), dit que l'ethnologie est « la forme la plus ancienne et la plus générale de ce que nous désignons du nom d'humanisme[1] ». On ne veut pas parler de l'étude humaniste des arts autochtones sans rappeler, en exorde, son monument classique *La voie des masques*. Citons ici un exemple de ce type d'humanisme, qui sert à accentuer la grandeur distincte de l'art autochtone de la côte nord du Pacifique en l'incluant dans l'héritage universel de l'humanité :

> L'époque n'est pas lointaine, sans doute, où les collections provenant de cette partie du monde quitteront les musées ethnographiques pour prendre place, dans les musées des beaux-arts, entre l'Égypte et la Perse antiques et le Moyen Âge européen. Car cet art n'est pas inégal aux plus grands, et, pendant le siècle et demi qui nous est connu de son histoire, il a témoigné d'une diversité supérieure à la leur et déployé des dons apparemment intarissables de renouvellement (Lévi-Strauss, 1943, repris dans 1975, I: 8-9).

L'exemple le plus récent de cette forme d'humanisme est le nouveau Musée du quai Branly qui donne une visibilité prestigieuse aux arts dits autochtones. Les participants québécois à ce livre s'intéressent pourtant aussi à une autre perspective de l'humanisme qui va au-delà des jugements purement esthétiques et qui a été bien exprimée par Hannah Arendt dans son commentaire d'un mot de Cicéron :

> [...] pour le véritable humaniste ni les vérités du scientifique, ni la vérité du philosophe, ni la beauté de l'artiste, ne peuvent être absolues. L'humaniste, parce qu'il n'est pas un spécialiste, exerce une faculté de jugement et de goût qui est au-delà de la contrainte que chaque spécialité fait peser sur nous... Nous apprenons à exercer notre goût librement ; alors nous saurons répondre que, même si toute la critique de Platon est justifiée, Platon peut pourtant être de meilleure compagnie que ses critiques (Arendt, 1972 : 287-288).

---

1. *Demain*, n° 35, repris dans Lévi-Strauss (1973 : 319-333) sous le titre « Les trois humanismes ».

Cet humanisme s'applique aussi aux relations de symbiose entre les autochtones, au Québec par exemple, surtout dès la Deuxième Guerre mondiale, lors de la décolonisation de la plupart des empires qui a assoupli les anciennes hégémonies. Or, avant de comprendre la décolonisation, il faut savoir rendre compte de l'histoire de la violence colonialiste. Selon Arendt, celle-ci avait été le préalable obligé de la sur-violence du nazisme, donc de la Deuxième Guerre mondiale. Dans l'exorde de son livre *La crise de la culture*, elle rappelle l'histoire du maquis, de la résistance à cette sur-violence. En évoquant l'expédience du maquis, elle cite les aphorismes de René Char : «Notre héritage n'est précédé d'aucun testament» (*Feuillets d'Hypnos*, 1946, n° 62) ; «Si j'en réchappe, je sais que je devrai rompre avec l'arôme de ces années essentielles, rejeter (non refouler) silencieusement loin de moi mon trésor...» (Char, *Feuillets d'Hypnos*, 1946, n° 195). Quand Arendt se demande : «Quel était ce trésor?» (1972 : 12), elle touche aux questions fondamentales au cœur de ce livre :

> Ils avaient été visités pour la première fois dans leurs vies par une apparition de la liberté, non, certes, parce qu'ils agissaient contre la tyrannie et contre des choses pires que la tyrannie – cela était vrai pour chaque soldat des armées alliées – mais parce qu'ils étaient devenus des *challengers*, qu'ils avaient pris l'initiative en main et... avaient commencé à créer cet espace public entre eux où la liberté pourrait apparaître (Arendt, 1972 : 12-13).

À la question : «Quelle est cette liberté?», la meilleure réponse est peut-être celle qui constitue la péroration des *Feuillets d'Hypnos* de René Char :

LA ROSE DE CHÊNE[2]

> Chacune des lettres qui compose ton nom, ô Beauté, au tableau d'honneur des supplices, épouse la plane simplicité du soleil, s'inscrit dans la phrase géante qui barre le ciel, et s'associe à l'homme acharné à tromper son destin avec son contraire indomptable : l'espérance (Char, 1946 : 101).

Cette phrase exprime, aussi clairement que possible, l'antinomie dans la vie des maquisards qui marque aussi la pensée autochtone : l'antinomie entre les supplices et l'espérance. Or, celle-ci, supprimée presque toujours des discours des politiciens, des scientifiques ou des fonctionnaires et parfois aussi des discours philosophiques, reste bouleversante chez les artistes, les maquisards, les autochtones. Empruntant la voie humaniste,

---

2. Je ne suis pas sûr du sens de cette phrase, mais la couronne de chêne était une récompense parmi les Romains.

j'aurai l'occasion d'explorer cette antinomie sous des formes générales et pratiques, telles qu'elles ont été manifestées dans les sources autochtones, soit américaines, soit océaniennes, francophones et anglophones. La comparaison de ces sources, par ailleurs, révèle des différences historiques intéressantes entre les formes de gouvernance de leur système de relations coloniales ou crypto-coloniales.

II

Une expérience personnelle vient illustrer les liens entre les antinomies conçues et les antinomies vécues. Fonctionnaire du ministère des Affaires maories de la Nouvelle-Zélande de 1950 à 1961, j'y fondai et rédigeai une revue trimestrielle bilingue en anglais et maori, *Te Ao Hou*, vouée à la diffusion d'informations générales, mais aussi – officieusement – au réveil de la culture maorie[3], alors que celle-ci était plutôt négligée par un gouvernement poursuivant une politique assimilationniste. Cette revue, vendue à bas prix en 5 000 exemplaires, devint assez populaire chez cette nation autochtone ainsi que chez les Blancs qui s'occupaient des Maoris professionnellement. Conformément aux politiques des gouvernements de cette époque, elle se limitait au rapportage des événements culturels locaux tout en évitant toute controverse idéologique, mais elle servit pourtant à attirer un bon nombre d'écrivains inconnus maoris, s'exprimant en anglais ou en maori.

Plusieurs fonctionnaires importants de notre ministère étaient des Maoris – des gens de très bonnes familles, qui avaient souvent une réputation nationale fondée sur leurs réalisations exceptionnelles (militaires, sportives ou savantes). Ces gens, ainsi que les politiciens ou ecclésiastiques maoris, m'ont beaucoup aidé. Leur situation, pendant les années 1950, était plutôt ambiguë car leur loyauté était partagée entre le ministère, auquel ils empruntaient vigoureusement la rhétorique, et leur nation, dont ils connaissaient bien les supplices et les espérances dès le début de l'emprise britannique. Ils ne se sentaient pas menacés par la revue, car l'esprit de corps du ministère était accueillant et le restait pourvu qu'ils cultivaient les apparences de la solidarité, sans gestes détonnants.

Cet engagement très fort des fonctionnaires envers leur lieu du travail collectif ne les empêchait pas d'avoir d'autres engagements aussi, envers

---

3. Pour l'histoire générale du réveil politico-culturel maori, voir Walker (2004).

leurs familles, leurs tribus, leur nation. Habitué à les écouter défendre les intérêts de notre service, j'étais surpris, à mon retour en 1997 en Nouvelle-Zélande, de voir qu'aussitôt après avoir quitté leurs postes officiels, ils étaient devenus les chefs principaux du réveil culturel maori. Les idées de ces fonctionnaires n'avaient pas changé, mais ils se sentaient libres désormais d'exprimer les idées qu'ils avaient toujours eues. Ayant subi leur emploi comme une contrainte nécessaire, utile à eux-mêmes ainsi qu'à leurs tribus, ils abordaient leur retraite comme une phase de liberté et d'espérance bien méritée.

Tandis que ces fonctionnaires ou grands chefs étaient munis, pour la plupart, d'une généalogie personnelle maorie sans faille, la dualité de leur appartenance culturelle ne faisait pas de doute. On pourrait dire, selon la terminologie bakhtinienne, que ces personnes parlaient à « plusieurs voix », qu'elles assumaient une série apparemment désordonnée d'identités contingentes. J'ai décrit ailleurs (Schwimmer, 2003, 2004a, 2004b) comment la nouvelle littérature maorie a créé son style particulier par l'invention d'une langue littéraire qui exprime ces identités duelles. Ma tâche ici sera de relire certains écrits francophones – polynésiens et nord-américains – afin de comparer leur style distinct à ce modèle anglophone. J'ai pu repérer deux différences générales entre le cas maori et les cas francophones : le réveil maori commença quelques décennies plus tôt et les formes artistiques de chaque réveil semblent avoir été influencées profondément par l'histoire littéraire des cultures colonisatrices – par la littérature anglaise chez les Maoris et par la littérature française, québécoise et tahitienne. Cela n'est pas du tout surprenant, mais les prosateurs maoris – dont la culture littéraire est hautement développée – semblent peu conscients de cette influence, à la différence des poètes maoris et des auteurs francophones qui en parlent très librement. Plus frappantes que ces différences peu surprenantes sont les ressemblances profondes entre les travaux de mon petit échantillon, provenant des cultures d'origine et d'expériences coloniales très diverses, explicables seulement par l'expérience coloniale comme telle, et surtout, dans le cas des littéraires et des artistes, par la transformation du soi face aux particularités du colonialisme comme tel.

III

Mes commentaires sur les écrits d'Yves Sioui-Durand se fondent sur trois textes dont il nous avait envoyé des copies. Les voici :

« La tension entre l'oral et l'écrit »

Ce texte est surtout un plaidoyer en faveur de l'écrit comme moyen d'éviter la perte des connaissances, de laisser une trace, un signe pour ceux qui viendront après nous, de déjouer l'oubli de la parole qui nous relie à notre identité. Yves Sioui-Durand fait remarquer qu'à peu près aucun auteur autochtone contemporain n'est publié en français, mais ces auteurs existent, tandis que les livres sur les Amérindiens, faits par d'autres, occupent une place grandissante sur le marché québécois : « Ma parole n'est-elle pas ma propriété ? Nous restons la matière première des autres ; nous restons leurs Indiens. » Ensuite Sioui lance : « Notre littérature, si elle pouvait naître, serait le volcan qui déjouerait tous les mensonges. »

Sioui, dans ce texte, ne soulève guère les dégâts de la transition des textes oraux aux textes écrits. En effet, cet auteur sait bien que les textes oraux évoluent avec la société qui les a fait naître. Ces textes restent donc contemporains, mais les textes écrits n'évoluent pas : ils tendent donc à geler pour toujours la représentation d'une époque antérieure. Ils risquent de s'imposer comme vérités absolues tandis que, dans une littérature orale vivante, chaque interprète y met du sien, si bien que chaque version d'un récit oral fait partie d'un corpus de variantes dont aucune – et surtout pas la variante la plus ancienne – ne porte d'autorité permanente. Quand il y a une version acceptable à toute la communauté (ce qui, selon mon expérience, arrive rarement), ce sera celle du meilleur conteur local de l'époque. Le versions écrites font problème précisément parce qu'elles essentialisent les valeurs d'une culture qui est constamment en cours de transformation. On sera d'accord avec Sioui que les cultures autochtones ont besoin de bonnes archives, toujours indispensables au processus du réveil des cultures. On devra respecter aussi l'argument selon lequel ces archives, une fois établies, n'obligeront pas les cultures à s'essentialiser.

Admettons que, dans beaucoup de nations colonisées, l'essor d'une littérature écrite et publiée ressemble au volcan d'où jaillissent tous les supplices subis depuis des siècles. Pour cette raison les réveils culturels efficaces ne sont jamais faciles à vivre pour les gouvernements ou pour certaines catégories de citoyens. La littérature des réveils présente inévitablement la résistance montée contre la société environnante (dont je reparlerai). À la dialectique qui s'établit ainsi, la littérature ajoute assez vite beaucoup d'autres thèmes, qui se présentent comme des jaillissements volcaniques provenant de tous les aspects de la vie, de toutes ses espérances.

D'ailleurs, la transition de l'oral à l'écrit lance aux administrations de l'État beaucoup de défis, car l'éveil à la littérature, au théâtre, à la musique, à la danse présuppose l'existence d'un système scolaire qui en fournisse le fondement. Le système scolaire de la Nouvelle-Zélande – qui inclut les Maoris – fournit ce type de programmes depuis 1935[4]. Un système scolaire du même type a formé les écrivains tahitiens comme Titaua Peu. Bien que le Canada soit en retard à cet égard, les résultats des réformes récentes du système scolaire pour autochtones au Québec commencent à devenir visibles, surtout dans le cas du théâtre, grâce à M. Sioui.

« Kaioníni – Le wampun brisé.
De la rupture de la chaîne d'alliance »

Le grand inconscient résineux. La rupture du lien sacré entre les générations : Comment se fait-il que les autochtones au Canada aient franchi le pas vers la littérature mais pas les autochtones francophones du Québec ? Sioui allègue, à leur égard, que la recette institutionnelle « ne fonctionne pas », que le Conseil des arts et lettres du Québec « a une politique totalement discriminatoire ». Du côté des chefs politiques, demande-t-il, « où est le discours sur la culture ? »

Malgré ces inconvénients, Sioui a pu poursuivre sa carrière de dramaturge qui débuta il y a plus de 20 ans par sa pièce *Le porteur des peines du monde* (1987), créée à Montréal. « Je portai un mort sur mon dos comme un portager, un portager chaman qui symbolisait le cours du soleil. Le Porteur remettait les morts à leur place et faisait la paix, ce qui est la véritable fonction de toute cérémonie de guérison. »

En 1988, *Atiskan-Andahate. Voyage au pays des morts* décrivait la perte d'identité d'un jeune Amérindien qui, par jalousie, devenait le meurtrier de la jeune fille qu'il aimait ainsi que le voyage de celui-ci au sein de la mythologie de sa culture pour se purifier et rapatrier son identité et l'âme de son aimée.

---

4. À noter que cette réforme n'avait pas de résultats immédiats : le mouvement littéraire ne commença que dans les années 1950.

La *Conquête de Mexico* (1991), quant à elle, fut écrite entre la crise d'Oka et les célébrations mensongères du 500ᵉ anniversaire de la découverte de l'Amérique. On y entend les voix mêmes des survivants aztèques, un texte mythologique.

Kmûkamch l'Asierindien (2001) jette le pont vers l'Asie, dont les Amérindiens ont une mémoire très lointaine. Le héros sibérien met en scène la version sibérienne du mythe de Lynx, amant de sa sœur, tué par son père par jalousie, car le père est aussi amoureux de cette fille. Il n'y a ici que de l'inceste, du renfermement. Sioui dit que la pièce a pour objet de célébrer la vertu spirituelle de l'ouverture au monde.

Dans des discussions plus théoriques, Sioui veut savoir si les cultures amérindiennes peuvent être universelles. Il pense que c'est possible, mais à la condition qu'elles puissent vraiment être libres. Cette liberté serait pensable seulement si chaque nation pouvait reconstruire son histoire véritable, mystifiée aujourd'hui par les versions des Blancs et des Églises. Il décrit l'histoire des Sioui, qui n'a jamais été publiée, car elle entre en conflit avec les versions iroquoiennes appuyées depuis plus de trois siècles par les anglophones. À partir de l'histoire des conflits entre son peuple et les Iroquiens, Sioui explique aussi pourquoi les Hurons parlent français.

Un autre texte de Sioui est intitulé : « Le théâtre peut être amérindien. Y a-t-il un nouveau monde pour les Amérindiens ? » Ce texte propose une théorie fort intéressante qui explique les aspects distincts du théâtre amérindien. Cette théorie, politique ainsi que poétique, présente le théâtre en général comme un genre au fond chamanique, à l'instar du théâtre amérindien d'aujourd'hui. L'acteur/chamane est celui qui se transforme réellement ou symboliquement devant nous en un autre – animal, humain ou surhumain.

Cette théorie s'applique bien au théâtre est-asiatique ou océanique, sans entrer en conflit avec les principes de la sémiotique du théâtre, surtout en ce qui concerne la culture du corps et du mouvement. Un aspect plus délicat de la théorie, c'est que la liberté du dramaturge, dans la réécriture identitaire de l'histoire des peuples autochtones, risque d'amener des débats autour des questions juridiques pénibles. Sioui reconnaît, comme les Maoris de la Nouvelle-Zélande le reconnurent il y a trente ans, que cette réécriture de l'histoire est la condition incontournable de tout progrès social, économique ainsi que psychologique d'un peuple autochtone colonisé, et que cette réécriture ne peut que commencer par la récitation des revendications capitales.

Or, dans l'exemple néo-zélandais, le gouvernement décréta une série de nouvelles lois organiques qui ouvrirent la voie à la négociation des revendications. Bien que le contenu de cette négociation soit hors de notre sujet, l'esprit de l'ouverture eut une grande influence sur les rapports interethniques, donc aussi sur le renouveau de la créativité générale des Maoris. Cette influence fut visible quand le gouvernement négocia, quand il reconnut sa dette historique créée par l'irrégularité de certains actes antérieurs et, enfin, quand l'État montra qu'il voulait s'acquitter de cette dette. Les compensations versées aux Maoris ne pouvaient pas, pour autant restituer ce que les Maoris avaient perdu ; elles ne pouvaient que fournir aux collectivités locales une somme pour leurs besoins communautaires actuels. Bien que cet argent fût essentiel, l'effet plus profond venait du fait même de la reconnaissance et du fait de la liberté de la négociation. Quand Sioui réclame la liberté du dramaturge, il se plaint surtout de ce que le *wampun*, l'alliance, soit brisée, qu'il n'y a plus de communication existentielle avec le monde des Blancs, que l'État des Blancs n'a jamais reconnu et compensé ses actes irréguliers. Le rôle du dramaturge, qui serait, selon Sioui, le successeur du chamane traditionnel, reste donc inséparable de la souffrance causée par cette brisure du *wampun*.

IV

On peut se demander si le réveil culturel, parmi les autochtones sous le régime français, est essentiellement différent de ce qu'on a pu observer parmi les autochtones du Québec et parmi les Maoris de la Nouvelle-Zélande. Les données tahitiennes résumées ci-dessous semblent suggérer que la Polynésie française est en train de subir le même processus. Ce processus a commencé un peu plus tôt – soit autour de 1980 – dans des pays anglophones comme la Nouvelle-Zélande, l'Australie et le Canada anglophone, tandis que le monde francophone a été un peu plus conservateur. Par ailleurs, il ne faut pas sous-estimer ni l'opposition anglophone conservatrice à la décolonisation, ni la prudence des gouvernements anglophones, ni l'importance de la résistance libératrice, évidente déjà dans le monde francophone. Les styles de gouvernance ont été différents, mais les finalités ont pu être semblables.

Cette impression est donnée au moins par la lecture de *Mutismes*, une « fiction » très réussie, écrite en 2002 par la Tahitienne Titaua Peu. Cette écrivaine décrit bien le style de vie et de gouvernance de son pays, un style distinct marqué par son identification profonde avec la France. Ceci nonobstant, son écriture révèle partout les qualités du réveil culturel qui caractérisent l'écriture des Maoris de la Nouvelle-Zélande. Le livre a pour sous-titre, écrit en tahitien seulement : *E 'ore te vâvâ*. Je ne connais pas cette langue, mais elle est proche du maori néo-zélandais. Je traduis : « il faut qu'il n'y ait pas de destruction ». Les mots de cette phrase sont intraduisibles sans ambiguïté, sans polysémie (comme cela arrive souvent dans les langues polynésiennes). Le mot *vâvâ* fait allusion à la violence et la destruction survenues à Papeete lors des émeutes de 1995, mais il fait allusion aussi à la violence symbolique de la suppression coloniale de la culture tahitienne. Sans doute, le même mot connote deux idées à la fois. Au fond, pour les Polynésiens, ces idées ne sont pourtant pas distinctes ou différentes, mais elles sont deux perspectives de la même idée. On verra donc pourquoi cette phrase n'a pas été traduite ; elle est en effet intraduisible.

Cette « fiction », ni essai ni roman, présente l'idée du mutisme comme thème mais aussi comme concept, une variante du concept polynésien bien connu de « tapu » :

> Défense de toucher, de manger, sous peine aie sous peine d'être frappé par un dieu, le dieu pas encore Dieu. Tabous les lieux, tabous les hommes. Et aujourd'hui, les tabous originaux, primitifs, ont été détruits pour être remplacés par d'autres, plus lointains, plus improbables. Aie. Si je bloque sur d'éventuelles descriptions, c'est peut-être que mon Île, après tant de pillages, de saccages déguisés veut garder pour elle tout ce qu'on aurait pu dire d'à peu près véridique. Mutismes. Le Tahitien, c'est pas un grand bavard. Peines perdues, vaines tentatives, je n'irai pas plus loin que les diatribes des autres, je ne lui ferai pas offense. Je décevrai sans doute, j'irai pas plus loin, je l'aime trop pour ça (Peu, 2003 : 27-28).

À ce point précis le mutisme se présente, dans la pensée française, comme l'antinomie entre les règles de l'oral et de l'écrit. La forme orale n'est pas contrainte d'exprimer une idée qui dépasse les idées du public, « les diatribes des autres ». La forme écrite, l'œuvre de l'écrivain, le roman, par contre, a l'obligation absolue de la véridicité, l'obligation de briser les tabous. Ici, l'écrivaine refuse carrément de dire ce qu'elle sait de la situation qu'elle est en train de décrire. Elle joue en effet avec deux sens du mot « JE », car l'héroïne du roman est aussi la narratrice « JE ». De temps en temps, l'écrivaine – une autre « JE » – prend la parole et donne ses commentaires. Il y a donc deux « JE » dans le roman : la narratrice-héroïne et l'écrivaine. Le paragraphe cité ci-dessus est supposé être un aparté de l'écrivaine. Le mot « Mutismes » que celle-ci utilise ici pour la première fois paraît aussi comme titre du roman. C'est un mot savant, mais ce mot exprime un aspect important de la vie du peuple, notamment du peuple colonisé qui veut cacher une bonne partie de ce qu'il sait. Quand l'écrivaine explique ce mot, pourtant, elle ne se distancie plus de son personnage : elle avoue qu'elle respecte les mêmes mutismes que le portrait qu'elle donne de son personnage. Cette alternance des deux «JE» pose donc la question de savoir si l'auteure s'identifie comme conteuse polynésienne (qui mélange depuis toujours les genres divers afin d'instruire et de divertir son public) ou bien comme écrivaine, comme romancière dans la tradition française.

L'auteure de *Mutismes* veut évidemment faire la synthèse des deux traditions. À mesure qu'elle garde tout de même son identité d'écrivaine, elle ménage aussi, avec les astuces qui s'imposent, l'antinomie entre les deux statuts. Nous avons vu comment le sous-titre du livre rappelle la péroration des *Feuillets d'Hypnos* : elle dresse le tableau des supplices, elle s'associe à l'espérance trompeuse, mais – en dernière analyse – elle cherche une vérité qui va outre aux vérités de ses personnages. Elle l'avoue également dans sa péroration : «La première édition a été réalisée en septembre 2002 soit exactement sept ans, l'âge de raison, après les événements de Papeete» (2003 : 149).

Procédés pour ménager les antinomies

L'héroïne décrit sa grand-mère comme l'essence de la société hiérarchisée de sa petite île ; quand quelqu'un s'apprête à gâcher la grande fête de sa communauté, c'est elle qui éloignera le trouble et qui rétablira la liesse. C'est aussi elle, par contre, qui bloque toute modernisation, ce qui aurait amené son impopularité légendaire. L'héroïne reste au-dessus de la mêlée ; et l'écrivaine ne manque pas de constater l'antinomie. L'héroïne, en compagnie de son amant, appuie l'émeute antinucléaire de 1995, mais tous les deux sont gênés par la violence. Elle écrit : «Quand les gardes mobiles (du gouvernement) arrivèrent, j'avais presque envie de les remercier» (Peu, 2003 : 141).

Enfin, selon l'héroïne, le rapport amoureux entre elle et le chef indépendantiste :

> possédait le goût de l'interdit, de l'inceste, et pourtant, nous le vivions au grand jour. Vingt ans nous séparèrent, toute une vie. Un père, une fille. Mais l'amour était tout autre. Tout ce temps-là, j'appris des mots. Dire les choses, s'ouvrir sans complaisance. J'appris ma langue aussi. J'appris mon

histoire, l'histoire de mon peuple, aie. Des histoires et de légendes venaient à présent remplir mes nuits (Peu, 2003 : 114).

Aie « Maman avait raison comme toujours, ces amours ne durent jamais » (Peu, 2003 : 122).

Or, ces attitudes envers le mariage expriment, elles aussi, une antinomie entre le système tahitien ancien et le système religieux chrétien, vu que le mariage entre générations adjacentes, sanctionné comme incestueux à Tahiti, n'est pas sanctionné par la religion chrétienne. L'héroïne accepte l'opinion de sa mère : un tel mariage ne peut pas durer à Tahiti. On peut alors se demander : suffit-il, pour l'écrivain, d'écrire les antinomies ; ne faut-il pas, en plus, les réunir dans une synthèse ? Devant ce défi, Titaua Peu se plie toujours au jeu de l'écrivaine, mais de façons inattendues, comme dans le passage suivant :

> [À Paris, une Tahitienne] m'a traîné chez un psychiatre. Elle dit que je ne vais pas bien. Celui que je vois toutes les semaines, je crois que je l'emmerde un peu. C'est parce que je ne parle pas, sans doute. Aie. Chez nous on n'a jamais appris à dire, surtout lorsque ça touche le cœur, les sentiments, aie. Toujours les actes, jamais des mots, aie. Alors j'ai écrit tout ça, alors j'écris encore (Peu, 2003 : 111-112).

Ici, l'héroïne semble contredire, aux pages 111-112, ses paroles de la page 122. Elle a donc appris sa langue locale, son histoire, des légendes, mais sa culture n'a pas de mots *à dire* lorsque ça touche le cœur. On doit conclure que, dans cette culture, comme dans toute culture, quelques thèmes de communication sont ouverts tandis que d'autres sont fermés. Pourquoi le thème de l'inceste reste-t-il fermé, quand les thèmes d'intérêt national restent ouverts pour donner lieu aux conversations mémorables avec l'amant ? La réponse est évidente : le psychiatre français ne comprendrait rien à l'histoire d'un inceste créé par la seule différence entre les âges des partenaires. Comment lui en parler ?

Le problème des *mutismes* ne se limite évidemment pas aux antinomies créées par la biculturalité, comme dans le cas de cette consultation psychiatrique. Les mutismes font partie depuis toujours du système des rapports de hiérarchie entre les rangs, les sexes ou les groupes d'âge de la culture tahitienne. Les missionnaires ou fonctionnaires coloniaux – soient-ils français ou anglais – ont fait naître beaucoup de nouveaux mutismes, quand ils ont établi leurs propres systèmes de règles contraignantes qui entraient souvent en conflit avec les règles anciennes. Or, les mouvements de renouveau tels que celui de Peu voulaient surtout réintroduire une variante des règles anciennes, moins hiérarchisées, plus tolérantes, plus en harmonie avec la liberté supposée de l'ère (post)coloniale.

Il serait pourtant difficile de définir les *mutismes* afin de les faire valoir comme un vrai concept savant. Peu utilise le terme parfois dans le sens de l'adage universel : *La parole est d'argent et le silence est d'or.* Le terme *mutismes* peut désigner aussi le contraire du *véridique*, ou parfois une honte maladive, comme le *whakamâ* des Maoris (Metge, 1986) ou le *sisire* des Orokaïvas de la Papouasie–Nouvelle-Guinée (Iteanu et Schwimmer, 1996). Dans ces exemples, le terme désigne un type de maladie, conçue comme si les *mutismes* servaient à protéger la puissance meurtrie du soi individuel ou collectif, le soi défini comme partie de la métaphysique de chaque culture particulière. Quand Peu décrit les *mutismes* par la règle : « toujours des actes, jamais les mots », elle semble plutôt faire la distinction entre des types différents de culture : les signes prédominants des cultures occidentales sont verbaux, mais d'autres cultures comme la culture tahitienne communiquent le plus souvent au moyen de signes autres que verbaux.

Enfin, il est difficile de prédire les *mutismes*. En acceptant l'invitation de participer à la rencontre internationale intitulée « L'autochtonie en question : regards croisés France/Québec[5] », Titaua Peu proposa une intervention intitulée : « Le culturalisme au détriment de l'autochtonie, en terre polynésienne française ». Ce titre était raisonnable mais m'étonna parce qu'il semblait promettre la violation radicale des règles de base des *mutismes*. Avant d'écrire le présent texte, je voulais savoir ce que l'écrivaine avait à dire sur ce sujet délicat, mais elle n'a jamais fourni de texte aux organisateurs de la rencontre. Il faudra supposer que l'avenir de la culture tahitienne dépend de la survie des *mutismes*.

V

Ces bribes d'informations nous aident tout de même comme pistes d'une politique des arts pour la francophonie. Je n'ai pas tenté de présenter les réalisations artistiques de l'autochtonie dans leur ensemble, mais mes écrits et le livre d'Allen (2002) donnent déjà la preuve que le phénomène est considérable. Les travaux des auteurs francophones présentés ici indiquent que la qualité potentielle de ce côté ne sera pas moindre. En plus, ils indiquent que leur approche stylistique sera bien distinctement française,

---

5. Rencontre tenue à l'EHESS, Paris, les 13 et 14 juin 2006.

tout comme les travaux littéraires des autochtones anglophones, dans tous les genres, sont empreints de modèles comme Shakespeare et toute l'histoire de la littérature anglaise après lui.

Les stratégies du réveil culturel, chez des auteurs comme Sioui ou Peu, ne sont pas du tout les mêmes. Le cas de Sioui peut sembler ambigu, car il cite explicitement la question de Hamlet : «Être ou ne pas être», mais l'approche de Sioui est différente à deux égards de celle des autochtones anglophones : (1) La question qui est posée, chez Shakespeare, par un personnage qui se prépare à agir devient, chez Sioui, un outil de réflexion du dramaturge ; l'écrivain autochtone anglophone subordonne la réflexion à l'acte, l'écrivain autochtone francophone subordonne plus souvent les actes aux aventures du «JE» qui pense. (2) L'écrivain anglophone se présente, le plus souvent, dans l'intimité impénétrable, tandis que l'écrivain francophone se présente plutôt comme personnage public, caché tout au plus par des pseudonymes.

Cette différence entre les stratégies amène des différences importantes dans la construction de personnages dans le contexte biculturel des cultures autochtones. J'ai démontré, chez les prosateurs maoris, la tendance à faire intervenir le mythe maori de la genèse du monde et des humains afin de situer les personnages dans l'univers (Schwimmer, 2004a, 2004b). Ces écrivains font pourtant des allusions importantes aussi aux symboles judéo-chrétiens, comme images plutôt que pour étoffer les intrigues. Ils évitent ainsi l'essentialisme conceptuel, tout en rappelant constamment les narrations de souche maorie dont l'avenir est précaire. Ils s'intéressent beaucoup au «JE» qui pense, mais le «JE» se mythologise dans leurs écrits. Peu et Sioui, par contre, présentent plus explicitement le «JE» qui va au bout des souffrances de l'engagement personnel autochtone, catholique, souverainiste.

Chacune de ces stratégies a ses qualités mais aussi ses limites distinctes. Chez les anglophones, le soi des écrivains tend à rester plutôt flou, mais l'image de l'univers est cohérente, tandis que, chez les francophones, l'image de l'univers tend à rester plutôt floue tandis que le soi des écrivains s'exprime plus clairement. L'important n'est pas de décider quelle stratégie est la meilleure, mais de noter que la contribution française distincte enrichit le dossier du réveil culturel de l'autochtonie.

À l'issue de ces discussions, on pourrait donc se demander si l'organisme international de la francophonie aurait un rôle à jouer dans l'encouragement des arts autochtones. Est-ce qu'un tel rôle est la seule responsabilité des gouvernements des États membres de la francophonie ? Or, comme Sioui le prétend dans le cas des autochtones québécois, ni l'État fédéral, ni l'État provincial, ni la chefferie des nations autochtones ne s'intéressent beaucoup au réveil culturel. Ce constat semble assez dur, mais des institutions nationales qui encouragent les arts autochtones comme en Nouvelle-Zélande n'existent pas parmi les autochtones du Québec. Il y a quelques indices de progrès mais surtout – comme souvent au Canada – on n'a jamais décidé quel niveau de gouvernement (autochtone, québécois ou canadien) devrait être responsable de cette aide ; aucun n'a pris l'initiative.

Se pourrait-il qu'un organisme international de la francophonie pose des gestes discrets qui puissent stimuler quelques organismes nationaux, dans les pays comme le Canada et le Québec, à encourager les arts autochtones chez leurs ressortissants ? Ces gestes se justifieraient dans le cadre humaniste proposé par Hannah Arendt qui écrit que « le goût est la faculté politique qui humanise réellement le beau et crée une culture » (Arendt, 1972 : 286). C'est en vertu de cette faculté que :

> Cicéron put dire : je préfère au nom du ciel m'égarer avec Platon plutôt que voir juste avec ses adversaires... Ce n'est pas moi-même à contrecœur que je m'égarerais avec un tel homme... L'accent est mis sur la personne avec laquelle je m'égare... C'est une affaire de goût que de préférer la compagnie de Platon et la compagnie de sa pensée, même s'il doit nous égarer loin de la vérité... Manifestement on pourrait dire et décider la même chose à propos de la beauté, qui... n'est pas moins contraignante que la vérité... Pour le véritable humaniste ni les vérités du scientifique, ni la vérité du philosophe, ni la beauté de l'artiste ne peuvent être absolues. Cet humanisme est le résultat de la *cultura`animi*, d'une attitude qui sait prendre soin, préserver, et admirer les choses du monde [...]. [C'est] l'étude de l'art et de la littérature plutôt que celle de la philosophie qui devait aboutir à l'*humanité* (Arendt, 1972 : 286-288).

Ces réflexions peuvent expliquer pourquoi les États acceptent aussi parfois de financer, en plus de la politique, de l'économie, du développement scientifique, des programmes pour les arts, pour la littérature, surtout si ceux-ci sont en crise et si leur épanouissement et leur survie dépendent d'une certaine générosité. Les programmes de ce type, même s'ils étaient peu dispendieux, auraient du prestige et pourraient encourager les organisations autochtones à accorder une plus grande priorité aux activités artistiques. En Nouvelle-Zélande, où le public maori a fait des demandes appropriées, la situation des artistes maoris est bien meilleure aujourd'hui que chez les autochtones du Québec.

BIBLIOGRAPHIE

ALLEN, Chadwick (2002), *Blood Narrative. Indigenous Identity in American Indian and Maori Literary and Activist Texts*, Durham et Londres, Duke University Press.

ARENDT, Hannah (1972), *La crise de la culture*, Paris, Gallimard.

CHAR, René (1946), *Feuillets d'Hypnos*, Paris, Gallimard.

ITEANU, André et Eric SCHWIMMER (1996), *Parle, et je t'écouterai. Récits et traditions des Orokaïva de Papouasie-Nouvelle-Guinée*, Paris, Gallimard.

LÉVI-STRAUSS, Claude (1973), *Anthropologie structurale deux*, Paris, Plon.

LÉVI-STRAUSS, Claude (1975), *La voie des masques*, Genève, Skira.

METGE, Joan (1986), *In and Out of Touch. Whakamaa in Cross Cultural Context*, Wellington, Victoria University Press.

PARSONS, Talcott (1951), *Toward a Theory of action*, Harvard University Press.

PEU, Titaua (2003), *Mutismes. E 'ore te vâvâ*, 3ᵉ éd., Papeete, Haere Po.

SCHWIMMER, Eric (2003), «Les minorités nationales, désir, homéostasie optimale. Réflexions sur le biculturalisme en Nouvelle-Zélande, en Espagne, au Québec et ailleurs», *Anthropologie et Sociétés*, vol. 27, n° 3, p. 155-184.

SCHWIMMER, Eric (2004a), «The Local and the Universal: Reflections on Contemporary Mâori Literature», *Journal of the Polynesian Society*, n° 113, p. 7-36.

SCHWIMMER, Eric (2004b), «Making a World: The Mâori of Aotearoa/New Zealand», dans John Clammer, Sylvie Poirier et Eric Schwimmer (dir.), *Figured Worlds. Ontological Obstacles in Intercultural Relations*, Toronto, Buffalo et Londres, University of Toronto Press.

SIOUI-DURAND, Yves (s.d.), «La tension entre l'oral et l'écrit chez les Autochtones», «Kaioníni – le wampun brisé: de la rupture de la chaîne d'alliance», «Le grand inconscient résineux», «Le théâtre peut être amérindien: Y a-t-il un nouveau monde pour les Amérindiens?», textes soumis en vue de la rencontre internationale *L'autochtonie en question: regards croisés France/Québec*, EHESS, Paris, 13 et 14 juin 2006.

WALKER, Ranginui (2004), *Ka Whawhai Tonu Matou. Struggle Without End*, éd. révisée, Auckland, Penguin Books.

Recyclé
Contribue à l'utilisation responsable
des ressources forestières
www.fsc.org Cert no. SGS-COC-003153
© 1996 Forest Stewardship Council

FSC   100%

MARQUIS
Marquis imprimeur inc.

Québec, Canada
2009

Imprimé sur du papier Silva Enviro 100% postconsommation
traité sans chlore, accrédité Éco-Logo et fait à partir de biogaz.

certifié   procédé   100 % post-   archives   énergie
              sans   consommation   permanentes   biogaz
              chlore